Schriften zur politischen Landeskunde
Baden-Württembergs

Band 23

Herausgegeben von der
Landeszentrale für politische Bildung
Baden-Württemberg

Hohenzollern

Herausgegeben von
Fritz Kallenberg

Verlag W. Kohlhammer
Stuttgart – Berlin – Köln

Die Deutsche Bibliothek – CIP-Einheitsaufnahme

Hohenzollern / hrsg. von Fritz Kallenberg. [In Verbindung mit der Landeszentrale für Politische Bildung Baden-Württemberg].
– Stuttgart ; Berlin ; Köln : Kohlhammer, 1996
(Schriften zur politischen Landeskunde Baden-Württembergs; Bd. 23)
ISBN 3-17-012885-X
NE: Kallenberg, Fritz [Hrsg.]; GT

Stuttgart Berlin Köln
Verlagsort: Stuttgart
in Verbindung mit der
Landeszentrale für politische Bildung
Baden-Württemberg
Gesamtherstellung:
Kohlhammer und Wallishauser GmbH, Hechingen
Printed in Germany

Vorwort

Auf der Landkarte gibt es Hohenzollern nicht mehr. Die kommunale Gebietsreform, insbesondere die Kreisreform, hat dieses Gebiet 1973 mit anderen Bestandteilen des neuen Bundeslandes Baden-Württemberg verzahnt. Dennoch: Was zwischen 1806 und dem Ende des Zweiten Weltkriegs als geschlossene politisch-verwaltungsmäßige Einheit bestand – zunächst als die beiden Fürstentümer Hohenzollern-Hechingen und Hohenzollern-Sigmaringen, dann ab 1850 als die Hohenzollernschen Lande Preußens –, geht im Bewußtsein der Menschen nicht einfach unter, dient weiter dem Selbstverständnis, bleibt Ausdruck der eigenen Identität, in unserem Fall konfessionell untermauert, nach wie vor durchaus mit dynastischem Bezug.

Baden-Württemberg ist ein Land mit vielfältigen Traditionen, die gerade dieses Land so reich und farbig erscheinen lassen. Dem erweist auch eine Einrichtung wie die Landeszentrale für politische Bildung ihre Reverenz. Ihre »Schriften zur politischen Landeskunde« sollen auch diese Vielgestaltigkeit sichtbar werden lassen, nicht nur zur Selbstvergewisserung der Menschen in den jeweiligen Landesteilen, sondern auch zur Information übereinander – nur so kann und soll das Land zusammenwachsen.

Wir danken dem Präsidenten des Württembergischen Sparkassen- und Giroverbandes, Herrn Heinrich Haasis MdL, für die Unterstützung dieses Werkes.

Stuttgart, den 31. Mai 1996

Landeszentrale für politische Bildung Baden-Württemberg

Siegfried Schiele Direktor	Hans-Georg Wehling Abteilung Publikationen

Inhalt

Vorwort 5

Fritz Kallenberg

Hohenzollern: der Berg, das Haus, das Land, die Menschen 15

Zum Begriff Hohenzollern 16
Der Hohenzollern 16
Das Haus Hohenzollern 16
Das Land Hohenzollern 18
Die Hohenzollern 26

Zu diesem Buch 32

Anmerkungen 34

Hermann Grees

Die naturräumliche Ausstattung 36

Fritz Kallenberg

Hohenzollern im Alten Reich 48

Die Ausbildung eines hohenzollerischen Herrschaftsgebietes ... 48
Frühe Zeugnisse 48
Siedlungskontinuität, Christianisierung, geistliche Korporationen 49
Herrschaftsbildungen: Zollern, Hohenberg, Habsburg, Württemberg 50
Die Rekonsolidierung des hohenzollerischen Territoriums . 52
Die Grafschaften Sigmaringen und Veringen 56

Reichslehen oder österreichisches Eigentum? 58
Landesteilung 1575/76: die »Väterliche Verordnung« 58
Die kurzlebige Haigerlocher Linie 59
Die schwäbischen und die markgräflichen Hohenzollern .. 62

Hohenzollern-Hechingen: Pracht ohne Macht 64
Renaissance-Herrschaft 64
Gräfliche Kanzlei, Residenzstadt, Ämter, Dorfgemeinden . 66
Herrschaftsintensivierung 68
Der erste Aufstand 70
Die »Generalrebellion« 72
Reich und Kreis 76
Absolutistische Fürstenherrschaft 78
Vom Landesprozeß zum Landesvergleich 81
Reichskrieg und »Entschädigungsgeschäft« 88
Der Kampf um das politische Überleben 91

Hohenzollern-Sigmaringen: Im Bannkreis Österreichs 93
Im Dienst der Gegenreformation 93
Der Sigmaringer Herrschaftskomplex 96
Österreichische Revindikationen 99
Das fürstliche Haus im 18. Jahrhundert 103
Kleinfürstliche Herrschaftspraxis 107
Im Zeichen des Josephinismus 110
Missionen im Hausinteresse 114
Die Gunst Napoleons 117

Anmerkungen 121

Literaturhinweise 126

Fritz Kallenberg

Die Sonderentwicklung Hohenzollerns 129

Die souveränen Fürstentümer Hohenzollern 1806–1850 129
Die Herrschaftsgebiete und ihre Verwaltung 129
In Napoleons Gefolgschaft 135
Vom Rheinbund zum Deutschen Bund 142
Spätabsolutismus und Konstitutionelles System 145

Die »Hohenzollernschen Lande« im Königreich Preußen 1850–1918 155
»Vom Fels zum Meer« 155
Besitzergreifung, Verwaltung, Integration 158
Der Kulturkampf und seine Folgen 167
»Kaiserstammland Hohenzollern« 175

Der Regierungsbezirk Sigmaringen im Freistaat Preußen 1918–1945 ... 181
Landeskommunalverband und Hohenzollernfrage ... 181
»Die Staatsautorität der Republik« ... 185
Wählerentscheidungen zwischen Revolution und NS-Machtergreifung ... 197
Staat und Partei im Dritten Reich ... 207
Das Ende des hohenzollerischen Sonderwegs 1945–1972 ... 226
Französische Besatzungsherrschaft ... 226
Land Württemberg-Hohenzollern ... 234
Hohenzollernfrage und Südweststaatbildung ... 239
Der Hohenzollerische Landeskommunalverband als letzte Klammer ... 245
Anmerkungen ... 256
Literaturhinweise ... 277

Eberhard Gönner

Die Revolution von 1848/49 in den Hohenzollerischen Fürstentümern und der Übergang an Preußen ... 283

Aufruhr in Hohenzollern-Hechingen ... 283
Der Beginn der Revolution in Sigmaringen ... 287
Die Ausführung der Zugeständnisse in Hechingen ... 291
Hohenzollern-Sigmaringen im Nachmärz ... 293
Der Sigmaringer Landtag 1848 ... 294
Regenten- und Regierungswechsel in Sigmaringen ... 297
September-Aufstand in Sigmaringen ... 297
Politische Ruhe in Hechingen ... 298
Politische Ernüchterung in Sigmaringen ... 299
Der Kampf um die Reichsverfassung ... 300
Neues Aufflammen der Revolution ... 300
Das Ende der Revolution ... 301
Die hohenzollerischen Fürsten suchen Hilfe in Stuttgart und Berlin ... 302
Die hohenzollerische Bevölkerung und die Abtretungsfrage ... 303
Verhandlungen mit der Frankfurter Zentralregierung ... 303
Verhandlungen mit Berlin ... 304

Der Vertrag mit Preußen ... 305
Literaturhinweise ... 306

Hermann Grees
Siedlung, Bevölkerung, Wirtschaft ... 307

I Siedlung und Bevölkerung ... 307
1 Das Siedlungsgefüge ... 307
2 Der »Nord-Süd-Gegensatz« ... 310
3 Der Gang der Besiedlung ... 311
Spuren der frühen Kulturlandschaftsentwicklung ... 311
Besiedlung durch die Alemannen ... 312
Siedlungswachstum und jüngere Siedlungen ... 313
Burgen, Städte, Marktflecken, Klöster ... 315
4 Spätmittelalterlicher Siedlungsschwund ... 318
5 Bevölkerung und Siedlung seit dem 15./16. Jahrhundert . 319
Wellen der Bevölkerungsentwicklung ... 319
Die ländliche Sozial- und Siedlungsstruktur ... 320
II Die Wirtschaft ... 323
1 Die Landwirtschaft ... 323
Die traditionelle Wirtschaftsweise ... 323
Die Agrarreform ... 324
Neue Anbaugewächse, Allmendverteilung, sommerliche Stallfütterung, Anbau der Brache ... 324
Vereinödung ... 325
Neusiedlung und Domänen ... 325
Die Ablösung der Feudallasten ... 325
Landesvermessung, Feld- und Flurbereinigung ... 327
Die jüngere Entwicklung der Landwirtschaft ... 327
2 Die gewerbliche Wirtschaft ... 330
Das frühe Gewerbe ... 330
Von der Papiermühle zur Samtfabrik ... 330
Von der Bohnerzverhüttung zur modernen Metallverarbeitung ... 331
Vom Hausgewerbe zur Textilindustrie ... 332
Textiles Hausgewerbe ... 332
Hausgewerbe und Hausierhandel im Killertal ... 333
Die ersten Textilfabriken ... 334
Die Industrie nach 1850 ... 335
Verbesserung der Infrastruktur ... 340
Verkehrserschließung ... 340

Wasser und Elektrizität 343
Nach dem Ersten Weltkrieg 344
Nach dem Zweiten Weltkrieg 345
III Der Fremdenverkehr 350
Literaturhinweise 355

Andreas Zekorn

Kultur in Hohenzollern – Kunst, Bildung, Wissenschaft, Presse und Vereinswesens 360

Bildende Kunst 361
Musik 372
Literatur 375
Presse 376
Theater 383
Lesegesellschaften und Vereinswesen 384
Bildung 387
Wissenschaft und Forschung 393
Zusammenfassung 401
Anmerkungen 402
Literaturhinweise 403

Joachim Hahn

Juden in Hohenzollern 410

Erste Nachrichten über Juden in Hohenzollern 410
Erste Schutzbriefe – Aufnahmen jüdischer Familien im 16. Jahrhundert 411
Die Ausweisung der Hechinger Juden 1576 412
Die Entstehung der zweiten jüdischen Gemeinde in Hechingen 413
Ghettoisierung der Juden am Ende des 18. Jahrhunderts 413
Die Einrichtungen der jüdischen Gemeinde 414
Gemeindeverwaltung und Angestellte der jüdischen Gemeinden 416
Handel und Gewerbe im 18./19.Jahrhundert 417
Eine weitere jüdische Gemeinde in Hohenzollern: Dettensee ... 418

Emanzipation und Assimilation im 19.Jahrhundert 418
Beiträge zur industriellen Entwicklung Hohenzollerns 419
Auswanderung und Abwanderung 420
Jüdisches Vereinsleben 420
Das Verhältnis zwischen Juden und Christen 421
Der Erste Weltkrieg 421
Die Zeit des Nationalsozialismus 422
Die »Arisierung« der jüdischen Firmen 422
Die Ereignisse in der Pogromnacht 9./10. November 1938 423
Deportationen 423
Jüdische Zwangsarbeiter in Konzentrationslagern 424
Nach 1945 424
Bemühungen um den Erhalt der Synagogengebäude und der Friedhöfe 425
Besuche ehemaliger jüdischer Einwohner 426
Literaturhinweise 426

Otto H. Becker

»Ici la France« – Die Vichy-Regierung in Sigmaringen 1944/45 428

Zur Vorgeschichte 428
Die Unterbringung der französischen Regierung 431
Eine »Staatsinszenierung« 434
Die Einquartierung der Réfugiés 435
Sigmaringen France 437
Das Befreiungskomitee Doriots 440
Exodus und Exitus 442
Anmerkungen 445
Literaturhinweise 445

Biographien

Otto H. Becker: Markus Roy – Der Heilige Fidelis von Sigmaringen 447
Joachim Hahn: Karoline Kaulla 449

Fritz Kallenberg: Fürstin Amalie Zephyrine von Hohenzollern-Sigmaringen ... 452
Eberhard Gönner: Josef Blumenstetter ... 460
Eberhard Gönner: Josef Sprißler ... 466
Eberhard Gönner: Carl Otto Würth ... 472
Hugo Lacher: Fürst Karl Anton von Hohenzollern ... 476
Klaus-Peter Burkarth: Theodor Bilharz ... 480
Andreas Zekorn: Maurus und Placidus Wolter ... 486
Karl Werner Steim: Desiderius Lenz ... 490
Otto H. Becker: Thomas Geiselhart ... 493
Hugo Lacher: Paul Levi ... 496
Fritz Kallenberg: Alfons Scherer ... 499

Anhang

Fritz Kallenberg: Allgemeine Literaturhinweise ... 507
Ortsregister ... 510
Personenregister ... 515
Verzeichnis der Stammtafeln ... 525
Verzeichnis der Wahlen ... 525
Verzeichnis der Karten ... 525
Die Autoren ... 526

Fritz Kallenberg

Hohenzollern: der Berg, das Haus, das Land, die Menschen

»alles macht wenig aus«

Der Name unseres Bundeslandes Baden-Württemberg bringt zum Ausdruck, daß es sich aus zwei vormals eigenständigen Staaten zusammensetzt. Beide, das Großherzogtum Baden und das Königreich Württemberg, sind entstanden aus der Erbmasse des Alten Reiches nach dem Willen Napoleons. Dessen Gunst verdanken aber auch zwei kleine Territorien des deutschen Südwestens ihr eigenstaatliches Überleben: die Fürstentümer Hohenzollern-Hechingen und Hohenzollern-Sigmaringen. Während jedoch das Großherzogtum Baden viermal so groß wurde wie die alten Markgrafschaften, und das Königreich Württemberg mehr als doppelt so groß wie das Herzogtum, änderte sich in der napoleonischen Ära an Größe und Bedeutung des Hechinger Fürstentums so gut wie nichts, und auch das Sigmaringer Fürstentum blieb, obgleich sein Gebiet merklich vergrößert wurde, ein Duodezgebilde.

Konnte Johann Jacob Moser, der berühmte Reichspublizist, in seiner Übersicht über die deutschen Reichsstände schon im 18. Jahrhundert von den hohenzollerischen Territorien sagen: »alles macht wenig aus«,[1] so vergrößerte sich mit dem Ende des Alten Reiches die Distanz zu den nunmehrigen Mittelstaaten noch weiter. Das mag ein Blick auf die Zahl der Untertanen verdeutlichen. Um das Jahr 1800 stehen etwa 30 000 Einwohner beider Hohenzollern 650 000 Württembergern gegenüber. In der Rheinbundzeit kommen rund 50 000 Hohenzollern auf die 2,3 Millionen Bewohner Württembergs und Badens, also kaum mehr als 2 %, und bei der Gründung des Südweststaates im Jahr 1952 lebten von den 6,4 Millionen Einwohnern des neuen Bundeslandes nur 80 000 in den beiden hohenzollerischen Landkreisen Hechingen und Sigmaringen, gute 1,2 %. Ähnlich, wenn auch nicht ganz so drastisch, fällt der Vergleich bei der Gebietsgröße aus.

Es darf also nicht verwundern, daß man sich in der Verfassunggebenden Landesversammlung 1953 über den Namen Hohenzollerns, des dritten staatlichen Bestandteils des Landes, ohne Skrupel hinwegsetzen konnte, nachdem man sich einig war, von einer geographischen Bezeichnung wie Südweststaat oder Rheinfranken ebenso wie von einem mit allerhand Ressentiments behafteten historisch-politischen Namen wie Alemannien oder Schwaben Abstand zu nehmen. Den Hohenzollern wären solche nichtstaatlichen Begriffe lieber gewesen, denn Badener waren sie nie, noch weniger Württemberger. Jetzt wurden auch sie Baden-Württemberger.

Zum Begriff Hohenzollern

Mit dem Namen Hohenzollern verbinden sich die verschiedensten Bedeutungen. Es sollen angesprochen werden: der Berg, die Dynastie, das Gebiet, die Bewohner.

Der Hohenzollern

Der Berg dieses Namens dürfte am Anfang stehen: ein imposanter, dem Trauf der Schwäbischen Alb vorgelagerter, weithin das Landschaftsbild prägender Bergkegel, ein sogenannter Zeugenberg. Der Hohenzollern, im Volksmund heute noch der Zoller, ist auch namengebend für die geographische Region: die Zollernalb.

Das Haus Hohenzollern

Es ist anzunehmen, daß die Herren, die auf dem Berg wohl im 11. Jahrhundert eine Burg erbauen ließen, sich nach ihm nannten: ursprünglich Grafen von Zollern, seit dem 14. Jahrhundert von Hohenzollern. Durch die Belehnung mit der Burggrafschaft Nürnberg 1192 hatte sich im 13. Jahrhundert ein eigener Zweig des Hauses in Franken etabliert. Von dieser burggräflichen Linie der Zollern stammen die fränkischen Markgrafen, die Markgrafen und Kurfürsten von Brandenburg (1415/17), die preußischen Könige (1701) und die deutschen Kaiser (1871) ab. Die verschiedenen Linien waren bemüht, das Bewußtsein von der gemeinsamen Herkunft wachzuhalten und durch Erbvereinbarungen zu sichern. Dies wurde auch dadurch nicht behindert, daß sich die fränkischen und brandenburgischen Linien der Reformation anschlossen, während die schwäbischen katholisch blieben.

Die Vorstellung der Stammverwandtschaft, die sich im 19. Jahrhundert zur romantischen Verklärung der dynastischen Beziehungen zwischen den schwäbischen und den brandenburg-preußischen Hohenzollern steigerte, führte nicht nur zum gemeinsamen Neuaufbau der Stammburg auf dem Hohenzollern, sondern sogar zur Einverleibung der beiden schwäbischen Fürstentümer in das preußische Königreich. Das Bild von einer einheitlichen hohenzollerischen Dynastie, vom Haus Hohenzollern, führt in der Endphase der Monarchie in Deutschland geradezu zur Identifikation des Hohenzollernhauses mit der Geschichte des preußischen Staates, ja des deutschen Reiches. Dies kommt in der volkstümlichen Wendung vom »Kaiserstammland Hohenzollern« ebenso zum Ausdruck wie in der Geschichtswissenschaft, man denke nur an die bedeutende Jubiläumsdarstellung Otto Hintzes von 1915 – ein halbes Jahrtausend nach Erwerb der Kurwürde –, der er den prägnanten Titel gab: »Die Hohenzollern und ihr Werk«.[2]

Die erzwungene Abdankung von 1918 änderte nichts an den Besitzverhältnissen am Stammschloß, das weiterhin zu zwei Dritteln der preußischen, zu einem Drittel der schwäbischen Linie des Hauses Hohenzollern gehört: die Burg ist bis heute ein »Familiendenkmal des Hohenzollernhauses«. Eine Abbildung der landschaftlich und architektonisch großartigen Kulisse des Hohenzollern fehlt kaum in einem Deutschland-Bildband oder in entsprechenden Bildkalendern. Er ist eine bekannte Attraktion des Sigthseeing-Tourismus. Der Hohenzollern zieht Jahr für Jahr mehr als eine halbe Million Besucher an, denen es in der Mehrzahl allerdings nicht leichtfallen wird, den zwischen 1850 und 1867 entstandenen neugotischen Prachtbau in seiner historischen Funktion als »national-dynastisches Denkmal« und als »ideologisches Instrument in der Reichsgründungsepoche« zu erkennen.[3]

In den Jahrzehnten nach dem Zweiten Weltkrieg wurde der Stil auf dem Hohenzollern maßgeblich bestimmt durch den Prinzen Louis Ferdinand von Preußen. Ihm ist es zu verdanken, daß der Monarchismus, der sich unvermeidlich um ein derartiges dynastisches Symbol kristallisiert, völlig unprätentiöse Züge trägt und sich neben der Pflege der Familientradition auf künstlerischem und sozialem Feld äußert. Der Chef des preußischen Hauses war es auch, der den im Krieg expatriierten Sarkophagen der beiden bedeutendsten preußischen Könige, Friedrichs des Großen und seines Vaters Friedrich Wilhelms I., des Soldatenkönigs, seit 1952 in der evangelischen Kapelle auf dem Hohenzollern Zuflucht gewährte, bis sie im August 1991 an ihren ursprünglichen Bestimmungsort zurückkehren konnten. Daß dies wiederum auf Veranlassung des Prinzen Louis Ferdinand, gewissermaßen als eine Angelegenheit der Familie geschah, wirft kein gutes Licht auf den öffentlichen Umgang mit der deutschen Nationalgeschichte, der die beiden Könige in jedem Fall angehören. Auch in dieser zeithistorischen Episode gewinnt die ungewöhnliche Verkettung der hohenzollerischen mit der preußischen und der deutschen Geschichte besondere Evidenz.

Hohenzollern ist ein ganz und gar dynastisches Gebilde. Von einem Land Hohenzollern läßt sich, streng genommen, erst seit der Einverleibung der beiden hohenzollerischen Fürstentümer in den preußischen Staat sprechen, in dem es unter der Bezeichnung »Hohenzollernsche Lande« seit 1852 eine eigene Verwaltungseinheit im Range eines Regierungsbezirkes bildete. Seine Entstehung und Zusammensetzung, seine unförmige Ausbreitung als Gebietsstreifen vom oberen Neckar über die Schwäbische Alb bis fast an den Bodensee, verdankt es den Wechselfällen dynastischer Herrschaft.

Für eine kurze Phase des 16. Jahrhunderts war das gesamte damalige Herrschaftsgebiet in der Hand des Grafen Karl I. von Hohenzollern vereinigt, bevor er es durch die »Väterliche Verordnung«, die 1576 wirksam wurde, unter seine drei älteren Söhne teilte. Diese wurden zu den Begründern der Linien Hohenzollern-Hechingen, Hohenzollern-Sigmaringen und Hohenzollern-Haigerloch. Durch das Aussterben der Haigerlocher Linie schon in der zweiten Generation, 1534, wurde die ungünstige Wirkung der Teilung wenigstens gemildert. Da aber das Gebiet nicht, wie es der geographischen Lage nach sinnvoll gewesen wäre, an die Hechinger, sondern an die Sigmaringer Linie fiel, blieben weiterhin drei unzusammenhängende Herrschaftsbezirke bestehen. Die 1623 erfolgte Erhebung der beiden Linien Hechingen und Sigmaringen in den Reichsfürstenstand hatte keine Gebietsveränderungen zur Folge, aber aus den Herrschaftskonglomeraten Karls I. waren nun zwei Reichsfürstentümer geworden: Hohenzollern-Hechingen mit der alten Stammgrafschaft und Hohenzollern-Sigmaringen mit allen anderen aus dem Erbe des Grafen Karl I. herrührenden Gebieten. So blieb es, abgesehen von den im Reichsdeputationshauptschluß und in der Rheinbundakte erreichten Gebietsvergrößerungen, bis zum Herrschaftsverzicht der beiden Fürsten im Jahr 1849.

Die wohl wichtigste Zäsur in der Territorialentwicklung Hohenzollerns liegt allerdings schon am Anfang des 19. Jahrhunderts. Bis dahin waren die beiden Fürstentümer Herrschaftsgebilde wie viele andere auch: Territorien, deren Herrschaftsinhaber auf dem Reichstag in Regensburg im Reichsfürstenrat vertreten waren und die auf der Fürstenbank des Schwäbischen Kreises Sitz und Stimme führten. Selbstverständlich hatte jedes dieser Herrschaftsgebilde seine besonderen historischen Konstellationen und Probleme. Dem altzollerischen, räumlich geschlossenen Hechinger Territorium gaben Geldnot, Verschuldung und vor allem eine während mehr als zwei Jahrhunderten nicht zur Ruhe kommende, im Lande handfest ausgetragene Auseinandersetzung um Fronen, Steuern und Jagdrechte das Gepräge, ein Dauerkonflikt zwischen Landgemeinden und Herrschaft, der immer wieder das Reichskammergericht in Wetzlar und den Reichshofrat in Wien beschäftigte und der nach einem nochmaligen Aufflammen unter dem Eindruck der Revolution in Frankreich erst im Landesvergleich von 1798, noch mit den Rechtsmitteln des Alten Reiches, endgültig beigelegt werden konnte.

Die Schwierigkeiten im Sigmaringer Fürstentum lagen in seinem überaus komplizierten Verhältnis zum Erzhaus Österreich. Als nämlich König Ferdinand I. 1535 – in seiner Eigenschaft als Erzherzog von Österreich – den Grafen Karl I. von Hohenzollern mit den Grafschaften Sigmaringen und Veringen belehnte, wurde darüber hinweggegangen, daß die Grafschaft Sigmaringen gar kein habsburgischer Besitz, sondern Reichslehen war. Während das Reich und der Schwäbische Kreis auf ihrem Besteuerungsrecht beharrten, ging das Erzhaus im 17. und 18. Jahrhundert dazu über, seine usurpierte lehenherrliche Stellung zu einer landesherrlichen auszudehnen. Dadurch wurde die reichsständische Position und Reputation der Sigmaringer Fürsten, die mit Ausnahme der reichsunmittelbaren Herrschaft Haigerloch nur vom Erzhaus zu Lehen gehende Gebiete besaßen, ernsthaft bedroht. Für die Untertanen in den Gemeinden der Grafschaft Sigmaringen brachte der Konflikt stärkste Belastungen bis hin zur Doppelbesteuerung. Es lag deshalb in ihrem Interesse, unter die mildere habsburgische Besteuerung zu kommen, unter den »höchstwerthigsten Schuzfligel« des Erzhauses, wie es das »fueßfellige« Memorial einiger Gemeinden von 1691 überliefert. Neuerdings wissen wir auch, wie geschickt die Stadt Sigmaringen die habsburgische Landesherrschaft gegen den hohenzollerischen Stadtherrn auszuspielen verstand.[4] Daß die Sigmaringer Fürsten der fortschreitenden Mediatisierung im Zuge der zentralistischen Reformen Maria Theresias und Josephs II. nicht völlig erlegen sind, verdanken sie zu einem guten Teil dem Schwäbischen Kreis, der als genossenschaftlicher Gebietsverband bestrebt war, seinen Mitstand zu schützen und für die überforderten Gemeinden gewisse Moderationen ihrer Steuerlast zu bewirken.

Der Zustand der beiden hohenzollerischen Fürstentümer an der Wende vom 18. zum 19. Jahrhundert läßt es nicht erwarten, daß sie zu einer besonderen Rolle prädestiniert sein könnten. Die abenteuerliche Lebensgeschichte der Fürstin Amalie Zephyrine von Hohenzollern-Sigmaringen veränderte diese Voraussetzungen von Grund auf. Ihrem Einfluß verdankten es die beiden Fürsten, daß sie in den Entschädigungsplan des Reichsdeputationshauptschlusses aufgenommen wurden, ohne daß sie darauf einen Anspruch gehabt hätten, und sie verschaffte ihnen die Protektion Napoleons, der sie zu Mitgliedern des Rheinbunds machte. Hier trennte sich ihr Geschick von dem ihrer

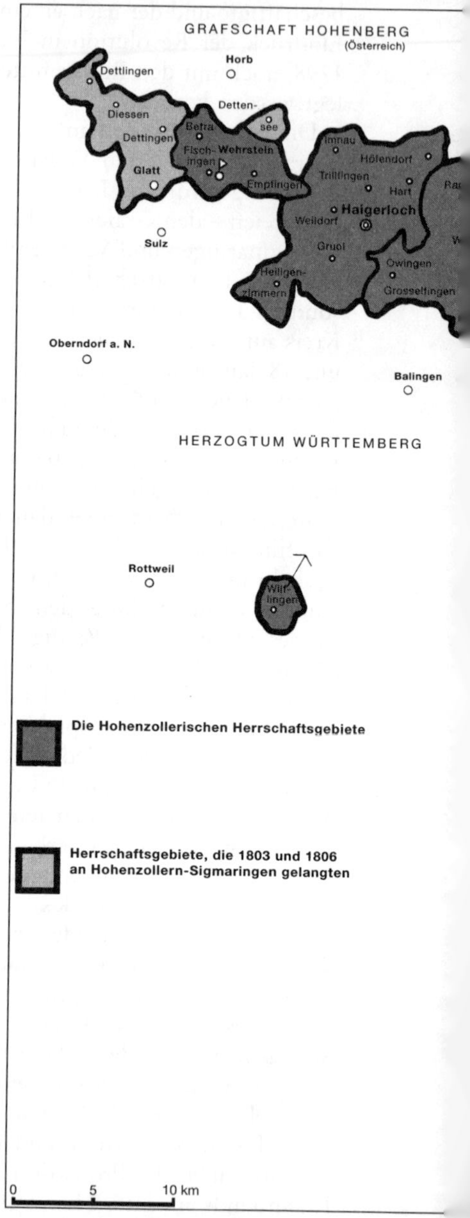

Geschichtliche Karte der späteren Hohenzollerischen Lande vor dem Reichsdeputationshauptschluß 1803

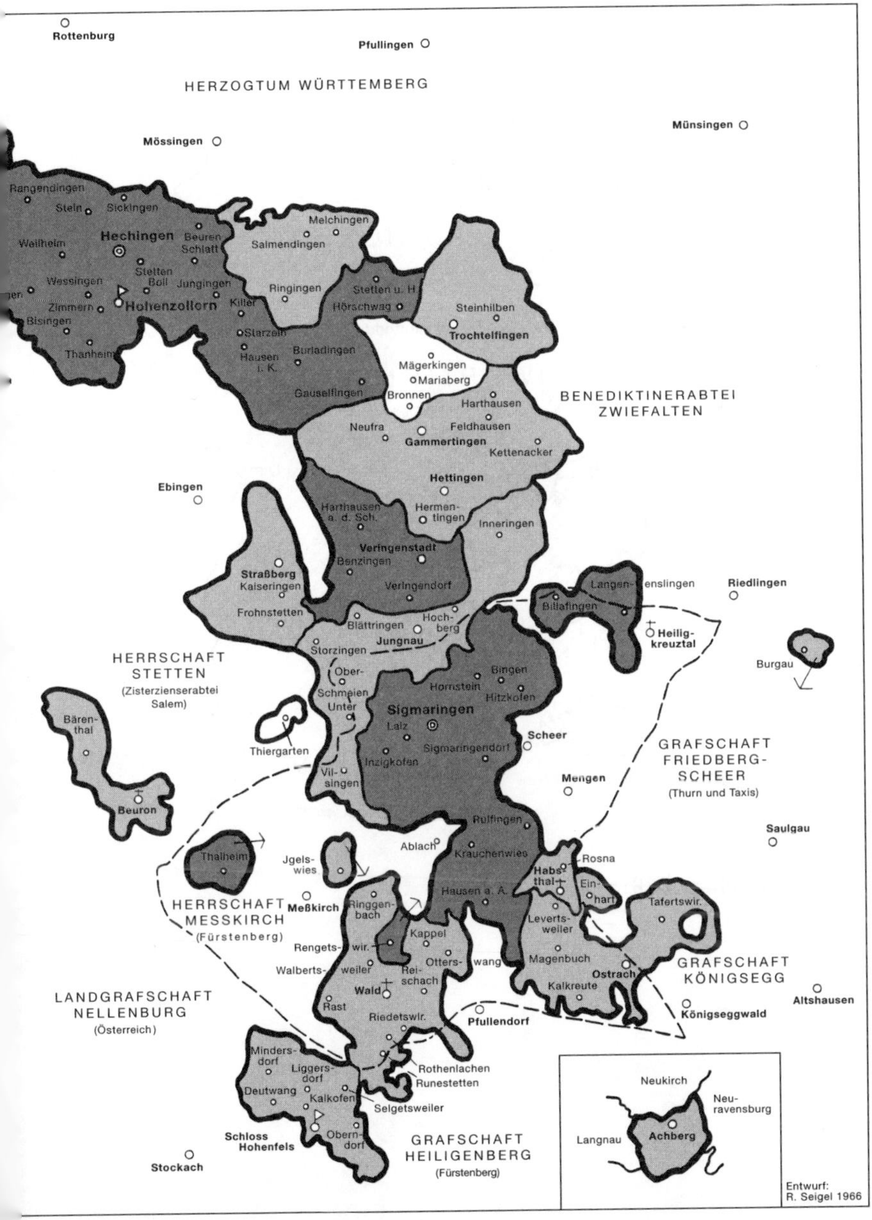

Rottenburg
Pfullingen
HERZOGTUM WÜRTTEMBERG
Münsingen
Mössingen
Rangendingen
Stein
Sickingen
Hechingen
Weilheim
Beuren
Schlatt
Melchingen
Salmendingen
Stetten
Boll
Jungingen
Wessingen
Zimmern
Hohenzollern
Bisingen
Thanheim
Killer
Ringingen
Stetten u. H.
Hörschwag
Steinhilben
Trochtelfingen
Starzeln
Hausen i. K.
Burladingen
Gauselfingen
Mägerkingen
Mariaberg
Bronnen
Harthausen
Feldhausen
BENEDIKTINERABTEI ZWIEFALTEN
Neufra
Gammertingen
Kettenacker
Hettingen
Ebingen
Harthausen a. d. Sch.
Hermentingen
Inneringen
Veringenstadt
Benzingen
Straßberg
Kaiseringen
Veringendorf
Frohnstetten
Langenenslingen
Billafingen
Riedlingen
Heiligkreuztal
Blättringen
Hochberg
Jungnau
Storzingen
Burgau
HERRSCHAFT STETTEN
(Zisterzienserabtei Salem)
Oberschmeien
Unterschmeien
Bingen
Hornstein
Hitzkofen
Bärenthal
Sigmaringen
Laiz
Thiergarten
Scheer
Inzigkofen
Sigmaringendorf
GRAFSCHAFT FRIEDBERG-SCHEER
(Thurn und Taxis)
Vilsingen
Beuron
Mengen
Rulfingen
Saulgau
Thalheim
Jgelswies
Ablach
Krauchenwies
Rosna
Habsthal
Einhart
HERRSCHAFT MESSKIRCH
(Fürstenberg)
Meßkirch
Ringgenbach
Hausen a. A.
Tafertswir.
Levertsweiler
Kappel
Rengetswir.
Magenbuch
Walbertsweiler
Ottersweiler
Otterswang
Reischach
GRAFSCHAFT KÖNIGSEGG
Ostrach
Wald
Kalkreute
LANDGRAFSCHAFT NELLENBURG
(Österreich)
Rast
Altshausen
Königseggwald
Riedetswlr.
Pfullendorf
Mindersdorf
Liggersdorf
Rothenlachen
Runestetten
Deutwang
Kalkofen
Selgetsweiler
Neukirch
Neuravensburg
Langnau
Achberg
Schloss Hohenfels
Oberndorf
GRAFSCHAFT HEILIGENBERG
(Fürstenberg)
Stockach
Entwurf: R. Seigel 1966

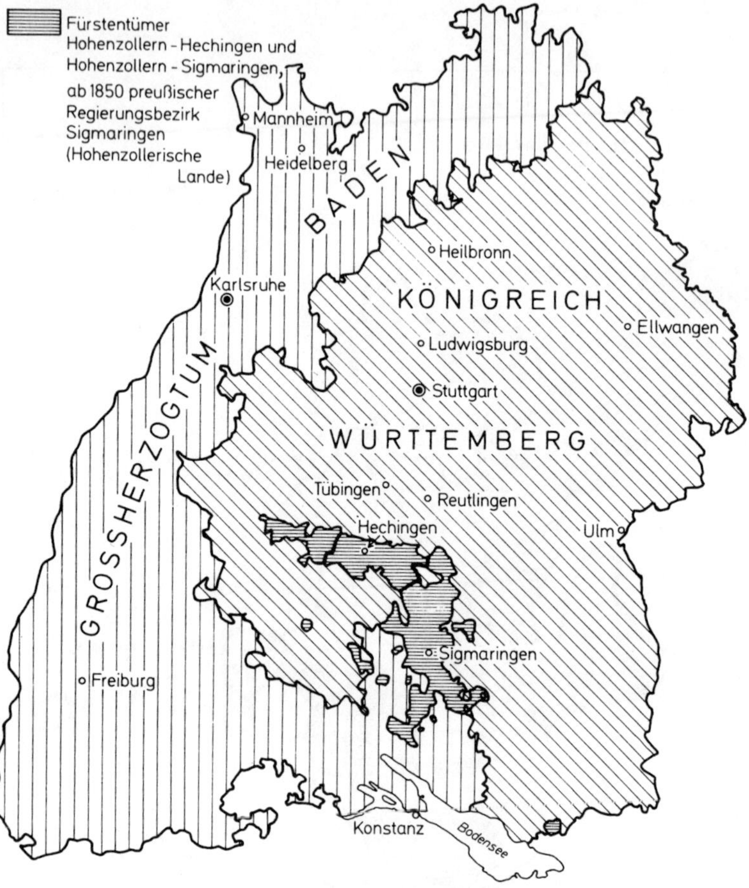

Südwestdeutschland 1815

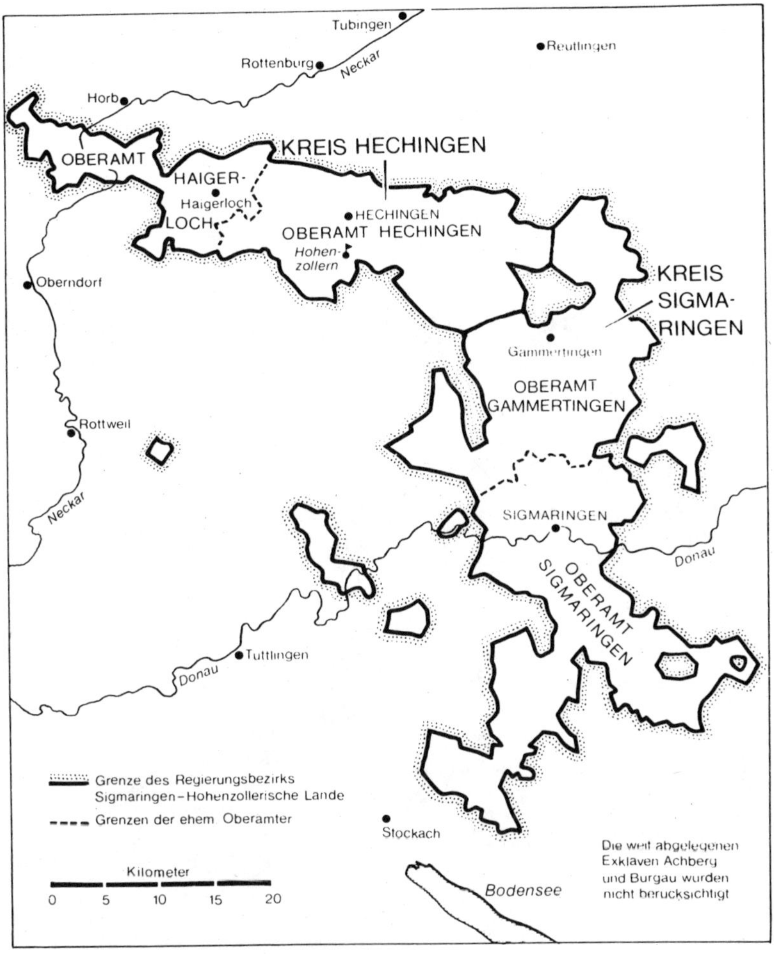

Oberämter mit Kreise im Regierungsbezirk Sigmaringen

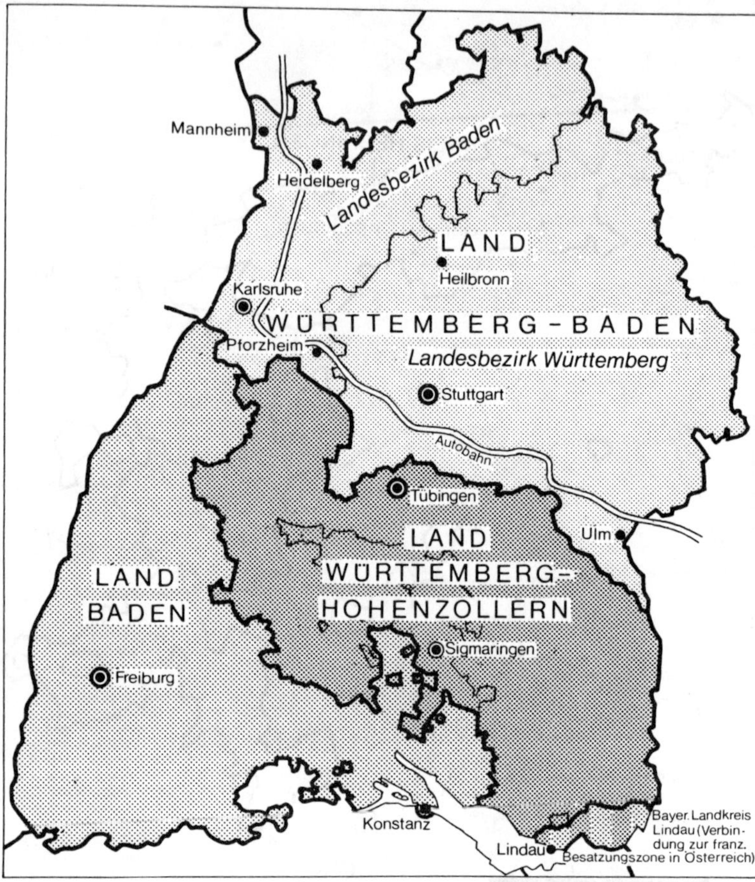

Die Nachklriegsländern im deutschen Südwesten (1945–1952)

Mitstände. Mit dem überraschenden Aufstieg zur Souveränität beginnt die Sonderentwicklung Hohenzollerns.

Das wird an der neuen Stellung des Sigmaringer Fürsten deutlich. Er, dessen Selbständigkeit eben noch vom Erzhaus bedroht war, wird nicht nur auf einen Schlag vom Joch der österreichischen Oberherrschaft befreit, er erhält nun sogar Souveränitätsrechte über Gebiete seiner bisherigen, jetzt der Mediatisierung verfallenen Reichsmitstände. Der Fürst von Fürstenberg, dessen Herrschaftsgebiet am Ende des Alten Reiches dreimal so groß war wie das der beiden hohenzollerischen Fürstentümer zusammen, kommt mit Teilen seiner Gebiete ebenso wie der Fürst von Thurn und Taxis unter hohenzollerische Souveränität. Sie werden, was zunächst in Sigmaringen zu einer gewissen Verlegenheit führt, zu hohenzollerischen Standesherren.

Der Zuwachs, den Reichsdeputationshauptschluß und Rheinbundakte vor allem dem Sigmaringer Haus brachten, läßt sich nicht allein an der Gebietsvergrößerung erkennen. Das Säkularisationsgut von sieben geistlichen Herrschaftsbereichen ging mit allem mobilen und immobilen Besitz für immer in das fürstliche Hausvermögen über. Alle späteren Versuche – bei der Entstehung der Verfassung ebenso wie in den Revolutionen von 1848 und 1918 –, das Säkularisationsgut für den Staat zu reklamieren, blieben erfolglos.

Nachdem die beiden hohenzollerischen Zwergstaaten 1815 zu Mitgliedern des Deutschen Bundes wurden, änderte sich an dem in der napoleonischen Ära gewonnenen Gebietsstand nichts mehr. Die Landesgrenzen, die hohenzollerisches Gebiet jetzt nur noch von württembergischem und badischem trennten, blieben länger als anderthalb Jahrhunderte wie zementiert. Es gelang weder in der Zeit der Fürsten und der preußischen Könige, noch während der Weimarer Republik oder unter der NS-Herrschaft, die willkürlich entstandenen Grenzen auch nur zu korrigieren. Selbst unter französischer Besatzungsherrschaft und in den Ländern Württemberg-Hohenzollern und Baden-Württemberg lebten die alten Landesgrenzen in Gestalt der Landkreise Hechingen und Sigmaringen mit all ihren grotesken Exklaven und Enklaven fort. Erst die große Gebietsreform des Landes Baden-Württemberg, die mit dem Jahr 1973 in Kraft trat, machte Schluß mit den im Mittelalter entstandenen, längst obsolet gewordenen Herrschaftsgrenzen.

Das von einer großen Koalition von CDU und SPD im Stuttgarter Landtag getragene umfassende Reformwerk, das auf die Erhöhung der wirtschaftlichen Leistungsfähigkeit des Landes und die Stärkung der Selbstverwaltung zielte, ging freilich über die in Hohenzollern gehegten Erwartungen hinaus. Es stellte mit der überkommenen Verwaltungsorganisation auch die beiden hohenzollerischen Kreise zur Disposition des Gesetzgebers. Durch die »bewußte Auslöschung der in der Rheinbundzeit entstandenen Grenzen zwischen Württemberg, Baden und Hohenzollern«[5] wurde nun auch der hohenzollerischen Sonderentwicklung ein Ende bereitet. Der Kreis Hechingen ging, mit Ausnahme einzelner Gemeinden, im neugeschaffenen »Zollernalbkreis« auf, der seinen Sitz in Balingen hat. Der neue Kreis Sigmaringen zeigt einen stark veränderten Bestand. Er verlor zahlreiche zollerische Gemeinden und wurde durch vormals württembergische und badische Gebiete beträchtlich vergrößert. Die insgesamt 121 Gemeinden, die bis dahin zu den beiden hohenzollerischen Kreisen gehört hatten, finden sich nach der Gebietsreform auf nicht weniger als neun Kreise verteilt, wenn sie auch mehrheitlich im neuen Kreis Sigmaringen und im Zollernalbkreis liegen. Ein hohenzollerisches Gebiet gibt es nicht mehr.

Nachdem durch die Gebietsreform auch der Hohenzollerische Landeskommunalverband beseitigt und der Regierungsbezirk Württemberg-Hohenzollern nunmehr nach dem Amtssitz Tübingen benannt wurde, verschwand der Name Hohenzollern als staatsrechtlicher Begriff vollkommen. Bei der neuen Bezeichnung »Zollernalbkreis« handelt es sich um keine geschichtliche, sondern, wie gesagt, um eine geographische Namengebung. Seit dem 1. Januar 1973, dem Inkrafttreten des Verwaltungsreformgesetzes, ist Hohenzollern nur noch ein historischer Begriff.

Die Hohenzollern

Die Bewohner der beiden Fürstentümer und der Hohenzollerischen Lande, die sich nach ihrer Herkunft, ihrem Dialekt und ihren Bräuchen nicht generell von ihren jeweiligen Nachbarn und Anrainern unterscheiden, waren nicht nur Objekt der Herrschaft und Verfügungsmasse der Obrigkeit, auch wenn die Entwicklung des Staatsgebiets, in dem sie lebten, rein dynastisch bestimmt war. Das zeigt sich in dem die Zeiten überdauernden Eigenleben der Gemeinden, von denen manche um Jahrhunderte früher namentlich faßbar sind als ihre nachmaligen Landesherren, das kommt in der rechtlichen Stellung der Bewohner als Vertragspartner ihrer hohenzollerischen Grund-, Leib-, Gerichts- und Landesherren zum Ausdruck, und das wird auch manifest in den Kämpfen, die sie in der Stammgrafschaft über viele Generationen hinweg um ihre Rechte führten. Es bleibt aber eine Tatsache, daß weder die Bewohner der hohenzollerischen Fürstentümer noch die der geistlichen und weltlichen Gebiete, die zu Beginn des 19. Jahrhunderts zu Hohenzollern wurden, Einfluß auf ihr Schicksal nehmen konnten.

Mit der Konsolidierung der beiden Kleinstaaten im Vormärz durch die auf Vereinbarung beruhende Verfassung des Sigmaringer Fürstentums, 1833, und die Verfassungsentwicklung in Hohenzollern-Hechingen im Anschluß an den Landesvergleich vollzog sich die rechtliche Emanzipation der Untertanen zu Staatsbürgern. Aber die Fortdauer vieler Feudallasten, die Übervölkerung und die gedrückten Verhältnisse, in denen die ganz überwiegend bäuerlichen Einwohner lebten, führte in beiden Ländchen zu so nachhaltigen Erschütterungen in den Revolutionsjahren 1848/49, daß die von solcher Undankbarkeit schwer gekränkten, um den Domänenbesitz bangenden Fürsten resignierten. »Die Stürme des Jahres 1848 haben unseren Händen jenen patriarchalischen Zauber entwunden, mit welchem zu regieren allein möglich war«, so rechtfertigt Fürst Karl Anton den Souveränitätsverzicht: »Die Durchführung des konstitutionellen Prinzips ist bei kleinen Verhältnissen eine Unmöglichkeit.«[6]

Der Verlust der Eigenstaatlichkeit ist Folge der Vorgänge im Lande, er wird nicht ausgelöst durch Einwirkungen von außen. Die Einverleibung Hohenzollerns durch den preußischen Staat ist keine Annexion, denn die Erbfolgerechte des preußischen Königshauses waren in beiden Landesverfassungen verankert, sie vollzog sich gleichwohl als rechtsverletzender Akt, denn sie setzte sich über die Rechte der beiden Volksvertretungen hinweg.

Die Frage, ob die Hohenzollern 1849/50 lieber württembergisch als preußisch geworden wären, läßt sich nicht beantworten, denn nach ihrem Willen wurde auch jetzt nicht gefragt. Man kann aber vermuten, daß »das wie angeboren wirkende hohenzollerische Ressentiment gegen Württemberg«, das Eberhard Gönner vielfach konstatiert, einer widerspruchslosen Hinnahme der Einverleibung in das Königreich Preußen Vorschub leistete.[7]

Außerdem bemühten sich die neuen Herren um Schonung und Rücksichtnahme. »Zum ersten Mal«, so heißt es im Bericht des königlichen Besitznahmekommissars, »setzt Preußen seinen Fuß tief in den Süden Deutschlands, um hier, so Gott will, Preußischen Geist und Preußische Sitte auf die Dauer heimisch zu machen. Soll dies gelingen, so ist es dringende Pflicht, mit größter Vorsicht zu verfahren und jeden Schritt sorgfältig zu vermeiden, der irgend entfremdend auf die Bevölkerung wirken oder die Tüchtigkeit der bisher nur traditionell hier gekannten Preußischen Verwaltung in Zweifel stellen könnte.«[8] Von kompetenter hohenzollerischer Seite wird denn auch bestätigt, daß die preußische Staatsregierung bei der Eingliederung »wo nötig entschieden, im übrigen aber schonend und durchaus wohlwollend und sachgemäß vorging«.[9]

Eine erste Bewährung als gute Preußen wurde von den Hohenzollern im deutsch-deutschen Krieg von 1866 bewiesen, als württembergische Truppen im Auftrag des Deutschen Bundes das Land besetzten. Es ist aber schwer zu sagen, ob die allgemeine Ablehnung der Württemberger von der traditionellen Animosität gegen Württemberg oder von neu erwachter Sympathie für Preußen bestimmt war. Jedenfalls standen die Hohenzollern auf der Seite der Sieger, ihre Geschicke waren eng verbunden mit den Erfolgen der preußischen Armee und Politik. Der Dienst im preußischen Militär, die Handhabung des Schulwesens und der Lehrerbildung nach preußischem Muster, die Teilnahme an den Wahlen zum Preußischen Abgeordnetenhaus, schließlich die Erfüllung der hohenzollerischen Wünsche auf eine eigene Selbstverwaltungsorganisation förderten die Integration. Über den 1873 errichteten Landeskommunalverband flossen dem wirtschaftlich schwachen Land beträchtliche Entwicklungshilfen zu, sogenannte Dotationen. Die schwäbischen Preußen wurden von Berlin durch »großen Aufwand an Beamten und Geld« gehätschelt, »jeder Einwohner Hohenzollerns«, so stellte der Sigmaringer Regierungspräsident 1909 fest, »kostet dem preußischen Staat alljährlich fast 20 Mark«.[10] Nicht nur Subventionen, auch die Herausstellung Hohenzollerns als »Kaiserstammland« förderten, besonders in der Wilhelminischen Ära, eine borussophile Gesinnung in der Bevölkerung.

Es gab aber seit der Einverleibung in den preußischen Staat auch eine Strömung in Hohenzollern, die sich gegen die verordnete Borussifizierung wandte und hohenzollerisches Selbstbewußtsein, mit dem man »auf eine tausendjährige Vergangenheit zurückschauen« könne, forderte. »Längst strahlte schon das Kreuz von unseren Bergen«, so heißt es in einem bezeichnenderweise anonym in Hechingen 1858 erschienenen Artikel, »längst beteten unsere Urväter an den christlichen Altären, längst waren unsere Täler mit gottgeweihten Stätten besetzt, als Herzog Konrad von Masovien im Jahre 1230 die deutschen Ritter zu Hülfe wider die heidnischen Preußen rief. Auch wir entfalten das Panier einer Geschichte, auch wir haben Namen, auf die wir stolz sein dürfen.«[11] Es ist zu vermuten, daß sich hier auch versteckt Widerspruch gegen die Ausbreitung des mit der preußischen Verwaltung importierten Protestantismus artikuliert, nachdem ein Jahr zuvor in Hechingen die erste evangelische Kirche im Lande eingeweiht worden war.

1867, im selben Jahr, in dem die Fertigstellung des der Verherrlichung der Dynastie dienenden Prachtbaus auf dem Hohenzollern gefeiert wurde, entsteht als bürgerliche Gründung der »Verein für Geschichte und Alterthumskunde in Hohenzollern«, der sich ausschließlich der eigenen Geschichte zuwenden will.

Eine schwere Vertrauenskrise im Verhältnis der hohenzollerischen Bevölkerung zum preußischen Staat brachte der Kulturkampf, der gerade hier besonders rigoros ausgetragen wurde. Der fundamentale politische Umschwung kommt darin zum Ausdruck, daß die hohenzollerischen Wähler seit 1876 nur noch Zentrumsvertreter nach Berlin schickten.

Für Hohenzollern und seine Bewohner entstand eine völlig neue Situation, als mit der Beseitigung der Monarchie 1918 der dynastische Zusammenhang, der die Eingliederung in den preußischen Staat bewirkt hatte, gegenstandslos wurde. Wenn man den Beschlüssen des Kommunallandtages und den Berichten des Sigmaringer Regierungspräsidenten folgt, war es der Wunsch der hohenzollerischen Bevölkerung, den »Anschluß an süddeutsche Verhältnisse« zu finden – »an unser schwäbisches Volkstum« –, falls Württemberg und Baden die Bildung »Großschwabens« gelinge. Auf jeden Fall sollte eine Aufteilung zwischen Württemberg und Baden vermieden, die Integrität des Landes gewahrt und nichts ohne Volksabstimmung verändert werden. Von sich aus auf eine Trennung von Preußen zu dringen, wurde nicht für opportun gehalten. »Trotzdem wäre es falsch«, so heißt es in einer Stellungnahme des neuen Regierungspräsidenten Dr. Belzer von 1920, »das Verhältnis Hohenzollerns zu Preußen als ein enges und gefestigtes anzunehmen«.[12] Belzer war vielmehr der Meinung, die Hohenzollern würden es genießen, sich als etwas besonderes zu fühlen, das habe für ihr Zusammengehörigkeitsbewußtsein größere Bedeutung als ihre Zugehörigkeit zu Preußen. Diese Auffassung scheint der die ganzen Zwanziger Jahre ausfüllende Konflikt zwischen den Regierungspräsidenten und dem Fürstenhaus zu bestätigen, denn dem Repräsentanten Preußens gelang es letztlich nicht, die »Staatsautorität der Republik« gegen die politisch-gesellschaftlichen Ansprüche des Fürsten in der hohenzollerischen Bevölkerung durchzusetzen.[13]

Mit der Machtergreifung durch die Nationalsozialisten verstärkte sich württembergischer Einfluß im Land, denn die NSDAP und ihre Gliederungen waren im Gau Württemberg-Hohenzollern organisiert. Damit entstand eine gewisse Konkurrenz zwischen den Hierarchien von Staat und Partei. Sie wurde freilich – nach der sofortigen Beseitigung des Kommunallandtages, der sich bis dahin als Sprachrohr der hohenzollerischen Bevölkerung verstand – unter möglichstem Ausschluß der Öffentlichkeit ausgetragen. Mehrmals schien die Angleichung der Staats- an die Gaugrenzen unmittelbar bevorzustehen, aber es blieb beim Status quo.

Die Hohenzollern hatten auch keinen Einfluß darauf, daß ihr Land am Kriegsende zur letzten Zuflucht der französischen Vichy-Regierung und nach der militärischen Niederlage des NS-Staates zum Bestandteil der französischen Besatzungszone wurde.

Die französische Militärregierung setzte an die Spitze der preußischen Verwaltung in Sigmaringen einen »Präsidenten von Hohenzollern« und betraute den früheren hohenzollerischen Zentrumspolitiker

Clemens Moser mit diesem Amt. Als im Oktober 1945 eine eigene Verwaltung für den französisch besetzten Südteil Württembergs in Tübingen entstand, verfügte die Militärregierung die verwaltungsmäßige Einbeziehung Hohenzollerns. Moser wurde als Vertreter Hohenzollerns einer der fünf Landesdirektoren. Mit ihm, der weiterhin den Landeskommunalverband leitete, wurden dessen Dienstsitz, das Landeshaus in Sigmaringen, und der Wohnsitz des Fürsten Friedrich von Hohenzollern, Schloß Krauchenwies, zu Zentren einer hohenzollerischen Traditionsbewegung, die nicht müde wurde, für Hohenzollern Eigenstaatlichkeit und Autonomie zu verlangen. Noch 1955, als Hohenzollern mit überwältigender Zustimmung seiner Bewohner längst Bestandteil des Landes Baden-Württemberg war, verlautbarte Prinz Franz Josef von Hohenzollern, der Zwillingsbruder des Fürsten, als Vorsitzender des »Vereins für Geschichte, Kultur- und Landeskunde Hohenzollerns«, man müsse »klar und eindeutig« sagen, »daß die Bevölkerung Hohenzollerns für die Erhaltung der traditionellen Grenzen bis zum Letzten kämpfen wird«.[14] Diese »um das künftige Schicksal Hohenzollerns besorgten Kräfte«, wie sie Staatspräsident Gebhard Müller im Landtag 1948 noch nachsichtig nannte, hatten in der hohenzollerischen Bevölkerung zu keiner Zeit Resonanz mit ihren exorbitanten Wunschvorstellungen.

Der Landtag von Württemberg-Hohenzollern zeigte für das Fortbestehen des Landeskommunalverbandes viel Verständnis und war bereit, »das Echte und Berechtigte des hohenzollerischen Traditionsgefühls« zu respektieren. Die fast einhellige Zustimmung zum »Gesetz über die Selbstverwaltung der Hohenzollerischen Lande« vom 7. September 1950 im Landtag in Bebenhausen war begleitet von zahlreichen, teils sarkastischen Stellungnahmen – Staatspräsident Gebhard Müller rechnete vor: »Während auf den Kopf eines Württembergers im Jahr 1949 ein Defizit von 10,40 DM entfallen ist, entfällt auf den Kopf eines Hohenzollerns ein Defizit von 117,20 DM« – und wohlwollendem Zuspruch, wie etwa dem des Fraktionssprechers der FDP/DVP: »Es ist nun einmal so, daß die Hohenzollern heute ein gewisses Zusammengehörigkeitsgefühl haben und eines politischen Sprachrohrs zu bedürfen glauben.«[15]

Diese Funktion wahrzunehmen, ist dem Landeskommunalverband allerdings in der Folge nur sehr bedingt gelungen. Nicht nur die direkt gewählten Kreistage in Hechingen und Sigmaringen ließen ihn als Selbstverwaltungsorgan in den Hintergrund treten, er fand auch in den politischen Parteien, gerade auch in der den Regierungsbezirk Würtemberg-Hohenzollern dominierenden Landes-CDU, auf Dauer keinen Rückhalt.

Die hohenzollerische Bevölkerung hat ihre Bereitschaft, sich einer staatlichen Neuordnung im deutschen Südwesten anzuschließen, bei den Wahlentscheidungen der Nachkriegszeit überzeugend deutlich gemacht. Bei der Volksabstimmung vom 9. Dezember 1951 bekannten sich über 90 % der hohenzollerischen Wähler zum Südweststaat. Sie hatten sich davon auch nicht durch die ausdrücklichen Warnungen des Freiburger Erzbischofs, ihres Oberhirten, abhalten lassen. Die Bevölkerung Hohenzollerns hat bis zur großen Gebietsreform das Hineinwachsen in Verhältnisse, die ihren stammesmäßigen, geographischen, wirtschaftlichen und kulturellen Voraussetzungen entsprechen, eindeutig mitgetragen. Viele Veränderungen der Lebensverhältnisse haben diesen Prozeß begleitet: die bisher unbekannte Mobilität im Arbeitsleben, das »grenzenlose« Wirken der modernen Medien, die übergreifende Organisation der politischen Parteien und des Vereinswesens, nicht zuletzt die Veränderungen in der Bevölkerung selber. Der Anteil der Vertriebenen und Flüchtlinge schwankte in den einzelnen Gemeinden beträchtlich, erreichte aber überraschende Spitzen, etwa in Veringenstadt und in Hechingen, wo anfangs der Sechziger Jahre ein Drittel der Einwohnerschaft in die Kategorie der Neubürger gehörte. Allerdings waren es die Hohenzollern schon aus der preußischen Zeit gewohnt, nicht nur unter sich zu sein. Fast alle leitenden Stellen im Lande sind von jeher mit Nichthohenzollern besetzt.

Im Gegensatz zu der Zeit nach dem Ersten Weltkrieg besteht seit Jahrzehnten ein spannungsfreies Verhältnis zwischen den besonders in ihrer wirtschaftlichen Position weiterhin einflußreichen Nachfahren des einstigen Herrscherhauses und dem demokratischen Staat, auch mit den Nachkommen ihrer ehemaligen Untertanen. Manche Bürgermeister und Vereinspräsidenten sind beglückt, wenn sie ein Mitglied der alten Dynastie als Protektor für ein Jubiläum gewinnen und ihn beim Festakt mit »Kaiserliche Hoheit« oder »Durchlaucht« begrüßen können, und sie tun es, ohne in den Verdacht mangelnder demokratischer Standfestigkeit zu kommen.

Die Trennung von den letzten Residuen der alten Landesstruktur hat Gefühle der Wehmut ausgelöst, nicht aber einen ernstgemeinten Widerstand in der Bevölkerung. Es ist bezeichnend, daß der Abschied den Hechingern schwerer fiel als den Sigmaringern, denn ihre Kommune büßte ihre traditionelle, aus der Residenzstadtzeit stammende Mittelpunktfunktion ein. Im übrigen macht gerade in Hechingen die »Bürgeraktion Zollern-Alb-Kreis« deutlich, in welchem Maß von der Basis auf einzelne Entscheidungen der Kreisreform Einfluß genommen werden konnte. Aber hier ging es schon mehr um lokale Interessen und um die »Fortführung der hohenzollerischen Tradition in einem neuen Zollern-Alb-Kreis« als um den Fortbestand der alten Landesgrenzen.[16]

Das Zusammengehörigkeitsbewußtsein der Hohenzollern hat seine Wurzeln in dem historischen Sonderweg, auf den sie ihre dynastisch bestimmte Geschichte geführt hat. Erst unter den Bedingungen demokratischer Entscheidungsprozesse wurde ihre Integration in ein ihnen gemäßes größeres Ganzes möglich.

Zu diesem Buch

Nach dem bisher gegebenen Überblick ist es nicht zu erwarten, daß unser in den »Schriften zur politischen Landeskunde Baden-Württembergs« erscheinender Band sich als ein Requiem auf Hohenzollern präsentiert, als trauerndes Gedenken an ein historisches Gebilde, das willkürlich verschwinden mußte, als zu Beginn der Siebziger Jahre eine »Welle der Reformfreudigkeit«[17] über Baden-Württemberg hereinbrach. Hohenzollern ist – im wahrsten Sinne des Wortes – im Land Baden-Württemberg aufgegangen.

Es entspricht der Zielsetzung der Reihe, die geschichtlich bedingten Besonderheiten der einzelnen Landesteile in den Blick zu rücken und in ihrem Eigenwert zu würdigen. Das will der Band für Hohenzollern erreichen. Er wurde maßgeblich konzipiert von Hans-Georg Wehling, dem Herausgeber der gesamten Reihe. Mit ihm gemeinsam gelang es, die Themen der einzelnen Beiträge abzugrenzen und kompetente Autoren zu gewinnen.

Von vorneherein bestand Einverständnis darüber, daß der Band keine »Geschichte Hohenzollerns« sein kann. Es soll vielmehr versucht werden, die Sonderentwicklung, die Hohenzollern seit Anfang des 19. Jahrhunderts zwischen Württemberg und Baden genommen hat, unter verschiedenen Gesichtspunkten zu verdeutlichen. In diesem Sinne übernehmen die ersten beiden Beiträge die Aufgabe, die naturräumlichen und geschichtlichen Voraussetzungen aufzuzeigen. Einer ausführlicheren Darstellung der staatlichen und politisch-sozialen Entwicklung Hohenzollerns im 19. und 20. Jahrhundert schließen sich ihrer Bedeutung für die Geschichte des Landes entsprechend eigens thematisierte, ebenfalls im Längsschnitt angelegte Beiträge an: zur Bevölkerungs- und Wirtschaftsgeschichte von Hermann Grees, zur Kulturgeschichte von Andreas Zekorn und zur Geschichte der Juden in Hohenzollern von Joachim Hahn. Für diese Überblicke kann jedoch das Erreichen der Souveränität keine plausible Zäsur sein; sie greifen deshalb zeitlich weiter zurück, auch wenn ihre Schwerpunkte in der neuesten Geschichte liegen. Sie werden ergänzt durch die ereignisgeschichtlichen Beiträge über die Revolution von 1848/49 und die Abtretung der Fürstentümer an Preußen von Eberhard Gönner und über die Episode der Vichy-Regierung 1944/45 in Sigmaringen von Otto Becker.

Der Wunsch, dem Band durch die Aufnahme einer notwendig begrenzten Anzahl von Kurzbiographien spezifisches Kolorit mitzugeben, erforderte bei der Auswahl Entscheidungen, die nicht alle von Willkür freizusprechen sind. Von vorneherein verzichtet wurde auf zeitgenössische, in Hohenzollern geborene Persönlichkeiten, zumal man weder den ehemaligen Ministerpräsidenten des Landes Lothar Späth oder den Vorsitzenden der Deutschen Bischofskonferenz Karl Lehmann, die beide in Sigmaringen geboren sind, noch den Bundesaußenminister Klaus Kinkel, der in Hechingen aufgewachsen, oder den langjährigen DDR-Spionagechef Markus Wolf, der gebürtiger Hechinger ist, als besonders typische Hohenzollern reklamieren kann.

Die Auswahl fiel auf Personen, die in der Vergangenheit durch ihr Wirken in und für Hohenzollern besonders in Erscheinung getreten sind: so die 1848 in die Paulskirche gewählten Abgeordneten Pfarrer Blumenstetter, Pfarrer Sprißler und Advokat Würth, durch die auch die Verbindung der lokalen mit der nationalen Revolution hergestellt wird, so der an seiner republikanischen Haltung gescheiterte Regierungspräsident Alfons Scherer, die erfolg- und einflußreiche Hoffaktorin Madame Kaulla, der im Lande unvergessene »Waisenvater« Pfarrer Geiselhart, der Gründungsabt Maurus und sein Bruder und Nachfolger Placidus Wolter von Kloster Beuron, der einzigen Institution in Hohenzollern, der man eine geistige Ausstrahlung über das Land hinaus nachsagen kann, und Pater Desiderius Lenz, dessen Name für die von Beuron ausgehende Erneuerungsbewegung der sakralen Kunst steht, schließlich noch zwei für die Geschichte Hohenzollerns eminent bedeutsame Angehörige der fürstlichen Familie, Fürstin Amalie Zephyrine von Hohenzollern-Sigmaringen, ohne die es wohl eine Sonderentwicklung Hohenzollerns kaum gegeben hätte, und ihr Enkel Fürst Karl Anton, die bedeutendste Erscheinung im Fürstenhaus seit den Renaissancegestalten des 16. und 17. Jahrhunderts.

Die Berücksichtigung von drei in Hohenzollern geborenen aber im Lande selber nicht hervorgetretenen Persönlichkeiten ist zu begründen. Der in Sigmaringen geborene Arzt Theodor Bilharz ist durch die Entdeckung der nach ihm benannten Tropenkrankheit eine markante Figur der Medizingeschichte, was auch in Hohenzollern bewußt ist. Anders dagegen Paul Levi aus Hechingen. Er gehört zu den profiliertesten sozialistischen Akteuren der Weimarer Republik, ein Gescheiterter, der es verdiente, in der komplizierten Geschichte des demokratischen Sozialismus stärker, in seiner Heimat aber überhaupt wahrgenommen zu werden. Auch Markus Roy aus Sigmaringen würde, streng genommen, nicht ins Konzept gehören, zumal er im 16. und 17. Jahrhundert lebte und außerhalb Hohenzollerns wirkte. Da er aber als Heiliger Fidelis von Sigmaringen nicht nur als Stadtpatron und als hohenzollerischer Landespatron, sondern weltweit Verehrung findet, ist auch ihm ein Beitrag gewidmet.

Hohenzollern hat das Glück, über eine hervorragende, die gesamte hohenzollerische Literatur bis einschließlich 1972 erfassende Bibliographie zu verfügen, die den beiden letzten Leitern des Sigmaringer Hausarchivs, Rudolf Seigel und Walter Bernhardt, zu verdanken ist. Von 1973 an sind die Zollerana in der Landesbibliographie von Baden-Württemberg nachgewiesen. Besonders hilfreich ist das noch im Erscheinen begriffene Handbuch der Baden-Württembergischen Geschichte, in dem Hohenzollern in profunden Beiträgen Berücksichtigung findet. Dort wird auch wesentlich ausführlicher als es in unserem Band sinnvoll ist, zum Stand der Forschung Stellung genommen und auf die Quellen- und Literaturlage eingegangen.

Dem 1867 gegründeten Hohenzollerischen Geschichtsverein gebührt das Verdienst, daß er in seiner inzwischen 116 Bände umfassenden Zeitschriftenreihe nahezu unser ganzes geschichtliches Wissen über Hohenzollern festgehalten hat. Er ist heute, obgleich er sein Arbeitsfeld über die alten Grenzen hinaus erweitert hat, mit seinen mehr als 800 Mitgliedern der aktivste Verwalter hohenzollerischer Vergangenheit. Die Erinnerung an sie hält er auch noch in einem informationsreichen, oft hervorragend bebilderten heimatkundlichen Organ fest, das viermal jährlich erscheint, der »Hohenzollerischen Heimat«.

Dem Band sind Karten, Schaubilder, Wahlstatistiken und genealogische Übersichten beigegeben,[18] er enthält aber, dem Stil der Reihe entsprechend, keine Bilder. Er schließt mit einem Literaturverzeichnis, das auch auf Bildbände und Kunsthandbücher verweist, sowie mit Personen- und Ortsregister.

Der Herausgeber ist allen Autoren für ihr verständnisvolles Eingehen auf die Konzeption des Bandes und für ihre freudige Bereitschaft zur Mitarbeit zu Dank verpflichtet. Herrn Professor Wehling von der Landeszentrale und Herrn Dr. Schweickert vom Kohlhammer-Verlag, deren Geduld er in hohem Maß in Anspruch nahm, will der Herausgeber für ihr liebenswürdiges, vertrauensvolles Zusammenwirken besonders herzlich danken. Er, Siegfried Schiele und Hans-Georg Wehling als die Herausgeber der gesamten Reihe widmen diesen Band ihrem akademischen Lehrer Theodor Eschenburg.

Anmerkungen

1 Moser, Johann Jacob: Von denen Teutschen Reichs-Ständen, der Reichs-Ritterschaft, auch denen übrigen unmittelbaren Reichs-Gliedern. Neues Teutsches Staatsrecht Bd. 4. Stuttgart 1767, S. 608
2 Hintze, Otto: Die Hohenzollern und ihr Werk. 500 Jahre vaterländischer Geschichte. Berlin 1915
3 Bothe, Rolf: Burg Hohenzollern. Von der mittelalterlichen Burg zum nationaldynastischen Denkmal im 19. Jahrhundert. Berlin 1979, S. 261 f.
4 Zekorn, Andreas: Zwischen Habsburg und Hohenzollern. Verfassungs- und Sozialgeschichte der Stadt Sigmaringen im 17. und 18. Jahrhundert. Diss. Tübingen 1989 (masch.), dort auch das Zitat aus dem Memorial, hinter dem die Orte Hausen am Andelsbach, Rulfingen, Rengetsweiler und Kalkreute stehen, S. 674
5 Grube, Walter: Vogteien, Ämter, Landkreise in Baden-Württemberg. Hrsg. vom Landeskreistag Baden-Württemberg, Bd. I, Stuttgart 1975, S. 134
6 Zingeler, Karl Theodor: Karl Anton Fürst von Hohenzollern. Stuttgart u. Leipzig 1911, S. 47
7 Gönner, E.: Die Revolution von 1848/49 in den hohenzollerischen Fürstentümern und deren Anschluß an Preußen. Hechingen 1952, S. 172; ders.: Hohenzollern und Württemberg. In: Bausteine zur geschichtlichen Landeskunde von Baden-Württemberg. Stuttgart 1979, S. 239–254; ders.: Hohenzollern und Württemberg – Geschichtliche Kräfte im Zollernalbkreis. In: Zollernalb-Profile, Jahrbuch des Kreises Bd. 3, Balingen 1993, S. 9–26
8 Kuhn-Rehfus, Maren: Die Integration Hohenzollerns in Preußen. In Baumgart, Peter (Hrsg.): Expansion und Integration. Köln/Wien 1984, S. 306
9 [Eisele, Fridolin]: Hohenzollern unter preußischer Verwaltung. In Dove, Alfred (Hrsg.): Im neuen Reich, 2. Jahrg., 1872, Bd. 1, S. 557
10 Bradler, Günther: Eine Vorstufe zur Entstehung des Bundeslandes Baden-Württemberg: Der »Großschwaben-Plan« des preußischen Regierungspräsidenten Dr. Emil Belzer innerhalb der Diskussion um die »Reichsreform« in den Jahren 1920 bis 1922. In: Zeitschrift für Hohenzollerische Geschichte 13, 1977, S. 95
11 Hohenzollerisches Wochenblatt, Nr. 110 v. 1. 10. 1858. Zitiert nach Kallenberg, Fritz: Landesgeschichte in Hohenzollern. In: Zeitschrift für Hohenzollerische Geschichte 15, 1979, S. 64
12 Zitate nach Bradler, S. 106 f.
13 Kallenberg, Fritz: Die Staatsautorität der Republik. Der preußische Regierungspräsident, der Fürst von Hohenzollern und die Stadt Sigmaringen 1919–1933. In: Deutschland und Europa in der Neuzeit. Festschrift für Karl Otmar Frhr. v. Aretin zum 65. Geburtstag, Stuttgart 1988, S. 751–779
14 Hohenzollerische Jahreshefte 15, 1955, S. XX
15 Vorhergehende Zitate bei Kallenberg, Landesgeschichte S. 31 f., 35 f.
16 Steim, Karl-Werner: Die Bürgeraktion Zollern-Alb-Kreis (1971). In: Zollernalb-Profile, hrsg. vom Zollernalbkreis Bd. 3, Balingen 1993, S. 80
17 Birn, Willi K.: Die Hohenzollerischen Lande in Baden-Württemberg. In: Zeitschrift für Hohenzollerische Geschichte 19, 1983, S. 194
18 Hier ist dem Kollegen Rudolf Seigel für die freundschaftliche Überlassung mehrerer Vorlagen besonders zu danken.

Hermann Grees

Die naturräumliche Ausstattung

Hohenzollern, wie es aus der territorialen Neuordnung zu Anfang des 19. Jahrhunderts hervorging, hat als Territorium eine ungewöhnliche Gestalt. Dies gilt auch für die beiden Kreise Hechingen und Sigmaringen, in die es 1925 aufgeteilt wurde und die bis zur Kreisreform von 1972 weiterbestanden.

Die preußischen »Hohenzollernschen Lande« zogen sich mit einer Länge von etwa 120 km und einer Breite bis zu knapp 30, stellenweise aber auch nur einem Kilometer als ein Band mit stark gebuchteten Rändern und einigen Enklaven (z. B. Mägerkingen, Bronnen, Hausen, heute Kreis Sigmaringen) vom Nordrand des Bodenseebeckens (Altgemeinde Oberndorf) über das obere Neckartal bis nahe an den Ostrand des Schwarzwaldes (Altgemeinde Dettlingen). Dazu kamen zehn Exklaven, die im badischen und württembergischen Gebiet lagen (darunter als die am weitesten entfernte Achberg, heute Kreis Ravensburg, ferner Beuron-Bärenthal, Langenenslingen-Billafingen, heute Kreis Biberach, Igelswies, Thalheim und Wilflingen, heute Kreis Rottweil). Der Altkreis Sigmaringen erstreckte sich dabei im wesentlichen von Süden nach Norden, mit dem Kreis Hechingen bog das schlauchförmige Territorium nach West bis Nordwest um.

Damit queren die Hohenzollernschen Lande die Folge der etwa senkrecht dazu verlaufenden Landschaftsstreifen des südwestdeutschen Stufenlandes. Seine nach Südosten einfallenden Gesteinsschichten des Erdmittelalters sind verschieden mächtig und leisten der Abtragung gegenüber sehr unterschiedlichen Widerstand, wodurch es zu einer Aufeinanderfolge von Ebenheiten und Geländestufen kommt. Daraus ergibt sich für den hohenzollerischen Ausschnitt eine außergewöhnliche landschaftliche Vielfalt auf engstem Raum. Die Benennungen der Umgangssprache für die einzelnen Teile orientieren sich an den markantesten Erscheinungen, d. h. vor allem an dem Gegensatz zwischen

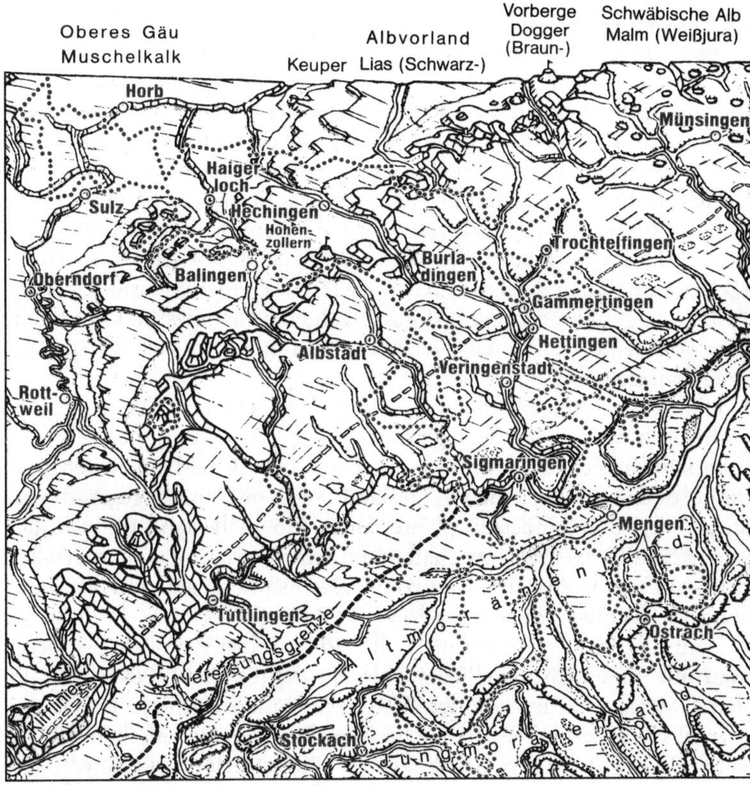

1. Hohenzollern in seinem landschaftlichen Rahmen

punktiert: einstige Landesgrenze von Hohenzollern

Aus: Georg Wagner und Adolf Koch, Raumbilder zur Erd- und Landschaftsgeschichte Südwestdeutschlands.
Veröff. der Landesbildstellen von Baden u. Württemberg Bd. III. Schmiden b. Stuttgart 1961. Ausschnitt aus Farbbild 14, ergänzt.

dem Anteil Hohenzollerns an der Schwäbischen Alb, für den sich die Bezeichnung »Zollernalb« durchgesetzt hat, und ihren Vorländern im Nordwesten und Südosten. Über das nordwestliche Vorland, das »Unterland«, erhebt sich die Zollernalb mit einer stark gegliederten Steilstufe, dem Trauf, um mehr als 300 m. Davor ragt als sog. »Zeugenberg«, als Zeuge für das allmähliche Zurückweichen des Albtraufs, der Zoller auf mit der Stammburg der Hohenzollern. Der Landesteil, der sich an den wenig ausgeprägten Albrand im Südosten anschließt, liegt höher als das nordwestliche Vorland. Es ist das »Oberland« hauptsächlich im Süden der Donau, das als Teil des Alpenvorlandes aus den Ablagerungen der tertiären Molasse aufgebaut ist, dessen Oberfläche aber von den eiszeitlichen Gletschern und ihren Schmelzwässern geprägt wurde.

Die Bezeichnungen Ober- und Unterland werden aber nicht ganz einheitlich verwendet. Gelegentlich wird auch die Zollernalb zum Oberland gerechnet und zusammen mit dem Oberland im engeren Sinne dem tieferliegenden Unterland im Nordwesten gegenübergestellt. Diese drei Landesteile, Unterland – Alb – Oberland, die sich auch in den Siedlungs- und wirtschaftsräumlichen Verhältnissen unterscheiden, sind aber in Abhängigkeit vom Gesteinsuntergrund und den Lagerungsverhältnissen in sich noch weiter untergliedert.

Zum Unterland gehören die hohenzollerischen Anteile am Oberen Gäu mit seinem Muschelkalksockel um den oberen Neckar und um den Unterlauf seiner aus der Alb kommenden Zuflüsse Eyach und Starzel sowie der hohenzollerische Ausschnitt des eigentlichen Albvorlandes, das sich auf dem Schwarzen Jura (Lias) ausbreitet und von dem aus die Albvorberge aus Braunem Jura (Dogger) zum Albtrauf überleiten.

Mit seinem westlichsten Zipfel jenseits des oberen Neckars, den Gemeinden der ehemaligen Herrschaft Glatt, die 1803 vom Kloster Muri an Hohenzollern-Sigmaringen kamen, hatte das hohenzollerische Gebiet noch Anteil am Heckengäu. Hier tritt der Obere oder Hauptmuschelkalk unmittelbar an die Oberfläche. Die Äcker auf den verkarsteten Höhen haben eine verhältnismäßig dünne Bodenkrume aus Kalkverwitterungslehm. Einen eindrucksvollen Gegensatz dazu bilden die tiefen Täler der Glatt und ihrer Nebenbäche, die sich bis auf den Oberen Buntsandstein eingeschnitten haben. Ihre steilen Flanken sind bis oben hin bewaldet, die wasserreichen Talauen und die flacheren Hänge werden als Wiesen- und Ackerland genutzt.

Zum fruchtbaren, überwiegend offenen Korngäu gehören innerhalb Hohenzollerns die von Trockentälern modellierten, vom Eyach- und vom Starzeltal zerschnittenen Ackerebenen östlich des oberen Nekkars. Sie senken sich gegen Osten von etwa 550 bis auf rund 450 m jenseits des Starzeltals und finden in der bewaldeten Stufe des Mittleren Keupers südöstlich von Gruol, Owingen, Stetten und Rangendingen ihre markante Grenze. In diesem Teil des Oberen Gäus ist über dem verkarsteten Hauptmuschelkalk die unterste Keuperschicht, der Lettenkeuper mit seinen Mergel- und Sandsteinlagen, größtenteils erhalten geblieben. Deren Verwitterungsresten und vor allem dem verbreitet darauf liegenden Lößlehm verdanken die Äcker ihre fruchtbaren Böden. Von Stetten oberhalb Haigerloch und von Rangendingen an haben sich die beiden wichtigsten Flüßchen im Hauptmuschelkalk enge, vielfach gewundene, von steilen Felsen gesäumte Täler geschaffen. Für das attraktive Landschaftsbild, das dadurch entstand, ist ja besonders das alte Städtchen Haigerloch bekannt. Wo die Talsohlen den mittleren Muschelkalk erreichen, das sog. Anhydritgebirge, weiten sich die Täler; ihre Hänge werden flacher. Das ist vor allem darauf zurückzuführen, daß der Mittlere Muschelkalk Lagen von Anhydrit, Gips und Steinsalz enthält, die vom Wasser leicht aufgelöst werden können. Dadurch kommt es zum Nachsacken und Abrutschen der darüberlagernden Kalke und Mergel und zur Anhäufung von Gesteinsschutt am Fuß der Talhänge. Der Gips des Mittleren Muschelkalks wurde früher in Imnau, Glatt und Dettingen abgebaut. Das Steinsalz wurde 1850 in Stetten bei Haigerloch erbohrt und wird dort seitdem bergmännisch gewonnen. Das seit Jahrhunderten genutzte Mineralwasser von Bad Imnau, ein »Säuerling« mit Spuren von Mangan und Eisen (daher früher auch »Stahlbad«) stammt ebenfalls aus dem Mittleren Muschelkalk. Der starke Kohlensäuregehalt und die auch sonst im Eyachtal, z. B. im Salzbergwerk Stetten, und in benachbarten Teilen des Neckartals austretende Kohlensäure hängt mit einer Schichtaufwölbung im tieferen Untergrund zusammen, was sich auch in einem überdurchschnittlich starken Temperaturanstieg mit fortschreitender Tiefe zeigt (geothermische Tiefenstufe 18 m/°C, sonst 32 m/°C).

Das Wasser, das auf der Gäuhochfläche versickert, tritt in den Tälern in ergiebigen Karstquellen wieder aus, die z. T. der öffentlichen Wasserversorgung dienen, so die Karstquelle bei der Hirrlinger Mühle im Starzeltal für die Starzel-Eyach-Gruppe mit Sitz in Haigerloch.

Der Keuperstufe, die das hohenzollerische Gäuland im Südosten und Südwesten begrenzt, ist ein unruhiges Hügelland im sog. Gipskeuper vorgelagert, dessen relativ schwere Böden vor allem durch Streuobstwiesen oder auch sonstiges Grünland genutzt werden. Am weitesten dehnt sich dieses Gelände in den breiten Stufenrandbuchten der Eyach bei Owingen und der Starzel bei Rangendingen aus, wo früher wie in Empfingen auch Gips abgebaut wurde. An den Sonnenhängen gab es dort auch einmal Weinberge, was auf das relativ milde Klima hinweist.

Am Nordostrand des Kleinen Heubergs, mit dem im Bereich einer tieferliegenden Scholle das Albvorland weit nach Nordwesten vorstößt, liegt ein ausgedehnteres Keuperwaldgebiet. An ihm hat Hohenzollern zu beiden Seiten des weiten Gipskeupertals der Stunzach, in dem Heiligenzimmern liegt, ebenfalls einen kleinen Anteil. Hier ist der Schilfsandstein, der früher als Baustein sehr geschätzt war, relativ mächtig. Im übrigen bildet der Stubensandstein über den Hängen der Bunten Mergel einzelne Rücken oder eine von steilen Bachrissen aufgeschlitzte Terrasse, von der aus die rutschgefährdeten Knollenmergelhänge zu den offenen Liasplatten des Albvorlandes hinaufführen.

Die Stufenkante und die sich daran anschließenden Ackerplatten des Albvorlandes werden von den teils kalkigen, teils sandigen Schichten des unteren Schwarzen Juras (Lias) gebildet. Sie sind durch die von der Stufe heraufgreifenden Keupertälchen in einzelne Zungen gegliedert. Auch das übrige Lias-Albvorland ist hier nicht einfach eine im Sinne der allgemeinen Schichtneigung zur Alb hin abfallende Tafel, sondern ist durch den raschen Gesteinswechsel zwischen Kalk, Mergel und Ton sowie die zahlreichen Bäche und einige Verwerfungen in der Verlängerung des Hohenzollerngrabens sehr abwechslungsreich gestaltet. Eher macht es den Eindruck eines flachen, freundlichen, dicht besiedelten Hügellandes, dem der Wald fast völlig fehlt. Die sanfte Stufe, mit der das Gelände zu der bekannten Ölschieferbank des Lias epsilon ansteigt, wird ebenfalls immer wieder durch Tälchen unterbrochen. Wiederholt hat man versucht, den hohen Ölgehalt (bis zu 10 %) dieser dunklen, dünnplattigen, sehr fossilienreichen »Schiefer« zu nutzen, so schon in der 1857 in Bisingen gegründeten »Julienhütte« zur Herstellung von Lampenöl und Paraffinkerzen, aber ohne dauernden Erfolg, und schließlich gegen Ende des Zweiten Weltkriegs zur Gewinnung von Treibstoff durch den unmenschlichen Einsatz von KZ-Häftlingen. Heute ist die Nutzung nur noch im Zusammmenhang mit der Zementherstellung im nahen Dotternhausen rentabel.

Die mageren Äcker auf dem Ölschieferuntergrund und auf den Mergeln des obersten Lias gehen unvermerkt über in die grünlandreiche Zone der etwa 100 m mächtigen Tone des unteren Braunjuras (Opalinuston), deren schwere, wasserstauende, zu Rutschungen neigende Böden eine andere Nutzung kaum zulassen. Früher lieferten sie das Material für mehrere Ziegeleien. Sie säumen mit ihren ausgedehnten Streuobstwiesen den Hangfuß der Albvorberge und ziehen als Ebenheiten weit in die Albrandbuchten des Klingenbachs (Thanheim), des Weidenbachs (Zimmern), des Reichenbachs (Boll) und der Starzel (Schlatt) hinein. Wo sie die unteren, teilweise bewaldeten Hänge des Albtraufs bilden, sind sie mit Weißjura-Verwitterungsschutt überdeckt, der sich vor allem in den pleistozänen (eiszeitlichen) Kaltzeiten hier angesammelt hat oder auch von jüngeren Bergstürzen herrührt.

Unter den aus den Schichten des mittleren und oberen Doggers aufgebauten Albvorbergen nimmt der mit seinen 855 m alles überragende Zoller, nur durch einen Sattel vom Albtrauf getrennt, eine Sonderstellung ein. Er liegt wie das Zeller Horn und der Raichberg hinter ihm im sog. Hohenzollerngraben und ist damit tektonisch um etwa 100 m abgesenkt. Dadurch kam der harte Weißjurakalk, der heute seine Kappe bildet, in eine leichter ausräumbare Umgebung und hält seitdem seine Abtragung auf. Mit dem Hohenzollerngraben hängt es auch zusammen, daß Hohenzollern mit seiner Umgebung zu den Regionen in Deutschland gehört, die am häufigsten von Erdbeben heimgesucht werden. Neben zahlreichen schwächeren Erdstößen haben z. B. die Beben von 1911, 1943 und 1978 erhebliche Schäden angerichtet.

Der obere Braunjura enthält auch härtere Schichten, was z. B. zur Ausbildung einer hohen Terrasse am Albtrauf über dem Starzeltal geführt hat, die sogar Platz für das Dörflein Beuren bietet (684 m). Sonst aber geschieht der Übergang des Braunen zum Weißen Jura am Steilhang des Albtraufs unter einem dicken Hangschuttmantel fast unmerklich.

Die Ebenheit des »Heufeldes« (um 800 m) mit den drei hohenzollerischen Dörfern Melchingen, Ringingen und Salmendingen, das zur sog. »Schichtflächenalb« gehört, wird von den gebankten Kalken des Weißen Juras beta gebildet. Die auf dem offenen Heufeld aufragenden Hügel, darunter der Kornbühl mit der bekannten Salmendinger Kapelle (886 m), sind Überreste eines höheren Weißjurastockwerks, dessen Stufe aus Massen- oder Schwammkalken (Weißjura delta) das Heufeld im Süden und Westen begrenzt und den Übergang zur sog. »Kuppenalb« bildet.

Hier ist der Albtrauf also zweistufig, während er sich weiter im Nordosten in einem kaum unterbrochenen Aufschwung zum höchsten Stockwerk erhebt. Dies gilt auch für die Talhänge des hinteren Starzel- oder Killertals (benannt nach Killer, dem alten Kirch- oder Kilchweiler). In dem dicht besiedelten Tal sind selbst die zerfurchten und von Rutschmassen modellierten Hänge bis weit hinauf gerodet und als Grünland genutzt, nur die ausgesprochenen Steilhänge sind bewaldet.

Der Talpaß zwischen Hausen im Killertal und Burladingen im Fehlatal (736 m) bietet Straße und Bahn einen wichtigen Übergang für den Verkehr über die Alb, den schon die Römer zur Anlage eines Kastells nutzten. Wie an anderen Stellen, z. B. im benachbarten Eyach-Schmiechtal, hat auch hier ein altes, zur Donau gerichtetes Tal, das »Urfehlatal«, durch das Zurückweichen des Albtraufs seinen Oberlauf an einen jüngeren, zur sehr viel tiefer liegenden Erosionsbasis gerichteten und dadurch aggressiveren Nebenfluß des Neckars verloren, eben an die Starzel. Der »Strunkpaß« des »geköpften« Fehlatals gehört also zur »Europäischen Wasserscheide«, die hier unmittelbar hinter dem Albtrauf verläuft. Das ursprüngliche Haupttal der Fehla wurde zu einem Nebental der Lauchert, die auf dem Heufeld bei Melchingen entspringt. Das Laucherttal, zusammen mit dem Killer-Fehlatal und dem Seckachtal, wurde zu einer zentralen Verkehrs-, Wirtschafts- und Siedlungsachse der nördlichen Hohenzollernschen Lande.

Im oberen Weißjura wechseln mächtige Schwammriffe, die auf dem Boden des damals relativ flachen und warmen Jurameeres aufgewachsen sind, mit geschichteten Kalken und Mergeln, die dazwischen abgelagert wurden. Fehla und Lauchert sowie ihre z. T. längst trockengefallenen Nebenbäche haben daraus ein unruhiges Hügelland geschaffen, das zur sog. Kuppenalb gehört. Die Schichtgesteine zwischen den hochgradig verkarsteten, d. h. wasserdurchlässig gewordenen, z. T. dolomitisierten Massenkalkstöcken lassen sich leichter abtragen als die Riffe selbst. Diese blieben stehen und bilden heute die von einem unregelmäßigen Netz von Tälern, meist Trockentälern, durchzogenen Kuppen der Kuppenalb. Wie auf der ganzen Alb gibt es auch hier Erdfälle und Höhlen als Folge der Verkarstung, z. B. die nahe Bärenhöhle als Schauhöhle oder die durch ihre vorgeschichtlichen Funde bekannten Höhlen bei Veringenstadt. An den Talrändern und am Trauf treten die Massenkalkriffe auch als Felstürme in Erscheinung. Eine dieser Kuppen ist der Augstberg bei Steinhilben (849 m), von dessen Aussichtsturm sich ein Überblick über den hohenzollerischen Teil der Kuppenalb wie auch auf die südlich anschließende Flächenalb gewinnen läßt, bei guter Sicht auch auf das Alpenpanorama in der Ferne.

Die Kuppen sind meist bewaldet, oft sind aus früheren Wäldern durch fortwährende starke Beweidung auch Wachholderheiden geworden, die heute anstelle der Schafe durch Pflegemaßnahmen offengehalten werden müssen. In den Trockentälern liegen die Äcker auf dem Talboden, wo sich vor allem durch das eiszeitliche Bodenfließen von den Hängen herab ein tiefgründiger Boden angesammelt hat, während die flachgründigen Hänge oft Wiesen oder Weiden überlassen werden. In den heute noch durchflossenen Tälern von Fehla, Lauchert und Seckach liegen die Wiesen natürlich im Talgrund, z. T. als Wässerwiesen.

Bei Neufra und Gammertingen quert, von Harthausen auf der Scheer kommend, die ehemalige Küstenlinie des Tertiärmeeres (Obermiozän) in der Richtung von SW nach NO das untere Fehla- und das Laucherttal. Dieses einstige Kliff bildet die Grenze zwischen der Kuppenalb im Norden und der Flächenalb im Süden, die ihr Relief z. T. der einebnenden Arbeit des Meeres verdankt. Ihr hohenzollerischer Teil ist aber trotzdem sehr abwechslungsreich gestaltet. Auf der überwiegend als Ackerland genutzten Hochfläche wechseln niedrige Höhenrücken mit Mulden, die in den mergeligen Schichten des obersten Weißen Juras ausgeräumt wurden, und mit flachen Trockentälern, die sich dem Lauchert- und Schmeie- (oder Schmiecha-)tal sowie dem Donautal zu immer stärker eintiefen.

Links und rechts des Laucherttals sind auf der Höhe um Inneringen-Billafingen und um Benzingen-Blättringen ausgedehnte Schotterfelder der sog. Juranagelfluh erhalten, z. T. verbackene, grobe Kalkgerölle, die im oberen Tertiär von einer auf diesem Niveau fließenden »Ur-Lauchert« und einer »Ur-Schmiecha« abgelagert wurden. Sie sind vor allem deshalb auch heute noch wichtig, weil sie Quellwasser liefern und nicht verkarstet sind wie ihre Umgebung. Weiter im Süden finden sich Schotter einer jungtertiären Donau, die vor der stärkeren Heraushebung der Alb noch hier floß. Tertiären Alters sind auch die Bohnerze, die in Spalten und Klüften des oberen Weißjuras eingeschwemmt wurden und die gerade auf der Zollernalb noch im 19. Jh. zur Belieferung der Eisenwerke in Laucherthal und Thiergarten intensiv abgebaut wurden.

Das in den oberen Weißjura eingetiefte Laucherttal mit seinen zahlreichen Windungen, Terrassen und Wiesenmäandern verläuft in einem tektonischen Graben, der, im Unterschied zum Hohenzollerngraben, auch heute noch als Senke in Erscheinung tritt, besonders durch eine markante, bei Hochberg etwa 100 m hohe Stufe an seinem fast durchgehend bewaldeten Ostrand. Dieser Lauchertgraben ist jünger als der Hohenzollerngraben, von dessen diagonaler Richtung er sich durch seinen Nord-Süd-Verlauf deutlich absetzt. Das relativ junge Alter zeigt sich auch darin, daß von dem Einbruch die jungtertiären Nagelfluh- und Donauschotter z. T. ebenfalls erfaßt wurden.

Enger und windungsreicher noch als das Laucherttal ist das etwa 150 m tief eingeschnittene Schmeietal, besonders in seinem untersten Teil, in dem kaum Platz für eine Straße ist und die Bahn durch Tunnel geführt werden muß. Die Dörfer unterhalb von Straßberg liegen etwas erhöht auf älteren Talterrassen.

Noch romantischer wird die Szenerie im felsgesäumten, etwa 200 m eingetieften Durchbruchstal der Donau durch die Schwäbische Alb, an dem Hohenzollern freilich nur mit den Exklaven Beuron mit Bärenthal im untersten Bäratal und Thiergarten Anteil hatte sowie mit den Gemarkungen Vilsingen mit Dietfurt, Inzigkofen und Laiz, wo das Tal schon breiter wird. Fast senkrecht steigen die Massenkalkfelsen zu beiden Seiten aus den bewaldeten Schutthängen zu ihren Füßen empor, zwischen denen sich die Donau, den weiten Talwindungen folgend, auf der ebenen Wiesenaue der Talsohle dahinschlängelt. Viel von ihrem Wasser verliert sie ja bereits auf der Versickerungsstrecke seit Immendingen an den verkarsteten Untergrund, dafür erhält sie zum Teil Ersatz aus den ergiebigen Karstquellen, die am Talrand austreten, teilweise werden sie auch zur Wasserversorgung der benachbarten Dörfer verwendet.

Der rißzeitliche Gletscher stieß bei seinem weitesten Ausgreifen noch ein Stück in die Alb hinein vor bis in die Gegend von Vilsingen, Bingen und Langenenslingen. Daher ist die Talentwicklung hier äußerst kompliziert verlaufen. Beim allmählichen Vorrücken des Eises wurden wiederholt ältere Talungen der Donau und die Nebentäler mit Moränenmaterial zugeschüttet. Nach dem Rückzug des Eises mußten sich die Flüsse erneut eintiefen, wobei sie teils die älteren Täler wieder ausräumten, teils auch neue Talabschnitte eingruben. Vor dem Eisrand hatte sich ein riesiger Eisstausee gebildet, der das Donautal bis Geisingen erfüllte, im Lauchert- und Fehlatal bis in die Gegend von Gammertingen und Neufra reichte, im Schmeietal bis Straßberg und im Bäratal über Bärenthal hinaus. Zwischen dem Weitenried beim Bahnhof Sigmaringen-Hanfertal und Hitzkofen benützt die Lauchert z. B. ein älteres wieder ausgeräumtes Donautal, nur auf der kurzen Strecke des Bittelschießer Täles bei Hornstein verfehlte sie das verfüllte alte Tal und mußte sich in einer steilen Felsschlucht neu in den Weißjurakalk einschneiden. Jünger ist auch der Talabschnitt nach dem Lauchertknie bei Hitzkofen bis zur Einmündung in die Donau in Sigmaringendorf. Das zugeschüttete alte Donautal zwischen Bahnhof Hanfertal und Sigmaringen sowie in der Fortsetzung der Richtung des Laucherttals (Heudorf, Langenenslingen) blieb dagegen unausgeräumt.

Im Bereich der Sigmaringer Donautalweitung verzahnen sich das vom Gletscher überformte Alpenvorland und der Südrand der Schwäbischen Alb. Der aus dem Donautal aufragende Felsklotz, auf dem das Sigmaringer Schloß liegt, besteht wie die Felsen an den Talhängen aus Weißjura-Massenkalk. Die Höhen über dem Tal sind von eiszeitlichen Schottern bedeckt, von Moränen und Geschiebelehm, die der Gletscher zurückgelassen hat. Die Stadt Sigmaringen selbst liegt wie Laiz und Sigmaringendorf auf einer eiszeitlichen Schotterterrasse.

Der weiteste Vorstoß des letzteiszeitlichen Gletschers der Würmkaltzeit berührte gerade noch das ehemals hohenzollerische Land. Davon zeugen die äußersten Jungendmoränenrücken bei Kalkofen, Deutwang, Selgetsweiler, Riedetsweiler, Spöck und bei Ostrach, das an einem vom gleichnamigen Flüßchen durchschnittenen »Gletschertor« liegt. Vor den Endmoränenhügeln breitet sich im Norden eine vielgestaltige Altmoränenlandschaft aus, die sog. Donau-Ablach-Platten. Sie setzen sich aus Moränen- und Schotterplatten zusammen, die von den breiten, von Terrassen und Schwemmfächern begleiteten Schmelzwasserrinnen der Ablach, des Andelsbachs und der Ostrach sowie von zahlreichen kleineren Bachtälern zerschnitten sind. Nördlich der Ablach machen sich rißzeitliche Altendmoränen bemerkbar, die noch nicht ganz eingeebnet sind, z. B. im »Wildpark« zwischen Krauchenwies und Sigmaringen. Wo die Tälchen noch bis auf den Jurauntergrund eingeschnitten wurden, sind es heute Trockentäler. Die breiten Täler weiter im Süden schneiden die Mergel und Sande der tertiären Molasse an. In den Talböden liegen feuchte, oft versumpfte Wiesen auf anmoorigen Böden. Früher wurde hier stellenweise auch Torf gewonnen, z. B. in dem zwischen zwei Jungendmoränenzügen liegenden Ruhestetter Moor oder um Ostrach.

Die in nordsüdlicher Richtung sich erstreckenden Altmoränenplatten sind überwiegend von ausgedehnten Wäldern bedeckt, zu denen neben dem Wildpark z. B. auch der große Weithart zwischen Krauchenwies und Ostrach gehört. Das in diesen feuchten Wäldern wachsende Seegras wurde früher gesammelt und für Polsterzwecke verwendet oder verkauft. Der einst bei Rengetsweiler abgebaute Grobsandstein aus der Oberen Meeresmolasse hat sich als Baustein nicht bewährt, wie z. B. der Einsturz des damit erbauten Kirchturms von Walbertsweiler im Jahr 1959 zeigt. Heute sind die weitaus wichtigsten Rohstofflieferanten des Altmoränenlandes die Kiesgruben in den ehemaligen Schmelzwasserrinnen, z. B. bei Inzigkofen, Krauchenwies, Gaisweiler-Pfullendorf und Ostrach, die aber auch die für die Trinkwasserversorgung wichtigen Grundwasserströme beeinträchtigen können. Daher werden die großen Seen, von denen die Kiesgruben meist erfüllt sind und die dem Landschaftsbild damit ein neues Element hinzufügen, wie auch der Verkehr der großen Kieslaster mit gemischten Gefühlen betrachtet.
Bei Pfullendorf-Mottschieß und Ostrach-Lausheim wird seit 1962 aus einer Tiefe von 1200 m Erdöl gefördert, doch ist die ohnehin bescheidene Lagerstätte im Stubensandstein weitgehend erschöpft.

Hinsichtlich seiner natürlichen Vegetation gehört ganz Hohenzollern zum mitteleuropäischen Laubmischwaldgebiet. Fast überall würden ohne menschlichen Einfluß Buchenwälder wachsen, in Teilen des Albvorlandes und im schwarzwaldnahen Gäu sowie im Altmoränenland südlich der Donau auch Tannenwälder oder Buchenwälder mit Tannen, z. B. am Albtrauf, denen im Unterland z. T. auch Eichen, auf den Altmoränen des Oberlandes auch Kiefern beigemischt wären. Von Natur aus waldfrei wären nur einige Moorflächen im Süden sowie die Weißjura- und Muschelkalkfelsstandorte mit ihrer Steppenheideflora. Die heutigen Wälder, meist auf ungünstigen Böden, an steileren Hängen oder auf historisch bedingten Standorten, z. B. im Sigmaringer

Wildpark, sind natürlich Wirtschaftswälder, in die durch die hohenzollerisch-preußische Forstwirtschaft große Areale der schnellwüchsigen, aber sturmgefährdeten Fichte eingebracht wurden. Der äußerste Süden, wo der Nadelwaldanteil über 60 % liegt, z. T. sogar über 80 %, wurde wohl auch noch von dem »natürlichen« Fichtenvorstoß des 16. Jh. aus dem südlichen Alpenvorland erreicht.

Die sonstige Bodennutzung wird vor allem durch Boden und Klima beeinflußt. Im Durchschnitt ist der Grünlandanteil höher als der Ackerlandanteil, das Verhältnis liegt etwa bei 3 : 2. In den Bereichen, die entweder durch ungünstige Böden, sehr hohe Niederschläge, hohen Grundwasserstand oder durch eine höhenbedingte verkürzte Vegetationsperiode benachteiligt sind, bleiben noch wesentlich höhere Anteile der Landwirtschaftsfläche dem Grünland überlassen. Dazu gehört vor allem das Braunjurahügelland am Fuß der Alb mit seinen schweren, schlecht drainierten Tonböden und Niederschlägen von 900 bis 1000 mm pro Jahr im Stau des Albtraufs. In den höchsten Teilen der Alb mit ähnlich hohen oder noch etwas höheren Niederschlägen und ihren günstigeren Kalkverwitterungsböden wird der Ackerbau durch unzeitige Fröste und kalte Wintertemperaturen noch zusätzlich beeinträchtigt, besonders dort, wo sich in Mulden oder Tallagen häufig Kaltluft ansammelt. Durch die Abdachung der Albhochfläche nach Südosten werden mit der Abnahme der Höhe und auch der Niederschläge die Temperaturverhältnisse und auf der Flächenalb außerdem das Relief für den Ackerbau günstiger. Im Moränenland südlich der Donau nehmen die Grünlandanteile aber wieder zu. Hier sind vor allem die feuchten Talungen ganz dem Grünland überlassen, während die höheren Terrassen und die Grundmoränenplatten mit Geschiebemergelböden recht gute Ackerstandorte sind. Am günstigsten für den Ackerbau sind aber die Lößlehmböden der Eyach-Gäuplatten in einer Höhenlage um 500 m. Hier wie auch auf der Flächenalb erreichen die mittleren Bodenklimazahlen Werte bis zu 50 (von möglichen 100) und noch darüber, während die Werte auf der Kuppenalb z. B. zwischen 20 und 30 liegen.

Sucht man rückblickend nach einem gemeinsamen Nenner für die Landesnatur Hohenzollerns, so kann es eigentlich nur die Vielfalt, der bunte Wechsel auf kleinstem Raum sein, mit dem sich das Gebiet kennzeichnen läßt. Erstreckt es sich doch, so schmal es auch ist, von den neckarschwäbischen Gäulandschaften im Nordwesten über das Vorland und die Vorberge und vor allem dann über die Schwäbische Alb selbst hinweg im Übergang zwischen der Südwestalb und der Mittleren Alb sowie über das oberschwäbische Altmoränenland bis zum Rand des Jungmoränenlandes, der nur noch ein paar Kilometer vom Bodensee entfernt ist. Diese für Südwestdeutschland charakteristische Abfolge erfährt in den hohenzollerischen Landen noch zusätzliche Variationen durch die tektonischen Besonderheiten und ihre Folgen, so im Senkungsgebiet des Kleinen Heubergs, im Hohenzollern- und Lauchertgraben sowie schließlich auch dadurch, daß gerade hier der eiszeitliche Gletscher noch ein Stück auf das Gebiet der Schwäbischen Alb vorgedrungen ist. Dieser naturräumlichen Vielfalt steht die historische Vielfalt der Kleinterritorien gegenüber, aus denen die Hohenzollernschen Lande zusammengewachsen sind.

Fritz Kallenberg

Hohenzollern im Alten Reich

Die Ausbildung eines hohenzollerischen Herrschaftsgebietes

Frühe Zeugnisse

Die frühesten Spuren von Menschen in unserem Raum finden sich in Höhlen des Lauchert- und Donautals (bei Veringenstadt und Beuron), die altsteinzeitlichen Jägern und Sammlern Schutz geboten haben. Archäologische Funde auf hohenzollerischem Boden reichen von der Altsteinzeit bis zu den sehr zahlreichen alemannischen Reihengräberfeldern, die bereits im Zusammenhang mit historisch faßbaren Ortschaften stehen. Die vor- und frühgeschichtlichen Bodenfunde werden heute in der Hohenzollerischen Landessammlung im Alten Schloß in Hechingen und im Fürstlichen Museum in Sigmaringen verwahrt und präsentiert.

Als besonders bemerkenswerte frühe historische Stätten im hohenzollerischen Raum sind hervorzuheben: die Heuneburg, ein zwischen Hundersingen und Binzwangen – einst innerhalb der Sigmaringer Grafschaftsgrenzen – über der Donau gelegener einzigartiger frühkeltischer »Fürstensitz«. Er ist umgeben von einem Kranz riesiger Grabhügel, von welchen der Hohmichele als der größte Europas gilt. Diese historisch bedeutsame, in den letzten Jahrzehnten intensiver erforschte Anlage der jüngeren Hallstattzeit weist nach Bautechnik und Grabungsfunden starke Einflüsse der Mittelmeerkultur auf (Heuneburg-Museum Hundersingen). Erst 1972 wurde in der Nähe der Ortschaft Stein, in der heutigen Gemarkung der Stadt Hechingen, eine weitläufige römische Gutsanlage mit Portikusvilla entdeckt, die zu den bedeutendsten der provinzialrömischen Archäologie zählt und von einem lokalen Förderkreis seit 1978 ausgegraben und konserviert wird. Zu erwähnen wäre auch das 1902 ans Licht gekommene »Fürstengrab« von Gammertingen aus dem frühen 7. Jahrhundert, dessen Beigaben Berühmtheit erlangt haben: neben Lanze, Schwert, Schild, Panzerhemd und Pferdezaumzeug ein bronzevergoldeter Spangenhelm von seltenster Qualität (Fürstl. Museum Sigmaringen).

Wir können davon ausgehen, daß die Orte, die uns erstmals gegen Ende des 8. Jahrhunderts in Schenkungsurkunden alemannischer Adliger an die großen Reichsklöster Lorsch, Reichenau und ganz besonders St. Gallen begegnen, schon in der Zeit der alemannischen Landnahme entstanden sind, also schon Jahrhunderte als Siedlungen bestanden haben, bevor sich ihr Name zum erstenmal schriftlich niedergeschlagen hat. Zu den frühesten Nennungen gehören: am oberen Neckar Glatt (vor 753),[1] Empfingen, Fischingen (772), Betra (786) und Dettensee (799), im Albvorland Bisingen, Wessingen, Hechingen, Weildorf (786) und Rangendingen (795), auf der Albhochfläche Burladingen, Gauselfingen, Melchingen (772) und Ringingen (799), südlich der Donau Engelswies und Vilsingen (793).

Wenn auch die schriftliche Überlieferung für diese Orte über mehrere Jahrhunderte hinweg wieder abbricht, können wir noch die Kontinuitätslinien verfolgen, die von der Zeit, in der die Alemannen dem fränkischen Großreich inkorporiert wurden, bis in unsere Tage reichen: Siedlungskontinuität, ethnische Kontinuität, sprachliche Kontinuität, Kontinuität der Agrarwirtschaft bis an die Schwelle des Industriezeitalters, schließlich der ebenfalls unter fränkischem Einfluß begründete kirchliche Kontinuitätsstrang. Die Alemannen sind nicht gewaltsam christianisiert worden. Die allmähliche kirchliche Durchdringung erfolgte von oben her, über den alemannischen und fränkischen Adel, so daß es schwer zu bestimmen ist, wann und inwieweit das christliche Glaubensgut die bäuerliche Bevölkerung erreicht hat.

Hinweise auf frühe Kirchen geben uns die Namen der Kirchenheiligen. Es dauert aber noch lange, bis wir auf nachmals hohenzollerischem Boden auf datierbare Kirchen- und Klostergründungen stoßen: weit voran Beuron im oberen Donautal, dessen erste urkundliche Erwähnung von 1097 es als eine Stiftung der kirchlichen Reformbewegung in der Aera des Investiturstreits ausweist. Beuron war das erste Augustiner-Chorherrenstift in der Diözese Konstanz.[2]

Auch die späteren kirchlichen Erneuerungsbewegungen haben sich ausgewirkt. Unter dem Einfluß des 1134 gegründeten Zisterzienserklosters Salem entstanden Anfang des 13. Jahrhunderts die Frauenzisterzen Wald (1212)[3] und Heiligkreuztal (1231). Wenig später erreichte die Bettelordensbewegung das Gebiet. 1259 ließen sich die Dominikanerinnen von Mengen in dem ihnen überlassenen Habsthal nieder, und die Grafen von Hohenzollern vertrauten ihre Grablege den Nonnen von Stetten bei Hechingen an, die seit 1278 zum Dominikanerorden gehörten. Aus zahlreichen Klausen entstanden in den folgenden Jahrhunderten weitere Mendikantengemeinschaften, auch Inzigkofen, das ab 1394 als Augustinerchorfrauenstift Bedeutung gewann, begann als Klause von Franziskanerinnen. Eine Sonderrolle kommt der gegenreformatorischen Gründung von St. Luzen bei Hechingen zu und seiner Besetzung mit Franziskanern der strengen Observanz.

Es ist ein erstaunliches Phänomen, daß sich diese klösterlichen Korporationen, wenn auch in sehr unterschiedlicher und wechselnder geistlicher Intensität, über viele Jahrhunderte erhalten konnten. Neben dem bedeutenden reichsständischen Salem gelang es Wald und Heiligkreuztal, ansehnliche eigene Herrschaftsgebiete aufzubauen, auch Habsthal und Beuron schufen kleine Herrschaftsbereiche. Sie fielen – zusammen mit der Herrschaft Glatt am oberen Neckar, die zuletzt der Benediktinerabtei Muri im Aargau gehörte – am Ende des Alten Reiches an den Fürsten von Sigmaringen. Sein vergrößertes Fürstentum bestand zu einem Viertel aus Untertanen, die zuvor unter geistlicher Herrschaft gestanden hatten.

Herrschaftsbildungen: Zollern, Hohenberg, Habsburg, Württemberg

Im Jahr 1061 erscheint in einer Reichenauer Urkunde erstmals der Name der edelfreien Herren von Zollern.[4] So wenig man sich vorstellen darf, daß die geschichtliche Entwicklung der nachmaligen Territorien als gradliniger Aufstieg verläuft, so erstaunlich ist doch die Stellung, die sich dieses Haus, über dessen Herkunft es eine Fülle alter Hypothesen, aber kein gesichertes Wissen gibt, im Verlauf des 12. und 13. Jahrhunderts verschafft hat. Sein Herrschaftsbereich mit dem Schwerpunkt in der Umgebung der Stammburg und der Schalksburg bei Burgfelden reichte bis zum oberen Neckar- und Donauraum und umfaßte auch weit abgelegene Lehensbesitzungen. Die Grafen von Zollern verfügten auch über eigene Ministerialen.[5] Von den zollerischen Städtegründungen, die in der Zeit des Herrschaftsausbaues unter Friedrich V., genannt der Erlauchte († 1289), fallen – Hechingen, Balingen, Schömberg, Binsdorf und Mühlheim –, liegt allein Hechingen im späterhin zollerischen Gebiet.

Die frühen Abspaltungen von der Stammlinie des Hauses hatten unterschiedliche Folgen. Mit den Grafen von Hohenberg, die sich wohl in der zweiten Hälfte des 12. Jahrhunderts – unter Umständen, die wir nicht kennen – verselbständigt und ihrerseits eine bedeutende Adelsherrschaft im angrenzenden Raum mit den Burgen Hohenberg, Haigerloch und Rottenburg begründet haben, entwickelte sich eine Rivalität, die beiden Häusern zum dauernden Schaden gereichte. Dagegen wirkte sich die Bildung einer neuen Linie, die auf die Belehnung des Grafen Friedrich III. von Zollern mit dem Burggrafenamt von Nürnberg im Jahr 1192 zurückgeht, zum Vorteil des Hauses aus, zumal sie nicht auf Kosten des Stammbesitzes ging.

Wir haben von den Ursachen des Gegensatzes zwischen den so nahe verwandten Grafen von Zollern und den Grafen von Hohenberg keine Kenntnis.[6] Wir wissen nur, daß der Konflikt schließlich in der Art einer Fehde ausgetragen wurde. In den Begegnungen vor Haigerloch 1267 und vor Balingen 1286 sollen die Zollern gesiegt haben. Da aber Graf Albert II. von Hohenberg, der Minnesänger, Statthalter des Königs und dessen Schwager war, schaltete sich Rudolf von Habsburg persönlich in die Beilegung des Konflikts ein, zumal sich Friedrich der Erlauchte auch an Aktionen der Grafen von Württemberg gegen die habsburgische Klientel beteiligt hatte. Es wird vermutet, daß die Teilung des zollerischen Besitzes 1288 in die Linien Zollern-Zollern und Zollern-Schalksburg mit Mühlheim im Zusammenhang mit einer Sühneleistung steht, mit der die Schwächung des Hauses Zollern beabsichtigt war. Friedrich der Erlauchte, unter dem die Stellung der Zollern ihren Höhepunkt erreichte, hat die Aufspaltung unter seine beiden Söhne, die den Niedergang einleitete, noch erlebt.

Der glanzvolle Aufstieg des Hauses Hohenberg kommt noch zu Lebzeiten Alberts II., der als die bedeutendste Persönlichkeit dieser Familie gilt, zum Stehen. Auch hier wird eine Teilung zum Ausgangspunkt des Abstiegs. 1281 wurden die älteren, an Zollern angrenzenden Besitzungen von den meist neu erworbenen links des Neckars getrennt. In dieser Nagolder Linie folgen bald weitere Teilungen, die den »Ausverkauf« (Stemmler) einläuten. Als der letzte Hohenberger der Rottenburger Hauptlinie schließlich seiner Schuldenlast und dem Drängen Herzog Leopolds III. von Österreich erlag und die Grafschaft Hohenberg 1381 für 60 000 Goldgulden verkaufte, gelang der territorialpolitischen Offensive Österreichs, die schon mit der Wahl Rudolfs von Habsburg zum deutschen König 1272 eingesetzt hatte, ihr weitester Vorstoß. Es dauerte allerdings noch bis in die Mitte des folgenden Jahrhunderts, bis das Erzhaus die Pfandschaften auslösen und die Grafschaft selber in Besitz nehmen konnte. Während Erzherzogin Mechthild Haigerloch 1452 mit eigenen Mitteln von Württemberg zurücklöste, blieben andere Teile, darunter der an die Grafschaft Zollern grenzende Hohenberger Forst mit Ebingen, in dauerndem württembergischem Besitz.

Die Grafen von Württemberg machten die konsequenteste Territorialpolitik in unserem Raum. Nach dem Erwerb von Rosenfeld, Ebingen und Winterlingen verkaufte ihnen nach dem Tod seines einzigen Sohnes Graf Friedrich V. von der Schalksburger Linie der Zollern, genannt Mülli, seine schwer überschuldete Herrschaft mitsamt der Stadt Balingen für 28 000 Gulden; es sind andere Motive als Gustav Schwab und Wilhelm Hauff ihm in der Sage vom »Hirschgulden« unterstellen.

Um diese Zeit stand es auch schon sehr schlecht um die Stammgrafschaft Zollern. Sie war durch Teilungen und Verpfändungen schon so geschwächt, daß sich ihre Inhaber, die sich noch 1402 gelobt hatten, das väterliche Erbe nicht aus der Hand zu geben, der Gläubiger nicht mehr erwehren konnten, so daß ihre Herrschaft schließlich zusammenbrach. Graf Friedrich XII., genannt der Öttinger, und sein Bruder Fritz, der Domherr zu Straßburg, lösten sich weder aus der gegen sie verhängten Aberacht noch gingen sie auf die von König Sigismund eingeleiteten Vergleichsverfahren ein. Sie ignorierten auch die Hofgerichtsurteile, die den ihnen aberkannten Besitz ihrem Bruder Eitelfriedrich zusprachen. Daraufhin wurde die Burg fast ein Jahr lang von einem starken Aufgebot des Schwäbischen Städtebundes unter Beteiligung Württembergs belagert, schließlich 1423 erobert und gebrochen.

Die Zerstörung der Stammburg, als ein Sitz von Friedensbrechern, erfolgte auf Befehl des Königs, der ihren Wiederaufbau auf ewige Zeiten untersagte. Graf Eitelfriedrich sah sich gezwungen, in württembergische Dienste zu treten und Württemberg im Markgröninger Vertrag von 1429 die Anwartschaft auf das Erbe des zollerischen Restbesitzes einzuräumen. Für die Grafen von Württemberg war der Erwerb der noch übrigen Ortschaften angesichts der Kinderlosigkeit der zerstrittenen Brüder so gut wie sicher. Von einer Grafschaft war lange vorher schon nicht mehr die Rede. Die Zollern verfügten nur noch über niedergerichtliche Herrschaftsrechte: sie waren zu »Titulargrafen« herabgesunken.[7] Die Zerstörung der Stammburg und der Vertrag mit Württemberg brachten sie an den Rand des Untergangs.

Die Rekonsolidierung des hohenzollerischen Territoriums

Ihr Überleben verdanken die Zollern zunächst der Energie Eitelfriedrichs. Der Öttinger, ein Abenteurer, dessen Leben erst 1443 auf der Rückkehr vom Heiligen Land auf Rhodos endete, konnte anfangs seine Raubzüge fortsetzen, bis er in langjähriger württembergischer Gefangenschaft in Mömpelgard seinem Bruder nicht mehr gefährlich werden konnte. Eitelfriedrich († 1439) hat sich nicht nur sofort um den Rückerwerb verlorenen Besitzes und, freilich vergeblich, um den Wiederaufbau der Stammburg bemüht, er hat vor allem in späten Jahren noch geheiratet. Aus seiner 1432 geschlossenen Ehe mit Ursula von Rhäzüns, aus einer Graubündener Familie, gingen erbfähige Kinder hervor, wodurch die gefährlichste Bestimmung des Markgröninger Vertrages außer Kraft gesetzt wurde. Mit seinem Sohn Jos Niklaus, der ihm schon in jungen Jahren folgte, schuf er die Voraussetzungen für die Rekonsolidierung der zollerischen Herrschaft. Nach außenhin wurde dies möglich durch die konsequente Anlehnung an das mit dem Kaisertum verbundene Erzhaus Österreich und durch ein behutsames Lösen aus dem scharfen Griff Württembergs, unterstützt durch die verwandt-

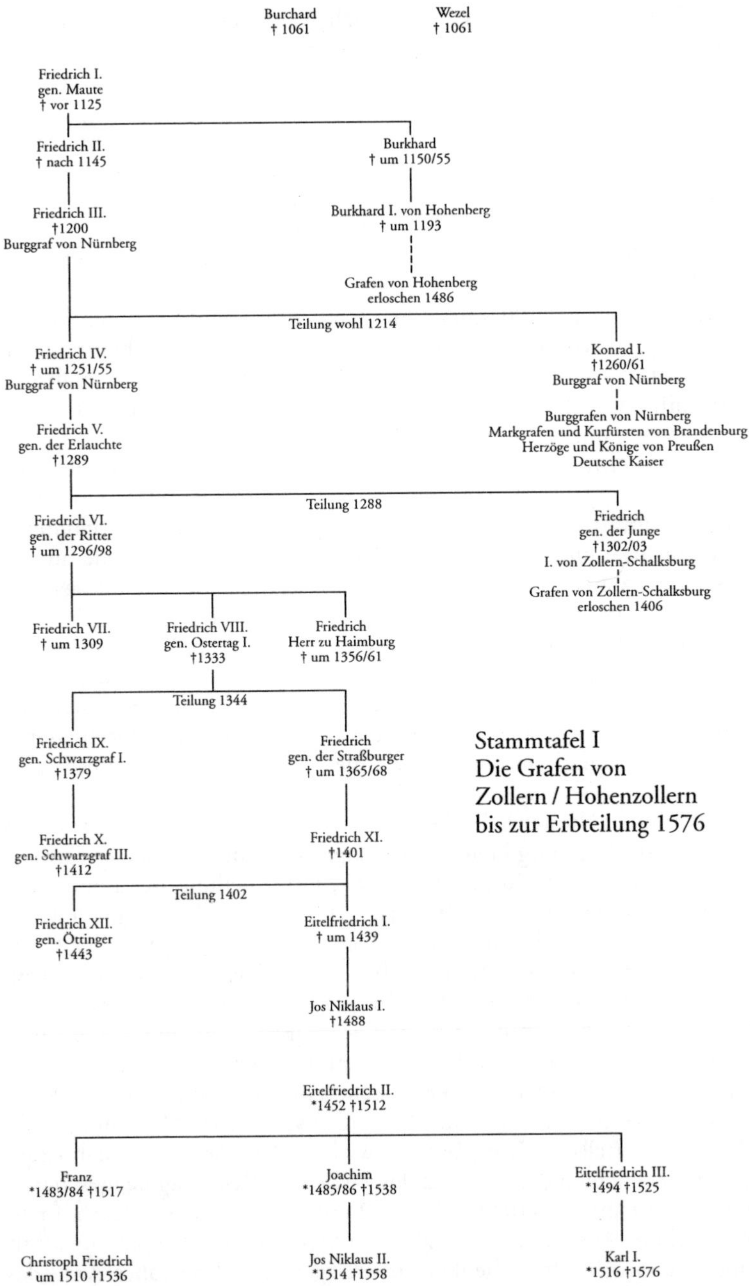

Stammtafel I
Die Grafen von
Zollern / Hohenzollern
bis zur Erbteilung 1576

schaftliche Protektion des in Ansbach residierenden Markgrafen Albrecht Achilles, des nachmaligen Kurfürsten von Brandenburg.

Eine günstige Konstellation im Zusammenspiel des Adels gegen den Schwäbischen Städtebund verschaffte Jos Niklaus (1433–1488) die Erlaubnis Kaiser Friedrichs III. zum Wiederaufbau der Stammburg. In der Anwesenheit Herzog Albrechts von Österreich und des Markgrafen Albrecht Achilles bei der Grundsteinlegung 1453 kommt die Solidarisierung des Adels gegen den Städtebund, aber auch mit Jos Niklaus zum Ausdruck. 1466 konnte er den Kaiser persönlich auf der neu errichteten Burg begrüßen. In seinem Dienst erfüllte er in späteren Jahren verschiedene Missionen und Schlichtungsaufträge. Vom Verfasser der Zimmerischen Chronik wird Jos Niklaus günstig beurteilt. Im Gegensatz zu seinen Vorfahren und Vorgängern, die als hochfahrend und unfriedlich beschrieben werden, wird von ihm gesagt: »Er wolt seine sachen mit vernunft außrichten«. Von Froben Christof von Zimmern wird er für einen rechten »erdenwurm« gehalten, »dem nit erden und lands gnug werden konnte«.[8] Es ist bis heute nicht klar, woher die Mittel stammten, mit denen schon sein Vater viele der verpfändeten Orte auslöste und Jos Niklaus sogar Zukäufe und den Wiederaufbau des Hohenzollern bestritt. Von dem Erbanspruch Württembergs, den sein Vater hatte zugestehen müssen, kaufte er sich 1457 los. Jos Niklaus hat auch den Grund für den inneren Ausbau des Territoriums gelegt. Er konnte 1471 die Hohe Gerichtsbarkeit vom Kaiser erwirken, deren Ausübung er dem Stadtgericht in Hechingen übertrug. In seiner Zeit wurden die Leibeigenschaft und die Fronpflicht im Land durchgesetzt, denen in modifizierter Form auch die Stadt Hechingen unterworfen war.

Jos Niklaus ältester Sohn Friedrich trat in den geistlichen Stand. Als Bischof von Augsburg hielt er noch enge Verbindung zu seiner Familie. Die wirkungsvollste Rolle für die Wiederherstellung der Reputation des Hauses spielte Graf Eitelfriedrich II. (1452–1512). Wie Jos Niklaus selbst, so stand auch sein zweiter Sohn und Nachfolger in der Grafschaft, die nun auch wieder diese Bezeichnung gewann, unter starkem persönlichen Einfluß von Albrecht Achilles. Eitelfriedrich wuchs an seinem Hof auf, und der Kurfürst verheiratete ihn mit der Tochter seines Bruders. Aber nicht Kurbrandenburg wurde zum Wirkungsfeld Eitelfriedrichs, sondern der kaiserliche Hof und die Reichspolitik. Er genoß in besonderem Maß das Vertrauen von Kaiser Maximilian I., in dessen unmittelbarer Umgebung er wirkte. Der König machte ihn zum ersten Präsidenten des 1495 auf dem Wormser Reichstag neugeschaffenen Reichskammergerichts. Seit 1502 war er Maximilians Oberhofmeister. Schon 1488 hatte ihm Erzherzog Sigmund die Hauptmannschaft über die Grafschaft Hohenberg übertragen, ein ehrenvolles Amt, das bis 1609 in der Familie blieb, ohne daß sich die Hoffnung erfüllte, Hohenberg für Hohenzollern zu gewinnen.[9]

Einen für das Haus überaus vorteilhaften Handel ging Maximilian 1497 mit Eitelfriedrich ein. Dieser erlangte die anliegende allodiale Herrschaft Haigerloch im Tausch gegen die Herrschaft Rhäzüns, der von Österreich Bedeutung für die Kontrolle der Bündner Alpenpässe zugemessen wurde.[10] Für die Regeneration der zollerischen Herrschaft war die Stadt Haigerloch mit zehn Ortschaften ein unschätzbarer Gewinn.

Dem Ansehen des Hauses diente auch das – gemeinsam mit dem Bruder im Augsburger geistlichen Fürstenamt – 1497 begründete und dotierte Kollegiatstift in der Residenzstadt Hechingen, noch mehr aber die Belehnung mit dem erblichen Reichserbkämmereramt, um das sich Eitelfriedrich 1504 bei Kurfürst Joachim I. von Brandenburg, dem Inhaber des Reichserzkämmereramtes, bewarb. König Maximilian gab noch vor der Belehnung seine Einwilligung und verlieh ihm, um das Amt »desto stattlicher zu versehen«, die Reichssteuer der Stadt Reutlingen. Das Erbkämmereramt, mit dem bestimmte Hofdienste bei Krönungen und Kronbelehnungen verbunden waren, wurde bis zum Ende des Alten Reiches, besonders bei den Krönungsfeierlichkeiten in Frankfurt, von Angehörigen des Hauses Hohenzollern wahrgenommen.

Die enge Verbindung von Eitelfriedrichs Familie zu Österreich zeigt sich auch darin, daß drei seiner Brüder und einer seiner Söhne im Kriegsdienst für das Erzhaus ihr Leben einbüßten.

Der Rolle, die Eitelfriedrich II. dem Haus wiedergewonnen hatte, waren seine unmittelbaren Nachfahren nicht gewachsen. Sie konnten auch das beträchtliche Vermögen Eitelfriedrichs nicht halten. Weder der Bauernkrieg noch die Reformationsbewegung wirkten sich im Land aus; ganz im Gegensatz zu den nachmals zu Hohenzollern gehörenden ritterschaftlichen Orten am oberen Neckar – Dießen, Dettlingen und Glatt –, wo es sowohl beim »Armen Konrad« 1514 wie im Bauernkrieg 1525 zu Aufständen kam.[11] Anfang Mai 1525 zog der »Bauernjörg« mit einer um 12 000 Mann zählenden Streitmacht durch die Grafschaft an Hechingen vorbei nach Württemberg.

Mit Graf Jos Niklaus II. (1514–1558), einem Enkel Eitelfriedrichs II., folgte 1538 ein Herr, der sich wieder intensiv um den Ausbau des Territoriums kümmerte. Ihm gelang der Rückkauf der ehemals zollerischen Herrschaft Haimburg und der Erwerb der Herrschaft Wehrstein aus ritterschaftlichem Besitz, wodurch das zollerische Gebiet jetzt im Westen bis an den Neckar reichte. Wehrstein war allerdings nicht Allodialbesitz wie das übrige Herrschaftsgebiet, sondern österreichisches Lehen.

Jos Niklaus II. hat das Verdienst, den inneren Ausbau der Grafschaft konsequent, aber mit einer gewissen Schonung der Untertanen, betrieben zu haben. Durch systematische Aufnahme der grund- und leibherrschaftlichen Rechte und durch den Abschluß von Fronverträgen mit den Gemeinden wurden die vielfach ungemessenen Leistungen umgewandelt in festgesetzte Zahlungen und Fronpflichten. Die Grafschaft Zollern bildet jetzt ein geschlossenes Territorium: der Graf ist Landesherr, es gibt keine konkurrierenden Herrschaftinhaber mehr im Land, keinen Niederadel, keine Klöster, die über eigene Herrschaftsbereiche verfügen, sie stehen ebenso wie die Kirchen unter landesherrlicher Aufsicht. Zentrales Verwaltungsorgan ist die gräfliche Kanzlei in Hechingen. Eine umfassende Landesordnung sichert die Rechtseinheit und reglementiert das Leben in den Dörfern. In den Herrschaften Haigerloch und Wehrstein, die sich auf ihre eigenen Traditionen berufen konnten, ließ sich die Landesordnung der Grafschaft nicht durchsetzen.

Die Bindung der Zollerngrafen an den Kaiser, das Erzhaus und das katholische Lager war eng. Eine Frucht dieser eindeutigen Hinwendung war die Belehnung Graf Karls I. mit den Grafschaften Sigmaringen und Veringen 1535. Als Karl seinem Vetter Jos Niklaus II., der 1558 kinderlos starb, als Universalerbe folgte, verfügte er über einen Herrschaftskomplex, der sich in dem territorial zersplitterten Gebiet deutlich abhob, wenn er sich auch bei weitem nicht mit den dominierenden Territorialmächten Österreich und Württemberg messen konnte.

Die Grafschaften Sigmaringen und Veringen

In nachstaufischer Zeit wurden Sigmaringen und Veringen zu habsburgischem Interessengebiet. Rudolf von Habsburg erwarb 1290 Burg und Stadt Sigmaringen, von der die neueste Stadtgeschichte eingesteht, daß bislang »weder Stadtgründer noch Datum der Stadtwerdung« bekannt sind.[12] Ein Jahr später kam auch die Grafschaft Veringen in Besitz der Habsburger. Die bisherigen Inhaber, die Grafen von Veringen, gehörten zum engen Kreis herausragender hochadliger Familien in der Region. Ihnen wird in der zweiten Hälfte des 13. Jahrhunderts die Gründung der Städte Veringenstadt, Hettingen und Gammertingen – auch Riedligen und Isny – zugeschrieben; der Verkauf der Grafschaft Veringen scheint ihren Abstieg eingeleitet zu haben. Das Eindringen der Habsburger in den Raum an der oberen Donau steht offensichtlich in Zusammenhang mit dem Versuch, das mit dem Sinken der staufischen Macht in Auflösung geratene Herzogtum Schwaben wieder aufzubauen.

Die Habsburger waren allerdings bei der Verfolgung ihrer weitreichenden politischen Ziele im Osten des Reiches häufig genötigt, ihre schwäbischen Besitzungen und Rechte zu verpfänden. Veringen versetzten sie pfandweise schon 1315 an verschiedene Geldgeber, 1359 kam es als Pfand an die Grafen von Württemberg, die es 1399 als Afterpfand an die Grafen von Werdenberg weitergaben. Auch die Herrschaft Sigmaringen war schon im ersten Viertel des 14. Jahrhunderts im Pfandbesitz Württembergs, das es seinerseits 1399 an die Werdenberger verpfändete.

Der Territorialbildungsprozeß der Grafen von Werdenberg, der sich im Dienst für und in enger Anlehnung an das Haus Habsburg vollzog, hatte sie in Besitz der Grafschaft Heiligenberg, der Herrschaften Trochtelfingen und Jungnau und in den Pfandbesitz von Veringen und Sigmaringen gebracht. Über eine werdenbergisch-württembergische Heiratsverbindung erhielten die Werdenberger 1459 die Herrschaft Sigmaringen als Eigentum. Diese Herrschaft verlieh Kaiser Friedrich II. unter Ausdehnung ihrer Grenzen auf den bisherigen Forstbezirk 1460 als »Grafschaft Sigmaringen« von Reichs wegen an Graf Johann von Werdenberg.[13]

Mit dem Tod des letzten Grafen aus dem Hause Werdenberg-Heiligenberg trat ein Anwartschaftsvertrag in Kraft, in welchem König Ferdinand – in seiner Eigenschaft als Erzherzog von Österreich – den Grafen von Hohenzollern die lehenbare Überlassung der Grafschaften Sigmaringen und Veringen zugesagt hatte. Über diese hielt er sich auch aufgrund von Abmachungen mit den Werdenbergern für verfügungsberechtigt, während der bedeutende Allodialbesitz des letzten Werdenbergers an dessen Schwiegersohn, den Grafen Friedrich von Fürstenberg, überging.

König Ferdinand vergab die Grafschaft Sigmaringen im erweiterten Umfang und mit den vermehrten Befugnissen, die ihr 1460 vom Kaiser erst zugesprochen worden waren. Über die augenfälligen Rechte des Reiches konnte Ferdinand umso eher hinweggehen, als von Kaiser Karl V., seinem Bruder, nicht zu erwarten stand, daß er einer Entfremdung von Reichsgut zugunsten des Hauses Habsburg entgegentreten werde.

Die beiden neu erworbenen Grafschaften, mit denen Graf Joachim von Hohenzollern und sein für volljährig erklärter Neffe Karl am 24. Dezember 1535 von König Ferdinand belehnt wurden, unterschieden sich in mehrfacher Hinsicht vom bisherigen zollerischen Besitz: sie waren nicht allodial, sondern lehnbar; sie standen nicht unmittelbar unter dem Reich, sondern mußten vom Haus Österreich empfangen werden; sie bildeten kein geschlossenes Territorium, sondern ein Herrschaftskonglomerat.

Reichslehen oder österreichisches Eigentum?

Dem Grafen Karl I. von Hohenzollern gelang es weitgehend, die Grafenrechte in dem Umfang zu behaupten, in dem seine Vorgänger sie ausgeübt hatten. Er verglich sich im Pfullendorfer Vertrag von 1540 auch mit Graf Friedrich von Fürstenberg, dem Allodialerben, der ihm in Sigmaringen, Laiz und Inzigkofen Teile des Allods käuflich überließ, die zunächst seine einzigen grundherrlichen Besitzungen in der Grafschaft bildeten. Aber eines der wichtigsten Probleme, das mit der Belehnung entstanden war, wurde zunächst nicht angegangen: war Österreich überhaupt berechtigt gewesen, die beiden Grafschaften zu verleihen? Waren sie »Reichslehen oder österreichisches Eigentum«?[14]

Diese Frage wurde 1548, 13 Jahre nach der Belehnung, indirekt gestellt durch ein kaiserliches Mandat, das dem Grafen Karl gebot, dem Reich die Hälfte des werdenbergischen Matrikularanschlags für 6 Römermonate zu erlegen. Graf Karl leugnete mit Recht seine Zuständigkeit, indem er feststellte, »ehr gehore geen Inßpruck in die konigliche Regierung«, womit er seine Vasallenstellung gegenüber dem Erzhaus und dessen Verantwortlichkeit für die Ansprüche des Reichs an die beiden Grafschaften zum Ausdruck brachte. Da der Zahlungsaufforderung nicht Folge geleistet wurde, erhob der Reichsfiskal Klage am Reichskammergericht in Speyer.

Die Klage richtete sich aber nicht gegen die Umwandlung eines Reichslehens in ein österreichisches, sie beschränkte sich darauf, dem Reich das Besteuerungsrecht über die gesamten ehemaligen Besitzungen des Hauses Werdenberg zu erhalten. Dementsprechend bezog sich auch das Urteil, das nach vierzigjähriger Prozeßdauer 1588 erging, nur auf diesen einen Punkt. Österreich erhielt das Besteuerungsrecht nur für die Grafschaft Veringen zugesprochen, die Grafschaft Sigmaringen dagegen wurde wieder dem Reich steuerpflichtig. Dieses Urteil eröffnete das Ringen um die verfassungsrechtliche Stellung der Grafschaft Sigmaringen, das bis zum Ende des Alten Reiches nicht zum Abschluß kam.

Landesteilung 1575/76: die »Väterliche Verordnung«

Es ist erstaunlich, daß wir bei der Bedeutung, die Graf Karl I. (1516–1576) für Haus und Land Hohenzollern hatte, bis heute über keine Biographie von ihm verfügen und nur wenig konkrete Informationen über sein Wirken besitzen. Wir wissen, daß er 1516 in Brüssel geboren wurde, daß seine Mutter einer niederländischen Familie entstammt, sein Vater als Landsknechtsführer in kaiserlichen Diensten 1525 in Pavia starb, daß er in der Umgebung Kaiser Karls V., seines Taufpaten, aufwuchs. Die Tatsache, daß die Belehnungsurkunde von 1535 für die Grafschaften Sigmaringen und Veringen in Toledo ausgestellt wurde, mag daran erinnern, in welchem geographischen und politischen Rahmen sich das Leben Karls abspielte, das er als Diplomat und als Präsident des Reichshofrates dem Dienst des habsburgischen Kaisertums widmete. Es wird im wesentlichen Ferdinand I. gewesen sein, dem er während dessen langer Regierungszeit als König und Kaiser gedient hat.

Unter diesen Voraussetzungen darf man nicht erwarten, daß er als Landesherr bedeutende Spuren hinterlassen hat. 1558 klagte er gegenüber dem Weingartener Abt Gerwig Blarer, mit dem er eine Korrespondenz unterhielt: »Dan so myr der allmechtig fill lands und guets beschert, muess ich meim hern das sein versehen und das mein liegen lassen.«[15] Karl hat im Schloß der Werdenberger Wohnung genommen und ist auch in Sigmaringen geblieben, als ihm 1558 der gesamte Stammbesitz zufiel. Aus seiner Ehe mit Anna von Baden-Durlach gingen 15 Kinder hervor, von denen ihn immerhin 10 überlebten. Sein Familiensinn wird letztlich ausschlaggebend gewesen sein, daß er den Willen seines Großvaters, Eitelfriedrichs II., der die Unteilbarkeit des Territoriums bestimmt hatte, nicht respektierte. Er war sich darüber im klaren, »das der Grafschaft nicht nützlich, da Sie in vil Thail getthailt sollte werden«, er fand es »Hinwiderumb auch unfreundlich und den Rechten zuewider, Das es Ainer allein Erben sollte«.

Die »väterliche Verordnung« von 1575, die schon ein Jahr später durch den Tod Karls I. inkraft trat, bestimmte die Landesteilung in drei Herrschaftsgebiete.[16] Der älteste Sohn Eitelfriedrich bekam die Stammgrafschaft, der zweite, Karl, begründete die Sigmaringer Linie, der dritte, Christoph, erhielt die Herrschaften Haigerloch und Wehrstein. Der vierte Sohn, Graf Joachim, der für den geistlichen Stand bestimmt war, aber Dienste beim Kurfürsten von Brandenburg annahm und zum Entsetzen seines Vaters zum Luthertum übertrat, wurde mit einem bescheidenen Leibgedinge abgespeist.

Um eine noch größere Zersplitterung zu verhindern, wurde wenigstens für die neuen Linien die Primogenitur festgesetzt. Die getroffenen Verfügungen waren reichsrechtlich einwandfrei und wurden vom Kaiser bestätigt. Graf Karl I. hatte seine Söhne noch zu seinen Lebzeiten das Testament unterschreiben lassen. Das ursprünglich gute Einvernehmen der Brüder hielt aber nicht lange.

Die kurzlebige Haigerlocher Linie

Graf Christoph (1552–1592), der dritte der Brüder, bezog das Schloß in Haigerloch, heiratete ein Jahr nach der Teilung und begann mit einem zeitgemäßen Ausbau der Residenz. Während er sich als Kämmerer des Erzherzogs Ferdinand in Innsbruck aufhielt, überwachte der älteste Bruder von Hechingen aus die Tätigkeit seiner Amtleute.

Zu ersten Verstimmungen kam es, weil sich Christoph von seinem Bruder in Erbschaftssachen übervorteilt fühlte. Dieser beklagte später Christophs »von vihlen Jahren hero wider uns getragnen Neudt«.[17] Die Auseinandersetzung eskalierte, so daß Christoph, übrigens im Einvernehmen mit seinem Sigmaringer Bruder Karl, den Weg zum Reichskammergericht beschritt, das aber, 1590, nicht zu seinen Gunsten entschied.

Strittig war zwischen Hechingen und Haigerloch auch die Aufteilung des bisherigen Matrikularanschlags für die Reichs- und Kreissteuer. Die in der Erbeinigung festgesetzte Halbierung ließen sich die Haigerlocher Untertanen nicht gefallen. Mit ihrer Klage am Reichskammergericht erreichten sie, daß sie nicht mehr als eine Quart übernehmen mußten.

Als Graf Christoph 1592 starb und seine beiden Brüder die Vormundschaft für seine fünf Kinder übernahmen, fiel das in eine Zeit, in der sich die Haigerlocher und Wehrsteiner Untertanen über zu starke Beanspruchung mit Fronleistungen für den Schloßbau empörten. Da der Bau der neuen Schloßkirche fortgesetzt und zur Deckung der Bauschulden eine zusätzliche Umlage gefordert wurde, riefen sie wieder das Reichskammergericht an und erreichten schließlich 1607 eine Begrenzung der herrschaftlichen Forderungen durch vertragliche Festlegung des Frongeldes und der Fronleistungen.

Als Vormund mußte Eitelfriedrich feststellen, daß in Haigerloch nicht gut gewirtschaftet wurde. Von Christophs Witwe sagt er, daß sie »mit dem grossen Leffel schöpfen« wolle; hätte man besser gehaust, »wer man der (gleichwol warhaften Nachred) überhoben, daß zue Haigerloch die Katz das bösst Vich were und alles wider und durchainander lauft«.[18] Er legt damit den Finger auf die Wunde, an der auch seine und seines Sigmaringer Bruders Herrschaft krankte. Die kleinen Renaissancepotentaten erhoben sich weit über ihre Verhältnisse. Diese waren bestimmt von der Leistungsfähigkeit der dörflichen Ökonomie ihrer Untertanen, an deren äußerste Belastungsgrenze sie bei der späten Durchsetezung ihrer Territorialherrschaft stießen. Das war auch der Grund für die Flut von Prozessen am höchsten Reichsgericht.

Christophs beide Söhne wurden in Frankreich auf Jesuitenschulen erzogen. Der ältere Johann Christoph (1586–1620) schloß daran ein juristisches Studium in Dillingen und erhielt danach eine der dem katholischen alten Adel vorbehaltenen Präsidentenstellen am Reichskammergericht in Speyer, der jüngere Karl (1588–1634) hielt sich vorwiegend in Haigerloch auf. Er ist 1633, obwohl nie Soldat, der letzte

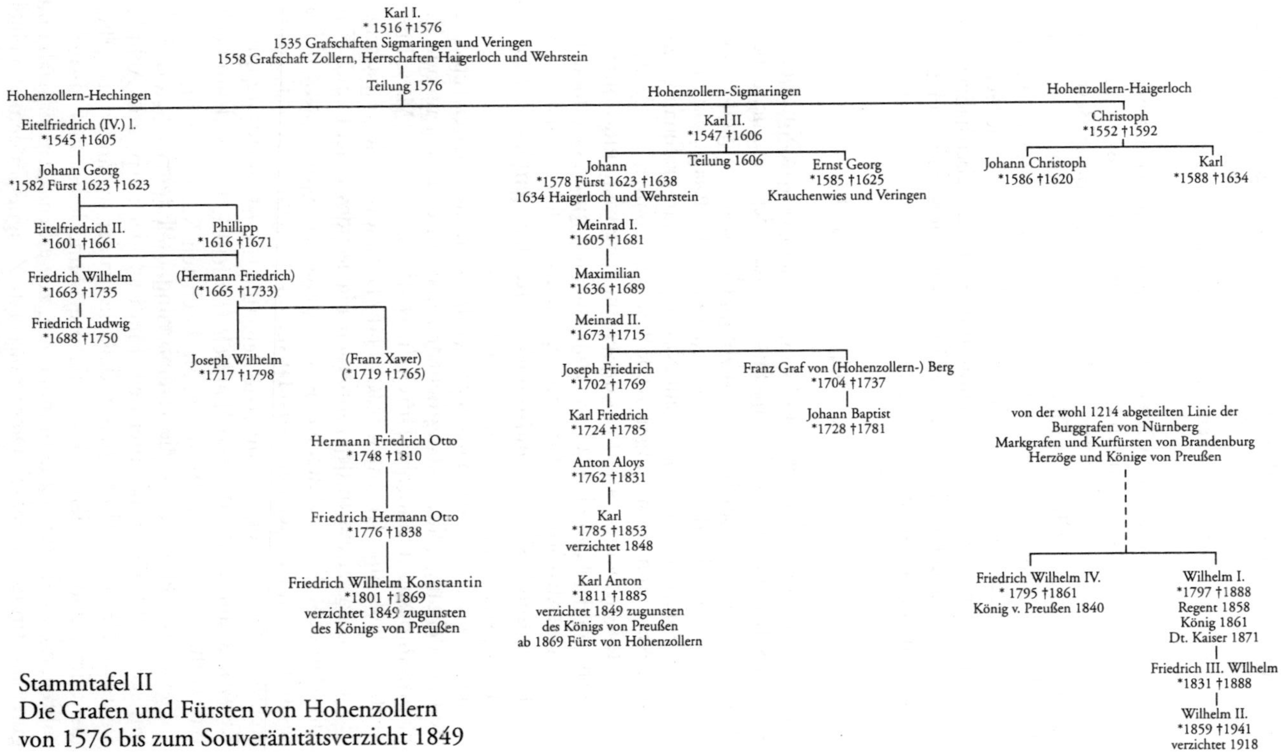

Stammtafel II
Die Grafen und Fürsten von Hohenzollern
von 1576 bis zum Souveränitätsverzicht 1849

Verteidiger des Hohenzollern gegen die Württemberger gewesen. Beide Brüder waren kinderlos verheiratet, zwei der Schwestern wurden Augustinerinnen in Inzigkofen, die jüngste Klarissin in der Reichsabtei Söflingen.

Wie die beiden Brüder Christophs, die sich als Vormünder seiner Kinder heillos zerstritten und gegeneinander prozessiert hatten, so stritten sich nun ihre Nachfolger um die Auslegung der Bestimmung der Erbeinung, es solle »der Öllter deß Abgestorbenen Bruedern oder Brueders Khinder, die Herrschaft Erblich besitzen«. Fürst Johann von der Sigmaringer Linie setzte sich schließlich als der um eine Generation näher mit dem Erblasser Verwandte und auch an Lebensjahren ältere durch und ließ sich im Dezember 1636 in den Herrschaften Haigerloch und Wehrstein huldigen.

Die schwäbischen und die markgräflichen Hohenzollern

Die Abspaltung einer eigenen Linie der Burggrafen von Nürnberg vom schwäbischen Stammhaus hat für dieses im Lauf der Geschichte bedeutende Folgen gezeitigt. Ihre Entstehung geht zurück auf eine Ehe der Tochter des Burggrafen von Nürnberg, Sophie von Raabs, mit Friedrich III. von Zollern, der 1192 mit dem Nürnberger Burggrafenamt belehnt wurde. Nach den Forschungen Rudolf Seigels können wir davon ausgehen, daß die beiden Söhne aus dieser Ehe, Friedrich und Konrad von Zollern, wahrscheinlich 1214 teilten, wobei mit guten Gründen angenommen werden kann, daß der ältere, Friedrich, den allodialen schwäbischen Stammbesitz erhielt, Konrad das Reichslehen der Nürnberger Burggrafschaft.[19]

In der Zeit, in der das Haus der schwäbischen Zollern den schlimmsten Niedergang erlitt, gelang dem fränkischen eine bedeutende Zunahme an Besitz und Macht. Durch die Belehnung mit der Mark Brandenburg und mit der Kurwürde (1415/17) stiegen die fränkischen Hohenzollern zu einem der führenden Häuser des Reiches auf. Kurfürst Albrecht Achilles, den wir als Beschützer des schwäbischen Hauses schon kennen, verfügte im Hausgesetz von 1473, der Dispositio Achillae, über drei bedeutende Reichsterritorien: Brandenburg mit der Kurwürde und die beiden Markgrafschaften Ansbach und Kulmbach-Bayreuth.

Es ist anzunehmen, daß die Vereinbarung, die Eitelfriedrich II. 1488 mit seinen Brüdern traf, unter dem Eindruck der Dispositio Achillae entstand. Davon wird überliefert, daß die Brüder »einander zue erben instituiert, und uff den fall sie alle drey ohne leibserben absterben sollten, die Markgrafen zue Brandenburg zue erben aller irer haab und güter substituiert haben«.[20] Dies ist das erste Zeugnis, in dem von einer

Eventualsukzession der markgräflichen Linie in die Stammgrafschaft die Rede ist.

Seit der Belehnung der Grafen mit dem Erbkämmereramt 1505 kam es sowohl bei dem regelmäßigen Lehensempfang wie bei den Krönungen zu häufigen persönlichen Begegnungen der Kurfürsten und der Grafen. Auch die Erhebung der Linien Hechingen und Sigmaringen 1623 in den Reichsfürstenstand wurde damit gerechtfertigt, daß »beede, Churfürst und Gräffliche Geschlechter, Brandenburg und Zollern, eines Geblüts und Herkommens seynd«.

Als nach dem Dreißigjährigen Krieg die Hechinger Linie auszusterben drohte, begann sich der Große Kurfürst für sein Verwandtschaftsverhältnis zum schwäbischen Haus zu interessieren. Dem Kurfürsten ging es um das Aufspüren von Erbmöglichkeiten – eine typische Einstellung an der Schwelle zum Zeitalter der Erbfolgekriege –, der Fürst brauchte Hilfe zur Abwendung eines Bankrotts seines Hauses nach dem Dreißigjährigen Krieg. Als der Große Kurfürst 1670 mit 30 000 Gulden aushalf, brachte er auch ein »pactum successorium« zur Sprache. Tatsächlich kam dann unter seinem Nachfolger zwischen den drei Linien des Hauses Brandenburg und den beiden schwäbischen Linien 1695 ein »pactum gentilitium« zustande. In dem mit barocker Weitschweifigkeit aufgesetzten Vertrag geht es um ein wechselseitiges Beistandsversprechen in Krieg und Frieden und um die Anerkennung des Kurfürsten als Familienchef (caput familiae), dem, falls das schwäbische Haus aussterben sollte, ein Erbfolgerecht im gesamten Umfang seiner jetzigen und künftigen Besitzungen eingeräumt wird. Außerdem wurden Erweiterungen der Titel verabredet. Die Fürsten durften sich jetzt auch Burggrafen von Nürnberg nennen. Die Eventualsukzession war das Kernstück des Vertrages.

Die Tatsache, daß man bei der Vereinbarung eine Unterscheidung von allodialem und lehnbarem Besitz nicht vorgenommen hatte und daß die vom Kurfürsten gewünschte Eventualhuldigung den Unwillen der Untertanen und großes Aufsehen in der Nachbarschaft erregt hatten, ließ zur »Verhütung alles hinkünfftigen schädlichen Disputs« eine Erneuerung des Vertrages sinnvoll erscheinen. Für den Erbvertrag von 1707 wurde die Bestätigung des Kaisers und des Erzherzogs von Österreich angestrebt, was sich jedoch unter den politischen Konstellationen des 18. Jahrhunderts nicht verwirklichen ließ.

Welche konkrete Bedeutung die Beziehung für das schwäbische Haus haben konnte, sieht man daran, daß der sparsamste aller brandenburgischen Regenten, König Friedrich Wilhelm I., dem Hechinger Haus 1731 zinslose Darlehen über 15 000 und 100 000 Gulden gewährte. Das sind gewaltige Summen für die damalige Zeit. Im selben Jahr verehrte der Hechinger Erbprinz dem Soldatenkönig zwei Landeskinder zu den langen Kerls, die sich zu dreijähriger Kapitulation verpflichten mußten. Friedrich der Große bewog nach dem Hubertusburger Frieden den Grafen Johann Karl von Hohenzollern-Hechingen (1732–1803) zum Übertritt aus dem Militärdienst in den geistlichen Stand, verschaffte ihm bedeutende Pfründen und betrieb seine rasche kirchliche Karriere, in der er zum Fürstabt von Oliva, zum Bischof von Kulm und zum Fürstbischof von Ermland aufstieg. Als »Günstling und kirchenpolitisches Werkzeug« des Königs (Philipp Funk) stellte er seine Laufbahn selbst unter das Motto: »laissons faire le grand Frédéric«. Johann Karl holte auch seinen Neffen, Graf Josef (1776–1836), nach Preußen, der ihm als Fürstabt von Oliva und später auch als Bischof von Ermland folgte.

In einen neuen Abschnitt traten die Beziehungen zwischen den brandenburgischen und den schwäbischen Hohenzollern am Ende des 18. Jahrhunderts ein. Von dem Beistand, den Preußen den süddeutschen Vettern in den Revolutionskriegen und den diplomatischen Verhandlungen zu Beginn der napoleonischen Ära gewährt hat, sowie über die Vorgänge von 1848/49, die zur Abtretung der Herrschaftsrechte an den König von Preußen führten, wird an anderer Stelle berichtet. Hier sei nur darauf hingewiesen, daß die Abtretung rechtlich als Antizipation des Erbfolgerechtes galt, das durch die Familienverträge von 1695 und 1707 begründet worden war.

Hohenzollern-Hechingen: Pracht ohne Macht

Renaissance-Herrschaft

Als Graf Eitelfriedrich I. von Hohenzollern-Hechingen (1545–1605) die Regierung in der Stammgrafschaft 1576 übernahm, verfügte er über ein geschlossenes Territorium, das fast fünf Quadratmeilen ($\sim$ 270 km^2) groß war und in dem in der Residenzstadt und 25 Dörfern knapp 6 000 Untertanen lebten. Er war in vollem Umfang Landesherr. Mit Ausnahme des einen abgelegenen Dorfes Wilflingen, unweit von Rottweil, war sein Besitz Allod, stand also unter keiner Lehensabhängigkeit.

Eitelfriedrich hatte durch juristische Studien an deutschen und französischen Universitäten eine sorgfältige Ausbildung erhalten; er war durch Dienst am Hof Herzog Albrechts von Bayern, durch Kommissionen im Auftrag Kaiser Maximilians II. als kaiserlicher Rat und durch mehrjährige Präsidentschaft am Reichskammergericht in Speyer auf seine Rolle als Landesherr sehr gut vorbereitet, ehe er sich in Hechingen niederließ.

Der Ausbau Hechingens als repräsentative Renaissance-Residenz ist sein Werk. In wenigen Jahren ließ er das Stadtschloß zu einer Vierflügelanlage von mächtigen Ausmaßen und prächtiger Ausstattung erweitern. Es wurde zum Schauplatz für die legendäre »Hohenzollerische Hochzeit«, bei der 1598 die Vermählung seines Sohnes und Regierungsnachfolgers mit einer Prunkentfaltung gefeiert wurde, die sich mit der habsburgischen und wittelsbachischen repräsentativen Festkultur zu messen versuchte. Während das Schloß, ein Opfer späteren Unverständnisses, Anfang des 19. Jahrhunderts abgebrochen wurde, ist die Kirche des von Eitelfriedrich neu gegründeten Franziskanerklosters St. Luzen das bis heute eindrucksvollste Zeugnis seines Kunstsinns und seiner Prachtliebe.[21] St. Luzen als bewußt gegenreformatorische Gründung hart an der Grenze zum lutherischen Württemberg – »daß dardurch die algemaine allain säligmachende catholische Religion gepflanzet und volnzogen, auch die Verführten wider herzue gereizet werden möchten«[22] – ist nur eine seiner zahlreichen kirchlichen Aktivitäten als Stifter, Reformer und Bauherr, die hier nicht im einzelnen zu würdigen sind.

Erst seit Eitelfriedrich I. kann man in Hechingen von einer Hofhaltung sprechen. In der Stadt, in der es Mitte des 16. Jahrhunderts rund 900 Einwohner gab, wird für das Jahr 1605 ein Hofstaat von 102 Personen mit fester Besoldung nachgewiesen.[23] Diese Phase exzessiver Selbstdarstellung der Herrschaft – zu der auch eine künstlerisch hochstehende geistliche und höfische Musikkultur gehörte[24] – wurde begleitet von einer harten Handhabung der Justizhoheit des Grafen und von den Exzessen des Hexenwahns, die zu dieser Zeit einen Höhepunkt erreichten. Durch das höfische Prunkgehabe wurde auch eine steigende Unzufriedenheit der Untertanen in den Dörfern ausgelöst, denn ihre verstärkte Inanspruchnahme war die Voraussetzung für die Prachtentfaltung ihres Herren.

Die Regierungsnachfolger waren in der Residenz nicht in gleicher Weise präsent wie Eitelfriedrich. Der einzige, der ihm von seinen drei Söhnen blieb, Graf Johann Georg (1582–1623), war 23 Jahre alt, als er seinem Vater 1605 folgte. Dieser hatte ihn als »Sorgenkind« erlebt, »dessen Vorliebe für Mode, Schmuck, Reisen, Würfelspiel und Alchemie«[25] ihn beunruhigte. Deshalb sorgte der Vater dafür, daß Johann Georg schon in sehr jungen Jahren in Pflicht genommen wurde und verschaffte ihm kaiserliche Aufträge und ein adeliges Präsidentenamt am Reichskammergericht in Speyer. Johann Georg blieb nach dem Tod seines Vaters nicht lange in Hechingen. Wir finden ihn bald in hervorragender Stellung am kaiserlichen Hof. Er stand von 1609 bis 1623 als Präsident an der Spitze des Reichshofrats, zu einer Zeit, als dieser durch die Lähmung des Reichskammergerichts stark an Bedeutung gewann und in seiner politisch-juristischen Doppelfunktion zu einem wichtigen Instrument der habsburgischen Politik im Reich wurde.

Zum Lohn für seine den reichshofrätlichen Behördenbetrieb weit übersteigende Tätigkeit unter den Kaisern Rudolf II., Matthias und Ferdinand II. wurde Johann Georg am 20. März 1623 in den erblichen Reichsfürstenstand erhoben. Er war einer der drei Enkel des Grafen Karl I., die bei der Entstehung des politisch-konfessionellen Bündnissystems am Vorabend des Dreißigjährigen Krieges eine maßgebliche Rolle spielten.[26] Für sein Land hatte der Gewinn der reichsfürstlichen Würde eine weitere Erhöhung des Repräsentationsaufwands zur Folge, ohne daß sich dessen Leistungsfähigkeit verbesserte.

Johann Georg konnte sich seiner neuen Würde nur kurz erfreuen, denn er starb noch im selben Jahr. Mit ihm endet in Hechingen nicht nur die Reihe der auch in der Reichspolitik hervorragenden Persönlichkeiten, es beginnt zugleich eine chaotische Phase der Herrschaftsgeschichte. Das Land, das die furchtbaren Verheerungen des Dreißigjährigen Krieges, von denen die Stammgrafschaft extrem hart betroffen wurde, zu überstehen und die drückende, durch Johann Georg stark vermehrte Schuldenlast zu tragen hatte, blieb über Jahrzehnte ohne Landesherrn.

Fürst Eitelfriedrich II. (1601–1661) befand sich als kaiserlicher Offizier bei der Armee und lebte nach einer Kopfverwundung – »verfiel wegen ihm vor Budweis gegebener großer Hauptblessur in Blödigkeit«[27] – die meiste Zeit auf den von seiner Frau ererbten Besitzungen in den Niederlanden. Die Grafschaft überließ er, mit seinen nächsten Verwandten zerstritten, seinen Beamten. Von 1651 bis 1661 wurde sie von einer kaiserlichen Schuldenkommission verwaltet.

Da Eitelfriedrich II. keine erbfähigen Nachkommen hinterließ und die Linie auszusterben drohte, konnte sein Bruder Philipp (1616–1671), Domherr in Köln und Straßburg, mit kostspieligem päpstlichem Dispens in den Laienstand zurücktreten. Als er 1671 starb, waren die Kinder aus seiner Ehe mit der badischen Markgräfin Marie Sidonie (1635–1686) noch so klein, daß das Fürstentum bis zu ihrem Tod unter ihrer Vormundschaft stand.

Hechingen, die glanzvolle Residenz Eitelfriedrichs I. und Johann Georgs, von der uns Matthäus Merian in der Topographia Sueviae einen faszinierenden Prospekt bietet,[28] ist seit dem Dreißigjährigen Krieg ein bescheidener Verwaltungssitz mit einer eingeschränkten Hofhaltung.

Gräfliche Kanzlei, Residenzstadt, Ämter, Dorfgemeinden

Unter dem Grafen Jos Niklaus II. war in der Mitte des 16. Jahrhunderts die Rekonsolidierung der Stammgrafschaft zum Abschluß gekommen.

In dieser Zeit gewann die Verwaltungsorganisation ihre endgültige Ausprägung, wobei die gräfliche Kanzlei eine zentrale Stellung einnahm. Der Graf führte seine Regierung mit Hilfe eines Obervogts, der ihn auch während seiner Abwesenheit vertrat und an dessen Seite der Kammerschreiber als Vorsteher der gräflichen Kanzlei stand. Daneben verwaltete ein Rentmeister die herrschaftlichen Einkünfte und ein besonderer Pfleger führte die Aufsicht über die kirchlichen Pfründen.[29]

Es wird mit Recht darauf verwiesen, daß der Ausbildung der Schriftlichkeit und der bürokratischen Ausformung der Kanzleien entscheidende Bedeutung für die Durchsetzung einer uneingeschränkten Herrschaftsgewalt zukommt. In diesem Zusammenhang sind auch die von herrschaftlichen Kanzleischreibern aufgenommenen Lagerbücher des 15. und 16. Jahrhunderts zu erwähnen.[30]

Den zentralen Behörden unterstanden die Residenzstadt und die Ämter. Mit der Selbstregierung der Stadt Hechingen war es nicht weit her. An ihrer Spitze stand ein von der Herrschaft eingesetzter Schultheiß, und der Stadtherr konnte auch nach Belieben in die Zusammensetzung des Stadtgerichts eingreifen. Die städtischen Privilegien beschränkten sich auf eine Besteuerungsbegrenzung von 1388 und eine Begrenzung der Leibeigenschaft durch Befreiung vom Hauptfall von 1401. Das gesamte städtische Wesen, auch die Bürgeraufnahme, war von der Zustimmung der gräflichen Verwaltung abhängig.

Von den 14 Ämtern, die es in der Mitte des 16. Jahrhunderts in der Grafschaft gab, bestanden 7 allein aus größeren Ortschaften, die anderen setzten sich aus zwei oder drei Dörfern zusammen. Unter dem Eindruck der strafferen Landesorganisation und der Bevölkerungsvermehrung bekamen fast alle Gemeinden ihre eigenen Organe. Lediglich das Amt Stein mit seinen drei Flecken Stein, Bechtoldsweiler und Sickingen bestand noch im 18. Jahrhundert. Die Ämter, mehr und mehr die Gemeinden, waren unterste, aber voll ausgebildete Verwaltungseinheiten mit eigenen Gremien und Institutionen. In ihnen verbanden sich herrschaftliche und genossenschaftliche Elemente.

Da es in den Dörfern der Grafschaft keinen Ortsadel mehr gab, durch den zuvor in vielen Gemeinden die Herrschaft selber unmittelbar und dauernd präsent war, wurde der Dorfvogt zum wichtigsten Verbindungsglied zwischen Obrigkeit und Dorfgemeinde, er war »der personifiziere Berührungspunkt«[31] beider Seiten. Die Bestimmung des Vogts lag im Ermessen des Grafen. Er wurde der Dorfgemeinde entnommen und war in der Regel einer der wohlhabenderen, deshalb eher abkömmlichen Bauern. Er war das Organ der Herrschaft im Dorf und zugleich der Repräsentant der Gemeinden gegenüber Kanzlei und Landesherr.

Der Vogt führte den Vorsitz im Dorfgericht, das je nach Größe der

Gemeinde mit 6 bis 12 Richtern besetzt war. Es wurde durch ein System der Zuwahl gebildet, bei dem der von der Herrschaft eingesetzte Vogt das erste Votum hatte, dann wurde jeweils kooptiert, bis die herkömmliche Besetzung erreicht war. Angesichts der dörflichen Versippung war es fast schon selbstverständlich, daß auf diese Weise eine »Oligarchie im kleinen«[32], eine Art »Dorfpatriziat«[33] entstand. Das ließ sich auch durch die Wahl von besonderen Gemeindevertretern, den Vierern, nicht verhindern. Die »Gerichtsbesatzung« geschah jährlich Mitte Januar um den Hilaritag. Sie war verbunden mit der Wahl der sehr zahlreichen Gemeindeämter, von den Heimbürgen oder Bürgermeistern, die das Gemeindevermögen verwalteten, bis zu den Feuerbesehern oder den über die Grenzen wachenden Untergängern. An den Jahrgerichtstagen wurden auch die Amtseide abgelegt. Die Zuständigkeit des Gerichts erstreckte sich auf die gesamte dörfliche Verwaltung, auf die Regelungen der bäuerlichen Wirtschaft, wozu etwa die Nutzung der Allmende oder die Terminbestimmung für herrschaftliche oder gemeindliche Fronen gehörten. Es übte aber auch die Niedere Gerichtsbarkeit auf dörflicher Ebene aus, indem es geringere Vergehen und Verstöße gegen die Dorf- und die Landesordnung rügte und aburteilte. Auch wenn die Herrschaft das Recht zu Eingriffen in die Zusammensetzung des Dorfgerichts und in seine Entscheidungen für sich in Anspruch nahm, unterliegt es keinem Zweifel, daß den Dörfern eine gewisse Autonomie verblieb, daß ihnen echte Selbstverwaltungsbefugnisse zustanden, die sie auch in der Folgezeit zu behaupten vermochten, als der herrschaftliche Machtanspruch eine fast unbegrenzte Steigerung erfuhr.

Herrschaftsintensivierung

Der innere Ausbau der wiederhergestellten Stammgrafschaft kam erst spät in Gang. Darin liegt der Grund, daß es hier im Bauernkrieg ruhig geblieben war. Die von Jos Niklaus II. in Angriff genommenen moderaten Ansätze einer einheitlichen Territorialorganisation wurden vom Grafen Karl I. nicht forciert. Aber nach der Landesteilung von 1576 änderte sich das schlagartig. Die Entfaltung der Hechinger Hofkultur und die Intensivierung der Landesherrschaft sind zwei Seiten einer Medaille. Daraus ergab sich ein Konflikt, der mit unvergleichbarer Vehemenz und Dauer ausgetragen wurde.

Sämtliche öffentlichen Aufwendungen in der Grafschaft mußten von den Bauern erbracht werden. Mit den Erträgnissen der bäuerlichen Ökonomie war die Hofhaltung des Landesherrn, waren die Verwaltung, die Landesverteidigung und der Kultus zu bestreiten. Dies geschah durch Naturalabgaben in Gestalt des Zehnten, durch Geldzahlungen für die meist in feste Beträge umgewandelten Leibeigenschaftsabgaben, Schatzung, Fronschilling und sonstige Gefälle, schließlich durch faktische Fronen, die von den Bauern als Hand- und Spanndienste, für Holzeinschlag und Holzfuhren, besonders auch als Jagdfronen gefordert wurden. Alle diese Leistungen der Untertanen gingen auf Kosten des Mehrertrages, den die einzelne bäuerliche Wirtschaft über die reine Subsistenzsicherung hinaus erbrachte; sie waren »herrschaftliche Surplusabschöpfung«.[34]

Aber Herrschaftsintensivierung äußerte sich nicht allein in erhöhten Forderungen, wie sie Graf Eitelfriedrich sofort mit dem Abschluß neuer Fronverträge erhob. Sie kam auch in wirtschaftlichen Vorschriften, in der Vereinheitlichung von Maß und Gewicht – »Hechinger Mess« und »Hechinger Eych« –, deutlicher noch in der Verschärfung der Gebote und Verbote in der Landesordnung 1579/80 zum Ausdruck, vor allem auch in ihrer intensiveren Anwendung. Zwei Beispiele mögen dies belegen. Sie weisen zugleich auf die Spannungen im dörflichen Sozialgefüge hin und auf den Rigorismus der Maßnahmen, die vom Grafen persönlich befohlen wurden. Angesichts von Zahlungsschwierigkeiten resolvierte er 1587, »daß diejenige, so der gebürnuß an fron, einspennigen, judenzins, roß-, viehgelt und dergleichen schuldigen auflagen nit zalen, aus der Grafschaft verwisen werden sollen«, und den Heiratsantrag eines Paares aus Stetten, das nur eine bescheidene Ausstattung in die Ehe bringen konnte, beantwortete er mit dem Bescheid: »Diesen bettelheirat bewilligen wir nit, er zieh dann mit ir hinaus, dann die derfer sunsten zu viel besetzt«.[35]

Es ist noch ein besonderes und neues Instrument zu nennen, mit dem der Graf sein Herrschaftsmonopol in den Dörfern durchzusetzen versuchte. In den neuen Fronverträgen mußten sich die Gemeinden die Einsetzung eines »Einspännigen« gefallen lassen.[36] Er war auf Kosten der Gemeinde zu unterhalten und hatte die Aufgabe, über die Einhaltung der herrschaftlichen Ordnungen zu wachen. Anders als der Vogt, stammt der Einspännige nicht aus der jeweiligen Gemeinde. Er unterliegt deshalb auch nicht den innerdörflichen Loyalitäts- und Solidaritätsverpflichtungen. Als lästige Denunzianten hatten die Einspännigen in den Dörfern keinen leichten Stand. Sie waren offenbar nur vorübergehend ein Instrument zur völligen Durchsetzung der herrschaftlichen Autorität, denn ihre Spur verliert sich in den späteren Fronverträgen.

Die Auswirkung der Herrschaftsintensivierung auf die einzelnen Dörfer war nicht einheitlich. Da es eine sehr gründliche wissenschaftliche Untersuchung der Vorgänge in der Gemeinde Owingen gibt, in der es 1584 zum ersten großen Konflikt mit der Herrschaft kam, können wir uns an dieses konkrete, wenn auch extreme Beispiel halten.[37]

Wir wissen, daß es 1590 im Dorf Owingen (gesprochen Auingen) 324 Einwohner gab, die sich auf 72 Familien verteilten. Auffallend ist eine starke Differenzierung des Besitzes. Es gibt eine bäuerliche Oberschicht von besonderem Zusammenhalt, ein bereits ausgeprägtes Dorfhandwerk und eine als zu hoch empfundene Zahl von Tagelöhnern. Owingen gehörte zu den drei Dörfern der Herrschaft Haimburg, die Jos Niklaus II. 1539/42 wieder an Zollern gebracht hatte. Von den meisten Gemeinden der Grafschaft unterschied sich Owingen dadurch, daß es 1538 mit dem Herrschaftsvorgänger einen Fronvertrag »auf ewige Zeiten« geschlossen und die Frondienste gegen einen jährlichen Fronschilling von 70 Gulden abgelöst hatte. Die Fronbriefe der meisten Gemeinden waren jedoch nur auf Lebenszeit des Grafen Jos Niklaus II. abgeschlossen. Sie konnten sich gegen die neuen, höheren Forderungen Eitelfriedrichs nicht wehren.

Die Fronforderungen für den Schloßbau in Hechingen setzten 1577 ein. Auch die Owinger wurden dazu herangezogen, ohne Rücksicht auf ihre Befreiung. In diesem Zusammenhang fällt auf Eitelfriedrich kein gutes Licht. Als sich die Owinger auf ihre Fronfreiheit beriefen, kassierte der Graf ihren Fronbrief kurzerhand mit der Behauptung, das Siegel sei nicht in Ordnung. Die Owinger wurden gezwungen, weiterhin wöchentlich einen Frontag zu leisten und blieben dem Vorwurf ausgesetzt, ihren Fronbrief gefälscht zu haben. Erst 1583, als zwei Frontage in einer Woche von ihnen gefordert wurden, kam es unter den Owingern dreimal zu förmlichen Fronverweigerungen.

Der Konflikt eskalierte, nachdem Eitelfriedrich, der zu dieser Zeit einen Erbstreit mit seinem Haigerlocher Bruder austrug, den Owingern den Besuch des Haigerlocher Marktes und ihrer bisherigen Bannmühle in Stetten verbot. Beide befanden sich in nächster Nachbarschaft, Markt und Mühle in Hechingen, die ihnen zugewiesen wurden, waren dagegen »drey stundt wegs entlegen«. Eine Bittschrift an den Grafen bewirkte nichts. Als dann 62 Owinger mit ihrem Getreide gemeinsam in die Stettener Mühle fuhren, wurde jeder der Beteiligten überaus hart mit 10 Pfund Heller bestraft, was etwa dem Monatslohn eines Maurers am Schloßbau in Hechingen entsprach.

In dieser gespannten Lage kamen am Abend des 23. August 1584 nach 9 Uhr fünf gräfliche Diener ins Dorf, um Conrad Fritz, einen der Owinger Vierer, festzunehmen. Dabei entstand im Dorf ein solcher Tumult, daß sich die Bediensteten nicht trauten, die Festnahme zu erzwingen. Sie zogen sich unter Drohungen gegen die Owinger zurück. Die versammelte Gemeinde beschloß daraufhin, das Dorf und das Land noch in der selben Nacht gemeinsam zu verlassen. Wie es in einer der späteren Rechtfertigungsschriften heißt: »aus geschöpfter billicher furcht merer hoher beschwehrung und gefahr an unsern leibern und gütern«.

Der »Austritt« sämtlicher Männer der Gemeinde Owingen hat als erstes bedeutendes Beispiel dieser kollektiven Form bäuerlichen Widerstands im Reich in der einschlägigen historischen Forschung Beachtung erfahren.[38] Zweifellos war er für die betroffenen Bauern des Jahres 1584 ein letztes Mittel, öffentliches Aufsehen zu erregen, um aus dem Bannkreis des gräflichen Jähzorns und der herrschaftlichen Willkür herauszutreten, zumal gerade Eitelfriedrich nichts peinlicher war als eine Beschädigung seiner Reputation.

Die Owinger, die sich zuerst vergeblich an die Amtleute in Rottenburg wenden, halten sich in der Folge mit Erlaubnis des Herzogs von Württemberg in Tübingen und dessen Umgebung auf; sie verdingen sich im Taglohn und betteln. Alle, an die sie sich wenden, sei es die Tübinger Juristische Fakultät, sei es der kaiserliche Rat Graf Wilhelm von Zimmern, der Schwager Eitelfriedrichs, sei es Herzog Ludwig von Württemberg, raten ihrerseits Eitelfriedrich, sich versöhnlich zu erweisen, aber er lehnt es ab, sich mit »diesen erlosen nichtswerttigen Bueben in weittleufige Tractation oder Underhandtlung zu begeben« und verlangt, daß sich die Owinger ihm »auf Gnad und Ungnad« unterwerfen.[39] Auf Anraten der Tübinger Juristen und mit einer von ihnen verfaßten Bittschrift gingen vier Owinger an den Kaiserhof nach Prag und haben, wie sie später im Verhör aussagten, »kayserliche maiestät selbst gesprochen, und der maiestät die supplication selbst auch geben«. Rudolf II. ordnete die Einsetzung einer kaiserlichen Schiedskommission an und sagte den Owingern bis zu deren Entscheid Straffreiheit zu. Eitelfriedrich kümmerte das nicht.

Als die Owinger Männer am 3. November 1584, nach zehn Wochen, zurückkehrten, wurden sie zu einem demütigenden Unterwerfungsritual gezwungen. Auf dem Hechinger Marktplatz, von Soldaten umstellt, mußten sie sich beim Erscheinen des Grafen auf die Knie werfen und der Stadtschreiber – zugleich Bassist in gräflichen Diensten – verlas ein schwülstiges und verlogenes Unterwerfungsdokument, eine Abbitte, deren Text die Männer aus Owingen, 72 an der Zahl, vorher überhaupt nicht kannten. Der Graf gab sich damit nicht zufrieden. Er belegte alle ausgetretenen Owinger wegen der Verstöße gegen die Landesordnung nochmals mit 10 Pfund Heller Strafe und mit weiteren Schikanen. Den Vogt Michael Cammerer und den Vierer Conrad Fritz, die zu den größten Bauern des Orts gehörten, ließ er als »rädlinsfürer« auf dem Hohenzollern gefangen halten. Im Juli 1587 wurden sie als »ufrürer, ufwickler und rottirer« des Landes verwiesen, »auff zwantzig meil wegs«, und ihre Güter wurden eingezogen.

Die Erwartungen Eitelfriedrichs, durch sein rigoroses Vorgehen die kaiserliche Kommission überflüssig zu machen, gingen nicht in Erfüllung. Die Owinger ließen sich durch die erzwungene Abbitte nicht von dem Schiedsverfahren abhalten, das ihnen der Kaiser eröffnet hatte. Die von Eitelfriedrich immer wieder sabotierten Kommissionsverhandlungen, die er als einen Eingriff in seine landesherrlichen Rechte ansah und bei denen er darauf bestand, daß die Owinger den selben Fronvertrag bekommen wie die anderen Gemeinden auch, zogen sich noch volle sechs Jahre hin und endeten ergebnislos.

Erst weitere sechs Jahre später wurde insofern von der Herrschaft ein Schlußstrich gezogen, als sie mit den ausgetretenen Owingern einen nochmaligen Akt der Abbitte inszenierte. Von den 72 Männern von 1584 waren nur noch 33 übrig. Die meisten werden gestorben sein, zumal 1586 die Pest im Dorf umging, die »sterbenden leuff«, fünf hatten inzwischen Urfehde geschworen, sie brauchten nicht mehr zu erscheinen, und nicht weniger als acht waren unter Beschlagnahme ihrer Lehen aus dem Land verbannt worden. Jetzt erst, am 20. Mai 1596, erhielten die Owinger einen neuen Fronvertrag. Er entsprach nicht dem Formular der anderen Gemeinden, sondern war eine Erneuerung ihrer Fronfreiheit. Auch die Besoldung des Einspännigen wurde gestrichen. Aber die Owinger bekamen den Verzicht des Grafen nicht geschenkt. Ihr Fronschilling von bislang 83 Gulden wurde auf jährlich 313 Gulden erhöht. Der Graf ließ sich, nachdem die Bauphase in seiner Residenzstadt beendet war, die nicht mehr benötigten Fronen abkaufen.

Die Opfer der Owinger waren groß. Ihr Widerstand gegen die herrschaftliche Willkür war nur durch ein hohes Maß innerdörflicher Solidarität möglich, die sich verband mit der Hoffnung auf eine Intervention des Kaisers, »merhochstgedachter kayserlichen majestät als quellenden bronnens der gerechtigkait und billigkait«, wie es in ihrer zweiten Supplikation an den Kaiser von 1585, einem erschütternden Hilfeschrei, heißt. Der von Graf Eitelfriedrich bewiesene Herrschaftsdünkel, seine auch von seinen Standesgenossen mißbilligte Inhumanität, verdunkeln das Ansehen eines Landesherren, der durch seinen Kunstsinn besondere Aufmerksamkeit verdient, sie nähren aber zugleich den Verdacht, daß auch seine Rolle als Kunstmäzen und Stifter im Dienst der eigenen Apotheose stand.

Die »Generalrebellion«

Der Austritt der Owinger steht am Anfang einer langen Reihe von Aufständen gegen die Herrschaft. Die ältere Darstellung von Julius Cramer nennt insgesamt 15. War es 1584 eine Gemeinde, so sind es

1605 bereits acht Orte, die sich der Herrschaft widersetzen, und 1619 kommt es zur »Generalrebellion«, an der sich so gut wie alle Gemeinden beteiligen, vor allem erweitern sich jetzt auch die Gravamina. Neben den Klagen über die Fronen, die für den festungsmäßigen Ausbau des Hohenzollern seit 1617 in exzessiver Weise in Anspruch genommen werden, sind es vor allem Beschwerden, die den Wald und die Jagd betreffen. Auch darin besteht ein Zusammenhang zwischen den Revolten von 1605 und 1618/19.

Den Bauern war die Ausweitung der herrschaftlichen Eigenwirtschaft in ihren Dörfern ein Dorn im Auge. Nicht nur, daß die eingezogenen oder einbehaltenen Lehen der wachsenden Dorfbevölkerung verlorengingen – sie hatten sie gleichwohl in der Fron zu bestellen –, es wurde ihnen auch durch die immer zahlreicheren herrschaftlichen Schaf- und Viehherden eine Beeinträchtigung ihrer Weidemöglichkeiten zugemutet. Ein weiterer Beschwerdepunkt war das Bestreben der Herrschaft, die Bauern mit Rücksicht auf das Wild und die Jagd aus der Waldnutzung auszuschließen. Der Wald spielte von alters her für die Landwirtschaft eine wichtige Rolle auch als Waldweide und zur Eckerichmast der Schweine. Von den Bauern wurde es zudem als schwere Demütigung empfunden, daß sie seit 1577 mit einem absoluten Jagdverbot belegt waren, obwohl weite Teile der Grafschaft zum Gebiet der Freien Pirsch gehörten. Sie machten geltend, sie würden willkürlich und gegen ihr Recht aus der Freien Pirsch ausgeschlossen, zumal in der zollerischen Herrschaft Haigerloch und in den angrenzenden württembergischen Oberämtern das Jagdrecht der Untertanen in der Freien Pirsch nicht angefochten wurde.[40]

Mit ihren Beschwerden wandten sich einige Gemeinden an Graf Johann Georg noch vor seinem Regierungsantritt. Als sie ohne Bescheid blieben, nahmen sie untereinander Kontakt auf. Dies scheint die erste Aktion zu sein, bei der es zu einem übergemeindlichen Vorgehen kam. Als die Vertreter der acht Dörfer – es waren die Ämter Bisingen, Großelfingen, Weilheim und Stein – eine persönliche Vorsprache bei dem jungen, gerade an die Regierung gekommenen Grafen zu erzwingen versuchten, ließ dieser die Deputierten festnehmen. Aber noch am selben Tag zogen bewaffnete Bauernhaufen in die Stadt, um ihre Abgesandten zu befreien. Auf diese Gewaltandrohung hin ließ Johann Georg die Verhafteten frei, nachdem sie seine Bedingung, Abbitte zu leisten, erfüllt hatten. Anders als sein Vater verzichtete er auf weitere Bestrafung und gab sich mit der Unterwerfung zufrieden, ging aber auf den Inhalt der Beschwerde nicht ein. Die Konfliktlage blieb unverändert.

Den Entschluß, die Burg Hohenzollern zu modernisieren und mit Bastionen zu versehen, scheint Johann Georg 1615 gefaßt zu haben. In den Fronverträgen hatten sich die Gemeinden verpflichtet, auch Owingen, Baufronen zu leisten, falls »an dem stamhaus und schloß Hohenzollern etwas notwendig dran zu pawen«. Nachdem sämtliche Gemeinden an dieser Großbaustelle eingesetzt wurden, ist es nicht verwunderlich, daß sie sich untereinander verständigten, als infrage stand, was »notwendig dran zu pawen« war, also Reparatur, und inwieweit es sich um einen Neubau handelte, »wo zuvor nichts gestanden«. Die »Generalrebellion« äußerte sich in der Tatsache, daß im Oktober 1618 in allen Gemeinden Deputierte gewählt wurden und die so gebildete Vertretung sich »Landschaft« nannte. Dies weist über den Protest in einer Einzelfrage hinaus: Die Landschaft verstand sich als Landesvertretung und trat auch entsprechend auf.[41]

Während die Landschaft, die sich jede Woche in Hechingen traf, die gesammelten Beschwerden der Gemeinden vorbrachte und versuchte, sich zum Verhandlungspartner der Herrschaft zu machen, spielte der Graf auf Zeit und ließ schließlich seine Bescheide, in denen er sich unnachgiebig zeigte, an die einzelnen Gemeinden ergehen. Für die in oder an der Freien Pirsch liegenden Dörfer hatte die Forderung, das Verbot ihres Jagdrechts aufzuheben, eine große Rolle gespielt. Erstmals treten auch die Klagen über Wildschäden in den Vordergrund. In der Antwort, die Graf Johann Georg an die Gemeinde Beuren ergehen ließ, kommt seine Herrschaftsauffassung unmißverständlich zum Ausdruck: »Ihr sollen euch kein gedanken nit machen, daß wir euch die Freye Pürsch gestatten, und uns hierdurch selbsten Wildpreth Schützen in unser Forst ziglen werden, wir wissen auch in unserer Grafschaft von keiner freyen Pürsch, viel weniger von einiger Gerechtigkeit, die ihr in derselben haben sollet, sonder unser als Euer Hals-Herrn und frei gesetzter Obrigkeit gerechtsame ist, daß wir euch und anderen unseren leibeigenen Untertanen zu gepueten und verpueten haben was uns nütz und nothwendig bedenkt zue sein, hergegen weisen Euer Aydt und pflüchten auß, daß uns Ihr zuegehorsame schuldig und verbunden seyen und lassen wir uns nit angehen, was andere benachbarte Herrschaften Ihren Untertanen zulassen oder verbieten und halten gleich wohl dafür, wenn Sie Ihre Hofhaltung und Forst so nach an der purst hetten als wür, Sie wurden Ihren Untertanen das Schießen gleich so wenig vergühnen. Neben dem so gehören Ihr Pauren, ohne daß zum Pflug und nit zum Wildprettschießen, welches euch keinen nutzen, sondern vielmehr nachteil verursacht und zu schädlichen mußegang Anlaß gibt. Derowegen so lassen es wür aus diesem und anderen mehr erheblichen ursachen der Freyen pürst halber bey dem je und alleweg gewesten und hergebrachten verbot gänzlich verbleiben und so etwas an Roth- oder Schwarzwildprett vorhanden ist, so euch in euren Guettern schaden zu füegen sollte, wollen wür es selbsten hinweg nehmen oder fangen lassen«.[42]

Im Frühjahr 1619 hielten sich die Gemeinden an die »Landschaft«, so wird von herrschaftlicher Seite später behauptet, »als wäre dieselbe ihre Obrigkeit«. Zum förmlichen Aufstand kam es, als die Herrschaft, ähnlich wie seinerzeit in Owingen, den Sprecher der Landschaft, Michael Weber aus Stein, festzunehmen versuchte. Die Bauern läuteten Sturm, griffen zu den Waffen und jagten den Rentmeister und seine Begleitung in die Stadt zurück. Nachdem der Graf sich des militärischen Beistands von außen versichert hatte und sich entschlossen zeigte, jeden weiteren Widerstand mit Gewalt zu brechen, ließ die Bereitschaft zum offenen Kampf und der Zusammenhalt bei den einzelnen Gemeinden nach. Am 8. Juni 1619 leisteten die Aufständischen im Schloßhof in Hechingen in einem sorgfältig inszenierten Akt fußfällige Abbitte und erneuerten ihren Huldigungseid. Diesmal verhängte der Graf die überaus hohe Geldstrafe von insgesamt 70 000 Gulden.

In den schweren Plagen des Dreißigjährigen Krieges traten die Gegensätze zurück. Drangsale und Verwüstungen, Pest, Hungersnot und die Kriegshandlungen selber, die im Umkreis des Hohenzollern besonders schlimm waren, dezimierten die Bevölkerung auf weniger als die Hälfte des Vorkriegsstandes. 1620 hatte es in Bisingen 75 erwachsene männliche Einwohner gegeben, 1640 waren es noch 25. Als nach dem Krieg in dem völlig verarmten Ort die Steuerrückstände gewaltsam eingezogen werden sollten, kam es 1658 zu schweren Zusammenstößen, in deren Verlauf die Bisinger Kirche, in die sich die aufständischen Untertanen zurückgezogen hatten, von den aus Horb angeforderten Exekutionstruppen gestürmt wurde.[43] Die kaiserliche Kommission, die zu dieser Zeit das desolate Land verwaltete, verfuhr nicht weniger hart als die angestammten Landesherren. Die Steuerrevolte endete mit Unterwerfung und Bestrafung, wobei die übrigen sieben Dörfer, die nicht gezahlt hatten, etwas glimpflicher behandelt wurden als die Bisinger.

Während der autoritätsarmen Beamtenregierung in der Zeit Eitelfriedrichs II. kümmerten sich die Bauern wenig um die Jagdverbote. Fürst Philipp, »der die mehrist Zeit seines Lebens auf Krucken zubrachte«, also offenbar körperbehindert war, hatte kein Interesse an der Jagd. Dies gilt auch für seine Witwe während ihrer langen Vormundschaftsregierung. Sie ließen ihre Untertanen in der Freien Pirsch gewähren. Als nun ihr junger und jagdbesessener Sohn Fürst Friedrich Wilhelm zwischen den Feldzügen, an denen er als Offizier im Dienste Kaiser Leopolds teilnahm, zeitweise in Hechingen erschien, mußte es zu Zusammenstößen kommen. Besonders die Stadt Hechingen weigerte sich, auf das von ihr mittlerweile beanspruchte Jagdrecht in der Freien Pirsch zu verzichten, was zum Konflikt von 1685 führte, den Cramer als den fünften Aufstand bezeichnete. Entscheidend ist, daß mit der Regierungsübernahme Friedrich Wilhelms die auf Ausgleich, ja auf Kooperation mit den Untertanen eingestellte Verwaltungspraxis seiner Eltern abrupt beendet wurde. Friedrich Wilhelm eröffnete eine absolutistische Ära.

Reich und Kreis

Die Grafen und nunmehrigen Fürsten von Hohenzollern-Hechingen, die wir bisher als Potentaten in kleinsten Territorialverhältnissen kennengelernt haben, waren zugleich Reichsstände, sie gehörten dem Reichstag an, der, jedenfalls seit dem Westfälischen Frieden, neben dem Kaiser wichtigstes Organ der Reichsgesetzgebung und der Reichsregierung war.[44] Als Inhaber eines reichsunmittelbaren Territoriums und Mitglied der Schwäbischen Grafenkurie war das Haus Hohenzollern bereits Reichsstand, ehe es 1641 in den Reichsfürstenrat aufgenommen und 1653 mit Sitz und Stimme eingeführt wurde.[45] Es erhielt den Rang hinter den Herzogen von Aremberg und galt als erstes neufürstlisches Haus. Die Sigmaringer Linie teilte diesen Rang, hatte aber auf die Stimmabgabe keinen Einfluß.

Die Hechinger Fürsten ließen ihre Stimme durch Gesandte führen, die gleichzeitig mehrere Reichsstände vertraten. Diese spielten auch durch ihre Berichterstattung eine Rolle, denn Regensburg war die informierteste Nachrichtenbörse im Reich. In gleicher Weise unterhielten die Fürsten ihre Agenten und Prokuratoren am Reichskammergericht in Wetzlar und am Reichshofrat in Wien. Welche eminente Rolle die obersten Reichsgerichte für die Eindämmung von Herrschaftskonflikten in den kleineren Territorien spielten, dafür liefert die Geschichte Hohenzollerns die eindruckvollsten Beispiele.

Zu den Verpflichtungen der Reichsstände gegenüber dem Reich gehörte vor allem die Beteiligung an den Reichslasten: den Römermonaten und den Kammerzielern. Sie waren für die Stammgrafschaft sehr hoch angesetzt, was zu ständigen Klagen und Konflikten führte, zumal die Untertanen, die diese Reichssteuern aufbringen mußten, durch ihre zollerischen Landesherren streng von der Steuerverwaltung und jeder Kontrolle ausgeschlossen wurden.

Das Reich unterhielt keine eigene Verwaltungsorganisation. Aber unter den im Zuge der Reichsreformbestrebungen entstandenen Reichskreisen hatte der Schwäbische Kreis sich zu einem funktionsfähigen Mittelorgan zwischen dem Reich und den einzelnen Reichsständen ausgebildet. Er übernahm auf körperschaftlichen Grundlagen zahlreiche staatliche Funktionen, zu deren Wahrnehmung den einzelnen, knapp einhundert Kreisständen die Voraussetzungen fehlten.[46]

Die Fürsten von Hohenzollern nahmen hinter dem Herzog von Württemberg und den Markgrafen von Baden den vornehmsten Rang unter den weltlichen Kreisständen ein. Der entsprechende Rang kam ihrem Gesandten auf dem Kreistag zu, der eine Nachbildung des Reichstags war, aber nicht permanent, sondern gemeinhin nur einmal im Jahr, meist in Ulm, zusammenkam. In der Regel vertrat dort der Hechinger Kanzler beide hohenzollerischen Fürstentümer.

Umfangreichste und kostspieligste Kreiseinrichtung war das Kreismilitär, das aus vier Infanterie- und zwei Kavallerieregimentern bestand. Über die Kompliziertheit der Kreis-Militär-Organisation ist alles gesagt, wenn wir erfahren, daß das Regiment »Hohenzollern-Dragoner« seine Mannschaften von 55 verschiedenen Kreisständen zugeteilt bekam und 24 Offiziersstellen von 17 Kreisständen zu besetzen waren. Es galt aber auch als das buntscheckigste Regiment des Kreises. Im 17. und 18. Jahrhundert gab es im Kreisgebiet – Haustruppen in Württemberg und Baden ausgenommen – noch so gut wie keine kasernierten Einheiten. Die Zahl der Offiziere war im Verhältnis zum friedensmäßigen Mannschaftsbestand sehr hoch. Sie wurden an den kleinen Höfen als Kavaliere oder Stallmeister dem Hofstaat einverleibt, bezogen aber ihren Unterhalt aus den Offiziersstellen. In Friedenszeiten ergänzte sich die »Kreisarmee« durch Werbung. Im Kriegsfall, wenn das Kontingent kurzfristig erhöht werden mußte, griff man auch in Hechingen mit Vorliebe zur Verurteilung ad militiam, vorzugsweise bei »fleischlicher Versündigung«. Es wäre falsch, sich das Kreismilitär nur beim unerschöpflichen Wachdienst oder der verbreiteten Soldatenspielerei der Landesherren, durch die erst die Uniform zu ihrer üblichen Bekleidung wurde, vorzustellen. Die Kreistruppen waren seit Bestehen der Reichsdefensionsordnung von 1681 in vielen Kriegen im Einsatz, vom Pfälzischen und Spanischen Erbfolgekrieg bis zu den Koalitionskriegen am Ende des Alten Reiches.

Von den Kreisständen wurde nicht mehr unterschieden, inwieweit der Kreis als Organ der Reichsverwaltung agierte, wie etwa beim Militärwesen, bei Aufgaben der Friedenswahrung, der Exekution reichsgerichtlicher Mandate und Urteile oder ob es sich um genossenschaftliche Aufgaben handelte, wie etwa bei der Unterhaltung der Handelsstraßen. Wichtig war für Hechingen, das erst 1756 eine eigene Poststation erhielt, der chausseemäßige Ausbau der Schweizerstraße durch den Kreis. Goethe konstatierte allerdings 1797: »Sobald man aus dem Württembergischen kommt, wird der Weg schlecht.« Bei bestimmten Wahlen, so zur Besetzung der Stabsstellen des Kreismilitärs und der Assessoren des Reichskammergerichts, die unter konfessionellen Gesichtspunkten erfolgten, traten die beiden Religionsteile zu gesonderten Konferenzen zusammen. Konfessionelle Parität spielte auch beim Kreisausschreibamt, in das sich der Herzog von Württemberg und der Fürstbischof von Konstanz teilten, eine Rolle. Daß die Konstanzer Kreispolitik von hohenzollerischer Seite weitgehend unterstützt wurde, ist bei den intensiven Beziehungen, die von Hechingen wie von Sigmaringen aus stets mit Meersburg unterhalten wurden, nicht verwunderlich, zumal der Fürstbischof von Konstanz nicht nur politisch das Haupt der katholischen Stände im Kreis, sondern für Hohenzollern zugleich Diözesanbischof war. Die Einbindung der Landesherren in den Kreis macht deutlich, daß wir sie uns bei aller Selbstherrlichkeit nicht zu isoliert vorstellen dürfen.

Absolutistische Fürstenherrschaft

Mit Friedrich Wilhelm und seinem Sohn Friedrich Ludwig wird das Land bis zur Mitte des 18. Jahrhunderts von Fürsten regiert, die als Offiziere, schließlich als Befehlshaber im Krieg gegen Franzosen, Ungarn und Türken erprobt, auf ihr Amt als Landesherren nicht durch universitäre Bildung vorbereitet wurden, sondern durch den Dienst in der Armee. Ihre Regierung bedeutete den Höhepunkt des fürstlichen Absolutismus im Fürstentum. Beide waren exzessive Jagdliebhaber, die das ganze Land zu einem Jagdrevier degradierten. Ihr Selbstbewußtsein bezogen sie nicht allein aus ihrem abgehobenen Stand, sie waren sich auch ihrer Rolle als Verteidiger des christlichen Abendlandes gegen den Ansturm des Osmanischen Reiches an der Seite ihrer Kaiser und des Prinzen Eugen bewußt.

Fürst Friedrich Wilhelm (1663–1735) hat die Verwaltung seines Landes fast während seiner gesamten Regierungszeit einem Beamten seines besonderen Vertrauens ausgeliefert, dem aus Tirol stammenden nachmaligen Kammerdirektor und Geheimen Rat Johann Paul Baratti. Ihm wurden die gesamten Einkünfte des Landes auf Jahre hinaus gegen ein vereinbartes Fixum, jährlich zuerst 22 000 später 31 000 Gulden, verpachtet. Die Admodiation oder Generalpacht, eine aus Frankreich übernommene Form des Ämterkaufes,[47] brachte dem Landesherrn eine hohe, sofort verfügbare Summe an Bargeld, lieferte aber die Untertanen einem Pächter aus, der nur durch ihre intensive Inanspruchnahme seinen Vorteil finden konnte. Es ist kein Zufall, daß 1698, zwei Jahre nach Barattis Anstellung, eine verschärfte Landesordnung im Druck erschien. Verantwortlich für die Admodiation war jedoch nicht Baratti, sondern der Fürst. Da er sich die Reichs- und Kreisangelegenheiten und alles, was zur Jagd gehörte, vorbehielt, war im Landeskonflikt, der zu dieser Zeit kulminierte, der Fürst selber Hauptkontrahent der Untertanen und nicht Baratti.

Fürst Friedrich Wilhelm hatte sich auch die Jagd noch in vollem Umfang vorbehalten, als er aus Gesundheitsrücksichten die Regierung seit 1725 mehr und mehr in die Hände seines Sohnes Friedrich Ludwig

(1688 – 1750) legte. Dessen Regentschaft war mit erhöhtem Druck auf die Untertanen verbunden. Er begann in seinem Mißtrauen gegen Baratti sofort damit, die Verwaltungsstruktur zu verändern und durch die Bildung eines Geheimen Rates als zentraler, kollegialer Regierungsbehörde die Allgewalt Barattis einzudämmen, was ihm aber zu Lebzeiten des alten Fürsten, der Baratti sein Vertrauen bewahrte, nicht gelang.[48] Nach dem Scheitern eines lukrativen Heiratsplanes mit einer schwerreichen russischen Prinzessin war Friedrich Ludwig ledig geblieben, und die akute Geldnot dauerte in Hechingen fort. Die Schulden hinderten Friedrich Ludwig nicht, sich 1738 als Fürst ein Lustschloß im Lindich zu bauen, eine kleine barocke Waldresidenz in der Mode der Zeit, gleichsam eine Demonstration seines alleinigen Anspruchs auf den Wald.

Im Österreichischen Erbfolgekrieg, während sich der Fürst als General bei der österreichischen Armee befand, hat die Stammburg wieder den Feind besonders angezogen, zumal die Fürsten seit 1667 dem Erzhaus gegen ein jährliches Öffnungsgeld ein Besatzungsrecht eingeräumt haben. Da die schwache Besatzung keinen Widerstand leistete, war die Burg im Winter 1744/45 in französischer Hand.[49]

Fürst Joseph Wilhelm (1717 –1798) war Offizier in kaiserlichen Diensten, als er im Juni 1750 die Nachfolge seines unverheirateten Vetters antrat. Er hatte im selben Monat in Wien die achtzehnjährige Erbtochter des mit Kaiser Karl VI. aus Spanien gekommenen Fürsten Folch von Cardona geheiratet. Wir wissen, daß solche auf Mitgift und Erbteil angelegte Heiraten im Hechinger Fürstenhaus aus Selbsterhaltungsgründen gesucht werden mußten. Als die junge Frau schon nach dreimonatiger Ehe starb, hinterließ sie das gesamte Cardonasche Fideikommißvermögen ihrem Witwer. Man kann nicht sagen, daß Joseph Wilhelm mit diesem Geldsegen – das reine Barvermögen soll sich auf 167 400 Gulden belaufen haben – sorgsam umging. Schon in den sechziger Jahren erbat er die Fürsprache des Bischofs von Konstanz, um beim Fürstabt von St. Blasien eine Anleihe aufzunehmen. Seit 1751 mit einer Waldburger Gräfin verheiratet, überlebte von den sechs Kindern, die sie ihm gebar, nur die jüngste Tochter das Kindesalter. Joseph Wilhelm war ein Freund der Repräsentation, des Hoflebens, der Jagd und des Reisens. Die Landesverwaltung vertraute er weitgehend seinem tüchtigen Kanzler und Geheimen Rat Daniel Marianus Frank an.

Im Jahr 1764, während eines Aufenthalts in Wildbad, machte der Fürst die Bekanntschaft eines nach Kriegsende aus der preußischen Armee entlassenen Stabskapitäns. Der stellungslose Offizier, dem er eine Hofcharge anbot, war Friedrich Wilhelm von Steuben (1730 – 1794), der die folgenden zwölf Jahre als Hofmarschall in der nächsten Umgebung Joseph Wilhelms verbrachte, ehe er endlich den Absprung aus der kleinen Residenz fand und an der Seite Washingtons als Generalinspekteur und Organisator der amerikanischen Armee eine erfolgreiche Rolle im Unabhängigkeitskrieg spielte. Von dieser Stellung aus, die ihn berühmt machte, erschienen ihm die Jahre im Hechinger Hofdienst »verschleudert«.[50] Daß sie nicht ganz ohne Reiz waren, bezeugen die anhänglichen Briefe Steubens aus der neuen Welt – »ohne Könige, ohne hohe Priester, ohne Blutsaugende Generalpachter und ohne Müßige Barons« – an die Hechinger Freunde. Das läßt sich aber auch aus früheren Zeugnissen schließen, etwa aus der Aufführung von Lessings Lustspiel »Minna von Barnhelm« durch die Hofgesellschaft, bei der Steuben die Rolle des Majors von Tellheim, des abgedankten preußischen Offiziers nach dem Siebenjährigen Krieg, seine Rolle, spielte; und das in Hechingen, 1768, im Jahr nach der Uraufführung am Deutschen Nationaltheater in Hamburg.[51]

Steuben war mit von der Partie, wenn der Fürst seine abenteuerlichen Projekte ausheckte, um an Geld zu kommen oder um Geld zu sparen. Dazu gehörte ein letzter Alchimistenspuk, bei dem der Fürst mit der Gründung eines Bergwerks auf einen Schwindler hereinfiel,[52] dazu gehörten die gescheiterten Verhandlungen über die Aufstellung eines Regiments für den König von Frankreich, dazu gehörte nicht zuletzt die fixe Idee, aus Ersparnisgründen die Hofhaltung aufzulösen und sich mit der Fürstin in Begleitung Steubens und weniger Bedienter inkognito auf Reisen zu begeben. In Straßburg, Montpellier und Lyon wurde länger Aufenthalt genommen. Bald ist vom zurückgezogenen Leben nicht mehr die Rede; in Gesellschaften, bei Diners, am Spieltisch, in der Komödie, beim Karneval, auf der Jagd bringt Joseph Wilhelm seine Zeit und sein Geld durch. Sein Inkognito ist längst gelüftet, man weiß, daß man es mit einem Reichsfürsten, einem »Verwandten des Königs von Preußen« zu tun hat. Flüchtige Besuche in Hechingen werden nicht aus landesväterlicher Fürsorge unternommen, allenfalls um während der Hirschbrunft da zu sein oder um neue Mittel heranzuschaffen, wobei man sich nicht scheute, hinter dem Rücken der Fürstin das Hofsilber zu verpfänden. Fünf volle Jahre dauerte dieses unstete Leben an, bevor es der Fürstin mit Hilfe Steubens glückte, den Fürsten zur Beendigung der Maskerade zu bewegen.

In seinen späteren Jahren gefiel sich Joseph Wilhelm in der Rolle eines aufgeklärten Landesvaters, versuchte die in Frankreich aufgeschnappten physiokratischen Ideen mit der Anlage von Mustergütern umzusetzen, führte die Schulpflicht ein, begründete ein Gymnasium, eine fünfklassige »Lateinische Schule«, an der die Patres von St. Luzen als Professoren wirkten, und verfügte gegen den fortdauernden Widerstand der Bevölkerung die Reduzierung kirchlicher Feiertage. Er soll sich als tolerant erwiesen haben gegen Protestanten und Juden, deren

Synagoge er am Versöhnungstag besuchte und die er auch beim Almosengeben mitbedachte. Seinem Bedürfnis nach Repräsentation verdankt die neue Hechinger Stiftskirche ihre Entstehung. Sie wurde so monumental, weil er ein Gutteil ihrer Finanzierung dem Kollegiatstift, der Stadt und den Untertanen, die »Ehrenfronen« zu leisten hatten, aufladen konnte. Obwohl er bemüht war, landesväterlich-jovial zu erscheinen, blieb er im Untertanenkonflikt unnachgiebig und mißtrauisch gegen den vermittelnden Kurs seines Regierungsnachfolgers.

Sein Neffe, Graf Hermann Friedrich Otto (1748–1810), war mit den Verhältnissen des Landes vertraut, als er im April 1798 an die Regierung kam. Er war in Belgien aufgewachsen, wo sein Vater als kaiserlicher Offizier stand. Da sowohl seine Mutter wie seine ersten beiden Frauen aus hochadligen Familien der österreichischen Niederlande stammten, auf deren Erbe er Ansprüche hatte, versuchte er, nach der Abtretung des linken Rheinufers an Frankreich, bei den Entschädigungsverhandlungen Berücksichtigung zu finden. Alle seine Aktivitäten nach außen dienten dem Ziel, die Geschicke seines Hauses zu verbessern.

So schwierig sich die äußere Situation des Fürstentums in der Zeit zwischen dem Rastatter Kongreß und dem Reichsende darstellte, so entspannend ist der Einstand des Fürsten im Innern. Ihm gelang, wie noch zu zeigen sein wird, die Beilegung des Untertanenkonfliktes binnen weniger Wochen. Daraus darf man nicht schließen, daß er generell ein Mann des Kompromisses gewesen wäre. Er war eine eher bizarre Persönlichkeit, seiner Natur nach argwöhnisch, kleinlich; er kümmerte sich äußerst pedantisch um alle Einzelheiten der Verwaltung, die sein Vorgänger den Beamten überlassen hatte. Die Jagd war ihm nicht so wichtig wie diesem, wohl aber der Wald. Er liebte, dem Zeitgeschmack entsprechend, die Zurückgezogenheit in der Natur, vorzugsweise im Schlößchen Friedrichsthal, dessen Verschönerung er sich etwas kosten ließ. Im Gegensatz zu Joseph Wilhelm, der die Rolle eines jovialen Grandseigneurs spielte, war Hermann ein stets geschäftiger, vigilanter Patriarch, unter dem der kleinfürstliche Absolutismus einen letzten Höhepunkt erreichte.

Vom Landesprozeß zum Landesvergleich

Die Konfrontation der Untertanen mit der Herrschaft hat im 18. Jahrhundert eine andere Gestalt angenommen. Der Konflikt wurde nicht mehr allein im Land ausgetragen, sondern vor den höchsten Reichsgerichten. Der Fürst konnte nicht mehr als Maxime der Entscheidung bestimmen, was ihm »nütz und nothwendig bedenkt zue sein«. Vor Gericht mußte die Herrschaft auf die Forderungen der Untertanen eingehen. Die neue Phase der Auseinandersetzung wurde ausgelöst durch einen an sich ganz unbedeutenden Vorfall, an dem wiederum die Gemeinde Owingen maßgeblich beteiligt war.

Fürst Friedrich Wilhelm hatte am 8. Oktober 1699 einen Fuchs aufgestöbert und wollte ihn durch Einwohner von Owingen ausgraben lassen. Die ins Dorf geschickten Jäger kamen mit dem Bescheid zurück, die Owinger würden unter Berufung auf ihren Fronbrief jegliche Jagdfrondienste verweigern. Der Fürst verhängte Freiheitsstrafen gegen 7 Männer, die sich widersetzt hatten, entzog der Gemeinde ihren Fronbrief und bestrafte eine Frau mit ewiger Landesverweisung, weil sie einen Fronwilligen zurückgehalten hatte mit dem Zuruf: »Schlag Dich der Donner, so bleibt da, willst Du unser Gerechtigkeit vergeben?«[53]

Wegen diesem eklatanten Rechtsbruch wandten sich die Owinger an das Reichskammergericht in Wetzlar, das schon am 5. Januar 1700 ein Mandat erließ, womit dem Fürsten geboten wurde, seinen neuen verschärften Fronbrief aufzuheben, den alten herauszugeben und die Kläger bis zum Ausgang des Prozesses fronfrei zu lassen.

So wurde der 8. Oktober für die Owinger zum Tag des Triumphes über die allmächtige Autorität ihres Fürsten, den sie künftig als ihren »Fuchsfeiertag« begingen. Ihr Beispiel ermutigte nun auch die übrigen Gemeinden, wieder »Landschaft« zu halten und im Mai 1700 eine sich auf 16 Punkte beziehende Klage gegen ihren Landesherren einzureichen.[54] Damit wurde der Landesprozeß in Gang gesetzt, der sich über fast ein ganzes Jahrhundert hinzog und der von schweren Gewalttaten beider Seiten begleitet war.

Die wichtigsten Gravamina der Untertanen kennen wir: Verlangt wird das Jagdrecht in der Freien Pirsch, die Einschränkung der überhandnehmenden Jagdfronen und die Kontrolle der Reichs- und Kreisumlagen; geklagt wird über die Erweiterung verschiedener Leibeigenschaftsabgaben, über die Einführung einer Akzise auf Tabak und Branntwein, über die Herausnahme der Kammergüter aus der Steuer, über die Verschärfung der Landesordnung und über das harte Vorgehen der Beamten. Im weiteren Verlauf des Landesprozesses treten dann mehr und mehr die Klagen über die Wildschäden in den Vordergrund.

In knapper Zusammenfassung sollen hier die wichtigsten Probleme und Ereignisse des Landesprozesses angesprochen werden.

Eine Besonderheit der Auseinandersetzung in Hohenzollern ist die Doppelgleisigkeit der Prozeßführung beim Reichskammergericht in Wetzlar und dem Reichshofrat in Wien.[55] Das verhinderte zwar eine förmliche Unterbrechung, führte aber zeitweilig zu Rechtsunsicherheit, weil die Parteien die Gerichte gegeneinander ausspielen konnten. Man kann nicht sagen, daß sich bei ihnen eine unterschiedliche Parteilichkeit feststellen ließe. Beide versuchten – unter den Prämissen der

Feudalgesellschaft –,die Willkür der Herrschaft und die Ansprüche der Untertanen einzugrenzen und auszubalancieren.

Während die ungezählten Mandate der Gerichte die Eindämmung der Gewalthandlungen beider Seiten betrafen, ergingen lediglich zwei reichsgerichtliche Entscheidungen in der zum Hauptstreitpunkt gewordenen Frage der Freien Pirsch: Das Urteil des Reichskammergerichts von 1731 anerkannte das Jagdrecht der Untertanen in der Freien Pirsch, einem genau umschriebenen Bezirk, und verwies den Fürsten darauf, daß er »aller ferneren Turbation sich zu enthalten schuldig seye«. Nach der dagegen erhobenen Restitutionsklage und der rechtswidrigen Unterdrückung der Jagd in der Freien Pirsch durch die Landesherrschaft erging 1768 das Restitutionsurteil, die »Finalsentenz« des Reichskammergerichts, »daß klagende Unterthanen mit ihrer prätendierten freien Pürsch ein fürallemal ab und zur Ruhe zu verweisen« seien. Das Gericht machte aber in dem Urteil zugleich auf die Verpflichtung des Fürsten aufmerksam, »allen Wildschaden von deren Unterthanen güthern abzuwenden« und nötigenfalls »den erfindlichen Schaden ersezen zu lassen«. Die Untertanen akzeptierten ihre Niederlage nicht, aber das Reichskammergericht verweigerte eine Weiterführung des Prozesses.

Die Reichsgerichte sahen ihre Aufgabe darin, die Gewalt als Mittel der Konfliktlösung auszuschalten. Darauf war das Hauptargument von fürstlicher Seite, die Diffamierung ihrer Untertanen als Rebellen, als Gewalttäter, abgestellt. Aber auch die Anwälte der Landschaft in Wetzlar und Wien unterließen nichts, um ihrerseits das Vorgehen der Fürsten als Landfriedensbruch darzustellen, als rechtswidrige Anwendung von Herrschaftsgewalt. Aber die Gewaltauftritte der Untertanen waren weit spektakulärer als die Rechtsmißbräuche der Fürsten und ihrer Beamten. Zweifellos haben Gewalthandlungen der Untertanen den Prozeß begleitet, angefangen 1701, als sich das ganze Land im Aufstand befand und wo im Wald sogar ein Schuß auf den Fürsten abgegeben wurde, bis zur Straßenschlacht in der Gemeinde Gauselfingen 1733, bei der es im Kampf gegen Exekutionstruppen sechs Tote gab. Im selben Jahr kam es zu einer Begegnung im Wald bei Gauselfingen, die dem fürstlichen Oberjägermeister von Berga das Leben kostete. Gewalthandlungen waren auch die ungezählten, bis heute noch unerforschten Austritte der männlichen Dorfbewohner über die Landesgrenze. Nachrichten haben wir aus den Jahren 1701, wo Männer aus allen Dorfschaften ausgetreten sein sollen, auch 40 Bürger von Hechingen, 1706 (Burladingen), 1708 (u.a. Bisingen, Steinhofen, Thanheim, Zimmern), 1732 (Stetten, Gauselfingen, Hausen, Rangendingen), 1733 (Starzeln, Killer, Jungingen, Gauselfingen, Stetten unter Holstein, Hörschwag) und 1734 (Hausen, Grosselfingen, Gauselfingen).[56] Aufsehenerregend waren die überaus häufigen Kreisexekutionen, die gewaltsame Auseinandersetzungen verhindern sollten, deren Zugriff sich dann die Männer durch das Verlassen des Landes entzogen. Zweifellos war die Gewaltanwendung für die Untertanen oft die einzige Möglichkeit, auf die Rechtsverletzungen und Anmaßungen ihrer Obrigkeit zu reagieren, aber auf den Ausgang ihres Prozesses wirkten sich ihre Gewalttaten letztlich ungünstig aus. Die »von Saeculis her angewohnte Rebellionsseuche«, von der die Herrschaft ihre Untertanen befallen glaubte, verweist nur auf die Kontinuität des Widerstands gegen die vom Mißverhältnis zwischen dem herrschaftlichen Aufwand und der Leistungsfähigkeit des Landes bestimmte Herrschaftsausübung.

Dies zeigt deutlich die Rolle der »Landschaft«, in der sich die Gemeinden – das ganz vom Forst umgebene Boll und das entlegene Wilflingen ausgenommen – zur solidarischen Aktion durch ihre Deputierten formierten. Die Landschaft trägt keine umstürzlerischen Züge, auch wenn sie sich gegen den Willen des Fürsten bildet und erhält. Immer wieder stellt die Regierung fest, »daß im hiesigen Fürstentum keine Landstände oder Landschaft existierten«.[57] Aber der Prozeß wird von der Landschaft geführt, seine lange Dauer gibt ihr Kontinuität. Sie instruiert ihre Prozeßvertreter, deren Gleichstellung mit den fürstlichen ihr Selbstbewußtsein stärkt, sie muß die immensen Prozeßkosten auf die Gemeinden umlegen. Dazu gehören auch die Auslagen für die Deputierten, die sie aus ihren Reihen nach Wetzlar und Wien schickt, wohin sie in langen Fußmärschen gelangen. Gnädige Äußerungen der Kaiser – Josef I., Karl VI., Josef II. –, die ihnen Audienzen gewähren, erwecken manche falschen Erwartungen. Das ihnen von den Gerichten zugesicherte freie Geleit schützt sie nicht immer vor Bestrafung durch ihre eigene Herrschaft.[58] Prozeß und Landschaft haben die innere Struktur des Territoriums nachhaltig beeinflußt.[59]

Sicherlich tritt die Jagdproblematik, die vielfach zu eng nur als Frage der Freien Pirsch gesehen wurde, in der ganzen Auseinandersetzung am stärksten hervor. Da die Fürsten sich in ihrer Hofhaltung einschränken mußten, bot sich ihnen die Jagd als standesgemäßes »Divertissement« auch schon deshalb an, weil sie Anspruch auf die ungemessenen Jagdfronen ihrer Untertanen hatten. Es kommt hinzu, daß zu Zeiten der Fürsten Friedrich Wilhelm und Friedrich Ludwig, die beide die passioniertesten Jäger waren, die mit der französischen Hofkultur übernommene Parforcejagd, eine Reitjagd unter Einsatz großer Hundemeuten, als ein besonderes fürstliches Plaisir galt. Unter Friedrich Wilhelm stieg das bei den Bauern verhaßte Jagdpersonal von 7 auf 35 herrschaftliche Bedienstete. Nach Ausweis seines Jagdtagebuchs hat dieser Fürst im Jahr 1730, noch als alter Herr, 559 Stück Wild selber zur Strecke gebracht.[60] Der vielen Mandate der Obersten Gerichte ungeachtet, wurde das Wild und damit die Wildschäden nicht drastisch reduziert. Ein fürstlicher Oberjäger bestätigt, daß er in den siebziger Jahren im Burladinger Forst oft Rudel mit über hundert Rothirschen angetroffen habe.[61]

Die Wildplage schuf während der Not- und Hungerjahre, die zu Beginn dieses Jahrzehnts ganz Europa heimsuchten, besondere Erbitterung. Sie bildete eine der Hauptbeschwerden in den erneuten Demarchen an den Kaiser 1772 und 1780/82, und sie trat, stärker als die Pirschfrage, bei den Aktivitäten der neunziger Jahre hervor, die schon unter dem Eindruck der Vorgänge in Frankreich standen: »die Wildschäden erwiesen sich dabei als Stimulans«.[62]

Seit Herbst 1791 häufen sich die Beschwerden der einzelnen Gemeinden. Der Einfluß der Französischen Revolution ist unverkennbar. Er läßt sich auch mit der Ausdehnung des Hausierhandels der Killertaler Gemeinden bis nach Frankreich erklären. »Der französische Freiheitsschwindel«, so sah es der Anwalt des Fürsten, »benebelte diese ohnehin nicht allzuweit von dem Elsaß entfernte Leute dergestalten, daß sie von dieser Zeit an es wiederum von da anfingen, wo sie es zu vor gelassen hatten.« Aus der Gemeinde Starzeln ist überliefert, daß dort ein seit Jahren in Marseille als Händler tätiger Mitbürger, Basilius Stoll, gesagt habe: »Es solle hier auch zugehen wie in Frankreich, dann würde es bald besser sein ... Man werde der Herrn Köpfe auch noch auf den Spießen herumtragen. Der Fürst sei eben selbsten nichts; er sei ein Schuldenmacher, ein Spitzbub, ein Grundbiren Fürst.«[63]

Im März 1792 führten die Gemeinden ihren Entschluß zu neuerlicher Klage gegen ihren Fürsten am Reichskammergericht aus. Wetzlar nahm diesmal die Klage an und beauftragte eine Subdelegationskommission des Kreisausschreibamtes damit, Vergleichsverhandlungen zwischen dem Fürsten und den Gemeinden einzuleiten. Es kam allerdings wieder zu Tumulten und Verweigerungen, bis die Kommission Anfang Februar 1794 ihre Arbeit im Land aufnahm. An ihrer Spitze stand ein bedeutender, in seiner Zeit bekannter Jurist, der württembergische Lehenreferent Dr. Johann August Reuß. Er hat das Verdienst, den Ausgleich auf den Weg gebracht zu haben. Auch Graf Hermann, der Regierungsnachfolger, wirkte auf den Vergleich hin. »Was der Fürst jetzt vielleicht mit Gewalt behaupten will«, äußerte er gegenüber einem Berater, »werde ich die erste Stunde nach seinem Tode freiwillig aufopfern.« Er sah klar, daß das auch für den Streit um die Jagd galt: »Denn das Jagdwesen«, so wie es bislang gehandhabt wurde, »ist nach den besonderen Verhältnissen des hiesigen Landes mit dessen Wohl unvereinbar.«[64]

Aber auch die Gemeinden zeigten sich verhandlungsbereit. Sie gingen Reuß gegenüber auf ein Verfahren ein, den sogenannten »Durchgang«, gegen das sie sich bisher gewehrt hatten, weil sie befürchteten, sie könnten dabei ihre Solidarität einbüßen. Es handelt sich um das demokratischste Vorgehen, das sich denken läßt: die Einzelbefragung aller Bürger. Es ging darum, ob der Einzelne am Prozeß teilnehmen und ihn fortsetzen wollte, ob er für einen Vergleich war, ob er eine Deputation von 12–13 Vertretern wählen lassen wollte, was Reuß lieber gewesen wäre, oder ob jede Gemeinde einen eigenen Deputierten wählen solle, was die Befragten wollten, deren soziales Bezugsfeld ihr Dorf, auch mit seinen eigenen Desideraten war. Mit der Frage nach den Deputierten ging es Reuß um die Herstellung eines sogenannten Syndikats, einer legalen Vertretung des Landes.

Von diesen Voraussetzungen aus entstand in intensiven Verhandlungen, die Reuß persönlich einerseits mit der Regierung, andererseits mit den Deputierten führte, der Vergleich, der dem Reichskammergericht zur Genehmigung vorgelegt wurde.

Aber das Warten auf die Entscheidung, die untragbaren Belastungen mit Römermonaten, mit Requisitionen, Einquartierungen und Vorspanndiensten für die durchziehenden Truppen, nicht zuletzt das Überhandnehmen des Wildes ließ die Untertanen wieder zur Selbsthilfe greifen. Der Fürst rief erneut Exekutionstruppen ins Land. Als daraufhin der Vergleich nochmals durchgegangen wurde, ergab sich in der Residenzstadt eine fast einhellige Zustimmung zum Vorschlag von 1794, während sich mit den Gemeinden keine Einigung auf dieser Basis erzielen ließ. So kam es zum gesonderten Abschluß des Stadtvergleichs mit Hechingen am 11. September 1795. In der Endphase des Konfliktes gelang es der Herrschaft doch noch, die so lange durchgehaltene gemeinsame Aktion zwischen der abhängigeren Stadt und dem Land zu sprengen.

Als der Fürst sich im Sommer 1796 beim Herannahen der französischen Rheinarmee in preußischen Schutz nach Franken zurückzog, erreichte die Renitenz der Landgemeinden einen neuen Höhepunkt. Das ganze Land – die Stadt ausgenommen – jagte nach Belieben. »Beynahe in einem jeden Dorfe ward, nach dem Muster der französischen Revoluzion, eine Munizipalität, das ist ein Ausschuß von den ärgsten und unbändigsten Schreyern, angeordnet, die bey jeder Gelegenheit ihre Mitbürger aufhezten, und tagtäglich die Obrigkeit überliefen, um bald dieses bald jenes ungereimte Begehren gebieterisch vorzubringen, oder bald eine oder die andere ihrer Obliegenheiten förmlich aufzukündigen«, so klagt Graf Hermann in einer Denkschrift an den Wiener Hof. »Die Burladinger unterstanden sich, mitten in der Nacht ihrem Pfarrer, der mit Zurücklaßung seines Vicarii wegen Feindesgefahr auf einige Zeit sich geflüchtet hatte, durch eine Deputation sagen zu lassen, daß er gleich mit Anbruch des Tages sich wieder wegbegeben solle, indem sie ihn nicht mehr für ihren Pfarrer erkennen, noch ihm in die Kirche gehen wollten.« Die Schilderung der »Tollkühnheit und Vermessenheit« der Untertanen geschah in der Hoffnung, die österreichischen Stellen zur Überlassung von Exekutionstruppen zu bewegen, was auch gelang. Mit ihrer Hilfe wurde die Ruhe im Land wiederhergestellt. Im Januar 1797 verurteilte die Hofratskanzlei 18 Untertanen ad militiam und übergab sie sofort dem österreichischen Militär, weitere 22 wurden zu Schanzarbeiten in die Festung Philippsburg verschickt.[65]

Daß der Aufruhr der Untertanen keine eigentlich revolutionären Züge trug, auch wenn es die Regierung immer behauptete, zeigt die Beendigung des Landeskonfliktes beim Regierungsantritt des Fürsten Hermann Friedrich Otto. Er griff unmittelbar nach dem Tod seines Onkels im April 1798 die Vergleichsverhandlungen wieder auf. Auf Wunsch der Untertanen übernahm Johann August Reuß, dem der Entwurf von 1794 zu danken war, die Vermittlung. Ihre Beschwerden, von Reuß in acht Punkten zusammengefaßt, wurden soweit behoben, daß die Untertanen zustimmen konnten. Der Landesvergleich vom 26. Juni 1798 trägt die Unterschrift des Fürsten, dem am selben Tag gehuldigt wurde, und von insgesamt 105 Vögten, Bürgermeistern und Deputierten aus den Gemeinden des Landes. Nur die Bisinger schlossen sich, aus bis heute unerfindlichen Gründen aus. Sie tragen seither den Spitznamen »Nichthuldiger«.

Nicht von ungefähr wird das Steuerwesen zuerst genannt. Hier kommt es zur politisch bedeutsamsten Regelung. Sie bestimmte den Umfang der Steuerleistung, den Steuereinzug, die Führung der Landes-Steuerkasse und vor allem die Kontrolle des Steuerwesens durch eine von allen Bürgern in Stadt (2) und Land (10) gewählte Steuerdeputation. Sie war durch ihr Budget- und Petitionsrecht eine Art Landesvertretung. Jetzt kommt es zum ersten Mal zu einer klaren Abgrenzung der Steuer- gegenüber der Renteikasse. Die Steuerkasse tritt für die »Staatsausgaben« und für die »Landesanstalten« ein und damit auch für die auf ihr liegende »schwere Schuldenlast«. Berücksichtigt wird die Forderung der Untertanen, daß zur Tilgung der neu entstandenen Kriegsschulden auch die bisher steuerfreien Klöster, geistlichen Körperschaften und Pfarrer herangezogen werden. So wirft im kleinen Rahmen die Säkularisation ihre Schatten voraus.

Die Wildschadens- und Jagdbeschwerden, die den zweiten Hauptpunkt ausmachten, wurden dadurch gelöst, daß sich der Fürst verpflichtete, »neben dem bereits bestehenden Fasanengarten und dem Thiergarten im Lindich noch einen Thiergarten am Zollerberge zu errichten«. Den Gemeinden wurde auf ihren Gemarkungen das Jagdrecht zugestanden, das allerdings nur durch eigens bestimmte, sich abwechselnde »Gemeindsschützen« ausgeübt werden durfte.

Die Leibeigenschaft, die schon durch ihre Bezeichnung besonders verhaßt war, bildete den dritten Klagepunkt. Sie wurde dem Namen nach völlig aufgehoben, mit ihr verbundene Leistungen, wie der Hauptfall, blieben bestehen, wurden aber niedrig angesetzt.

Neben der Aufhebung einiger herrschaftlicher Monopole erreichten die Untertanen die eindeutige Klärung ihrer Leistungsverpflichtungen im Fron- und im Chausseewesen. Ein eigenständiges Versammlungsrecht und die Wahl ihrer Vögte konnten sie allerdings nicht durchsetzen.

Auch wenn der Landesvergleich in die Form des huldvollen Gewährens gegossen wurde – »sind seine Hochfürstliche Durchlaucht auf die Ihnen unterthänigst eröffneten Bitten und Wünsche Ihrer Unterthanen durch die gnädigsten Resolutionen ... denselben entgegen gekommen« –, so ist er gleichwohl ein bemerkenswertes Dokument der politischen Partizipation. Zustandegekommen als altständische Konfliktregelung, erweist er sich in der Folge als fähig, die Stellung eines Landesgrundgesetzes einzunehmen und, mit der Ergänzung von 1835, in den Rang einer vormärzlichen Verfassung aufzusteigen.[66]

Reichskrieg und »Entschädigungsgeschäft«

Mit dem Reichskrieg gegen das revolutionäre Frankreich begann für die kleinen Reichsstände der Kampf um ihre politische Existenz. Nach dem Ersten Koalitionskrieg waren ihre Blicke angstvoll auf Rastatt gerichtet, wo der Friede zwischen dem Reich und Frankreich zustandekommen sollte. »Ich jedenfalls«, so berichtet der hohenzollerische Gewährsmann Ende Dezember 1797 vom Rastatter Kongreß nach Hechingen, »verspreche mir nicht viel Gutes. Frühe oder spath werden dennoch die Mindermächtigen aufgefressen, denn hier heißt es, hodie mihi, cras tibi.« Ende Januar 1798 stellte sich ihm die Lage – wenigstens für Hohenzollern – etwas günstiger dar: »So viel ich erfahre, scheint es diesmal nur den geistlichen Fürsten, mittel- und unmittelbaren Prälaten und vielleicht einigen Reichsstädten zu gelten.«[67]

Seit Preußen aus dem Reichskrieg ausgeschieden war und mit Frankreich 1795 den Frieden von Basel geschlossen hatte, versuchten die beiden hohenzollerischen Fürsten, aufgrund ihrer Hausverträge Vorteile für sich aus der preußischen Neutralität zu ziehen. Als im März 1798 die Reichsdeputation der Abtretung des linken Rheinufers an Frankreich zustimmte und die Entschädigung der davon betroffenen Reichsstände beschloß, bemühten sich die beiden Fürsten erst recht um preußische Protektion. Denn beide Linien, die sonst zu keiner Zeit Besitzungen jenseits des Rheins gehabt hatten, hielten sich für berechtigt, Entschädigungsansprüche zu stellen. Aber die Weiterführung des

Krieges gegen Frankreich durch eine zweite Koalition, der Preußen wiederum fernblieb, ließ alles wieder offen erscheinen.

Die Heirat des Hechinger Erbprinzen Friedrich Hermann Otto mit Prinzessin Pauline von Kurland im April 1800, mit der er teils im schlesischen Sagan, teils im kurländischen Stadtpalais Unter den Linden in Berlin wohnte, schuf eine neue Nähe zum preußischen Hof. Die Berliner Regierung hatte dem Fürsten im Herbst 1800 empfohlen, er möge »zu gegebener Zeit seine Reklamationen am gehörigen Ort« vorbringen. Dies war nach dem Lunéviller Frieden vom Februar 1801, daran ließen die machtpolitischen Verhältnisse keinen Zweifel: Paris. Dorthin reiste der Erbprinz im Frühjahr mit Empfehlungsschreiben König Friedrich Wilhelms III. von Preußen, die ihm die Türen öffneten. Gleichzeitig schickte der Fürst seinen leitenden Beamten, Geheimrat Frank, den der Tübinger Verleger Cotta begleitete, zur Unterstützung des Erbprinzen nach Paris. Sein Kammerdirektor Brodorotti hatte indessen in den niederländischen Besitzungen die Unterlagen für die Entschädigungsgesuche zu beschaffen.

Der Erbprinz wurde wiederholt vom Ersten Konsul in Privataudienz empfangen, der preußische Gesandte verschaffte ihm auch Termine bei Außenminister Talleyrand, und die Fürstin von Sigmaringen, der er in Paris erstmals begegnete, führte Friedrich bei der Frau Napoleons ein. Das Ergebnis der Pariser Negotiationen beurteilte man in Hechingen nüchtern, der Erbprinz sprach sogar von einem auf wenig Hoffnungen beruhenden Geschäft, weil es sich bei den hohenzollerischen Besitzungen allesamt nicht um reichsunmittelbare Gebiete handelte. Der Fürst, der in seiner Ungeduld schließlich im Januar 1802 persönlich nach Berlin reiste, erhielt jedoch vom König die bestimmte Zusicherung, er werde die Entschädigung Hohenzollerns als eine sein eigenes Haus betreffende Angelegenheit behandeln. Umso größer war in den hohenzollerischen Residenzen die Bestürzung, als dort in den ersten Augusttagen 1802 bekannt wurde, daß keiner der beiden Fürsten im gemeinsamen russisch-französischen Entschädigungsplan genannt wurde.

Jetzt, wo die Reichsdeputation eingeschaltet wurde, schickte Fürst Hermann seinen besten Mann, den Kanzler Frank, nach Regensburg. Auch dort, so wurde ihm bald klar, war allein Frankreich bestimmend. Er wandte sich deshalb erst gar nicht an die Deputation. Durch preußische Vermittlung bekam er Kontakt mit dem französischen Gesandten Laforêt und seinem einflußreichen Bureauchef Mathieu, der, wie Frank berichtet, »eine reelle Dankbezeugung für seine Attention und Besorgung erwartet«. Es sei, so versucht er den Fürsten von der Notwendigkeit der Bestechung zu überzeugen, »nicht ratsam, es mit diesem lieben Manne zu verderben, der, in diesem Augenblicke wenigstens, gewißermaßen das Schicksal von Deutschland in seinen Händen hat«. Noch am

1. Oktober schrieb Frank: »Kann man von der hiesigen Nachlese, wo aber so viele Kompetenten sind als Sterne am Himmel, noch etwas erhalten, so ist es nur ein Lotterielos.«

Schon eine Woche später kann er berichten, daß beide Hohenzollern im definitiven französisch-russischen Entschädigungsplan berücksichtigt sind. Der die beiden Fürsten betreffende Paragraph wird später wörtlich in den Reichsdeputationshauptschluß übernommen. Danach erhält der Hechinger Fürst für den Verlust seiner Feudalrechte in der Grafschaft Geulle und den Herrschaften Mouffrin und Baillonville im Lütticher Land die Herrschaft Hirschlatt zugeteilt, einen kleinen, aus einem Dorf und sieben Weilern bestehenden Herrschaftskomplex in Oberschwaben, westlich von Tettnang, der dem schweizerischen Augustinerchorherrenstift Kreuzlingen gehörte. Außerdem ist das Dominikanerinnenkloster Stetten genannt, die frühere Grablege des Hauses, dessen Besitz allerdings nicht bedeutend war. Stetten wäre ohnehin auf Grund des Artikels 35 an das Haus gefallen, ebenso wie die Klöster St. Luzen und Rangendingen sowie das Hechinger Kollegialstift. In Hechingen konnte man mit diesem Ergebnis mehr als zufrieden sein, denn der linksrheinische Besitz blieb dem Haus ungeschmälert erhalten, es büßte lediglich seine lehenherrlichen Gerechtsame ein. Der Hechinger Fürst war der einzige Reichsstand, der ausschließlich für den Verlust von Herrschaftsrechten entschädigt wurde.

Hermann Friedrich Otto hatte keine Skrupel, von der ihm eingeräumten Möglichkeit Gebrauch zu machen und sämtliche geistlichen Körperschaften aufzulösen, das hieß, ihren Besitz zugunsten seines Hauses, nicht etwa des Landes, einzuziehen. Der Reichsdeputationshauptschluß verpflichtete ihn aber auch, die an die hundert Patres und Brüder (ca. 31), Chorfrauen und Schwestern (ca. 63) zu versorgen. Wir wissen wenig darüber, wie dies geschah und wie es im Land aufgenommen wurde, daß diese in Jahrhunderten vertrauten Einrichtungen einfach beseitigt wurden.

Der Hechinger Kanzler konnte zwar vom glücklichen Ausgang des Entschädigungsgeschäftes berichten, aber seine Einschätzung der politischen Zukunft des Hauses unterschied sich, nachdem inzwischen die geistlichen Reichsstände und die Reichsstädte bis auf sechs beseitigt waren, in nichts von den düsteren Prognosen des Rastatter Gewährsmannes vier Jahre zuvor. »Bei den jetzigen Umständen und gänzlichen Veränderung der deutschen Staatsverhältnisse«, schrieb er im Oktober 1802 aus Regensburg, »wäre es dringend nötig, daß nicht nur verwandte Häuser, wie Hohenzollern-Hechingen und -Sigmaringen, sondern auch alle kleinern Fürsten, besonders die in Schwaben, fest zusammenhielten und einig wären, sonst laufen sie offenbar die größte Gefahr, bald von den Mächtigern ganz unterdrückt zu werden.«

Der Gedanke an einen Zusammenschluß der Mindermächtigen wurde auch von anderen Kreisständen vertreten. So kam es im Januar 1804, vor allem auf Fürstenbergisches Betreiben, zur Bildung einer »Schwäbischen Fürstenunion«. Durch gemeinsames Vorgehen und die Aufstellung von Residenten in Paris, Wien, Berlin und St. Petersburg wollten die Fürsten »die Selbsterhaltung in ihrer ganzen reichsständischen und landesherrlichen Integrität« erreichen, wobei der Fürst von Hechingen die Verbindung mit dem Berliner Hof zu pflegen hatte. Aber das Interesse an der Union ging bei beiden hohenzollerischen Fürsten merklich zurück, als sie erkannten, daß Preußen diesen Bestrebungen wenig hold war. Und später galt es, darauf zu achten, daß die Verbindung zu den Mitständen sich nicht als Fessel für das eigene Überleben erwies.

Dabei zeigt eine andere gleichzeitige Entwicklung, wie nötig das Zusammenhalten der schwächeren Reichsstände war. Durch Manipulation der Kreisverfassung versuchte der nunmehrige Kurfürst von Württemberg, sich eine beherrschende Position im Schwäbischen Kreis zu schaffen. Nachdem sich ihm Baden und Bayern erfolgreich widersetzt hatten, drohte nun auf dem Kreistag, der im November/Dezember 1804 in Eßlingen – erstmals ohne geistliche und städtische Bänke – zusammentrat, eine Majorisierung durch die drei Kurhöfe Bayern, Württemberg und Baden. Die Sprengung des Eßlinger Kreiskonvents am 13. Dezember 1804 brachte die Kreistätigkeit praktisch zum Erliegen.[68] Als sich im September 1805 zehn der oppositionellen Kreisstände im fürstenbergischen Meßkirch trafen, machte der Dritte Koalitionskrieg jede weitere Initiative zunichte.

Nach den glanzvollen Siegen Napoleons bei Ulm und Austerlitz erhielten die drei süddeutschen Kurhöfe für ihre Vasallenrolle, die sie inzwischen gegenüber Napoleon angenommen hatten, im Dezember 1805 in den Verträgen von Brünn und Preßburg ihre Belohnung: Es wurde ihnen der gesamte Besitz Österreichs im deutschen Südwesten überlassen. Die drei Mittelstaaten übten jetzt in Anwendung wirklicher oder angemaßter vormals österreichischer Rechte einen Terror auf ihre kleineren Mitstände aus, der nur durch ihre gegenseitige Rivalität und das Einschreiten des französischen Militärs eingeschränkt wurde.

Der Hechinger Fürst mußte erleben, daß der frischgebackene König von Württemberg Ende Januar 1806 unter Berufung auf das ehemals von Österreich ausgeübte Öffnungsrecht versuchte, sich der Stammburg zu bemächtigen. Fürst Hermann gab dem Leutnant, der die bescheidene Besatzung der längst unbrauchbaren Festung kommandierte, den Befehl, »alle in Händen habende Gegengewalt« im Falle eines württembergischen Angriffs auf den Hohenzollern anzuwenden. Nach dem Bericht des Kommandanten verfügte die aus 47 Köpfen bestehende Besatzung über Proviant für drei bis vier Wochen, über 900 »Handgranaten« und Leuchtkugeln sowie pro Mann 60 Patronen und über Pulver für 60 Kanonenschüsse. Der Eroberungskrieg fand nicht statt, nachdem der Fürst dem Stuttgarter Staatsministerium nachweisen konnte, daß mit dem schon 1771 von Österreich gekündigten Besatzungsrecht beträchtliche finanzielle Gegenleistungen verbunden gewesen waren.

Die schwankende Politik Preußens gegenüber Frankreich machte es diesmal den hohenzollerischen Fürsten unmöglich, die bisher so bewährte preußische Protektion zu reklamieren. Deshalb hatte sich Fürst Hermann entschlossen, Kaiser Napoleon um eine persönliche Audienz zu bitten, die ihm am 2. Januar 1806 in München gewährt wurde. In einer sehr devot formulierten Note erbat er vom französischen Kaiser eine Garantie der Integrität seines Herrschaftsgebiets. Der Fürst war stark beeindruckt von der ihm erwiesenen besonderen Liebenswürdigkeit des Imperators. Er kehrte zwar ohne die begehrte kaiserliche Erklärung, aber als Bewunderer Napoleons nach Hechingen zurück.

Was dem Fürsten in München nicht gelungen war, erreichte der Erbprinz sechs Wochen später in Paris. Diesmal wurde die mündliche Zusicherung des Kaisers, daß die politische Existenz des Hauses geschützt und dessen Besitzungen und Rechte erhalten werden würden, durch eine förmliche Anweisung an das Außenministerium ergänzt.

Im Gegensatz zu seinem Vater glaubte der Hechinger Erbprinz nicht an den Fortbestand der kleinen Territorien. Er hätte gerne auf Hoheitsrechte verzichtet, wenn er dafür die Hausschulden, die sich inzwischen auf 600 000 Gulden beliefen, losgeworden wäre. Seine »Lieblingsidee« war eine Art Ringtausch des weitgehend von Württemberg umschlossenen Fürstentums unter »königlich-preußischen Auspizien«. Eine »sichere Existenz«, am besten ein Erbfürstentum in Schlesien unter der Oberhoheit des Königs von Preußen wäre ihm lieber gewesen als der Fortbestand unter den »Hoheitsnullen«. Aber der Fürst wollte davon nichts wissen, er setzte seine ganze Hoffnung auf Napoleon. »Ich bin beunruhigt«, äußerte er Mitte Mai, »und möchte mich dem Monarchen zu Füßen werfen«. Als er Anfang Juli in Paris eintraf, hatte Napoleon bereits über sein Schicksal entschieden.

Die Unfähigkeit der süddeutschen Mittelstaaten, sich untereinander zu verständigen, lieferte Frankreich alle Entscheidungen bis in die Einzelheiten aus. Letztlich war es Napoleon selber, der darüber entschied, wer in den Rheinbund aufgenommen und wer der Mediatisierung preisgegeben wurde. Für Napoleon waren die kleinen Reichsstände des deutschen Südwestens allesamt Parteigänger des Erzhauses, lediglich Hohenzollern, so meinte er, gehöre nicht zur österreichischen Klientel.

Diese Vorstellung scheint sich bei ihm durch die vielen Hinweise auf die Stammverwandtschaft mit dem König von Preußen, durch die preußische Fürsprache und die Beschwerden über österreichische Bedrückungen gebildet zu haben. Aber diese Meinung allein hätte gewiß nicht ausgereicht, Hohenzollern vor dem Los der Mediatisierung zu retten. Entscheidend war zweifellos die persönliche Beziehung der Sigmaringer Fürstin und die von ihr eingefädelte Heiratsverbindung mit der kaiserlichen Familie, die auch das politische Überleben der Hechinger Linie begünstigt haben.

Die Rheinbundakte vom 12. Juli 1806, formal ein Vertrag Kaiser Napoleons mit zunächst 16 Reichsständen, rettete die selbstständige Existenz des Hechinger Fürsten und erhob ihn zum Souverän über sein Fürstentum. Aber Fürst Hermann gehörte zu den vier Bundesgliedern, denen keinerlei Vergrößerung, weder an Besitz- noch an Souveränitätsrechten zuteil geworden war. Er empfand dies als krasse Zurücksetzung, weil er seit der Münchener Begegnung ein Bewunderer Napoleons war und sich, ganz im Gegensatz zu dem begünstigten Sigmaringer Fürsten, auch persönlich zu ihm bekannte. Die Benachteiligung seiner, der älteren Linie des Hauses, hat Fürst Hermann Friedrich Otto sein Leben lang nicht mehr verwunden.

Der scheinbar höchste Triumph, der Aufstieg zu souveräner Herrschaft, führte den Fürsten zugleich in die völlige Abhängigkeit von seinem Protektor. War die gefürstete Grafschaft Zollern im Verfassungssystem des Alten Reiches ein Kleinterritorium unter vielen, so war das »souveräne Fürstentum« ein einerseits abhängiger, andererseits isolierter Zwergstaat, in dem sich die alte Diskrepanz zwischen dem herrschaftlichen Anspruch und der Leistungsfähigkeit des Landes zwangsläufig noch weiter vergrößern mußte.

Hohenzollern-Sigmaringen: Im Bannkreis Österreichs

Im Dienst der Gegenreformation

Der Begründer der eigenständigen Sigmaringer Linie, Graf Karl II. (1547–1606), übernahm mit dem Schloß in Sigmaringen den Wohnsitz seines Vaters und die diesem 1535 vom Erzhaus verliehenen Grafschaften Sigmaringen und Veringen. Er hat zusammen mit seinen beiden Brüdern Eitelfriedrich und Christoph eine gediegene Ausbildung an den katholischen Universitäten in Dillingen und Bourges genossen, war wie sein Hechinger Bruder ein Musikenthusiast und unterhielt eine für seine Zeit bedeutende Hofkapelle.[69] Er galt als versierter Jurist und übernahm zahlreiche Verwendungen im Dienst der Kaiser Maximilian II. und Rudolf II. Karl stand in engster Verbindung mit den beiden bayerischen Herzögen Wilhelm V., der Fromme, und dessen Sohn Maximilian I., den zentralen Figuren der Gegenreformation. Mit Wilhelm und dem Leibarzt Dr. Pistorius, dem späteren Konstanzer Generalvikar, war Karl maßgeblich an der Konversion des Markgrafen Jakob III. von Baden-Hochberg zur katholischen Kirche beteiligt. Als Jakob kurz nach seinem Übertritt überraschend starb, versuchten Herzog Wilhelm und Graf Karl als Testamentsvollstrecker vergeblich die Rekatholisierung des Herrschaftsgebiets. Es hat größtes Aufsehen erregt, daß Karl 1591, selbst seit einigen Monaten Witwer, die Witwe Jakobs durch einen bewaffneten Handstreich nach Sigmaringen entführte und heiratete.[70]

Die streng kirchlich-katholische Einstellung Karls schloß massive Konflikte mit dem Konstanzer Diözesanbischof nicht aus. Als Ausschreibender, einer der beiden federführenden Repräsentanten des Schwäbischen Reichsgrafenkollegiums, widersetzte er sich entschieden den Ansprüchen des Bischofs auf alleiniges Visitationsrecht, auf geistliche Jurisdiktion und vor allem auf dessen Aufsicht über die Verwaltung der Kirchen- und Stiftungsvermögen. Zum Herrschaftsverständnis auch der kleinen Reichsstände gehörte ihre landesherrliche Einflußnahme auf die kirchlichen Institutionen und den Klerus in ihren Territorien, selbstverständlich auch die Kontrolle ihrer Untertanen über die Erfüllung religiöser Gebote, die ein integrales Element der Landesordnungen ausmachten. Abgesehen von seinen landesherrlichen Vorbehalten hat sich Graf Karl II. intensiv an den von Konstanz ausgehenden nachtridentinischen Reformen in seinen beiden Grafschaften beteiligt.[71]

Noch wirkungsvoller als Graf Karl selbst standen zwei seiner Söhne im Dienst der Gegenreformation. Graf Johann (1578–1638), ursprünglich zum geistlichen Stand bestimmt, erhielt seine Ausbildung bei den Jesuiten in Ingolstadt und in Rom. Die enge Beziehung zu Herzog Wilhelm von Bayern führte Johann, der 1606 seinem Vater in der Regierung folgte, in bayerische Dienste. Ab 1618 war er als Obersthofmeister und Obristkämmerer engster Vertrauter Herzog Maximilians. Er führte die Verhandlungen um das Direktorium Maximilians in der Liga und die Translation der pfälzischen Kur auf Bayern. In mehreren geheimen Zusammenkünften mit seinem Bruder Eitelfriedrich, dem Verbindungsmann des deutschen Episkopats und der Liga zur Kurie, und mit seinem Vetter und Schwager Johann Georg von Hechingen, als Reichshofratspräsident Vertreter der kaiserlichen Politik, koordinierten die drei Zollerngrafen die diplomatischen Aktivitäten der gegenreformatorischen Politik.[72]

Graf Eitelfriedrich (1582–1625) hatte seine geistliche Laufbahn am

Jesuitenkolleg in Pruntrut, dem Sitz des Fürstbischofs von Basel, und in Rom als päpstlicher Kämmerer begonnen, erhielt mehrere Kanonikate an hohen Reichsstiftern und wirkte als Dompropst in Köln in engem Einvernehmen mit Kurfürst/Erzbischof Ferdinand von Bayern, dem Bruder Herzog Maximilians. 1609 erstmals mit einer Gesandtschaft des deutschen Episkopats an den Papst betraut, wurde er zum Mittelsmann zwischen Kurie und Liga. 1621 erhob ihn Papst Paul V. zum Kardinal. Durch seine Wahl zum Fürstbischof von Osnabrück 1623 – »die bewußte Ansetzung eines bewährten Gegenreformators«[73] – gelang es ihm in seinem letzten Lebensjahr, die katholische Restauration in diesem geistlichen Territorium auf den Weg zu bringen.

Graf Johann Georg von Hechingen und Graf Johann von Sigmaringen, die 1623 als Exponenten der kaiserlichen und der ligistischen Politik in den Reichsfürstenstand erhoben wurden, hatten ebenso wie Graf Eitelfriedrich, der im selben Jahr die geistliche Reichsfürstenwürde erlangte, einen gewichtigen Anteil daran, daß im ersten Jahrzehnt des Dreißigjährigen Krieges die katholische Seite im Reich eine dominierende Stellung gewinnen konnte.

Seiner Standeserhöhung ungeachtet, läßt Fürst Johann seine Hofhaltung in Sigmaringen zum Erliegen kommen. Er regiert sein in der zweiten Kriegsphase schwer mitgenommenes Land von München aus, oft hält er sich auch in Schwabegg oder Türkheim bei Mindelheim auf, die er 1628 als Lehen vom Kurfürsten Maximilian erhalten hatte.

Johanns Sohn, Fürst Meinrad I. (1605–1681), der gleichfalls in bayerischen Diensten stand, schließt die Reihe der konfessionspolitisch besonders engagierten Sigmaringer Landesherren. Das im Krieg ruinierte und teilweise ausgebrannte Sigmaringer Schloß konnte er erst ab 1653 notdürftig beziehen. Er scheint den Erlös aus dem Verkauf der bayerischen Herrschaften vor allem in den Wiederaufbau der zerstörten Teile des Sigmaringer Schlosses investiert zu haben. Auch er hat sich offenbar mit einer bescheidenen Hofhaltung zufrieden gegeben. Wie sein Großvater, Graf Karl II., traf er penible testamentarische Anordnungen über das Vorgehen nach seinem Ableben. Diese Dokumente persönlicher Frömmigkeit spiegeln den Wandel des religiösen Bewußtseins unter den Eindrücken des Dreißigjährigen Krieges wider. Während Karl es seinem Stand schuldig zu sein glaubte, daß seine Beisetzung mit liturgischer Pracht – »Kürchengebreng« – als repräsentativer Akt erfolgt, ordnet Meinrad an, sein »Madensackh« solle »allein in beglaitung allhiesiger priesterschaft« in der Nacht mit wenigen Fackeln – »ohne einigen Pomp, welchen ich hiemit per Expressum abschaffen und verbietten thue« – beigesetzt werden.[74]

Als Graf Karl II. sein Herrschaftsgebiet 1576 übernahm, war der 1548 ausgelöste Prozeß um das Besteuerungsrecht in den Grafschaften Sigmaringen und Veringen noch nicht entschieden. Sein Vater und er hatten bisher gemeinsam mit Innsbruck der Besteuerung durch das Reich zu entgehen versucht. Das Urteil des Reichskammergerichts von 1588 sprach dem Erzhaus die Steuer der Grafschaft Veringen zu, die der Grafschaft Sigmaringen aber dem Reich. Damit eröffnete sich dem Grafen Karl die Möglichkeit, die Grafschaft unmittelbar vom Reich zu muten und die Lehenherrlichkeit Österreichs ganz abzuschütteln. Diese Auffassung fand er durch eigens eingeholte Gutachten bestätigt. Er trug dem Reich die Grafschaft tatsächlich zu Lehen auf und wurde vom Reichshofrat damit belehnt, allerdings ohne den förmlichen Vollzug durch den Kaiser.[75]

In Innsbruck dachte man nicht daran, die einmal gewonnene Position aufzugeben. Man berief sich auf den Wortlaut des Urteils von 1588, in welchem nur von der Besteuerung die Rede war, und Erzherzog Ferdinand, mit dem sich Karl bisher sehr gut stand, leitete 1594 gegen den der Treulosigkeit bezichtigten Vasallen den Felonieprozeß ein. Schließlich blieb Karl keine andere Wahl, als die österreichische Lehensherrlichkeit anzuerkennen. Ausdruck seines »Kurswechsels« war sein Antrag von 1604 auf Belehnung mit der Grafschaft Sigmaringen an den Innsbrucker Lehenhof.[76] Förmlich belehnt wurde aber erst sein Sohn, Graf Johann. Er mußte dazu 1607 eigens in Innsbruck erscheinen. Graf Johann bemühte sich, das Verhältnis zum Erzhaus zu verbessern und seine Herrschaft innerhalb der Österreichischen Lehensherrlichkeit auszubauen. Die Form der Besteuerung der Grafschaft Sigmaringen blieb weiterhin ungelöst und strittig.

Eine große Möglichkeit, die sich für das gesamte Haus Hohenzollern 1594 mit dem Aussterben der Grafen von Zimmern eröffnete, konnte nicht wahrgenommen werden. Eitelfriedrich von Hechingen, der mit einer der acht Schwestern verheiratet war, die den Grafen Wilhelm von Zimmern beerbten, und Karl, in dessen Grafschaftsbezirk die allodiale Herrschaft Meßkirch, der Hauptteil der zu verkaufenden Erbschaft, lag, manövrierten sich gegenseitig aus. Durch die Zerstrittenheit der beiden Brüder zerschlug sich die einmalige Chance einer bedeutenden Vergrößerung des zollerischen Herrschaftsbereiches.[77]

Wir wissen nicht, was Graf Karl bewogen haben mag, seinen Besitz entgegen den Bestimmungen der Väterlichen Verordnung unter zwei seiner Söhne zu teilen. Ernst Georg, der jüngere Bruder des Grafen und späteren Fürsten Johann, erhielt den Allodialbesitz Krauchenwies und die Grafschaft Veringen, begründete aber zum Glück des Hauses keine eigene Linie, denn er starb schon 1625, ohne männliche Erben zu hinterlassen.

Das Herrschaftsgebiet des Sigmaringer Hauses setzte sich aus Teilen sehr unterschiedlicher rechtlicher Stellung zusammen: Die Grafschaften Sigmaringen und Veringen gehörten zur ursprünglichen Ausstattung, die Herrschaften Haigerloch und Wehrstein kamen 1634, mit dem Erlöschen der Haigerlocher Linie, hinzu.

Bei der Grafschaft Veringen handelt es sich nur noch um Veringenstadt und sechs Dörfer, die von dem einst bedeutenden Dynastenbesitz der Grafen von Veringen übrig geblieben waren. Dadurch, daß die Grafschaft Veringen unbestritten zur landständischen Kasse der schwäbisch-österreichischen Stände nach Ehingen steuerte, trat ihre Abhängigkeit von Österreich sehr viel deutlicher in Erscheinung als die der Grafschaft Sigmaringen. Eine eigene Verwaltungsbehörde für die Grafschaft Veringen gab es nicht. Sie gehörte gemeinsam mit der Grafschaft Sigmaringen in die Zuständigkeit von Kanzlei, Rentamt und Forstamt in der Residenzstadt.[78]

In der Regierungszeit des Grafen Karl II., die wie zur gleichen Zeit in Hechingen und Haigerloch durch einen scharfen Kurs der Herrschaftsintensivierung gekennzeichnet war, wird die besondere Bedeutung der österreichischen Oberhoheit für die Untertanen schon deutlich. Die mehrfachen Forderungen sogenannter Hilfsgelder, die Erhöhung von Steuern, Leibeigenschaftsabgaben und Fronleistungen führte in beiden Grafschaften zu heftigen Auseinandersetzungen mit dem Grafen, bis hin zu Leistungsverweigerungen und einem bewaffneten Konflikt in Veringendorf, an dem Karl II. persönlich beteiligt war.[79] Während der Graf damals den Untertanen der Grafschaft Sigmaringen den Beschwerdeweg nach Innsbruck verweigerte, konnte er nicht verhindern, daß die Veringer sich an die Innsbrucker Regierung wandten. Diese zwang durch Einsetzung eigener Kommissionen den Grafen dazu, sich mit den Gemeinden zu vergleichen. Die Österreichische »Oberkheit« erzwang die rechtliche Lösung der Konflikte, und das galt, nach dem erwähnten Kurswechsel Graf Karls, generell auch für die Grafschaft Sigmaringen. Das Erzhaus übernahm eine wesentliche Schutzfunktion für die Untertanen, die bis zum Ende des Alten Reiches erhalten blieb.

Durch ihre späte Entstehung waren die Herrschaftsverhältnisse in der Grafschaft Sigmaringen überaus kompliziert. Das zu ihr gehörende Gebiet müssen wir in seinem Verhältnis zum Grafschaftsinhaber in dreifacher Hinsicht unterscheiden.[80] Im Mittelpunkt stand der Herrschaftsbereich, in dem die Grafen von Hohenzollern-Sigmaringen alle ihnen im Lehenbrief zugestanden niederen und hohen Rechte ausüben konnten – Grundherrschaft, niedere und hohe Jurisdiktion, Forst-,

Jagd-, Geleitsrecht und Zollregal –, abgesehen von der vom Erzhaus vorbehaltenen Oberhoheit. Dies war die Grafschaft im engeren Sinne, die ursprüngliche Herrschaft Sigmaringen, dazu die seit 1534 innerhalb der Grafschaft gemachten Erwerbungen. In diesem Bereich lagen auch die vier landsässigen Klöster – Inzigkofen, Laiz, Gorheim, Hedingen–, die keine eigenen Hoheitsrechte und nur bescheidenen Grundbesitz hatten. Dieses Gebiet bestand nur aus der Residenzstadt und 15 meist kleineren Ortschaften. Für die Grafschaft Sigmaringen im engeren Verständnis entstanden in den Auseinandersetzungen um die Reichssteuer die beiden Steuerkassen der Mediat- und der Immediatorte, die im 18. Jahrhundert eigene Landschaften bildeten. Auf ihrem Rücken wurde der Streit ausgetragen.

Eine besondere Stellung nahmen die Mediatklöster mit eigenen, mehrere Dörfer umfassenden Grund- und Niedergerichtsherrschaften ein: Heiligkreuztal, Wald und Habsthal. Die Schirmvogtei über sie war für die Grafschaftserhebung von großer Bedeutung, sie boten aber später dem Erzhaus einen günstigen Ansatzpunkt für die Durchsetzung seiner Landesherrschaftsansprüche. Die Hochgerichtsbarkeit über die Herrschaft Ostrach, in der das Reichsstift Salem die Niedergerichtsherrschaft besaß, wurde von den Sigmaringer Fürsten Anfang des 18. Jahrhunderts an Salem verkauft.

Eine dritte Gruppe bildeten die älteren Herrschaftsträger innerhalb der Grafschaft – etwa die Grafen von Zimmern und ihre Nachfolger in der Herrschaft Meßkirch oder das Haus Fürstenberg in der Herrschaft Jungnau –, in deren Gebieten die Grafschaftsinhaber meist nur die ältere forstliche und geleitliche Obrigkeit behaupten konnten. Die Ausbildung der Landeshoheit wurde ihnen nicht nur von oben her, seitens ihres Lehensherrn, verwehrt, sondern auch von unten durch die einzelnen Herrschaftsinhaber.

Mit der Herrschaft Haigerloch, zu der die Stadt und 10 Dörfer gehörten, gewannen die Fürsten von Sigmaringen insofern ein besonders wichtiges Herrschaftsgebiet, als es reichsunmittelbarer allodialer Besitz war, in dem sie die volle Landeshoheit ausübten.[81] Es ist das einzige Sigmaringer Herrschaftsgebiet, auf das vom Erzhaus kein Einfluß ausgeübt werden konnte.

An die Herrschaft Haigerloch schloß sich im Westen die kleine, nur aus drei Dörfern bestehende Herrschaft Wehrstein an, die bis zum Neckar reichte. Wehrstein war österreichisches Lehen, unterstand aber nicht, wie die Grafschaften Sigmaringen und Veringen, direkt dem Innsbrucker Lehenhof, sondern fiel in die Zuständigkeit des österreichischen Oberamts der Grafschaft Hohenberg in Rottenburg.

Unerachtet ihrer unterschiedlichen rechtlichen Stellung gab es für beide Herrschaften eine gemeinsame Verwaltung: das fürstliche Oberamt in Haigerloch. Die Behörde war insofern geteilt, als Verwaltung und Justiz in der Hand eines Oberamtmanns lag, der als Hof- und Regierungsrat zugleich Mitglied der Sigmaringer Regierung war, während die Ökonomie in die Zuständigkeit der Rentei gehörte, an deren Spitze ein herrschaftlicher Rentmeister stand, dem in späterer Zeit der Titel eines Hofkammerrats verliehen wurde. Beide unterstanden für sich unmittelbar der Regierung.

Die Zentralbehörde für den gesamten Sigmaringer Herrschaftskomplex, ursprünglich schlicht Kanzlei genannt, wurde im 18. Jahrhundert als »Regierung und Kanzley« bezeichnet. Ihre Zuständigkeit erstreckte sich, negativ formuliert, auf alles, was nicht direkt in den Geschäftsbereich des Rentamts und des Forstamts gehörte, sie war aber zugleich diesen beiden und ebenso dem Oberamt und dem Rentamt in Haigerloch gegenüber Oberbehörde. Sie verwaltete die Grafschaften Sigmaringen und Veringen unmittelbar und bildete die erste Instanz in allen Justizangelegenheiten. Erst 1790 übernahm die neugeschaffene Hofratskanzlei die laufenden Verwaltungsgeschäfte – »Verhörstage« – samt den erstinstanzlichen Justizsachen. Dadurch wurde der interne Instanzenzug verlängert und zugleich die Möglichkeit der Untertanen zum Rekurs an die vorderösterreichische Landesstelle in Freiburg erschwert. Damit übernahm die Hofratskanzlei als neuerrichtete Mittelinstanz dieselben Funktionen wie die gleichnamige Behörde in Hechingen. Aus ihr entstand folgerichtig das spätere Oberamt Sigmaringen.

Österreichische Revindikationen

Nachdem der Versuch Graf Karls II., der österreichischen Lehensherrschaft über die Grafschaft Sigmaringen zu entkommen, gescheitert war, mußte sein Sohn sich, wenn auch äußerst widerwillig, mit dem Erzhaus arrangieren. Unter dem unmittelbaren Einfluß der die Untertanen schützenden österreichischen Beamten – Graf Johann behauptete, »daß die inßpruggisch regierung, dan es ihr möglich were, auch den teufel ab der ketten wider unß zu lassen, sich nit scheuen wurdt« – wurden die Konflikte mit allen Gemeinden einzeln beigelegt und die Stellung der Stadt Sigmaringen »zwischen Habsburg und Hohenzollern«[82] mit der Stadtordnung von 1623 in der Weise bestimmt, daß Österreich in der Folge als »Garantiemacht für die Sigmaringer Verfassung« gegenüber dem Stadtherrn auftrat. In der Stadt Sigmaringen wählten, im Gegensatz zu Hechingen und Haigerlich, die Bürger ihren Schultheißen selber, ihre kommunalen Gremien waren wesentlich unabhängiger und die Bürgerschaft machte eigene Mitwirkungsansprüche geltend.

In den Wirren und schweren Bedrückungen des Dreißigjährigen

Krieges traten die Gegensätze in dem Dreiecksverhältnis Österreich, Grafschaftsinhaber, Untertanen zurück. Die Tatsache, daß König Gustav Adolf von Schweden die Grafschaft Sigmaringen dem Herzog von Württemberg schenkte, blieb folgenlos, nicht dagegen ihre Besetzung durch Schweden und Württemberger und die ebenso marodierenden Kriegsvölker der Liga, die bis zum Kriegsende das Land durchzogen.

In dieser ganzen Zeit blieb die Besteuerungsfrage ungelöst. Aber unmittelbar nach dem Westfälischen Frieden wurde mit der Erhebung der Schwedischen Satisfaktionsgelder die Auseinandersetzung um die Kollektation in der Grafschaft Sigmaringen neu eröffnet. Die Inhaber der Grafschaft wurden noch weiter in die Enge getrieben, nachdem die Vorlande 1665 wieder an die österreichische Hauptlinie zurückfielen. Die österreichischen Revindikationen kamen schon früh in der Überweisung von einzelnen Gebieten der Grafschaft an die Ehinger Kasse zum Ausdruck. Als 1683 auch das Klosteramt Wald und die drei Dörfer der Herrschaft Wehrstein, die bisher mit der Herrschaft Haigerloch zu Reich und Kreis gesteuert hatten, nach Ehingen gezogen wurden, kam der Kreis seinem bedrängten Mitstand und vor allem den seit 1675 doppelt besteuerten Untertanen zu Hilfe.

Österreich hatte zu dieser Zeit allen Grund, auf den Schwäbischen Kreis besondere Rücksicht zu nehmen. Dessen Stellung war nicht nur durch die neue Reichsdefensionalverfassung von 1681 wesentlich gestärkt worden, seine militärische Hilfe war für Österreich angesichts seiner doppelten Frontstellung – gegen die Reunionspolitik Ludwigs XIV. und die Wien belagernden Türken – dringend zu wünschen.

Die Verhandlungen zwischen dem Erzhaus und dem Kreis begannen 1685 in Weingarten. Sie führten schließlich dazu, daß der Kreis seine Forderungen von 72 auf 54 Gulden pro Römermonat »ad interim« herabsetzte. Die einzelnen Orte, die zum Kreis steuern sollten, wurden hin und her geschoben. In diesen Zusammenhang gehört die eingangs erwähnte fußfällige Bittschrift um Verbleib unter dem Schutzflügel des Erzhauses. Unzählige Aktionen bezeugen, daß die Untertanen sich Österreich zugehörig fühlten, wobei nicht nur der Glanz des Kaiserhauses, sondern auch die mildere österreichische Besteuerung eine Rolle gespielt haben dürfte. Die Fürsten dagegen bezogen weiterhin Stellung hinter dem Schwäbischen Kreis, der am Ausgang des 17. Jahrhunderts als genossenschaftlicher Verband es auch gegen das Erzhaus wagen konnte, seinen Steuerfundus zu verteidigen und seinen Mitstand in Schutz zu nehmen.

Rein österreichische, in Radolfzell abgehaltene Verhandlungen führten 1695 zum »Zeller Rezeß«, der festlegte, wie die Leistungen an den Kreis aufzubringen waren: Mit den fünf Orten der Immediatkasse steuerten die drei Gemeinden der Herrschaft Wehrstein, mit der Mediatkasse die Stadt Sigmaringen mit zehn Mediatorten und dem Amt Wald nunmehr an den Kreis[83]. Der Fürst und seine Regierung wurden zu den Verhandlungen nicht herangezogen. Sie konnten die Ausbildung der Steuerkassen zu förmlichen Landschaften nicht verhindern. Es ist bezeichnend, daß in einem Konflikt um das Recht der Einsetzung des Mediatkassierers, der Fürst und sein arroganter Kanzler Braunenthal vom langjährigen Sigmaringer Schultheißen Johann Michael Danegger, dem designierten Mediatkassier, bei der Innsbrucker Regierung förmlich vorgeführt wurden[84].

Diese Ausschaltung des Grafschaftsinhabers findet ihre Begründung in einem weiteren Revindikationsakt. Bei seiner Investitur – es war die erste nach über 90 Jahren – mußte es sich Fürst Meinrad II. 1698 gefallen lassen, daß die Reservationsformel des Lehensherrn durch die beiden Worte »jure collectandi« erweitert wurden. Das Erzhaus begnügte sich jedoch nicht mit dem eindeutigen Anspruch auf die Steuerhoheit, es nötigte die Fürsten – gestützt auf ein Urteil des Oberösterreichischen Fiskalamtes von 1714, also in eigener Sache –, in Zukunft Lehenbriefe anzunehmen, in denen sich Österreich ausdrücklich die volle Landeshoheit vorbehielt und damit die Fürsten eindeutig in die Rolle österreichischer Vasallen verwies.

Die Weigerung der Mediatlandschaft, sich an der Aufbringung der Kammerzieler zu beteiligen, führte zu neuen Konflikten und zu mehrmaligen Kreisexekutionen in der Grafschaft Sigmaringen. Als österreichische Untertanen war den Mediati der Rechtsweg an das Reichskammergericht nicht erlaubt. Deshalb wollten sie auch nicht zu dessen Finanzierung beisteuern. Diese Auffassung wurden von Innsbruck und Wien ausdrücklich gedeckt, vom Fürsten, dem man nicht zu unrecht unterstellte, er werde »sich von dem circulo, alß dessen beständigen schuz- und deckmantel« schwerlich trennen lassen, entschieden abgelehnt.[85] Angesichts der Unnachgiebigkeit des Kreises verlegte sich das Erzhaus auf direkte Verhandlungen mit dem Vasallen, erzwang von ihm im »Innsbrucker Interimsrezeß« von 1723 die Zustimmung zur österreichischen Auffassung, die Anerkennung der Mediatlandschaft und die Duldung von wirtschaftspolitischen Einfußnahmen. Die »Aufdringung« der »Hall-Innthalischen Salzabnahme«, die Durchsetzung des Salzmonopols, die hier erstmals erfolgt, ist eines der am hartnäckigsten verfolgten Ziele des österreichischen Merkantilismus in Schwaben.

Eine Konsequenz des Rezesses war die Untersuchung der Steuerkraft beider Landschaften – »in vires et facultates« –, deren Ergebnis, das sogenannte »Mayerische Operatum«, deutlich machte, daß vor allem die Immediatuntertanen weit über jedes vergleichbare Maß belastet waren. Da Österreich eine vom Kreis schon 1721 und 1729 geforderte gemeinsame Untersuchung abgelehnt hatte, dieser aber die einseitige, ohne seine Mitwirkung vorgenommene Erhebung 1739 zurückwies, wurde »alles in der vorigen Disproportion gelassen«[86].

Die großen Auseinandersetzungen, die Österreich seit dem Erlöschen des Habsburger Mannesstammes durch den Tod Kaiser Karls VI. im Jahr 1740 zu bestehen hatte, ließen die territorialen und lehensherrlichen Ansprüche in Vorderösterreich zurücktreten. Für den Sigmaringer Fürsten barg die Wahl seines Dienstherren, des Kurfürsten Karl Albrecht von Bayern, zum Kaiser die Hoffnung, sich des Lehensbandes und der Landeshoheit Österreichs völlig entledigen zu können. Aber während des kurzen, vom Krieg bestimmten Kaisertums Karls VII. kam es zu derartigen Entscheidungen nicht. Schon unmittelbar nach dem Frieden von Aachen, der 1748 den nahezu achtjährigen Kriegszustand abschloß, setzte Kaiserin Maria Theresias erste große Staatsreform ein, die die Überwindung des landschaftlich-ständischen Partikularismus zum Ziel hatte.

Im Zuge dieser Reform erhielten die österreichischen Vorlande eine eigene verwaltungsmäßige Zusammenfassung, die schließlich 1759 als »Vorderösterreichische Regierung und Kammer« in Freiburg etabliert wurde. Damit war die Voraussetzung für eine unmittelbare und ungleich intensivere Administration der Vorlande geschaffen, die allerdings erst nach Beendigung des Siebenjährigen Krieges voll in Gang kam.

Als sich Fürst Joseph Friedrich 1764 unmittelbar an Kaiserin Maria Theresia, seine Lehensherrin, wandte, um die Unterbindung einiger von ihm als Übergriffe der Freiburger Regierung empfundenen Handlungen zu erbitten, blieb er von der Monarchin ohne Antwort. Die Freiburger Regierung, die er durch seine Bittschrift an die Kaiserin zu umgehen versucht hatte, verwies ihm in scharfer Form und unter Androhung des Lehensentzuges seine ausweichenden Formulierungen und verlangte von ihm innerhalb der Frist von 14 Tagen eine eindeutige Erklärung, daß er sich der »Ausübung Ihrer Majestät Landesfürstlichen Gerechtsamens in allen Stücken pflichtschuldigst fügen« werde[87].

Fürst Joseph Friedrich zögerte nicht, die verlangte Erklärung abzugeben. In einer Beratung mit dem Hechinger Fürsten, den er mit seinen beiden Geheimen Räten nach Haigerloch bat, war man sich einig, daß auf eine rechtliche Klärung der Differenzen nicht zu hoffen war. Deshalb entschloß sich der Fürst, zuerst den Gnadenweg einzuschlagen und von Kaiserin Maria Theresia die lehensweise Überlassung der Landeshoheit über die Grafschaft Sigmaringen zu erbitten. Nachdem sich die Kaiserin darauf nicht eingelassen hatte, wurde der zweite, in Haigerloch besprochene Weg beschritten: den Ausgleich durch Verhandlungen, anküpfend an den Innsbrucker Interimsrezeß von 1723, zu suchen. Um ihrerseits auch etwas anbieten zu können, machte die

Sigmaringer Seite den Vorschlag, dem Erzhaus einen Erbanspruch auf den zollerischen Allodialbesitz in der Grafschaft Sigmaringen einzuräumen.

Der Freiburger Vertrag vom 7. Oktober 1774 versucht in 22 Punkten, die strittigen Fragen zu klären. Er bleibt weit hinter den Haigerlocher Erwartungen zurück. Von der erhofften uneingeschränkten Überlassung der Landeshoheit war – trotz der Erbexspektanz – keine Rede. Der Vertrag läßt viele Punkte offen, etwa die Sanierung der mit 136 000 Gulden verschuldeten Landschaftskassen. Weder Kaiserin Maria Theresia noch Joseph II. können sich entschließen, ihn zu ratifizieren. Die Wiener Hofkanzlei fordert in den folgenden Jahren immer neue Stellungnahmen, mit denen die Freiburger Regierung den Rottenburger Oberamtsrat Christoph Metz betraut, der sich in seinen ausführlichen Gutachten als ein rigoroser österreichischer Etatist erweist. Da dem Sigmaringer Fürsten die im Freiburger Vertrag erstrebte Anerkennung seiner reichsständischen Sonderstellung nicht gelungen war, mußte er es hinnehmen, daß alle seine lehenbaren Herrschaftsgebiete in die Maßnahmen des Erzhauses zur Vereinheitlichung und Kontrolle des gesamten Staatswesens einbezogen wurden.

Das fürstliche Haus im 18. Jahrhundert

Der Sigmaringer Linie war das seltene Glück beschieden, daß die Regierung immer vom Vater auf den Sohn überging. Während die Haigerlocher Linie schon in der zweiten Generation erlosch und sich die Hechinger Linie 1661, 1750 und wieder 1798 über Seitenlinien fortpflanzte, blieben den Sigmaringer Grafen und Fürsten die gewöhnlich verlustreichen Absonderungen des Privatvermögens vom Fideikommiß erspart.

Der älteste Sohn des Fürsten Meinrad, der ihm 1681 folgte, Fürst Maximilian (1636–1689), hat in seiner kurzen Regierungszeit kaum Spuren hinterlassen, aber seine Eheschließung mit Gräfin Maria Klara von Berg hat für die Hausgeschichte große Bedeutung gewonnen. Maria Klara erbte von ihrem Bruder die Grafschaft Berg in den Niederlanden mit der Auflage, daß Besitz und Name des Hauses auf einen ihrer Enkel übergehen sollten. Auf diese Weise entstand eine Sekundogenitur der Sigmaringer Linie, deren Besitz allerdings mit dem schwäbischen Haus nicht fideikommissarisch verbunden war.[88] Maximilians Nachfolger, Fürst Meinrad II. (1673–1715) soll in den Türkenkriegen mehrmals verwundet worden und deshalb schon mit 42 Jahren gestorben sein. Er gehört, wie sein Vater und die gleichzeitigen Fürsten in Hechingen, zu den typischen Militärs unter den Landesherren. Seiner häufigen Abwesenheit wird es zuzuschreiben sein, daß er die Herrschaften Haigerloch und Wehrstein in Generalpacht vergab. Die Admodiation wurde in der Vormundschaftszeit ab 1715 nicht nur fortgesetzt, sie wurde auch auf die Grafschaften Sigmaringen und Veringen ausgedehnt. Fürst Meinrad II. ist der Begründer der Eisenschmelze in Laucherthal.[89].

Sein Sohn Joseph Friedrich (1702–1769) wuchs während des Spanischen Erbfolgekrieges in Wien auf, erhielt seine Ausbildung bei den Jesuiten in Mindelheim und an der Universität Würzburg und trat nicht in kaiserliche, sonder in kurbayerische Dienste. Obgleich Vasall des Erzhauses, stand er nach dem Tod des letzten habsburgerischen Kaisers auf der Seite des Kurfüsten Karl Albrecht von Bayern, des nachherigen Kaisers Karl VII., an dessen politischen und militärischen Kampf gegen Maria Theresia er, sowohl als kaiserlicher Geheimer Rat wie als bayerischer General und Regimentsinhaber, unmittelbaren Anteil hatte. Österreich hätte einen Trumpf in Händen gehabt, dem der Felonie überführten Vasallen das Lehen zu nehmen. Aber Maria Theresia behandelte nach dem Frieden von Füssen 1745 ihre bisherigen Widersacher und noch mehr deren Helfer mit wohlberechneter Schonung. Fürst Joseph Friedrich seinerseits suchte die Ungnade seiner Lehensherrin dadurch abzuwenden, daß er seinen einzigen Sohn einen Feldzug in der österreichischen Armee mitmachen ließ.[90]

Fürst Joseph Friedrich verlegte seine persönliche Residenz nach Haigerloch, wo er sich auf eigenem, vom Erzhaus unabhängigem Grund und Boden befand. Haigerloch verdankt ihm schönste Zeugnisse seines Kunstsinns. Er betätigte seine Baulust auch im übrigen Land. Joseph Friedrich war der Barockfürst Hohenzollerns. Die Bedrohung seiner reichsständischen Stellung bekümmerte ihn im Alter tief. Er verbrachte sein letztes Lebensjahrzehnt in fast hypochondrischer Zurückgezogenheit. Seinem Sohn gegenüber stellte er 1767 resigniert fest, man lebe eben in Zeiten, »wo laider ein großer höcht ohn einige Rücksicht die kleinere Fisch unbarmhertzig verschlinget, und das stille Faustrecht wieder emporkommt«[91].

Fürst Joseph Friedrich verheiratete 1749 den Erbprinzen mit der ältesten Tochter seines Bruders, des Begründers der niederländischen Nebenlinie. Mit dessen einzigem Sohn, dem »dollen graaven«, der ein gewalttätiger Taugenichts war und einen großen Teil seines Lebens in Gefangenschaft zubrachte, nahm die Linie der Grafen von Hohenzollern-Berg ein unrühmliches Ende. Dadurch kam der bedeutende Besitz der alten reichsgräflichen Familie an das Haus Hohenzollern-Sigmaringen.

Fürst Karl Friedrich (1724–1785), der seinem Vater 1769 folgte, spielte in der Auseinandersetzung mit dem Erzhaus keine starke Rolle.

Er scheint die Initiative weitgehend der Gegenseite überlassen zu haben. Aufgewachsen in München, folgten seinen Studienaufenthalten in Dillingen, Freiburg und Ingolstadt Bildungsreisen, die ihn durch das Reich und nach Italien führten. Sein Eintritt in die österreichische Armee scheint nur ein Zwischenspiel gewesen zu sein, ebenso seine Teilnahme an dem für die Reichsarmee so blamablen Reichskrieg gegen Friedrich den Großen. Sein besonderes Interesse gehörte, abgesehen von seiner Jagdleidenschaft, der Musikpflege. Er hat, während sein Vater in Haigerloch residierte, das Sigmaringer Schloß bewohnt, später zog er sich mehr und mehr nach Krauchenwies zurück, während die Fürstin, getrennt von ihm, mit ihren beiden Töchtern im Schloß in Langenenslingen lebte. Fürst Karl Friedrich, der von sich selber sagte, er sei »kein Liebhaber von Ceremonien undt genirtem Leben«, gab sich eher wie ein Landedelmann als wie ein Reichsfürst.

Fürstin Johanna (1727–1787) trat 1781, nach dem Tod ihres unglücklichen Bruders, die niederländische Erbschaft an. 1782 reiste sie mit ihrer jüngsten Tochter zur Besitznahme an den Niederrhein und die Maas. Von ihren zwölf Kindern lebten zu dieser Zeit nur noch drei: der Erbprinz, jüngster von acht Söhnen, und die zwei Töchter, die zeitweilig in Straßburg und Metz erzogen wurden. Bei der vom Grafen Hermann von Hechingen vermittelten Heirat der älteren Tochter mit dem Fürsten Friedrich von Salm-Kyrburg[92] wurde auch die Verbindung von dessen Schwester, Prinzessin Amalie-Zephyrine, mit dem Sigmaringer Erbprinzen Anton Aloys verabredet. Deren Hochzeit wurde 1782 in Kirn an der Nahe gefeiert und leitete eine für die Beteiligten sehr unglückliche, für die Geschichte des Hauses sehr folgenreiche Entwicklung ein.

Fürst Anton Aloys (1762–1831) war erst 23 Jahre alt als er, vom Kaiser für volljährig erklärt, die Regierung antrat. Von Geistlichen erzogen, bekam er mit 17 Jahren einen französischen Hofmeister, der ihn zum Studium an die Universität Würzburg und auf Reisen begleitete. Auf seinen Eintritt in die Gesellschaft war er nur mangelhaft vorbereitet; am Hofleben lag ihm nichts, dafür liebte er wie sein Vater über alles die Jagd, die er schon früh mit Passion betrieb. Nach der Verlobung schickte man ihn noch eine zeitlang auf Reisen, nach Italien zuerst, dann an den Wiener Hof, um als zukünftiger Vasall dem Kaiser aufzuwarten.[93]

Nach der Eheschließung stellte sich bald heraus, daß sich hier unvereinbare Erwartungen begegneten. Amalie Zephyrine (1760–1841), die im Februar 1785 dem Haus einen Sohn geboren hatte, entschloß sich, sich der ihr unerträglichen Bevormundung durch ihren Schwiegervater und der Gleichgültigkeit ihres Mannes zu entziehen. Sie strebte zurück zu ihrem Lieblingsbruder, der sich mehr um sie kümmerte als ihre neue

Familie, der einen Teil des Jahres in Paris lebte, wo sie aufgewachsen war. Bei ihrer spektakulären Flucht Anfang Mai 1785 ließ sie den 10 Wochen alten Stammhalter zurück. Aber auch nach dem Tode des Fürsten Joseph Friedrich, der noch im selben Jahr starb, kam eine Einigung über die Bedingungen ihrer Rückkehr nicht zustande.

Anton Aloys hatte schon zu Lebzeiten seines Vaters an den Sitzungen der fürstlichen Kollegien teilgenommen. Er kümmerte sich nicht nur um alle Zweige der Verwaltung, er versuchte auch sofort, durch eine persönliche Demarche beim Kaiser sein Vasallenverhältnis mit dem Erzhaus endlich zu klären. In einer Audienz bei Joseph II. und in direkten Verhandlungen mit der Hofkammer erreichte er die Einleitung eines Tauschabkommens. Der Tod seiner Mutter im Februar 1787 machten Anton Aloys und mit ihm das Haus zum Universalerben der gesamten Besitzungen des Hauses Hohenzollern-Berg. Schon im April ergriff er von seinen neuen Herrschaften Besitz und war sehr angetan über deren guten Zustand. Diese Erbschaft begründete den späteren Reichtum des bis dahin keineswegs wohlhabenden Sigmaringer Hauses. Sie gab Anton Aloys auch die Möglichkeit, einige größere Ankäufe zu machen: 1786, noch unter dem Namen seiner Mutter, die Herrschaft Bittelschieß bei Krauchenwies, 1789 die Herrschaft Hornstein mit Bittelschieß an der Lauchert und der dem Haus noch fehlenden Hälfte von Bingen. Daneben wurden laufend einzelne Grundstücke und Waldparzellen angeschafft. Anton Aloys hatte persönliches Interesse am Kameralwesen und war sein Leben lang ein umsichtiger Haushalter.

Als Schwaben im Sommer 1796 zum Kriegsschauplatz wurde, zog sich der Fürst, obgleich er Generalmajor der Schwäbischen Kreisarmee und Inhaber des Kreiskürassierregiments war, mit seinem Sohn und seiner jüngsten Schwester hinter die preußische Demarkartionslinie nach Franken zurück. Auch sein niederländischer Besitz blieb vom Krieg nicht verschont. Über sein künftiges Schicksal sollte der Rastatter Kongreß entscheiden. Anton Aloys suchte im Januar 1798 selbst eine Woche lang Rastatt auf, um Besuche bei den wichtigsten Gesandtschaften zu machen.

Im Sommer 1798 erbot sich dem Fürsten Anton Aloys eine Sachwalterin, mit der er nicht gerechnet hatte: seine Frau, Fürstin Amalie Zephyrine[94]. Sie hielt sich als Vormünderin ihres Neffen in der Nähe von Rastatt auf, um sich für eine Entschädigung des Hauses Salm-Kyrburg einsetzen zu können. Die Mutter ihres Mündels, Anton Aloys' Schwester, war 1790 im Jahr nach der Geburt des Erbprinzen gestorben, sein Vater, Amalies Bruder, war im Sommer 1794 in Paris guillotiniert worden. Freunde aus der Schreckenszeit waren inzwischen im Directoire zu Einfluß gekommen. So erfreute sie sich der Protektion Talleyrands, der jetzt dem Außenministerium vorstand, und des Generals Bonaparte, mit dessen Frau, Josephine de Beauharnais, Amalie im Verlauf der Revolution in enger Beziehung stand. Beide, Talleyrand und Bonaparte, hatten ihr geraten, nach Rastatt zu gehen.

Mit dem Angebot seiner Frau, ihre guten Verbindungen auch zugunsten ihres eigenen Sohnes einzusetzen, verband sich die Erwartung, daß Anton Aloys ihren Wunsch auf eine Begegnung mit ihrem inzwischen 13 Jahre alten Sohn erfülle. Amalie Zephyrine hat es auch in der Zukunft meisterhaft verstanden, die politischen Interessen ihres Mannes und ihre persönlichen Wünsche miteinander zu verknüpfen. Es lag nicht an ihr, sondern am Gang, den die Verhandlungen nahmen, daß vorerst keine Ergebnisse erzielt werden konnten.

Kleinfürstliche Herrschaftspraxis

In der Verwaltungs- und Rechtsprechungspraxis gab es zwischen beiden Fürstentümern keine grundlegenden Unterschiede. Charakteristisch ist die gemeinsame Behandlung von Verwaltungsangelegenheiten und Rechtsfällen, das fast gleichartige Verfahren in der Zivil- und in der Polizeigerichtsbarkeit und vor allem die mangelhafte Weiterbildung der gesetzlichen Grundlagen des gesamten Justizwesens. Die Rechtsprechung gründete sich auf die einzelnen Landesordnungen, die im wesentlichen auf Rechtsvorstellungen des 16. Jahrhunderts fußten, und auf das gemeine, das heißt römische Recht. Im Hechinger und im Sigmaringer Fürstentum sind nie Anstrengungen unternommen worden, die offensichtlich veralteten Landesordnungen dem zeitgenössischen Rechtsdenken anzupassen, bestenfalls wurden einige Paragraphen gestrichen und mit dem Vermerk versehen: »wird nicht mehr abgelesen«. Man rührte auch nicht mehr an die für einzelne Gemeinden oder Gruppen geltenden Sonderrechte. Es war also von einem jeweils für das ganze Fürstentum geltenden Statutarrecht keine Rede. Für die Kriminalgerichtsbarkeit, an der den Stadtgerichten in Hechingen, Sigmaringen, Veringenstadt und Haigerloch noch eine Mitwirkung zustand, galt noch immer die Carolina. Die Urteilsfindung und Strafzumessung lag nicht mehr in der Hand von Schöffen, sondern bei den juristisch gebildeten fürstlichen Beamten. In die Blutgerichtsbarkeit einschlagende Vorkommnisse waren indessen selten, so daß nahezu die gesamte Rechtspflege – von den Bagatellfällen, die den Stadt- und Dorfgerichten noch geblieben waren, abgesehen – von den Hofratskanzleien an ihren Amtstagen ausgeübt wurde.

Bei diesen Amts- oder Verhörstagen kam alles, was anfiel, zur Behandlung, gleichgültig ob es Straffälle, bürgerliche Rechtssachen, notarielle oder rein verwaltungsmäßige Vorgänge betraf. Die Protokollüberlieferung darüber reicht, mit vielen teilweise längeren Lücken, bis ins 16. Jahrhundert zurück. Die Hechinger Bezeichnung »Audienzprotokolle« erinnert an den ursprünglichen persönlichen Herrschaftsakt des Grafen; in Sigmaringen heißen sie etwas vulgärer »Verhörsprotokolle« und bringen schon mit ihrem Namen den gehörigen Abstand der Behörde zu den Untertanen zum Ausdruck[95]. In der Regel erschienen die Vorgeladenen, die streitenden Parteien oder die Bittsteller, vor der Kanzlei in Begleitung ihres »Ortsvorgesetzten«, der in den Grafschaften Sigmaringen und Veringen nicht Vogt, wie in den übrigen zollerischen Gebieten, sondern Schultheiß hieß. Er brachte, soweit erforderlich, meist gleich die Zeugen mit, denn auch er selbst konnte kein Interesse daran haben, in einer Sache mehrmals den Weg in die Residenzstadt zu machen, wofür er nur eine »Gebühr« von 40 Kreuzern bekam. Das ganze Verfahren wurde mündlich geführt und war auf rasche Erledigung zugeschnitten. Meist wurde es sofort durch den im Protokoll festgehaltenen »Bescheid« abgeschlossen. In der Regel erledigte man an einem Vormittag mehrere Fälle.

Bunt durcheinander verzeichnet das Protokoll die behandelten Angelegenheiten. Es werden Entscheidungen gefällt über die Entlassung aus der Leibeigenschaft, über Bürgeraufnahmen oder über die Höhe der an die Hofkammer zu zahlenden Ab- oder Einzugsgebühr. Sehr häufig sind die Vereidigungen, ohne die kein Amt und überhaupt keine öffentliche Tätigkeit ausgeübt werden darf. Beamte, Schultheißen, Stiftungs- und Waisenpfleger, Hebammen, Landgarbensammler, »Dräscher und Scheurenmeister« werden vereidigt und »in Pflichten genommen«, oder geben, wenn sie schon früher vereidigt worden sind, das »Handgelübd« ab. Fast für alles mußte die Erlaubnis der Herrschaft eingeholt werden. Heiratskonsense gehörten zum täglichen Brot. Sie werden, immer noch, nur gegeben, wenn ein genügendes, meist bescheidenes Vermögen und eine »eigenthümliche Behausung« nachzuweisen sind und von Seiten der Gemeinde keine Einwände vorliegen. Wirte bitten oft um Tanzerlaubnis oder beantragen das Halten von Spielleuten. Umgekehrt finden sich oft Strafen, wenn Veranstaltungen spontan und ohne Genehmigung stattfinden. Breiten Raum nehmen bürgerliche Rechtssachen ein: Vergleiche, Testamentshinterlegungen, Beglaubigung von Bürgschaften, Maßnahmen zur Befriedigung von Gläubigern, Zivilprozesse Einzelner und ganzer Gemeinden. Dabei kommt es gelegentlich vor, daß die unterlegene Partei bittet, »ad plenum regimen die Appellation ergreifen zu dörfen«, was normalerweise gestattet wird.

Endlich spielt die Aburteilung von Polizeigegenständen eine große Rolle. In erster Linie tritt hier die Bestrafung von »fleischlicher Versündigung« auf. Sie wird im allgemeinen schwerer geahndet als es die Landesordnung vorschreibt. Oft werden im Zusammenhang mit der

Bestrafung gleich die »Kindbettkösten« festgesetzt, die meistens 5 Gulden betragen, während Verfügungen über Alimente, zweifellos wegen der hohen Kindersterblichkeit, erst getroffen werden, wenn das Kind das erste Jahr überlebt hat. Hohe Strafen werden bei Ehebruch verhängt. Ein Hedinger Bauer, der sich des »blutschänderischen Ehebruchs« mit seiner Schwägerin schuldig machte, zahlte 75, die Schwägerin 50 Gulden.

Eine mittellose Ehebrecherin kommt mit umgehängter Tafel »Du sollst nicht Ehebrechen« an den Pranger und wird mit vierjähriger »Verweisung aus ihrem Vater-Ort« bestraft. An der Tagesordnung sind Verurteilungen wegen Beleidigung, Verleumdung, Diebstahl, Ungehorsam, Fernbleiben von der Fronarbeit, Schlaghändel, besonders häufig wegen unzeitigen Spielens – »etwan in der Christnacht oder unter wehrenden Gottesdienst« – und Betrunkenheit. An Strafen erscheinen: Vorstellung in den gewöhnlichen Schandzeichen (»Geige«, »Kohlgarten«), Abbitte, Verweis oder »derber Verweis« bei herrschaftlichen Bediensteten, Frondienste, Handlangen bei herrschaftlichen Arbeiten, Turmstrafe (Gefängnis), körperliche Züchtigung – gewöhnlich »25 Prigel ad posteriora«, bei einem elfjährigen Jungen »6 Datzen mit der Ruthe« –, für »Impregnatoren« seit 1780 zunehmend die Verurteilung »ad militiam«, Landesverweisung (»Ausschaffung«, »Relegation«), Geldbuße an den Kläger, Bezahlung von Zeugengebühren, vor allem aber Geldstrafen zugunsten der herrschaftlichen Kasse. Da den Amtleuten in den Landesordnungen durch so allgemeine Formulierungen wie »sollen gestraft seyn nach Ermessigung Unserer Räthe und Oberamt Leuth, an Leib und Guet« in vielen Fällen Ermessensfreiheit bei der Festsetzung der Strafen zugestanden wurde, blieb ein subjektives Moment in der Strafzumessung erhalten, das sich bei allmählich nachlassender Härte der Leibesstrafen meist zugunsten der Geldzahlungen auswirkte. Die Strafgelder, die in die Hofkammerkasse flossen, brachten den Fürsten beträchtliche Einnahmen. Diese erhöhten sich im letzten Viertel des 18. Jahrhunderts laufend, ebenso wie die Sitzungen der Kanzlei immer häufiger abgehalten werden mußten. Noch 1775 hatten in Sigmaringen 85 Verhörstage ausgereicht, 1795 waren schon 128 nötig, also in zwei Jahrzehnten um die Hälfte mehr. Den Grund dafür wird man eher im raschen Anwachsen der Bevölkerung und in der praktischen Intensivierung der allgemeinen staatlichen Aufsicht und Kontrolle im absolutistisch regierten Territorium suchen müssen als etwa in einem bemerkenswert starken Anstieg der Straffälligkeit. Die Denunziationspflicht, die die Landesordnungen allen Untertanen auferlegten, hatte 1775 ebenso bestanden wie 1795. Von diesen den erhalten gebliebenen Sigmaringer Verhörsprotokollen entnommenen Beispielen der praktischen Rechtsprechungs- und Verwaltungstätigkeit weicht die Handhabung beim Oberamt Haigerloch und der Hofratskanzlei in Hechingen nicht wesentlich ab.

Das ebenfalls noch vorhandene Protokoll der Landesregierung in Sigmaringen gewährt Einblick in die Tätigkeit der Zentralinstanz. Die Regierung trat, im Gegensatz zur Hofratskanzlei, als Kollegium zusammen. Sie war Appellations- und Revisionsgericht gegenüber der Hofratskanzlei, dem Oberamt Haigerloch, dem Oberforstamt und den Stadtgerichten. Gleichzeitig bildete sie die erste Instanz für die Privilegierten, die vom normalen Gerichtsstand exemte Beamtenschaft nebst ihren Familien und die Geistlichkeit. An ihrer Sonderstellung und an den entsprechenden Urteilen springt die Rechtsungleichheit des Ancien régime besonders in die Augen. Die Regierungsprotokolle liefern den Beweis, daß eine Vielzahl von Aufgaben nicht im Regierungskollegium behandelt, sondern im Auftrag des Fürsten, des Kanzlers oder des Regierungsdirektors von den Hofräten einzeln erledigt wurden. Dies gilt vor allem von den Angelegenheiten des fürstlichen Hauses, von Reichs-, Kreis- und Lehenssachen, in die sich die Fürsten mit Vorliebe persönlich einschalteten.

Verwaltung und Rechtsprechung wurden im Namen des Herrschaftsinhabers tätig: alle Gewalt geht vom Fürsten aus. Er gibt sich zugleich als Garant für die Wohlfahrt seiner Untertanen. Die Beamten, die für ihn tätig werden, lassen sich noch nicht als Staatsdiener ansprechen: der fürstliche Beamte ist »herrschaftlicher Bediensteter«, auch wenn die Herrschaftspraxis erkennen läßt, daß die meisten Beamten bemüht waren, das Interesse ihres Fürsten mit der Wohlfahrt der Untertanen in Einklang zu bringen.

Im Zeichen des Josephinismus

In der Zeit, in der sich die österreichischen Stellen im Sinne der Gutachten des Oberamtsrates Metz zur faktischen Durchsetzung des österreichischen Landeshoheitsanspruchs in allen lehenbaren Teilen der zollerischen Herrschaft anschickten, wurde mit dem k. k. Hofrat Franz Anton von Blanc ein völlig aus dem üblichen Rahmen fallender Beamter als Landvogt an die Spitze des Oberamtes Rottenburg berufen. Blanc war die treibende Kraft der Agrarreformen Maria Theresias in Schlesien, Böhmen und Mähren gewesen, er war der Verfasser der einschlägigen Robotpatente und damit der erklärte Gegner der am Hof einflußreichen Magnaten, denen seine Entfernung von Wien gelang.[96]

Mit Blanc, der in Rottenburg sofort das Jahrhundertwerk der Nekkarregulierung in Angriff nahm, kommt 1779 ein neuer Zug in die Auseinandersetzung zwischen dem Erzhaus und seinem Vasallen. Der Sozialreformer Blanc wendet sich nicht zuerst gegen die Ausnahmestellung des Fürsten, wie Metz, sondern setzt bei den Hauptbetroffenen ein: den hochverschuldeten Landschaften der Grafschaft Sigmaringen. Wien war zwar schon 1775 darauf aufmerksam gemacht worden, daß sie »ganz ausgemergelt am Rande ihres gänzlichen Umsturzes da stehen«, und ein Dekret der Wiener Hofkanzlei beauftragte die Freiburger Regierung daraufhin, »mit dem Herrn Fürsten einen Schulden Amortisations fundum so bald möglich zu concertiren, und in Ausübung zu bringen«. Geschehen war nichts.

Blancs erste Maßnahme bestand darin, daß er Vertreter der Sigmaringer Regierung – die Geheimen Räte Frank und von Mayersburg – und die Ausschüsse der beiden Landschaften – immerhin 24 Vertreter der Ortschaften und die 2 Kassiere – nach Rottenburg bestellte. Er vollzog die vom Kaiser bereits befohlene Vereinigung der beiden Kassen, fixierte die Rückstände der einzelnen Gemeinden, setzte einen neuen Verteilerschlüssel fest und legte einen Entwurf über die von ihm beabsichtigten Maßnahmen vor, dem die Ausschüsse beider Kassen dankend zustimmten. Den auf dieser Grundlage erarbeiteten »Systemal-Entwurf« legte er, nachdem er ihn loyalerweise dem Geheimrat Frank vertraulich zur Kenntnis gebracht hatte, der Freiburger Regierung vor, die ihn an die Wiener Hofkanzlei weiterleitete.

Blancs Eingreifen schafft eine völlig neue Situation. Er läßt sich von vorne herein gar nicht mehr auf die Diskussion über die umstrittenen Rechte, über die Auslegung der Lehenbriefe oder der früheren Verträge ein, er wendet sich sofort der Durchführung einer unabweislich notwendig gewordenen sozialen Maßnahme zu. Ohne Rücksicht auf hergebrachte Privilegien und Exemtionen haben alle in irgend einer Hinsicht Beteiligten an der Rettung der – angesichts eines auf 171 000 Gulden angewachsenen Schuldenstandes der beiden Kassen – vom Bankrott bedrohten Untertanen mitzuwirken: Das Erzhaus, der Kreis, der Fürst, die Untertanen selber und der bisher exemte Klerus. Gerade dadurch, daß Blanc den Sigmaringer Fürsten schont – »da ohnehin auch die häuslichen Umstände dieses fürstlichen Hauses bekannter Dinge nicht die besten sind« –, Österreich dagegen finanziell unmittelbar engagiert, leistet er der praktischen Durchsetzung des österreichischen Supremats den größten Dienst.

Entgegen den Erwartungen und gegen die verdeckte Obstruktion von fürstlicher Seite gelingt es Blanc, die Zustimmung der Wiener Hofkanzlei zu erhalten, und er erreicht durch persönliche Intervention beim Schwäbischen Kreis die so gut wie nie gewährte Exemtion vom Kreis-Extraordinarium auf 10 Jahre. Den Beitrag der Geistlichkeit, den Blanc auf 400 Gulden angesetzt hatte, erhöhte die Hofkanzlei auf 1 000 Gulden und erlangte dafür auch die Zustimmung des Bischofs von Konstanz. Da Blanc die Umlage der Säkulargeistlichkeit überließ, mußten die Klöster Inzigkofen und Habsthal mit je 300 Gulden die Hauptlast tragen.

Durch sein energisches Vorgehen erreichte Blanc, daß die Gemeinden ihre Quoten ganz oder doch annähernd aufbrachten. Lediglich die Stadt Sigmaringen geriet bei einem jährlichen Satz von 2 406 Gulden in 5 Jahren mit 4 300 Gulden in Rückstand. Da die Sigmaringer Regierung keine Anstalten machte, gegen die Säumigkeit der Stadt vorzugehen, ließ sich Blanc kurzerhand von der Hofkanzlei kommissionsweise mit der Überprüfung der städtischen Verhältnisse beauftragen.

Die Stadt Sigmaringen hatte ihre eigene Munizipalität gerne mit der der benachbarten fünf österreichischen Donaustädte verglichen. Dem Erzhaus verdankte sie bisher den Schutz vor Ansprüchen des Stadtherren. Jetzt erlaubte sich Blanc – »Prototyp des fähigen Beamten des josefinischen aufgeklärten Absolutismus«[97] – Eingriffe in die Stadtverfassung, wie sie in den vergangenen Jahrhunderten unvorstellbar gewesen wären. Blanc fand die Behauptung des Geheimrats von Mayersburg bestätigt, daß die Sigmaringer Bürger »ein unbändiger und bey jedem geringsten Anlaß zu Unruhen und Schwärmereyen aufgelegter Haufen wären«. Er veranlaßte zuerst die Erfassung des Güterbesitzes der 224 einheimischen und der nicht verbürgerten Eigentümer und ließ ihnen klare Steuerbescheide zustellen. Damit erreichte er, daß die Stadt nicht nur die fällige Quote, sondern auch die Reste aus den verflossenen Jahren innerhalb kurzer Zeit bezahlte.

Der rigoroseste Angriff auf die Stadtverfassung war die Beseitigung des Rates, dem 19 Bürger angehörten. An dessen Stelle setzte er einen Magistrat mit 8 Mitgliedern, die nicht mehr wie bisher zugewählt, sondern von Blanc zusammen mit der fürstlichen Regierung bestimmt wurden. Was aber für die Sigmaringer Bürger noch demütigender war: sie bekamen einen fürstlichen Beamten als Stadtschultheißen oktroyiert und verloren ihr altes Recht, ihren Schultheißen selber zu wählen. Fürst Anton Aloys reagierte auf die von Blanc geschaffenen neuen Tatsachen – obgleich er im einzelnen davon profitierte – ebenso ablehnend wie auf die Machtdemonstrationen der Lehensherrschaft, die vorausgegangen waren.

Der spektakulärste Akt war die Säkularisation von zwei Mediatklöstern, denen Österreich bisher nie Beachtung geschenkt hatte: der beiden in nächster Nähe von Sigmaringen gelegenen Tertiarierinnenklöster Gorheim und Laiz. Josephs II. Absicht, alle religiösen Orden aufzuheben, »so keine Jugend erziehen, keine Schulen halten, und nicht die Kranken warten, und welche sowohl weiblich als männliche blos vitam contemplativam führen«,[98] hatte ihren Niederschlag im Aufhebungspatent vom 12. Januar 1782 gefunden. Auf dieses Patent und auf das mit der Landeshoheit vorbehaltene jus circa sacra et politica gestützt, wurden die beiden Klöster schon fünf Wochen später kurzerhand aufgehoben. Das überfallartige Vorgehen der österreichischen Stellen – nicht nur den Ordensfrauen, sondern auch dem Fürsten gegenüber – unterstreicht die besonderen Absichten, die dieser Aktion zugrunde lagen. Als der Verkauf des gesamten Klosterbesitzes von österreichischen Beamten zugunsten des Religionsfonds vorgenommen wurde, mußte Fürst Karl Friedrich zufrieden sein, daß er für 31 000 Gulden die meisten Güter der Klöster an sich bringen konnte. Der Grafschaftsinhaber wurde bei dieser ganzen Aktion nicht anders wie ein Grundbesitzer in einem anderen österreichischen Land behandelt.

Bei der vom Erzhaus erzwungenen Einführung der österreichischen Normalschule lagen die Dinge insofern etwas anders, als an dieser »gemeinnüzlichen Lehre« der Fürst »selbsten ein sonderes Wohlgefallen« fand. Er teilte diese Auffassung mit zahlreichen anderen Reichsständen, die von sich aus die neue Elementarschulmethode nach österreichischem Muster in ihren Territorien einführten. Lästig war für den Sigmaringer Fürsten allein die österreichische Schulaufsicht. Er mußte die »Schulhoheit« des Erzhauses im Rahmen der beanspruchten Landeshoheit wie alle anderen Eingriffe hinnehmen.

Kurz nach dem Tod des Fürsten Karl Friedrich im Dezember 1785 suchte sein jugendlicher Sohn nach einem neuen Weg, zu klareren Verhältnissen gegenüber seinem Lehensherrn zu kommen. Der Anstoß stammt von einem gewissen Baron von Lassolaye, zuvor in fürstenbergischen Diensten, dessen Name in den Akten erstmals in Zusammenhang mit einem Vorschlag auftaucht, den er »wegen Loswindung der Grafschaften Sigmaringen und Veringen von der österreichischen Territorial Superiorität« dem Fürsten Anton Aloys im Februar 1786 unterbreitete. Der junge Fürst muß von diesem Projekt sehr angetan gewesen sein, denn er erwirkte schon im folgenden Monat vom Kaiser die Erlaubnis, mit der vorderösterreichischen Regierung, »unter Vorbehalt der allerhöchsten Genehmigung«, einen Ausgleichsvertrag abzuschließen.

Der »Territorial Reluitions Tractat« vom 15. September 1786 ist ein breitangelegter Versuch, die verworrenen Herrschaftsverhältnisse endgültig zu klären.[99] Dafür daß das Erzhaus dem Fürsten die Grafschaft Sigmaringen und die Herrschaft Wehrstein als ein Mannlehen mit der uneingeschränkten Landeshoheit überlassen will, erklärt sich dieser bereit, nicht nur auf den größten Teil der Grafschaft Veringen,[100] sondern auch auf die Schirmrechte über Heiligkreuztal, Wald und Habsthal sowie auf die Hochgerichtsbarkeit, das Forst- und Geleitsregal in allen nicht ihm selber überlassenen Herrschaftsgebieten zu verzichten. Diese verkleinerte, dem Fürsten mit der vollen Landeshoheit zu verleihende Grafschaft war nahezu identisch mit dem Gebiet, das vor 1460 als Herrschaft Sigmaringen angesprochen wurde. Wieviel muß dem Fürsten daran gelegen sein, sich aus der Abhängigkeit vom Erzhaus zu befreien, wenn ihm ein solches Opfer angemessen und annehmbar erschien!

Geradezu niederschmetternd scheint nach all den Hoffnungen die Nachricht auf den jungen Fürsten gewirkt zu haben, »daß seine Majestät höchst dero Dienst nicht fürträglich zu sein erachtet hätten, sich der Landeshoheit über die Grafschaft Sigmaringen und die Herrschaft Wöhrstein zu begeben«. Den Fürsten hat diese Erfahrung ermutigt, seine Rechte mit Hilfe des Kreises[101] und durch eine bis an die Grenze getriebene Obstruktion gegen alle österreichischen Zumutungen zu behaupten. Dies ist durch den frühen Tod Josephs II. im Februar 1790 und durch die gemäßigte Gangart Kaiser Leopolds II., bei dessen Krönung in der Reichsstadt Frankfurt Fürst Anton Aloys das Erbkämmereramt versah, erleichtert worden, erst recht nachdem die österreichischen Stellen vom Krieg gegen Frankreich in Anspruch genommen wurden.

Missionen im Hausinteresse

Im zweiten Koalitionskrieg bot der König von Preußen den hohenzollerischen Fürsten erneut Schutz hinter der Demarkationslinie.[102] Von dort aus erlebte Fürst Anton Aloys mit, daß diesmal die Grafschaft Sigmaringen besonders stark von den Kriegshandlungen betroffen wurde. Immerhin gelang es im Sommer 1800 durch preußische Vermittlung bei General Moreau, eine völlige Befreiung von Geldkontributionen und Schonung bei den Naturallieferungen an die französische Armee zu erwirken. Es war für den Fürsten keine Frage, weiterhin voll auf die preußische Protektion zu setzen, nachdem im Frieden von Lunéville die Entscheidung über die Abtretung des linksrheinischen Reichsgebiets an Frankreich gefallen war.

Während des Krieges war es dem Fürsten nicht möglich, sich um seine niederländischen Besitzungen zu kümmern. Es blieb ihm keine andere Wahl, als die Hilfe seiner Frau anzunehmen, die jetzt auf einer salmschen Besitzung in den Niederlanden lebte. Auch ihr kam die erbetene preußische Unterstützung bei den Verhandlungen im Haag zustatten. Durch die Aufträge, die Amalie Zephyrine in Holland übernommen hatte, intensivierte sich die Korrespondenz zwischen dem Fürstenpaar. Noch vor Abschluß des Friedens erbat die Fürstin eine Aufstellung über die Verluste des Hauses, denn wenn, wie sie glaubte, die preußische Protektion nicht ausreiche, könne sie notfalls eine Entschädigung beim französischen Gouvernement fordern.

Den gewünschten Unterlagen fügte der Fürst noch einige Überlegungen über mögliche Entschädigungsobjekte bei; er nennt insbesondere Zwiefalten und auch Marchtal, die sich von der geographischen Lage her besonders eigneten. Abschließend weist er seine Frau noch auf einen Punkt hin, von dem er sagt, daß er ihm sehr am Herzen liege, aber mit außerordentlicher Vorsicht behandelt werden müsse. Wie sie wisse, sei ein Teil seiner deutschen Besitzungen österreichisches Lehen. Wenn nun im künftigen Friedensvertrag entschieden würde, daß Österreich auf seine Länder in Schwaben verzichte und diese in andere Hände fallen würden,[103] dann sei es sehr wesentlich, Hohenzollern von allen Lehensabhängigkeiten zu befreien. Das würde die französische Regierung nur einen Federstrich kosten, ohne daß man damit jemandem Unrecht tue.

Im Februar 1801 entstand der Plan der Fürstin für das weitere Vorgehen, den sie wenige Tage nach Friedensschluß Anton Aloys mitteilte. Sie selbst wolle nach Paris fahren; dorthin solle ihr der Fürst ihren Sohn schicken, damit sie ihn der Frau des Ersten Konsuls vorstellen könne, die seit Jahren ihre Freundin sei und ihre zärtliche Liebe für ihren Sohn kenne. Sie halte es im übrigen für sehr günstig, sich direkt an den Ersten Konsul zu wenden. Es sei aber wesentlich, gleichzeitig eine besondere Empfehlung des Königs von Preußen für dessen Gesandten in Paris zu erlangen. Wenn dieser Befehl seines Hofes habe, werde sie sich mit ihm in Verbindung setzen; sie zweifle nicht, daß man dann auch die delikate Affäre mit der Lehensveränderung behandeln könne. Nun blieb dem Fürsten keine Ausflucht mehr. Er mußte seiner Frau den Besuch des Sohnes fest zusagen; allerdings sollte noch so lange gewartet werden, bis ein neuer Gouverneur für den Erbprinzen gefunden war.

Im März 1801 hielten sich vier hohenzollerische Bittsteller in Paris auf. Von Hechinger Seite zuerst Frank, dann kam der Erbprinz hinzu, für Sigmaringen Hofrat Gessler, zuletzt kam die Fürstin.

Offensichtlich herrschte unter ihnen ein enges Einvernehmen. Aber die guten Beziehungen der Fürstin, von denen sich die anderen drei Hohenzollern überzeugen konnten, lösten daheim nicht nur Hoffnungen aus. Anton Aloys mutmaßte, seine Frau werde sich vorrangig für Salm-Kyrburg einsetzen, Fürst Hermann fürchtete, durch sie von Sigmaringen übervorteilt zu werden. Insgesamt schätzte man aber die Bedeutung der preußischen Fürsprache höher ein. »Der Berliner Hof allein kann uns retten, und die Fürstin ihr Schärflein auch beitragen«, schrieb Mayersburg an Gessler Ende April nach Paris.

Inzwischen war es in Sigmaringen gelungen, einen Hofmeister für den Erbprinzen zu finden. Franz Xaver Fischler, Sohn des Forstmeisters von Meßkirch, war von fürstenbergischer Seite empfohlen worden. Er stand bisher als Erzieher im Dienst einer Mainzer stiftsadeligen Familie. Der Fürst verlieh ihm sofort den Hofratscharakter. Fischler widmete sich aber nicht nur mit Hingabe dem ihm anvertrauten Erbprinzen, er genoß es auch, daß er bald zu politischen Verwendungen herangezogen wurde. Mit ihm trat ein Akteur auf den Plan, der die sich bietenden Gelegenheiten einer außergewöhnlichen Zeit für das Haus und für sich zu nützen verstand.[104]

Gleich im Sommer 1801 begleitete Fischler den inzwischen sechzehnjährigen Erbprinzen zu seiner Mutter. Seit dieser ersten Wiederbegegnung mit ihrem Sohn bemühte sich Amalie Zephyrine um eine Aussöhnung mit ihrem Mann und um eine Rückkehr nach Sigmaringen. Nun war es Anton Aloys, der sich desinteressiert daran zeigte. Während des Aufenthalts in Belgien betrieben die Fürstin, Gessler und der erstmals in Hausgeschäften verwendete Fischler die Restitution der niederländischen Besitzungen. In einem Vertrag mit der Batavischen Regierung löste der Fürst seinen Domänenbesitz in der Grafschaft Berg – freilich ohne alle Hoheitsrechte – unter hohen finanziellen Opfern aus. Den Sequester über Boxmeer, das besonders wertvollen Grundbesitz hatte, und über Dixmuide zu heben, gelang trotz großer Anstrengungen nicht.

Während der Stagnation der Entschädigungsverhandlungen, die auch von anderen politischen Entscheidungen der Konsulatszeit, dem Ausgleich mit England und Rußland, bedingt war, gab es keine Aktionsmöglichkeiten. Da man sich in Sigmaringen in der Obhut der preußischen und der von der Fürstin erwirkten Protektion sicher fühlte, war die Enttäuschung darüber riesig, daß Hohenzollern in dem im August 1802 bekanntgewordenen französisch-russischen Entschädigungsplan überhaupt nicht vorkam.

Bei den sofort einsetzenden diplomatischen Missionen war man sich auf Sigmaringer Seite über den einzuschlagenden Weg noch nicht im klaren. Sollte man nur eine Entschädigung für den Verlust suchen, den die linksrheinischen Besitzungen durch die Revolution und den Krieg, besonders durch die Aufhebung der Hoheitsrechte erlitten hatten? Oder sollte man diese Besitzungen opfern, um im Reich größere Entschädigungen zu ertrotzen? Die Antwort wurde der Fürstin und Fischler, die jetzt in Paris gemeinsam agierten, vom Gesandten Frankreichs bei der Batavischen Republik, einem alten Bekannten Amalies aus der Revolutionszeit, nahegelegt: das Haus Hohenzollern sollte die Bereitwilligkeit der französischen Regierung, ihm zu einer Entschädigung zu verhelfen, ausnützen.

Nachdem sich die Fürstin und Fischler diese Auffassung zu eigen gemacht hatten, erwirkten sie schnell eine Empfehlung Talleyrands an Laforêt nach Regensburg. Dorthin wurden auch die von Fischler eingereichten, mit Begleitschreiben des preußischen Gesandten unterstützten Entschädigungsgesuche geschickt. Sie gaben den Bemühungen

Gesslers, der gemeinsam mit Frank das Regensburger Terrain beackerte, günstige Impulse und ermutigten ihn, noch neue Entschädigungsobjekte zu nennen.

Die Entschädigung des Sigmaringer Fürsten fiel wesentlich höher aus als die des Hechingers, er hatte allerdings auch mehr eingebüßt. Er erhielt die Herrschaft Glatt am Neckar aus dem Besitz der Fürstabtei Muri in der Schweiz, das Augustiner-Chorherrenstift Beuron im oberen Donautal, das abgelegene Benediktinerinnenkloster Holzen zwischen Augsburg und Donauwörth, das jedoch unter der von Österreich angefochtenen Landeshoheit des Kurfürsten von Bayern stand, und schließlich noch das landsässige Augustinerinnenkloster Inzigkofen.

Die großzügige Gebietszuteilung an den Fürsten von Hohenzollern-Sigmaringen in Artikel 10 des Reichsdeputationshauptschlusses erfolgte nicht auf der Basis einer Berechtigung, denn seine linksrheinischen Besitzungen gehörten weder zum Reich, noch büßte er sie ein. Die später im Hausinteresse aufgestellten Behauptungen, die beiden Fürsten hätten ungenügende Entschädigungen erhalten, sind reine Fabel.[105] Es handelte sich überhaupt nicht um eine Entschädigung, sondern um eine Begünstigung.

Die Gunst Napoleons

Schon kurz nach der Besitznahme der neugewonnenen Herrschaftgebiete im Namen des Fürsten Anton Aloys trat das ein, was der Geheime Rat von Mayersburg schon am Anfang der Entschädigungsbemühungen befürchtet hatte: Das Erzhaus beschlagnahmte im Frühjahr 1803 alle Besitzungen und Gefälle der säkularisierten geistlichen Korporationen innerhalb der österreichischen Landeshoheit. Der Wiener Hof machte ein landesherrliches Heimfallrecht geltend, das sogenannte »droit d'épaves«, das seit der Aufhebung des Jesuitenordens auch von zahlreichen Reichsständen in Anspruch genommen worden war. Es war auch weniger das Heimfallrecht als solches, das anfechtbar war, sondern seine Anwendung durch Österreich entgegen dem ausdrücklichen Wortlaut des Reichsdeputationshauptschlusses.[106] Damit machte das Erzhaus dem Fürsten einen Großteil der Einkünfte streitig, die für die Pensionen der Nonnen, Mönche und des Fürstabts von Muri bestimmt waren. Anton Aloys sah sich im Sommer 1804 genötigt, einen besonderen Vertrag mit dem Erzhaus in der Epavenfrage abzuschließen, um wenigstens die dauernden Bedrückungen durch einzelne österreichische Stellen abzuwenden.[107] Durch diese Schikanen verscherzte sich das Erzhaus schließlich die ganzen Sympathien der Reichsstände des deutschen Südwestens. In diesem rigiden, fast feindseligen, an keinem politischen Grundsatz orientierten Auftreten Österreichs in der Ära Cobenzl/Colloredo – nach den Worten von Friedrich Gentz »das schwächste Ministerium, das je die Sonne beschien« – liegen mit die Gründe, warum sich für das Erzhaus im Herbst 1805 kein Arm rührte.

Den Fürsten von Hohenzollern legte auch diese Erfahrung den engen Anschluß an die Politik Preußens, wie bisher, nahe. Anton Aloys war gleichzeitig darauf bedacht, seinem Haus über seine Frau den Zugang zu Napoleon offenzuhalten. Deshalb erfüllte er der Fürstin den Wunsch, ihren mittlerweile zwanzigjährigen Sohn in Paris in die »große Welt« einzuführen und dem nunmehrigen Kaiser und der Kaiserin vorzustellen. Erbprinz Karl hatte unter der Obhut Fischlers zunächst die neu etablierte Universität in Landshut besucht. Nach einem Aufenthalt von zwei Semestern in Wien erlaubte ihm Anton Aloys zu Beginn des Jahres 1805, mehrere Monate mit seiner Mutter im Umkreis des neuen Kaiserhofes zuzubringen. Mit dem Sommersemester 1805, das er wieder in Landshut verbrachte – zu Füßen von Sailer, Gönner und Feuerbach –, beendete er seine Studien. Im Anschluß daran war ein längerer Aufenthalt bei seiner Mutter beabsichtigt, zu dem es aber wegen des überraschenden Ausbruchs des Dritten Koalitionskrieges nicht kam.

Diesmal hatte die militärische Bewegung Hohenzollern gar nicht berührt.[108] Um politisch nicht übergangen zu werden, war vor allem Eile geboten. Die Fürstin befand sich in Westfalen und konnte nicht schnell genug mobilisiert werden. Kurz entschlossen schickte Anton Aloys seinen Sohn mit Fischler nach Karlsruhe, wo sich die Kaiserin, die den Armeen Napoleons nachreiste, zunächst aufhielt. Jetzt machte es sich bezahlt, daß der Erbprinz im Frühjahr dem französischen Kaiserpaar seine Aufwartung gemacht hatte. In Karlsruhe und dann ein zweites Mal in München versicherte sich Karl der Fürsprache Josephines, die inzwischen auch Bittbriefe von Amalie erhalten hatte. Obwohl der Erbprinz mit Fischler im Hauptquartier erst eintraf, nachdem die Verträge von Brünn und der Friede von Preßburg geschlossen waren, brachten Talleyrand und sein Sektionschef Labesnardière, mit dem Fischler befreundet war, eine Konvention zustande, die dem Sigmaringer Fürstenhaus die schon so oft erfolglos angestrebte Befreiung aus dem österreichischen Lehenverband bescherte. Sie nötigten nämlich den württembergischen Minister von Normann, in Wien eine vorbereitete Erklärung zu unterschreiben, durch die der nunmehrige König von Württemberg ausdrücklich anerkannte, daß alle Rechte, die das Erzhaus bisher im Fürstentum Hohenzollern-Sigmaringen ausgeübt oder in Anspruch genommen hatte, erloschen sind. Diese nach ihrer Form, ihrem Inhalt und ihrem Zustandekommen gleich ungewöhnliche Deklaration erfüllte auf einen Schlag die kühnsten Wünsche des Fürsten Anton Aloys. Allerdings war es gewiß, daß die dem Minister abgedrungene Erklärung eine Ratifikation durch den König, dessen Rücksichtlosigkeit gegen seine Nachbarn immer häßlichere Formen annahm, nicht finden werde.[109]

Anfang März 1806 holte der »dikke Friz von Stutgard«, wie ihn seine Gegner und Opfer in Oberschwaben nannten, zum großen Schlag aus. Nachdem er schon im Januar nach der Herrschaft Wehrstein gegriffen hatte, ließ er jetzt seine von Truppen begleiteten Kommissare von der Landeshoheit über die Grafschaften Sigmaringen und Veringen Besitz ergreifen. Unter den Augen des Fürsten Anton Aloys wurden am 6. März in seiner Residenzstadt Sigmaringen die württembergischen Wappen und Besitznahmepatente angeheftet. Damit hatte der König den Bogen überspannt und das Eingreifen Frankreichs geradezu provoziert. Der Erbprinz und Fischler erwirkten im französischen Hauptquartier von Marschall Berthier schon am 12. März eine Ordre, durch die er sämtliche Besitzungen des Sigmaringer Fürsten unter den unmittelbaren Schutz Frankreichs stellte und eine Dragonereinheit von Ulm nach Hohenzollern verlegte. Amalie Zephyrine, die von Napoleon bisher nur beruhigende Versprechungen erhalten hatte, erreichte nach dem gewalttätigen Vorgehen des württembergischen Königs von Napoleon eine förmliche Entschließung, mit der er die Wiener Erklärung bekräftigte. Der französische Gesandte in Stuttgart mußte die Entscheidung des Kaisers offiziell übermitteln. Als sich die Stuttgarter Regierung weiterhin weigerte, die Besitznahmepatente zurückzuziehen, erhielten die französischen Dragoner am 1. Mai den Befehl, sie abzureißen.

Kaum hatte Anton Aloys mit massiver französischer Unterstützung das große Ziel der Allodialisierung seines gesamten Herrschaftsgebietes erreicht, mußte er erfahren, daß man die Protektion des französischen Kaisers nicht ohne das Opfer der Unabhängigkeit genießen konnte. In einem Brief vom 23. Mai 1806, den Fischler persönlich aus Paris überbrachte, teilte Amalie Zephyrine dem Fürsten mit, der Kaiser habe ihr durch Talleyrand die Vermählung Karls mit einer Nichte Murats vorschlagen lassen, des Schwagers von Napoleon und nunmehrigen Herzogs von Berg. Der Kaiser erwarte eine baldige Antwort, denn er sei damit beschäftigt, die zukünftige politische Existenz des Fürsten festzusetzen: Karl habe sich zur Zustimmung bereits entschlossen. »Ich glaube«, so nimmt sie die Entscheidung vorweg, »daß die Weigerung unmöglich ist, ohne daß man unglückliche Folgen ohne Zahl dadurch bereitet.«

Wir wissen nicht, was Fischler noch an Einzelheiten berichtete. Vielleicht kannte er das Alter der »Person«, das damals knapp 13 1/2 Jahre betrug, vielleicht wußte er, daß sie Antoinette Murat hieß und die

Tochter des Kaufmanns und Gastwirts namens Peter Murat war, der schon vor ihrer Geburt starb? Gesehen hatte sie noch niemand von hohenzollerischer Seite. Vielleicht wurde über Präzedenzfälle gesprochen, wie Bayern und erst kürzlich Baden, in denen Napoleon seine Familie im weiteren Sinne mit Häusern der deutschen Hocharistokratie verband?[110]

In der Antwort des Fürsten, mit der er »blutenden Herzens« seine Einwilligung gab, brachte er sein Bedauern zum Ausdruck, daß Karl gegen seine eigentliche Neigung in die große Welt hineingezogen werde, was zudem den Ruin seines Hauses bedeuten könne, wenn nicht der Kaiser dem Erbprinzen eine ansehnliche Versorgung verschaffe oder die junge Person auf den Aufenthalt in Frankreich verzichte.[111] In den offiziellen Schreiben an Napoleon und Murat versäumte der Fürst nicht, auf die notwendige Vermehrung seiner Einkünfte hinzuweisen. Mit der ihm seiner Frau gegenüber eigenen Ironie schrieb er wenig später: »Man kann sich nicht verhehlen, daß man kaum genug Einkünfte haben kann, um den Glanz dieser Verbindung auszuhalten.«

Der Heiratsplan für den Erbprinzen, bei dem zweifellos die Kaiserin und die Fürstin Regie führten, fällt zeitlich zusammen mit der Entstehung des Rheinbundes. Die Personen, die den Inhalt der Rheinbundakte bestimmten und redigierten – Napoleon, Talleyrand, Labesnardière – gehörten zu den Begünstigern der hohenzollerischen Sache in jüngst vergangener Zeit. Fischler, der die besseren Informationen hatte, setzte sich rechtzeitig von den übrigen Gesandten der »Schwäbischen Fürstenunion« in Paris ab, die seine » marche isolée« argwöhnisch machte. Als die Fürsten Anton Aloys und Hermann den Hofrat Fischler zur Unterzeichnung des geplanten Vertragswerkes bevollmächtigten, hatten sie noch keine Kenntnis von dessen Inhalt. Am 12. Juli unterzeichnete Fischler den Vertrag im Namen der beiden Fürsten von Hohenzollern, die, wie es im Vertragstext heißt, in Zukunft »la plénitude de la souveraineté« genießen sollten, indem sie sich verpflichteten, sich vom Reich zu trennen und dem neuen, unter dem Protektorat des Kaisers von Frankreich gebildeten Rheinbund beizutreten.[112]

Der Rheinbundakte verdankt Fürst Anton Aloys eine ansehnliche Vermehrung seines Hausbesitzes, die endgültige Allodifikation aller ehemaligen Lehen sowie die Souveränität über die eigenen und einige angrenzenden Gebiete. Als Eigentum erhielt er: die beiden in der Grafschaft Sigmaringen gelegenen, von Österreich usurpierten Klöster Wald und Habsthal, die ihm schon die Wiener Deklaration zugesprochen hatte, sowie die beiden Herrschaften Hohenfels und Achberg, bisheriger Besitz der Kommende Altshausen des Deutschen Ritterordens. Gerade die Zuteilung dieser vier Besitzungen läßt die besondere Begünstigung des Sigmaringer Hauses erkennen, denn es stand nurmehr wenig Säkularisationsgut zur Verfügung; nur 7 der 16 Bundesglieder erhielten überhaupt neues Eigentum zugesprochen, von den kleinen Fürsten war Anton Aloys der einzige. Das also war die Erhöhung der Einkünfte, um die der Fürst im Hinblick auf die Heirat des Erbprinzen so nachdrücklich gebeten hatte. Unter seine Souveränität kamen die Obervogteiämter Trochtelfingen und Jungnau des Fürsten von Fürstenberg, die Oberämter Straßberg und Ostrach des Fürsten von Thurn und Taxis sowie die Obervogteiämter Gammertingen und Hettingen der Freiherrn von Speth.

Über den Zusammenbruch des Alten Reiches, den die beiden Fürsten in der gemeinsamen Erklärung der Rheinbundstaaten vom 1. August 1806 mitbesiegelten, findet sich in den Korrespondenzen von Anton Aloys und Hermann kaum ein Wort des Bedauerns. Die Ereignisse der letzten Jahre, die Bedrückungen durch Österreich, der vorangegangene, schon fast bürgerkriegsähnliche Zustand, das aufreibende Ringen mit dem rücksichtslosen Württemberger hatten sie im Interesse ihrer Selbsterhaltung in die Arme Napoleons getrieben. Das Reich hatte ihnen keinen Schutz mehr bieten können.

Anmerkungen

1 Seigel, Rudolf: Glatt und Glatten. St. Gallen und Lorsch am oberen Neckar. In: Zeitschrift für Hohenzollerische Geschichte 2, 1966 S. 9–21.

2 Zuletzt Schöntag, Wilfried: Augustinerchorherren im Donautal; u. ders.: Das geistliche Leben der Augustinerchorherren. Canonici sumus, monachi non sumus. In: Schöntag, Wilfried (Hrsg.): 250 Jahre Abteikirche Beuron. Geschichte, geistliches Leben, Kunst. Beuron 1988 S. 11–25, 49–62.

3 Rehfus, Maren: Das Zisterzienserinnenkloster Wald. Grundherrschaft, Gerichtsherrschaft und Verwaltung. Arbeiten zur Landeskunde Hohenzollerns 9, Sigmaringen 1971.

4 Seigel, Rudolf: Die Überlieferung der ersten Erwähnung des Hauses Hohenzollern von 1061. In: Hohenzollerische Jahreshefte 21, 1961 S. 23–28 und Jänichen, Hans: Zur Geschichte der ältesten Zollern. Ebenda S. 10–22.

5 Bumiller: Studien S. 55 ff. u. ders.: Die Herren von Bisingen. In: 1200 Jahre Bisingen. Bisingen (1986) S. 24–34.

6 Stemmler, Eugen: Zollern und Hohenberg vom 12. bis 16. Jahrhundert. In: Hohenzollerische Jahreshefte 21, 1961 S. 29–42.

7 So Wilfried Schöntag in seinem auf eigenen Forschungen beruhenden, soeben erschienenen Beitrag »Hohenzollern« zum Handbuch der baden-württembergischen Geschichte, den er mir freundschaftlich im Korrekturexemplar zur Verfügung gestellt hatte Bd. 2 S. 369. Zu den Einzelheiten vgl. auch Gönner: Hohenz. u. Württ., 1979 S. 241 ff.

8 Zimmerische Chronik urkundlich berichtet von Graf Froben Christof von Zimmern († 1567) und seinem Schreiber Johannes Müller († 1600). Nach der

von Karl Barack besorgten 2. Ausgabe neu herausgegeben von Paul Hermann. 4 Bde., Meersburg/Leipzig 1932.

9 Hermann Wiesflecker gibt in seiner großen Biographie: Kaiser Maximilian I. Das Reich, Österreich und Europa an der Wende zur Neuzeit. Band V, München 1986 S. 50–52 einem Abschnitt die Überschrift: »Der Kaiser und die Grafen von Zollern« und geht ausführlich auf Eitelfriedrich ein. Stemmler, Eugen: Die Hauptmannschaft der Grafen von Zollern in der Herrschaft Hohenberg. In: Zeitschrift für Württembergische Landesgeschichte 26, 1967 S. 171–201.

10 Natale, Herbert: Die Grafen von Zollern und die Herrschaft Rhäzüns. In: Zeitschrift für Hohenzollerische Geschichte 2, 1966 S. 45–110.

11 Ottmar, Johann: Der Bauernaufstand von 1525 zwischen Nordschwarzwald und oberem Neckar. In: Zwischen Schwarzwald und Schwäbischer Alb. Das Land am oberen Neckar. Hrsg. von Franz Quarthal. Sigmaringen 1984 S. 177–219.

12 Kuhn-Rehfus: Sigmaringen S. 15.

13 Herberhold, Franz: Die österreichischen Grafschaften Sigmaringen und Veringen. In: Metz, Friedrich (Hrsg.): Vorderösterreich. Freiburg 2. Aufl. 1967 S. 603–612; Mayer, Dieter-Wilhelm: Die Grafschaft Sigmaringen und ihre Grenzen im 16. Jahrhundert. Arbeiten zur Landeskunde Hohenzollerns 4, Sigmaringen 1959.

14 Herberhold: Reichslehen, passim.

15 Maier: Profile S. 14.

16 Bernhardt, Walter: Die Hohenzollerische Erbteilung im Jahr 1576. In: Zeitschrift für Hohenzollerische Geschichte 12, 1976 S. 9–28; Ulshöfer, Wolfram: Das Hausrecht der Grafen von Zollern. Arbeiten zur Landeskunde Hohenzollerns 8, Sigmaringen 1969.

17 Bernhardt: Eitelfriedrich S. 71; Richter, Gregor: Verfassungsnormen in Stadt und Herrschaft Haigerloch 1410–1724. In: Zeitschrift für Hohenzollerische Geschichte 13, 1977 S. 129–140.

18 Bernhardt: Eitelfriedrich S. 71, 73.

19 Seigel, Rudolf: Die Entstehung der schwäbischen und der fränkischen Linie des Hauses Hohenzollern. In: Zeitschrift für Hohenzollerische Geschichte 5, 1969 S. 9–44.

20 Kallenberg: »Vom Fels zum Meer« S. 201, dort auch die folgenden Zitate.

21 Noeske, Wolfram: Die kunstgeschichtliche Bedeutung von St. Luzen und die Prinzipien der Gesamtrenovation. In: Zeitschrift für Hohenzollerische Geschichte 12, 1976 S. 99–106.

22 Bernhardt: Eitelfriedrich S. 57; dazu Müller, Wolfgang: St. Luzens Bedeutung für das religiöse Leben Hechingens. Ebenda S. 107–122.

23 Seigel: Residenzstädte S. 22.

24 Darüber informiert in aller Breite das bedeutende, primär musikhistorische Werk von Ernst Fritz Schmid: Musik an den schwäbischen Zollernhöfen der Renaissance. Beiträge zur Kulturgeschichte des deutschen Südwestens. Kassel 1962.

25 So Bernhardt: Eitelfriedrich S. 81; nach Bernhardts Forschungen ist das Geburtsjahr Johann Georgs, das bisher in allen Genealogien mit 1577 angegeben wurde, auf 1582 zu korrigieren, ebenso wie die Zahl und Reihenfolge seiner 7 (statt 3) Geschwister. S. 41, 82.

26 Eisele, Willi: Johann Georg Graf/Fürst zu Hohenzollern-Hechingen. In:

NDB 9, 1972 S. 501; ders.: Kardinal Eitel Friedrich, passim; sehr diffus aber materialreich Hebeisen: Katholische Bewegung, passim.

27 Zitiert nach Cramer: Grafschaft Hohenzollern S. 296.

28 Schefold: Hohenzollern S. 94 mit Abb. 29.

29 Seigel: Herrschaftsgebiete S. 99 ff.; Bumiller: Studien S. 210 ff.

30 Herberhold, Franz (Hrsg.): Das Bickelspergsche Lagerbuch der Grafschaft Zollern von 1435. Arbeiten zur Landeskunde Hohenzollerns 1, Sigmaringen 1941, 2. Aufl. 1978; Eisele, Karl-Friedrich: Studien zur Geschichte der Grafschaft Zollern und ihrer Nachbarn. Arbeiten zur Landeskunde Hohenzollerns 3, Stuttgart 1956.

31 So Bumiller: Studien S. 226.

32 Bumiller: Audienzprotokolle 1600–1625 S. 41.

33 Seigel: Herrschaftsgebiete S. 104.

34 Die internationale Theoriediskussion über die »bäuerlichen Gesellschaften« wird von Eberhard Elbs ausführlich referiert und reflektiert in: Owingen S. 17–24.

35 Ebenda S. 56 f.

36 Für die Herkunft der Bezeichnung gibt es keine befriedigende Erklärung. Ebenda S. 57.

37 Elbs: Owingen S. 60 ff., daraus auch die folgenden Zitate. Es sei auch auf den Abdruck der Fronbriefe der Gemeinde Rangendingen von 1537, 1547, 1579 und 1593 verwiesen und auf die weitläufige Supplikation der Untertanen von Owingen an Kaiser Rudolf II. von 1585 S. 104–127.

38 Neuerdings hat Casismir Bumiller auf einen Fall von kollektivem Austreten von 5 Owinger Bauern im Jahr 1480 aufmerksam gemacht: 900 Jahre Owingen. »Aufwiegler, Aufrührer und Rottierer«? In: Hohenzollerische Heimat 44, 1994, S. 53. Daß es den Austritt als individuelles Widerstandsverhalten vorher schon gab, beweist ein eigener Artikel in der Landesordnung, in dem das Austreten mit der Einziehung aller »gueter, ligende und fahrende, nichzit außgenohmen noch hindan gesetzt«, bedroht wird. Elbs: Owingen S. 63.

39 Bernhardt: Eitelfriedrich S. 52.

40 Bergemann: Jagdhoheit S. 235.

41 »Mit der Landschaftsbildung beansprucht der Bauer eine politische Berechtigung über den dörflichen (gemeindlichen) Bereich hinaus – er beansprucht politische Rechte auf territorialstaatlicher Ebene«. So Peter Blickle in dem von ihm herausgeg. Sammelband: Aufruhr und Empörung? Studien zum bäuerlichen Widerstand im Alten Reich. München 1980 S. 297.

42 Nach Bergemann: Jagdhoheit S. 237 f.; vgl. Cramer: Grafschaft Hohenzollern S. 291.

43 Ausführlich Elbs: Bisingen S. 94 f.

44 Aretin, Karl Otmar von: Das Alte Reich 1648–1806. Bd. 1, Stuttgart 1993 S. 130 ff.

45 Kallenberg: Diss. S. 178 ff.

46 Im ausgehenden 18. Jahrhundert wurden bei den Kreistagen auf der geistlichen Fürstenbank 4, auf der weltlichen 14 Stimmen aufgerufen, auf der Prälatenbank 23, der Grafen- und Herrenbank 27, der Städtebank 31. Vgl. ebenda S. 202 f. u. 534 ff.

47 Göhring, Martin: Die Ämterkäuflichkeit im Ancien Régime. Berlin 1938; Pfeuffer, Karl: Admodiationen in Hohenzollern im 18. Jahrhundert. In: Zeitschrift für Hohenzollerische Geschichte 16, 1980 S. 9–85.

[48] Herberhold, Franz: Die Verwaltungsreform im Fürstentum Hechingen unter Friedrich Ludwig von Hohenzollern-Hechingen (1725–1750). In: Zeitschrift für Württembergische Landesgeschichte 3, 1939 S. 423–448.

[49] Kallenberg: Diss. S. 279 f.

[50] Ebenda S. 21; Zingeler, Karl Theodor: Friedrich Wilhelm von Steuben. In: Mitteilungen des Vereins für Geschichte und Altertumskunde in Hohenzollern 36, 1902/03 S. 25–92. Dazu neuerdings Lehmann, Hartmut: Friedrich Wilhelm von Steuben als amerikanischer Nationalheld. In ders.: Alte und Neue Welt in wechselseitiger Sicht. Göttingen 1995 S. 106–123. Die spannende Studie geht der selbstentworfenen Steuben-Legende nach, zu der auch die Verklärung der Hechinger Jahre gehörte.

[51] Egler: Chronik S. 167.

[52] Maier, Johannes: Ein Hochstapler am Hechinger Hof des 18. Jahrhunderts: Chevalier de Saint Martin. In: Hohenzollerische Jahreshefte 15, 1955 S. 68–74. Für das Folgende Kallenberg: Diss. S. 23 ff.

[53] Cramer: Grafschaft Hohenzollern S. 319 ff.

[54] Bergemann: Jagdhoheit S. 251 ff.

[55] Ebenda S. 263; Press: Bauernrevolten S. 102 f.

[56] Cramer: Grafschaft Hohenzollern S. 363.

[57] Press: Landesvergleich S. 90.

[58] Ein eindrucksvolles Beispiel liefert Elbs: Hechingen S. 71 ff.

[59] Press: Bauernrevolten S. 101.

[60] Egler: Chronik S. 143.

[61] Bergemann: Jagdhoheit S. 271.

[62] Press: Landesvergleich S. 81 ff., Zitat S. 87; Kallenberg: Diss. S. 154 ff.

[63] Beide Zitate Bergemann: Jagdhoheit S. 271. Die Tübinger Juristische Fakultät soll als Strafe für diese Majestätsbeleidigung auf ein Jahr Schanzarbeit in Fußfesseln erkannt haben. Der Fürst hob die Strafe unter der Bedingung auf, daß der Beklagte sofort nach Marseille zurückgeht und vor 30 Jahren nicht mehr heimkehrt.

[64] Kallenberg: Diss. S. 34; für das Folgende Cramer: Grafschaft Hohenzollern S. 401 ff.; für das Zustandekommen des Landesvergleichs in allen Einzelheiten die vorzügliche Studie von Volker Press: Landesvergleich bes. S. 85 ff.

[65] Kallenberg: Diss. S. 157 ff.

[66] Press: Landesvergleich S. 106 ff.; Speidel: Landtag S. 81 ff.

[67] Kallenberg: ZGO S. 375, auch das Folgende stützt sich auf diesen Aufsatz.

[68] Kallenberg: Schwäb. Kreis S. 91 f.

[69] Schmid: Musik, passim.

[70] Bernhardt: Eitelfriedrich S. 64 ff.; Maier: Profile S. 17 ff.

[71] Huber, Manfred: Die Durchführung der tridentinischen Reform in Hohenzollern (1567–1648). In: Hohenzollerische Jahreshefte 23, 1963 S. XV–130, bes. S. 31 ff.

[72] Eisele: Kardinal Eitel Friedrich, passim; ders.: Johann Graf/Fürst zu Hohenzollern-Sigmaringen. In: NDB 9, 1972 S. 501 f.; Hebeisen: Katholische Bewegung, auch für das Folgende.

[73] Penners, Theodor: Graf Eitelfriedrich von Hohenzollern-Sigmaringen, Bischof von Osnabrück, Kardinal. In: NDB 4, 1959 S. 424; Eisele: Kardinal Eitel Friedrich S. 28 f.

[74] Maier: Profile S. 20, 35.

[75] Herberhold: Reichslehen S. 36 ff.

[76] Zekorn: Stadt Sigmaringen S. 634 ff.
[77] Bernhardt: Eitelfriedrich S. 74 ff.
[78] Seigel: Kreisgebiet S. 72 f.; Kallenberg: Diss. S. 7 f., 436.
[79] Neuerdings dazu Zekorn: Stadt Sigmaringen S. 487 ff.
[80] Kallenberg: Diss. S. 3 ff., 434 f.; Zekorn: Stadt Sigmaringen S. 471 ff.
[81] Auch für das Folgende immer noch Hodler: Haigerloch S. 102 ff., 170 f. und Kallenberg: Diss. S. 9 ff., 114 ff., 437 f., 490 ff.
[82] So der Titel der grundlegenden Untersuchung von Zekorn: Stadt Sigmaringen. Die Zitate S. 463, 509; Kuhn-Rehfus: Sigmaringen S. 33 ff.
[83] Die Immediatorte, die für reichsunmittelbar galten, waren Krauchenwies, Inzigkofen, Rast, Rosna und die Hälfte des Dorfes Bingen; die Mediatlandschaft bildeten die Orte der Grafschaft Sigmaringen, in denen der Grafschaftsinhaber bei der Erstbelehnung 1535 über das »jus collectandi« verfügte: die Stadt Sigmaringen, die eine führende Rolle unter den Mediati spielte, und die Dörfer Laiz, Sigmaringendorf, Hausen am Andelsbach, Ettisweiler, Bittelschieß, Rulfingen, Zielfingen, Thalheim, Rengetsweiler und Kalkreute. Zum Klosteramt Wald gehörten 20 zum Teil sehr kleine Ortschaften. Zekorn: Stadt Sigmaringen, bes. S. 474, 673 ff., bes. 678 f.
[84] Ausführlich Zekorn S. 699 ff.; für das Folgende Kallenberg: Diss. S. 298 ff., 583 ff.
[85] Zekorn S. 712.
[86] Vgl. Kallenberg: Diss. S. 301; Zekorn S. 717 ff.
[87] Regiminalreskript vom 24.4.1766 auszugsweise Kallenberg: Diss. S. 304 f., dort auch die Belege für das Folgende.
[88] Zuletzt Becker, Otto H.: Der ehemalige Besitz des Hauses Hohenzollern-Sigmaringen in den Niederlanden. In: Hohenzollerische Heimat 39, 1989 S. 33–38.
[89] Maier, Johannes: Geschichte des Fürstlich Hohenzollerischen Hüttenwerks Laucherthal nach den Quellen des Fürstlich-Hohenzollerischen Haus- und Domänenarchivs Sigmaringen. In: Hohenzollerische Jahreshefte 18, 1958 S. 1 ff.; zu den Admodiationen vgl. Pfeuffer (wie oben Anm. 47) passim.
[90] Auch für das Folgende Kallenberg: Diss. S. 66 ff.
[91] Maier: Profile S. 29.
[92] Kleinschmidt, Arthur: Geschichte von Arenberg, Salm und Leyen 1789–1815. Gotha 1912 S. 129. Vgl. den biographischen Beitrag über Amalie Zephyrine im vorliegenden Band S. 452–459.
[93] Kallenberg: Diss. S. 71 ff.
[94] Ebenda S. 89 ff.
[95] Diese Quellengattung hat Casimir Bumiller vorzüglich beschrieben und ausgewertet – je eine Phase des 17. und des 18. Jahrhunderts – für eine Art Sozialprofil seiner Heimatgemeinde Jungingen. Bumiller: Audienzprotokolle 1600–1625 und 1751–1775. Im übrigen Kallenberg: Diss. S. 119 ff.
[96] Es ist das Verdienst von Karl Grünberg, dem späteren Gründungsdirektor des Instituts für Sozialforschung in Frankfurt a. M., auf Blanc aufmerksam gemacht zu haben: Franz Anton von Blanc. Ein Sozialpolitiker der theresianisch-josefinischen Zeit. 1921; Angermann, Erich: NDB 2, 1955 S. 283 f. Für das Folgende Kallenberg: Diss. S. 323 ff., 596 ff.
[97] So Angermann S. 284; vgl. auch Kuhn-Rehfus: Sigmaringen S. 45 ff.
[98] Die kaiserliche Resolution im Faksimile vgl. Maas, Ferdinand: Der Josephinismus. Quellen zu seiner Geschichte in Österreich 1760–1850. Bd. III S. 320.

[99] Der vollständige Vertragstext bei Kallenberg: Diss. S. 408–419.

[100] Mit Veringenstadt, Veringendorf, Benzingen, Harthausen und Langenenslingen, lediglich Billafingen und Hitzkofen waren ausgenommen.

[101] Der Schwäbische Kreis legte nach dem Tod Kaiser Josephs II. seine »Beschwerden und Wünsche« dem Kurfürstenkolleg und zugleich der Öffentlichkeit vor. In dieser vornehmlich gegen das Erzhaus gerichteten Druckschrift wird besonders ausführlich auf die angemaßten österreichischen Ansprüche gegen den Fürsten von Hohenzollern-Sigmaringen eingegangen. – Beschwerden und Wünsche des Schwäbischen Reichskreises; gesammelt bei dem allgemeinen Kreis-Convent vom Jahr 1790. Aus Veranlassung der bevorstehenden Kaiser Wahl und zu verfassenden Wahl-Capitulation. 1790 bes. S. IV–IX, LXIII, LXXVI.

[102] Kallenberg: ZGO S. 380 ff., dort auch die Belege für das Folgende.

[103] Solche Spekulationen lagen in der Luft, seit im Frieden von Campo Formio die Entschädigung des Herzogs von Modena, einem Onkel des Kaisers, mit dem vorderösterreichischen Breisgau vereinbart worden war.

[104] Weitere Angaben zur Person vgl. Kallenberg: ZGO S. 386 ff.

[105] [Schnell, Eugen:] Anton Aloys von Hohenzollern-Sigmaringen. Sigmaringen 1856 S. 12; Fleischmann, Max: Zur Frage des Rechts an den Domänen in Hohenzollern. In: Der Domänenstreit in Hohenzollern. Halle a. d. S. 1922 S. 44 f.

[106] Zu den Einzelheiten Kallenberg: ZGO S. 397 f.

[107] Vertragstext bei Kallenberg: Diss. S. 425–428.

[108] Für das Folgende Kallenberg: ZGO S. 402 ff.

[109] Vgl. auf der Grundlage der württembergischen Akten Stemmler, Eugen: Die Grafschaft Hohenberg und ihr Übergang an Württemberg. Stuttgart 1950 S. 111 ff.; Kallenberg: ZGO S. 402 ff., 409 ff.

[110] Sauer, Paul: Heiraten aus Staatsraison. Napoleon und seine Beziehungen zu den Regentenhäusern Badens, Württembergs und Hohenzollerns. In: Baden und Württemberg im Zeitalter Napoleons. Bd. 2, Stuttgart 1987 S. 55–80.

[111] Anton Aloys an Amalie Zephyrine, 31. Mai 1806, im Wortlaut bei Kallenberg: ZGO S. 406 f.

[112] Ebenda S. 415 ff.; vgl. auch Schöntag: »Rheinbunds-Acte« S. 84 f.

Literaturhinweise*)

Bergemann; Ulrich: Die Geschichte der landesherrlichen Jagdhoheit in der Grafschaft Zollern. In: Hohenzollerische Jahreshefte 24, 1964 S. 133–296

Bernhardt, Walter: Graf Eitelfriedrich I. von Hohenzollern-Hechingen (1545–1605). In: Zeitschrift für Hohenzollerische Geschichte 12, 1976 S. 29–97

Blickle, Peter: Landschaften im Alten Reich. Die staatliche Funktion des gemeinen Mannes in Oberdeutschland. München 1973

*) Die unter die Allgemeinen Literaturhinweise aufgenommenen Titel werden nicht wiederholt

Bumiller, Casimir: Die Junginger Audienzprotokolle von 1751–1775. Strukturen, Szenen und Personen aus dem dörflichen Alltag im 18. Jahrhundert. In: Zeitschrift für Hohenzollerische Geschichte 15, 1979 S. 121–136
Bumiller, Casimir: Die Junginger Audienzprotokolle von 1600–1625. Eine dörfliche Gesellschaft am Vorabend des Dreißigjährigen Krieges. In: Zeitschrift für Hohenzollerische Geschichte 20, 1984 S. 17–46
Bumiller, Casimir: Studien zur Sozialgeschichte der Grafschaft Zollern im Spätmittelalter. Arbeiten zur Landeskunde Hohenzollerns 14, Sigmaringen 1990
Dipper, Christof: Deutsche Geschichte 1648–1789. (Neue Historische Bibliothek) Frankfurt a. M. 1991
Duchhardt, Heinz: Das Zeitalter des Absolutismus. München ²1992
Eisele, Willi: Kardinal Eitel Friedrich, Bischof von Osnabrück, Kleriker und Diplomat (1582–1625). In: Zeitschrift für Hohenzollerische Geschichte 6, 1970 S. 9-36
Elbs, Eberhard: Owingen 1584. Der erste Aufstand in der Grafschaft Zollern. In: Zeitschrift für Hohenzollerische Geschichte 17, 1981 S. 9–127
Elbs, Eberhard: Bisingen und die bäuerlichen Aufstände in der Grafschaft Hohenzollern. In: 1200 Jahre Bisingen. Bisingen (1986) S. 90–104
Elbs, Eberhard: Hechingen und der bäuerliche Widerstand in der Grafschaft Zollern. In: 1200 Jahre Hechingen. Hechingen 1987 S. 61–73
Hebeisen, Gustav: Die Bedeutung der ersten Fürsten von Hohenzollern und des Kardinals Eitel Friedrich von Hohenzollern für die katholische Bewegung Deutschlands ihrer Zeit. In: Mitteilungen des Vereins für Geschichte und Alterumskunde in Hohenzollern 54/57, 1920/1923 S. 1–117
Herberhold, Franz: Reichslehen oder österreichisches Eigentum? Ein Reichskammergerichtsprozeß um die Grafschaften Veringen und Sigmaringen in den Jahren 1549–1588. In: Hohenzollerische Jahreshefte 12, 1952 S. 26–40
Kallenberg, Fritz: Die Fürstentümer Hohenzollern am Ausgang des Alten Reiches. Ein Beitrag zur politischen und sozialen Formation des deutschen Südwestens. Diss. Tübingen 1961 (Mschr.)
Kallenberg, Fritz: Spätzeit und Ende des Schwäbischen Kreises. In: Jahrbuch für Geschichte der oberdeutschen Reichsstädte 14, 1968 S. 61–93
Landes-Vergleich im Fürstentum Hohenzollern-Hechingen vom Jahr 1798. Hechingen (Hofbuchdruckerei) 1831
Maier, Johannes: Charakteristische Profile der Grafen und Fürsten von Hohenzollern-Sigmaringen bis zu dem Fürsten Carl. In: Hohenzollerische Jahreshefte 10, 1950 S. 12–37
Metz, Friedrich (Hrsg.): Vorderösterreich. Eine geschichtliche Landeskunde. Freiburg ²1967.
Press, Volker: Der hohenzollern-hechingische Landesvergleich von 1798. Reichsrecht und Untertanenvertretung im Zeichen der Französischen Revolution. In: Zeitschrift für Hohenzollerische Geschichte 14, 1978 S. 77–108
Press, Volker: Von den Bauernrevolten des 16. zur konstitutionellen Verfassung des 19. Jahrhunderts. Die Untertanenkonflikte in Hohenzollern-Hechingen und ihre Lösungen. In: Weber, Hermann (Hrsg.): Politische Ordnungen und soziale Kräfte im Alten Reich. Wiesbaden 1980 S. 85–112
Quarthal, Franz/Wieland, Georg/Dürr, Birgit: Die Behördenorganisation Vorderösterreichs von 1753–1805 u. die Beamten in Verwaltung, Justiz u. Unterrichtswesen. Bühl/Baden 1977

Quarthal, Franz: Landstände u. landständisches Steuerwesen in Schwäbisch-Österreich. Stuttgart 1980
Schmid, Ernst Fritz: Musik an den schwäbischen Zollernhöfen der Renaissance. Beiträge zur Kulturgeschichte des deutschen Südwestens. Kassel 1962
Schulze, Winfried: Widerstand und feudale Herrschaft in der frühen Neuzeit. Stuttgart 1980
Schöntag, Wilfried: Hohenzollern. In: Handbuch der baden-württembergischen Geschichte, Bd. 2, Stuttgart 1995 S. 360–378
Schulze, Winfried (Hrsg.): Aufstände, Revolten, Prozesse. Beiträge zu bäuerlichen Widerstandsbewegungen im frühneuzeitlichen Europa. Stuttgart 1983
Warhaffte und aktenmaeßige kurtze Erzehlung derer von den Hohenzollern-Hechingischen Leibeigenen Unterthanen wider Ihre jedesmalig Regierende Hohe Landes-Herrschaft von anderthalb Seculis her veruebten vielmaligen Aufruhren . . . o. J. (vermutlich 1734)
Zekorn, Andreas: Zwischen Habsburg und Hohenzollern. Verfassungs- und Sozialgeschichte der Stadt Sigmaringen im 17. und 18. Jahrhundert. Diss. Tübingen 1989 (Mschr.)

Fritz Kallenberg

Die Sonderentwicklung Hohenzollerns

Die souveränen Fürstentümer Hohenzollern 1806–1850

Die Herrschaftsgebiete und ihre Verwaltung

Durch ihre Aufnahme in den Rheinbund hat sich den Fürsten von Hohenzollern eine selbständige Zukunft eröffnet. Im Gegensatz zu ihren bisherigen, nun der Mediatisierung verfallenen Mitständen gewannen ihre Fürstentümer den Charakter eigener Staatlichkeit. Hier setzt die Sonderentwicklung Hohenzollerns ein. Es war allerdings eingerahmt von Württemberg und Baden, die durch ihre unverhältnismäßigen Gebietsvergrößerungen in den Rang von Mittelstaaten aufgestiegen waren. Daß die hohenzollerischen Fürstentümer von diesen beiden Nachbarn nicht auch noch verschluckt wurden, verdankten sie allein ihrem Protektor. An württembergischen Versuchen, sich Hohenzollern doch noch einzuverleiben, fehlte es auch in Zukunft nicht. Dadurch gerieten die beiden Fürsten in eine Abhängigkeit von Napoleon, die dem Begriff ihrer Souveränität Hohn sprach. Dies gilt aber nicht für die inneren Verhältnisse. Innerhalb ihrer »Staaten« haben die Fürsten eine Rechtsstellung und ein Ausmaß an Organisationsfreiheit gewonnen, die sie zu absoluten Herrschern machten. Dies bedeutete zugleich, daß die Untertanen ihren Souveränen in einer Weise ausgeliefert waren, die in keinem Vergleich stand zu den Rechtsverhältnissen im Alten Reich. Über Jahrhunderte hatten die Untertanen den Rechtsschutz der obersten Reichsgerichte in Anspruch nehmen können, jetzt endete ihr Rechtsweg bei ihrem eigenen Landesherrn.

Fürst Hermann Friedrich Otto (1748–1810) hatte keinen Grund, die von ihm selbst im Stadtvergleich von 1795 und im Landesvergleich von 1798 zustandegebrachten grundgesetzlichen Regelungen anzutasten. Da sein Land, zu seinem großen Leidwesen, ohne Vergrößerung blieb, änderte er an der überkommenen Verwaltungsorganisation nichts. Die Bevölkerung hatte am Ende des Alten Reiches schnell zugenommen. Die Erhebungen der Regierung von 1770, 1790 und 1806 ergaben 11 921, 13 570 und 14 350 Einwohner im Hechinger Fürstentum.

Einen alten Wunsch der Familie, dessen Verwirklichung bisher immer an der hohen Taxe des Reichshofrats gescheitert war, konnte der Fürst jetzt erfüllen: Er dehnte den fürstlichen Titel und das Prädikat Durchlaucht auf seine Kinder und auf alle Agnaten des Hauses aus. Auch seinen Beamten gegenüber machte er von dem neu erlangten Nobilitierungsrecht Gebrauch. Schon fünf Wochen nach der Unterzeichnung der Rheinbundakte erhob er seinen Kanzler Franz Anton Frank mit dem Prädikat von Fürstenwerth in den Freiherrenstand, im folgenden Jahr wurde der Geheime Rat Johann Nepomuk Giegling als Edler von Ehrenwert und 1808 der Kammerdirektor Karl Leonhard Brodorotti mit dem Prädikat von Treuenfels geadelt. Da dem Fürsten materieller Zuwachs versagt blieb, war die Adelserhebung mit ehrenvollen Prädikaten die wohlfeilste Möglichkeit, sich seinen Spitzenbeamten erkenntlich zu zeigen und zugleich den Nimbus seiner Regierung zu steigern.[1]

Die Hoffnung des Fürsten, bei der in der Rheinbundakte festgesetzten Teilung der zwischen den Grenzen der Rheinbundstaaten liegenden ritterschaftlichen Gebiete wenigstens eine kleine Ausdehnung seiner Souveränitätsrechte zu erreichen, machte Württemberg zunichte. Eine französische Teilungskommission hatte ihm die stauffenbergische Herrschaft Geislingen zugesprochen, aber Württemberg gab den bereits in Besitz genommenen Ort nicht mehr heraus. Mehr Glück hatte Fürst Hermann mit seiner abgelegenen Herrschaft Hirschlatt, über die sich Württemberg einen Landeshoheitsanspruch anmaßte. Im Sommer 1806 besetzte es die Herrschaft. Eine von Marschall Berthier eingewiesene Sauvegarde sicherte im Herbst 1806 die Rechte des Fürsten. Kaum war das französische Militär abgezogen, rückte das württembergische wieder ein. 1808, nachdem auf Bitten Hermanns eine bayerische Schutzwache Hirschlatt vor den württembergischen Anmaßungen gesichert hatte, gab der König einer persönlichen Entscheidung Napoleons zugunsten des Hechinger Fürsten nach. Fürst Hermann leitete noch kurz vor seinem Tod Verhandlungen mit Württemberg ein, um Hirschlatt gegen eine angrenzende Besitzung zu vertauschen. Sein Nachfolger ließ diesen Plan fallen. Er bot die inzwischen ganz von Württemberg umschlossene Herrschaft dem König zum Kauf an. Die 140 000 Gulden, die der Fürst durch den Vertrag vom Februar 1813 erlöste, verwendete er zur Tilgung von Hausschulden, die inzwischen auf respektable 600 000 Gulden angewachsen waren.

Im Gegensatz zum Hechinger Fürsten hat Fürst Anton Aloys (1762–1831) für Sigmaringen sowohl 1802 wie 1806 beträchtliche Vergrößerungen erlangt. Die noch 1806 angeordnete Zählung ergab rund 16 000 Einwohner im alten Herrschaftsbereich – Sigmaringen, Veringen, Haigerloch und Wehrstein – und über 16 600 in den neu erworbenen

Gebieten. Die Einwohnerzahl des Fürstentums Hohenzollern-Sigmaringen hatte sich durch Reichsdeputationshauptschluß und Rheinbundakte mehr als verdoppelt. Für das fürstliche Haus war jedoch weder die Gebietsvergrößerung noch die Bevölkerungsverdoppelung von vorrangiger Bedeutung, sondern die Überführung des Säkularisationsgutes in den fürstlichen Fideikommißbesitz. Die Umwandlung bisherigen Kirchengutes in Hauseigentum wurde von Anton Aloys konsequent und offensichtlich ohne Gewissensqualen betrieben.

Die bedeutendste Erwerbung, die er im Reichsdeputationshauptschluß unter dem Prätext der Entschädigung machte, war die Herrschaft Glatt am oberen Neckar. Dieses von der reichen Benediktinerabtei Muri im Aargau am Anfang des 18. Jahrhunderts aus reichsritterschaftlichem Besitz zusammengekaufte stattliche Herrschaftsgebiet bestand aus fünf Dörfern, in denen 1806 knapp 1 700 Einwohner gezählt wurden. In diesem Fall waren keine Klosterinsassen abzufinden. Dem Fürstabt setzte Anton Aloys eine jährliche Pension von 3 000 Gulden aus und überließ ihm freie Wohnung im Schloß in Glatt. Als Oberamt Glatt blieb die Herrschaft weiterhin eine eigene Verwaltungseinheit.

Mit dem Kloster Beuron im oberen Donautal, dem ältesten, am Ausgang des 11. Jahrhunderts entstandenen Chorherrenstift nach der Augustinerregel in der Diözese Konstanz, erhielt Anton Aloys eine kleine Klosterherrschaft, deren territoriale Ausstattung mit dem Dorf Bärenthal, der Sennerei und dem Schlößchen Ensisheim sein Großvater, Fürst Josef Friedrich, 1751 für 72 000 Gulden an die Abtei verkauft hatte. Für die erst am Ende des 17. Jahrhunderts in großem Stil von dem bedeutenden Barockarchitekten Franz Beer errichteten Konventsgebäude hatte der Fürst an dem abgelegenen Ort keine Verwendung. Die 16 Kanoniker wurden mit ordentlichen Pensionen abgefunden, behielten Wohnrecht und wurden weiterhin möglichst in der Seelsorge eingesetzt.[2] Die Herrschaft Beuron, die 1806 keine fünfhundert Einwohner zählte, blieb als Obervogteiamt bis zu dessen Vereinigung mit dem Oberamt Wald 1830 bestehen.

Eine besondere Genugtuung muß es für Anton Aloys gewesen sein, in den Besitz der Zisterzienserinnenabtei Wald (Klosterwald) zu kommen, die innerhalb der Sigmaringer Hochgerichtsbarkeit lag und für die das Haus seit Jahrhunderten die Schirmherrschaft innehatte, die aber durch die österreichischen Revindikationen dem Haus immer stärker entfremdet worden war. Zur Klosterherrschaft Wald, mit eigenem Niedergerichtsbezirk, gehörten 1806 knapp 1 300 Einwohner, die sich auf 17 kleine und kleinste Ortschaften verteilten. Im Namen des Fürsten wurden Besitz und Verwaltung übernommen, aber der Äbtissin mit 23 Klosterfrauen und 10 Schwestern die Weiterführung ihrer Gemeinschaft erlaubt. Ähnlich war die historische Situation der kleinen, aus dem Dominikanerinnenkonvent und dem Dorf Rosna bestehenden Klosterherrschaft Habsthal. Nach der Übernahme durch den Fürsten konnten die Priorin, 17 Nonnen und 2 Laienschwestern mit ihren Pensionen im Kloster bleiben, das endgültig erst 1840 aufgelöst wurde. Da Rosna schon vorher der Sigmaringer Immediatlandschaft angehörte, kam Habsthal, das 1806 nicht mehr als 265 Einwohner zählte, zum Oberamt Sigmaringen; Wald bildete ein eigenes Oberamt.

Achberg und Hohenfels, bisher Bestandteile der Kommende Altshausen des Deutschen Ordens, sind ehemalige Besitzungen des ritterschaftlichen Adels und wurden für den Orden von Obervögten verwaltet. Das Schloß Achberg über dem tief eingeschnittenen Tal der Argen, nördlich von Lindau, war Mittelpunkt der kleinen, aus 16 Weilern und Höfen bestehenden Herrschaft; 1806 zählte sie 584 Bewohner. Erst in preußischer Zeit, 1854, wurde das weit abgelegene Obervogteiamt aufgehoben und mit dem Oberamt Sigmaringen vereinigt. Achberg wurde der südlichste Punkt Preußens und ein beliebtes Ziel von Dienstreisen preußischer Ministerialbeamter. Günstiger gelegen war die größere, südlich an die Klosterherrschaft Wald anschließende, kaum mehr als 8 km vom Überlinger See entfernte Herrschaft Hohenfels. Sie wurde von dem stattlichen Schloß gleichen Namens aus verwaltet, bestand aus 6 kleinen Ortschaften und zählte gegen 900 Bewohner. Bis zur Vereinigung mit dem Oberamt Wald, 1822, blieb das Obervogteiamt bestehen.

Insgesamt gehörten zu dem 1802 und 1806 außerhalb des alten Territoriums gewonnenen Säkularisationsbesitz rund 5 000 Untertanen, wenigstens 5 respektable Schloßbauten und 4 größere Klosteranlagen, abgesehen von den im eigenen Gebiet in Besitz genommenen Klöstern Inzigkofen, Hedingen und Gruol. Einen besonderen Weg ging das weit abgelegene Kloster Holzen, das im Königreich Bayern lag und das Anton Aloys seiner Schwester überließ.[3]

Anders als mit den dem fürstlichen Hausbesitz inkorporierten Säkularisationsgebieten verhielt es sich mit den Souveränitätslanden. Hier behielten die bisherigen Herrschaftsinhaber ihre grundherrlichen und niedergerichtlichen Herrschaftsrechte. Sie wurden sogar als Standesherren durch die Rheinbundakte besonders geschützt. Für den Fürsten Anton Aloys war es nicht einfach, die Rolle des Souveräns zu übernehmen gegenüber seinen bisherigen Mitständen, den Häusern Fürstenberg und Thurn und Taxis, mit denen er bis vor kurzem in der Schwäbischen Fürstenunion gemeinsame Sache gemacht hatte. »Da es der Vorsehung gefallen hat, durch den Staatsvertrag vom 12. Juli 1806 meinem fürstlichen Hause Vergrößerungen und erweiterte Hoheitsbezirke... zuzuwenden«, rücke jetzt der Zeitpunkt der Besitznahme heran.

So beginnt das erste offizielle Schreiben, mit dem sich Anton Aloys an seine nunmehrigen Standesherren wendet und das er mit der Feststellung, die seine Verlegenheit deutlich macht, schließt: »Übrigens kann ich hierbei die aufrichtige Versicherung abzugeben nicht entstehen, daß wenn die höhere Politik es verstattet hätte, mein Herzenswunsch gewesen wäre, das meinem Hause widerfahrene Schicksal auch auf dero fürstliches Haus ausgedehnt zu sehen«.[4]

Die Herrschaften Jungnau und Trochtelfingen, wie die Grafschaften Sigmaringen und Veringen einstiger werdenbergischer Besitz, waren 1534 bei der Abscheidung des Allods an das Haus Fürstenberg gefallen und blieben seither in ihrem Bestand unverändert. Sie wurden in ähnlicher Weise verwaltet wie der Sigmaringer Außenposten Haigerloch, indem die Verwaltung und Rechtsprechung von einem Obervogt, die Kameralverwaltung von einem Rentmeister geleitet wurde. Das einst ummauerte Landstädtchen Trochtelfingen war Mittelpunkt der in zwei geschlossene Gebietskomplexe geteilten Herrschaft auf der Albhochfläche, deren 5 Gemeinden 1806 von 3 415 Personen bewohnt waren. Die Herrschaft Jungnau bildete dagegen einen eher schmalen Gebietsstreifen, der sich von der Albhochfläche über die Lauchert, mit dem Verwaltungssitz Jungnau, bis ins Schmeiental und über die Donau erstreckte. 1806 wurden in den 7 Ortschaften 2 307 Einwohner gezählt. Das standesherrliche Obervogteiamt Trochtelfingen blieb bis in preußische Zeit unverändert bestehen; Jungnaus Ortschaften wurden 1840, nachdem der Fürst von Fürstenberg die Niedergerichtsherrschaft abgetreten hatte, an die Oberämter Sigmaringen, Gammertingen und Straßberg verteilt.

Ganz anders verhielt es sich dagegen mit den Herrschaften Straßberg und Ostrach des Fürsten von Thurn und Taxis. Es handelte sich bei beiden um Säkularisationsgut, das ihm erst durch den Reichsdeputationshauptschluß zugefallen war. Straßberg war sehr alter, an der oberen Schmeie gelegener Besitz des gefürsteten Damenstifts Buchau, den es seit Beginn des 17. Jahrhunderts nicht mehr an niederadlige Lehenträger vergab, sondern durch einen Oberamtmann verwalten ließ. 1806 hatte die aus 3 Dörfer bestehende Herrschaft 1 463 Einwohner. 1836 wurde auch die Niedergerichtsherrschaft für das Sigmaringer Fürstenhaus erworben. Die Herrschaft Ostrach war entstanden aus dem Besitz und den Herrschaftsrechten, die das expandierende Reichsstift Salem seit Ende des 13. Jahrhunderts kontinuierlich erworben hatte. Mittelpunkt des aus 13 kleinen Ortschaften und Weilern gebildeten standesherrlichen Oberamts war das Dorf Ostrach am Flüßchen gleichen Namens. 1806 wurden 1 595 Einwohner im Oberamt gezählt.

Aus der 1805/06 umkämpften und bis 1808 umstrittenen Erbmasse der Reichsritterschaft waren dem Fürsten Anton Aloys durch den französischen Einweisungskommissar Wilflingen (Frhr. Schenk v. Stauffenberg), Buchheim (v. Morey) und Wachendorf mit Bierlingen (Frhr. v. Ow) zugeteilt worden, aber Württemberg weigerte sich, sie herauszugeben. So blieben dem Sigmaringer Fürsten nur die beiden in der Rheinbundakte namentlich erwähnten Herrschaften Gammertingen und Hettingen der Freiherren Speth von Zwiefalten. Trotz ungezählter Erbteilungen hatte deren Familie die beiden Herrschaften im und am oberen Laucherttal seit 1524 in Besitz halten können. 1806 lebten in dem Landstädtchen Gammertingen und 4 zugehörigen Dörfern 2 254 Einwohner, in dem Kleinststädtchen Hettingen mit dem Dorf Hermentingen waren es 591. Die beiden Barone legten 1814 ihre Patrimonialämter zum Oberamt Gammertingen zusammen; 1827 verkauften sie die zwei Herrschaften für 622 016 Gulden an den Fürsten Anton Aloys.[5]

In einem gewissen Zusammenhang mit der Auseinandersetzung um die ritterschaftlichen Gebiete steht die einzige Korrektur, die es an der 1802 und 1806 gewonnenen territorialen Gestalt des Sigmaringer Fürstentums gab. 1812 kam mit Baden ein Austausch der Gemeinde Rast gegen Ablach zustande, an dem Fürst Anton Aloys aus jagdlichen Gründen besonders interessiert war. Sonst hat es tatsächlich in mehr als eineinhalb Jahrhunderten keine Korrektur an den damals entstandenen Grenzen gegeben, obwohl zum hohenzollerischen Staatsgebiet 10 mehr oder weniger weit abgelegene Exklaven zählten und obwohl es innerhalb des schmalen Ländchens 3 württembergische und 2 badische Enklaven gab.[6] Es ist ein beschämendes Kapitel der südwestdeutschen Territorialgeschichte, daß es über einen so langen Zeitraum hinweg weder seitens der Regierungen, noch der Bürokratien, noch späterhin der Parlamente und Selbstverwaltungsgremien ernsthafte Bemühungen gab, die rein unter dynastischen Prämissen und auf obskure Weise entstandenen Grenzen zu revidieren.

Im Fürstentum Sigmaringen sucht man den Impuls vergeblich, der in den übrigen süddeutschen Rheinbundstaaten von einer reformwilligen Bürokratie zur Neuorganisation der vergrößerten Länder ausging. Das hängt auch mit den Vorgaben der äußeren Entwicklung, der Erfüllung des militärischen Gefolgschaftszwanges und mit der bis 1810 anhaltenden Unsicherheit der staatlichen Existenz zusammen. Die 13 Ämter als Mittelbehörden wurden belassen, die Regierung als zentrale Verwaltungsinstanz blieb unverändert. Nach und nach wurden einige auf das ganze Land bezogene Verwaltungsmaßnahmen getroffen. Die notwendigste war 1807 die Einrichtung einer Generallandeskasse zur Tilgung der Kriegslasten und zur Unterhaltung des Kontingents. Die Allgemeine Zollordnung von 1810 gab sich zwar modern, da sie »Einheitlichkeit in Erhebung der Zollabgabe« verlangte und »alle und jede

Personen ohne Ausnahme des Standes« der Zollabgabe unterwarf, sie ließ aber die Zollschranken innerhalb des kleinen Ländchens bestehen und behinderte dadurch den Binnenhandel. Gleichzeitig erging eine Allgemeine Stadtordnung, nach der die fünf Städte nicht nur nach gleichförmigen Bestimmungen, sondern unter wesentlich stärkerem Einfluß des Staates verwaltet werden sollten. Die Errichtung von 3 Landkapiteln Anfang 1812 brachte die kirchliche Einteilung mit den Landesgrenzen in Einklang. Die Pfarrerschaft des Landes wurde durch die 1809 erlassene Allgemeine Schulordnung vom Staat stark für den Aufbau eines einheitlichen Schulwesens in Anspruch genommen. Die Schulordnung beschränkte sich auf die Elementarschulen, denn es gab keine höheren Bildungsanstalten im ganzen Land, ebensowenig im Hechinger Fürstentum. Wie die Schulordnung, die an die österreichische Normalmethode und die Grundsätze der Katholischen Aufklärung in der Vermittlung Wessenbergs anschließt und sich die Erziehung zu sittlichem Verhalten und nützlicher Tätigkeit zum Ziel setzt, so tritt auch das seit 1809 erscheinende »Wochenblatt für das Fürstenthum Hohenzollern-Sigmaringen«, die erste Zeitung überhaupt in Hohenzollern, mit aufklärerischem Anspruch auf, wenn sie etwa in einer der ersten Nummern postuliert: »Nachdem Alles um uns her verändert ist, darf und kann man bei dem Alten doch einmal nicht mehr stehen bleiben. Die Zeiten sind vorüber, wo einst unsere Väter sagen konnten: Der Bauer darf nicht schreiben, und nicht lesen lernen; er darf nur fromm seyn und arbeiten.« In solchen Äußerungen meint man den Sigmaringer Aufklärer und Wessenberg-Freund Franz Xaver Mezler durchhören zu können. Aber normalerweise war das Wochenblatt das Bekanntmachungsorgan der Regierung, dessen Redaktion und Zensur einem Mitglied des Regierungskollegiums übertragen war.[7]

Die bescheidenen Schritte der Regierung bei der für notwendig erkannten Organisation des Landes waren in der Rheinbundzeit auch darin begründet, daß die Existenz des fürstlichen Hauses von der dem Kaiser Napoleon geleisteten Heerfolge abhing. Deshalb wurde der Aufstellung und Ergänzung des Kontingents mehr Aufmerksamkeit zuteil als den Maßnahmen der Landesorganisation. Auch die Angehörigen der fürstlichen Familie richteten ihr persönliches Verhalten an den Erwartungen ihres Protektors aus.

In Napoleons Gefolgschaft

Aus der Umgebung Napoleons wurde dem Sigmaringer Erbprinzen im Sommer 1806 empfohlen, sich der Gnade des Kaisers dadurch zu versichern, daß er ihm eine persönliche militärische Dienstleistung anbiete. Offensichtlich schmeichelte es Napoleon, sich mit Angehörigen regierender Häuser zu umgeben. Ende August bat Karl den Kaiser, ihn im nächsten Feldzug begleiten zu dürfen. Es waren nicht ausschließlich politische Rücksichten, die in dem einundzwanzigjährigen Erbprinzen »plötzlich eine Leidenschaft für das Kriegshandwerk« erweckten. Die »Begierde nach Ruhm«, die die Fürstin im Herbst 1806 an ihrem Sohn mit Stolz feststellte und die den Fürsten mit Besorgnis erfüllte, war ein durchaus persönlicher Antrieb, sich dem bewunderten Feldherrn anzuschließen. Der Hechinger Erbprinz, der auf Wunsch seines Vaters schon im August 1806 wieder nach Paris zurückgekehrt war, hielt es bei der ungünstigeren Stellung seines Hauses für geboten, dem Beispiel Karls Anfang September zu folgen. Dieser Entschluß fand den vollsten Beifall seines Vaters. Fürst Hermann sagte selbst, sein Sohn sei in die »unumgängliche Notwendigkeit« versetzt worden, zur »Erhaltung und Wohlstands-Beförderung« seines Hauses den bevorstehenden Feldzug mitzumachen.[8] Und der nächste Feldzug Napoleons richtete sich ausgerechnet gegen Preußen, das seine lange Neutralitätspolitik zu einem unvorteilhaften Zeitpunkt aufgab. So kam es, daß beide hohenzollerischen Erbprinzen im Herbst 1806 im Dienste des Kaisers der Franzosen in den Krieg gegen Preußen zogen, gegen das erbverbrüderte Königshaus, das so oft seine schützende Hand über die beiden Fürsten gehalten hatte. Aber für sie gab es keine Alternative, ihre Dankesschuld gegenüber Preußen mußte zurücktreten hinter dem obersten Gebot der Selbsterhaltung.

Erbprinz Friedrich begann seine militärische Laufbahn als Ordonnanzoffizier im Hauptquartier. Die Verwendung in der Umgebung des Kaisers entsprach dem eigentlichen Zweck seines Diensteintritts. Aber schon Anfang 1807 wurde Friedrich dem Prinzen Jérôme, dem in Schlesien kommandierenden jüngsten Bruder des Kaisers, als Adjutant zugeteilt. In dieser Eigenschaft forderte er Schweidnitz zur Kapitulation auf und leitete als französischer Bevollmächtigter die Übergabeverhandlungen von Kosel, das sich bis Juni 1807 gehalten hatte. Nach dem Frieden von Tilsit folgte Friedrich dem zum König von Westfalen erhobenen Jérôme nach Kassel. Im Oktober 1808 bat er Napoleon auf dem Erfurter Fürstentag, wieder in seine Dienste übernommen zu werden; es ist zu vermuten, daß er im Interesse des Hauses die Nähe des Kaisers suchte. Seine neue Bestimmung bestand in der Übernahme eines Regiments in Spanien, von dem er, als er bei der Truppe eintraf, nur noch Reste in Stärke eines Bataillons vorfand. Im Frühjahr 1809 erlitt er einen Unglücksfall. Er verletzte sich durch einen Pistolenschuß so unglücklich am Arm, daß er für längere Zeit dienstuntauglich wurde. Ende Oktober 1809, als seinem Haus wieder Gefahr drohte, erbat er eine neue Bestimmung und wurde Adjutant beim Kriegsminister. In dieser Eigenschaft blieb er, abgesehen von einer mehrmonatigen Mission nach Neapel, immer in Paris und in Verbindung mit den politischen Geschäften seines Hauses.

Auch Erbprinz Karl war zunächst Ordonnanzoffizier des Kaisers. Er erhielt aber schon im Dezember 1806 den Auftrag, in Westfalen ein Regiment für Frankreich aufzustellen. Mit dieser Verwendung war er unzufrieden; er bedauerte, »nicht mehr an der Seite des größten Mannes der Welt zu sein«. Aber er konnte den Dienst jetzt keinesfalls wechseln. »Es scheint«, so schrieb er Anfang 1807 an Fischler, »daß das Sort von unserem Haus vorzüglich von meiner militärischen Laufbahn abhängt, daher ist es auch politisch ratsam.« Mit seiner auf preußischem Boden ausgehobenen Truppe kam Karl nicht mehr, wie er gehofft hatte, zur Großen Armee, sondern in die Nähe von Paris. Dort konnte er sich wieder bei Hof und Regierung in Erscheinung bringen. Vor allem wartete er dort mit seiner Mutter darauf, daß der Kaiser den Zeitpunkt seiner Hochzeit bestimmte. Als der Kriegsminister beim Erbprinzen unmittelbar nach der Hochzeit anfragte, ob er seinen Dienst in der französischen Armee fortsetzen wolle, bat er um eine Verwendung in Spanien, »um dem Kaiser meine Ergebenheit zu beweisen«. Als Adjutant Murats war Karl einige Monate in Madrid. Im Mai 1808 wurde er mit dem Orden der Ehrenlegion ausgezeichnet. Unmittelbar nach der Erhebung des Großherzogs von Berg zum König von Neapel, im Sommer 1808, äußerte Karl die Bitte, ihm dahin folgen zu dürfen. Auf dem Erfurter Fürstentag gestattete ihm der Kaiser den Übertritt in die Dienste des Königs beider Sizilien. Im Januar 1809 traf Karl in Neapel ein, wohin ihm wenig später auch seine Frau und die Fürstin folgten. Murat ernannte ihn zu seinem Generaladjutanten und beförderte ihn zum Brigadegeneral. Wenig später, nach Ausbruch des österreichischen Befreiungskrieges, wurde Karl als Kurier zum Kaiser entsandt. Die Niederlage von Aspern erlebte er im Hauptquartier Napoleons. Seit Juli 1809 finden wir den Erbprinzen nicht mehr im aktiven Dienst. Offenbar fühlte man sich in Sigmaringen jetzt weniger bedroht, denn Karl schrieb im September 1809 an seinen einstigen Erzieher, er sei zwar als Generaladjutant mehr oder weniger von den Befehlen des Königs von Neapel abhängig, »allein da der König mein Onkel ist, so denke ich, daß diese Dienstverhältnisse mir nicht lästig werden«.

Für die hohenzollerischen Soldaten, die jedenfalls weniger freiwillig als die beiden Erbprinzen in die Gefolgschaft Napoleons gerieten, verfügen wir über keine so guten Informationen wie über die Angehörigen der Fürstenhäuser. Daß der Rheinbund von Napoleon ganz wesentlich als Militärbündnis konzipiert war, machen die konkreten Bestimmungen deutlich. Das Fürstentum Hechingen hatte ein Kontingent von 97, Sigmaringen von 193 Mann zu stellen. Die Kontingente der kleinen Rheinbundstaaten wurden in der Nassauischen Brigade zusammengefaßt, für deren Organisation der Herzog von Nassau zuständig war. Die Rekrutierung geschah in Hohenzollern auf die herkömmliche Art. Die ad militiam Verurteilten bildeten den Grundstock und aus den Wehrpflichtigen im Alter zwischen 18 und 30 Jahren, die zu sechsjährigem Dienst verpflichtet waren, wurden so viele ausgespielt, wie noch fehlten. Dem Würfeln wurde aber nicht allein die Entscheidung überlassen, denn es gab zahlreiche Privilegien und Befreiungen, und es gab die Möglichkeit, Ersatzleute gegen Bezahlung zu stellen. Die Hechinger Juden wurden gegen hohe, jährlich zu entrichtende Summen vom Militärdienst freigestellt. Ihren als Rekruten ausgehobenen Hintersaßen versprach die Stadt Hechingen das Bürgerrecht. Um Freiwillige zu bekommen, bezahlten die Gemeinden oft beträchtliche Handgelder. Das Hechinger Kontingent wurde schon am 19. Oktober nach Wiesbaden in Marsch gesetzt, wenn auch noch nicht ganz vollständig bewaffnet und uniformiert. Da der Erbprinz von Sigmaringen auf Anraten Talleyrands dem Kaiser, um angenehm aufzufallen, die Aufstellung einer Dragonerkompanie angeboten hatte, dauerten dort die Vorbereitungen länger; sie waren erst Ende November abgeschlossen.

Die Soldaten aus Hohenzollern legten im Dienste des Kaisers der Franzosen weite Wege zurück. Sie kamen im Krieg gegen Preußen 1806/07 zum Einsatz und 1809 bei der Niederwerfung Österreichs. In direktem Anschluß marschierten sie nach Spanien, wo sie bis 1813, in dem von England unterstützten Befreiungskampf der Spanier, für die Behauptung der napoleonischen Hegemonie über die Iberische Halbinsel eingesetzt wurden. 1812 mußten allein aus dem Fürstentum Sigmaringen 155 junge Männer als Ergänzungsmannschaft den Marsch nach Spanien antreten. Der Feldzug gegen Rußland blieb, mit einer noch zu nennenden Ausnahme, den Hohenzollern erspart, im Gegensatz zu den Württembergern und den Badenern, die zu Abertausenden in die Katastrophe der Grande Armée gerissen wurden.

Wir wissen wenig darüber, welchen Eindruck Napoleon, der auf die Geschichte der beiden Fürstentümer so starken Einfluß gewonnen hat, im Bewußtsein der damaligen Bevölkerung hinterließ. Aus einem Bericht des Stadtschreibers erfahren wir, wie in Sigmaringen der neu eingeführte Namenstag Napoleons am 15. August 1806 gefeiert wurde. Der Hof, der französische General und seine Offiziere, das in Sigmaringen und Umgebung liegende französische Militär »wohnten nebst dem Stadt-Magistrat dem Solennen Hochamt und Te Deum ... bei, während welchem beständig auf dem Josephsberg Artillerie-Salven gegeben wurden«. Wir kennen den Hechinger Fürsten als glühenden Bewunderer Napoleons. Trotzdem will es uns heute makaber erscheinen, daß er im November 1806 anordnete, in allen Kirchen des Landes

Dankfeiern mit Tedeum abzuhalten, um der Siege Napoleons, die ja zugleich Niederlagen Preußens waren, zu gedenken. Von den beiden Erbprinzen haben wir viele Zeugnisse, die ihre Faszination durch die Persönlichkeit Napoleons überliefern.

Auch wenn der Abstand zum Kaiser immer noch riesig war, so gehörte Erbprinz Karl durch seine Heirat zum weiteren Kreis der kaiserlichen Familie, zu den Napoleoniden. Seine vom Kaiser mehrfach verschobene Hochzeit fand am 3. Februar 1808 statt, nachdem die von Napoleon zur Prinzessin erhobene Braut gerade 15 Jahre alt geworden war. Neben dem Kaiserpaar und Madame Mère, der Mutter Napoleons, waren noch weitere Familienglieder und Würdenträger anwesend.[9] Nur Fürst Anton Aloys fehlte. Er hatte es gewagt, eine Krankheit vorzuschützen und der Hochzeit fernzubleiben. Die kirchliche Trauung nahm am folgenden Tag Kardinal Fesch vor, der Onkel des Kaisers und Koadjutor des ebenfalls anwesenden Fürstprimas des Rheinbunds, Karl Theodor von Dalberg. Die Braut wurde überaus großzügig ausgestattet. Der Kaiser schenkte ihr eine halbe Million Francs und ein an die Tuillerien grenzendes Stadtpalais, das Hotel Breteuil, im Wert von 220 000 fr. Vom Großherzog erhielt sie 180 000 fr., eine Aussteuer von 40 000 fr., für 140 000 fr. Diamanten und einen Landbesitz im Bergischen, die ehemalige Prämonstratenserabtei Hamborn, deren Wert mit 300 000 fr. im Ehevertrag eingesetzt war. Man sieht mit Erstaunen, über welche Reichtümer die nachrevolutionäre Elite mit imperialer Geste verfügte. Der Erbprinz schenkte seiner Frau zur Hochzeit 500 000 fr. in Papieren, die wohl nie ausgefolgt wurden, und der Fürst mußte sich zum Unterhalt des Erbprinzen in Höhe von jährlich 150 000 fr. verpflichten. Im Sommer 1808 erteilte Murat dem Erbprinzen Urlaub, um erstmals mit seiner jungen Frau die heimatliche Residenz zu besuchen. Karl bestand darauf, daß mit seiner Frau und ihm auch seine Mutter nach Sigmaringen zurückkommen konnte. Anton Aloys war zu einer Aussöhnung mit seiner Frau nicht fähig, aber seine junge Schwiegertochter nahm er mit warmer Sympathie auf, die er ihr auch in Zukunft bewahrte.

Der bedingungslose Anschluß an Napoleon bedeutete für die beiden Fürsten noch nicht, daß sie sich in Sicherheit wiegen konnten. Württemberg und Baden fiel es offensichtlich schwer, die beiden kleinen Gebilde zwischen sich zu dulden. Das zeigte ihr feindseliges Verhalten bei der Teilung der ritterschaftlichen Gebiete. Deshalb empfanden es die beiden Fürsten als Nachteil, daß das in Aussicht gestellte Fundamentalstatut des Rheinbundes nicht zustande kam. Die Obstruktion der Mittelstaaten und das Desinteresse Napoleons verhinderten den förmlichen Ausbau einer Bundesorganisation. Schon im Spätherbst 1806 wurden die hohenzollerischen Fürsten durch Gerüchte beunruhigt, sie müßten ihre Länder verlassen. Jetzt war es Württemberg, das die Verpflanzung Hohenzollerns betrieb, aber auch Baden machte sich auf die südlich der Donau gelegenen hohenzollerischen Gebiete Hoffnungen. Die Fürsten wollten in ihren angestammten Ländern bleiben. Nun wurde Fischler für sie zur Schlüsselfigur, denn er hielt sich im Hauptquartier in der Nähe von Talleyrand und Labesnardière auf. Im Winter 1806/07 wurde Fischlers Verhältnis und seine geheim vollzogene Heirat mit der Schwester des Fürsten Anton Aloys bekannt. Er schmiedete die abenteuerlichsten Pläne, um für sich selber ein Landgut herauszuschlagen. Aber die von ihm für Sigmaringen beantragten Vergrößerungen erwiesen sich allesamt als Luftschlösser.

Nach dem Frieden von Tilsit wurden Verpflanzungsprojekte so allgemein diskutiert, daß Anton Aloys schon Berechnungen darüber anstellte, was er in Schwedisch-Pommern, in Fulda, Erfurt oder Hanau für Einkünfte zu erwarten hätte. Keinesfalls wollte er ein Gebiet mit dem Fürsten von Hechingen teilen müssen oder gar gemeinsam besitzen. Durch die Vermählung von Napoleons jüngstem Bruder Jérôme, dem nunmehrigen König von Westfalen, mit der Tochter des Königs von Württemberg im August 1807 verstärkte sich die Bedrohung für Hohenzollern. König Friedrich betrieb jetzt die im Vorjahr mißglückte Annexion Hohenzollerns über seinen Schwiegersohn bei Napoleon. Als Fürst Hermann im Oktober 1807 nach Paris reiste, rechnete er damit, daß es dem Württemberger gelungen sei, den Kaiser zur Verpflanzung der Hohenzollern zu bewegen. Aber in der Privataudienz, die ihm Napoleon gewährte, fiel darüber kein Wort. Auch mit der Bitte um nachträgliche Vergrößerung richtete er nichts aus. Der Friede von Schönbrunn, den Napoleon im Oktober 1809 mit dem erneut geschlagenen Österreich schloß, erweckte nochmals Besorgnisse und Hoffnungen in den beiden Residenzen, die den Erbprinzen Karl veranlaßten, schleunigst nach Paris zu gehen und sich im Namen seiner Frau an Murat und an Königin Karoline – »Ihre Anteilnahme, Madame, ist unsere Stütze und unsere ganze Hoffnung« – zu wenden. Der Abtretungsvertrag vom 2. Oktober 1810 mit Baden, zu dem Napoleon den König von Württemberg schließlich zwang, beschloß die Ära der Länderverschiebungen im deutschen Süden. Hohenzollern wurde daran überhaupt nicht beteiligt; Napoleon gab die beiden Fürstentümer aber auch nicht preis. Fürst Hermann, der nicht aufgehört hatte, auf einen Gebietszuwachs zu hoffen, starb einen Monat später, ohne daß es ihm gelungen war, die Benachteiligung seines Hauses gegenüber der Sigmaringer Linie zu korrigieren.

Für den nunmehrigen Fürsten Friedrich Hermann Otto (1776–1838), der sich schon bisher ganz in den Dienst seines Hauses gestellt hatte, nahm der Gewinn der Souveränität nicht denselben hohen Stellenwert ein wie für seinen Vater. Er schätzte die »Hoheitsnullen« sehr realistisch ein und hätte einen Tausch, der ihm die Befreiung von den Hausschulden gebracht hätte, vorgezogen, auch wenn er mit der Einbuße von Hoheitsrechten verbunden gewesen wäre. Die frühere Hoffnung, sein Haus mit Hilfe des Vermögens seiner Frau salvieren zu können, die mit ihren Schwestern »zu den reichsten ungekrönten Erbinnen der weißen Welt« ihrer Zeit zählte, war längst zerstoben.[10] Seine Ehe mit der Prinzessin Pauline von Kurland war seit 1805 getrennt, den Prinzen Friedrich Wilhelm Konstantin, sein einziges Kind, erzog er allein. Jetzt stand er vor der Frage, ob er als regierender Fürst weiterhin in französischen Diensten verbleiben sollte. Er folgte dem Rat Talleyrands, der ihm sagen ließ, er solle »ruhig zu Hause bleiben und den Urlaub immer wieder verlängern lassen«. Als Landesvater änderte er an der bestehenden Organisation nichts, trat aber seinen Untertanen weniger schroff entgegen als sein Vater. Ein pessimistischer Grundzug scheint bei ihm schon damals dominierend gewesen zu sein. Als ihn Ende März 1812 der Kriegsminster aufforderte, sich nach Berlin ins Hauptquartier des Kaisers zu begeben, zögerte er nicht, dem Befehl zu folgen. In Berlin traf er auch mit Hardenberg zusammen, der ihm die Ungnade des preußischen Königs über seine Rolle in französischen Diensten nicht verhehlte. An den ihm sehr vertrauten Frank schrieb er nach Hechingen, daß er wohl mit der Ungnade des Königs leben müße, daß jedoch die Gnade des Kaisers das Ziel seiner Wunsche sei: »erreich ich dasselbe, so kann ich gleichgültig gegen alles übrige sein«.[11] Die nächste Nachricht, die sich vom Fürsten Friedrich findet, stammt vom Weihnachtstag 1812 aus Oliva. Von den Strapazen des Rückzugs krank, war er von seinem Vetter, dem Fürstbischof von Ermland und Abt von Oliva, aufgenommen worden. Seine Leute, seine Pferde und alle seine Sachen hatte er verloren. Ärztliche Atteste aus dem Danziger Armeehospital und – nach seiner Rückkehr nach Hechingen – Gutachten von Tübinger Professoren bestätigten, daß er dienstuntauglich sei. Daraufhin gewährte ihm der Kriegsminister Urlaub. Aber im Laufe des Sommers 1813 wird Friedrichs Krankheit mehr und mehr zum Mittel, sich der Rückkehr in die französische Armee zu entziehen und den Übergang ins Lager der Verbündeten vorzubereiten.

Friedrich war im Vergleich mit seinem Sigmaringer Vetter ein wahrer Pechvogel. Während er dem Kaiser nach Rußland folgte und nur mit knapper Not dem Desaster der Großen Armee entrann, machte Karl schon seit 1809 keinen Dienst mehr, lebte im Schoß seiner Familie, die 1811 mit einem Stammhalter, Karl Anton, beglückt wurde. Er konnte sich als Erbprinz beim bevorstehenden Frontwechsel leichter bedeckt halten als der Hechinger Fürst. Für Karl kam es darauf an, daß er im Untergang der napoleonischen Herrschaft nicht mitgerissen wurde, daß ihm seine unstandesgemäße Heirat nicht zum Schaden gereichte und, nicht zuletzt, daß die seiner Frau zugewendeten wertvollen Immobilien, das Hotel Breteuil und die Abtei Hamborn, dem Haus nicht verlorengingen. Für die Situation, in der sich die beiden Häuser im Herbst 1813 befanden, gilt die Maxime, die Fürst Friedrich wenige Tage nach der Völkerschlacht bei Leipzig formulierte: »In Hinsicht der auswärtigen Verhältnisse leitet die gerade herrschende Macht die Staatsklugheit kleinerer Fürsten.«

Vom Rheinbund zum Deutschen Bund

Mit dem Sinken von Napoleons Stern blieb den beiden Fürsten keine andere Wahl, als wieder auf Preußen zu bauen. Dabei kam ihnen zugute, daß es nicht in der Absicht der Verbündeten Mächte lag, die Herrschaft der Rheinbundfürsten grundsätzlich zu beseitigen. Zu ihrer Entschuldigung bedienten sich beide Fürsten desselben Arguments: Der preußische König selbst habe ihnen den Weg nach Frankreich empfohlen. »Durch diesen königlichen Bescheid an Frankreich angewiesen«, so heißt es im Rechtfertigungsschreiben des Hechinger Fürsten, »blieb mir aber nun, um mein Haus zu erhalten, keine andere Wahl, als mich um die Gunst des französischen Kaisers zu bewerben. Die Aufnahme in den Rheinbund erfolgte, sie rettete Hohenzollern vor seinem Untergang, unterwarf aber dieses Haus uneingeschränkt dem alleinigen Willen des neuen Protektors.« Das gleichzeitige Schreiben an Kaiser Franz enthielt, neben Gratulationen zu den Siegen der Alliierten, vor allem die Bitte um »Schutz und Gnade«.

Hohenzollerns Beitritt zur Allianz wurde durch vorbereitete Einzelverträge mit Österreich, Rußland und Preußen Ende November/Anfang Dezember 1813 in Frankfurt vollzogen. Auf den Rat Fischlers, der als diplomatischer Vertreter des Herzogs von Coburg nunmehr mit dem Hauptquartier der alliierten Mächte Kontakt pflegte, begaben sich auch die hohenzollerischen Fürsten nach Frankfurt, um den beiden Kaisern und dem König von Preußen ihren Dank abzustatten. In ihren Allianzverträgen sagten sich die Fürsten vom Rheinbund los und verpflichteten sich, »die Sache der teutschen Unabhängigkeit mit allem Können und Vermögen« zu unterstützen und die festgesetzten Kriegsleistungen zu erfüllen. Dafür wurden ihnen von den Mächten ihre Souveränität und ihre Besitzungen garantiert. Diese Garantie erfuhr allerdings in einem geheimen Zusatzartikel zu allen Beitrittsverträgen eine Einschränkung, denn sie wurde nur »mit Vorbehalt derjenigen Mitwirkung, die zu der künftigen Organisation von Teutschland erforderlich sein wird«, ausgesprochen. Die neuen Mitglieder der Koalition mußten sich also von vorne herein mit Einschränkungen ihrer Rechte durch eine künftige deutsche Verfassung und mit möglichen Territorialveränderungen bei der späteren Neuregelung der deutschen Verhältnisse einverstanden erklären.

Die mit dem Beitritt zur Großen Koalition verbundenen Belastungen überstiegen alles, was man seit 1796 erlebt hatte. Die beitretenden Staaten mußten sich zur Übernahme von Darlehen in Höhe der Brutto-Staatseinkünfte eines Jahres verpflichten. Das waren für Hechingen 77 600, für Sigmaringen 150 000 Gulden. Das Militärkontingent wurde doppelt so hoch angesetzt als bisher. Anfang 1814 rückte das normale Kontingent aus, anschließend die Landwehr. Beide wurden im Rahmen badischer Truppenverbände eingesetzt, nachdem die Fürsten immer wieder darum gebeten hatten, ihre Truppen keinesfalls württembergischen Einheiten zuzuteilen. Die Aufstellung eines Landsturms kam über die ersten Anfänge nicht hinaus, da sich der Kriegsschauplatz weit von den Grenzen der Fürstentümer entfernte. In diesem Zusammenhang ist eine Kontroverse zwischen dem Fürsten Anton Aloys und seinem Sohn von Interesse. Karl, dem vom Fürsten die Bildung des Landsturms anvertraut worden war, hatte die Aufstellung von drei Bataillonen vorgeschlagen. Auf Vorwürfe seines Vaters, der nur ein Bataillon aufstellen wollte, antwortete der Erbprinz: »Die Sache an sich selbst ist zwar von geringer Wichtigkeit, besonders nach unserer Ansicht, und wird schwerlich in Vollzug gesetzt werden; doch ist es darum zu tun, seinen Patriotismus zu beweisen, mehr auf dem Papier, als in Wirklichkeit, eben darum glaubte ich, 3 Bataillons wären nicht zuviel.« Von einer Befreiungsstimmung oder gar deutschpatriotischer Begeisterung sind in ganz Hohenzollern keine Spuren zu finden.

Während des Frontwechsels ihrer Fürsten hatten die Soldaten des Rheinbundkontingents in Spanien keine Verbindung mit der Heimat.[12] Zu ihnen scheinen erst Anfang Dezember 1813 Nachrichten über die Vorgänge in Deutschland durchgesickert zu sein. Die Nassauische Brigade, zu der auch damals noch die hohenzollerischen Kontingente gehörten, ging am 10. Dezember zu den Engländern über. Sie wurden teilweise per Schiff nach Sizilien überführt und erreichten ihre Heimat im Fußmarsch durch ganz Italien, andere wurden zuerst nach England gebracht, dann nach Holland übergesetzt, wobei sie im Februar 1814 vor Holland in schweren Stürmen eine Schiffskatastrophe erlebten, die auch 14 Soldaten aus Hohenzollern das Leben gekostet haben soll. Die Akten der Regierungen von Hechingen und Sigmaringen geben keine Auskunft über das Schicksal der Truppen, die sie für den Kaiser der Franzosen rekrutiert haben.

Nach der Abdankung Napoleons scheint in Paris wieder über eine Mediatisierung von Rheinbundstaaten gesprochen worden zu sein. Im Zusammenhang damit stand ein weiterer Versuch des Königs von Württemberg, sich Hohenzollerns zu bemächtigen. Es müsse endlich

Schluß gemacht werden, schreibt der württembergische Gesandte in Paris, mit diesen kleinen Souveränitäten, die ihre Existenz der Bestechlichkeit französischer Diplomaten verdankten, und von denen er sagte, sie seien »gleichermaßen lästig für ihre Untertanen wie für ihre Nachbarn«. Die Mediatisierungsgerüchte veranlaßten einen Vetter des Hechinger Fürsten, der als preußischer Oberst dem Generalstab in Paris angehörte, sich beschwörend an seinen König zu wenden, er möge eine Unterwerfung Hohenzollerns unter den König von Württemberg verhindern. Wenn aber sein Haus nicht unabhängig bleiben könne, dann solle es den König von Preußen zum Herrn bekommen.[13] Daß solche Vorstellungen schon damals nicht ganz aus der Welt waren, zeigt das preußische Fürstentum Neuenburg im Schweizer Jura, das der König im Sommer 1814 zu erneuter Besitzergreifung von Paris aus besuchte. Bei dieser Gelegenheit hatte Fürst Friedrich endlich das Glück, vom König wieder empfangen zu werden und ihm seinen Sohn, der sich zur Erziehung in Bern befand, vorstellen zu können. Der Friede von Paris zerstreute die hohenzollerischen Besorgnisse, mediatisiert zu werden. Er verwies die noch ungeklärten europäischen Probleme und auch die deutsche Frage an einen Kongreß, der in Wien zusammentreten und Deutschland, als einer Föderation unabhängiger Staaten, eine neue politische Organisation geben sollte.

Beide hohenzollerischen Fürsten hielten es für geboten, dem Wiener Kongreß persönlich beizuwohnen. Anton Aloys wurde vom Geheimen Rat Gessler, Friedrich von Regierungspräsident von Frank begleitet. Es war den Fürsten bewußt, daß sie kaum mehr als eine Beobachterrolle spielen konnten, aber sie glaubten, obgleich sich die Verhandlungen sehr in die Länge zogen, in Wien bleiben zu müssen, um bei möglichen Gebietsveränderungen sofort intervenieren zu können. Die Garantie ihrer Hoheitsrechte und ihres Besitzstandes galt als ihr oberstes Ziel. Ihre Vorstellungen über die künftige Organisation Deutschlands waren weitgehend abgeleitet von ihren Erfahrungen im Alten Reich. Sie erhofften sich, wie die übrigen Staaten des »nicht-königlichen Deutschland«, die Wiederherstellung eines deutschen Kaisertums. Da sie aber wußten, daß das nicht den Wünschen ihres Beschützers, des Königs von Preußen, entsprach, hielten sie sich mit Äußerungen zurück. Die Pläne des Fürsten Friedrich liefen darauf hinaus, nachträglich zu einer kleinen Gebietsvergrößerung oder materiellen Zuwendung zu kommen, denn die Erhaltung der Selbständigkeit löste die großen finanziellen Schwierigkeiten nicht, in denen sich sein Haus und sein Land befanden. Die Situation des Sigmaringer Hauses brachte Gessler auf die einfache Formel, man könne zufrieden sein, »wenn man bleibt, was man ist, und behält, was man hat«.[14]

Erst als durch die Rückkehr Napoleons von Elba der Sinn der ganzen

Kongreßtätigkeit in Frage gestellt wurde, kamen die Verhandlungen in der deutschen Frage zum Abschluß. Der einzige Antrag, den Frank für Hohenzollern bei den Beratungen der Bevollmächtigten einbrachte, »daß in der Bundesversammlung dieselbe Ordnung der Stimmen wie auf dem vormaligen Reichstage, zu beobachten sey«, bezog sich bezeichnenderweise auf eine reine Rangfrage. Man konnte damit erreichen, daß die Fürsten von Hohenzollern in der Bundesakte vor dem Herzog von Nassau aufgeführt wurden. Mit dem »Grundvertrag des teutschen Bundes«, der Bundesakte vom 8. Juli 1815, deren in Artikel 2 festgelegter Zweck die »Erhaltung der äußeren und inneren Sicherheit Teutschlands, und der Unabhängigkeit und Unverletzbarkeit der einzelnen teutschen Staaten« war, wurden die beiden Fürsten in ihren vorrangigen Anliegen zufriedengestellt, wenn auch ihre bundesstaatlichen Wünsche unerfüllt blieben. Denn als Kompromiß war aus den hartnäckigen Verfassungskämpfen ein bloßer Staatenbund der souveränen Fürsten und freien Städte Deutschlands hervorgegangen. Eine starke kaiserliche Gewalt, wie sie der Fürstenverein schon in der ersten Phase des Kongresses gefordert hatte, wollten weder Preußen noch die Mittelstaaten dulden, an einem »dekorativen Kaisertum« war das Erzhaus nicht interessiert. Mit den Erwartungen, die sie an ein Oberhaupt geknüpft hatten, mußten die kleinen Staaten auch ihre Hoffnungen auf wirksame Bundesgerichte und funktionstüchtige Bundesorgane begraben. Die von beiden Hohenzollern gewünschte Anknüpfung an die Verfassung des Alten Reiches war nicht zustandegekommen: der Rückweg zum Territorium war den beiden Fürstentümern versperrt.

Spätabsolutismus und Konstitutionelles System

Mit der Bildung des Deutschen Bundes und der endgültigen Vertreibung Napoleons im Sommer 1815 endet die Ära der Kriege und der Staatsumwälzungen. Die beiden hohenzollerischen Fürstentümer haben sie mit unterschiedlichem Erfolg überstanden. Für das unvergrößerte, tief verschuldete Hechingen bedeutete dies, daß es sich von Anfang an am Rande der Existenzfähigkeit bewegte. Im vergrößerten, aber gleichwohl Miniaturstaat gebliebenen Sigmaringer Fürstentum sind die gewonnenen Vorteile nicht dem Land insgesamt zugute gekommen, sondern allein dem fürstlichen Haus.

Die Zugehörigkeit zum Deutschen Bund stabilisierte mit der Betonung des monarchischen Prinzips durch die »Wiener Schlußakte« von 1820 die Stellung der Fürsten. In der Bundesversammlung in Frankfurt, dem einzigen Organ des Deutschen Bundes, wurden die beiden Hohenzollern durch einen Gesandten vertreten, der auch von anderen Staaten bevollmächtigt war. Sie führten im Plenum der zunächst 41

Bundesglieder je eine Stimme und waren im Engeren Rat an einer Kuriatstimme, gemeinsam mit den Häusern Liechtenstein, Reuß, Schaumburg-Lippe, Lippe und Waldeck, beteiligt. Zur Militärorganisation des Bundes, dem Bundesheer, hatte Hechingen 145, Sigmaringen 356 Mann zu stellen, von denen nur so viele dauernd unter Waffen standen, wie für den Wachtdienst erfordert wurden. Da die Bundesakte einen Gerichtszug von drei Instanzen verlangte, wurde durch entsprechende Verträge zunächst das Oberappellationsgericht in Darmstadt, ab 1824 das Obertribunal in Stuttgart zur letzten Instanz der Zivil- und Strafgerichtsbarkeit beider Fürstentümer.[15]

Mit der Verwirklichung der in der Bundesakte geforderten Landständischen Verfassungen nahm man es in Hohenzollern zunächst nicht so ernst. In Hechingen konnte im Landesvergleich von 1798, der dem Land eine förmliche Steuerdeputation und das Petitionsrecht gebracht hatte, eine verfassungsadäquate Regelung gesehen werden. Für das Sigmaringer Fürstentum war der Geheime Rat Gessler auf dem Wiener Kongreß noch davon ausgegangen, daß es keiner Verfassung bedürfe, da ja die Landschaften an der Erhebung und Verwaltung der Steuern beteiligt seien. Das dürfte auch die Auffassung des Fürsten Anton Aloys gewesen sein. Die Sache bekam allerdings ein anderes Gesicht, nachdem in den Nachbarstaaten relativ bald Repräsentativverfassungen zustande kamen, von denen, neben der Dynastie, starke integrative Kraft für die vergrößerten Staaten ausging.

Fürst Anton Aloys konnte einer Verfassung nichts abgewinnen. Sein Regierungsstil war ein patriarchalischer, wobei ihm als nunmehrigem Souverän eine autoritäre Position zuwuchs. Die Regierungsorgane dienten seiner Beratung und der Ausführung seines Willens. Er war kein Freund hektischer Veränderungen. An besonderen Maßnahmen sind zu nennen: Die Neuordnung des Justizwesens 1817–1821, die Umbildung der Regierung 1821 – aus 6 Räten bestehendes Regierungskollegium und darüber die Geheime Konferenz unter dem Präsidium des Fürsten oder des Erbprinzen –, die Ausführung der Bundesbeschlüsse, die allmähliche Umgestaltung der Ackerbürgerstadt Sigmaringen in eine leidlich repräsentative Residenz. Wesentlich eindeutiger machte er von seiner Entscheidungsgewalt im ökonomischen Bereich Gebrauch, indem er auf konsequenteste Weise das Vermögen seines Hauses vermehrte, was letztlich nur auf Kosten des Landes möglich war.[16] Das bisher von ihm gezeichnete Bild eines landesväterlichen Biedermannes bedarf zweifellos der Revision, denn Fürst Anton Aloys stellte das Interesse seines Hauses weit über das seines Landes.[17]

In der Zeit der lebhaftesten Verfassungsbewegung im deutschen Süden, 1819, hielt es Anton Aloys für richtig, eine baldige Regelung über das »Landes-Vermögen« und eine »Landes-Verfassung« anzukündigen.

Ein rein auf die Landstände bezogener Verfassungsentwurf wurde 1820/21 vorübergehend innerhalb der Regierung diskutiert. Nachdem im Rechenschaftsbericht der Regierung für 1826/27 festgestellt worden war, »daß etwas für die Beruhigung des Landes und zu Vollziehung des Artikels 13 der Bundesakte geschehen müsse«, beauftragte der Fürst den Regierungspräsidenten von Huber mit der Vorbereitung einer Verfassung. Huber legte im August 1828 einen pragmatisch zusammengetragenen, stark an der Verfassung von Sachsen-Coburg von 1821 orientierten kompletten Entwurf vor, der im Umlaufverfahren länger als zwei Jahre bei den Regierungsmitgliedern unterwegs war. Deren Gutachten zeigen deutlich die starke Verbreitung liberaler Auffassungen in der hohen Beamtenschaft. Von der Regierung ging der auch vom Erbprinzen unterstützte Vorschlag aus, die Verfassung nicht per Oktroy zu erlassen, sondern im Einvernehmen mit den Ständen zu verabschieden. Soweit war der so lange hinausgezögerte Prozeß der Verfassungsgebung gediehen, als Fürst Anton Aloys im Oktober 1831 starb.[18]

Inzwischen war im Gefolge der französischen Julirevolution von 1830 die Verfassungsfrage auch Gegenstand der öffentlichen Diskussion im Lande geworden, wobei die 1831 erschienene anonyme Flugschrift »Hohenzollern-Sigmaringens Erwartungen von einer Repräsentativ-Verfassung« eine Rolle spielte. Der nunmehrige Fürst Karl, dessen Maxime es war, »im Geiste seines Zeitalters« zu regieren, ließ schon drei Wochen nach seiner Regierungsübernahme Wahlen zum Landtag ausschreiben. Am 26. März 1832 trat die erste Ständeversammlung im Anschluß an einen gemeinsamen Gottesdienst zu ihrer feierlichen konstituierenden Sitzung zusammen. Regierungspräsident von Huber erläuterte den inzwischen auch publizierten Verfassungsentwurf und nahm die Vereidigung der Abgeordneten vor. Ein abschließendes Vivat auf den Fürsten und eine Dankadresse für seine Bereitschaft, die Verfassung durch »wechselseitige Übereinkunft« zu verabschieden, kennzeichnen die erwartungsvolle, nicht auf Konfrontation zielende Einstellung beider Seiten.

Der erste Landtag zählte 13 Mitglieder. Zehn wurden in Wahlkreisen in indirekter Wahl ermittelt, einen Vertreter wählte die Geistlichkeit aus ihrer Mitte, und je einen Vertreter entsandten die beiden Standesherren. Das Einkammersystem war in dem kleinen Staat nie umstritten, wohl aber die Zahl der Abgeordneten, die für die Besetzung der Kommissionen vom Landtag als zu niedrig angesehen wurde. Deshalb hob der Fürst die erste konstituierende Ständeversammlung schon nach Ausarbeitung einer neuen Wahlordnung wieder auf. Er ließ sich allerdings bis zur Einberufung der zweiten Ständeversammlung, bei der die Zahl der gewählten Volksvertreter verdoppelt wurde, reichlich Zeit.

Erst am 22. April 1833 wurde der zweite verfassunggebende Landtag feierlich im Beisein des Fürsten eröffnet. Die eigentliche Verfassungsarbeit wurde von einem aus sieben Mitgliedern bestehenden Ausschuß, der sogenannten Landtagskommission, im Zusammenwirken mit zwei Regierungskommissaren, die in vielen Fällen das Votum der Regierung und des Fürsten einholten, geleistet. Das vom Regierungspräsidenten von Huber in die Urteilsfähigkeit des Landtages gesetzte geringe Vertrauen, das er mit der »Beschränktheit des Landes und den hienach zu erwartenden Eigenschaften der Deputierten« begründete, erwies sich nicht als gerechtfertigt. Der Landtagskommission gehörten drei Juristen an, zwei Geistliche und zwei aus der kommunalen Verwaltung kommende Abgeordnete. Die Volksvertreter bedienten sich der selben Hilfsmittel wie die Regierungsmitglieder: der Texte aller Landesverfassungen, der gängigen Kommentare und Lehrbücher. Die württembergische Verfassung wurde jetzt stärker herangezogen; was dort dem Landtag zugestanden wurde, bildete für den Fürsten Karl die Grenze seines Entgegenkommens. Es darf nicht übersehen werden, daß die Sigmaringer Verfassung in einer bundespolitisch besonders reaktionären Phase entstand, die Fürst und Regierung zwangen, auf die im Anschluß an das Hambacher Fest gefaßten restriktiven Beschlüsse des Bundestages vom Sommer 1832 Rücksicht zu nehmen, denen auch die beiden Hohenzollern, wie alle anderen Mitglieder des Deutschen Bundes, zugestimmt hatten.[19] Die gründliche Beratung des von der Kommission erarbeiteten Entwurfs im Plenum dauerte noch einen Monat. Am 11. Juli 1833 wurden in feierlicher Sitzung im Sigmaringer Schloß die Verfassungsurkunden zwischen dem Fürsten und dem Landtag ausgetauscht. Damit hat das Fürstentum den Anschluß an den süddeutschen Konstitutionalismus in eigenständiger Weise gefunden.

Auf die Behandlung von zwei Problemen ist besonders aufmerksam zu machen. Ehe Fürst Anton Aloys sich auf eine Verfassung eingelassen hatte, bemühte er sich um ein Hausgesetz, das die alten Erbverträge mit Preußen von 1695 und 1707 bestätigte und stillschweigend auch die unebenbürtige Ehe seines Sohnes sanktionierte. Auf die Absicht, dieses von den preußischen und den Hechinger Agnaten bestätigte Familienstatut aus dem Jahr 1821 als Ganzes in die Verfassung zu integrieren, ging der Landtag nicht ein, wohl aber war er bereit, die staatsrechtlichen Bestimmungen aus dem Hausgesetz in Titel I »Von dem Fürstenthume und seiner Regierung« zu übernehmen. Damit wurde die preußische Eventualerbfolge in das Fürstentum durch dessen Verfassung anerkannt.

Im Entstehungsprozeß der Verfassung gab es nur einen wirklich kritischen Bereich. Er verbarg sich hinter der Überschrift des Titels VII: »Von den landesfürstlichen Domainen und dem Staatshaushalte«.

Wie wir wissen, hat Fürst Anton Aloys die Erwerbungen aus den Säkularisationen von 1803 und 1806 dem Haus- und Fideikommißbesitz inkorporiert. Während in den übrigen Staaten das Säkularisationsgut durch unterschiedliche Regelungen Staatseigentum wurde, versuchten Fürst Anton Aloys und sein Sohn, einen möglichen staatlichen Anspruch auf die Domänen zu unterlaufen, so wie das den Standesherren im Zuge der Gesetzgebung von 1803, 1806 und 1815 gelungen war.[20] Unter Domänen wurden nicht nur die Güter der herrschaftlichen Eigenwirtschaft verstanden, sondern vor allem die gesamten aus der Säkularisation stammenden Immobilien und Einkünfte, wobei die bedeutendsten Erträge aus der Grundherrschaft floßen. Nach den Verfassungsentwürfen der Regierung sollten die Domänen als Privatbesitz »nicht nur von dem Lande und seiner Verwaltung stets gesondert und ausgeschieden seyn«, es sollten auch, anstelle einer Zivilliste, die Einkünfte aus dem Salzmonopol, Zoll- und Stempelregal, die seit 1806 von der Hofkammer bezogen wurden, »von der Einwirkung oder Beistimmung der Landesdeputation unabhängig« sein. Gegen diese Beschneidung des Steuerbewilligungsrechtes der Stände gab es schon in der Regierung Einwände. Regierungsrat von Laßberg war der Meinung, der Fürst könne »einen anständigen Unterhalt« aus den Domänen beziehen, da »die Domainen im Verhältnis des Landes bedeutend« seien. Grundsätzlicher argumentierte Regierungsrat Mock, in dessen Kritik sich zugleich eine bemerkenswerte Unabhängigkeit offenbart, wenn er feststellte, es sei »nicht zu verkennen, daß die Rheinbunds-Acte das Fürstenhaus größer, mächtiger und reicher – das Land aber unfreier und ärmer gemacht hat, in dem dasselbe seine Kräfte für ganz fremdartige Zwecke verwenden mußte und es würde sich daher fragen, ob die durch den Beitritt zu jenem Bunde erworbenen Herrschaften . . . nicht als der Kaufschilling für die im preußischen, österreichischen und spanischen Kriege gefallenen Söhne des Landes mithin als Staatsgut zu betrachten oder ob alle diese Opfer nur gebracht worden seyen, die Macht und den Reichthum des Regentenhauses zu vermehren.«[21] Eine konträre, scharf antikonstitutionelle Position, eindeutiger auch als die des Fürsten Karl, nahm der Geheime Rat Fidelis Schnell ein. Er vertrat die Auffassung, die Domänen müßten weiterhin »dem Volke ein Heiligthum seyn, in dessen Geheimniße einzudringen, es sich nicht vermessen« sollte. Der Fürst, heißt es an anderer Stelle, »hat nicht mit seinem Volke zu tractiren um wieviel jährlich Einkommen sie höchst denselben als Fürsten behalten wollen.«

Der im Landtag zu erwartenden Konfrontation begegnete Fürst Karl mit einer Änderung der Behördenorganisation. Er gliederte die Domänenverwaltung ab 1. November 1832 – in der Zeit zwischen dem ersten und dem zweiten Landtag – aus der Landesregierung aus und schuf eine selbständige Domänen-Oberdirektion unter Leitung des Geheimen Rates Fidelis Schnell. Ihr war die Hofkammer nachgeordnet. Dadurch wurde es möglich, dem Landtag konkrete Zahlen über die Domänenerträge und die Einkünfte der Landeskasse vorzuenthalten. Das Ausweichen vor einer grundsätzlichen Klärung führte dazu, daß die Domänenfrage in der Verfassung offen blieb. »Durch eine Übereinkunft mit den Ständen«, so lautet Artikel 74, »soll festgestellt werden, (a) was als Bestandteil des Domänenvermögens zu betrachten ist, (b) welche Ausgaben aus dem Ertrage desselben zu bestreiten, (c) welche Leistungen auf die Hauptlandeskasse zu überweisen sind, und (d) was, bei der Unzulänglichkeit des Domänenertrages, für die Bedürfnisse des fürstlichen Hauses und Hofes aus den Mitteln des Landes beigetragen werden soll.« Da dem Fürsten die alleinige Gesetzesinitiative zustand, lag es in seiner Hand, die Behandlung dieser delikaten Frage in den folgenden fünf Landtagen – entgegen dem Gebot der Verfassung – zu verhindern. Es wundert deshalb nicht, daß neben der Aufhebung der alten Feudallasten die Domänenfrage den zentralen Punkt in den Auseinandersetzungen der Jahre 1848/49 ausmachte. Die Rettung der Domänen für das Haus bestimmte schließlich die Politik der Fürsten in und nach der Revolution entscheidend.

Als Landesherr ist dem Fürsten Karl (1785–1853) der Übergang zum konstitutionellen System nicht leichtgefallen.[22] Für diesen ernsten, gewissenhaften, etwas pedantischen Herrn scheint nicht nur der Umgang mit den Ständen, sondern auch mit den ihm und dem Land verpflichteten Beamten schwierig gewesen zu sein. Seine Berufung fremder Spitzenbeamter gemahnt geradezu an absolutistische Beispiele. Nach dem überraschenden Tod des erst vierzigährigen Regierungsdirektors Friedrich von Laßberg, 1838, und der Pensionierung des altgedienten Regierungspräsidenten von Huber machte er den bei den Liberalen berüchtigten, in Kassel gescheiterten ultrakonservativen Ludwig Hassenpflug zum Chef seiner Landesverwaltung. Nach dessen baldiger Berufung zum Zivilgouverneur von Luxemburg folgte ihm in Person des Freiherrn Wilhelm Schenck zu Schweinsberg wieder ein Kurhesse, allerdings von gegensätzlicher politischer Prägung: Schenck war ein bedeutender, klar auf dem Boden der Verfassung stehender Reformer. Als der dritte noch von seinem Vater übernommene leitende Beamte, der aus dem Land stammende Geheime Rat Fidelis Schnell 1841 in den Ruhestand trat, ersetzte ihn der Fürst an der Spitze der Domänen-Oberdirektion durch den angesehenen württembergischen Landwirtschaftsexperten August von Weckherlin, der zuvor die landwirtschaftliche Akademie in Hohenheim geleitet hatte. Fürst Karl war bemüht, hervorragende leitende Beamte zu verpflichten, wobei ihn, jedenfalls in den drei genannten Fällen, ihre andere Konfessionszugehörigkeit nicht zu stören schien.[23] In der Revolution wurde dann auch in beiden Fürstentümern die Forderung erhoben, die »ausländischen« Beamten zu entfernen. Die Gegensätze und Konkurrenzen in der Beamtenschaft, etwa zwischen dem »Dirigierenden« von Schenck und Weckherlin, der den fürstlichen Besitz verwaltete, waren oftmals politisch begründet.

Seit 1833 ist die Ständeversammlung der Ort, an dem die beginnende politische Bewußtseinsbildung faßbar wird. Die liberale Minderheit bildete mit ihren Exponenten Dr. Würth und Pfarrer Sprißler das Bewegungselement, während im Land die Vorbehalte gegen Neuerungen und gegen die kostspieligen Stände bestehen blieben. Die Landtagsmehrheit war in der Ära Schenck oft nicht bereit, dem Reformwillen der Regierung, besonders im Bereich der Grundlastenablösung und des Schulwesens, zu folgen. Im Dezember 1842 appellierte Schenck an die Abgeordneten, die Pläne der Regierung zu unterstützen, da sie sonst die in der Geschichte der Landtage bisher unbekannte Erscheinung böten, »daß eine mit den Bedürfnissen der Zeit fortschreitende Regierung von einer retrograden Kammer zurückgehalten wird«. Wenn die »Bauernbefreiung« nicht nach allgemeinen gesetzlichen Grundsätzen zustande kam, lag das allerdings auch an der restriktiven Einstellung der Hofkammer und der Standesherren. Die wiederholt beantragte rechtliche Gleichstellung der Israeliten fand im Landtag keine Mehrheit. Durch das herrschende Staatskirchentum spielten Kirchenfragen in der Ständeversammlung eine Rolle. Auch von ihnen geht ein Prozeß der politischen Differenzierung aus. Dem bislang dominierenden staatsnäheren Wessenbergianismus erwuchs eine kirchenpolitische Gegenströmung, die für eine Befreiung der Kirche von der Bevormundung durch den Staat eintrat. Ihrem Exponenten im Landtag, Silvester Miller, dem nachmaligen Sigmaringer Stadtpfarrer, gelang erst im Zuge der Revolutionsereignisse die Lösung von den Konservativen. Durch ihn und den mit seinem religiösen und sozialen Gründungseifer besonders hervortretenden Pfarrer Thomas Geiselhart begann sich der politische Katholizismus im Lande zu organisieren.

Die Verfassung im Sigmaringer Fürstentum und die Tätigkeit des Landtages wirkten sich auch auf das Fürstentum Hechingen aus. Bisher hatte dort die Steuerdeputation wenig von sich reden gemacht. Das reichlich mit Beamten versehene Ländchen erhielt 1832 eine neue Spitzenbehörde, die Geheime Konferenz, 1835 ließ sich Fürst Friedrich schließlich herbei, durch ein neues Wahlgesetz die Zuständigkeiten der Deputation zu erweitern, so daß man die aus 12 gewählten Vertretern bestehende, jährlich zusammentretende Versammlung zurecht als Landtag bezeichnen kann. Der Übergang zum konstitutionellen System war vollzogen, auch wenn das Fürstentum erst im Gefolge der Revolution im Mai 1848 eine förmliche Verfassung erhielt. Cramer, der auch die vormärzliche Entwicklung im Hechinger Fürstentum anschaulich beschreibt, spricht vom »Säuglingsalter des Constitutionalismus«.[24]

So wenig der Landtag fähig war, an den Hauptgebrechen des Landes, der tiefen Verschuldung und dem zunehmenden Mißverhältnis von Ernährungsgrundlage und Bevölkerungszahl, etwas zu ändern, so kamen doch durch ihn die das Land beschäftigenden Fragen zur öffentlichen Diskussion und wurden auch in den seit 1829 erscheinenden Wochenblättern kolportiert. Der liberale »Volksfreund« fiel 1836, im zweiten Jahr seines Erscheinens, der vom Deutschen Bund geforderten fürstlichen Zensur zum Opfer. Bei der Mehrzahl der aus den Dörfern stammenden Deputierten bestand ein gemeinsames Vorurteil gegen die Residenzstadt, es gab aber ebenso einen offen ausgesprochenen Gegensatz zwischen den Gemeinden des »unteren Jagens«, im Westen des Landes, und des »oberen Jagens«, im Killertal und auf der Alb. Auch der Hechinger Landtag kam mit der Ablösung der Feudallasten nicht zu einer zumutbaren einheitlichen Regelung. Die Umwandlung von Fronen und herrschaftlichen Gerechtigkeiten in Geldzahlungen erfolgte in Einzelverträgen der Gemeinden mit der Hofkammer. Die dringlich geforderte einheitliche Besteuerungsgrundlage, die nicht ohne den Aufwand einer Landesvermessung möglich gewesen wäre, kam nicht zustande. Immerhin konnte der Landtag nach jahrelangen Verhandlungen erreichen, daß der Fürst 1842 den stattlichen Ausgleichsbetrag von 155 000 Gulden von der Hofkammer- an die Landeskasse überweisen ließ. Zwischen beiden fehlte weiterhin eine eindeutige Zuständigkeitsabgrenzung. Die Beliebtheit des Landtags erlitt gleichwohl Einbußen, nachdem er sich mit großem Nachdruck für die Eintreibung der Steuerrückstände in den verarmten und überschuldeten Gemeinden einsetzte. Auch die Mehrheit des Hechinger Landtags hielt die Juden noch nicht für reif genug, um ihnen die bürgerliche Gleichstellung gewähren zu können. 1842 wurde ein entsprechender Gesetzesvorschlag der Regierung abgelehnt. Die Liberalen – das waren vor allem die beiden Hechinger Ärzte Koller und Bosch sowie die beiden Pfarrer Blumenstetter und Diebold – standen nicht nur in der Minderzahl, sie hatten auch untereinander in vielen Punkten differente Auffassungen.[25] Wie eng die Personenbeziehungen in dem kleinen Land verzahnt waren, läßt sich am Beispiel von Dr. Cajetan Koller (1798–1872) zeigen. Er stand als Leibarzt der fürstlichen Familie nahe, gehörte jedoch als gewähltes Mitglied der Landesdeputation und als deren Vorstand zu den entschiedenen Kritikern – »Schläfrigkeit der Verwaltung« – der Regierung. Gleichzeitig pflegte er mit den leitenden Beamten in der Museumsgesellschaft und in der unpolitisch-geselligen Vereinigung »Biedermannia« persönlichen Umgang. Als sich in der Revolution das

Land radikalisierte, gehörte er zu den bürgerlichen Liberalen, die sich entschieden auf den Boden der konstitutionellen Monarchie stellten. Die Hechinger Landesdeputation spielte – ohne daß sie die Bedeutung des Sigmaringer Landtags erreichte – für die Ausbildung und Differenzierung von politischem Bewußtsein im Fürstentum eine wichtige Rolle, auch in der Begrenzung des überkommenen patriarchalischen Herrschaftssystems.

Den beiden Landesherren, die den Hechinger Zwergstaat in der Ära des Vormärz regierten, war die fortschreitende Beschränkung ihrer Herrschaftsposition bewußt. Fürst Friedrich, der dem bei seinem Regierungsantritt 1810 geäußerten Grundsatz, »äußerst einfach, anspruchslos und ohne allen Hofprunk zu leben«, in seinen 28 Regierungsjahren treu blieb, hatte schon als Erbprinz seinen Vater vor dem Schicksal der »Hoheitsnullen« gewarnt, und er hatte darunter nicht nur die Bedrohung von außen verstanden. Er war sich der politischen Bedeutungslosigkeit der kleinen Territorien und ihrer Herrschaftsträger bewußt. Ein Zug zur Resignation ließ ihn seine Regentenpflichten mit Distanz und Abgeklärtheit erfüllen. Er führte, vor allem auch bedingt durch die Trennung von seiner Frau, eher das Leben eines Grandseigneurs als das eines regierenden Fürsten. Seine literarischen Interessen brachten ihn in Korrespondenz mit vielen hervorragenden Zeitgenossen, etwa auch mit dem ihm freundschaftlich verbundenen Wessenberg, dessen kirchliche und kirchenpolitische Auffassungen er teilte.[26] In seinem letzten Lebensjahrzehnt, bei zunehmender Kränklichkeit, widmete sich ihm seine feinsinnige Schwiegertochter, auch sie leidend und melancholisch.

Ein resignativer Zug liegt auch über der Herrschaftszeit des letzten Hechinger Fürsten, Friedrich Wilhelm Konstantin (1801–1869), eines wohlwollenden aber schwachen und unbeständigen Herren. Er war seit 1826 verheiratet mit Prinzessin Eugenie von Leuchtenberg, einer Tochter Eugen Beauharnais' und der Auguste von Bayern. Durch ihre nahe Verwandtschaft zu zahlreichen regierenden Häusern trat das Hechinger Fürstenhaus in bisher nie erreichte Familienbeziehungen mit der europäischen Hocharistokratie.[27] Da die Ehe kinderlos blieb, zeichnete sich das Erlöschen der Hechinger Linie mehr und mehr ab. Fürstin Eugenie, die 1847 an Lungenschwindsucht starb, erwies sich mit ihrem bedeutenden Privatvermögen als wahre Wohltäterin für das Land; auf sie gehen zahlreiche noch heute bestehende karitative Einrichtungen zurück.

In der Zeit des Fürsten Konstantin gab es in Hechingen wieder eine förmliche Hofhaltung, mit adeligem Hofmarschall, Oberjägermeister, Hofkavalieren und Hofdamen, vor allem aber mit einer Hofkapelle, die

Konstantin schon als Erbprinz aufgebaut hatte und die er aus der von seiner Mutter gespeisten Privatschatulle bezahlte. 1845 erbte er deren schlesische Besitzungen. Ihre wertvolle Kunstsammlung überführte er nach Hechingen und machte sie im Neuen Schloß der Öffentlichkeit zugänglich. Der lebens- und liebeslustige Potentat machte sich nicht als Regent, wohl aber als Musik-Enthusiast und -Mäzen einen Namen. »In Erkenntnis des wohltätigen Einflußes des Gesangs auf die Veredlung des jugendlichen Gemüts« führte der Fürst nach seinem Regierungsantritt den Singunterricht an den Volksschulen ein. Er machte Hechingen zu einem Zentrum der klassischen Musikpflege. Seither haben sich die beiden letzten Jahrzehnte der Residenzstadtzeit als das »orpheische Hechingen« einen Schimmer der Verklärung erhalten. Hier darf man wohl auch einen deutlichen Unterschied zur Landbevölkerung sehen, bei der die Unzufriedenheit mit den bestehenden Verhältnissen, wie sich vor allem im Frühjahr 1848 zeigte, größer war als in der Stadt.

In Hechingen und in Sigmaringen war das Ensemble von landesherrlicher Attitüde und bürgerlichem Partizipationsbegehren von einer undeutlichen Untergangserwartung überlagert. Die Unsicherheit, die bei den hohenzollerischen Fürsten am Übergang vom patriarchalischen zum konstitutionellen Regierungssystem zu beobachten ist, wird in vielen ihrer zeitgenössischen Äußerungen faßbar. Sie entstand zweifellos auch unter dem Eindruck der vielen Krisen in der europäischen Staatenwelt seit der Julirevolution von 1830. So forderte Fürst Konstantin 1845 von seinem Vetter Karl Anton, zusammenzustehen, um »in dem bevorstehenden Chaos von Weltbegebenheiten« die Existenz des Namens Hohenzollern zu retten. Karl Anton äußerte 1847, falls sich die »Partei des ungemessenen, tobsüchtigen Fortschritts« durchsetze, müßten »wir, von Gottes Gnaden unbedingt das Feld räumen«, und Fürst Karl formulierte in der Revolution die Einsicht: »Offenbar werden die kleinen Fürsten nicht nur als überflüssig angesehen werden, sondern selbe dürften auch in der Wirklichkeit und vollen Wahrheit entbehrlich und nutzlos sein.« Damals war allerdings die Befürchtung Konstantins von 1845 schon so gut wie in Erfüllung gegangen, die Fürsten dürften keine Schwäche zeigen, sonst »heißt es für uns alle adieu bonjours.«[28]

Wie die eruptiven Bewegungen in der Bevölkerung beider Fürstentümer im März 1848 zeigen, war tatsächlich das Vertrauen in die Fürsten und ihre Regierungen schwer erschüttert. Diese für das Land überaus folgenreichen Vorgänge erfahren in dem vorliegenden Band eine eigene geschlossene Darstellung durch Eberhard Gönner. Er verfügt dank seiner akribischen Erforschung der Revolution von 1848/49 in den hohenzollerischen Fürstentümern und deren Anschluß an Preußen bis heute über eine konkurrenzlose Zuständigkeit für dieses Thema.

Die »Hohenzollernschen Lande« im Königreich Preußen 1850–1918

»Vom Fels zum Meer«

Während der fast hundertjährigen Zugehörigkeit Hohenzollerns zu Preußen hat man sich daran gewöhnt, den Anschluß der hohenzollerischen Fürstentümer an das Königreich als einen ganz normalen, angesichts der Erbverträge geradezu selbstverständlichen Vorgang anzusehen. Aber selbst wenn man diesen Anschluß aus rein dynastischem Blickwinkel wertet, ist es ein exzeptioneller, keineswegs selbstverständlicher historischer Vorgang. Zu seinen Voraussetzungen gehörte nicht nur das über viele Jahrhunderte gepflegte Bewußtsein der Stammverwandtschaft, der Abschluß von Familienverträgen, in denen dem König die Stellung des Familienchefs, dem Königshaus das Erbfolgerecht eingeräumt wurde, dazu gehörte auch eine ganz besondere, eben nicht normale Sachlage. Die Revolution in beiden Fürstentümern und die Evidenz des Unvermögens, als souveräne Staaten zu bestehen, hätten es normal erscheinen lassen, wenn sie schon damals in den Nachbarstaaten aufgegangen wären. Auch die in Hohenzollern verbreiteten antiwürttembergischen Vorurteile hätten dies nicht verhindern können. Von einem engen, lebendigen Verwandtschaftsbewußtsein der schwäbischen Hohenzollern zum preußischen Herrscherhaus kann so wenig die Rede sein wie von wirklicher Sympathie für den wesensfremden protestantischen Königsstaat. Und die beiden Fürsten, deren bestimmendes Motiv es war, die Domänen als Eigentum zu retten, hätten ihre Souveränitätsrechte, wie die Verhandlungen mit der provisorischen Zentralgewalt in Frankfurt zeigen, an jeden »verkauft«,[29] der ihnen den Domänenbesitz garantierte. Zur Übernahme Hohenzollerns durch Preußen kommt es letztlich aufgrund der dynastischen Vorstellungen zweier Persönlichkeiten: Sie wird entschieden durch König Friedrich Wilhelm IV. von Preußen unter maßgeblichem Einfluß des Freiherrn von Stillfried, der schon seit Jahren das Interesse des Königs am Stammland seines Herrscherhauses anfachte, der bei dem 1846 beschlossenen gemeinsamen Neuaufbau der Stammburg als »spiritus rector und Motor des ganzen Unternehmens« wirkte und zuletzt als Sachwalter der schwäbischen Fürsten beim König – Karl Anton nennt ihn den »Schutzengel unserer Angelegenheiten« – die Zustimmung des Monarchen zum Abtretungsvertrag gewann.[30]

Friedrich Wilhelm IV. hatte als Kronprinz 1819 den Hohenzollern besucht. Damals war die Stammburg eine dem weiteren Verfall preisgegebene Ruine. Als ihm der Hechinger Fürst die steigende Gefahr vorstellte, »das schöne Denkmal der Ahnen« zu verlieren, erreichte er in den folgenden Jahren, daß sein Vater für die Erhaltung der Burg 10 000 Taler zur Verfügung stellte. Die beabsichtigte Absendung Schinkels wußte der einflußreiche Hausminister Fürst Wittgenstein zu verhindern: »Wenn es darauf ankommt«, so riet er dem König, »diese alte Ruine zu erhalten, so wird es an geschickten Maurern in der dortigen Gegend nicht fehlen und weiter bedarf es nichts.« Außer dem Kronprinzen war in Berlin niemand an der Erhaltung der Stammburg interessiert. Die Restaurierung der Jahre 1822/23 entsprachen aber seinen Erwartungen nicht, denn Fürst Friedrich ließ zwar einen neuen Wartturm bauen, vernachlässigte aber die Erhaltung der eigentlichen Burganlage, ja er ließ Teile der Gemäuer sprengen, um der Ruine ein besonders malerisches Aussehen zu geben.

Seit Beginn der dreißiger Jahre wurde der Kronprinz in seinem hausgeschichtlichen Interesse zunehmend beeinflußt durch den schlesischen Freiherrn Rudolph von Stillfried (1804–1882), der zunächst aus eigenem Antrieb, nach dem Regierungsantritt Friedrich Wilhelms IV. als Vizeoberhofzeremonienmeister in amtlichem Auftrag, die ältere zollerische Hausgeschichte erforschte. Alexander von Humboldt hat ihn als den »Kolumbus von Hohenzollern« apostrophiert. Die Vertrauensstellung, die Stillfried bei seinem Herrn einnahm, beruhte darauf, daß er dessen ins Phantastische gesteigerten dynastischen Anschauungen teilte und ihn darin nach Kräften bestärkte. Die schwäbischen Fürsten, die weder von dem exzessiven Ahnenkult noch der Burgenromantik des Königs und Stillfrieds viel hielten, versuchten schon früh, den Einfluß dieses Mannes ihren eigenen Interessen dienstbar zu machen. »Alle durch Sie errungenen Resultate mühsamer Forschungen«, schrieb Erbprinz Karl Anton 1845 an Stillfried, »sind unstreitig für die schwäbischen Hohenzollern von der höchsten Wichtigkeit, weil dadurch ein Theil des das Königshaus umgebenden Glanzes in unsere bescheidene und stille schwäbische Ecke zurückstrahlt und somit in historischer und politischer Beziehung unser Gedeihen mit jener mächtigen und kraftäußernden Existenz einer königlichen Linie einigermassen verwebt.« Wurde Stillfrieds Zollernenthusiasmus zunächst nur für die Gewinnung des Prädikats »Hoheit« von den beiden Fürsten in Anspruch genommen, um ihre »souveräne Stellung im Hinblick auf die Mediatisierten in ein richtiges Gleichgewicht« zu bringen, so ging es während der Revolution um die existentielle Entscheidung, wie die schwäbischen Häuser überhaupt in Zukunft gestellt sein sollten. Das Bitten und Drängen der beiden Fürsten und ihrer Unterhändler in Berlin begleitete Stillfried im August 1849 mit dem einem Kampfsignal gleichkommenden Aphorismus: »Ohne Hohenzollern kein Preußen«.[31] Das wesentlich von Stillfried geprägte Geschichtsbild, das die engste Zusammengehörigkeit der hohenzollerischen Häuser suggerierte, hat schließlich dem entscheidungsscheuen König über seine legitimistischen Bedenken, historische Herrschaftsrechte aufzuheben, hinweggeholfen.

Nirgends tritt der von Stillfried genährte dynastische Geschichtskult des Königs so unverhüllt zutage wie 1851 bei der feierlichen Erbhuldigung seiner neuen Untertanen auf dem Hohenzollern – »der Geburtsstätte meines Geschlechts« -, die er zum Anlaß der Stiftung des Königlich Hohenzollernschen Hausordens nahm. Er gab ihm die Devise »Vom Fels zum Meer«, um ihn »dem Andenken an den Ursprung und die Ausbreitung Unseres Königlichen Hauses [zu] widmen, welches unter dem Beistande Gottes des Allmächtigen von der Felskuppe des Hohenzollern seine Herrschaft ausgebreitet hat bis zu dem Baltischen Meere und über das Stromgebiet der Nordsee«. Diese für Friedrich Wilhelm IV. so charakteristische Herrscherromantik war es, die ihn schließlich bestimmte, die »Wiege des Schwarzen Adlers« zu retten. Sie findet ihren Ausdruck in der nach Plänen Friedrich August Stülers in den Jahren 1850–1867 auf den Grundmauern der alten Stammfeste errichteten neugotischen Burg. Der eigentliche Initiator des Neubaus, der nunmehrige Oberhofzeremonienmeister Graf Stillfried, bekam als Vorsitzender der Immediat-Baukommission von Anfang an stärksten Einfluß auf die Gestaltung. Er konnte im Sinne Friedrich Wilhelms IV. seine bisherige literarische Glorifizierung des Hohenzollernhauses ins Architektonische übertragen.

Neben der notwendigen starken Betonung der dynastischen Motive soll die gleichzeitige nationale Bewegung, deren Erwartungen an das Haus Hohenzollern geknüpft waren, nicht unbeachtet bleiben. Sie läßt sich, in unserem Zusammenhang, verdeutlichen an Traugott Maercker, dem wissenschaftlichen Mitarbeiter des »vornehmen Dilettanten« Stillfried bei der Herausgabe der »Hohenzollerischen Forschungen« und der »Monumenta Zollerana«. Für Maercker, den ehemaligen Burschenschafter, stand nicht die Heroisierung des Zollernstammes im Vordergrund, er verband die dynastische mit einer nationalen Komponente. Für ihn sollte das Haus Hohenzollern die Dynastie eines künftig geeinten Deutschland werden, die zollerische Stammburg bildete für ihn »recht eigentlich den idealen Verbindungspunkt zwischen dem Norden und dem Süden unseres Vaterlandes«. Daß das kleindeutsche hohenzollerische Kaisertum der Paulskirche ausgerechnet am schroffen Legitimismus und Gottesgnadentum Friedrich Wilhelms IV. scheiterte, haben Karl Anton, Stillfried und Maercker ebenso bedauert wie die liberalen Träger der revolutionären Bewegung in den beiden Fürstentümern. Karl Anton hat es allerdings verstanden, seinen Herrschaftsverzicht im nationalen Sinn zu ideologisieren, indem er die Aufgabe seiner Souveränitätsrechte als eine Vorleistung auf die deutsche Einigung –

»einen Schritt vorwärts auf der Bahn zur Einheit, zur Größe, zur Macht Deutschlands« – erscheinen ließ. »Soll der heißeste Wunsch Meines Herzens«, so rief er in seiner Abschiedsansprache im April 1850 aus, »soll das Verlangen aller wahren Vaterlandsfreunde erfüllt werden, soll die Einheit Deutschlands aus dem Reich der Träume in Wirklichkeit treten, so darf kein Opfer zu groß sein. Ich lege hiermit das größte, welches Ich bringen kann, auf dem Altare des Vaterlandes nieder.« Den zentralen Satz dieses Zitats hat man auf dem Karl Anton-Denkmal vor dem Sigmaringer Schloß bis heute vor Augen. Für den deutschen Südwesten erhoffte sich der abtretende Fürst, daß künftig von Hohenzollern aus »die echt preußischen Vorzüge des Geistes, der Bildung und der Gesinnung« das »einer erfrischenden Belebung höchst bedürftige Schwabenland bleibend durchströmen».[32]

Besitzergreifung, Verwaltung, Integration

Die Einverleibung der beiden Fürstentümer in das Königreich Preußen ging – unerachtet aller dynastischen, nationalen und moralischen Verbrämungen – unter preußischer Besatzung vonstatten, die sich schon seit Anfang August 1849 im Land befand. Die Abtretungsverhandlungen wurden unter Ausschluß der Öffentlichkeit geführt. Der Wille der hohenzollerischen Bevölkerung spielte keine Rolle. Über ihre Rechte ging das königliche Besitznahmepatent hinweg, indem es die preußische Verfassung für eingeführt erklärte, »wobei gleichzeitig die bisherige Vertretung des Landes ihre Endschaft erreicht«. Die gegen die Beseitigung der Volksvertretungen von liberaler Seite in der Zweiten Kammer des Preußischen Abgeordnetenhauses geltend gemachten Bedenken wurden unter Berufung auf das patriotische Interesse aufgegeben. In Hohenzollern selbst wurde kein Widerspruch laut. In dem gleichzeitig mit der Besitznahme Anfang April 1850 verkündeten »Zuruf des Königs an die Bewohner der Hohenzollernschen Lande bei der Übernahme derselben« kam klar zum Ausdruck, daß an die Stelle der erhofften bürgerlichen Emanzipation wieder der vorrevolutionäre Untertanenstatus getreten war. »Ich aber vertraue«, hieß es am Schluß des Zurufs, »daß Ihr eingedenk des Unsegens, der nach den Erfahrungen der letzten Jahre an der Untreue haftet, Mir treue Unterthanen sein und Euch des preußischen Namens würdig zeigen werdet«. Auch ein Jahr später, als König Friedrich Wilhelm IV. persönlich in feierlichem Akt auf der Stammburg, dem historischen Sinnbild zollerischer Macht, den Erbhuldigungseid der Deputierten des Landes entgegenahm, versäumte er es nicht, ihnen ihre Undankbarkeit gegen ihre angestammten Fürsten vorzuhalten. Dieses großartig als Fest aufgezogene Ereignis – an dem auch der Prinz von Preußen, der Bruder und spätere Nachfolger des Königs, und die Fürsten von Fürstenberg und von Thurn und Taxis als Standesherren teilnahmen und zu dem man eigens den Berliner Domchor nach Hechingen gebracht hatte – wurde später, wie etwa durch den preußischen Historienmaler Paul Bürde, als begeisterte Huldigung an den Monarchen dargestellt, obgleich es für die Betroffenen ein Akt der Unterwerfung an der Schwelle der Reaktionszeit war, auch wenn der König an die 300 Deputierten silberne Huldigungsgedenkmünzen verteilen und sie anschließend, wie auch die 380 am Zoller eingesetzten Bauarbeiter, bewirten ließ.[33]

Wir können nicht sagen, inwieweit den Zeitgenossen bewußt war, daß angesichts der revolutionären Vorgänge im Lande das Konzept des Neubaus der Stammburg geändert wurde? Jetzt wurde dem Bau ein bis dahin nicht vorgesehener Festungscharakter gegeben, und er wurde zusätzlich als Garnison für eine Kompanie ausgestattet. »Die bauliche Herstellung der Burg Hohenzollern soll«, so heißt es in einem Erlaß des Kriegsministeriums vom August 1850, »in militärischer Beziehung den Zweck haben, einen festen Posten zu gewinnen, der in Zeiten der Unruhe einen vollständig gesicherten Aufenthalt – ein Refugium – und in einer zeitweiligen Besatzung das Mittel darbietet, von hier aus einen Einfluß auf die Fürstentümer auszuüben.« Diese Funktion des Hohenzollern als Stützpunkt zur Behauptung der monarchischen Gewalt in dem neu erworbenen preußischen Gebiet wird noch 1861 vom Kriegsministerium bestätigt. Es bestimmt, die Burg sei im Frieden als Garnison zu benützen, im Kriegsfall sei sie jedoch zu räumen.[34] Die Stimmung im Lande nach der Einverleibung Hohenzollerns in den preußischen Staat kommt wohl am besten zum Ausdruck in der häufig zitierten Anekdote von einem Pfarrer, der sich des Auftrags entledigte, die Leute zu beruhigen und ihnen den Segen einer geordneten Verwaltung vor Augen zu führen. Er werde heute zu sprechen haben, so begann er seine Predigt, »darüber, wie sehr wir uns freuen sollen, daß wir preußisch geworden sind, und darüber, wie wir dies um unserer Sünden willen auch nicht besser verdient haben«.

Die verwaltungsmäßige Eingliederung in den preußischen Staat führte zunächst die beiden bisher voneinander unabhängigen Fürstentümer zu einer Verwaltungseinheit zusammen. Als »Hohenzollernsche Lande« nahmen sie einen Sonderstatus in der Monarchie ein, denn sie wurden an keinen Regierungsbezirk und an keine der acht Provinzen angeschlossen. Die weit vom »Mutterland« abgelegene bescheidene Exklave mit ihren rund 65 000 Einwohnern bildete einen eigenen Regierungsbezirk, der insofern sogar eine provinzähnliche Stellung bekam, als der Regierung in Sigmaringen auch die Verwaltung solcher Angelegenheiten übertragen wurde, die in den preußischen Provinzen den Oberpräsidenten zugewiesen waren.

Diese Sonderstellung ging auf die Vorschläge des königlichen Besitznahmekommissars Freiherr von Spiegel zurück, der den Grundsatz vertrat, »überall eine möglichste Schonung der bestehenden Verhältnisse vorwalten zu lassen, ohne andererseits die allmähliche Überleitung in das Preußische Wesen zu vernachlässigen«. Spiegel konnte sich nur deshalb gegen die Egalisierungstendenz des Staatsministeriums durchsetzen, weil der König seine Auffassung teilte und auch seinen »Stammlanden« gerne ein Zugeständnis machte. Es bleibt erstaunlich, daß die Konzeption Spiegels während der gesamten Zeit der Zugehörigkeit Hohenzollerns zu Preußen Bestand hatte, denn schon sein Nachfolger, der aus der altländischen Administration stammende Regierungspräsident von Sydow, schlug dem Staatsministerium eine wesentlich stärkere Integration in den preußischen Staat vor, und wenig später, bei den großen Annexionen von 1864 und 1866, hat es vergleichbare Ausnahmen oder Rücksichten nicht mehr gegeben.

Die Eigenständigkeit, die Hohenzollern gewährt wurde, bedingte wie bisher einen ungewöhnlich hohen Verwaltungsaufwand. Erst kurz zuvor hatte der württembergische Demokrat Moriz Mohl in der Paulskirche über den Sigmaringer Staat gespottet, er leiste sich »eine Geheimkonferenz, eine Regierung, ein Hofgericht, eine Finanzkammer, acht oder zehn Oberämter, und Gott weiß, was noch«, während das Ländchen, wenn es einem größeren Staat angehörte, von einem Oberamtmann verwaltet werden könnte. Die Gelegenheit, den aufgeblähten Behördenapparat bei der Eingliederung in den Großstaat Preußen drastisch zu reduzieren, wurde nicht wahrgenommen.[35]

Mit dem schon im April 1851 erlassenen Gesetz über die Justizorganisation wurde die Trennung der Rechtsprechung von der Verwaltung endgültig vollzogen. In Hechingen, das sich als größere der ehemaligen Residenzstädte Hoffnungen auf den Sitz der Regierung gemacht hatte, wurde ein Kreisgericht für ganz Hohenzollern geschaffen. Ihm unterstanden ab 1854 sechs ständige Gerichtskommissionen im Land. An Stelle des Appellationsgerichts Stuttgart traten als zweite und dritte Instanzen das Appellationsgericht Arnsberg in Westfalen und das Obertribunal Berlin. Die Begünstigung Hohenzollerns bestand auch nach Einführung der Reichsjustizverfassung 1879 fort. Aus dem Kreisgericht entstand das Landgericht Hechingen, dem die fünf nunmehrigen Amtsgerichte in Gammertingen, Haigerloch, Hechingen, Sigmaringen und Wald unterstanden. Nur Glatt büßte den Gerichtssitz ein. An die Stelle des Appellationsgerichts Arnsberg trat jetzt das Oberlandesgericht im nähergelegenen, inzwischen preußisch gewordenen Frankfurt am Main. Hechingen wurde in preußischer Zeit zur Gerichtsstadt. Nach 1879 wirkten am Landgericht ein Präsident, ein Direktor, sechs Richter und ein Erster Staatsanwalt. Das Amtsgericht war mit drei Richtern besetzt.[36] Es läßt sich kaum vorstellen, daß es in Deutschland eine andere Stadt mit so hohem Richteranteil pro Kopf der Bevölkerung gab.

Nachdem zunächst unter der Aufsicht des königlichen Kommissars Freiherrn von Spiegel die bisherigen fürstlichen Regierungen als preußische weiter amtiert hatten, begann die Neuordnung der Verwaltungsorganisation im Januar 1852. Die in Sigmaringen eingerichtete Regierung für die »Hohenzollernschen Lande« – so lautete die offizielle Bezeichnung seit April 1852 – bestand aus dem Präsidenten und einem Kollegium, dem drei aus der preußischen Verwaltung stammende Regierungsräte und, in der Anfangsphase, zwei aus den bisherigen Regierungen kommende Mitglieder angehörten. Die Stellen des Geistlichen Rates und des Medizinalrates waren nebenamtlich besetzt. Von der direkten Unterstellung unter die Berliner Ministerien gab es Ausnahmen; einige Verwaltungsbereiche wurden den Provinzialbehörden der Rheinprovinz zugeteilt. So kam es, daß die hohenzollerischen Soldaten in rheinischen Garnisonen dienten und die künftigen Lehrer in rheinischen Seminaren ausgebildet wurden, und umgekehrt, daß in den Kollegien des Sigmaringer Gymnasiums und der Hechinger Realschule die aus der Rheinprovinz stammenden Lehrer in der Überzahl waren. Die Einweisung der Landräte und der Richter dagegen ging nicht von Koblenz aus, sondern erfolgte durch die Berliner Ministerien, was bedeutete, daß Juristen aus allen Teilen der Monarchie in Hohenzollern eingesetzt wurden. Die bestehenden zehn hohenzollerischen Oberamtsbezirke wurden 1854 auf sieben, 1861 auf sechs und 1862 auf vier (Gammertingen, Haigerloch, Hechingen, Sigmaringen) reduziert. An der Spitze jedes Oberamtsbezirks stand der Oberamtmann, ein vom König eingesetzter Staatsbeamter mit den selben Rechten und Pflichten wie die preußischen Landräte. Bei der Besetzung dieser Stellen ist in der Anfangszeit eine besondere Berücksichtigung Einheimischer zu beobachten. Das Oberamt Haigerloch wird erstmals 1902 einem – evangelischen – Nichthohenzoller übertragen. In Hechingen wirken von 1854 bis 1877 hintereinander die Brüder Wilhelm und Adolf Gustav von Frank, die der bekannten einheimischen Beamtenfamilie entstammen. Erst im Zuge des Kulturkampfes wird das Amt mit Auswärtigen und Nichtkatholiken besetzt.[37]

Zu den Besonderheiten bei der Eingliederung Hohenzollerns in den preußischen Staat gehörte die Fortgeltung der Gemeindeordnungen aus der fürstlichen Zeit. Erst ab 1901 gab es ein landeseinheitliches Gemeinderecht, das den Übergang von der Bürger- zur Einwohnergemeinde vollzog. Eine Ausnahmestellung hatte Hohenzollern auch durch seinen eigenen, vom preußischen Staatshaushalt unabhängigen Landesetat. Dies bedeutete insofern eine Begünstigung, als das Land zwar die Kosten für Verwaltung und Justiz tragen, sich aber nicht an der Finanzierung von Hoheitsrechten und den Renten an die abgetretenen Fürsten, die aus der Staatskasse flossen, beteiligen müßte. Darüber hinaus bekam die Landeskasse von Anfang an regelmäßige Zuschüsse aus Berlin.[38]

In der Anfangszeit wurde es im Land als Zurücksetzung empfunden, daß ihm, abgesehen von den beiden Abgeordneten, die es in den Landtag nach Berlin entsandte, keine eigene Vertretungskörperschaft zugestanden wurde. In einer Immediateingabe sämtlicher Ortsvorsteher an den König wurde schon 1853 eine eigene Landesvertretung erbeten; 1867 kam es zu einem neuen Vorstoß, aber erst im Zuge der umfassenden Neuorganisation der Selbstverwaltung in Preußen wurde ein Landeskommunalverband errichtet. Es spricht dabei für die Behutsamkeit des Verfahrens, daß die »Hohenzollerische Amts- und Landesordnung« vom April 1873 im Zusammenwirken der Sigmaringer Regierung mit Vertretern aus dem Land vorbereitet wurde. Wenig später wurde der Landeskommunalverband in die preußische Dotationsgesetzgebung einbezogen, was die definitive Bestimmung seiner Aufgaben und die Ausstattung mit Steuereinnahmen aus der Staatskasse begründete. Die Bildung des Landeskommunalverbandes verweist wieder auf die Sonderstellung Hohenzollerns, denn die Regierungsbezirke waren in Preußen ausschließlich Einheiten der Staats-, nicht aber der Selbstverwaltung. Hohenzollern war also in der Einrichtung seiner Selbstverwaltung einer Provinz gleichgestellt. Die bisher vom Staat wahrgenommenen, nunmehr zur eigenen Verwaltung übertragenen Aufgaben bezogen sich auf das Straßenwesen, auf Wirtschaftspflege, Kulturpflege, Wohlfahrts- und Versicherungswesen, Verwaltung des Fürst Carl-Landesspitals, der Spar- und Leihkasse (nachmals Hohenzollerische Landesbank) und nach 1896 der Beteiligung an der später so genannten Hohenzollerischen Landesbahn.

Für das Einheitsbewußtsein Hohenzollerns waren die Organe des Landeskommunalverbandes von größter Bedeutung. Der Kommunallandtag, die zentrale Vertretung für das ganze Land, setzte sich aus 14 indirekt gewählten, und aus zwei – einem vom Fürsten von Hohenzollern und einem von den beiden Standesherren gemeinsam – delegierten Mitgliedern zusammen. Er wählte sich eigene Vorsitzende, die der Bestätigung des Königs bedurften. Entsprechend wurden die Amtsversammlungen in den vier Oberämtern gebildet, die je nach Größe zwischen 16 und 19 gewählte Mitglieder zählten, dazu einen Vertreter des Fürsten von Hohenzollern als Besitzer der Domanialgüter. Hier führten die Oberamtmänner den Vorsitz. Der Landesausschuß, der aus dem Vorsitzenden des Kommunallandtags und vier von diesem aus seiner Mitte gewählten Vertretern bestand, war das eigentliche Leitungsgremium des Landeskommunalverbandes. Die Tatsache, daß er das Recht hatte, sich gutachtlich zu den in Hohenzollern einzuführenden, abzuändernden oder aufzuhebenden Gesetzen zu äußern, bedeutet nicht, daß der Kommunallandtag ein Organ der Gesetzgebung oder der Staatsverwaltung gewesen wäre. Er war kein Parlament.[39] Es ist sehr zu bedauern, daß wir im Zusammenhang mit dem Landeskommunalverband nur über formale und organisatorische Informationen verfügen und zwar sagen können, daß er in seiner knapp hundertjährigen Geschichte für die Zusammengehörigkeit und das Landesbewußtsein der Hohenzollern von größter Bedeutung war, daß wir aber nicht wissen, ob und inwieweit er auf lange Sicht ein wirksames Instrument der Integration Hohenzollerns in den preußischen Staat war, oder ob er sich nur partikularistisch-integrierend für die Hohenzollerischen Lande ausgewirkt hat.

Nicht zu unterschätzende Folgen für die Integration Hohenzollerns in das preußische Königreich dürfte die förmliche Emigration der hohenzollerischen Fürsten aus ihren Residenzen gehabt haben. Aus Enttäuschung über ihre undankbaren Untertanen, die sie mit ihrer landesväterlichen Regierungspraxis beglückt zu haben glaubten, lösten sie ihre Höfe auf. Allerdings verhielten sich die beiden Fürsten in der Folge höchst gegensätzlich. Friedrich Wilhelm Constantin hatte schon im Juni 1849 sein Land verlassen, und er hat es nie wieder betreten. Weder der König noch Karl Anton hatten von ihm eine hohe Meinung; Stillfried hielt ihn für charakterlos. Ihm war es vor allem darauf angekommen, beim König, dem er die Souveränitätsrechte, und bei Karl Anton, dem er seinen Fideikommißbesitz überließ, möglichst hohe Renten zu erzielen. Er zog sich auf die von seiner Mutter ererbten schlesischen Besitzungen zurück, wo er wie bisher seinen Liebhabereien lebte und im folgenden Jahr in morganatischer Ehe eine Achtzehnjährige heiratete. »Glücklich der«, hatte er schon im Herbst 1849 an Karl Anton geschrieben, »welcher Anker geworfen und sein Schiffchen im Trockenen hat.«[40] Alle in Hechingen angestrengten Bemühungen, ihn zur Rückkehr zu bewegen, waren, nachdem er seinen Besitz weggegeben hatte, illusorisch. Nach seinem Tod im September 1869 wurde er in seine alte Residenz überführt und mit großem Pomp in der Gruft der Stiftskirche, neben der von den Hechingern verehrten Fürstin Eugenie, beigesetzt. Anders Fürst Karl Anton. Sein Wunsch war es, dem preußischen Staat in hoher Stellung zu dienen. Er gewann die Freundschaft und das Vertrauen des Prinzen von Preußen, der ihn 1858, beim Antritt der Regentschaft, zum Ministerpräsidenten berief. Karl Anton war über die Vorgänge daheim in Hohenzollern immer bestens informiert, er überblickte die Tätigkeit der Hofkammer in Sigmaringen, die seine Besitztümer in und außerhalb Hohenzollerns verwaltete, und er kam auch aus der Ferne seinen Pflichten als Patronatsherr gewissenhaft nach. Unter seiner Ministerpräsidentschaft wurde ein Gesetz verabschiedet, das schon in fürstlicher Zeit angestrebt aber nicht zustandegekommen war. Es hatte für das noch immer so gut wie rein agrarisch strukturierte Land profunde Bedeutung. Das 1860 erlassene »Gesetz über die Ablösung der Reallasten in den Hohenzollernschen Landen« vollzog nach Jahrzehnten freiwilliger, unfreiwilliger (1848!) und auf Einzelbereiche beschränkter gesetzlicher Ablösung die förmliche Abschaffung des Feudalsystems in Hohenzollern. Die hohenzollerischen Abgeordneten im Preußischen Landtag sind vehement für das Zustandekommen dieses Gesetzes eingetreten, die Standesherren haben es zu verhindern gesucht. Welchen persönlichen Einfluß Karl Anton darauf hatte, wissen wir nicht. Auf jeden Fall war sein Haus Hauptempfänger der Ablösungskapitalien in Millionenhöhe.[41]

Die preußische Karriere des Fürsten Karl Anton mag der Hinwendung zu Preußen förderlich gewesen sein, aber die Abwesenheit der Fürsten ist für die Integration Hohenzollerns in den preußischen Staat weit höher anzuschlagen. Sie hat das Fußfassen der preußischen Verwaltung wesentlich erleichtert. Die neuen Oberbeamten waren in der von Rang und Stand geprägten Gesellschaft in konkurrenzfreier Position. Noch wichtiger aber war die Begründung einer Immediatbeziehung des Landes zum König. Der neue monarchische Festkalender beförderte den direkten Bezug. Aus Hechingen ist uns überliefert, daß dort schon 1850 Königs Geburtstag, der 15. Oktober, groß begangen wurde: Von den höheren Beamten und Offizieren mit einem Diner im »Zollerischen Hof», von den übrigen Honoratioren mit einem Festmahl in der »Linde«, von den Bürgerkollegien und der Bürgerschaft mit einem Festessen im »Löwen«. Kirche und Schule, seit jeher zur Verehrung des Landesherren angehalten, taten ein übriges. »An vaterländischen Gedenktagen«, so heißt es in einer amtlichen Verfügung von 1859 über den Umgang mit Vaterlandsgeschichte in den Elementarschulen, »wie dem Geburtstag Sr. Majestät des Königs, den Tagen glorreicher Schlachten und Siege, den Geburts- und Sterbetagen ruhmwürdiger Vaterlandshelden und Staatsmänner«, soll der Lehrer mit angemessener, »etwa durch Gesang erhöhter Feier«, die Jugend »zur Gottesfurcht, zu aufopfernder Vaterlandsliebe, zu Unterthanentreue, zu Fleiß und Ausdauer in redlichen Bestrebungen« aneifern und begeistern.[42] Das Herunterspulen der brandenburgischen Kurfürsten und der Schlachten Friedrichs des Großen war bis in unser Jahrhundert wesentlicher Bestandteil des Geschichtsunterrichts in Hohenzollern, nicht nur in den Volksschulen.

Ob das Verhalten der Hohenzollen 1866 ausschließlich als Nagelprobe für den Erfolg der Eingliederung in den preußischen Staat zu bewerten ist, läßt sich mit Bestimmtheit nicht sagen. Als württembergische Truppen im Auftrag des Deutschen Bundes – weshalb sie pikanterweise schwarz-rot-goldene Armbinden trugen, Farben, die in der Revolutionszeit in Hohenzollern viel gegolten hatten – das Land übernahmen, fanden sie bei den von ihnen als »Mußpreußen« eingeschätzten Hohenzollern nicht die geringste Sympathie. In Württemberg war mit der Besetzung die Hoffnung aufgelebt, 1849 Versäumtes nachholen zu können. Der Ärger des Königs – »daß mir die verfluchten Pickelhauben auf mein Hohenzollern sitzen« – und der vorübergehende Abbruch der diplomatischen Beziehungen hatten damals nicht verhindern können, daß sich Preußen in Süddeutschland etablierte. Der Ausgang der Schlacht von Königgrätz machte allen württembergischen Annexions- und Tauschgedanken ein jähes Ende. Die vorschnelle Bezeichnung des Hohenzollern als »Olgaburg«, nach dem Namen der württembergischen Königin, gab die Württemberger bei ihrem baldigen Abzug dem Spott, ja der Lächerlichkeit preis. Das Verhalten der hohenzollerischen Bevölkerung muß aber nicht zwingend als Bekenntnis zu Preußen gewertet werden, es läßt sich auch als Ausdruck des historisch gewachsenen antiwürttembergischen Affekts deuten. So wagt Eberhard Gönner die Behauptung, für Hohenzollern gelte von 1850 bis 1945: »Lieber preußisch als württembergisch«.[43] Die Vorgänge von 1866 dürften das Selbstbewußtsein der Hohenzollern gestärkt haben. Das Hohenzollernsche Wochenblatt konstatierte: »Hohenzollern hat eine Probe bestanden, mit welcher man hoffentlich in Berlin zufrieden sein wird«. Im Folgejahr, als der König das Land besuchte, ließ er es bei der Einweihung der neugebauten Stammburg nicht an Anerkennung für die Haltung seiner getreuen Hohenzollern fehlen.

Hinter den Kulissen hatte die württembergische Besetzung noch ein gespenstisches Nachspiel, das zeigt, wie stark auch König Wilhelm von dem zollerischen Hausgeschichtsbazillus seines Bruders infiziert war. Er wollte als Kriegsentschädigung die altzollerische Herrschaft Schalksburg, das Balinger Amt, das die schwäbischen Zollern im Jahr 1403 (!) verkauft hatten, von Württemberg zurückverlangen. Bismarck konnte diese Torheit verhindern. Die Reichsgründung und der gemeinsame Weg im deutschen Nationalstaat haben dann viel zur Entschärfung der nachbarlichen Gegensätze beigetragen.

Nach gut zwei Jahrzehnten der Zugehörigkeit Hohenzollerns zu Preußen, zog 1872 der Hechinger Kreisrichter und hohenzollerische Abgeordnete im Preußischen Landtag, Dr. Fridolin Eisele, in einem anonym erschienenen Aufsatz mit dem Titel »Hohenzollern unter preußischer Verwaltung«, eine kritische Bilanz.[44] Obgleich er monierte, daß es beim Abtretungsvertrag »keineswegs ganz correct« herging und auch an die verbreitete Meinung vom »heidenmäßig vielen Gelde« erinnerte, das dieser Vertrag den Fürsten und ihren Nachfolgern gewährte, war er der Auffassung: »Die Bevölkerung Hohenzollerns hat diesen Vertrag, soweit er die Vereinigung mit der preußischen Monarchie zum Gegenstand hat, längst ratifiziert, und dies namentlich bei Gelegenheit der württembergischen Occupation im Sommer 1866 an den Tag gelegt.« Er bezweifelte allerdings entschieden, daß dies auch für die Domänenfrage gelte. Im übrigen differenziert er: Für die Bevölkerung des Hechinger Fürstentums habe die preußische Verwaltung den Übergang von »überkommener Verwahrlosung« zum Beginn der Ordnung bedeutet, weshalb sie die Veränderung »von Anfang an mit weniger Unbehagen annahm und sich schneller mit ihr vollkommen befreundete, als der sigmaringische Theil«.

An zwei Seiten der preußischen Verwaltung hat Eisele allerhand auszusetzen: an der Vernachlässigung des Volksschulwesens und an der Personalpolitik. Der gebürtige Sigmaringer hebt mit Stolz hervor, »daß die hohenzollernschen Lande in der Reihe der preußischen Provinzen, was den Bildungsstand der zum Dienst eingezogenen Mannschaften betrifft, die erste Stelle einnehmen: seit Einführung der allgemeinen Wehrpflicht ist aus den hohenzollernschen Landen noch kein einziger Rekrut eingestellt worden, der nicht hätte lesen und schreiben können«. Zur Zeit der Einverleibung habe das Volksschulwesen in ganz Hohenzollern in höchster Blüte gestanden, doch seien seither keine Fortschritte mehr gemacht worden; auch lasse die materielle Versorgung der Lehrer vieles zu wünschen. Bei der Personalauswahl habe die preußische Verwaltung oft keine glückliche Hand gehabt. Für wenig geeignet hielt Eisele manche »der zu moralischen Eroberungen nach Schwaben gesandten Persönlichkeiten des höheren und niederen Beamtenstandes, da dieselben, mit den lokalen Verhältnissen begreiflicherweise nicht hinlänglich bekannt, vielfach von einer Süffisance erfüllt waren, welche sie hinderte, sich damit bekannt machen zu wollen. Das führte im Anfang zu mancherlei scherzhaften Mißverständnissen, aber leider mitunter auch zu sehr ernsthaften Kränkungen und vorübergehenden Rechtsverletzungen«. Eisele gesteht aber ein, daß in der Stellenbesetzung vieles besser geworden sei und daß die Bevölkerung inzwischen Gelegenheit gehabt habe, sich von der Gediegenheit, Tüchtigkeit und Gewissenhaftigkeit des altpreußischen Beamtenstandes zu überzeugen. Es sei ein schlechter Trost, so schließt Eisele seine Bilanz, daß die Defizite, die er in der preußischen Verwaltung für Hohenzollern registriert habe, sich auf denselben Gebieten, im Bereich der Innen- und der Unterrichtsverwaltung, in der ganzen Monarchie fänden. Die Remedur, die sich Eisele als nationalliberaler Abgeordneter erhoffte, hat dann allerdings einen Konflikt heraufbeschworen, der das politische Klima in Hohenzollern von Grund auf veränderte.

Hohenzollern war, bis sich die preußische Verwaltung etablierte, ein so gut wie rein katholisches Land. In beiden Fürstentümern herrschte ein aus der katholischen Aufklärung erwachsenes ausgeprägtes Staatskirchentum. Die größtenteils in Wessenbergs Meersburger Seminar ausgebildete Priesterschaft stand gleichermaßen im Dienst des Staates wie der Kirche. Bei der Neuordnung der Kirchenorganisation in der Anfangszeit des Deutschen Bundes entschieden sich die beiden Fürsten, deren Gebiete für ein eigenes Bistum zu klein waren, zum Anschluß an das für das Großherzogtum Baden neu geschaffene Freiburger Bistum, das Metropolitanbistum der 1821 entstandenen Oberrheinischen Kirchenprovinz wurde. Die Anbindung an das näher gelegene, ebenfalls neu entstandene württembergische Landesbistum Rottenburg wurde vermieden. Solange sie existierten, behaupteten die beiden fürstlichen Regierungen ihren Hoheitsanspruch über die Kirche gegenüber der Freiburger Kurie.[45] Die Oberhirten waren, seit dem erzwungenen Abtreten Wessenbergs 1827, darum bemüht, sich unter den wechselseitigen Ansprüchen der Regierungen – in Karlsruhe, Sigmaringen und Hechingen – und der Römischen Kurie zu behaupten. Neu war eine in der Öffentlichkeit und im politischen Raum agierende, auch im Sigmaringer Landtag faßbare kirchliche Erneuerungs- und Frömmigkeitsbewegung, die mit Glaubenseifer, ausgerichtet auf den Vatikan und deshalb als ultramontan bezeichnet, dem staatlichen Machtgebot über die Kirche entgegentrat.

Der Übergang an Preußen brachte der Kirche in Hohenzollern die Befreiung vom Staatskirchentum und bot der neuen katholischen Bewegung Raum zur Entfaltung. Auch in Hohenzollern brach ein förmlicher »Ordensfrühling« aus. Er führte schon 1852 zur Gründung einer Niederlassung der Jesuiten im einstigen Franziskanerinnenkloster Gorheim bei Sigmaringen, dessen Gebäude bisher dem fürstlichen Militärkontingent als Kaserne gedient hatte. 1863 bezogen Benediktiner die leerstehenden und heruntergekommenen Gebäude des ehemaligen Augustinerstifts Beuron und erneuerten die Wallfahrt zum Gnadenbild der schmerzhaften Mutter. 1869 entstand im früheren Frauenkloster Stetten bei Hechingen eine Niederlassung der Franziskaner. Nicht im Bereich der Seelsorge, wie die Männerorden, sondern in Krankenpflege und Schule – auch im Zusammenhang mit der Forderung nach geschlechtsspezifischer Erziehung – fingen mehrere weibliche Ordensgemeinschaften an, im Lande öffentlich zu wirken: Vinzentinerinnen in den Spitälern von Sigmaringen, Haigerloch und Hechingen, Kreuzschwestern in Geiselharts Haus Nazareth in Sigmaringen; an einigen Orten wurden geistliche Lehrerinnen tätig, die entweder von den Armen Schulschwestern unserer Lieben Frau in Rottenburg, den Schwestern der christlichen Liebe in Paderborn – die im Gegensatz zu den beiden anderen als einheimischer Orden galten und von der Sigmaringer Regierung protegiert wurden – oder den Schulschwestern vom Dritten Orden des heiligen Franziskus aus dem Kloster Sießen bei Saulgau entsandt wurden.[46]

In diesen Zusammenhang gehören auch Geiselharts Gründungen in Sigmaringen: das »Erzbischöfliche Knabenseminar für Hohenzollern« im Fidelishaus, seit 1856, und seine seit der gleichen Zeit betriebene Errichtung eines Waisenheimes, des nachmaligen Hauses Nazareth. Hierher gehören aber auch die kirchlichen Vereinsgründungen im ganzen Land, angefangen mit dem Borromäusverein, der sowohl literarische Ziele, wie die Verbreitung des katholischen Buches, als auch politisch-propagandistische im kirchlichen Sinn vertrat. An der Spitze von dessen Gesamtorganisation stand ein Hohenzoller, der aus Rangendingen stammende bekannte Bonner Dogmatik-Professor Franz Xaver Dieringer. Auch soziale und berufsständische Vereinsbildungen wie katholischer Gesellenverein, Kolpingsfamilie und katholischer Erziehungsverein sind als neue Aktivitäten in diesem Sinn zu nennen. Es ist anzunehmen, daß durch die Zugehörigkeit zum Freiburger Kirchensprengel die in Baden besonders ausgeprägte soziale Richtung des politischen Katholizismus auch in Hohenzollern dominierte.

Das Freiburger Ordinariat verlangte von den Pfarrern mit großer Entschiedenheit in den Gemeinden die Intensivierung des kirchlichen Lebens und der religiösen Erziehung: häufigen Empfang der Sakramente, strenge Handhabung des Absolvierens, Bekämpfung der sittlichen Korruption. Bei Taufen unehelicher Kinder sollen Kundgebungen der Freude untersagt werden. Von der Preußischen Regierung in Sigmaringen verlangte das Ordinariat: Einschränkung von Tanzbelustigungen, Ausschluß junger Leute unter 20 Jahren vom Tanzboden, Wiedereinführung von Strafen für Unzuchtsvergehen. Die restriktive Kirche ruft nach dem reaktionären Staat.

Die ultramontane Bewegung wird in Hohenzollern noch lange von einer Minderheit repräsentiert. Daß sie mit 1853 und 1855 nachweisbaren Bestrebungen zu identifizieren ist, die auf eine Restitution der fürstlichen Herrschaft gerichtet waren, läßt sich nur vermuten. Fürst Karl Anton hat solche Ansinnen schroff zurückgewiesen. Sie haben aber den Sigmaringer Regierungspräsidenten veranlaßt, dem König eine stärkere Integration Hohenzollerns vorzuschlagen. Dazu hielt er es für nötig, Hohenzollern kirchlich an eine preußische Diözese anzuschließen, dem Land eine preußische Garnison zu geben und die fürstlichen Domänen für den preußischen Staat zu reklamieren.[47] Wir wissen auch nicht, inwieweit die antipreußischen Vorbehalte konfessionell begründet waren. Die neu entstandenen evangelischen Kirchen, in Hechingen 1857, in Sigmaringen 1862, wurden gewiß als Provokation empfunden.

Gemessen an den politisch und gesellschaftlich vorherrschenden, eher liberalen Anschauungen, wurden die Ultramontanen, vor dem Hintergrund von Syllabus und Unfehlbarkeitsdogma, als radikal und fanatisch angesehen. In der Korrespondenz, die Fürst Karl Anton mit seinem Bibliotheksdirektor, Dr. Lehner, Mitte der Sechziger Jahre führte, wird der Graben offenbar, der damals durch die Gesellschaft ging. Karl Anton macht den Neuankömmling auf die klerikalen Bestrebungen aufmerksam, die sich in Sigmaringen mit Borromäusverein, Fidelishaus und Gymnasium verbinden, gibt Personenbeschreibungen – Stadtpfarrer »Miller ist ein ungeschliffener Diamant, voll Geist und Begabung, aber roh und bäurisch« – und beurteilt Veröffentlichungen – »riechen nach der Sakristei« -, Lehner berichtet über die »borromäische Gesellschaft« und von einer Zusammenkunft im Fidelishaus, von der er befürchtet, das Gründungsprojekt eines Geschichtsvereins könne ein »Geschmäckchen« bekommen, »bei dem es ein ordentlicher Mensch nicht aushält«. Das nächste Mal lädt der Stadtpfarrer auf »neutrales Gebiet« ein.[48] Kam es bei der Gründung des Geschichtsvereins 1867 noch zum klerikal-liberalen Kompromiß, so verschärften sich doch die Gegensätze weiter. Das wird nirgends so deutlich wie in dem bereits zitierten, sich in der Beurteilung der preußischen Verwaltung so sachlich gebenden Aufsatz des Abgeordneten Dr. Eisele. Er klagt darüber, daß das kaum gegründete Jesuitenkolleg in Gorheim bestimmenden Einfluß auf die religiöse Erziehung am Sigmaringer Gymnasium gewonnen habe. 90 % der Schüler hätten die Jesuiten in der Marianischen Congregation erfaßt. Entsetzt ist Eisele über deren Erbauungsbücher: »die wundersüchtige, süßlich-narkotische Frömmigkeit, welche hier vorausgesetzt und genährt« werde, dürfte kaum der Koran überbieten. Dem kämpferischen Liberalen Eisele sind die Gorheimer Jesuiten deshalb besonders suspekt, weil sie das Noviziat der deutschen Provinz des Ordens mit rund 30 Novizen und 20 Patres unterhalten und »die besten Soldaten der ecclesia militans bei Zwistigkeiten mit dem Staat« ausbilden. Im übrigen zeigt Eiseles Kritik an der neuen »Kirchlichkeit«, welche Schärfe die Gegensätze in Hohenzollern schon angenommen haben: »Wem unaufhörlich und ganz unnöthiger Weise das Opfer seines Verstandes zugemuthet wird, der findet es schließlich in der Ordnung, denselben überhaupt möglichst wenig zu gebrauchen.« In der Argumentation Eiseles, wohlgemerkt eines Sigmaringer Katholiken, finden sich, fixiert auf Hohenzollern, alle Phobien der liberalen Träger des neuen Nationalstaats, die in den päpstlichen Ansprüchen und im Verhalten der kirchlichen Orthodoxie eine Bedrohung der modernen Geisteskultur gesehen haben. »Daß in Hohenzollern der Sitz der königl. preußischen Regierung zugleich der Hauptsitz der clericalen Agitation ist«, hält Eisele für einen unangenehmen Zufall.

Unter diesen Prämissen wundert es einen nicht, daß der große, in Preußen mit besonderer Schärfe ausgetragene Konflikt zwischen dem Staat und der katholischen Kirche, auf den sich Bismarck im Verein mit den Liberalen einließ, Hohenzollern aufs tiefste erschütterte. Hier stieß die preußische Kirchenpolitik zunächst auf den im früher ausgebrochenen badischen Kulturkampf bereits streitbar erprobten Widerstand der Freiburger Kurie. Die Austreibung der Sigmaringer Jesuiten, die »buchstäblich in aller Herren Länder zerstreut wurden«, eröffnete die Kette von schwersten Schikanen, für die der neue Reichstag und das Preußische Abgeordnetenhaus die gesetzlichen Grundlagen schufen.[49] 1875 mußte ihnen der erst 1869 gegründete Konvent der Stettener Franziskaner ins Exil folgen und, noch im selben Jahr, die schnell angewachsene Klostergemeinschaft von Beuron, mit 37 Mönchen, 38 Brüdern und 5 Professen. Nicht einmal die Paderborner Schulschwestern und das geistliche Personal des Hauses Nazareth blieben verschont, obgleich sich Fürst Karl Anton ihretwegen direkt an den Kaiser gewandt hatte.

Bei der Zurückdrängung des Einflußes der katholischen Kirche auf das öffentliche Leben beseitigte die Regierung zuerst die traditionelle Schulaufsicht durch Geistliche, was im ganzen Land zu vielen lokalen Konflikten führte. Anstelle der vier geistlichen Schulkommissare wurden zwei »weltliche Kreisschulinspektoren« ernannt. Zu den rüdesten Zwangsmaßnahmen im Bereich des Schulwesens gehörten die Auflösung des Fideliskonvikts und die personellen Eingriffe am Gymnasium in Sigmaringen, dessen Schülerzahl daraufhin von 198 im Jahr 1871 auf 83 im Jahr 1884 zurückging. Verheerende Folgen für die Pastoration hatte die Auseinandersetzung über die Vorbildung und Anstellung der Geistlichen. Die staatlichen Ansprüche wurden von der Kirche als Intervention in unveräußerliche Rechte abgewiesen. Hier kam es, wie in der Handhabung des neu ins Strafgesetzbuch aufgenommenen »Kanzelparagraphen«, zu ungezählten gerichtlichen Verurteilungen: von Festungshaft, Gefängnis- und Geldstrafen bis zur Expatriierung. Die Priesterschaft aller vier hohenzollerischen Dekanatskapitel solidarisierte sich schon Anfang 1873 in kämpferischen Ergebenheitsadressen mit ihrem Oberhirten. Eine der Erklärungen schließt mit dem Bekenntnis: »daß wir bereit sind, zur Verteidigung der katholischen Kirche, ihrer Freiheit und ihrer unveräußerlichen Rechte alle, selbst die schwersten Opfer willig zu bringen und uns als Nachfolger des guten Hirten zu beweisen, der nicht flieht, wenn er den Wolf kommen sieht, sondern sein Leben gibt für seine Schafe«.[50] Jetzt, im Kulturkampf, verlor sich die für Hohenzollern so charakteristische Spannung innerhalb der Geistlichkeit. Wessenbergianer und im Zusammenhang des Vatikanums mit ihren Ordinariaten in Konflikt geratene Geistliche stellten sich einmütig an die Seite ihres Bischofs.

Die Berliner und die Sigmaringer Regierung ließen es an oft kleinlichen Bedrückungen nicht fehlen. Auch zahlreiche Interventionen des Fürsten Karl Anton bewirkten nichts. Karl Anton, der von Haus aus eher staatskirchlich eingestellt war und dem zeit seines Lebens der politisch sich äußernde Katholizismus suspekt war, verwendete sich als Patronatsherr ebenso für vom Staat behinderte Pfarrer, wie er vorher einen hohenzollerischen Landsmann, den bekannten Dogmatiker Franz Xaver Dieringer, durch die Präsentation auf die Pfarrei Veringendorf aus der Verlegenheit gezogen hatte, in die er als Bonner Universitätslehrer und Kölner Domherr im Infallibilitätsstreit geraten war. Seine von der Kirchenpolitik Bismarcks abweichende Einstellung brachte er im Herbst 1884, bei seiner Goldenen Hochzeit, auf geradezu provokatorische Weise zum Ausdruck. Er ließ bei der Feier auf dem Sigmaringer Schloß den aus Preußen ausgewiesenen Erzabt von Beuron, in Anwesenheit des greisen Kaisers und des Kronprinzen Friedrich Wilhelm, die Festansprache halten.[51]

Es wäre völlig verfehlt, die Gegensätze, die im Kulturkampf ausgetragen wurden, nur im Bereich der hohen Politik anzusiedeln. Für die Bewohner des Ländchens waren sie Alltagswirklichkeit. Die Maßnahmen der Regierung stießen keineswegs nur auf Ablehnung. »Von gegnerischer Seite«, so ist uns vom Dezember 1872 aus Sigmaringen überliefert, wurde »der durch Vertreibung der Jesuiten gewonnenen Befriedigung durch Böllerschießen Ausdruck verliehen«.[52] Kundgebungen und Unterschriftensammlungen machten die Parteiungen publik. Die lokale Presse nahm eindeutige Richtungsstandpunkte an: in Sigmaringen vertrat die »Hohenzollerische Volkszeitung« einen klerikalen, in Hechingen die »Hohenzollernschen Blätter« einen regierungskonformen Kurs. Durch die Gründung eines Preßvereins, die von der hohenzollerischen Geistlichkeit ausging, konnte ab 1873 in Hechingen ein eigenes kirchentreues Organ, »Der Zoller«, erscheinen. Die Redakteure an beiden klerikalen Blättern wurden fortgesetzt mit gerichtlichen Klagen überzogen: Mitteilung entstellter Tatsachen, Beleidigung der Regierung, Verächtlichmachung der preußischen Kirchengesetze, öffentliche Amtsehrenbeleidigung, so und ähnlich lauteten die Urteile, die sie für Wochen ins Gefängnis brachten oder ihnen beträchtliche Geldstrafen auferlegten. Es kam auch zur Konfiskation ganzer Ausgaben.

Die Kampfsituation beförderte die noch in den Anfängen steckende Ausbildung des politischen Parteiwesens, das sich, wenn auch zunächst wenig deutlich, bei den politischen Wahlen manifestierte. Seit der Zugehörigkeit zu Preußen entsandte Hohenzollern zwei Vertreter in das Preußische Abgeordnetenhaus; bis 1860 wurde je ein Abgeordneter in den Wahlbezirken Sigmaringen und Hechingen/Haigerloch gewählt, seither war Hohenzollern ein Wahlkreis, der zwei Abgeordnete stellte, die von den Wahlmännern in Gammertingen, als einem zentral gelegenen Ort, gewählt wurden. In den Anfangsjahrzehnten waren die Wahlen eine Honoratiorenangelegenheit. Die acht Abgeordneten, die Hohenzollern in der Zeit von 1851 bis 1867 in den preußischen Landtag entsandte, verdanken ihre Wahl noch keiner im Land bestehenden politischen Formation, und sie sind im Parlament meist keiner festen Gruppierung zuzurechnen. Sie wurden gewählt als Personen, denen man die Vertretung der Interessen des Landes in Berlin zutraute. Aus der Wahl von 1866, die in Gammertingen am selben Tag stattfand, an dem in Königgrätz in Böhmen der deutsche Bruderkrieg entschieden wurde, gingen für Hohenzollern zwei Abgeordnete hervor – Schanz und Graf –, die sich als Anhänger der Fortschrittspartei und Gegner Bismarcks profilierten.[53]

Das Jahr 1867 veränderte die Stellung des Wählers. Neben die unveränderte Wahlpraxis des Dreiklassenwahlrechts – ungleich, indirekt, offen (nicht geheim) – in Preußen trat das von Bismarck aufgenommene Paulskirchenwahlrecht im Norddeutschen Bund, 1867, und im Deutschen Reich, ab 1871, durch das bei allgemeiner, gleicher, direkter und geheimer Wahl den Wahlberechtigten ein wesentlich wirkungsvolleres Mittel der politischen Partizipation zugestanden wurde.

Bei den Wahlen des Jahres 1867 zum Norddeutschen Reichstag und zum preußischen Landtag – im Jahr nach der Besetzung durch den württembergischen Nachbar – wurde deutlich, daß die hohenzollerische Bevölkerung die Reichsgründungspolitik Bismarcks jetzt mehrheitlich guthieß, denn sie wählte auf beiden Ebenen Abgeordente, die sich dezidiert für nationalpolitische Ziele einsetzten und liberale Anschauungen vertraten. Der markanteste Gewährsmann dieser Richtung war der Hechinger Staatsanwalt August Evelt. Er vertrat Hohenzollern in den Reichstagen von 1867 bis 1874 und im preußischen Landtag, mit Unterbrechungen, bis 1875; mit ihm seine Kollegen am Kreisgericht Hechingen Fridolin Eisele und, als dessen Nachfolger, Julius Cramer. Sie schlossen sich, im Unterschied zu Evelt, der Nationalliberalen Partei an und stimmten für die Kulturkampfgesetze.[54]

Der Kulturkampf war die Ursache für die relativ kurze Dominanz der Rechtsliberalen in Hohenzollern. Hatten Evelt und Eisele im Herbst 1870 in Gammertingen 91 und 96 Prozent der Wahlmännerstimmen erhalten, so kippte diese überwältigende Mehrheit schon 1873. Evelt und Cramer unterlagen den beiden Kandidaten, die das »Komitee der katholischen Volkspartei« ihnen entgegenstellte: dem

Hechinger Kreisrichter Adolf von Kleinsorgen und dem Gammertinger Gastwirt, Bierbrauer und Landwirt Joseph Justus Schmid, mit dem erstmals ein Gewerbetreibender eines Mandats gewürdigt wurde. Die beiden Liberalen erhielten 88 und 87 Mandate, die beiden Zentrumsleute 135 und 133. Die Anfechtung dieser Wahl wegen »klerikaler Wahlbeeinflussung« führte nach einer aufwendigen, vom Landtag vorgenommenen Untersuchung, bei der 131 Zeugen vernommen wurden, schließlich dazu, daß die Wahl im Oktober 1875 wiederholt wurde. Jetzt gewannen die beiden Liberalen mit 115 gegen 103 Stimmen (52,8/47,2 %) nochmals knapp die Oberhand, aber schon bei der nächsten regulären Landtagswahl 1876 obsiegten wieder die Zentrumsleute. Neben dem Hirschwirt Schmid aus Gammertingen war dies der Sigmaringer Benefiziat Dr. theol. Johannes Evangelista Maier, an dem sich wie an keinem anderen das Schicksal eines im Kulturkampf verfolgten Priesters exemplifizieren läßt. Als einer der geistlichen Professoren am Sigmaringer Gymnasium war er vom Schuldienst suspendiert, schließlich aus dem Staatsdienst entlassen worden, nachdem ein Verfahren wegen Verstosses gegen den Kanzelparagraphen zu seiner Verurteilung zu vier Wochen Festungshaft geführt hatte. Er hat sie auf der Festung Ehrenbreitstein, auch eine der für Hohenzollern zuständigen rheinischen Institutionen, im Sommer 1875 abgesessen. Sein Wahlsieg über den höchsten Justizbeamten des Landes mag den Kirchenmann mit Genugtuung erfüllt haben. Bei der Wahl von 1876 votierten 130 Wahlmänner für das Zentrum, 99 für die Liberalen.

Dieser Wahl ging im ganzen Land eine Flugblattaktion voraus, in der sich der enge Interessenverbund von römischer Kirche und Zentrumspartei offenbarte. Sie hatte ein mehrjähriges gerichtliches Nachspiel. Das inkriminierte anonyme Flugblatt mit dem Titel »Aufgepaßt! es geht um Eure Kinder!«, enthält schärfste Anklagen gegen die Schulpolitik des Staates, nennt die Gemeinden, »wo der Ortsgeistliche die Schule nicht mehr betreten darf, und statt seiner der Lehrer offizielles Staatschristentum lehren muß«, warnt vor der Wahl von Liberalen – »wer will seine Seele mit solcher Schuld beflecken und solche Verantwortung auf sich laden?« – und gipfelt in einem suggestiven Appell an die »katholischen Väter«, von ihrem Wahlrecht zugunsten der Zentrumskandidaten Gebrauch zu machen. Da der Verfasser – es war der Pfarrer von Veringenstadt – nicht entdeckt wurde, erhob der Regierungspräsident öffentliche Anklage gegen 31 Personen, die der Verbreitung bezichtigt wurden, 26 Geistliche und 5 Laien. Dieser kleinliche »Monstreprozeß«, der teils mit Freisprüchen, teils mit Geldstrafen endete und von heftigen öffentlichen Emotionen begleitet war, macht deutlich, in welcher exzeptionellen Stellung sich das Zentrum in Hohenzollern zu einer Zeit befand, in der die politischen Parteien erst anfingen, die Bedeutung der Massenbasis für den Parteienkampf zu erkennen. Die sowohl bei den Urwahlen wie bei der Kandidatenwahl öffentliche Stimmabgabe, an der die Pfarrer häufig selbst als Wahlmänner beteiligt waren, eröffnete »der politischen Instrumentalisierung kirchlich-religiöser Abhängigkeiten« ein weites Feld, auf dem sich auch kirchliche Gnadenmittel als parteiliche Druckmittel einsetzen ließen.[55] Durch die Verbindung mit der Kirche auf allen Ebenen, besonders auf der untersten, verfügte das Zentrum über Möglichkeiten der Wahlbeeinflussung, die es seinen Gegnern haushoch überlegen machte. Das Übergewicht wurde so erdrückend, daß die Liberalen ganz auf die Aufstellung von Kandidaten für die Landtagswahlen verzichteten. Ein Versuch, den sie schließlich 1908 wieder wagten, endete kläglich mit 13 % der Wahlmännerstimmen. Es wurde mit Recht darauf hingewiesen, daß auch das Mißvergnügen der überwiegend bäuerlichen Bevölkerung an der sozialen und wirtschaftlichen Programmatik der damaligen Liberalen Einfluß auf die Wahlergebnisse haben konnte.[56] Für Hohenzollern ist es indessen eindeutig, daß es der Kulturkampf war, der die politische Szene grundstürzend und dauerhaft veränderte. Seit 1876 schickte Hohenzollern nur noch Zentrumskandidaten nach Berlin.

Das gilt auch für die Reichstagswahlen, für die Hohenzollern das Privileg genoß, einen eigenen Wahlkreis zu bilden, obgleich seine Einwohnerzahl deutlich unter dem Richtmaß von 100 000 lag.[57] Schon 1874, als sich der liberale Kreisrichter Viktor Bilharz, der aus Sigmaringen stammte, und sein vom Zentrum aufgestellter Kollege am Kreisgericht Adolf von Kleinsorgen, ein Westfale, um die Nachfolge August Evelts im Reichstag bewarben, entschieden sich die Wähler mit 6 274 Stimmen für den Zentrumsmann von auswärts, während Bilharz, der sich zu den Kulturkampfgesetzen bekannte, mit 5 192 Stimmen den kürzeren zog. Ähnlich verlief die Reichstagswahl vom Januar 1877, bei der sich Benefiziat Dr. Maier, den wir schon als Mitglied des Preußischen Abgeordnetenhauses kennen, gegen den Haigerlocher Oberamtmann Sebastian Emele durchsetzte, einen der bekanntesten Liberalen im Lande. Dr. Maier behauptete sein Mandat, das inzwischen zum sicheren Erbhof des Zentrums geworden war, bis ihn 1884 der Sigmaringer Amtsgerichtsrat Fidelis Graf ablöste, der schon 1866/67 als Linksliberaler im Landtag war und durch den Kulturkampf eine Metamorphose zum Zentrumsvertreter in beiden Berliner Parlamenten erlebte. Nachdem der Kulturkampf am Abklingen war, versuchte August Evelt bei der Reichstagswahl von 1887 nochmals, das Mandat zu gewinnen. Er genoß als Landgerichtspräsident, vor allem auch als langjähriger Vorsitzender des Kommunallandtags und des Landesausschusses höchstes Ansehen, aber es gelang ihm nicht, sich gegen den Zentrumskandidaten durchzusetzen. Der Kulturkampf hatte die Zentrumspartei in eine offensichtlich unschlagbare Position gebracht.

«Kaiserstammland Hohenzollern»

Der vom Grafen Stillfried sorgfältig inszenierten Einweihungsfeier der neugebauten Stammburg am 3. Oktober 1867 wurde mit Absicht eine besondere nationalpolitische Note verliehen. Der Präsident des Norddeutschen Reichstags, Eduard Simson, überreichte in feierlicher Form eine vom Reichstag beschlossene Adresse, die den König zur Erfüllung der deutschen Nationalstaatserwartung aufforderte: »Wir dürfen das große Werk erst dann für vollendet erachten, wenn der Eintritt der Südstaaten in den Bund erfolgt sein wird«. Die vorbereitete Erwiderung des Königs bringt dann die Verbindung des dynastischen mit dem nationalen Auftrag zum Ausdruck: »Daß die hergestellte Stammburg der Hohenzollern am Tage ihrer Einweihung Zeuge des Ausspruchs des Norddeutschen Reichstags gegen Mich ist, beweiset, daß die Vorsehung mit dem Geschlechte, das hier entsprossen, daß sie mit Preußen war und ist!«[58]

Von dem selben politischen Impetus wie die Adresse von 1867 war eine vaterländische Demonstration der Deutschen Partei Württembergs am 19. Juni 1870 bestimmt, zu der – ein Jahr nach Eröffnung der Bahnlinie – allein mit einem Sonderzug aus Stuttgart 1200 Württemberger nach Hechingen und auf den Zoller strömten, um sich zum deutschen Nationalstaat unter Führung Preußens und der Hohenzollerndynastie zu bekennen. Diese Kundgebung, einen Monat vor der französischen Kriegserklärung an Preußen, macht den Stimmungsumschwung deutlich, den dann gerade Württemberg im Nationalkrieg gegen Frankreich bestätigte. Das deutsche Kaisertum, das dem preußischen König von den deutschen Fürsten und Freien Städten am 18. Januar 1871 in Versailles angetragen, und dessen Annahme wiederum von einer Deputation des Norddeutschen Reichstags unter Eduard Simson erbeten wurde, ließ nun den Hohenzollern als die Stammburg eines Kaisergeschlechts erscheinen und legte die Anknüpfung an die nie erloschene staufische Kaisersymbolik nahe. Der Hohenzollern wurde zu einer Art von Nationaldenkmal, an dem aber – anders als den späteren Nationaldenkmälern auf dem Niederwald, dem Kyffhäuser oder der Porta Westfalica – ein betont dynastischer Charakter haften blieb.[59] Ganz im Sinne der von Stillfried betriebenen dynastischen Geschichtsinterpretation wird der Hohenzollern, überhaupt in der Wilhelminischen Ära, zur »Wiege unseres Kaiserhauses«, zu »jenem stolzen Berge, der in der Verehrung der Deutschen Gemeingut geworden« ist. Aus dem Schwulst der einschlägigen volkstümlichen und heimatkundlichen, auch für den Schulgebrauch verfaßten Literatur ragt Anton Pfeffers Bändchen »Vom Kaiserstammland Hohenzollern« von 1913 hervor: durch den Glanz, der von der Dynastie auf das Land fällt, gewinnt dieses seine Bedeutung.[60]

Seit 1871 nahm Fürst Karl Anton wieder seinen ständigen Wohnsitz in Sigmaringen. Er war von seinen beiden Königen von Anfang an mit besonderem, man könnte sagen verwandtschaftlichem Vertrauen behandelt worden. Das zeigen die Privilegien, die sie dem vormaligen Souverän zugestanden: die Abfindung mit einer hohen Rente, die Verleihung des Titels »Hoheit« und die rangmäßige Gleichstellung mit den nachgeborenen Prinzen des Königshauses, das Erbfolgerecht ausgenommen, womit die Befreiung von Steuern, Abgaben und Portogebühren und die Gleichstellung der fürstlichen Verwaltung mit der staatlichen verbunden war. Am Tage seiner Krönung, dem 18. Oktober 1861, verlieh ihm Wilhelm I. das Prädikat »Königliche Hoheit«. Aber die enge Verbindung mit dem Königshaus und der aufstrebenden preußischen Macht war für Karl Anton nicht Anlaß zur Integration seiner Familie in die königliche; er bemühte sich vielmehr, seinem eigenen Haus europäischen Rang zu verschaffen, wobei ihm – dem Sohn einer Murat und Schwiegersohn einer Beauharnais – sein verwandtschaftliches und persönliches Verhältnis zu Kaiser Napoleon III. zustatten kam. Karl Anton leitete die Verbindung seiner Kinder mit regierenden europäischen Dynastien ein. Sein zweiter Sohn, Karl, 1866 nicht ohne Zutun Napoleons zum Fürsten von Rumänien gewählt, wurde zum Begründer des dortigen Königshauses. Durch das Angebot des spanischen Königsthrones an den Erbprinzen Leopold und die dadurch ausgelöste Kriegskrise trat Karl Anton und ganz Hohenzollern in den Blickpunkt der großen Politik. Als »Linear-Haupt des Hauses« wollte er sich nicht dem späteren Vorwurf aussetzen, daß »die rechtzeitige Benutzung gegebener und niemals wiederkehrender Momente versäumt, daß... Neugestaltungen im europäischen Staatsleben von der Hand gewiesen wurden, an deren Aufbau ein Glied des Hauses hätte participieren können«.[61] Der von Karl Anton in den entscheidenden Julitagen 1870 ausgesprochene Verzicht auf die Kandidatur seines Sohnes hat den Ausbruch des deutsch-französischen Krieges nicht verhindert, er hatte aber zur Folge, daß der von ihm ersehnte deutsche Nationalstaat unter preußischer Führung Wirklichkeit wurde.

Als Fürst Karl Anton wieder für dauernd nach Sigmaringen, dem Schauplatz seiner tiefsten Enttäuschungen, zurückkehrte, war er mit der politischen Entwicklung versöhnt. Da er sich mit der Dynastie und dem Staat Preußens identifizierte, entstanden im Lande keine Loyalitätskonflikte zwischen Königs- und Fürstenhaus. Für die Preußische Regierung in Sigmaringen war der Fürst, obgleich ohne amtliche Funktion, eine Art Statthalter des Königs, zumal in gesellschaftlicher Hinsicht. Der Fürst war der Herr über ein bedeutendes Vermögen, dessen Grundlage das privatisierte Säkularisationsgut und die niederländischen Besitzungen bildeten. Schon sein Großvater und sein Vater hatten größere Zukäufe gemacht. Seitdem sich der Status der Domänen als strittig erwies, wurde umfangreicher Grundbesitz nur noch außerhalb des Landes erworben. Fürst Karl begann mit Ankäufen in Baden und vor allem in Böhmen. Karl Anton erweiterte den Latifundienbesitz durch Erwerbungen in Böhmen, Schlesien, Pommern und Bayern, vor allem aber in Brandenburg. Für Hohenzollern wirkte es sich ungünstig aus, daß die aus dem kapitalschwachen Land gezogenen Gelder für die Ablösung der Feudallasten außer Landes gingen und offensichtlich nichts von den Staatsrenten, die die Fürsten bis 1918 bezogen, zu wirtschaftlichen Innovationen im Land eingesetzt wurde. Sie wurden traditionsgemäß in Grundbesitz angelegt.[62] Immerhin hatte die Hofkammer, die zentrale Behörde der gesamten weitläufigen und personalreichen fürstlichen Verwaltung, ihren Sitz in Sigmaringen und trug dazu bei, daß Sigmaringen nicht nur als Residenz, sondern auch als Verwaltungsmittelpunkt – wofür die Karlstraße Zeugnis ablegt – in Erscheinung trat.

Mit der Rückkehr Karl Antons, der sich seit dem Tod des Hechinger Fürsten ohne Zusatz »Fürst von Hohenzollern« nannte, gewann Sigmaringen seine Rolle als Residenz zurück. »Die Fürstenfamilie wurde von der Bevölkerung nach wie vor als ihr angestammtes Fürstenhaus betrachtet.«[63] Auf dieser Basis entwickelte sich eine neue Beziehung der Bevölkerung zum Hof, den es jetzt wieder im Lande gab, und der über die Mittel und über europäische verwandtschaftliche Beziehungen verfügte, um sich großartiger denn je geben zu können. Wie Karl Anton wurden auch seine Nachfolger, sein Sohn Leopold (1835–1905) und sein Enkel Wilhelm (1864–1927), vom König von Preußen mit dem Titel »Königliche Hoheit« ausgezeichnet. Die diversen, in ganz Europa verbreiteten systemstabilisierenden Kulte, die mit den Vornamen der Fürsten, mit Straßenbenennungen, mit Denkmälern, mit Festdaten und mit Hoflieferantenprivilegien im Schwange waren, beziehen sich in Hohenzollern seit der Rückkehr Karl Antons so gut wie nicht auf den preußischen König oder den deutschen Kaiser, sondern auf das angestammte Fürstenhaus. Das schon genannte, mit einer politischen Reminiszenz versehene Denkmal für den Fürsten Karl Anton von 1890 machte in der Wilhelminischen Ära den Anfang. Man wird es den Nachfolgern Karl Antons nicht übelnehmen dürfen, daß sie an persönlicher und öffentlicher Bedeutung weit hinter dieser herausragenden Persönlichkeit zurückbleiben mußten, eher schon denen, die sie durch überdimensionale Denkmäler und sonstige Ehrungen hochzustilisieren versuchten.[64] Die Residenzstadt Sigmaringen hat sich in dieser Hinsicht besonders hervorgetan. Die Devotion, die jetzt die Stadt dem Fürstenhaus entgegenbrachte, kommt etwa in ihrem Antrag an den Fürsten Leopold, 1902, eine Straße nach ihm benennen zu dürfen, zum Ausdruck: »Eure Königliche Hoheit wolle fragliche Straßenbezeichnung huldvollst gestatten ... Die ganze Einwohnerschaft würde diesen neuen Gnadenbeweis freudigst begrüßen und sich Eurer Königlichen Hoheit und dem Erlauchten Fürstlichen Hause von Neuem zum großen Dank verpflichtet fühlen«. Die Orientierung auf das Fürstenhaus darf für das ganze Land gelten, zumal sich sein wirtschaftlicher Einfluß und die Stellung des Fürsten als Patronatsherr – abgesehen von den verbliebenen Patronatsrechten der Standesherren – auf das ganze Land erstreckte.

Die nahe persönliche Beziehung zwischen den nord- und den süddeutschen Hohenzollern hatte unter Wilhelm I. und Karl Anton ihren Höhepunkt erreicht. Von einem freundschaftlichen Verhältnis kann man auch zwischen Kronprinz Friedrich Wilhelm und dem Erbprinzen Leopold sprechen. In der Wilhelminischen Ära war das nur noch ein Nachglanz. Das durfte Erbprinz Friedrich gemeint haben, wenn er 1924 feststellte, von Berlin sei »man später gerne als II. Klasse behandelt« worden.[65] Wilhelm II. machte zwar gelegentlich Stipvisiten in den Stammlanden, hielt sich aber auf dem Hohenzoller immer nur ganz kurz auf. Die Stammburg entsprach seinem puristischen Geschmack so wenig, daß er sogar »eine völlige neue Wiederherstellung« erwog, was einer Art Rekonstruktion der mittelalterlichen Feste gleichgekommen wäre.

Hohenzollern kann als ein Gebiet mit ausgeprägter Vereinskultur gelten. Seit dem Krieg von 1870/71 nimmt das vaterländische Vereinswesen einen besonderen Aufschwung. Das beginnt mit dem Veteranenkult und der Phase der Kriegerdenkmäler. Anders als nach den beiden Weltkriegen, wo man die Denkmäler den Opfern widmete, dienten sie nach 1871 der Erinnerung an den glorreichen Feldzug. Dem in Hechingen 1872 eingeweihten Kriegerdenkmal war eine Liste mit den Namen der 11 Offiziere, 20 Unteroffiziere und 112 Mannschaften beigegeben, die ausgerückt sind. Von ihnen kehrte ein in Amiens an Typhus verstorbener Soldat nicht zurück. Die Gründung von Militärvereinen setzt unmittelbar nach dem Krieg ein; an der Fahnenweihe des Hechinger Militärvereins im Sommer 1874 beteiligen sich schon 40 auswärtige Vereine. Nationale Vereinsbildungen, in denen sich der Eintritt des Deutschen Reiches in den Kreis der imperialistischen Mächte spiegelt, sind die Kolonialgesellschaft, von der in Hechingen 1891 eine Ortsgruppe entsteht, und der von Tirpitz geschickt geförderte Flottenverein, der 1898 in Hechingen und in Haigerloch mit hohen Mitgliederzahlen auftritt. In ihm bekennen sich die binnenländischen Sympathisanten, die sicher ganz überwiegend in ihrem Leben nie ein Meer zu sehen bekamen, zu einer selbstbewußten deutschen Flottenpolitik. Als der Hechinger Militärverein 1898 sein 25jähriges Jubiläum feierte, galt er als der mitgliederstärkste Verein der Stadt.[66] Dem immer wieder vorgetragenen Wunsch der Städte Hechingen und Sigmaringen, eine Garnison zu erhalten, mögen nicht nur militärfreundliche sondern auch wirtschaftliche Motive zugrunde gelegen haben. Sigmaringen war endlich so glücklich, in Gestalt der Unteroffiziersvorschule 1910 ein mächtiges Kasernengebäude und den Status als Garnisonsstadt zu erwirken. Ob die Zugehörigkeit zum Militärstaat Preußen in Hohenzollern zur Ausbildung einer militaristischen Mentalität geführt hat, die sich von der in den Nachbarstaaten in der Wilhelminischen Ära unterschied, wird schwerlich auszumachen sein. Auch die Tatsache, daß die Zahl der Gefallenen des Ersten Weltkrieges im Verhältnis zu den Ausgerückten mit fast 20 % in Hohenzollern höher lag als in anderen deutschen Ländern, wird man nicht zum Beweis dafür anführen können. Man kann sich fragen, ob mit dem betont nationalen Vereinswesen nicht auch die nach 1871 versuchte politische Ausgrenzung des Zentrums kompensiert wurde. Der Vorwurf mangelnder nationaler Zuverlässigkeit und die Gleichsetzung mit den sozialdemokratischen Reichsfeinden haben im Zentrum fast dieselbe Erbitterung erzeugt, wie die Exzesse des Kulturkampfes.

Die Vertretung Hohenzollerns in den beiden Berliner Parlamenten lag während der Wilhelminischen Ära in den Händen von Parteimatadoren des Zentrums, die ihre Mandate langfristig behaupteten. Es waren Geistliche und Richter, die für das Zentrum typischen Sachwalter in parlamentarischen Gremien. Erst 1913 kam wieder ein Bauernvertreter in den Landtag.[67] Auch wenn das Dreiklassenwahlrecht dem Zentrum zugute kam, ihm regelmäßig fast 100 % der Wahlmännerstimmen erbrachte und Gegenkandidaturen von vorne herein sinnlos machten, dürften die Landtags- und Wahlrechtsreformen in den Nachbarländern nicht ohne Eindruck auf die hohenzollerischen Wähler geblieben sein. Jedenfalls hat es schon bei den Beratungen der hohenzollerischen Gemeindeordnung von 1900 landesweite Protestaktionen gegen die Einführung des Dreiklassenwahlrechts auf Gemeindeebene bei den Bürgermeisterwahlen gegeben. Die Ablehnung des Klassenwahlrechts zeigt sich auch an der Wahlbeteiligung, denn bei den Reichstagswahlen hatten demonstrative Stimmabgaben einen gewissen Sinn. An den Urwahlen für den Landtag 1913 nahmen lediglich 15,4 % der Wahlberechtigten teil – 32,7 in der I., 21,7 in der II. und 11,8 % in der III. Klasse –, während sich an den Reichstagswahlen von 1912 nicht weniger als 87,9 % der wahlberechtigten über 25 Jahre alten hohenzollerischen Männer beteiligten. Von den 1912 in Hohenzollern abgegebenen 14 300 gültigen Wählerstimmen erhielt der Zentrumskandidat Dr. Belzer 10 368 (72,5 %), der Kandidat der Fortschrittlichen Volkspartei, zu der sich 1910 die linksliberalen Parteien zusammengeschlossen hatten, der Hechinger Rechtsanwalt Sauer 3 355 (23,5%) und der Kandidat der Sozialdemokraten, der Stuttgarter Gemeinderat Waßner 534 Stimmen (3,7 %). Andere Parteien kandidierten 1912 in Hohenzollern nicht. Die Sozialdemokraten, die erstmals 1894 in Hechingen eine Versammlung abgehalten hatten, waren auch schon bei den Reichstagswahlen von 1907 aufgetreten, bei denen sie im ganzen Land auf 295 Stimmen (2,1 %) gekommen waren.[68]

Der langjährige Reichstagsabgeordnete Dr. Belzer dürfte die einflußreichste politisch-parlamentarische Potenz des Landes gewesen sein. Er gehörte seit 1899 dem Kommunallandtag an und war von 1902 bis 1918 dessen stellvertretender Vorsitzender. Es spricht einiges dafür, daß Belzer, der während des Krieges dem Vorstand des Reichstags als Schriftführer angehörte, in den Wandlungen und interessenpolitischen Spannungen der Zentrumspartei sowohl mit dem württembergischen Zentrumsführer Adolf Gröber wie vor allem mit Mathias Erzberger – beide in den benachbarten Wahlkreisen Riedlingen/Blaubeuren und Biberach gewählt – in engerer Verbindung stand. Es war Erzberger, der nach dem Schwinden der Sieges- und Annexionshoffnungen seine Fraktion dazu brachte, sich an der Friedensresolution der Reichstagsmehrheit vom Juli 1917 zu beteiligen, und der die Zusammenarbeit des Zentrums mit Liberalen und Sozialdemokraten im Interfraktionellen Ausschuß des Reichstags einleitete.[69]

Mit der Einsetzung einer »Kommission für die Reform der gesamten Verwaltung» des Königreichs Preußen im Jahr 1909 wurden Überlegungen eingeleitet, die kostspielige Sonderstellung Hohenzollerns aufzugeben und das Ländchen an eine der größeren Verwaltungseinheiten, die Rheinprovinz oder die Provinz Hessen-Nassau, Koblenz oder Wiesbaden, anzuschließen. Außer gutachterlichen Stellungnahmen hatte dieser Anstoß keine Konsequenzen. Beschämend für die Akteure ist die Rolle, die Hohenzollern während des Krieges in den dynastisch bestimmten Überlegungen der innerdeutschen Kriegszielpolitik der Länder als Tauschobjekt spielte.[70] Als mit dem Kriegsende und dem Zusammenbruch der monarchischen Staatsform in ganz Deutschland, auf die man in Hohenzollern in keiner Weise vorbereitet war, der dynastische Zusammenhang gegenstandslos wurde, der zu der Eingliederung Hohenzollerns in den preußischen Staat geführt hatte, stellte sich die »Hohenzollernfrage«, die Frage nach der staatlichen Zukunft Hohenzollerns, wesentlich grundsätzlicher als in den bisherigen Überlegungen zu einer Verwaltungsreform und den unzeitgemäßen Kompensationsspielchen in den Residenzen der deutschen Bundesfürsten. Mit dem Ende der preußischen Monarchie verloren die »Vom Fels zum Meer«- und die »Kaiserstammland«-Legende, diese Konstrukte monarchischer Herrschaftslegitimation des 19. Jahrhunderts, ihre Funktion und ihren Sinn.

Der Regierungsbezirk Sigmaringen im Freistaat Preußen 1918–1945

Landeskommunalverband und Hohenzollernfrage

»Mit dem Aufhören der hohenzollerischen Herrschaft in Preußen ist das ideale und geistige Band zwischen Hohenzollern, dem Stammland des Königs, und Preußen zerschnitten. Wir Hohenzollern müssen beim Neuaufbau des Reiches Anschluß an süddeutsche Verhältnisse, an unser schwäbisches Volkstum finden. Denn wir gehören nicht zum Norden, wir gehören zum Süden Deutschlands.« Diese Auffassung, die der Abgeordnete der Stadt Hechingen, Friedrich Wallishauser, auf der ersten, schon auf den 18. November 1918 einberufenen Sitzung der Kommunallandtags nach Kriegsende vortrug, dürfte repräsentativ gewesen sein.[71]

Es scheint nur in einem Fall preußenfeindliche Demonstrationen gegeben zu haben, als im Verlauf der Gründung eines Bauernrates, zu der 800 Bauern am 14. November 1918 nach Hechingen gekommen waren, vor dem Oberamtsgebäude gefordert wurde: »Fort mit den Preußen! Ra mit dem »schwaze Vogel!«[72] Unter dem Eindruck einer bevorstehenden revolutionären Aktion gegen das Sigmaringer Schloß hatte sich eine Delegation hohenzollerischer Politiker aus der Zentrums- und der Fortschrittspartei schon am 13. November an den Fürsten gewandt und ihn dazu gebracht, von sich aus auf seine Privilegien im Land zu verzichten und für Kriegsbeschädigte aus Hohenzollern zwei Millionen Mark zu spenden.

Es ist bemerkenswert, daß sich die hohenzollerischen Parteien darauf verständigten, wegen der Unsicherheit über die staatliche Zukunft Hohenzollerns nicht an der Wahl zur Preußischen verfassunggebenden Landesversammlung am 26. Januar 1919 teilzunehmen. Erst nachdem im April 1919 Einigkeit darüber erzielt wurde, »daß keine Veranlassung besteht, sich von Preußen loszusagen«, wurde Emil Belzer am 1. Juni 1919 in die Konstituierende preußische Landesversammlung nachgewählt. Ein vorläufiges Einvernehmen über die staatsrechtliche Zukunft Hohenzollerns wurde erreicht auf der Sitzung des Landesausschusses vom 17. April 1919, der sogenannten »Gründonnerstagssitzung«, zu der das preußische Innenministerium einen Referenten entsandt hatte und an der auch Vertreter der Sigmaringer Regierung und von Interessenverbänden teilnahmen. Für das Ergebnis war die Erklärung des Ministerialdirektors Dr. Meister ausschlaggebend, die Preußische Staatsregierung sei keineswegs gesonnen, »sich Hohenzollerns durch Weggabe an andere Bundesstaaten zu entäußern; es abzuschütteln, etwa als eine Last«. Die zwölf Teilnehmer zogen daraus, mit einer Ausnahme, den Schluß, daß es bis auf weiteres bei der Zugehörigkeit Hohenzollerns zu Preußen bleiben solle. Den Inhalt der Besprechung trug Belzer wenige Tage später dem Kommunallandtag in fünf Punkten zusammengefaßt vor: »1. Die Unteilbarkeit Hohenzollerns wird verlangt. 2. Beim Zustandekommen einer Republik Großschwaben wird sich Hohenzollern nicht entziehen können. 3. Es besteht keine Veranlassung, sich von Preußen zu trennen. 4. Das Volk soll gehört werden. 5. Auch bei einer Vereinigung mit anderen Staaten soll der Kommunalverband bestehen bleiben.« Der am 28. September 1919 aus allgemeiner, direkter und geheimer Verhältniswahl hervorgegangene neue Kommunallandtag hieß die Entschließung seines Vorgängers gut.

Durch die vom Rat der Volksbeauftragten am 30. November 1918 erlassene Wahlordnung für die Verfassunggebende Nationalversammlung wurde Hohenzollern an den Wahlkreis Württemberg angeschlossen. Da die Einführung des Verhältniswahlrechts eine reine Listenwahl zur Folge hatte, bei der die Entscheidung über die Kandidatenaufstellung und Plazierung ausschließlich bei den Parteien lag, mußten sich die hohenzollerischen Parteien mit ihren württembergischen Schwesterparteien arrangieren, was dazu führte, daß sie auch organisatorisch miteinander verschmolzen und zu württembergisch-hohenzollerischen Bindestrichparteien wurden. Diese Veränderung hatte für Hohenzollern weitreichende Folgen. Nicht nur, daß das Land, das bisher immer einen von den 397 Reichstagsabgeordneten gestellt hatte, jetzt in aller Regel keinen Hohenzoller mehr unmittelbar in den Reichstag entsandte,[73] folgenreicher war, daß sich die NSDAP bei der Ausbildung ihrer Organisation an den Reichstagswahlkreis hielt, wodurch der »Gau Württemberg-Hohenzollern« entstand. Die NSDAP in Hohenzollern war mit allen ihren Gliederungen von der Gauleitung in Stuttgart abhängig. Daraus entstand die Konkurrenz zwischen Stuttgart und Berlin, die verdeckte Rivalität zwischen der regionalen Parteispitze und dem traditionellen Verwaltungszentrum, die Hohenzollern während des Dritten Reiches überschattete.

Für die Wahlen zum Preußischen Landtag wurde Hohenzollern dem entfernten Wahlkreis Koblenz-Trier zugeordnet. Da dort, ebenso wie in Hohenzollern, die Zentrumspartei eine beherrschende Stellung einnahm, bestand überhaupt nur über deren Liste die Chance, einen hohenzollerischen Vertreter in den Landtag zu schicken.[74] Es entfiel also mit der Einführung der Verhältniswahl der direkte Bezug der hohenzollerischen Wählerschaft zu den Berliner Parlamenten. Dadurch rückte der Kommunallandtag, auch wenn ihm kein politisches Mandat zukam, in die Rolle einer Landesvertretung. Immerhin wurde Hohenzollern das Recht zugestanden, einen eigenen Vertreter in den Preußischen Staatsrat zu entsenden. Dieses Vertretungsorgan der Provinzen, dem ein beschränktes Mitwirkungsrecht in Gesetzgebung und Verwaltung eingeräumt wurde, gewann wenig politische Bedeutung. Der hohenzollerische Kommunallandtag wählte den Vertreter des Landes im Staatsrat und seinen Stellvertreter.[75] Hier hatte sich noch eine letzte Direktverbindung – neben der Staatsverwaltung – nach Berlin erhalten.

Schon um die Wende 1918/19 hatte sich abgezeichnet, daß die neuen Herren in Preußen wenig gesonnen waren, den preußischen Staat für regionale Autonomiebestrebungen oder für eine weitergehende Länderneugliederung zur Disposition zu stellen. In der auf Beschluß der Nationalversammlung beim Reichsinnenministerium gebildeten »Zentralstelle für die Neugliederung des Reiches« und nach 1928 im Rahmen der Länderkonferenz lehnte die preußische Regierung – in Übereinstimmung mit der Auffassung des Kommunallandtags – einen einseitigen Anschluß Hohenzollerns an Württemberg ebenso ab wie seine Aufteilung unter Württemberg und Baden, erklärte sich aber bereit, Hohenzollern beim Zustandekommen eines Staates Großschwaben freizugeben. Schon vor der offiziellen Konstituierung der Zentralstelle für die Gliederung des Deutschen Reiches im November 1920 war klar, daß vom ersten Enthusiasmus für die Bildung eines Großschwäbischen Reichslandes auf Stammesgrundlage keine Rede mehr sein konnte. Nach persönlicher Einschätzung von Dr. Belzer, seit Herbst 1919 erster republikanischer Regierungspräsident und Vertreter Hohenzollerns in der Zentralstelle, galt »das dauernde Verbleiben Hohenzollerns beim Mutterland als ausgeschlossen, als fortschrittshemmend und finanziell schwer haltbar«. Wenn Hohenzollern zusammenbleiben und seine Selbstverwaltungseinrichtungen erhalten wolle, kämen als Zukunftslösung nur zwei Möglichkeiten in Betracht: der Anschluß an Württemberg oder die Bildung Großschwabens. Mit Ausnahme einiger weniger, vor allem altpreußischer Elemente, würde sich nach Belzers Meinung eine Volksabstimmung »mit ganz überwältigender Mehrheit für den Einschluß in Großschwaben aussprechen«. Aber Belzer hat begründete Bedenken, daß es soweit kommen wird. Bleibt eine Vereinigung mit Württemberg, dem gegenüber die Volksstimmung, wie Belzer schreibt, »weiterhin nicht die freundlichste ist«. Die Vorteile eines Anschlusses, »vor allem in wirtschaftlicher Beziehung«, würden von den Hohenzollern nicht verkannt, trotzdem »dürfte das große Mißtrauen und damit die Ablehnung des Anschlusses nur dann beseitigt werden können, wenn Württemberg vor der Abstimmung die bestimmtesten Garantien für die Hohenzollern zu belassenden Behörden und Institutionen und Sonderrechte geben würde. Die Stimmung Baden gegenüber ist, nicht am wenigsten auch aus konfessionellen Gründen, viel freundlicher, aber man verhehlt sich nicht, daß der Anschluß des weitaus größten Teiles des Landes dorthin durch seine Lage unmöglich ist, und daß die Verbindung eines Teils mit Baden, den Wunsch des Zusammenbleibens, der ein übergroßer ist, zerstören würde«. Das heißt im Klartext, daß ein Anschluß Hohenzollerns an Baden indiskutabel, ein solcher an Württemberg nur möglich ist, wenn dieses die Sonderstellung der Hohenzollern konserviert und garantiert.

Es ist von Interesse, daß sich die beiden Länder, von denen ein Fortgang in der Großschwabenfrage abhing, sehr unterschiedlich verhalten haben. Während Württemberg abwartende Bereitschaft zeigte, machte die badische Regierung den Versuch, den südlichen Landesteil Hohenzollerns, die Stadt Sigmaringen eingeschlossen, für Baden zu gewinnen. In Karlsruhe reagierte man deshalb auf das Votum Belzers, auf dessen Herkunft aus Baden-Baden man spekuliert hatte, mit großer Enttäuschung und tat alles, um weitere Verhandlungen, die auf die Vereinigung von Württemberg, Baden und Hohenzollern abzielten, zu blockieren. Der Status quo wurde vollends gefestigt, als der preußische Vertreter in der »Hohenzollern-Kommission« bei der abschließenden Behandlung des Belzer-Gutachtens feststellte, seine Regierung könne »einer Loslösung Hohenzollerns von Preußen nur dann zustimmen, wenn Hohenzollern in ein noch entstehendes »Großschwaben« aufginge. Der Wunsch der Bevölkerung, ungeteilt zu bleiben, sei so groß, daß Preußen in eine Aufteilung Hohenzollerns zwischen Württemberg und Baden nicht einwilligen könne.«

Einen Beweis dafür, wie wenig von preußischer Seite auf absehbare Zeit mit der Integration Hohenzollerns in eine württembergisch-badische Staatsverbindung, sondern mit seinem Verbleiben bei Preußen gerechnet wurde, kann man auch darin sehen, daß 1925 endlich die schon vor dem Krieg geplante Vereinfachung der Behördenorganisation und ihre Angleichung an das preußische Kreis- und Landratssystem zur Ausführung kam. Aus den Oberamtsbezirken Hechingen und Haigerloch sowie Sigmaringen und Gammertingen entstanden die Kreise Hechingen und Sigmaringen. Als der Kommunallandtag 1925 der 75jährigen Zugehörigkeit Hohenzollerns zu Preußen mit einer Festsitzung gedachte, beendete der Vorsitzende, Pfarrer Vogel, die Diskussion der Hohenzollernfrage innerhalb des Landes mit den Worten: »Großschwaben ist ein Traum und wird wohl Traum bleiben ... So bleibt realpolitisch gesehen als beste Lösung das Verbleiben im Verbande des preußischen Staates übrig.«[76]

»Die Staatsautorität der Republik«

Man darf nicht erwarten, daß die Hohenzollern, denen bis Kriegsende das dynastische Konstrukt des Kaiserstammlands einen besonderen Nimbus verlieh, über Nacht Republikaner wurden. Dies umso weniger, als in der meinungsführenden Zentrumspartei die monarchische Staatsform nie in Frage gestellt worden war. Gleichwohl haben sich die im Kommunallandtag einflußreichen politischen Vertreter sofort, schneller als die Parteioberen in Berlin, auf dem Boden der neuen Verhältnisse gefunden und dazu beigetragen, die Kontinuität der Verwaltung in der Regierung, den Oberämtern und den Gemeinden zu gewährleisten. Die wenigen revolutionären Ereignisse im Land brachten keine Veränderungen hervor, weder die Bauernversammlung vom 14. November 1918 in Hechingen mit ihren preußenfeindlichen Äußerungen, noch die Demonstration von 500 bis 600 meistenteils auswärtigen Kriegsteilnehmern und Kriegsversehrten in Sigmaringen am 1. Februar 1919, bei der die Redaktionsräume der Hohenzollerischen Volkszeitung, des Zentrumsblatts, schwer demoliert und die Redakteure mißhandelt wurden. Dies war die einzige gewalttätige Aktion. Die konkreten Forderungen konzentrierten sich auf die Abberufung des Regierungspräsidenten und die Entfernung der weiblichen Hilfskräfte in den Behörden zugunsten von Kriegsbeschädigten. Vom Regierungsgebäude, das sie verschlossen fanden, zogen die Demonstranten weiter zum Schloß, wo sie mit dem Fürsten über die Verteilung der Zweimillionenspende verhandelten, ohne neue Forderungen an ihn zu stellen. Unser Chronist, Geheimrat Sauerland, berichtet: »Weitere geplante und verkündete Gewalttätigkeiten dürften nur dadurch verhindert worden sein, dass die Zeit bis zum Abgang der fahrplanmässigen Eisenbahnzüge, mit denen die meisten der Demonstranten abreisen wollten, nicht mehr reichte«. Zu den in Aussicht gestellten Wiederholungen dieser Aktion kam es nicht.

Erstaunlich ist, daß schon bei der Sitzung am 18. November 1918 Forderungen erhoben wurden, die sich gegen das Fürstenhaus richteten: in erster Linie die Aufhebung aller Fideikommisse, die dem Volk schon lange ein Stein des Anstoßes seien, weil sie die landwirtschaftlichen Verhältnisse behinderten. In diesem Zusammenhang wurde überhaupt die Rechtmäßigkeit des Abtretungsvertrages von 1849, durch den die Domänen in das Privateigentum der Fürsten übergegangen waren, in Zweifel gezogen. Obgleich ihm ein Bescheid des preußischen Innenministers und ein ausführliches Gutachten des Justizministeriums vorlagen, in denen die Aussichtslosigkeit, gegen den Abtretungsvertrag juristisch vorzugehen, begründet wurde, beauftragte der Landesausschuß den Hechinger Amtsgerichtsrat Karl Bumiller, sich gutachtlich zur »Domänenfrage«, auf die hin sich jetzt alles zuspitzte, zu äußern. Bumillers 1921 erschienene Broschüre war zugleich Aufklärungsschrift für die Bevölkerung und rechtsgeschichtliche Grundlage für die weiteren Demarchen des Landesausschusses. Der Tenor war eindeutig: auf dem Rechtsweg ist kein Erfolg zu erwarten, es handelt sich um eine Frage, die nur politisch mit Hilfe der preußischen Staatsregierung zu entscheiden ist.

Fürst Wilhelm gab daraufhin Gegengutachten an zwei bekannte, vielfach im Rahmen der Fürstenabfindung bemühte Rechtsgelehrte in Auftrag. Ihre Schriftsätze wurden 1922 unter dem Titel »Der Domänenstreit in Hohenzollern« publiziert, versehen mit einem arrogant-polemischen. aber anonymen Nachwort, das vom fürstlichen Hofkammerpräsidenten stammte und deutlich macht, wie stark man auf dem Schloß über die Anfechtung des Abtretungsvertrages durch den Landeskommunalverband aufgebracht war. Die Verbitterung über das hartnäckige Insistieren in der Domänenfrage mag auch darin begründet gewesen sein, daß die Ansprüche an das Fürstenhaus von einem Kommunallandtag ausgingen, in dem das Zentrum mit großer Mehrheit das Sagen hatte, nicht von einem kurzlebigen Soldatenrat oder ein paar versprengten Kommunisten, wie die Sigmaringer Februardemonstration.[77]

Die Gereiztheit des Fürstenhauses hängt gewiß auch mit der gleichzeitigen Adelsgesetzgebung zusammen. Die Weimarer Reichsverfassung bestimmte in Artikel 109: »Öffentlich-rechtliche Vorrechte oder Nachteile der Geburt oder des Standes sind aufzuheben. Adelsbezeichnungen gelten nur als Teil des Namens und dürfen nicht mehr verliehen werden« und in Artikel 155: »Die Fideikommisse sind aufzulösen«. Für Preußen bestimmte das »Gesetz über die Aufhebung der Standesvorrechte des Adels und die Auflösung der Hausvermögen« vom 23. Juni 1920 die Einzelheiten.

In Hohenzollern ist allerdings im Umgang mit dem Fürstenhaus und in dessen Ansprüchen von Auswirkungen der Staatsumwälzung und der Adelsgesetzgebung wenig zu spüren. Vom Festgottesdienst zu Ehren des Fürsten Wilhelm, an seinem 55. Geburtstag am 7. März 1919, dem ersten nach der Revolution, berichtet die Hohenzollerische Volkszeitung: »Die Kirche war gedrückt voll wie kaum jemals zuvor. Nach dem Gottesdienst fand die Beglückwünschung im Schloss statt. In die aufgelegten Listen trugen sich zahlreiche Personen aus allen Ständen ein. Die Stadt trug tagsüber reichen Flaggenschmuck.« Erst als der, noch von der Februardemonstration her, gefürchtete Kommunistenführer Friedrich damit drohte, er lasse einen Trupp Spartakisten aus

Stuttgart kommen, der die beflaggten Häuser demolieren werde, wurden die Fahnen auf Anweisung des Bürgermeisters eingezogen. Aber auf längere Frist ließ sich die Stadt in ihrem Residenzcharakter nicht beeinträchtigen. Die wirtschaftliche Bedeutung des Hofes für die Stadt war von der Revolution unberührt geblieben. Mit größter Selbstverständlichkeit führt das »Adreß- und Geschäfts-Handbuch für die Hohenzollern'schen Lande« von 1921 die fürstlichen Behörden und ihr Personal auf. Die »Hofkammer« beschäftigte 46 Personen, vom Hofkammerpräsidenten über fünf Hofräte bis zum Gehilfen im Fürstlichen Elektrizitätswerk. Unter der Rubrik »Hofdienst« erscheinen 84 Personen, vom Hofmarschall und der Oberhofmeisterin über eine Schar von Kammerdienern, Lakaien, Kammerjungfern und Verwaltern bis hin zum Kastellan der Sammlungen und zum Kutscher des Erbprinzen. So weit von der Wirklichkeit war die boshafte Behauptung der Hechinger Hohenzollerischen Landeszeitung gar nicht entfernt: »Sigmaringen setzt sich aus einem Drittel Hoflieferanten, einem Drittel Lakaien und einem Drittel Beamten zusammen«.

Von der Revolution ist auch die konkurrenzlose Stellung des Hofes im gesellschaftlichen Leben des Landes nicht beeinträchtigt worden. Der Regierungspräsident, die Regierungsräte und die Stadtbürgermeister folgten ebenso wie die Chefs der übrigen Landes- und Reichsbehörden den Einladungen des Hofes. Nach bisheriger Gewohnheit stattete der Fürst am Neujahrstag dem Regierungspräsidenten einen Besuch in dessen Wohnung im Regierungsgebäude ab.Die »Spannung« zwischen dem Fürsten Wilhelm als geborenem Republikgegner und dem zum Republikaner mutierten Regierungspräsidenten Dr. Belzer soll zunächst nach außen wenig in Erscheinung getreten sein.

Im Sommer 1923 kam es zu einem folgenreichen Eklat. Die »Rote Fahne« in Berlin, das Zentralorgan der kommunistischen Partei, veröffentlichte einen ihr durch Vertrauensbruch zugespielten Brief des Fürsten Wilhelm an seinen Bruder, König Ferdinand von Rumänien, der auch in hohenzollerischen Blättern nachgedruckt wurde. Darin hieß es: »Hier ... ist die Stimmung eine ganz zufriedenstellende, hätten wir nicht in Sigmaringen einen höchst widerwärtigen Regierungspräsidenten. Der schwarze Mann mit der roten Weste ist eine ganz vertrauenswürdige Persönlichkeit, ein Anhänger des heiligen Matthias von Biberach, Erzberger, und ganz im Fahrwasser der beiden Reichskanzler Fehrenbach und Wirth, also Erfüllungspolitiker nach innen und außen.«[78] Mit diesem Konzentrat ultrarechter Vorurteile hatte sich der Fürst dekuvriert, besonders mit seinen instinktlosen Äußerungen über Erzberger, der bei den letzten Reichstagswahlen die Stimmliste des Zentrums anführte, für die sich in Hohenzollern über 70 % der Wähler entschieden hatten, und der inzwischen von Leuten, die so dachten wie der Fürst, ermordet worden war. Da dieser es ablehnte, sich zu entschuldigen, endeten die gesellschaftlichen Beziehungen des Regierungspräsidenten mit ihm.

Zu gleicher Zeit sah sich Belzer genötigt, die deutschnationalen Umtriebe in der Stadt gegen die Reichsfarben schwarz-rot-gold und das Beflaggen städtischer Gebäude bei Privatanlässen des Fürstenhauses zu unterbinden. Er müsse, so wies der Regierungspräsident den Stadtbürgermeister zurecht, »gerade für Sigmaringen als Landeshauptstadt und als Wohnort eines Mitglieds des ehemaligen Königshauses, das sich neuerdings als schärfster Gegner unserer Staatsform hingestellt hat, die strengste Beobachtung der Flaggenvorschriften verlangen«. Mit einer Schärfe, die sonst in der ganzen Ära Belzer nicht vorkommt, drohte er ein Einschreiten auf dem Disziplinarweg an, falls nochmals eine schwarz-weiß-rote Fahne auf dem Rathaus gehißt würde.

Der Sigmaringer Stadtbürgermeister Egon Müller, ein dem Fürstenhaus ehrfurchtsvoll ergebener Zentrumsmann, versuchte die Stadt aus dem Konflikt zwischen dem Regierungspräsidenten und dem Fürsten herauszuhalten. Die bevorstehende Pensionierung Dr. Belzers, der in Stadt und Land hohes Ansehen genoß und sich großer Beliebtheit erfreute, wollte der Bürgermeister zum Anlaß nehmen, ihn mit der Ehrenbürgerwürde der Stadt auszuzeichnen. Als jedoch vom Hof signalisiert wurde, »daß in der beabsichtigten Ehrung durch die Stadt eine unfreundliche Haltung gegenüber dem Fürstenhaus erblickt würde«[79], unterblieb die beabsichtigte Ehrung Belzers, der am 1. April 1926 mit 66 Jahren in den Ruhestand trat. Er blieb in Sigmaringen wohnen und vertrat Hohenzollern weiterhin, bis zu seinem Tod am 18. September 1930 im Preußischen Staatsrat. Die Auszeichnung des führenden politischen Repräsentanten der Republik scheiterte an der indirekt eingesetzten Macht des Fürsten.

Wenn in der Folge die Auseinandersetzung zwischen dem Vertreter des republikanischen Staates und den Fürsten ausführlicher behandelt wird, so in der Absicht, Einblick in ein Spannungsfeld zu gewähren, das gemeinhin in der Geschichte der Weimarer Republik außer acht gelassen wird und das zugleich die Eigenart der hohenzollerischen Entwicklung in besonderer Weise illustriert.

In den Jahren 1925 und 1926 waren vom preußischen Staatsministerium alle drei politischen Beamtenposten in Hohenzollern zu besetzen: die beiden Landratsstellen an der Spitze der neugeschaffenen Kreise Hechingen und Sigmaringen und die Stelle des Regierungspräsidenten. Das für die Besetzung zuständige preußische Innenministerium, das durch seine Personalauswahl auf die Demokratisierung der Staatsverwaltung Einfluß zu nehmen entschlossen war, wurde seit 1920 von Vertrauensleuten des Zentrums kontrolliert, die sich in der Preußen-

Koalition unter dem Anspruch der Parität für die Steigerung des Anteils von Katholiken stark machten, die bisher in der höheren preußischen Bürokratie deutlich unterrepräsentiert waren.[80] Es war keine Frage, daß alle drei Stellen mit Zentrumsleuten besetzt wurden. Der neue Landrat von Sigmaringen, Dr. Robert Seifert, 34 Jahre alt, war zuvor Regierungsrat im preußischen Innenministerium, der Hechinger Landrat, Paul Schraermeyer, zuvor als Regierungsrat bei der Regierung in Sigmaringen, war 41 Jahre alt, und gleichaltrig war auch, als er im Mai 1926 seine Stelle in Sigmaringen antrat, der neue Regierungspräsident Alfons Scherer, der zuvor als Vizepräsident bei der Regierung in Wiesbaden tätig war. Alle drei waren gut ausgebildete, relativ junge Laufbahnbeamte.

Die Erwartungen im Land und die Hoffnung Scherers, den bisherigen Konflikt zwischen dem Regierungspräsidenten und dem Fürsten aus der Welt schaffen zu können, erfüllten sich in keiner Weise. Nach einjähriger Anwesenheit Scherers in Sigmaringen war eine öffentliche Konfrontation entstanden, die weit über den alten Konflikt hinausreichte. Da Fürst Wilhelm es von vornherein abgelehnt hatte, den Antrittsbesuch des Regierungspräsidenten durch einen Gegenbesuch zu erwidern und auf den bisher am Hof üblichen Umgangsformen bestand, hielt sich Scherer als Vertreter des republikanischen Staates für verpflichtet, die Aufnahme gesellschaftlicher Beziehungen unter den Vorgaben der Hofetikette zu unterlassen. Im Unterschied zu seinem Vorgänger verlangte er das auch, bis zur Klärung der Besuchsfrage, von seinen Beamten; außerdem informierte er sofort seine vorgesetzten Stellen. Dem Hof gegenüber sprach er die Bitte aus, einstweilen keine Einladungen an die Beamten ergehen zu lassen.

Zu einer offensichtlichen Provokation wurde das Verhalten des Fürsten, als er sich weigerte, am 9. Januar 1927 bei der festlichen Einweihung des neuen Sigmaringer Rathauses, für dessen Sitzungssaal er 35 000 Mark gestiftet hatte, mit dem Regierungspräsidenten zusammenzutreffen. Scherer sah sich, obgleich es ihm gelungen war, eine Zuwendung des Staatsministeriums an die Stadt von ebenfalls 35 000 Mark zu erreichen, einer förmlichen Hetzkampagne ausgesetzt. Mit dem in der Stadt in Umlauf gebrachten Gerücht, der Fürst und die Hofkammer würden Sigmaringen verlassen, löste man – übrigens nicht zum ersten und nicht zum letzten Mal – schwere Existenzängste unter den Sigmaringern aus. Fürstliche Bedienstete sammelten Unterschriften, um die Abberufung Scherers verlangen zu können. »Zwar nicht in Hohenzollern«, so spotteten die Hechinger Hohenzollerischen Blätter, die dem Regierungspräsidenten den Rücken steiften, »aber in der Residenzstadt Sigmaringen, ist das Fürstenhaus allmächtig«.[81]

Es besteht kein Zweifel, daß der Regierungspräsident auch Öl ins Feuer gegossen hat. Er zwang den Sigmaringer Bürgermeister und die Gemeindevertretung, die bereits in Aussicht gestellte Ehrenbürgerwürde als inopportun rückgängig zu machen, mit der Fürst Wilhelm zum Bleiben in Sigmaringen hätte gebracht werden sollen, und löste damit für die Stadt und für einzelne Gemeindevertreter, die sich mit beiden Seiten gut stellen mußten, üble Sanktionen der Hofseite aus. Durch Vortrag beim Minister erreichte Scherer, daß drei Regierungsräte und ein Studienrat, die entgegen seiner dienstlichen Ermahnung eine Einladung des Hofes angenommen hatten, Knall und Fall aus Hohenzollern wegversetzt wurden. Scherer war sich, im Gegensatz zum Sigmaringer Bürgermeister, der Provokation bewußt, die im Verhalten des Fürstenhauses am 9. Januar, in der Einladung an die Beamten und ebenso in deren ihn desavouierenden Erscheinen bei Hof lag. Es ging nicht um eine Frage der Etikette, es ging um ein Politikum.

Das bestätigt auch das Presseecho von inner- und außerhalb Hohenzollerns. Von antirepublikanischer Seite wurde der »auf dem äußersten linken Flügel des Zentrums stehende« Scherer zum »Musterbeispiel neupreußischer Beamtenpolitik« erhoben, oder die Auseinandersetzung wurde als »Operettenkrieg« bewußt verharmlost. Andere Stimmen lehnten eine »Extra-Wurst« für den Sigmaringer Fürsten ab und forderten von den Beamten der Republik, ihre Höflichkeit gegenüber den Fürsten zu zügeln. Scherer wurde im Sommer 1927 von zwei für ihn wichtigen Institutionen gestützt. Der Kommunallandtag sprach ihm »in Frage der Wahrung der Staatsautorität das Vertrauen aus«. Und das Staatsministerium wies die Beschwerden der rechtsstehenden Berufsorganisation der preußischen Beamtenschaft gegen die Maßregelung ihrer Mitglieder in wohlgesetzter Ministerialdiktion mit der Erklärung zurück, »daß es in höchstem Grade die Staatsautorität überhaupt, zugleich das äußere Ansehen der Beamtenschaft und schließlich die Frage der Selbstachtung der höheren Beamtenschaft berührt«, ob höhere Beamte »mit nichtbeamteten Persönlichkeiten« gesellschaftlichen Verkehr pflegen können, wenn diese die Einhaltung gebräuchlicher Umgangsformen mit ihrer Würde nicht für vereinbar halten. Keine Frage, Ministerpräsident und Innenminister haben den Regierungspräsidenten mit Entschiedenheit gestützt.[82]

Der unerwartete Tod des Fürsten Wilhelm am 22. Oktober 1927 machte nicht etwa den Weg frei für eine Beilegung der Auseinandersetzung zwischen Staat und Fürstenhaus, er leitete vielmehr eine Verschärfung ein. Auf Drängen der Stadt erlaubte der Regierungspräsident, daß am Beerdigungstag die Stadtfahne auf dem Rathaus auf Halbmast gesetzt wurde. Die Beisetzung des Fürsten, zu der die Spitzen des monarchistischen Deutschland und Vertreter des europäischen Hochadels in

Sigmaringen erschienen, wurde zu einer Demonstration der Sonderstellung des Fürstenhauses. Der Trauerzug, der von der Stadtkirche zur Hedinger Fürstengruft führte, nahm einen Umweg in Kauf, um den Trauergästen den Anblick des unbeflaggten Regierungsgebäudes in der Karlstraße zu ersparen.

Der älteste Sohn des Fürsten Wilhelm, Prinz Friedrich Viktor, übernahm nicht nur, der gesetzlichen Aufhebung des Fideikommisses ungeachtet, den ungeteilten Hausbesitz, er beanspruchte auch als nunmehriger Chef des Hauses Hohenzollern den Titel Fürst und das Prädikat Hoheit. Während das preußische Adelsgesetz seinem Vater die Beibehaltung seiner Titel aus der Monarchie gestattet hatte, waren die Ansprüche Friedrichs mit der bestehenden Rechtslage schlechterdings unvereinbar. Er war ausgeprägt traditionsbewußt, für ihn war alles von Bedeutung, was mit Haus, Land und Geschichte Hohenzollerns zusammenhing. Diesem Grundzug Friedrichs und dem Einfluß seiner kunstsinnigen Frau, einer Tochter des letzten Königs von Sachsen, verdankt ein Teil des von Karl Anton zu hohem Rang gebrachten Fürstlichen Museums seine Rettung für Sigmaringen und seine Neubestimmung als »Oberschwäbisches Museum«, nachdem sich Fürst Wilhelm aus wirtschaftlichen Gründen genötigt gesehen hatte, die Sammlung zum Verkauf freizugeben. Im Unterschied zu seinem Vater und wohl von seiner Frau beeinflußt, trat er auch im kirchlichen Leben des Landes öffentlich in Erscheinung. Friedrich war im Gegensatz zu seinem Vater von umtriebiger Geschäftigkeit, er versuchte nicht wie dieser, sich die Attitüde eines Grandseigneurs zu geben. Er hatte keine Hemmungen, weiterhin den 1841 gestifteten Fürstlich Hohenzollernschen Hausorden zu verleihen, den er noch um einige Klassen erweiterte, und bei dessen Ausfertigung er sich auf sein Gottesgnadentum berief und im Pluralis majestatis auftrat, allerdings nicht in der Öffentlichkeit. Friedrich leitete auch allmählich eine Umorientierung seiner Familie ein, weg von der nachgeordneten Stellung im preußischen Königshaus in Richtung auf eine Verselbständigung der schwäbischen Linie, als deren Haupt er sich zugleich auch als Chef der königlich-rumänischen Linie im »Gotha« vorstellte. Auf diese Weise erreichte er es schließlich während des Dritten Reiches, daß ihm der Gebrauch des Fürstentitels und sogar das angenommene Prädikat »Königliche Hoheit« gestattet wurde. Alle diese Ambitionen und Machinationen sprachen der von Scherer vertretenen Demokratisierungstendenz der preußischen Regierung Hohn.[83]

Scherer setzte es durch, daß der Nachfolger des Fürsten Wilhelm von den preußischen Behörden und den nachgeordneten Kommunen nicht als Hoheit und Fürst, sondern als Herr Prinz von Hohenzollern oder als Friedrich Prinz von Hohenzollern angeredet und angeschrieben wurde, und er unterband die Verwendung aller Bezeichnungen, in denen die Vokabeln Fürst oder Hof vorkamen. In seiner entfeudalisierten Terminologie wurde so aus der Hofkammer die Hauptverwaltung. Scherer war aber nicht in der Lage, den Gebrauch der aufgehobenen Prädikate und Titel im privaten Verkehr zu verhindern, ebensowenig, daß die Reichsbehörden im Land und in Sigmaringen selbst – Finanzamt, Postamt, Hauptzollamt, Eisenbahnbetriebsamt –, die nach Scherers Worten »von rechts oder sehr rechts stehenden Herren geleitet werden«, sie benutzten. Er versuchte deshalb wiederholt, das Innenministerium zu einer Vereinbarung mit den Reichsministerien zu veranlassen, um eine für alle Staatsbeamten verbindliche Regelung zustandezubringen, was aber am Unwillen der Reichsstellen scheiterte.

Für Scherer als dezidierten Katholiken und Zentrumsmann war es besonders verletzend, daß kirchliche Stellen den Prinzen bei der Durchsetzung seiner illegalen Ansprüche zu Hilfe kamen. Im Mai 1928 mußte Scherer es erleben, daß bei der Neubesetzung der Stelle des Sigmaringer Stadtpfarrers der Patronatsherr in der Investitur-Urkunde, die von der Kanzel verlesen wurde, als »Seine Hoheit Fürst Friedrich von Hohenzollern« angesprochen wurde. Als Scherer daraufhin den Erzbischof in Freiburg persönlich auf die Bestimmungen des preußischen Adelsgesetzes hinwies, bekam er die haarsträubende Antwort, die Urkunde sei »in der bisher üblichen Form« ausgefertigt worden, und er wisse nicht, ob sie anders abgefaßt worden wäre, wenn er an das Gesetz gedacht hätte. Weil Friedrich grundsätzlich den Anspruch auf den Vorrang erhob, war ein Zusammentreffen von Regierungspräsident und dem Prinzen auf kirchlichem Boden nicht möglich.

Den Höhepunkt kirchlicher Förderung der »gesetzwidrigen« Ansprüche bildeten zwei an den »Fürsten« gerichtete Briefe des Papstes. Sie standen im Zusammenhang mit Glückwünschen, die er Pius XI. zum fünfzigjährigen Priesterjubiläum übermittelt hatte, und mehr noch mit Landschenkungen, mit denen er die hohenzollerischen Klöster Beuron und Habsthal bedacht hatte. Die Anrede des Papstes lautete: »Unserem in Christo geliebten Sohn, Seiner Hoheit dem durchlauchtigsten Fürsten Friedrich von Hohenzollern«. Es versteht sich, daß der »Fürst« für die Verbreitung dieser schwülstigen Dokumente, die ihm die Beuroner Benediktiner durch ihre Direktbeziehungen nach Rom verschafft hatten, in der Presse sorgen ließ. Scherer berichtete über alle diese Vorgänge dem zuständigen Referenten, der zugleich Vertrauensmann des Zentrums im Innenministerium war, Ministerialdirektor Dr. Brand, und gab zu bedenken, »welch ein moralisches Gewicht dieses fortgesetzte Eintreten hoher kirchlicher Stellen für die Ansprüche des Prinz von Hohenzollern und gar solche Veröffentlichungen gerade in diesen Zeitpunkten in dem kleinen, ganz katholischen Bezirk der gesetzwidrigen Haltung des Herrn Prinz von Hohenzollern geben, und wie sehr insbesondere die gesamte Geistlichkeit durch die Haltung des Ordinariats an der Einstellung des Regierungspräsidenten irre gemacht werden muß«.[84]

So stark die Stellung und das Ansehen des »Fürsten« Friedrich auf Traditionsbindungen und auf der Übertragung kirchlicher Autorität beruhen mochten, so waren sie doch am nachhaltigsten begründet in seiner wirtschaftlichen Macht. Diese erlaubte es ihm, sich im ganzen Land großes Ansehen als Wohltäter zu verschaffen, sie gab ihm aber auch die Möglichkeit, wirtschaftlichen Druck auszuüben. Allerdings befand sich das »Fürstenhaus« in den Zwanziger Jahren in einer »schwierigen wirtschaftlichen Situation«, für die vor allem die verheerenden Waldschäden durch den Eulenfalter verantwortlich gemacht wurden. Mit dem Tod des Fürsten Wilhelm mußte das Haus erstmals Erbschaftssteuer abführen, und es blieb auch von den Auswirkungen der Wirtschaftskrise nicht verschont. Das zwang die Verwaltung zu Sparmaßnahmen und Personalabbau.

Nachdem sich die Titelansprüche Friedrichs gegenüber dem Regierungspräsidenten als nicht durchsetzbar erwiesen und auch direkte Verhandlungen seines Rechtsberaters, Justizrat Dünkelsbühler in München, mit dem Berliner Innenministerium keinen Erfolg versprachen, faßte der Prinz im Herbst 1930 den Entschluß, seine Verwaltung und seinen Wohnsitz von Sigmaringen – und damit von Preußen – wegzuverlegen, und zwar nach Bayern, wo der Adel nicht den gleichen Restriktionen ausgesetzt war, wie unter der rot-schwarzen Herrschaft in Preußen. Während die Verlegung der Hofkammer schon zum 1. Januar 1931 nach München erfolgte, machte der »Fürst« seinen Wegzug aus seiner »Vaterstadt« davon abhängig, ob es gelinge, doch noch zu einer »Befriedung« zu kommen. Der »Fürst« und seine Berater – besonders der sehr bestimmt auftretende neue Hofkammerpräsident Dr. Aengenheister – vertraten die Meinung, es könne nicht gegen Verfassung und Gesetz verstoßen, wenn im außeramtlichen und im internen Verkehr der hohenzollerischen Verwaltung die Bezeichnung Fürst und das Prädikat Hoheit angewendet werden. Dies und das Aufhören der »Nadelstichpolitik der Regierung« gaben sie vor, durchsetzen zu wollen. Hinter diesen Bedingungen verbarg sich nichts geringeres als die Entfernung des lästigen Regierungspräsidenten, der als das eigentliche Hindernis der Befriedung gesehen wurde. Damit hieß, selbstverständlich unausgesprochen, die Alternative: entweder geht Scherer oder der »Fürst«.

Wer von den durch die Drohung des Fürsten mit dem Wegzug verängstigten Sigmaringern auf die Idee kam oder ihnen empfahl, eine städtische Deputation an den Innenminister zu entsenden, wissen wir nicht. Wir wissen aber, daß der Weg zu Minister Severing, der die vierköpfige Abordnung der Stadt am 13. November 1930 empfing, über den Reichstagsabgeordneten Ott und den Vorsitzenden des Preußenzentrums Dr. Heß führte. Nach dem Protokoll, das der Bürgermeister unmittelbar nach der Vorsprache niederschrieb, trug er die Bitte vor, eine Befriedung in Sigmaringen herbeizuführen, während sein Stellvertreter – es war der Reichstagsabgeordnete Hermann Ott – ausdrücklich erklärte, die Abordnung sei nicht als Ankläger des Regierungspräsidenten nach Berlin gekommen. Die beiden dem Hof nahestehenden Delegierten, Stadtrat Harrer und Stadtverordneter Eugen Müller, machten allerdings denunziatorische Aussagen, zählten die einzelnen Fälle auf, in denen es durch Scherer zu Konflikten gekommen war und flochten ein, daß der Regierungspräsident selbst zu fürstlichen Allüren neige, wenn er seine Kinder durch den Erzabt von Beuron taufen lasse – die Kinder des »Fürsten« hatte Nuntius Pacelli getauft –, oder wenn er bei einem Konzert die Fürstenloge für sich in Anspruch nehme, und das auch noch in einem fürstlichen Gebäude. Die Anhörung schloß ab mit der wiederholten Feststellung Otts, »daß es für Sigmaringen eine Existenzfrage ist, daß der Prinz bleibt«. Minister Severing zeigte sich für das Anliegen der Sigmaringer aufgeschlossen. Er hielt die Beilegung des Konflikts für möglich, wenn auch von der anderen Seite Entgegenkommen gezeigt werde.

Möglicherweise zufällig trafen der Sigmaringer Bürgermeister und der eigentliche Sachbearbeiter, Ministerialdirektor Dr. Heinrich Brand, am folgenden Nachmittag vor dem Innenministerium Unter den Linden nochmals aufeinander. Nach den Notizen, die sich Egon Müller noch am selben Tag machte, eröffnete ihm dabei Brand vertraulich, wie nach seiner persönlichen Ansicht der Ausgleich in Sigmaringen aussehen könnte. Es müsse der Regierungspräsident bei allen staatlichen und kommunalen öffentlichen Anlässen den ersten Platz haben, »unmittelbar daneben der Prinz als bedeutendster Mann und größter Steuerzahler Hohenzollerns«. Bei kirchlichen Anlässen müsse man zu einer Lösung kommen, die beide Teile befriedige, etwa beide Herren nebeneinander – dem Patron könne dabei die rechte Seite eingeräumt werden – oder, bei Prozessionen, der eine Herr vor, der andere nach dem Allerheiligsten. Der gesellschaftliche Verkehr der Staatsbeamten solle möglich sein, auch wenn die Einladungen vom »Fürsten« von Hohenzollern ausgehen und wenn von Beamten aus Courtoisie Prädikate gebraucht werden, aber die Gegenseite muß konzedieren, daß die Anrede nach dem Adelsgesetz keine Taktlosigkeit ist. Als nächsten Punkt hat der Bürgermeister notiert: »Versetzung Scherer nach einer klaren Regelung für die Zukunft selbstverständlich; vorher muß für einen neuen Regierungspräsidenten klare Lage geschaffen sein, sonst

Schwierigkeiten bei der Besetzung des Postens«. Man könnte die Frage auch durch eine Verlegung der Regierung regeln, aber das sei mit Rücksicht auf Sigmaringen und Hohenzollern nicht beabsichtigt. Schließlich stellte Brand es dem Bürgermeister anheim, ihn nach Rücksprache mit der Gegenseite über die Aussichten seiner Vorschläge zu unterrichten, wobei er zusicherte, daß der Brief nicht in den Dienstgang komme. Durch die vertrauliche Äußerung Brands wird klar, daß das Ministerium bereit war, Scherer fast bedingungslos zu opfern und eine Regelung herbeizuführen, bei der die bisherige politische Argumentation so gut wie vollständig aufgegeben und die Auseinandersetzung auf eine Etikettefrage heruntergespielt wurde. Der Bürgermeister hatte damit den Trumpf in der Hand, den er dem »Fürsten« zugunsten seines Verbleibens auf den Tisch legen konnte.

Die Besprechung des Staatssekretärs mit einem Bevollmächtigten des Prinzen im Beisein des Sigmaringer Regierungspräsidenten, die Minister Severing als nächsten Schritt angekündigt hatte, fand schon drei Wochen später statt. Es spricht Bände, daß bei dieser Begegnung die beiden Cartellbrüder Scherer und Aengenheister, deren Amtssitze als Regierungspräsident und als Hofkammerpräsident in der Karlstraße in Sigmaringen zwei Häuser auseinanderliegen, in Berlin miteinander bekanntgemacht wurden. Zu einem Ergebnis führte dieses Zusammentreffen nach außen hin nicht. Wieder schaltete sich Brand nachträglich nochmals ein. Wie Aengenheister später den Bürgermeister wissen ließ, sei ihm dabei gesagt worden, »daß innerhalb 6 Monate ein Wechsel in der Leitung der Regierung Sigmaringen eintreten werde«. Er, Aengenheister, habe zugesagt, »der Chef des Hauses Hohenzollern werde alles erfüllen, was das Ministerium begehrt habe«. Das war inzwischen nicht mehr viel. Von der strengen Einhaltung des preußischen Adelsgesetzes, um die es Scherer in Übereinstimmung mit seinem Ministerium bisher ging, war es jedenfalls weit entfernt.

In einem internen Memorandum des Innenministeriums vom Februar 1931 ist offen davon die Rede, daß es dem Prinzen hauptsächlich auf die Entfernung Scherers ankomme, daß es aber keine Verquickung der Einigung in den Sachfragen mit einem Personenwechsel in Sigmaringen geben dürfe. Der Minister behalte sich »selbstverständlich« vor, so heißt es weiter, »den Regierungspräsidenten zu gegebener Zeit entsprechend seinem Wunsch anderweit zu verwenden«. Wenn das Ministerium schließlich der Erpressung des »Fürsten« erlag, ist das ein Zeichen dafür, daß es, angesichts der Zerreißprobe der Preußenkoalition im Schatten von Brünings Präsidialkabinett im Reich, den Konflikt nicht mehr in seiner prinzipiellen Bedeutung als Herausforderung des republikanischen Staates sehen wollte. Es muß aber bei der Entfernung Scherers auch ein parteiinternes Problem zwischen dem Führer des

Preußenzentrums, Dr. Heß, und dem Mann gegeben haben, der bisher als Sachbearbeiter mit dem »Ausgleich« in Hohenzollern betraut war, Ministerialdirektor Dr. Brand. Wenn ausgerechnet er, einer der einflußreichsten Gewährsleute, die das Zentrum in der preußischen Ministerialbürokratie sitzen hatte, die Nachfolge Scherers im kleinsten und entlegensten Regierungsbezirk anzutreten hatte, kann es sich nur um eine Abstrafung handeln. Das legt auch das politische Profil von Joseph Heß nahe, der als der entschiedenste Republikaner im Preußenzentrum galt. Es findet sich damit eher eine Erklärung für die Versetzung Brands als für den rüden Umgang mit Scherer, der durch nichts von dem, was wir wissen, gerechtfertigt war.

Der Regierungspräsident Alfons Scherer wurde per Ministerialerlaß zum 31. August 1931 in den einstweiligen Ruhestand versetzt. Eine offizielle Begründung dafür wurde nicht bekannt, auch nichts darüber, daß ihm der Minister, was im Februar noch als selbstverständlich galt, eine entsprechende anderweitige Verwendung in Aussicht gestellt hätte. Selbst die Form, in der sich die Ablösung vollzog, war skandalös. Scherer soll sie zuerst aus der Zeitung erfahren haben, bevor ihn die amtliche Mitteilung erreichte. In der hohenzollerischen Öffentlichkeit wurde dem Ministerium von den Sympathisanten des Hofes Dankbarkeit bezeugt, »daß endlich der Weg der Erlösung beschritten wurde«. Auf demokratischer Seite herrschte Verwunderung über den »Rückzieher der Staatsregierung«. An der hohen Qualifikation Scherers als leitender Staatsbeamter wurde kein Zweifel geäußert, auch nicht daran, daß es das ererbte »Zerwürfnis der Regierung mit dem Hof« war, das ihm zum Verhängnis wurde.

»Fürst« Friedrich hat sich durch die wenigen formalen Zugeständnisse, auf die er eingegangen war, nicht hemmen lassen, seine Sonderrolle weiter zu kultivieren. Es blieb fast unbemerkt, daß er seine Zusagen, die mit dem Ultimatum verknüpft waren, nicht einlöste: weder machte er die bereits erfolgte Verlegung der Hofkammer nach München rückgängig noch blieb er dauernd in Sigmaringen wohnen. In einem Handschreiben vom 31. Dezember 1931 aus Umkirch, wo er den Winter über wohnte, bedankte er sich emphatisch für die Neujahrswünsche des Bürgermeisters und der Stadt – »Meiner lieben Stadt Sigmaringen« – und versicherte dem Bürgermeister: »Wenn das vergangene Jahr für die Stadt und ihre Beziehungen zu mir und meinem Hause ein Lichtblick war, so verdanken wir das Ihrer und der Stadträte dankenswerter Initiative«. Die Kenntnisnahme des Schreibens bestätigten die sechs Mitglieder des Stadtrates, und wir können annehmen, daß die Sigmaringer Welt wieder in Ordnung war. Wenn der Hof die Stadt für dauernd verlassen hätte, wäre Sigmaringen nicht nur wirtschaftlich geschädigt worden, der Abzug hätte auch die ganze kleinresidenzstädtische Subkultur getroffen, die durch die Staatsumwälzung von 1918 so gut wie keine Veränderung erfahren hatte, ja er hätte die Stadt, jedenfalls zur damaligen Zeit, in ihrer Identität bedroht.

Dem im Verhalten gegen den Prinzen Friedrich und im Umgang mit seinen Beamten ungleich verbindlicheren und geschmeidigeren neuen Regierungspräsidenten wird sicher zurecht nachgesagt, daß er innerhalb kurzer Zeit die ungeteilte Achtung und das Vertrauen der hohenzollerischen Bevölkerung gewonnen habe. Er hat auch keineswegs die formalen Kriterien der preußischen Adelsgesetzgebung außer acht gelassen, aber er respektierte die Sonderstellung des Fürsten, deren Beseitigung das Ziel der republikanischen Adelsgesetzgebung war. Der Versuch, die Staatsautorität der Republik in Hohenzollern durchzusetzen, ist schon zu einer Zeit gescheitert, zu der in Preußen noch eine Regierung der Weimarer Koalition amtierte, die sich auf eine demokratische Mehrheit im Landtag stützen konnte.

Wählerentscheidungen zwischen Revolution und NS-Machtergreifung

Dank der Revolution von 1918 erhielten die politischen Wahlen und Abstimmungen eine veränderte Rechtsgrundlage und eine stark erweiterte Wählerbasis. Mit der Verpflichtung auf das Verhältniswahlrecht, mit dem die Ungerechtigkeiten des bisherigen Wahlsystems beseitigt werden sollten, entfiel auch die Privilegierung Hohenzollerns als eigener Wahlbezirk. Wie stark sich die Einführung des Stimmrechts für Frauen, die bisher ebensowenig wahlberechtigt wie wählbar waren, und die Herabsetzung des Wahlalters vom vollendeten 25. auf das 20. Lebensjahr auf Hohenzollern auswirkte, zeigt der Vergleich der letzten Reichstagswahl im Kaiserreich und der ersten in der Republik. 1912 betrug die Zahl der Wahlberechtigten in Hohenzollern 16 304, 1920 waren es 42 342.[85] Man kann nicht sagen, daß die Zentrumspartei sich um die Einführung des Frauenwahlrechts Verdienste erworben hätte, aber sie war gleichwohl dessen Nutznießer. Gegenläufig wirkte sich jedoch die Herabsetzung des Wahlalters aus. Bei den Männern, überwiegend Kriegsheimkehrer, waren seit 1912 immerhin 13 Jahrgänge bis zur Wahl des 1. Reichstages 1920 hinzugekommen. Sie scheinen die Chancen des Proporzsystems insofern genutzt zu haben, als sich jetzt anstelle der bisherigen Alternative zwischen Zentrum und Liberalen ein förmliches Parteienspektrum entfalten konnte. Es reichte zwar innerhalb Hohenzollerns nie über 6 bis 7 Listen hinaus und war regional unterschiedlich gewichtet, aber es manifestiert einen Differenzierungsprozeß der politischen Meinungen, der sich bis in die kleinsten und entlegensten Gemeinden verfolgen läßt.

Hohenzollern war und blieb eine Zentrumshochburg. Aber mit dem besten Ergebnis, auf das es 1920 mit 71,8 % im Landesdurchschnitt kam, erreichte es schon nicht mehr ganz den Anteil, den Belzer 1912 mit 72,5 % für die Partei gewonnen hatte. Und wie der Trend der Gesamtpartei zeigt auch die Entwicklung des Zentrums in Hohenzollern – mit einem Einbruch bei den Maiwahlen 1924, der im Widerspruch zum Ergebnis des Reichszentrums steht – »eine langsame, zähe Abwärtsbewegung«,[86] die von den fast 72 % der Wahlen zum ersten, bis zu 60,1 % der Wahlen zum 7. Reichstag am 6. November 1932 führt, ehe sie zu den 47 % des 5. März 1933 abrutscht. Diese Zahlen stehen allerdings für diffuse regionale Entwicklungen. Bei den Dezemberwahlen von 1924 zum 3. Reichstag, die uns die letzten Zahlen der Oberämter bieten, erhielt das Zentrum im Oberamt Gammertingen 82,0 %, im Oberamt Sigmaringen immerhin noch 69 %, während das Oberamt Hechingen schon bei 61,1, das Oberamt Haigerloch gar bei 55,1 angekommen war. Bei der Bildung der neuen Kreise 1925 kamen jeweils die beiden Oberämter mit den höchsten und mit den niedrigsten Zentrumsanteilen zusammen, so daß der Kreis Sigmaringen bis März 1933 immer weit günstigere Zentrumszahlen lieferte: zuletzt mit 51,7 % immer noch die absolute Mehrheit, während das Zentrum im Kreis Hechingen am 5. März 1933 mit 42,4 % der Stimmen hinter die NSDAP an 2. Stelle zurückfiel. Die Wahlstatistiken – vgl. unten S. 281/82 – machen diese Prozesse deutlich.

In den beiden größeren Städten des Landes lief die Entwicklung dem Landkreis immer etwas voraus, zumal in Hechingen, wo die liberale und die sozialdemokratische Konkurrenz besonders stark war und wo sich im Zuge der wirtschaftlichen Prosperität schon im Kaiserreich ein offeneres politisches Spektrum ausgebildet hatte, auf das sich die Hechinger gegenüber dem residenzlich vermieften Sigmaringen etwas zugute hielten. In Hechingen lag das Zentrum schon 1920 mit 48,1 % unter der absoluten Mehrheit, und es landete 1933 bei 35 %. Eine unterschiedliche Entwicklung nahm die Zentrumspartei in den Dörfern. Während im Oberland, auf der Alb und im Killertal die tonangebende Stellung auch noch in den Märzwahlen 1933 behauptet werden konnte, ging sie in vielen Gemeinden im Westen des Kreises Hechingen, besonders im vormaligen Oberamt Haigerloch, verloren. Von den 21 Ortschaften in diesem Umkreis reichte es dem Zentrum 1933 nur noch in acht Gemeinden zur Mehrheit. Auch in reinen Bauerndörfern wie Dettingen, Gruol und Heiligenzimmern fiel der einst übermächtige Anteil des Zentrums unter ein Drittel. Den übelsten Einbruch erlebte die Partei in Weildorf, der Heimat des langjährigen Zentrums- und Landesvertreters im Reichstag, Preußischen Landtag und Preußischen Staatsrat, Hermann Eger, dessen Partei im März 1933 gerade noch 38 von 265 Stimmen erhielt.[87] Es gilt aber allgemein, daß die überlieferten Einflußformen der kirchlichen Hierarchie nicht mehr die Wirkung zeigten wie in Kulturkampfzeiten und danach, und daß sich auch eindeutig kirchentreue Katholiken aus der politischen Kontrolle der »Kaplanokratie« lösten.

Ein eindrucksvolles Beispiel dafür ist auch das Verhalten vieler Zentrumswähler bei dem von den Kommunisten und Sozialdemokraten in Gang gesetzten Volksbegehren für die entschädigungslose Enteignung der früheren Fürstenhäuser im Frühjahr 1926. Es ging dabei allenfalls indirekt um ein hohenzollerisches Problem, denn die Enteignungsforderung bezog sich auf die Vermögen der bis 1918 regierenden Fürsten, zu denen das fürstliche Haus Hohenzollern nicht gehörte. Die Zentrumspartei hatte sich von Anfang an gegen diese Initiative gewandt, ebenso wie sich die Kirchen weiterhin vom Bündnis von Thron und Altar bestimmen ließen. Aber es gab im Zentrum doch auch starke innerparteiliche Gegenströmungen, die in den Ergebnissen des Volksentscheids vom 20. Juni 1926 ihren faßbaren Niederschlag fanden. So haben in Hohenzollern fast sechsmal soviele Wähler (14 404) für die Enteignung gestimmt wie im Vorjahr beim ersten Wahlgang für die Reichspräsidentenwahlen Stimmen auf die beiden Kandidaten der SPD und KPD entfallen waren (2 478). Selbst im Oberamt Sigmaringen waren es fast viermal soviel.[88] Diese Zahlen zeigen deutlich, daß sich viele Zentrumswähler von den politischen Vorgaben ihrer Partei unabhängig machten, selbst wenn diese, wie im Fall des Volksentscheids, durch die Warnungen der Bischofskonferenz vor der Zustimmung kirchlich sanktioniert waren.

Wie das Zentrum, das im Reich, bis zu Brünings Sturz am 30. Mai 1932, und in Preußen, bis zum »Preußenschlag« Papens am 20. Juli 1932, an allen Regierungen beteiligt war, gehörte die Deutsche Demokratische Partei zu den konstitutiven Elementen des Weimarer Staates. Sie übernahm während der ganzen Zwanziger Jahre bei dauernd rückläufiger Bestätigung durch die Wähler eine Mittlerfunktion zwischen Zentrum und SPD. In Hohenzollern hatte die DDP, ausgenommen die Stadt Hechingen, einen bescheidenen Wähleranhang von rund 7 %, der aber nach 1928 verfiel und auch nicht mehr gewonnen werden konnte, nachdem sich die DDP 1930 als Deutsche Staatspartei zu einer Sammlungsbewegung der Mitte umzubilden versucht hatte. Ihre relativ starke Position in Hechingen verdankt die DDP zweifellos den »Hohenzollerischen Blättern«, einer Tageszeitung, die von Friedrich Wallishauser verlegt und redigiert wurde, den wir bereits als den führenden Linksliberalen des Landes kennen. In der Stadt Hechingen erreichte die DDP bei den Reichstagswahlen vom Mai 1924 gute 20 % der Stimmen, in der Stadt Sigmaringen 10 %, auf dem Land meist weniger als 5 %. Die DDP war, neben der erdrückenden Mehrheit des Zentrums, auch im Kommunallandtag mit zuerst 4, dann 3 Abgeordneten vertreten, die sich zuletzt als »Freie Wahlvereinigung« präsentierten. Wallishauser gehörte dem Landesausschuß von 1918 bis 1932 an.[89]

Die dritte, nach der Mandatszahl im Reichstag und im Preußischen Landtag bedeutendste Partei der Weimarer Koalition, die Sozialdemokratische Partei, konnte in den rein agrarisch bestimmten Ortschaften Hohenzollerns nie dauerhaft Fuß fassen, erreichte aber in Gemeinden mit Arbeiteranteil beachtliche Stimmenzahlen. Die höchste absolute Zahl in einer Reichstagswahl erreichte die SPD im Land 1928 mit 2 669 (9,1 %) Stimmen, wovon 1 635 (11,7 %) auf den Kreis Hechingen entfielen, 393 auf die Stadt Hechingen, ein Fünftel der in der Stadt abgegebenen Stimmen (20,3 %). In Bisingen standen 1930 den 142 Stimmen für die SPD (15,0 %) mit 137 (14,5) fast gleichviel für die KPD gegenüber. Im Kommunallandtag war die SPD 1919 mit 2 von 24 Abgeordneten vertreten, später mit einem.

Die SPD und das Zentrum, die Parteien der rot-schwarzen Koalition, die in Preußen über 12 Jahre wesentlich mehr Kontinuität und Stabilität schaffen konnten als dies der Reichspolitik gelang, brachten in Hohenzollern nicht gerade viel Verständnis füreinander auf; dafür war der weltanschauliche und kulturpolitische Gegensatz an der Basis zu groß und das Kräfteverhältnis zu ungleich.

Den Stimmenanteil von 14,8 %, den die drei sozialistischen Parteien 1920 im Regierungsbezirk zusammen erzielten – MSPD 8,3, USPD 4,9, KPD 1,6 –, erreichten danach SPD und KPD nie mehr, aber die Gewichte verschoben sich in der Endphase der Weimarer Republik zugunsten der KPD. Die höchste absolute Zahl im Land gewann die Kommunistische Partei bei den Novemberwahlen 1932 mit 3 072 Stimmen (9,7 %). Es hat den Anschein, es hätten zu dieser Zeit die Kommnunisten in ihrem Schwerpunkt Hechingen, mit dem auch der einstige Hechinger Arzt und proletarisch-revolutionäre Dramatiker Friedrich Wolf von Stuttgart aus in Verbindung stand, über eine bessere örtliche und regionale Organisation verfügt als die Sozialdemokraten. Die Kommunisten unterhielten sogar ein eigenes, wöchentlich erscheinendes Mitteilungsblatt mit dem sinnigen Namen »Der Rote Zoller«, dessen Verbot zu den allerersten Maßnahmen nach der NS-Machtergreifung gehörte.[90] In den Kommunallandtag wurde 1922 auch ein kommunistischer Abgeordneter gewählt.

Eine bisher kaum wahrgenommene Rolle spielte eine politische Gruppierung, die bei den Reichstagswahlen seit Mai 1924 unter der Bezeichnung »Bauern- und Weingärtnerbund« auftrat. So nannte sich in Württemberg eine konservative, auf die Vertretung agrarischer Interessen ausgerichtete politische Formation, die im Stuttgarter Landtag in Fraktionsgemeinschaft mit den Deutschnationalen ein ziemliches Gewicht hatte und mit dem Zentrum an der Regierung beteiligt war. Innerhalb Hohenzollerns nannte sich diese Gruppierung »Hohenzollerischer Bauernbund«, bezeichnete sich zeitweise im Kommunallandtag auch als deutschnational. Ihr Schwerpunkt lag im Umkreis von Haigerloch, wo ihr Spitzenkandidat, Rektor Franz Keller, die Landwirtschaftsschule leitete. Im Oberamt Haigerloch erzielte sie im Mai 1924 ihr Rekordergebnis mit 27,3 % der Stimmen, im Oberamt Sigmaringen kurzfristig 14 %, zweifellos ganz überwiegend auf Kosten des Zentrums. Auf längere Sicht dürften ihre Wähler die ersten kräftigen Blutspender der NSDAP gewesen sein, bei deren Aufstieg der Westteil des Kreises Hechingen eine gewisse Vorreiterrolle einnahm. Im Kommunallandtag war der Bauernbund seit 1925 mit 3, seit 1929 sogar mit 4 Abgeordneten vertreten. Am 12. März 1933 wurden, abweichend von der Reichstagswahl, nochmals 3 Vertreter gewählt. Aber schon Anfang Mai schloß sich der Hohenzollerische Bauernbund formell der NSDAP an.[91]

Die Wähler der eigentlichen Deutschnationalen Volkspartei bildeten – im Gegensatz zu den Rechtsliberalen in der DVP, die in Hohenzollern immer marginal blieben – einen bescheidenen, aber zuverlässigen Wählerstamm, der seine höchsten Anteile in der Stadt Sigmaringen hatte. Dort erreichte die DNVP 1920 mit 295 (11,0 %) und im Herbst 1932 mit 287 (10,0 %) fast gleichviel Stimmen, während der Landesdurchschnitt gleichzeitig bei 5,6 und 3,0 % lag. Wir dürfen annehmen, daß es sich hier um eine politische Gruppierung handelte, die in engem Zusammenhang mit dem Hof stand und deren Vertretern wir in der städtischen Szene bei den Konflikten der Jahre 1927 bis 1931 schon begegneten. Diese deutschnationale Klientel gewann besondere Bedeutung bei den antirepublikanischen Aktivitäten des Stahlhelm seit 1931, denn der »Kabinettschef« des Fürsten, Franz Freiherr von Hallberg, war zugleich Führer des über den Regierungsbezirk hinausreichenden Stahlhelmkreises Hohenzollern. Hierher gehört auch das verstärkte Engagement des »Fürsten« Friedrich in der militärischen Traditionspflege, die er nach der Einsetzung des Präsidialkabinetts von Papen und erst recht nach Papens »Preußenschlag« am 20. Juli 1932 intensivieren und mit vaterländischem Aktionismus auf sich aufmerksam machen konnte.[92] Seine Position änderte sich grundlegend, nachdem seine nationalkonservativen, antirepublikanischen Gesinnungsfreunde im Reich und in Preußen, jedenfalls vorübergehend, bestimmenden Einfluß gewinnen konnten. Der Beitrag, den die Deutschnationalen in der Einflußnahme auf den Reichspräsidenten und mit ihnen der Stahlhelm in der »Kampffront Schwarz-weiß-rot« als Mehrheitsbeschaffer für die Machtergreifung der Nationalsozialisten leisteten, wurde ihnen schlecht gelohnt. Ihre Sympathisanten – es waren bei der Wahl vom

5. März 1933 in Hohenzollern noch 3,4 % der Abstimmenden, in der Stadt Sigmaringen 8,1 % – traten als selbständige Größe bald nicht mehr in Erscheinung.

Die mit ihrer Putschtaktik am 9. November 1923 in München gescheiterte Hitlerpartei versuchte ihren ersten parlamentarischen Auftritt bei den Reichstagswahlen vom Mai 1924, die noch stark unter dem Eindruck der Inflation und der Unruhen des Vorjahrs standen und den radikalen Parteien vermehrt Stimmen einbrachten. Der auf der Reichsliste von General Ludendorff angeführte »Völkischsoziale Block« mit seiner erklärten Gegnerschaft gegen die »Novemberverbrecher«, den Marxismus und das Judentum gewann in Hohenzollern auf Anhieb die respektable Zahl von 284 Stimmen, die über das ganze Land verteilt waren und von denen nur ein Viertel auf die beiden Städte Sigmaringen (41) und Hechingen (30) entfiel. Bei der Dezemberwahl von 1924, bei der sich die wirtschaftliche Erholung auswirkte, büßten die Extremisten auf beiden Seiten Stimmen ein. Auch in Hohenzollern erreichte die nun als »Nationalsozialistische Freiheitsbewegung« auftretende radikale Rechte nur noch 188 Stimmen, und im 1. Wahlgang der Reichspräsidentenwahlen am 29. März 1925 konnte Ludendorff nicht mehr als 169 für sich gewinnen.

Der Aufbau der Nationalsozialistischen Deutschen Arbeiterpartei, den Hitler nach seiner frühen Entlassung aus der Festungshaft einleitete, stützte sich in Württemberg und Hohenzollern auf eine schon seit 1920 in Stuttgart bestehende Gruppierung, von der aus in den Jahren von 1925 bis 1928 die Anfänge einer Gauorganisation geschaffen wurden, die sich noch in rudimentärem Zustand befand, als Wilhelm Murr Anfang 1928 das Amt des Gauleiters übernahm, das er bis in die letzten Tage des Dritten Reiches als getreuer Trabant des Führers und als Regionalpotentat ausübte. Dem organisatorischen Zustand der Partei im Gau Württemberg-Hohellzollern entsprach auch ihr schwaches Abschneiden bei den Reichstagswahlen vom 20. Mai 1928 und bei den Wahlen zum Württembergischen und zum Preußischen Landtag am selben Tag. Im Regierungsbezirk Sigmaringen stieg zwar die absolute Stimmenzahl auf 450, lag aber mit dem Stimmenanteil von 1,5 % deutlich unter dem Landesdurchschnitt Preußens. Zu dieser Zeit scheint es in Hohenzollern noch keine organisatorischen Ansätze der NSDAP gegeben zu haben.[93]

Es waren offenbar einzelne Sympathisanten der »Hitlerbewegung«, die allgemein der rechtsextremen Szene zuzurechnen sind, wie der Sigmaringer Oberpostsekretär Narziß Reiser, ein »Reichsbeamter«, der Anfang 1928 vom Schöffengericht in Hechingen zu 150 Mark Geldstrafe oder 15 Tagen Haft verurteilt wurde, weil er die Sigmaringer Stadtverordneten und den Bürgermeister öffentlich beschimpft und auch am Postschalter verunglimpft hatte. Aus dem Verhalten der deutschnationalen und hofnahen Stadtvertreter ist der Zusammenhang innerhalb des rechtsradikalen Spektrums offensichtlich, und es war in Sigmaringen kein Geheimnis, daß Reisers Strafe und Gerichtskosten aus Verfügungsmitteln des Hofkammerpräsidenten bezahlt wurden. Narziß Reiser war wenig später der Anführer der Nationalsozialisten in der Stadt Sigmaringen.

Bei den Gemeinderats-, Kreistags- und Kommunallandtagswahlen am 17. November 1929 zeigte sich ein verstärkter Organisationsgrad der Hitleranhänger. Sie traten für die Wahl zum Kommunallandtag erstmals mit einer eigenen Liste auf und verfehlten mit 1 201 Stimmen nur ganz knapp ein Mandat. Aber es gelang ihnen immerhin, den aus Bittelbronn stammenden Landwirt Vinzenz Stehle, der uns erstmals 1925 als Geschäftsführer des hohenzollerischen Bauernbundes begegnet, für die Nationalsozialisten in den Hechinger Kreistag zu bringen. Seit Herbst 1929 ist das Auftreten der SA in Hohenzollern bezeugt. Ob die etwa 120 SA-Männer, die Anfang Oktober in Braunhemden, mit Hakenkreuzarmbinden und -fahnen durch das Unterland zogen, alle aus Hohenzollern stammten, ist nicht zu eruieren. Auch bei der Agitation gegen den Young-Plan, bei der die Nationalsozialisten durch ihr Auftreten mit Hugenbergs Deutschnationalen und mit dem Stahlhelm öffentliche Reputation im rechten Lager zu gewinnen suchten, trat im Unterland die SA in Erscheinung. Der Volksentscheid des 22. Dezember 1929, mit dem ein »Gesetz gegen die Versklavung des deutschen Volkes« erzwungen werden sollte, brachte es in Hohenzollern aber nur auf eher klägliche 1 297 Stimmen.[94]

Umso erstaunlicher sind die Erfolge, die der NSDAP nach der unzeitigen Reichstagsauflösung durch Brüning bei der Wahl vom 14. September 1930 gelangen. Im Sommer 1930 läßt sich zum ersten Mal von einem förmlichen Wahlkampf in Hohenzollern sprechen, der von der NSDAP mit republikfeindlichen Emotionen geführt wurde. Sie gewann damit im Land 3 025 Stimmen, 8,3 % der Wähler, und sie wurde angesichts der starken Stimmenzersplitterung zweitstärkste Partei nach dem übermächtigen Zentrum. Ein schlechthin sensationelles Ergebnis erreichten die Hitlerwähler mit 19 %, 569 Stimmen in der Stadt Sigmaringen. Die auch für Sigmaringen ungewöhnliche Wahlbeteiligung von 89,2 % und die fast unverändert hohe Stimmenzahl für das Zentrum lassen darauf schließen, daß es den Sigmaringer Parteigenossen, die Anfang März zu dritt den Anstoß für die Gründung einer NS-Organisation gegeben hatten, gelungen sein muß, bisherige Nichtwähler und Erstwähler in erheblicher Zahl für die NSDAP zu mobilisieren. Wir wissen, daß in Sigmaringen vier Wochen nach dieser erfolgreichen Wahl eine förmliche Ortsgruppe der NSDAP entstand und daß erstmals im Dezember 1930 – aus Anlaß der Beerdigung des Parteigenossen Reiser – die SA öffentlich in der Stadt auftrat.[95]

Vergleicht man die hohenzollerischen Ergebnisse des September 1930 mit denen des Reiches und der Nachbarländer, so ist der NSDAP-Anteil von 8,3 % noch ausgesprochen niedrig. Im Reich betrug er 18,3, in Baden sogar 19,2 %, im Reichstagswahlkreis Württemberg, dem Hohenzollern angehörte, lag er von allen 35 Reichstagswahlkreisen mit 9,4 % am tiefsten. Doch darf bei dieser scheinbar günstigen Relation nicht übersehen werden, daß auch in einem Gebiet, in dem die Auswirkungen der Wirtschaftskrise, vor allem der Arbeitslosigkeit, weniger stark in Erscheinung traten, die radikale Bewegung eine weit über den Kreis der traditionellen Republikgegner hinausreichende Anhängerschaft gewann.

Der weitere Aufstieg der NS-Bewegung im Land äußerte sich in der Gründung einer Vielzahl von Ortsgruppen der Partei, auch in kleinen Gemeinden, im Aufbau einer SA-Standarte mit Sitz in Haigerloch unter Vinzenz Stehle und in einer großen Zahl von Versammlungen, auch außerhalb der Wahlkampfzeiten, durch die es der Partei gelang, als kämpferische, dynamische politische Kraft dauernd öffentlich präsent zu erscheinen.

Unter den Bedingungen der von Brüning seit März 1930 ausgeübten Präsidialregierung kam den Reichspräsidentenwahlen im Frühjahr 1932 überragende Bedeutung zu. Sie führten zu der grotesken Konstellation, daß der greise Generalfeldmarschall von Hindenburg zum Kandidaten der Parteien des Weimarer Systems gemacht wurde, dem Hitler und Thälmann als Exponenten des rechten und linken Extremismus gegenüberstanden. In Hohenzollern war es zu diesem Zeitpunkt noch keine Frage, daß die Wähler der Aufforderung des Zentrums folgten. Hindenburg erhielt in Hohenzollern in beiden Wahlgängen mit 71,2 und 73,9 % der Wählerstimmen ein starkes Vertrauensvotum, das er, wie sich wenig später durch Brünings Entlassung erwies, nicht verdient hatte. Die Zahl der Hitlerwähler blieb in Hohenzollern mit 19,2 und 21 % weit hinter dem Reichsdurchschnitt von 30,1 und 36,8 % zurück. Der Anteil des KPD-Kandidaten Thälmann, der auf Reichsebene im 1. Wahlgang knapp 5 Millionen Stimmen (13,2 %) erreichte, war in Hohenzollern mit 6,2 und 4,3 % vergleichsweise bescheiden. Es gab aber in einzelnen Orten auch stark abweichende Wählerquoten, etwa in Weildorf, wo sich im 2. Wahlgang 59,9 % der Wähler für Hitler entschieden haben.[96]

Daß den Reichspräsidentenwahlen und der Wahl zum Preußischen Landtag, bei der die Weimarer Koalition ihre Mehrheit einbüßte, noch zwei Reichstagswahlen in der aufgepeitschten Atmosphäre des Jahres 1932 folgten, ist den Absichten Papens zuzuschreiben, den Reichstag, der an Einfluß und Autorität schon unter Brünings Präsidialkabinett gelitten hatte, möglichst lange lahmzulegen. So wichtig deshalb die Reichstagswahlen vom 31. Juli und 6. November 1932 für die Einblicke in die Veränderungen des Wählerwillens sind, so kamen die politischen Entscheidungen doch nicht mehr auf der Ebene des Reichstages und in den Formen parlamentarischen Regierens zustande, sondern im unkontrollierbaren Umkreis des Reichspräsidenten. Auf seine Autorität stützten sich die Kabinette Papen und Schleicher, ebenso, nach dem 30. Januar 1933, die Regierung Hitler.

In Hohenzollern gewann die NSDAP bei den Wahlen zum 6. Reichstag 21,8 %, bei denen zum 7. Reichstag, die den in ganz Deutschland eingetretenen Vertrauensschwund auch hier zum Ausdruck brachten, 17,6 % der Stimmen. Diese Zahlen lagen zwar weit hinter dem Reichsdurchschnitt von 37,0 % und 32,8 %, sie können sogar im Vergleich mit den württembergischen Hitlerstimmen von 30,3 und 26,3 noch als niedrig bezeichnet werden, aber sie zeigen doch an, daß das Potential beträchtlich gewachsen war.[97] Dabei dürfen wir uns deren Organisation 1932/33 noch keineswegs als entwickelt vorstellen, auch wenn wir nun der Institution des Kreisleiters begegnen: im Kreis Hechingen hat dieses Parteiamt Dr. Theodor Johannsen inne, ein seit 1918 in Hechingen als Arzt praktizierender Deutschbalte; im Kreis Sigmaringen der in Sigmaringendorf ansässige Ingenieur Heinrich Rinklef.

Mit der Ernennung Hitlers zum Reichskanzler am 30. Januar 1933 und dem beschwörenden »Aufruf an das deutsche Volk«, den das neue Kabinett am 1. Februar erließ, begann zugleich der letzte Parteien-Wahlkampf der Weimarer Republik. Jetzt trat die NSDAP nicht mehr als verstiegener und verfemter Außenseiter auf, sondern als die dynamische Erneuerungskraft, deren Führer sich bei der Überwindung des gescheiterten Weimarer Parteiensystems im Einklang befand mit dem Generalfeldmarschall und den in Hitlers Kabinett überrepräsentierten traditionellen Eliten. Aber schon durch die am 4. Februar aufgrund des Artikels 48 der Verfassung erlassene »Verordnung zum Schutz des deutschen Volkes« wurde das Versammlungs- und das Presserecht eingeschränkt, und durch die »Notverordnung zum Schutze von Volk und Staat« vom 28. Februar wurde faktisch der Rechtsstaat in Deutschland beseitigt. Diese einen Tag nach dem Reichstagsbrand »zur Abwehr kommunistischer staatsgefährdender Gewaltakte« ergangene Verordnung schuf die Grundlage der Gewaltherrschaft bis zum Ende des Dritten Reiches.[98] Die sofortige Handhabung des Ausnahmerechtes gegen Kommunisten und Sozialdemokraten wirkte sich nicht unerheblich auf die Ergebnisse der Wahl zum 8. Reichstag aus, so daß sich die Wahl des 5. März 1933 nur in eingeschränktem Sinn als letzte »freie« Wahl bezeichnen läßt.

Das Ziel der Beseitigung des Verfassungsstaates machte auch die Unterdrückung des Personals notwendig, das ihm an herausgehobener Stelle gedient hatte. In Hohenzollern wurde das erste und prominenteste Opfer der nationalsozialistischen Personalpolitik der Regierungspräsident Dr. Heinrich Brand. Er wurde bereits am 22. Februar, drei Wochen nach der »Machtergreifung«, seines Amtes enthoben und in den einstweiligen Ruhestand versetzt. Anders als bei der plötzlichen Abberufung Scherers eineinhalb Jahre vorher fanden sich jetzt Fürsprecher in großer Zahl, die öffentlich für seine Belassung im Amt eintraten. Der Hohenzollerische Landesausschuß wandte sich an Vizekanzler von Papen und an den das preußische Innenministerium verwaltenden Reichsminister Göring, die DNVP, der Stahlhelm, Fürst Friedrich, die Stadt Sigmaringen, die Handwerkskammer, der Freiburger Erzbischof und schließlich die Zentrumspartei setzten sich dafür ein, die spektakuläre Entfernung aus dem Amt rückgängig zu machen.[99]

Obgleich der Wahlkampf in Hohenzollern mit großem Aufwand geführt wurde, neuerdings auch durch gemeinsames Abhören von im Rundfunk übertragenen Reden Hitlers und von Papens, blieben die Ergebnisse gegenüber dem Reichsdurchschnitt zurück. Dies gilt für die Wahlbeteiligung, die mit 83,5 % zwar einen Rekord in Hohenzollern erreichte, aber erheblich unter dem Reichsdurchschnitt von 88,8 % blieb, es gilt vor allem für die NSDAP-Stimmen, die mit 39,5 % dem Anteil von 43,9 % im Reich deutlich nachstanden und auch mit den kläglichen 3,4 % für die »Kampffront Schwarz-weiß-rot«, die es im Reich auf 8 % brachte, weit von der absoluten Mehrheit entfernt blieb. Dabei sind allerdings die Unterschiede zwischen den Kreisen Hechingen und Sigmaringen groß. Während im Kreis Sigmaringen die Hitlerwähler mit 35,5 % die absolute Mehrheit des Zentrums mit 51,7 % nicht brechen konnten, rangierte die NSDAP im Kreis Hechingen mit 43,4 % vor dem Zentrum, das zu 42,4 % der Stimmen kam.

Wirklich spektakulär sind die Gewinne der NSDAP in einer Anzahl von Dörfern im Westen des Kreises Hechingen, etwa in Dettensee (68,8), das einst einen starken Judenanteil hatte, wo aber seit einigen Jahren kein Jude mehr lebte, Weildorf (61,9), Bittelbronn (60,9), der Heimat des SA-Standartenführers Vinzenz Stehle, Heiligenzimmern (60,3), Owingen (58,9), Gruol (58,7), Glatt (56,7) Bisingen (52,8) und Dettingen (50,8); aber auch das größte Dorf, Empfingen, wäre zu nennen, wo zu den 48 % Stimmen für die NSDAP noch 12,8 % für die Kampffront kamen, oder das entlegene Wilflingen, von dessen 288 Wählern 165 der NSDAP (57,3) und nur noch 78 (27,1) dem Zentrum ihre Stimme gaben.[100] Bei diesen aus dem Rahmen fallenden Gemeinden, bei denen sich noch nicht einmal eine exzeptionell hohe Wahlbeteiligung feststellen läßt, können die Wähler zum Großteil nur aus der bisherigen Zentrumsklientel und den fast aufgesogenen vormaligen Sympathisanten des Hohenzollerischen Bauernbundes stammen, anders als in der Stadt Hechingen und in Bisingen, wo alles darauf hindeutet, daß es in der Arbeiterschaft, soweit sie früher der SPD und der KPD ihre Stimme gab, jetzt eine gewisse Bereitschaft bestand, für die NSDAP zu stimmen.

An dem Ergebnis für ganz Hohenzollern ist jedoch bemerkenswert, daß es deutlichere Vorbehalte gegen die erfolgte NS-Machtergreifung zum Ausdruck bringt als das Ergebnis auf Reichsebene, wo es im übrigen die NSDAP auch nie in einer legalen Wahl zur absoluten Mehrheit gebracht hat. Es ist allerdings sicher, daß Hitler auch bei einem für ihn schlechteren Wählervotum die Macht nicht mehr aus der Hand gegeben hätte, die ihm im zerstörerischen Konsens mit den antidemokratischen Traditionsträgern zugewachsen war.

Staat und Partei im Dritten Reich

Der Erforschung kleinräumiger Verhältnisse stehen vielerlei Rücksichten und Sperrfristen im Wege, die gegen Personen und gegen politische, geistliche und gesellschaftliche Institutionen gewahrt werden müssen. Hinzu kommen die besonderen Schwierigkeiten, die sich aus dem verbrecherischen Charakter ergeben, den die NS-Herrschaft angenommen hat; die Frage der Duldung und Beteiligung an Rechtsbrüchen und Verbrechen, deren auch die hohenzollerische Geschichte reich ist in den Jahren von 1933 bis 1945: angefangen mit der Unterdrückung Andersdenkender und politischer Gegner, über die Verfolgung und Deportation der Hechinger und Haigerlocher Juden, der Sterilisationen und Patienten-Deportationen im Sigmaringer Landeskrankenhaus, bis hin zur Errichtung des Konzentrationslagers in Bisingen kurz vor Kriegsende. Diese Hindernisse für den Zugang zur NS-Zeit haben zusammen mit einem schwer begreifbaren Desinteresse dazu geführt, daß die Geschichte des Dritten Reiches in Hohenzollern, von wenigen lokal begrenzten Ansätzen abgesehen, ein unbestelltes Feld geblieben ist. Dies setzt auch unserem Versuch Grenzen, die Geschichte Hohenzollerns im Hitlerstaat zu charakterisieren.

Das Ergebnis der Wahlen vom 5. März 1933 hat den Erwartungen der Nationalsozialisten im Reich und erst recht in Hohenzollern nicht entsprochen. Das gilt auch für die Gemeinderatswahlen, die Wahlen zum Kommunallandtag und zu den Kreistagen am darauffolgenden Sonntag. Schon das Gleichschaltungsgesetz vom 31. März 1933 löste sie formell wieder auf und ordnete ihre Neubildung an. Noch im Lauf des Jahres 1933 hörten die Kreistage und der Kommunallandtag ganz auf zu bestehen. Auch auf Gemeindeebene wurde das Führerprinzip eingeführt und den Gemeindevertretungen durch Berufung von Parteifunktionären jede demokratische Legitimation genommen. Diesen »gesetzlichen« Maßnahmen, mit denen die Selbstverwaltung beseitigt wurde, waren allerdings konstituierende Sitzungen vorausgegangen, in denen sich eine fast widerstandslose Machtergreifung durch die Nationalsozialisten an der Basis vollzog. Das Zentrum, obgleich in allen drei Gremien stärkste Fraktion, wich vor der Dynamik der NS-Bewegung zurück, »um der Neuordnung der politischen Verhältnisse die gewünschte Freiheit zu geben«.[101]

Ehe jedoch die Gleichschaltung in den Gremien vollzogen wurde, demonstrierten die Nationalsozialisten in der Woche nach dem 5. März die Eroberung der Macht durch die zunächst illegale Beflaggung der Rathäuser und öffentlichen Gebäude mit den schwarz-weiß-roten Fahnen des Kaiserreichs und dem Zeichen ihrer Bewegung, der Hakenkreuzfahne. Diese von Hitler unter Berufung auf Hindenburg am 12. März, dem Volkstrauertag, nachträglich sanktionierten Aktionen bildeten den Auftakt für das grandiose, von Goebbels inszenierte nationale Schauspiel des »Tages von Potsdam«, dessen Symbolik gerade in Hohenzollern den stärksten Widerhall fand. Keine der vielen Feiern im hektischen neuen Festkreis des NS-Staates hat der Stimmungslage der Bevölkerung des Landes so entsprochen, wie die Ergebenheitsgeste Hitlers gegenüber dem greisen Staatsoberhaupt, in der sich über dem Grabmal Friedrich des Großen die Versöhnung des alten Preußentums mit den Kräften der Zukunft zu vollziehen schien. In allen Schulen wurden an diesem Tag nationale Feiern abgehalten, die in die Übertragung des Staatsaktes aus der Garnisonskirche mündeten und denen am Abend öffentliche Veranstaltungen folgten. In Sigmaringen wurde der Fackelzug durch die Stadt mit einer patriotischen Ansprache des neuen Regierungspräsidenten Dr. Simons vom Balkon des Rathauses beschlossen.

Die durch den Tag von Potsdam bestätigte Illusion gab den Auftakt für das Ermächtigungsgesetz und löste bei vielen eine Hinwendung zur NS-Partei aus, die bisher Vorbehalte gegen die Radikalität und das Rabaukentum der Bewegung hatten. Aber keineswegs die »Märzgefallenen« allein erlagen dieser Stimmung. Sie war auch Voraussetzung für die Billigung der nun folgenden Akte der »Gleichschaltung«, die Hitler die Verfügungsgewalt über die Regierungen der Länder gaben, die durch Verbot und Auflösung der politischen Parteien das absolute Monopol der NSDAP begründeten und die Eingliederung bisher konkurrierender Formationen in das Organisationsgeflecht der NSDAP erzwangen.

In einem so katholischen Land wie Hohenzollern wurde der Bevölkerung die Zustimmung zu dieser Entwicklung wesentlich erleichtert durch die Haltung ihrer Kirche zur Machtergreifung der Nationalsozialisten. Grundlegend war die Rücknahme der früheren Verurteilungen des Natinoalsozialismus durch die Fuldaer Bischofskonferenz am 28. März 1933, vor allem aber die Einstellung des neuen, seit Sommer 1932 amtierenden Freiburger Erzbischofs Conrad Gröber, der unter allen deutschen Bischöfen am meisten Verständnis für die nationale Revolution bewies. Er erklärte auf der Diözesansynode Ende April 1933: »Wir dürfen und wir können den neuen Staat nicht ablehnen, sondern müssen ihn positiv bejahen.« Gröber forderte »unbeirrbare Mitarbeit«. Von Weihbischof Burger, der im Juli auf seiner Firmungsreise durch das hohenzollerische Unterland mit schwarz-weiß-roten und Hakenkreuzfahnen empfangen wurde, stammt die öffentliche Erklärung: »Das katholische Volk bejaht die nationale Erhebung.« Er schränkte allerdings ein: »Der Katholik aber vergöttert nicht das Vaterland.« Es wird zurecht immer wieder auf den Prestigegewinn hingewiesen, den der Abschluß des Reichskonkordats vom 20. Juli 1933 dem Hitlerstaat im Ausland verschafft hat. Das gilt aber sicher noch mehr für die Katholiken im Land selbst, von denen jetzt die Zustimmung zur Gleichschaltung, etwa auch ganz konkret zur Überführung der katholischen Jugendorganisationen in die Hitlerjugend, erwartet wurde.[102]

Die geschickte Verflechtung traditioneller, kirchlicher und nationaler Festgewohnheiten mit dem Feiertagskalendarium des NS-Staates hat im ersten Jahr nach der Machtübernahme als Mittel der Integration einer breiten Bevölkerung besondere Bedeutung: Es erfüllt mit Staunen, in wie kurzer Zeit sich bis in die kleinsten Dörfer NS-Organisationen bildeten und mit welcher Selbstverständlichkeit sich die traditionellen Vereinigungen für die Inszenierungen der Partei in Dienst nehmen ließen.

Der erste nationale Feiertag nach Hitlers Regierungsantritt war der Volkstrauertag, der als „Heldengedenktag" für die Opfer des Weltkriegs – am Sonntag Reminiscere des Kirchenjahres – in ganz Deutschland mit auf halbmast gesetzten Fahnen begangen wurde. Der 20. April 1933, der 44. Geburtstag Adolf Hitlers, wurde zwar nicht in den Rang eines nationalen Feiertags erhoben, aber im ganzen Reich wie ein solcher behandelt. Die örtlichen Feiern von Hitlers Geburtstag lagen in der Hand der Parteiorganisation. In den Gemeinden begann sich ein förmliches Festritual mit obligatem Umzug unter möglichst breiter öffentlicher Beteiligung auszubilden, ein säkularisiertes und militarisiertes Derivat des traditionellen Prozessionswesens. Von Sigmaringen wissen wir, daß sich die Ortsgruppe an der vom Goebbelsschen Propagandaministerium in Gang gesetzten »Hitler-Geburtstagsspende« beteiligte, die unter dem Motto stand: »Am 20. April soll niemand in Deutschland hungern«. Das Ergebnis der Sammlung erlaubte es, etwa

600 »notleidenden Volksgenossen«, auch den Kindern im Haus Nazareth und im Landeskrankenhaus, »am Geburtstag Hitlers einen Tag der Freude zu bereiten«.[103]

War schon der 20. April auf übergreifende Solidarisierung, auf »Volksgemeinschaft« gestimmt, so gilt dies noch viel mehr für den 1. Mai, dessen Verwandlung vom sozialistischen Weltfeiertag zum Ehrentag des deutschen Arbeiters, zum »Tag der nationalen Arbeit«, ein Meisterstück der Pervertierung historischer Tradition darstellt. In Hohenzollern wurde der Tag mit Festgottesdiensten eingeleitet, in denen die Kirchen jetzt mit Uniformierten gefüllt waren. Die moderne Technik machte es möglich, die diabolische rhetorische Suggestionskraft, die Hitler und Goebbels auf den zentralen Massenveranstaltungen entfalteten, bis in die entlegenste Ortschaft wirken zu lassen. Auf lokaler Ebene wurde dann der feierliche, hochgestimmte Rahmen für die Teilnahme am nationalen Ereignis geschaffen. Vom 1. Mai 1933 in Sigmaringen wissen wir, daß die Goebbels-Rede und eine kurze Ansprache Hindenburgs am Vormittag im Rahmen von Feierstunden in allen Schulen gemeinsam gehört wurden, daß nachmittags 15 Uhr ein Festzug durch die mit Fahnen und Frühlingsgrün geschmückte Stadt zog, an dem sich drei Musikkapellen – Stadtkapelle, SA-Kapelle Sigmaringendorf und Hüttenkapelle Laucherthal – beteiligten und alle denkbaren nationalsozialistischen und nationalen Formationen, die Schülerschaft aller Schularten, das Personal der Behörden, die Belegschaften der größeren Betriebe, jede Art von Vereinen, nicht zuletzt das die Straßen säumende Publikum. Der Umzug führte auf den Leopoldsplatz zum eigentlichen Festakt mit einer Rede des Kreisleiters, bis der Tag mit einer weiteren Kundgebung in der Stadthalle mit der Übertragung der Hitlerrede vom Tempelhofer Feld und mit einer Ansprache des Vorsitzenden des Kommunallandtags beschlossen wurde. So oder ähnlich wurde der 1. Mai in den Gemeinden ganz Hohenzollerns begangen, wo bisher dieser Tag keine Bedeutung gehabt hatte.

Wie der 1. Mai im Zeichen der nationalen Solidarisierung mit der Arbeiterschaft stand, so sollte das Erntedankfest, nach den Worten der Hohenzollerischen Volkszeitung »das Bewußtsein der Blutsverbundenheit des ganzen deutschen Volkes mit seinem Bauerntum zum Ausdruck bringen«. Bei der zentralen Feier, zu der erstmals am 1. Oktober 1933 die Abordnungen der Bauernschaft aus allen deutschen Gauen auf dem Bückeberg an der Weser eine folkloristisch aufgemachte Riesenkulisse lieferten, stand wiederum die zu den lokalen Feiern übertragene Führerrede im Vordergrund. Die Tendenz des neuen Reichsbauernführers Walter Darré, dem Bauerntum als Garant der Ernährungsgrundlage und Quell des Volkstums – von ihm stammt die Metapher von »Blut und Boden« – eine Ehrenstellung einzuräumen, mußte in einem so stark agrarisch bestimmten und von bäuerlicher Tradition geprägten Land wie Hohenzollern begeisterte Zustimmung finden. Ob das gleichermaßen für das am Erntedankfest 1933 erlassene Reichserbhofgesetz gilt, das den Ehrenbegriff des Bauern nurmehr dem Eigentümer eines Erbhofes zugesteht, ist zumindest in den Realteilungsgebieten des Unterlandes sehr fraglich. In Hohenzollern wurde das Erntedankfest sowohl in den einzelnen Gemeinden als auch in besonderen überörtlichen Feiern in den beiden Kreisstädten begangen, mit stärkstem Aufgebot an Parteiformationen, Musikzügen und Festwagen. Hechingen soll mit 10 000 Teilnehmern seine bisher größte Kundgebung erlebt haben.[104]

Der 9. November als Nationalfeiertag diente ausschließlich der Verklärung der Parteigeschichte. Er wurde in München 1933 mit der Einweihung des Ehrenmals an der Feldherrnhalle verbunden, wobei das Debakel von 1923 jetzt als Siegesmarsch vom Bürgerbräukeller zur Feldherrnhalle nachgestellt wurde.

Aus dem Veranstaltungstaumel des Jahres 1933 tritt ein Ereignis heraus, das auch auf kritische und gegnerische Zeitgenossen der nationalen Erhebung starken Eindruck machte: der Austritt des Reiches aus dem Völkerbund. An diesen spektakulären außenpolitischen Schritt knüpfte Hitler erstmals seine Praktik der »Herrschaftslegitimation«, für die das bisher unbeachtete Gesetz über Volksabstimmungen vom 14. Juli 1933 die Voraussetzung geschaffen hatte. Insgesamt setzte Hitler dieses plebiszitäre Medium dreimal ein: am 12. November 1933 zur gleichzeitigen Demonstration der Übereinstimmung des deutschen Volkes mit der Abkehr vom System der kollektiven Sicherheit gegenüber dem Ausland. Dabei verband er die Volksabstimmung mit der Neuwahl des Reichstags, der im Einparteienstaat die Funktion eines Akklamationsinstruments und einer Kulisse für besondere Auftritte übernahm. Zum zweitenmal ließ sich Hitler nach dem Tod Hindenburgs in seiner neuen Stellung als »Führer und Reichskanzler«, in der er die Ämter des Kanzlers und des Präsidenten vereinigte, durch eine Volksabstimmung am 19. August 1934 »bestätigen«. Der Reichstagsneuwahl vom 29. März 1936, nach dem Einmarsch deutscher Truppen in die entmilitarisierte Zone des Rheinlands, wurde zwar auch die Rolle eines Volksvotums beigemessen, aber formal wurde zum dritten und letzten Mal unmittelbar nach dem gelungenen Coup des Österreich-Anschlusses eine Volksabstimmung mit der suggestiven Frage veranstaltet: »Bist Du mit der am 13. März 1938 vollzogenen Wiedervereinigung einverstanden und stimmst Du für die Liste unseres Führers Adolf Hitler?«

So wenig es sich bei den plebiszitären Akten um freie Meinungsäußerungen oder um die Wahl zwischen unterschiedlichen Personen und

Programmen handelte, so eindeutig ist, ihrer scheinlegalen Grundlagen unerachtet, ihre integrative Wirkung auf die Bevölkerung des NS-Staates. Es kommt nicht von ungefähr, daß die Volksabstimmungen vorzugsweise im Blick auf das Ausland und im Zusammenhang mit außenpolitischen Entscheidungen praktiziert wurden: hier herrschte von Anfang an die größte Übereinstimmung, von der gemeinsamen Gegnerschaft gegen Versailles bis zum Triumph der Schaffung des »Großdeutschen Reiches« durch den Anschluß Österreichs.

Die für den NS-Staat charakteristische Doppelgleisigkeit von staatlicher und Parteiherrschaft trug in Hohenzollern kuriose Züge. Der Sigmaringer Regierung als nachgeordneter Mittelinstanz der Staatsregierung Preußens, an deren Spitze bis 1945 Ministerpräsident Hermann Göring über den ungeschmälerten Bestand seines Herrschaftsbereichs wachte, stand auf der Parteiseite der württembergische Staatspräsident Wilhelm Murr gegenüber, zu dessen Herrschaftsbereich als Gauleiter von jeher auch Hohenzollern zählte. Seit Mai 1933 auch Reichsstatthalter für Württemberg, mußte es sein Bestreben sein, seine beiden Machtbereiche zur Deckung zu bringen, was ihm jedoch trotz mehrerer Anläufe nicht gelang, auch nicht, nachdem seine Machtbefugnisse zu Beginn des Krieges durch die Ernennung zum Reichsverteidigungskommissar für den Wehrkreis V, zu dem auch Hohenzollern gehörte, erneut ausgedehnt wurden.

Die Organisation der NSDAP in Hohenzollern scheint zu Beginn der Machtergreifungsphase noch keine besonders klaren Konturen gehabt zu haben. Das hinderte die Partei jedoch nicht, bei der Eroberung der Rathäuser brutal und zielbewußt vorzugehen und die verschüchterte Zentrumspartei, die nach den Wahlen vom 12. März sowohl im Kommunallandtag wie in den beiden Kreistagen immer noch stärkste Partei war, mit ihren Ansprüchen zu überfahren.[105] Als der neugewählte Kommunallandtag am 10. April 1933 im fahnengeschmückten Landeshaus in Sigmaringen zusammentrat, wobei sämtliche NSDAP-Mitglieder in Uniform erschienen, hatte das Zentrum in den Vorabsprachen schon auf die Kandidatur des altbewährten Vorsitzenden, Pfarrer Vogel aus Straßberg, verzichtet und der NSDAP die Wahl ihres Kandidaten ermöglicht.

Neuer Vorsitzender des Landeskommunalverbandes wurde der kurz zuvor zum Bürgermeister seiner Heimatgemeinde Betra gewählte Forstbeamte Karl Maier, der im nächsten Jahrzehnt in Hohenzollern eine einflußreiche Rolle übernahm. Als ehemaliger Frontsoldat und Freikorpskämpfer gehörte er zu denen, deren politische Vorstellungen sich im Haß gegen Versailles und Weimar gebildet hatten. An die Spitze des Landeskommunalverbandes gestellt, behielt er das Amt des Verwaltungsleiters, mit der neuen Bezeichnung »Landesdirektor«, auch nachdem im Dezember 1933 die demokratischen Organe, Kommunallandtag und Landesausschuß, aufgehoben und das Führerprinzip in der »Selbstverwaltung« eingeführt wurde. Als Gauleiter Murr, wahrscheinlich noch im Jahr 1933, Karl Maier zum Kreisleiter der NSDAP in Sigmaringen einsetzte, ergab sich folgende groteske, aber für die Ämterverflechtung im Dritten Reich nicht untypische Situation: Als einer der beiden Inhaber der höchsten Parteiämter in Hohenzollern unterstand Maier dem Gauleiter in Stuttgart, als Landesdirektor dem Regierungspräsidenten in Sigmaringen. Nach Darstellung von Josef Mühlebach, dem Historiographen des Landeskommunalverbandes, soll Maier nicht nur ein verständnisvoller Leiter der Einrichtungen des Landeskommunalverbandes gewesen sein, sondern auch die »zentralistischen Bemühungen übergeordneter Stellen der NSDAP«, womit nur die Gauleitung gemeint sein kann, erfolgreich abgewehrt haben.[106] Nachdem Maier im Sommer 1943 hauptamtlicher Kreisleiter in Freudenstadt wurde, übernahm der Regierungspräsident die unmittelbare Zuständigkeit und die administrativen Funktionen der einstigen Selbstverwaltungsorganisation.

Über den anderen Repräsentanten des höchsten Parteiamtes im Land, den Kreisleiter von Hechingen, wissen wir noch weniger als über Maier. Dr. Theodor Johannsen taucht erstmals 1932 als Kreisleiter auf. Er führte offenbar seine Arztpraxis auch späterhin im Hauptberuf weiter. Welche Rolle er bei der Verfolgung, Austreibung und Ausrottung der Hechinger und Haigerlocher Juden spielte, wissen wir nicht.[107] Im gleichen Dunkel liegt bis heute sowohl die Geschichte der Ausbreitung der NS-Parteiorganisation in den einzelnen Städten und Gemeinden des Landes, als auch der Gliederungen der Partei, die sich, nach den wenigen Beschreibungen, die wir haben, rasch vermehrt und in Sondereinheiten differenziert haben müssen.

Aus der Anonymität treten nur wenige Parteifunktionäre etwas heraus, neben den beiden Kreisleitern am deutlichsten Vinzenz Stehle aus Bittelbronn. Kriegsfreiwilliger und Freikorpskämpfer wie Maier, von Beruf Landwirt, scheint er der eigentliche Motor beim Aufbau der SA im hohenzollerischen Unterland gewesen zu sein. Als deren Standartenführer hat er seit 1933 in Haigerloch residiert. Er taucht erstmals 1930 auf der Kandidatenliste der NSDAP für den Reichstag auf, wird 1932/33 gewählt und gehört dann dem Pseudo-Reichstag bis zu dessen Ende an. Stehle scheint seine großen Tage in der Machtergreifungsphase gehabt zu haben, in der er im Umkreis von Haigerloch und Hechingen wie ein Condottiere auftrat.[108] Seine Drohung mit »dem Heuberg«, dem ersten großen Konzentrationslager für ganz Südwestdeutschland, das damals in den Zeitungen als ein notwendiger Ort der Disziplinierung und Umerziehung öffentlich vorgestellt wurde, und die Tatsache, daß die SA als bewaffnete Truppe auftrat, verlieh ihm eine Sonderstellung,[109] die erst mit der gewaltsamen Entmachtung der SA auf Reichsebene am 30. Juni 1934 ihr Ende fand. Von da an scheinen sich die Aktivitäten des nun dreiunddreißigjährigen Stehle auf seine Rolle im »Reichsnährstand« als Landesbauernführer zu beschränken.

Welchen Verlauf der 30. Juni 1934, der immer noch unter der Bezeichnung der NS-Propaganda als »Röhm-Putsch« bekannt ist, in Hohenzollern genommen hat, erfahren wir neuerdings aus einer informationsreichen, quellennahen Studie, die vor allem die Vorgänge und ihre Folgen in Hechingen untersucht.[110] Demnach lassen sich auch in Hohenzollern besorgte Stimmen »Alter Kämpfer« vernehmen, die angesichts des grassierenden Opportunismus, mit dem sich viele der bisherigen Gegner dem neuen Regime andienten – man denke nur an die beiden Landräte und die Bürgermeister von Hechingen und Haigerloch – befürchteten, die Früchte des von ihnen erkämpften NS-Staates würden eine »bestimmte Sorte schwarzer Reaktionäre« und nicht sie selber ernten. Es finden sich sogar öffentliche Klagen über die »mangelhafte Unterbringung vieler Kameraden, die vordem aus politischen Gründen ohne Arbeit und Brot waren«. Für Leute wie Vinzenz Stehle, für den die »revolutionäre Garde«, die SA, »der Garant des neuen Staates« war, mag schon die erzwungene Eingliederung des Stahlhelm eine schwere Zumutung gewesen sein, für Kreisleiter Johannsen scheint es mehr um die Bewahrung der reinen Lehre der Partei gegangen zu sein.

Im Zusammenhang mit der von Hitler persönlich eingeleiteten Mordaktion in Bad Wiessee und Berlin, mit der er die Unzufriedenen in den eigenen Reihen beseitigte und das Waffenträgermonopol zugunsten der Reichswehr und gegen die SA entschied, wurden auf Befehl Görings auch die beiden SA-Führerschulen in Hohenzollern entwaffnet. Die im Frühjahr 1934 im Gammertinger Schloß und im bisher leerstehenden Schloß Lindich bei Hechingen eingerichteten SA-Schulen dienten der »wehrsportlichen« Ausbildung von Unterführern der SA. Ihre Entwaffnung durch das Gendarmeriekommando des Sigmaringer Regierungspräsidenten in Zusammenarbeit mit auswärtigen SS-Einheiten in der Nacht vom 1. auf den 2. Juli 1934 verlief zwar nicht reibungslos, aber unblutig. Schon in der Nacht davor war die Haigerlocher SA-Standarte durch SS ausgehoben worden. Stehle lieferte seine Waffenlager aus. Das gegen ihn von der Staatspolizeileitstelle Sigmaringen erhobene Ermittlungsverfahren mußte im Sand verlaufen, denn die Aktion, an der er teilgenommen haben sollte, hatte es nicht gegeben, sie war nur Vorwand für den blutigen Schlag gegen die unausgegorenen machtpolitischen Ambitionen der SA-Führung. Über der Geschichte der am 30. Juni zum Zuge gekommenen SS-Einheiten und über der

Geschichte der SS in Hohenzollern liegt auch heute noch tiefes Dunkel.

Der Einsatz staatlicher Mittel gegen Parteiorganisationen macht das Spannungsverhältnis deutlich, in dem die beiden Institutionen zueinander standen, die zusammen den NS-Staat verkörperten. Staat und Partei waren letztlich beide Instrumente des niemanden verantwortlichen und von niemandem kontrollierbaren Führerwillens, der auch den Ausschlag dafür gab, daß sich an der territorialen Zugehörigkeit Hohenzollerns zu Preußen nichts änderte. Selbst die Verwaltungsorganisation wurde belassen wie bisher. Die Ursachen für die sofortige Beseitigung des Regierungspräsidenten Dr. Brand im Februar 1933 lagen, anders als bei seinem Vorgänger Scherer, nicht in Hohenzollern, sondern in Brands exponierter Stellung in der schwarz-roten Preußenkoalition. Dieser aufsehenerregende Auftakt der nationalsozialistischen Personalpolitik blieb die einzige Entlassung im Bereich der Innenverwaltung Hohenzollerns, in die wir neuerdings durch die zeitgeschichtliche Erforschung der »administrativen Eliten« Südwestdeutschlands Einblick gewinnen.[111]

Der Nachfolger Brands als Regierungspräsident war schon wenige Tage nach dessen Abgang in Sigmaringen präsent: Dr. Karl Simons, ein in vielen Teilen Preußens herumgekommener erfahrener Verwaltungsmann. Simons war ein typischer »Märzgefallener«. Er soll zuvor Mitglied der DVP gewesen sein, wirkt aber in seinen Reden von 1933 wie ein Deutschnationaler. Als Regierungspräsident hat er sich offensichtlich nicht im Sinn einer nationalsozialistischen Personalpolitik instrumentalisieren lassen. Die »zunehmenden Reibereien mit Parteistellen«,[112] deretwegen er sich im Juli 1939 mit 62 Jahren in den vorzeitigen Ruhestand versetzen ließ, kennen wir nicht im einzelnen.

Als neuer Präsident wurde, allerdings erst ein Jahr später, ein »Alter Kämpfer« nach Sigmaringen abgeschoben, der SS-Oberführer Dr. Hermann Darsen. Auch er war Frontsoldat, gehörte der NSDAP seit Anfang 1931 an, seit Sommer 1933 der SS, war aber mit dem Gauleiter und Reichsstatthalter der Rheinprovinz Terboven in Konflikt geraten und daraufhin auf verschiedenen Vizepräsidentenstellen herumgeschoben worden. Als er im Sommer 1940 nach Sigmaringen kam, war er schon schwer krank. Ein Jahr später erlag er seinem Herzleiden, offenbar ohne in Hohenzollern Spuren hinterlassen zu haben.

Darsen war, seiner NS-Vergangenheit unerachtet, ein regulärer preußischer Laufbahnbeamter, so wie alle übrigen höheren Beamten des Sigmaringer Regierungspräsidiums studierte Juristen mit erster und zweiter Dienstprüfung waren. Die drei Stellvertreter der Regierungspräsidenten, die während des Dritten Reiches als Regierungsdirektoren und zugleich als Direktoren des Verwaltungsgerichts wirkten – Maximilian Baldus (1930–1935), Erich von Reden (1936–1943), Dr. Dr. Karl Brauns (1943–1945) –, haben 1933 alle den Zugang zur NSDAP gesucht und sich angepaßt. Nicht anders stellt sich das bei weitaus den meisten der zehn Regierungsräte dar, die zwischen 1933 und 1945 länger oder nur kurz, keiner länger als fünf Jahre, der Sigmaringer Regierung angehörten. Lediglich zwei von ihnen waren nicht in der Partei und mußten auf eine Beförderung verzichten, zwei waren schon vor 1933 Parteimitglieder.

Die spektakulärsten Fälle von Kontinuitätswahrung und Opportunismus in der höheren Beamtenschaft Hohenzollerns waren die Landräte in Sigmaringen und Hechingen, Dr. Robert Seifert und Paul Schraermeyer. Die beiden dezidierten Zentrumsmänner waren 1925 bei der Schaffung der Landkreise von der preußischen Regierung als politische Beamte in der Erwartung eingesetzt worden, daß sie mit Nachdruck für den demokratischen Verfassungsstaat eintreten. Es ist nicht daran zu zweifeln, daß ihr sofort 1933 betriebener Zugang zum Nationalsozialismus erleichtert wurde durch die erwartungsvolle Haltung der Freiburger Kurie gegenüber der nationalen Revolution. Daß sie während des ganzen Dritten Reiches in ihren leitenden Positionen verbleiben konnten – Michael Ruck charakterisiert sie als »Fossile der Systemzeit« –, verdanken sie nicht allein ihrer Anpassungsfähigkeit, sondern auch der Tatsache, daß sie von der preußischen Verwaltung gegen württembergische Ambitionen und gegen Abberufungsforderungen aus der hohenzollerischen Parteiszene geschützt wurden. Durch die frühe Beseitigung der gewählten Kreistage und Kreisausschüsse fielen zudem die traditionellen Kontrollorgane aus, so daß sie dienstlich nur dem Regierungspräsidenten verantwortlich waren, und der konnte an der Beseitigung der bewährten, im Verwaltungsvollzug effizienten Beamten kein Interesse haben. Es mag für ihr Bleiben eine Rolle gespielt haben, daß die beiden Landräte zunächst nicht der Konkurrenz besonders rabiater Kreisleiter ausgesetzt waren, auch wenn sich Schraermeyer später, 1950, der fadenscheinigen Exkulpation bediente, »die Kreisleiter wären recht froh gewesen, wenn sie die ihnen lästigen Landräte mit ihren Hemmungen, Bedenken und bürokratischen Einwendungen los gehabt hätten und an ihre Stellen »Kreaturen« ihrer Richtung hätten setzen können.«[113]

Die Bedeutung dieser Kontinuitätswahrung ist nur zu würdigen, wenn man sich das Ausmaß der Verstrickung in die ungesetzlichen und verbrecherischen Maßnahmen der NS-Herrschaft bewußt macht. Am Anfang standen die politischen Säuberungen des Jahres 1933, denen selbst zu entgehen das Hauptmotiv für ihre Bereitschaft gewesen sein dürfte, die Fronten so schnell wie möglich zu wechseln. Dabei ist es besonders fatal, daß sich die Beamten des Regierungspräsidiums und die Landräte selber aktiv an den sofort einsetzenden Säuberungen und Verfolgungen beteiligten. Im Lagebericht des Regierungspräsidenten vom November 1933 wird hervorgehoben, daß im Kreis Hechingen die Agitation der KPD »durch den Landrat mit Hilfe der Landjägerei erstickt«, die Rädelsführer festgenommen und die Anhängerschaft versprengt worden sei. Im Lagebericht vom Juli 1934 wird erwähnt, daß die früheren KPD-Leute den Polizeibehörden bekannt seien – »werden dauernd unauffällig bewacht« – und sich ruhig verhielten, »da die meisten von ihnen bereits monatelang in Konzentrationslagern untergebracht waren, und sich begreiflicherweise nicht gern der Gefahr aussetzen wollen, erneut dorthin zurückkehren zu müssen«.[114]

Nach der politischen Herkunft der berichtenden Beamten läßt sich das entschiedene Vorgehen gegen die Marxisten und die Süffisance ihrer Sprache noch leidlich nachvollziehen. Schwieriger wird dies, wenn es um bisherige Partei- und Gesinnungsfreunde in der Beamtenschaft geht, die schon früh suspendiert und dann unter Anwendung des heuchlerisch so benannten Gesetzes »zur Wiederherstellung des Berufsbeamtentums« vom 7. April 1933 in den Ruhestand versetzt wurden. Im Kreis Hechingen wurden die Maßnahmen ausgelöst durch die Forderungen von NSDAP und Kampffront Schwarz-weiß-rot in der Kreistagssitzung vom 6. April 1933. Ihre Fraktion konstatierte bedauernd, daß die »Säuberungsaktion des öffentlichen Lebens und der Verwaltung bisher an der Grenze Hohenzollerns Halt gemacht« habe, und sie verlangten vom Landrat kategorisch – unter Androhung seiner eigenen Entlassung – die sofortige Beurlaubung mißliebiger Zentrumsmitglieder. Zu den Betroffenen gehörten, soweit wir wissen: der Hechinger Studienrat Clemens Moser, ein Zentrumsmann linker Provenienz, aktiv im »Volksverein für das katholische Deutschland«, auch in den katholischen Gesellen- und Arbeitervereinen, der Hohenzollern seit 1930 im Preußischen Staatsrat vertreten hatte; dazu gehörte der Hechinger Schulrat Dr. Miller, Mitbegründer des »Friedensbundes Deutscher Katholiken«, nach Meinung der braunen und der schwarz-weiß-roten Nationalisten im Hechinger Kreistag einer von jenen Staatsbeamten, die »in öffentlichen Versammlungen die Lehre der pazifistischen Knochenerweichung verkündeten«; dazu gehörte auch der seit 1921 in Hechingen wirkende Oberstaatsanwalt Dr. Sensch, ein Zentrumsmitglied, das politisch nicht hervortrat, bei dem schon die bisherige Ausübung seines Berufes genügte, ihn weg haben zu wollen. Es wurden auch Eingriffe auf kommunaler Ebene verlangt. Auf der Abschußliste des Kreistags standen die Bürgermeister von Empfingen, Bisingen, Höfendorf und Heiligenzimmern. Im zerstrittenen Bisingen verlor Bürgermeister Herrmann seine Stelle schon im April. In Sigmaringen mußte der Stadtbürgermeister Egon Müller im November 1933 dem im April durch den Verzicht des Zentrums zum Beigeordneten gewählten ehrgeizigen Favoriten der NSDAP, Karl Sträßle weichen. Hier handelte es sich ausschließlich um Zentrumsleute, größtenteils um bisherige Gesinnungsfreunde der in der inneren Staatsverwaltung im Amt gebliebenen Beamten.[115]

Deren Tätigkeit erstreckte sich im Rahmen ihrer polizeilichen Funktionen und der am Regierungspräsidium ressortierenden Außenstelle des Politischen Landespolizeiamts Stuttgart und des Geheimen Staatspolizeiamts Berlin auch auf die regelmäßige Erstattung politischer Lageberichte. Es waren die staatlichen Stellen, die für die Überwachung und Bespitzelung der Bevölkerung zuständig waren, wobei von Parteiseite nicht nur denunziatorische Unterstützung geleistet, sondern auch Aktivität gefordert wurde. Für die aus dem Zentrum stammenden Beamten mögen besonders bei der Berichterstattung über die Kirchen und die Klöster im Lande manche Skrupel entstanden sein; sie finden jedoch in den präzisen Meldungen keinen Niederschlag. Im Bericht an das Geheime Staatspolizeiamt über die Volksabstimmung und die sogenannte Reichstagswahl vom 12. November 1933 wird gemeldet, daß das Kloster Beuron und das Pfarrhaus in Jungnau trotz Aufforderung nicht beflaggt waren; daß sich in Beuron von den 220 Klosterinsassen 207 an der Volksabstimmung beteiligt haben, der Erzabt aber nicht; daß im Wahlbezirk, in dem das Kloster Gorheim liegt, bei der Reichstagswahl 62 leere Stimmzettel abgegeben wurden von Wählern, die bei der Volksabstimmung »Ja« angekreuzt hatten. Die Berichterstatter waren auch über Beuroner Interna im Bilde, etwa über das Rundschreiben des Erzabts an seine Ordensleute aus Anlaß der Volksabstimmung, in dem er Distanz zum Staat forderte und sich gegen eine Teilnahme an beiden Wahlakten aussprach. Die Lageberichte, die nur bruchstückhaft überliefert sind, machen uns deutlich, wie reibungslos die Beamten der staatlichen Administration zu Werkzeugen des NS-Überwachungssystems geworden sind.

Wenn wir unter dem eher unscharfen Gegensatzpaar von Partei und Staat die herausgehobenen Parteifunktionäre und die höheren Beamten der inneren Staatsverwaltung einander gegenüberstellen, müssen wir daran erinnern, daß auf der Parteiseite das Land überzogen war mit einem Netz von lokalen Machthabern, Funktionären der Partei und der Fülle ihrer Gliederungen, nicht zuletzt der zahlenmäßig großen und für die politische Indoktrination besonders empfänglichen Hitlerjugend. Auf der Staatsseite darf genausowenig übersehen werden, daß Anpassungswille und Anpassungsdruck gleichermaßen alle anderen Beamtengruppen betreffen, seien es Richter, beamtete Ärzte und Ingenieure oder Lehrer, und auch hier darf keineswegs nur an die höhere Beamtenschaft gedacht werden. Glauben wir dem Gestapo-Bericht vom November 1933, so ist die gesamte weitere Entwicklung in Hohenzollern bestimmt durch das Auseinanderfallen des Zentrums: »Sämtliche führenden Beamtenstellen, sämtliche Selbstverwaltungen, die Landwirtschaftskammer, die Handwerkskammer und die Innungsvorstände, die Hauptbanken und die gesamte Presse waren in der Hand des Zentrums«. Dadurch, daß sich nach dem 5. März 1933 der größere Teil – »hierunter fast alle führenden Elemente und die Mehrzahl der früher dem Zentrum angehörenden oder nahestehenden Beamten« – sofort der NSDAP anschloß, bestand das Gros der seit Juli 1933 einzigen Partei in Hohenzollern aus vormaligen Zentrumsleuten, die zum Teil schnell, »da alte geeignete Pg. hier nicht genügend vorhanden waren«, auch Funktionärsposten übernahmen. Die grundsätzliche Weichenstellung fiel in das erste Halbjahr 1933. Damals haben sich die wesentlichen Funktionsträger durch ihre sofortige Hinwendung zum Nationalsozialismus soweit kompromittiert, daß sie nach der Duldung und Billigung von Rechtsbrüchen schließlich auch zu Werkzeugen der Verbrechen des Staates werden konnten. Hier liegen die Voraussetzungen für den unbegreiflichen Umgang mit den bisherigen jüdischen Mitbürgern, einem Phänomen der hohenzollerischen Geschichte, dem ein besonderer Beitrag dieses Buches gewidmet ist.

Ein neuerdings aufgedecktes Kapitel ist die Realisierung der Ausflüsse des Rassenwahns in Hohenzollern.[116] Beteiligt waren daran neben den Verwaltungsleitern, den Richtern am Erbgesundheitsgericht in Hechingen, den Ärzten der Gesundheitsämter in Sigmaringen und Hechingen besonders die zuständigen Ärzte des Sigmaringer Landeskrankenhauses, Persönlichkeiten von demonstrativer Kirchlichkeit und höchster bürgerlicher Reputation. Ihre widerspruchslose Mitwirkung an den von Willkür geprägten Zwangssterilisierungen seit 1934 bildete den Auftakt zu den am Anfang des Krieges eingeleiteten »planwirtschaftlichen Maßnahmen«, von denen das Landeskrankenhaus betroffen wurde. Die Tatsache, daß bei der geheimen Euthanasieaktion zur Beseitigung »lebensunwerten Lebens« von 1940/41 auch 90 der dem Landeskrankenhaus anvertrauten Patienten den Gaskammern von Grafeneck und Hadamar überantwortet werden mußten,[117] führt uns die Verstrickung in das verbrecherische Herrschaftssystem vor Augen, dessen Umgang mit mißliebigen Elementen der »Volksgemeinschaft« man in der Anfangszeit wenn nicht gebilligt, so doch geduldet hatte. »Widerstand gegen das NS-Regime haben die administrativen Eliten Südwestdeutschlands nicht geleistet – weder aktiv noch passiv.« Diese Erkenntnis gewinnt Michael Ruck in seiner großen Untersuchung, und er untermauert sie auch mit hohenzollerischen Beispielen.[118]

Angesichts der einflußreichen Stellung, die das fürstliche Haus Hohenzollern über die Abschaffung der Monarchie hinaus im Lande behaupten konnte, liegt die Frage nahe, inwieweit sich dieser Status auch im Dritten Reich halten ließ. Im Fürsten Friedrich dürfen wir in der Phase der autoritären Umgestaltung des Weimarer Verfassungssystems einen Sympathisanten des unter der Schirmherrschaft Franz von Papens stehenden Bundes »Kreuz und Adler« sehen. In diesem kurzlebigen Bund fand die republikfeindliche Reichsideologie der katholischen Rechten, die ihre Hoffnungen auf die Erneuerung des Reiches an den Führerstaat knüpfte, vorübergehend einen Sammelpunkt.[119] Am 30. März 1933 beschloß der neue Sigmaringer Stadtrat einstimmig, dem Reichspräsidenten von Hindenburg, dem Reichskanzler Hitler und dem Fürsten von Hohenzollern die Ehrenbürgerwürde der Stadt zu verleihen. In diesem antirepublikanischen Triumvirat ist Friedrich zutreffend noch mit deutschnationalem Übergewicht plaziert. Aber im übrigen Land wurde der Fürst nicht beteiligt an der Welle von Ehrenbürgerernennungen, dem Pflanzen von Erinnerungsbäumen, der Benennung und Umbenennung von Plätzen und Straßen, womit die Zäsur von 1933 markiert werden sollte. Doch scheint ihm in Sigmaringen der Coup geglückt zu sein, anstelle der seinem Vater 1927 vom republikanischen Regierungspräsidenten verweigerten Ehrenbürgerwürde die Umbenennung der bisherigen Marktstraße in Fürst-Wilhelm-Straße zu bewirken, wie sie heute noch heißt.

Damals läßt sich aus Äußerungen von Parteileuten auf lokaler Ebene sogar eine gewisse Distanz zum Fürstenhaus feststellen. So etwa in der Rede des nachmaligen Kreisleiters Karl Maier am 1. Mai 1933 in Sigmaringen: »Der deutsche Arbeiter erkennt die geschichtlichen Verdienste des Adels, aber er sieht in ihm nicht ohne weiteres die Qualifikation zu politischem Führertum.« Auch andere polemische Sätze werden auf dem Schloß nicht gern gehört worden sein. Daß der Fürst in einen gewissen Gegensatz zur NSDAP im Land geriet, dürfte auch mit seinem starken Engagement im Stahlhelm zusammenhängen, der in der Machtergreifungsphase als nationalkonservative Konkurrenz zur SA auftrat. Fürst Friedrich scheint als Stahlhelm-Protektor, ebenso wie Fürstin Margarete für das weibliche Pendant, den Königin Luise-Bund, eine Zeitlang im Mittelpunkt gestanden zu haben, wobei der Kabinettschef des Fürsten, Baron Hallberg, als Kreisführer eine vermittelnde Rolle spielte.[120] Die schrittweise Liquidierung des Stahlhelm durch die Integration in die SA als »Wehrstahlhelm« (SA-Reserve I) und die Gleichschaltung im »Nationalsozialistischen Deutschen Frontkämpferbund (Stahlhelm)« mußten sie hinnehmen. Der Luisenbund wurde 1934 aufgelöst, der »Kernstahlhelm« unter dem Prätext reaktionärer Einflüsse und der Unterwanderung durch Gegner des Nationalsozialismus im November 1935 aufgehoben. Für Sigmaringen ist die Anspielung auf die reaktionäre Rolle des Fürstenhauses bezeichnend, wenn im

Oktober 1935 im Rückblick auf den mühsamen Aufstieg der NSDAP in der Stadt aus Parteiperspektive konstatiert wird: »Schwer war es, in diesem schwarzen Erdteil die Idee des Führers zu predigen. Nicht nur das Zentrum stand in Sigmaringen dagegen, auch sonst hatte man für den nationalen Sozialismus nicht viel übrig«.[121]

Der künftige langjährige Kreisleiter konnte zu Beginn der NS-Machtergreifung dem Fürstenhaus mit einschneidenden sozialen Veränderungen drohen – »Es werden harte Maßnahmen gegen die ergriffen werden, die glauben, daß die Zusammenballung von Vermögen in den Händen weniger weiterhin erträglich sei« –; nach der blutigen Beseitigung und Einschüchterung der sozialreformerischen Kräfte in der Partei im Sommer 1934 war es damit endgültig vorbei. Es unterliegt keinem Zweifel, daß Hitler selber, auch gegen Widerstände in Partei und Verwaltung, seine Hand bis 1944 über den Adel hielt und der Deutschen Adelsgenossenschaft seine persönliche Protektion angedeihen ließ.[122] Der Fürst von Hohenzollern zählte mit seinem Latifundienbesitz von nahezu 50 000 Hektar zu den drei größten Bodeneigentümern des Deutschen Reiches, was man mit Recht eine »Zusammenballung von Vermögen« nennen kann. Er hat davon während des Dritten Reiches nichts, durch dessen Bankrott aber weit mehr als die Hälfte seines Großgrundbesitzes eingebüßt. Besonders begünstigt wurde das Hüttenwerk Laucherthal mit seinen über 2 000 Beschäftigten als Rüstungsbetrieb. Es brachte dem Fürsten die Mitgliedschaft in dem im Januar 1938 errichteten Wehrwirtschaftsrat ein und neben seinem Rang als Oberst a. D. den Titel eines Wehrwirtschaftsführers. Daß ihn diese scheinbar nahtlose Integration seiner Besitztümer in das Wirtschaftssystem des NS-Staates nicht vom Makel des Reaktionärs befreien konnte, erfahren wir aus einem SD-Geheimbericht über die Vorgänge im Gau Württemberg-Hohenzollern während des 4. Quartals 1938, wo es wenig respektvoll heißt: »Bei dem Besuch des Königs Carol in Sigmaringen trat wieder einmal die reaktionäre Haltung des Hohenzollernhauses zu Tage. Während des offiziellen Empfangs auf dem Rathaus in Sigmaringen wurde die Hakenkreuzflagge, die auf einem Kameralgebäude wehte, heruntergeholt und durch die hohenzollerische Landesfahne ersetzt. Die Führung beim Besuch des Königs Carol im fürstlichen Hüttenwerk Laucherthal hatte der Jude Weisshahn«.[123]

Während Fürst Friedrich auf regionaler und lokaler Ebene von Parteiseite – wohlgemerkt auch von der, Gestapo-Außenstelle bei der Sigmaringer Regierung, von der die zitierten Anschuldigungen nach Stuttgart gemeldet worden sein dürften – beargwöhnt und bespitzelt wurde, verhielt man sich ihm gegenüber in den Berliner Ministerien und im Umkreis des preußischen Ministerpräsidenten Göring mit Rücksicht auf die schwierigen politischen und wirtschaftlichen Beziehungen zu

Rumänien sehr entgegenkommend, denn Friedrich war der Vetter des rumänischen Königs und verstand sich als Haupt des schwäbischen Hohenzollernhauses zugleich als Chef der rumänischen königlichen Linie. Zu Göring, dem Reichsjägermeister, sollen auch jagdliche Beziehungen bestanden haben. Der NS-Staat befriedigte Friedrichs Titelwünsche: er konnte sich nun ungehindert Fürst nennen, und schon 1935 wurde er von Staatssekretär Meißner, dem Chef der Präsidialkanzlei des Führers, mit dem Prädikat »Königliche Hoheit« angeschrieben.

Es überrascht nicht, den Fürsten bei den nicht abreißenden Gebietsreformversuchen an der Spitze derer zu finden, die für ein selbständiges Fortbestehen Hohenzollerns und sein Verbleiben bei Preußen eintraten. Da er jedoch selber nicht mehr daran glaubte, das Aufgehen des Ländchens in Württemberg verhindern zu können, setzte er sich bei Göring dafür ein, »daß der Name Hohenzollern in irgend einer Weise aus Tradition erhalten bleibt. Hohenzollern ist doch schließlich das Stammland eines der größten Geschlechter Deutschlands, das Preußen und dem Deutschen Reich so viele große Herrscher gab«.[124] Mit seiner Abneigung gegen ein Aufgehen Hohenzollerns in Württemberg befand sich der Fürst, wie wir wissen, im Einklang mit allen Repräsentanten der staatlichen Verwaltung des Landes.

Diese Übereinstimmung änderte sich erst im Verlauf des Krieges, nachdem die Sigmaringer Regierung in der Person von Wilhelm Dreher Anfang 1942 einen neuen Präsidenten erhalten hatte, den ersten und einzigen, der kein Laufbahnbeamter und kein Preuße war, sondern das Amt seiner Rolle in der NSDAP verdankte. Ruck charakterisiert den »Alten Kämpfer«, Reichsredner und SS-Brigadeführer als den Prototyp des NS-»Goldfasans«.[125] Für Dreher war Hohenzollern kein Neuland. Schon während der Kampfzeit hatte seine NSDAP-Hochburg Ulm starken Einfluß auf das hohenzollerische Oberland, und als Reichsredner war er in vielen Orten des Landes herumgekommen. Im Februar 1943 wurde Dreher zur Stellungnahme in der Frage aufgefordert, die zwischen dem Reichsstatthalter in Stuttgart und dem Reichs- und preußischen Innenminister in Berlin damals ventiliert wurde, ob es angesichts der im Krieg entstandenen Personalsituation sinnvoll sei, die preußische Regierung in Sigmaringen fortbestehen zu lassen. Dreher zögerte nicht, die »Stillegung der Sigmaringer Regierung« zu empfehlen und auf die kriegsbedingte Regelung vieler Verwaltungsaufgaben hinzuweisen, die »bereits bei den Württembergischen Behörden zentralisiert und auch für die Hohenzollerischen Lande von dort weisunggebend bearbeitet werden«. Entgegen dieser vom Gebot der Vernunft geleiteten, sogar das eigene Amt zur Disposition stellenden Empfehlung Drehers beschied das von Himmler geleitete Reichsinnenministerium schließlich im Dezember 1944 (!) »dass, jedenfalls während des Krieges, grundsätzlich Regierungen nicht aufgelöst oder stillgelegt werden sollen«, und er berief sich dabei »auf die wiederholte Willensäußerung des Führers«.[126]

Hohenzollern stand letztlich bis an das Ende der NS-Herrschaft unter dem Gebot des von Zwangsvorstellungen besessenen Führerabsolutismus. Von einer Sonderentwicklung Hohenzollerns läßt sich im Verlauf des Krieges ohnehin nicht mehr sprechen. Man könnte sie allenfalls darin sehen, daß das Land während der mehr als fünfeinhalb Kriegsjahre von unmittelbaren Kriegszerstörungen verschont blieb und deshalb in vieler Hinsicht als Refugium diente, wobei alle Maßnahmen von außen bestimmt wurden. Schon mit Kriegsbeginn kamen die Westwall-Evakuierten, bald Kriegsgefangene, später Fremdarbeiter verschiedenster Herkunft, 1942 begann die Kinderlandverschickung aus den luftgefährdeten Gebieten, schul- und klassenweise, bald auch die Aufnahme evakuierter Familien. Am Ende des Krieges beherbergte das Land eine große Zahl von Reservelazaretten. Hierher gehört die Sicherung und Rettung wertvoller Bestände der Berliner Staatsbibliothek und der Württembergischen Landesbibliothek im Kloster Beuron und von Teilen des Wallraf-Richartz-Museums Köln in den Kasematten des Hohenzollern. Auf zentrale Verfügung ging die erzwungene Exilierung der französischen Vichy-Regierung und ihre Unterbringung in Schloß und Stadt Sigmaringen zurück, über die unser Band einen eigenen Beitrag enthält; desgleichen die Auslagerung verschiedener Forschungsinstitute der Kaiser Wilhelm Gesellschaft seit Sommer 1943 von Berlin nach Hechingen und Haigerloch, wo die Forschungsgruppe um Werner Heisenberg sich zwar nicht um die Herstellung einer Atombombe, wie der amerikanische Geheimdienst vermutete, wohl aber, dem damaligen Stand der deutschen Forschung entsprechend, um die Realisierung einer Kettenreaktion in einem kleinen Atomreaktor bemühte.

Auf zentrale Verfügung geht schließlich das schändlichste Verbrechen auf dem Boden Hohenzollerns zurück: Die Errichtung eines Konzentrationslagers bei Bisingen. Es entstand im Zusammenhang mit dem verzweifelten Versuch, dem durch den Verlust der rumänischen Ölressourcen drohenden Zusammenbruch der Treibstoffversorgung zu begegnen mit der Gewinnung von Schieferöl aus dem den Albtrauf säumenden Posidonienschiefer. Die SS stellte diesem sogenannten »Unternehmen Wüste« seit Ende August 1944 KZ-Häftlinge in großer Zahl als Zwangsarbeiter zur Verfügung, deren Arbeitskraft entsprechend der Maxime »Vernichtung durch Arbeit« zugleich zu ihrer Beseitigung ausgebeutet wurde. Das Lager Bisingen war zur Zeit der stärksten Belegung im Oktober 1944 mit 1 489 Häftlingen das zweitgrößte der sechs

Lager mit insgesamt 6 278 aus allen Teilen Europas stammenden Insassen. Die Lebens-, Haft- und Arbeitsbedingungen waren unmenschlich.[127] Da sich das »Unternehmen Wüste« wirtschaftlich als ein enormer Fehlschlag erwies, zählte für den SS-Staat letztlich nur die Vernichtungsbilanz. Die 1 158 Toten, die auf dem Bisinger KZ-Friedhof liegen, geben noch nicht einmal die ganze Zahl der dort umgekommenen Opfer wieder. Dieses Mahnmal zu Füßen des Hohenzollern zeigt die europäische Dimension des menschenverachtenden Wahns, dem Deutschland verfallen war und von dem es sich beherrschen ließ. Für die »Landeskinder« und »Mitbürger«, die seine Opfer wurden, die Hechinger und Haigerlocher Juden und die psychisch Kranken des Landeskrankenhauses, gibt es keine vergleichbar eindringliche Erinnerungsstätten.[128]

Als der lange vom Kriegsverlauf begünstigte Südwesten Deutschlands schließlich auch zum Frontgebiet wurde, war der Krieg schon längst verloren. Dem Näherkommen der Front gingen wochenlang Tieffliegerangriffe vor allem auf Bahnanlagen voraus, die auch in der Bevölkerung Opfer kosteten. Die verbrecherische Unfähigkeit der deutschen Führung, den Krieg zu beenden, bewirkte unter dem Einfluß von Hitlers »Nero-Befehl« – »Verbrannte Erde« vom 15. März 1945 –, daß sich die besonders von der SS und von einsichtslosen Parteifunktionären aufgeheizte Kriegsmaschinerie gegen die eigene Bevölkerung richtete. Wir wissen bis heute nicht viel darüber, welche Machtkämpfe sich im einzelnen an den verschiedensten Orten des Landes abspielten zwischen zum Durchhalten um jeden Preis entschlossenen Fanatikern, die Widerspruch mit sofortiger Liquidation bedrohten, und denjenigen, die weitere Opfer zu verhindern suchten. Die deutsche 19. Armee, die fast nur aus zusammengewürfelten, unzureichend ausgerüsteten Ersatzeinheiten bestand, wurde durch die vom Oberkommando der Wehrmacht befohlene starre Verteidigungstaktik noch weiter geschwächt, so daß es nicht mehr gelang, einen Frontzusammenhang zu wahren.[129]

Die Kreisleiter von Horb, Balingen und Hechingen haben Anfang April die Absicht bekanntgemacht, ihre Kreisgebiete zu verteidigen und die Bevölkerung zu evakuieren. Dem hat jedoch Regierungspräsident Dreher widersprochen und die Bürgermeister verpflichtet, ihre Posten auch beim Einmarsch des Feindes nicht zu verlassen. In Sigmaringen führte dies zur Konfrontation Drehers mit Kreisleiter Härlin, einem scharfmacherischen Schergen des Gauleiters, ohne daß es einem von beiden gelang, den anderen auszuschalten.[130]

Für Hohenzollern war es folgenreich, daß es von französischen Truppen besetzt und auch späterhin verwaltet wurde. Bei der Übergabe der einzelnen Ortschaften spielten fast überall die schon seit 1940 in der

Landwirtschaft eingesetzten französischen Kriegsgefangenen eine Rolle, von denen überliefert wird, daß sie »deutlich besser behandelt wurden als die Polen«. Ein schlimmes Zeichen für das Bevorstehende war das Schicksal von Freudenstadt – die Beschießung und der Brand der Lazarettstadt am 16./17. April –, das schon bekannt war, bevor die Franzosen Hohenzollern erreichten. Im Unterland konnte man die Feuersbrunst deutlich wahrnehmen. Die Einheiten der 1. französischen Armee des Generals de Lattre de Tassigny drangen zuerst am oberen Neckar in Hohenzollern ein.

Wie die Einnahme und Besetzung auf dem Land vor sich ging, ist überliefert von Gruol und Weildorf, wo gekämpft wurde und mehrere Häuser abbrannten. Als erste hohenzollerische Stadt wurde Haigerloch eingenommen, am 20. April, Hitlers 56. und letzten Geburtstag. Ein französischer Gefangener nahm seine Landsleute in Empfang, und der Stabsarzt, der das Reservelazarett im Missionshaus der Weißen Väter leitete, übergab den zur Lazarettstadt erklärten Ort förmlich. Er und sein Assistenzarzt mußten mit Rotkreuzfahnen in der Hand vor den die Stadt durchfahrenden Panzern hergehen. Daß es nicht zu Brückensprengungen und zur Schließung der Panzersperren gekommen war, war dem Eingreifen von Verwundeten aus dem Lazarett zu verdanken. Bisingen, gegen Kriegsende mehrfach von Bomben getroffen, wobei es über 40 Tote gab, wurde am Abend des 20. April von amerikanischen Panzerspitzen in Steinhofen erreicht. Am 31. April übernahmen dann französische Truppen den Ort. Beuron wurde am 21. April vom Chefarzt des Reservelazaretts an der Holzbrücke über die Donau an eine französische Panzereinheit übergeben. Hechingen fiel den Franzosen am 22. April kampflos in die Hände, nachdem es vier Tage zuvor noch einem Bombenabwurf ausgesetzt war, der fünf Menschen das Leben kostete. Auch Sigmaringen wurde am 22. April ohne Widerstand eingenommen, obgleich es dem Kreisleiter noch gelungen war, die Donaubrücke in Laiz und die Laizer Brücke in Sigmaringen sprengen zu lassen. Dem Ortsgruppenleiter Staudinger als amtierendem Bürgermeister glückte es mit Unterstützung des Regierungspräsidenten, die Nepomukbrücke vor der Zerstörung zu bewahren. Staudinger übergab die Stadt förmlich auf dem Marktplatz. Von Wald, Habsthal und Ostrach wissen wir, daß sie ebenfalls am Sonntag, 22. April, besetzt wurden. In Wald war es der Vikar, der den Franzosen mit einem weißen Tuch entgegenging, in Habsthal waren es die Frauen des Dorfes, die dadurch die mehrfach befohlene Schließung der Panzersperren verhinderten, daß sie »eine bedrohliche Haltung« gegen den Kampfkommandanten einnahmen. Auch in Ostrach waren es Frauen, die sich gemeinsam mit dem Ortsgeistlichen und dem Dorfschmied gegen das Schließen der Sperren wehrten. In Gammertingen, das erst am 24. April von Norden her von den Franzosen erreicht wurde, war es nicht gelungen, die Brückensprengungen zu vereiteln. Hier ließen sich die französischen Kriegsgefangenen aus Furcht vor der SS nicht dazu bewegen, die drei Bürger, die als Parlamentäre den Franzosen Richtung Mariaberg entgegengingen, als Dolmetscher zu begleiten.[131]

Die letzten ausgemergelten Gefangenen aus den Konzentrationslagern des »Unternehmens Wüste«, die den Rückmarsch bis dahin überstanden hatten, wurden in Ostrach von den Franzosen befreit, wo sich ihre bisherigen Peiniger aus dem Staub gemacht hatten. Am 22. April gab der Ortspfarrer zwei namenlosen, zu Tode ermatteten KZ-Häftlingen, die er für Mongolen hielt, die letzte Ölung. Der Eintrag des Pfarrers Peter Moser zum 22. April 1945 in die Kirchenchronik von Ostrach macht deutlich, welchen Bedeutungswandel das Ende des Zweiten Weltkriegs im inzwischen vergangenen halben Jahrhundert erfahren hat: »Dieser Tag verdient in der Geschichte Ostrachs besonders genannt zu werden, denn es ist der Tag der Feindbesetzung.«[132] Die davongekommenen KZ-Insassen dürften ihn von vorne herein als den Tag der Befreiung verstanden haben.

Zwei Wochen vor der bedingungslosen Kapitulation des Reiches kehrte im deutschen Südwesten Waffenruhe ein. Mit der Niederlage gingen die Institutionen des Staates ebenso unter wie die sie beherrschenden Apparate der Partei. Hohenzollern lebte – kein Haar anders wie die benachbarten württembergischen und badischen Gebiete – in den untersten Verwaltungseinheiten, den Gemeinden und den beiden Kreisen fort. Die Kommunal- und Kreisverwaltungen waren als die einzigen Sachwalter der Bevölkerung übrig geblieben, und sie mußten schon deshalb die Verwaltungskontinuität wahren, weil sie für die Lebensmittelversorgung einzustehen hatten. Die Legitimation für ihre Tätigkeit bezogen sie jetzt von der französischen Besatzungsmacht, deren Aufsicht und Kontrolle sie wie das ganze Land unterworfen waren.

Das Ende des hohenzollerischen Sonderwegs 1945–1972

Französische Besatzungsherrschaft

Carlo Schmid, der wohl einflußreichste Akteur auf deutscher Seite in der französischen Besatzungszone, beschreibt in seinen Erinnerungen die Jahre nach dem Zusammenbruch der NS-Herrschaft als »Die Franzosenzeit«. Die französische Besatzungsmacht übernahm in unserem Raum nach der Einteilung Deutschlands in vier Besatzungszonen die Regierungsgewalt. Die Franzosenzeit hatte aber schon mit der Eroberung des Landes begonnen. So eindeutig diese in der Rückschau als Befreiung begriffen werden muß, so war sie doch begleitet von all den Gewaltakten, Schikanen und Widerwärtigkeiten, die Krieg und Besetzung mit sich bringen. Die von den Deutschen in den Jahren zuvor schwer gedemütigten Franzosen demonstrierten jetzt durch ihr siegestrunkenes Auftreten, ihre militärischen Schaustellungen und durch ihre für jeden einzelnen Kreis eingesetzten Militärgouverneure, daß sie die Herren im Land waren.[133]

Mit dem »vielfach anachronistischen Auftreten der französischen Armee«, die ganz aus dem Land lebte, verband sich eine harte Besatzungspolitik. Zum fremdartigen, furchterregenden Erscheinungsbild der französischen Truppen gehörten die marokkanischen und algerischen Kolonialeinheiten, die vor allem bei der Eroberung Südwestdeutschlands, weniger bei der späteren Besetzung hervortraten. Die Befehlshaber erwarteten bei den Inspektionsbesuchen ihrer militärischen Einheiten einen feierlichen Empfang in den mit Trikoloren geschmückten Städten. In Sigmaringen wurde diese Ehre nicht nur dem Oberbefehlshaber der Armee, General Lattre de Tassigny, bei der Siegesfeier am 15. Mai 1945 zuteil, sondern auch dem Sultan von Marokko im Juni, der die Parade seiner mit Turbanen bekleideten Einheiten auf dem Leopoldsplatz abnahm; wenig später erschien der Bei von Tunis, im September der nunmehrige Oberbefehlshaber der französischen Besatzungstruppen, General Pierre Koenig, der in der Folge als Prokonsul De Gaulles in Deutschland herrschte. Im Zeichen der damals für unvorstellbar gehaltenen deutsch-französischen Verständigung wird heute die Franzosenzeit vielfach eher weicher gezeichnet und im Hinblick auf die französische Kulturpolitik sogar auf sympathische Weise verklärt.[134]

Bei dem vorherrschenden Preußenhaß der Franzosen wäre zu erwarten gewesen, daß sie mit dem Regierungsbezirk Sigmaringen als einem Relikt des preußischen Staates kurzen Prozeß machten und die beiden hohenzollerischen Landkreise, die im Verlauf des Krieges ohnehin in allen konkreten Verwaltungshandlungen ihren württembergischen Nachbarkreisen angeglichen worden waren, genauso behandelten wie diese. Das geschah auch bei der Einrichtung von Militärregierungen in den beiden Kreisen, ebenso bei der Einsetzung von Landräten. Überraschend und von diesem Vorgehen abweichend kommt Anfang Juli die Ernennung eines »Präsidenten von Hohenzollern«, was zweifellos eine Anerkennung der staatlichen Sonderstellung Hohenzollerns bedeutete. Die Militärregierung besetzte diese Stelle mit dem 1933 amtsenthobenen Zentrumspolitiker Clemens Moser, den sie wenige Wochen vorher schon zum Landrat von Hechingen gemacht hatte. Moser, der seit 1922 Mitglied des Kommunallandtags war, ließ von Anfang an keinen Zweifel daran, daß er bestrebt war, eine Unterstellung Hohenzollerns unter die von den Franzosen in Stuttgart für Württemberg eingerichtete Landesregierung zu verhindern.[135]

Nachdem die Franzosen das eigenmächtig besetzte Gebiet um Stuttgart den Amerikanern überlassen mußten, etablierten sie ihre regionale Militärregierung zunächst in Freudenstadt, dann in Tübingen. Vorübergehend scheint auch Sigmaringen dafür im Gespräch gewesen zu sein, was im Hinblick auf die Pétain-Episode als ein wenig geschmackvoller Einfall erscheint. Auch geistern Pläne zur Errichtung eines eigenen Staatswesens im Südwesten Deutschlands – Carlo Schmid erwähnt den General Leclerc und »konservative Kreise des Bodensee- und Voralpengebietes« – unter dem Namen »Alpine Union« und »Süd-Staat« durch die Literatur. Hohenzollern wird ebenfalls mit den partikularistischen Bestrebungen in Verbindung gebracht. Ob dabei auch an Clemens Moser und Egon Müller zu denken ist, läßt sich ohne die französischen Quellen nicht sagen. Immerhin findet sich unter den Papieren des Fürsten Friedrich ein an einen ungenannten französischen General gerichtetes Exposé, vom 26. September 1945, in dem der Fürst die Errichtung eines Landes »Oberschwaben-Alemannien« vorschlägt, »un territoire d'état Haute Souabe-Aleman«, das sich aus drei Regierungsbezirken zusammensetzen sollte: Baden südlich der Murg mit der Hauptstadt Freiburg; Hohenzollern, vergrößert durch die badischen Gebiete von Überlingen, Meßkirch und Pfullendorf und die westlich von Hohenzollern gelegenen württembergischen Kreise, »dont la capitale est Sigmaringen«; schließlich Oberschwaben, für das Ravensburg als Hauptstadt vorgesehen ist. Friedrich, der Wert darauf legt, namentlich nicht genannt zu werden, macht geltend, daß es sich um ein katholisches Land handle, das vor Hitler zu 90 % Zentrum gewählt und in dem der Klerus großen Einfluß habe, er erwähnt auch, daß die hohenzollerische Bevölkerung nicht württembergisch werden wolle, schließlich, daß Frankreich damit ein Land zum Nachbarn bekommen würde, dessen Bevölkerung ruhig, unverdorben und arbeitsam sei, »calme, sain et laborieux«. Mit einer solchen Lösung würden sich nachbarliche politische Komplikationen für alle Zeiten vermeiden lassen.[136]

Es ist bezeichnend für den Fürsten Friedrich, daß ein vergrößertes Hohenzollern die Mitte seines »Oberschwaben-Alemannien« ausmachen sollte. Sein Vorschlag hatte nichts mit der weiter ausgreifenden, habsburgisch angehauchten und vom oberschwäbischen Hochadel mit besonderer Sympathie begleiteten »Alpinen Union« zu tun, und er ist auch nicht identisch mit Otto Fegers »Aufruf und Programm« für eine »Schwäbisch-Alemannische Demokratie«, dessen Publikation Anfang 1946 von den Franzosen mit einer so gewaltigen Papierzuteilung bedacht wurde, daß das Buch bis heute in keinem Antiquariatskatalog fehlt.[137] Friedrichs Plan läuft, wie der Fegers, auf den Bruch mit den historischen Ländern Württemberg und Baden hinaus, er beschränkt sich aber, im Unterschied zu Feger, auf deren französisch besetzten Teile, die zu einem autonomen Gebiet vereinigt werden sollten, dessen Existenz Frankreich gewährleistete; – eine Konstruktion, die fatal an die für Hohenzollern so gewinnbringenden napoleonischen Zeiten erinnert.

Alle derartigen eher naiven Länderspiele wurden bedeutungslos, als die französische Militärregierung am 16. Oktober 1945 das »Staatssekretariat für das französisch besetzte Gebiet von Württemberg und Hohenzollern« ins Leben rief. Dadurch wurde, nachdem die amerikanische Besatzungsmacht im September das Land Württemberg-Baden aus den Nordteilen der beiden Länder konstituiert hatte, eine eigene Verwaltungseinheit geschaffen, die an die Stelle der bisherigen Delegierten der Stuttgarter Landesverwaltung in Tübingen trat. Von Staatsrat Professor Dr. Carlo Schmid, der diesen neuen Staatsteil im Auftrag des Gouverment militaire zu organisieren hatte, stammt die Bezeichnung Staatssekretariat, mit der sich der Charakter einer leitenden Verwaltungsstelle zum Ausdruck bringen und die Bezeichnung als eigene Regierung vermeiden ließ. Im Statut vom 30. Oktober 1945, das die fünf Landesdirektoren der neuen Institution gaben, wird nicht nur ein Bekenntnis zum Zusammenhalt, zur Staats- und Verwaltungseinheit Württembergs ausgesprochen, sondern auch ausdrücklich betont, daß sich die Zuständigkeit des Staatssekretariats »aus Gründen der Verwaltungsvereinfachung« auch auf das »Gebiet des Landes Hohenzollern« erstreckt.[138] Damit waren die Weichen für die Zukunft Hohenzollerns gestellt: es wurde eng mit der württembergischen Entwicklung verknüpft, zugleich aber als »Land«, als eigenes rechtliches und politisches Gebilde respektiert.

Die Tübinger Militärregierung wollte offensichtlich vollendete Tatsachen vermeiden; sie legte Wert darauf, daß die »staatsrechtliche Unabhängigkeit Hohenzollerns« gewahrt blieb. Deshalb verlangte sie von Carlo Schmid, daß Clemens Moser dem Gremium angehöre. Moser wurde Landesdirektor für Arbeit und war zugleich, nach den Worten Carlo Schmids, »für die Interessen des Landesteiles Hohenzollern verantwortlich«.[139] Moser seinerseits wurde nie müde darauf hinzuweisen, er sei nur unter der vom Militärgouverneur und von Schmid akzeptierten Bedingung in das Staatssekretariat eingetreten, daß die »staatsrechtliche Selbständigkeit Hohenzollerns« nicht angetastet werde und der Hohenzollerische Landeskommunalverband auch in Zukunft erhalten bleibe. Aufgrund der Entscheidung vom 16. Oktober wurden im Dezember 1945 die beiden Kreise Hechingen und Sigmaringen der neuen Landesdirektion des Inneren unterstellt, an die auch die früheren

Funktionen der Sigmaringer Regierung übertragen wurden. Die Rechtsanordnung des Staatssekretariats vom 15. März 1946 hob die Institution des Regierungspräsidenten in Sigmaringen förmlich auf. Gleichzeitig erhielt der Landeskommunalverband eine vorläufige rechtliche Grundlage. Moser, der damit aufhörte, Präsident von Hohenzollern zu sein, behielt weiterhin die Leitung des Landeskommunalverbandes. Da er damals in seiner Tübinger Funktion den Titel eines Landesdirektors führte, mußte für diese bisher so bezeichnete Stellung ein neuer Titel gefunden werden, den man im Rückgriff auf die vormalige preußische Provinzialverfassung in der hochgestochenen Amtsbezeichnung »Landeshauptmann« fand. Sie suggerierte eine Bedeutung, die der Landeskommunalverband in seinen besten Zeiten nicht gehabt hatte. Zum Stellvertreter Mosers wurde der reaktivierte Sigmaringer Bürgermeister Egon Müller eingesetzt, ebenso ein vierköpfiger Landesausschuß, dessen Mitglieder – Franz Dreher, Geschäftsführer der AOK, Hechingen; Anton Straubinger, Landwirt und Bürgermeister, Salmendingen; Emil Straub, Landwirt und Kreisobmann der Bauernschaft, Otterswang; Adolf Waldner, Landwirt, Gastwirt und Bürgermeister, Langenenslingen – alle vor 1933 dem Kommunallandtag angehört hatten. Zusammen mit dem Fürsten Friedrich bildeten sie den Kern einer Gruppierung, die größtmögliche Selbständigkeit für Hohenzollern mit allen möglichen Mitteln zu erreichen suchte.[140] Für das Tübinger Staatssekretariat war es nicht einfach, sich durchzusetzen in den insgesamt 15 württembergischen und 2 hohenzollerischen Kreisen, die in den ersten Monaten der Besatzungsherrschaft ein weitgehendes Eigenleben geführt und auch als wirtschaftliche Einheiten einen ausgeprägten Kreisegoismus entwickelt hatten. Die unkonventionelle Institution der Landrätetagungen, zu denen die Landesdirektoren und ihre leitenden Beamten mit den Landräten und den Oberbürgermeistern der 4 kreisfreien Städte – Tübingen, Reutlingen, Ravensburg, Schwenningen – im Abstand von einem Monat von November 1945 bis Mai 1947 in unterschiedlichen Städten des Landes zusammentraten, trug entscheidend dazu bei, die einzelnen Kreise aus ihrer Isolierung herauszuholen.[141] Es ist nicht zu erkennen, daß von den hohenzollerischen Landräten auf dieser Ebene irgendwelche Obstruktionsversuche gemacht worden wären.

In Hechingen setzte die Militärregierung den bisherigen Landrat ebenso wie die Mehrzahl der Bürgermeister wegen ihrer Verstrickung in die NS-Herrschaft im Lauf der ersten Besatzungswochen ab. Kurzzeitiger Nachfolger wurde Clemens Moser, der das Amt an Dr. Remark weitergab, einen pensionierten Studienratskollegen Mosers, dessen Qualifikation in seiner Zentrumsvergangenheit und seinem guten Französisch bestand. Da Moser und Remark über keine Verwaltungserfahrung verfügten, zogen sie den entlassenen Landrat Schraermeyer als Mitarbeiter und Berater heran, ohne daß sich die Franzosen daran stießen. Im Kreis Sigmaringen ergab sich der seltene Fall, daß der bisherige Landrat, Dr. Seifert, der im Vorjahr eine schwere Auseinandersetzung mit dem Kreisleiter gehabt hatte, jedenfalls zunächst im Amt belassen wurde. Kurz nach der Bildung des Tübinger Staatssekretariats wurde nach halbjähriger Unterbrechung die deutsche Gerichtsbarkeit im Landgerichtsbezirk Hechingen, zu dem neben den Kreisen Hechingen und Sigmaringen auch der Kreis Balingen gehörte, wieder in Gang gesetzt. Damit begann das Eindringen württembergischer Beamter in größerer Zahl in Hohenzollern. Auch der neue Sigmaringer Amtsgerichtsrat Franz Gog, wenig später ein engagierter Sachwalter hohenzollerischer Interessen, gehörte zu den gebürtigen Württembergern.[142]

Im Oktober 1945 erließ die Militärregierung die ersten allgemeinen Richtlinien für die politische Säuberung. Das kostete nun auch dem Sigmaringer Landrat seine Stellung. Aber die Geschichte der Entnazifizierung, die in Württemberg-Hohenzollern zunächst erfolgversprechend begann, führte im Verlauf von sieben Jahren zu niemanden befriedigenden Ergebnissen.[143] Dr. Speidel, der im Herbst 1944 seine Zuverlässigkeit als Nationalsozialist so glaubhaft machen konnte, daß er wieder in die Partei aufgenommen wurde und in sein Amt als Landrat zurückkehren konnte, gelang es ein Jahr später nicht mehr, ebendies glaubhaft zu dementieren. Er nahm für sich in Anspruch, zu keiner Zeit ein eigentlicher Nationalsozialist gewesen zu sein. Nicht weniger schizophren stellt sich das Verhältnis des Fürsten Friedrich und seines Zwillingsbruders Franz Joseph zum Nationalsozialismus dar. Beide wurden Mitglieder der NSDAP. Durch seine herausragende Stellung im Stahlhelm wurde der Fürst mit einem hohen Angleichungsrang in die SA übernommen. Sein Bruder kam, ebenfalls über den Stahlhelm, als Untersturmführer zur SS.[144] 1938 erhielt er den Rang eines Sturmbannführers. Mit Kriegsbeginn wurde er als Marineoffizier reaktiviert, bis er aufgrund des Führererlasses über die »Fernhaltung international gebundener Männer«, der besonders »für die international verwandtschaftlichen Verflechtungen regierender oder ehemals regierender Fürstenhäuser« galt, im Frühjahr 1944 aus der Wehrmacht entlassen wurde. Als ihn auch die SS im Dezember 1944 entließ, wehrte er sich noch im Januar 1945 in einem empörten persönlichen Schreiben an Himmler dagegen. Fürst Friedrich und Prinz Franz Joseph waren im Zusammenhang mit dem Frontwechsel König Michaels von Rumänien, Sohn ihres Vetters König Carol II., im September 1944 festgenommen und im Stauffenberg-Schloß in Wilflingen mit ihren Familien vorübergehend in Schutzhaft genommen worden. Auch bei den Beschlagnahmen für die Vichy-Regierung waren sie vielen Schikanen ausgesetzt. Als die französische Besatzungsmacht erschien, präsentierten sie sich als politisch Verfolgte. Was von den späteren Entnazifizierungsakten des Fürsten Friedrich übrig blieb, ist der Vermerk: »ohne Maßnahmen«. Die Zwillingsbrüder sind wahre Musterbeispiele für die Feststellung, die Helga Grebing über die Metamorphosen der christlich-nationalkonservativen Demokratiefeinde vor und während des Dritten Reiches trifft: es wurden »aus Vorläufern, Wegbereitern und Weggenossen schließlich Opfer des Nationalsozialismus«[145].

Die ausführliche Erwähnung des Fürsten und seines Bruders rechtfertigt sich durch die Rolle, die sie in der Folge als Verfechter einer größtmöglichen Selbständigkeit für Hohenzollern spielen. Zugute kam dem Fürsten neben seiner unerschütterten sozialen und ökonomischen Position auch der Rückhalt an seiner Kirche. Die Kirchen hatten das Dritte Reich als einzige öffentliche Einrichtung überstanden, deren Gleichschaltung nicht gelungen war. Im Gegensatz zur evangelischen Kirche, die schon in der Stuttgarter Schulderklärung vom Oktober 1945 ihr Versagen gegenüber dem Nationalsozialismus, wenn auch mit Widerspruch in den eigenen Reihen, eingestand, pflegten die Katholiken einen eher selbstgerechten und unbußfertigen Umgang mit ihrer Vergangenheit im Dritten Reich, die sie erst später in Frage stellten. Da auch die Besatzungsmächte, und unter diesen am deutlichsten die Franzosen, den Kirchen einen geschützten Status einräumten, konnten Persönlichkeiten, die während ihrer Hinwendung zum Nationalsozialismus ihre Kirchlichkeit bewahrt hatten, mit einiger Nachsicht rechnen. Jedenfalls galt dies für den Fürsten und seinen Bruder ebenso wie für die beiden Landräte.[146]

Es kam noch hinzu, daß das Fürstenhaus von der Besatzungsmacht besonders entgegenkommend behandelt wurde. Die einst dem Haus gewährte französische Protektion, die Abstammung von den Napoleoniden, die im Sigmaringer Schloß in ungezählten Porträts präsent waren, auch gesellschaftliche und waidmännische Bedürfnisse der französischen Generale boten Ansatzpunkte. Bei einer Zusammenkunft der Militärkommandeure in Hechingen wurde das Andenken der Fürstin Eugenie beschworen, der in Hechingen noch immer verehrten Tochter von Eugène Beauharnais, des Stiefsohns von Napoleon. Mag sein, daß gelegentlich auch monarchistische Sympathien hereinspielten. Colonel Brochu, der Kreisgouverneur von Hechingen, entwickelte eine enge Freundschaft zum deutschen Kronprinzen, der nach dem Krieg vorübergehend unter seiner Aufsicht auf dem Hohenzoller interniert war und dann bis zu seinem Tod 1951 in Hechingen lebte. Bei dem feierlichen Akt, mit dem am 25. Oktober 1945 im Hechinger Schwurgerichtssaal die deutsche Gerichtsbarkeit wieder aufgenommen wurde, gehörten auch der Fürst und die Fürstin zu den geladenen Gästen.[147] Im Prokonsulat des Generals Koenig und den Kleinreichen der Obristen gefiel man sich in einem aristokratisch-restaurativen Fluidum.

An der baldigen Begründung einer demokratischen Legitimation für die deutschen Auftragsverwaltungen war die Baden-Badener Militärregierung wenig interessiert. Deshalb ist das Hauptkennzeichen für die Zulassung politischer Parteien in der französischen Zone die Verspätung. Erst mit einer Verordnung vom 15. Dezember 1945 wurden demokratische Parteigründungen erlaubt. Im Gegensatz zur US-Zone, wo die Neuanfänge der Parteien von unten nach oben erfolgen mußten, verlangten die Franzosen Gründungen auf Landesebene. Das hatte wichtige Konsequenzen in diesem von der Zentrumstradition geprägten Raum. Alle Diskussionen über das Fortbestehen der alten Konfessionspartei standen unter dem Eindruck der frühen Unionsgründungen in Berlin, Köln und Frankfurt und der Erklärung der Fuldaer Bischofskonferenz zugunsten des Unionsgedankens. Das Erfordernis der zentralen Gründung schloß lokale oder regionale Eigenbrötelei – etwa eine eigene Parteibildung für Hohenzollern – aus. Schon beim Gründungstreffen am 6. Januar 1946 in Aulendorf waren Teilnehmer aus Sigmaringen dabei, und die ersten beiden Landeskonferenzen im März und Juni 1946 fanden im verkehrsgünstig gelegenen Sigmaringen statt.[148] Die frühe Integration der aus dem hohenzollerischen Zentrum stammenden Parteigänger in die Landes-CDU hat allen späteren separaten Bestrebungen das Wasser abgegraben. Bei den Sozialdemokraten, den Kommunisten und bei der von den Franzosen erst verspätet zugelassenen Demokratischen Volkspartei (DVP) war das Mitgehen im Landesrahmen ohnehin selbstverständlich.

Die ersten Nachkriegswahlen galten der Neubildung demokratisch legitimierter Gemeinde- und Kreisvertretungen im September und Oktober 1946. Sie waren aber insofern über die Kreisebene hinaus von Bedeutung, als die Mitglieder der Kreisversammlung und die Gemeinderäte der größeren Städte das Wahlgremium und die Kandidaten für die Bestellung einer Beratenden Landesversammlung bildeten. In Hohenzollern erreichte die CDU wie überall, wo sie als Nachfolgepartei des Zentrums auftrat, auf Anhieb größte Erfolge. Den Stimmenanteil, der bei den Gemeindewahlen an die zahlreichen freien Listen gegangen war, konnte die CDU bei den Kreistagswahlen am 13. Oktober 1946 so gut wie vollständig an sich ziehen. Im Kreis Hechingen kam sie auf 68,9, im Kreis Sigmaringen auf 78,5 % der Stimmen.[149]

Nachdem die Besatzungsmacht, ohne ihren bestimmenden Einfluß einzugrenzen, den Weg zu einer selbständigen Landesbildung wies, nahm das Tübinger Staatssekretariat den Charakter einer Regierung an, der nun im Vorparlament eine gewählte Vertretung gegenüberstand.

Mit der Erweiterung um zwei CDU-Staatssekretäre wurde das Kabinett den evident gewordenen politischen Kräfteverhältnissen angeglichen. Clemens Moser behielt weiterhin das Staatssekretariat für Arbeit und die Rolle eines hohenzollerischen Sachwalters in der Regierung.

Land Württemberg-Hohenzollern

Unter den 65 Mitgliedern der Beratenden Landesversammlung, die am 22. November 1946 im Kloster Bebenhausen zu ihrer konstituierenden Sitzung zusammenkamen, hatte die CDU mit ihrer Fraktionsstärke von 40 Mitgliedern ein erdrückendes Übergewicht gegenüber den 14 Sozialdemokraten, 7 Liberalen und 4 Kommunisten. Aus Hohenzollern gehörten dem Vorparlament 4 Abgeordnete an. Drei von ihnen – Dreher, Gog und Hermann – waren CDU-Leute, Waldner, für einen Landwirt und Bürgermeister in Hohenzollern ganz ungewöhnlich, war von altersher SPD-Mann.[150]

Der Verfassungsausschuß von Bebenhausen macht vor der Nachwelt kein gutes Bild. Bei dem allseitigen Willen, die Rechtseinheit mit dem Nordteil des Landes weitestgehend zu bewahren, wäre es konsequent gewesen, von der am 24. November 1946 in Württemberg-Baden mit großer Mehrheit angenommenen Verfassung, der ein Entwurf von Carlo Schmid zugrundelag, auszugehen. Statt dessen ließ sich die CDU-Mehrheit, nachdem schließlich alle Vertreter der drei anderen Fraktionen den Ausschuß verlassen hatten, auf einen ultrakonservativen Entwurf ihres Verfassungsexperten Professor Niethammer festlegen, der nicht nur einen vom Volk gewählten Staatspräsidenten mit gewollt autoritärer Stellung vorsah, sondern auch eine Art Oberhaus mit vom Staatspräsidenten auf Lebenszeit eingesetzten Honoratioren, möglicherweise auch berufsständischer Vertreter, dazuhin ein ausschließlich konfessionell bestimmtes Schulwesen. Niethammer: »Wir wollen vom Staat aus keine weltlichen Schulen veranstalten«. Dem gegen den Widerstand der Minderheit durchgesetzten Entwurf wurde die Blamage zuteil, daß die Militärregierung ihn insgesamt zurückwies mit der Begründung, der Aufbau der Gewalten biete nicht die grundsätzliche Garantie einer Demokratie, daß der Volkswille zum Ausdruck kommt. Das unverdiente Ansehen, das Niethammer als ehemaliger Reichsanwalt, Reichsgerichtsrat und Rechtsprofessor genoß, hatte die selbst überwiegend konservativen Parteifreunde daran gehindert, sein zweifelhaftes Demokratieverständnis zu erkennen.[151]

Eine Darstellung, die Hohenzollern zum Gegenstand hat und in der Emil Niethammer vorkommt, ist es dem Andenken von Paul Levi aus Hechingen schuldig, an dessen Auseinandersetzung mit Niethammer zu erinnern. Levis Glosse von 1926, »Arbeit für Niethammer«, gehört zum Feinsten, was sich in der deutschen politischen Pamphletistik seit Heine und Büchner findet. Dabei wird Reichsanwalt Niethammer entlarvt und vorgeführt als der wirkungsvollste Beschützer der Fememörder, der verbrecherischen Republikgegner von rechts.[152] Die Zugehörigkeit Niethammers, der inzwischen im 78. Lebensjahr stand, zur Konstituante eines deutschen Landes nach Hitler, und die Rolle, die ihm darin überlassen wurde, sprechen nicht nur dem Andenken eines Paul Levi Hohn, sie zeigen auch, in welchen intellektuellen Konfusionen sich der politische Neubeginn nach 1945 vollzog.

In der beratenden Landesversammlung mußte sich die künftige rechtliche Stellung Hohenzollerns entscheiden. Die vier hohenzollerischen Abgeordneten waren von ihren beiden Kreistagen auf eine förmliche »Zwei-Staaten-Theorie« eingeschworen worden. Dementsprechend stellten sie im Verfassungsausschuß den Antrag, dem vorgesehenen 1. Artikel der Verfassung, »Württemberg-Hohenzollern ist ein freier Volksstaat und Glied der deutschen Republik«, den Satz anzufügen: »Er umfaßt die Staaten Württemberg und Hohenzollern«. Diese Vorstellung, vom Abgeordneten Gog als »Realunion« charakterisiert, wurde schon im Ausschuß mit allen gegen die hohenzollerischen Stimmen abgelehnt. Die Hohenzollern fanden, wie sich Gog als Berichterstatter ausdrückte, im Ausschuß »keine Freunde für die Eigenstaatlichkeit Hohenzollerns«. Immerhin stimmte der Ausschuß der Formulierung zu, das Staatsgebiet bestehe aus »Teilen des Landes Württemberg und aus dem Land Hohenzollern.«

Für das zweite hohenzollerische Anliegen, die Garantie des Landeskommunalverbandes, fanden die vier Abgeordneten im Ausschuß volle Zustimmung. Absatz 2 des ersten Artikels sollte lauten: »Der Landesbezirk Württemberg und das Land Hohenzollern sind gleichberechtigt und genießen Selbstverwaltung. Für den Umfang der Selbstverwaltung des Landes Hohenzollern ist der am 1. 1. 1933 bestehende Rechtszustand maßgebend. Ein Gesetz bestimmt das Nähere.« Weitergehende Forderungen, wie das Fortbestehen des hohenzollerischen Landesrechts, der bisherigen Behörden und Schulen, oder gar die Übertragung der Rechte des preußischen Staates, dem der Alliierte Kontrollrat soeben, am 25. Februar 1947, den Totenschein ausgestellt hatte, an das Land Hohenzollern, fanden allerdings kein Gehör. Entscheidend für den weiteren Verlauf wurde die Weigerung der Militärregierung, Hohenzollern die Bezeichnung »Land« zu gewähren. Vergeblich insistierten die vier darauf, statt Land wenigstens die Bezeichnung der bestehenden Institution »Landeskommunalverband« unterzubringen. Dem französischen Vorschlag folgend kam dann der Wortlaut des Artikels 2 der Verfassung zustande: »(1) Das Staatsgebiet besteht aus den in der Anlage bezeichneten württembergischen und hohenzollerischen Kreisen. (2) Die hohenzollerischen Kreise genießen in dem Umfang Selbstverwaltung, in dem sie ihnen am 1. Januar 1933 gegeben war. Ein Gesetz bestimmt das Nähere.« Als die Hohenzollern mit der Flaggenfrage und in vielen Einzelheiten mit eigenen Anträgen die Geduld des Plenums strapazierten, wies Carlo Schmid als Präsident des Staatssekretariats sie zurecht. Er bezeichnete die »hohenzollerischen Rechte« als »Bagatellen« und fuhr unter Anspielung auf die Zuständigkeit des Landeskommunalverbandes fort: »dem Lande wird es gleichgültig sein, wie die Fürsorge der Geisteskranken in Hohenzollern gehandhabt wird, ob nach hohenzollerischem oder württembergischem Rezept, das wird außerhalb Hohenzollerns Grenzen niemand interessieren«.[153] So groß das Verständnis für die hohenzollerischen Belange im Bebenhäuser Vorparlament auch immer war, es wollte ebensowenig wie die Militärregierung den bisherigen »Landesrechtszustand« in Hohenzollern durch die Verfassung aufrechterhalten. Immerhin bildete Hohenzollern einen Teil des Namens, den sich das neue Land gab. Dem energischen Eingreifen der Militärregierung und dem durch sie geschaffenen Zeitdruck war es zu verdanken, daß sich die beiden größeren Parteien in den Fragen der Wirtschafts- und Sozialverfassung, in denen sie ohnehin nicht allzuweit auseinander waren, rasch einigten. Nach dem entschiedenen Eintreten des evangelischen Landesbischofs Wurm für die christliche Gemeinschaftsschule blieb den Vorkämpfern der Konfessionsschule die Erkenntnis nicht erspart, daß auch ihnen die Unionspolitik Kompromisse abverlangte.[154]

Fürst Friedrich, der entschiedenste Verfechter der Zweistaaten-Theorie, hatte sich schon früh in Tübingen einzuschalten versucht. Er wandte sich zuerst im Januar und wieder im April mit einer ausführlichen Epistel direkt an Carlo Schmid.[155] Als Fürsprecher der hohenzollerischen Bevölkerung behauptete er, es würden bei einer Abstimmung »gewiß 80 % für die Selbständigkeit im Rahmen einer Realunion votieren«. Er sah auch einen Zusammenhang zur künftigen Organisation Deutschlands: »Die einzelnen Bundesstaaten sind die Säulen, und auch Hohenzollern kann für sich den Anspruch erheben, eine der Säulen zu sein, wenn auch eine kleine, dafür aber eine sehr solide.« Zur selben Zeit hat Friedrich auch mit französischen Stellen korrespondiert. Als die französische Verwaltung für ihre Zone eine Briefmarkenserie mit der Abbildung von Wappenschilden herausbrachte, wandte er sich sofort nach Baden-Baden mit der vielleicht die Sorgen der Zeit nicht ganz richtig einschätzenden Versicherung, die »Bevölkerung des Landes Hohenzollern« wäre sehr glücklich – »et moi-même« –, wenn wenigstens eine Marke das hohenzollerische Wappen zeigte. Da Fürst Friedrich noch nicht entnazifiziert und noch nicht wahlberechtigt war, vermied er Stellungnahmen in der Öffentlichkeit, machte aber seinen Einfluß unter der Hand geltend. So wandte er sich am 5. März 1947 an seine Patronatspfarrer und bat sie, in ihren Gemeinden dahin zu wirken, »daß die Bevölkerung Hohenzollerns mit allen Mitteln für die Selbstbestimmung unseres Landes arbeitet und offen dieses demokratische Recht der Selbständigkeit für sich verlangt.« Und dem Zuruf »Hie gut Württemberg allewege!«, mit dem Carlo Schmid am Schluß seines Rechenschaftsberichtes vor der Verfassungsberatenden Landesversammlung die Zusammengehörigkeit Südwürttembergs mit dem Nordteil des Landes bekräftigt hatte, setzte er entgegen: »Hie gut Zollern allerwegen! soll unser Wahlspruch immer bleiben.«

Die Wahl zum Parlament von Bebenhausen am 18. Mai 1947 war verbunden mit einer Volksabstimmung über die Verfassung. Ihr hatten in der Beratenden Landesversammlung nur CDU und SPD zugestimmt, nicht aber DVP und KPD. Im Landesdurchschnitt sagten 69,8 % Ja zur Verfassung, allerdings bei hoher Zahl von Nichtwählern und von ungültigen Stimmen. Der Kreis Hechingen lag mit 68,6 % knapp unter, der Kreis Sigmaringen mit 82,1 % erheblich über dem Landesmittel. Diese nachdrückliche Zustimmung zur Landesverfassung ist ein irreversibler Schritt auf dem Weg zu einer dauerhaften Fusion. In den neuen Landtag zog die CDU wieder mit absoluter Mehrheit ein. Sie stellte 32 von 60 Abgeordneten, die SPD 12, die DVP 11, die KPD 5. Den drei hohenzollerischen CDU-Vertretern gelang die Rückkehr nach Bebenhausen.[156] Waldner (SPD) kam nicht mehr ins Bebenhausener Parlament zurück. Aber durch das gute Abschneiden der DVP rückte in Person des Bisinger Fabrikanten Rager doch wieder ein vierter Hohenzoller in den Landtag ein. Bei der Kabinettsbildung wurde zwar die von den Franzosen gewünschte Allparteienregierung vermieden, indem man die Kommunisten weiterhin links liegen ließ. Aber es kam zu nachhaltigen Verstimmungen in der CDU, deren konservative Fraktionsmehrheit nicht nur den einstigen Fraktionsführer des Zentrums im württembergischen Landtag, den Rechtsanwalt Lorenz Bock aus Rottweil, gegen den Landesvorsitzenden der CDU Gebhard Müller als Staatspräsident durchsetzte, sondern dem Parlament auch noch den Professor Niethammer als Justizminister zumuten wollte, der sich im Vorparlament in den Augen der anderen Parteien schwerstens diskreditiert hatte. SPD und DVP nötigten die CDU-Fraktion, diesen Vorschlag zurückzuziehen. An die Stelle von Clemens Moser, mit dem schon Carlo Schmid nicht viel im Sinn hatte, trat der christliche Gewerkschaftler Eugen Wirsching. Jetzt gab es keinen hohenzollerischen Gewährsmann mehr im Kabinett.[157]

Wieviel Stärke dieser Regierung abgefordert wurde, zeigte sich im folgenden Jahr in einem schweren, während der Besatzungsherrschaft beispiellosen Konflikt mit der Militärregierung über deren rücksichtslose, an Ausplünderung grenzende Wirtschafts- und Reparationspolitik. Als Bock während dieser Auseinandersetzung starb, folgte ihm auf dem Höhepunkt der Krise Gebhard Müller, der, allerdings unter sich verändernden Umständen, der Besatzungsmacht mit größerer Entschlossenheit gegenübertrat als seine Vorgänger.[158] Für Gebhard Müller, der bis dahin an der Spitze der CDU-Fraktion stand, wurde nun Franz Gog zum Vorsitzenden der schwierigen, heterogenen Mehrheitsfraktion gewählt. Damit begann, wenn ihm auch in seiner langen parlamentarischen Karriere ein Ministeramt versagt blieb, Gogs Aufstieg in die erste Garnitur der CDU-Landespolitiker. Das bedeutete aber für seine Rolle als Sachwalter Hohenzollerns im Parlament eine Fessel. Fürst Friedrich klagte gegenüber dem neuen Staatspräsidenten, daß von den hohenzollerischen Abgeordneten »zwei keine gebürtigen Hohenzollern« seien, Gog und Dreher, und daß sie sich bisher »mehr um parteipolitische Fragen, als um die Zukunft unseres Ländchens gekümmert haben«.[159] Mit anderen Worten: Die hohenzollerischen Traditionswahrer hatten offensichtlich keinen »gebürtigen Hohenzollern«, der das Profil gehabt hätte, außerhalb des Landes »Freunde für die Eigenstaatlichkeit Hohenzollerns« zu gewinnen. Was aber auf die Dauer entscheidend werden mußte, ist Friedrichs zweiter Vorwurf. Die Abgeordneten konnten sich nur soweit für Hohenzollern einsetzen, als sie die Parteiräson, die Solidarität mit Fraktion und Landespartei nicht verletzten. Hier wurde vor allem für Gog der Spielraum enger.

Dem Fürsten Friedrich, der sich darum bemühte, die engagiert-heimattreuen Kräfte zu sammeln, war eine Initiative willkommen, die schon im Frühjahr 1946 vom früheren Organisator des hohenzollerischern Geschichtsvereins ausging. Da viele der engeren Interessenten noch Entnazifizierungsprobleme hatten, ließ man die Anträge bei der Militärregierung über geistliche Herren laufen. Der Fürst übernahm in dem im Sommer 1948 wieder zugelassenen »Verein für Geschichte, Kultur- und Landeskunde Hohenzollerns« traditionsgemäß das Protektorat und trat, das gab es vorher noch nie, persönlich in den Vorstand ein. Bei dem Vorsitzenden, dem Gammertinger Stadtpfarrer Nikolaus Maier, handle es sich, so vertraute der Leiter des Staatsarchivs einem Kollegen an, »um einen liebenswürdigen, aber in historicis völlig harmlosen Mann.« Der Appell an das Heimatbewußtsein hatte den Erfolg, daß die Mitgliederzahlen den Vorkriegsstand bald übertrafen, aber selbst als 1951 der Zwillingsbruder des Fürsten den Vorsitz übernahm, gelang es nicht, den Verein im Sinn einer Heimatbewegung zu instrumentalisieren.[160]

Die gesetzgeberische Arbeit des Landtags, noch mehr die Rechts- und Verwaltungspraxis führten eine allmähliche Angleichung an die württembergische Überlieferung herbei. Der Landeskommunalverband, aber auch die Gemeinden versuchten, die für sie entstandenen Schwierigkeiten und Nachteile in Denkschriften aufzuzeigen.

Die Auseinandersetzung wurde nie parlamentsreif. Sie wurde in der Administration, vor allem im Innenministerium ausgetragen. Dort ließen Minister Renner und sein Stellvertreter Eschenburg nicht eben Sympathien für die hohenzollerischen Klagen erkennen. Es war Staatspräsident Müller, der sich um Ausgleich bemühte.

Das gilt gleichermaßen für die Auseinandersetzung um die vom Kontrollrat verlangte, aber auch im Land erwartete Bodenreform. Die gravierendsten Forderungen kamen von den Kommunisten, das bringt der Zwischenruf des Abgeordneten Fleck zum Ausdruck: »Es wäre notwendig, daß man noch einmal einen Bundschuh aufsteckt.« Auch die Sozialdemokraten forderten Eingriffe, vor allem in den Großgrundbesitz. Der Abgeordnete Dr. Roser ließ sich breit über die Rolle der Magnaten im Dritten Reich aus und versäumte nicht, die des Fürsten Friedrich und seines Bruders vorzuführen. Carlo Schmid verlangte, daß das Bodenrecht demokratisiert werde. Er wolle nicht, daß »in unserem schönen, kleinen Land etwas wie ein Naturschutzpark der Feudalität« entstehe. Bei den bürgerlichen Parteien wurde vor allem der Unterschied zwischen politisch und sozial motivierter Reform diskutiert, übrigens durchaus kontrovers. Letztlich war es Gebhard Müller, der ein eher moderates Vorgehen durchsetzte, von dem sogar der Wald ausgenommnen war. Durch einen Rattenschwanz von Einspruchsmöglichkeiten wurde die Reform in ihrer Wirkung weiter geschwächt.[161] Es ist auffallend, daß in der Korrespondenz des Fürsten Friedrich mit dem Staatspräsidenten das Thema Bodenreform überhaupt nicht vorkommt. Er war schließlich der größte Grundbesitzer im Land.

Hohenzollernfrage und Südweststaatsbildung

Die Diskussion über den Südweststaat wurde plötzlich akut, als im Zusammenhang mit der Entstehung der Bundesrepublik die Ministerpräsidenten der elf westdeutschen Länder – am 1. Juli 1948 in Frankfurt – von den Militärgouverneuren der drei Westmächte kurzfristig aufgefordert wurden, die Ländergrenzen zu überprüfen und Vorschläge zu ihrer Änderung zu unterbreiten. Das war besonders für die 1945 durch die Zonengrenze gewaltsam auseinandergerissenen Traditionsländer Württemberg und Baden von Bedeutung. Durch die Verfassung des neuen Landes Württemberg-Baden war allerdings die Wiederherstellung der alten Länder Württemberg und Baden äußerst erschwert, weshalb man sich in Stuttgart von Anfang an mit Nachdruck für eine Vereinigung der drei jetzt bestehenden Länder einsetzte. Auch in Tübingen herrschte unter den Koalitionsparteien Übereinstimmung, einen Südweststaat anzustreben.[162] In Hohenzollern fand dieser Zusammenschluß erst recht stärksten Anklang, denn er bot endlich die Aussicht, in einem größeren Ganzen aufzugehen und nicht von Württemberg mehr oder weniger annektiert zu werden. In Freiburg waren allerdings die Meinungen geteilt. Während es im Landtag eine knappe Mehrheit für den Länderzusammenschluß gab, machte sich Staatspräsident Wohleb zum Vorkämpfer der Wiederherstellung der alten Länder. Es gelang ihm auch, seine Regierung auf diesem Kurs zu halten.

Der Sigmaringer Bürgermeister und stellvertretende Landeshauptmann Egon Müller hatte schon in der Vergangenheit die Aussichten für eine Südweststaatsbildung in verschiedenen Richtungen sondiert und im ersten Halbjahr 1948 Gespräche geführt, sowohl in Freiburg, bei Regierung und Ordinariat, wie mit dem französischen Staatssekretär Schneiter und in Tübingen mit Innenminister Renner, dem er von seinen Kontakten berichtete.[163]

Auf Veranlassung der vier hohenzollerischen Landtagsabgeordneten hatte der Ministerpräsident von Württemberg-Baden, Reinhold Maier, auch Egon Müller zu der Konferenz auf dem Hohen Neuffen eingeladen, zu der die Regierungschefs der drei südwestdeutschen Länder mit ihren Beraterdelegationen am 2. August 1948 zusammenkamen. Dort wurde Egon Müller vom Sprecher der badischen Regierung, Justizminister Fecht, wegen seines Eintretens für den Länderzusammenschluß scharf attackiert. Die Vorwürfe liefen darauf hinaus, Hohenzollern mache sich zum Komplizen des annexionslüsternen Württemberg und beteilige sich an der Vergewaltigung Badens. Von Seiten der Tübinger Regierung wurde der Landeskommunalverband nicht nur über den Gang der Verhandlungen orientiert, als Vertreter Hohenzollerns nahmen Egon Müller und der Landesverwaltungsrat Dr. Haug an zahlreichen Besprechungen und Kommissionssitzungen teil, ohne daß dabei ihre rechtliche Stellung präzisiert worden wäre.[164]

Nachdem solchergestalt Bewegung in die Diskussion um die Zukunft des deutschen Südwestens gekommen war, lud Fürst Friedrich am 9. September 1948 zu einer »Zusammenkunft heimatlich interessierter Männer aus allen Berufszweigen Hohenzollerns« ins Fidelishaus ein. Egon Müller gab einen Bericht über den Stand der Verhandlungen, dem sich eine Diskussion anschloß. Nach dem Protokoll der vom Fürsten präsidierten Sitzung – »Die Sûreté hatte eine Dame zur Überwachung entsandt« – waren sich die 16 Teilnehmer »völlig einig darüber, daß das Aufgehen Hohenzollerns in dem neuen Staatsverband die einzig mögliche Lösung für Hohenzollern sei.« Die weitere Diskussion beschäftigte sich mit der Organisation und den Aufgaben, die der jetzt in Tübingen in Aussicht genommene »Zweckverband Hohenzollerns« erhalten sollte. Die dabei vorgetragenen Wünsche überstiegen die bislang erhobenen Selbstbestimmungsforderungen nicht. Um so überraschender ist es, daß diese Zusammenkunft den Anlaß zu heftigen Pressepolemiken gab, in denen separatistische und monarchistische Bestrebungen in Hohenzollern vermutet wurden. Davon kann aber auch nach den vertraulichen Berichten, die Fürst Friedrich dem Ministerpräsidenten in Tübingen und dem in der Kur weilenden Landeshauptmann Moser gab, zu diesem Zeitpunkt nicht ernsthaft die Rede sein.[165]

Eine politische Dimension erlangte die Hohenzollernfrage erst dadurch, daß der Staatspräsident von Baden, Leo Wohleb, hinter dem Rücken der Tübinger Regierung das hohenzollerische Sonderinteresse in den Dienst seiner Verschleppungs- und Verhinderungspolitik zu stellen versuchte, mit der er das Entstehen des Südweststaats jahrelang sabotieren konnte. Wohleb schlug vor, Hohenzollern ebenso wie den alten Ländern Baden und Württemberg die »Selbstbestimmung« zu gewähren und es insofern zu einem eigenen Abstimmungsbezirk zu machen, als es sich, wenn es zur Wiederherstellung der alten Länder käme, entscheiden könne, welchem es sich anschließen wolle. Wohleb legte auch sofort seinen Köder aus, denn er stellte Hohenzollern für den Fall, daß es sich für den Anschluß an Baden entscheiden sollte, sowohl einen Autonomiestatus in Aussicht, »Freiheit« (Wohleb), als auch die Übernahme der einst von Preußen dem Lande gewährten Dotationen, zu deren Fortzahlung die Tübinger Regierung nicht bereit und, nach dem Gutachten des Verwaltungsgerichtshofs von Württemberg-Hohenzollern vom 13. Januar 1949, auch nicht verpflichtet war.[166] Dieser Versuchung gegenüber erwiesen sich die hohenzollerischen Traditionalisten nicht sehr resistent, wenn auch der Köder in der Führung des Landeskommunalverbandes und dem Kreis der »heimatlich interessierten Männer« nicht einheitlich beurteilt wurde. Wenn man bedenkt, daß sie so gut wie alle CDU-Angehörige und auch deren regionale Funktionäre waren, wird das Ausmaß der Illoyalität gegenüber ihrem Landesvorsitzenden und Staatspräsidenten deutlich.

Zum Eklat kam es im Zusammenhang mit einer »vertraulichen Besprechung«, zu der Wohleb Anfang Februar 1949 einen kleineren Kreis ausgewählter Persönlichkeiten aus Baden, der Pfalz und Hohenzollern auf die Burg Altenwindeck bei Bühl eingeladen hatte. Durch einen falsch adressierten Brief – »Herrn Regierungspräsident Dr. Müller« –, der statt an Egon Müller an Gebhard Müller gelangte, flog die Intrige hinter dem Rücken des Staatspräsidenten auf.[167] Gebhard Müller protestierte scharf, ohne damit Wohleb zu beeindrucken, der es für »zweifellos ungewöhnlich« erklärte, »aus einer durch Bruch des Briefgeheimnisses erlangten Kenntnis politisches Kapital zu schlagen«. Seine Parteifreunde in Sigmaringen – Moser, Müller, Haug – warnte der Staatspräsident vor einer abweichenden Neugliederungspolitik, versprach ihnen aber zugleich, sich im Kabinett für die hohenzollerischen Belange einzusetzen. Die »Altwindeck-Affäre« löste scharfe Reaktionen in der Presse aus, besonders in der Schwäbischen Zeitung, dem führenden CDU-Organ des Landes, wurde den hohenzollerischen Parteifreunden die Gefahr ihrer Isolierung deutlich gemacht.[168]

Die Verlockung, im Sinne der von Wohleb formulierten Devise »Hohenzollern und seine Freiheit« auf Selbstbestimmung zu pochen, ließ sich in der Folgezeit nicht mehr aus den Überlegungen der Sigmaringer Matadoren eliminieren, zumal Wohleb im August 1949 nochmals die »hohenzollerische Karte« zog und drei Abstimmungsbezirke verlangte: neben den alten Ländern Baden und Württemberg auch Hohenzollern. Als daran die Verhandlungen zu scheitern drohten, gab er Hohenzollern als eigenes Abstimmungsgebiet wieder preis.[169] Die Hohenzollernfrage war Spielmaterial in Wohlebs Händen geworden. Mit gesteigertem Selbstbewußtsein konnte Dr. Haug gegenüber einem Beamten der Tübinger Staatskanzlei auftrumpfen, daß sich Hohenzollern »etwas in der Rolle des Umworbenen« fühle. Das macht auch eine Eingabe an den Staatspräsidenten vom März 1949 deutlich – »Was sagt die Bevölkerung Hohenzollerns« –, in der vor allem dessen Argument zurückgewiesen wird, Hohenzollern habe sich in der Abstimmung über die Verfassung für den Anschluß an Württemberg erklärt. Mit der umfangreichen Denkschrift vom 8. März 1949 legte der Landeskommunalverband jetzt seine Vorstellungen auch in Detailfragen auf den Tisch, und er verlangte vor allem Klarheit über die Finanzierung der Aufgaben, die von der Selbstverwaltungskörperschaft dem Staat abgenommen werden.[170]

Die Tübinger Verhandlungen, die immer im Schatten der größeren Südweststaatsaktionen standen, zogen sich in die Länge. Im April 1949 starb der Sigmaringer Stadtbürgermeister und stellvertretende Landeshauptmann Egon Müller im 64. Lebensjahr. Mit ihm verlor der Landeskommunalverband seine dynamischste Figur; er hatte seine Agilität und sein Verhandlungsgeschick schon in der »Ära Scherer« unter Beweis gestellt. Fürst Friedrich verlor mit ihm einen ihm treu ergebenen Agenten. Bei dem gleichaltrigen Landeshauptmann Moser, der im Januar 1950 den Staatspräsidenten aus Gesundheitsgründen um Entlassung aus seinem Ehrenamt bat, hat gewiß auch ein Stück Resignation mitgespielt, nachdem sich das hochgesteckte Ziel der Selbständigkeit als unerreichbar erwies. Dr. Haug, Volkswirt und Dezernent für das Fürsorgewesen im Landeskommunalverband, der Hohenzollern in den Sachverständigengremien vertreten hatteund maßgeblich an der Vorbereitung des »Hohenzollerngesetzes« vom 7. September 1950 beteiligt war, starb schon vor dessen endgültigem Zustandekommen am 4. Juli dieses Jahres im Alter von 49 Jahren.[171] Durch diese personellen Einbrüche entstand für den Staatspräsidenten selber Handlungsbedarf.

Zum Nachfolger von Egon Müller als Stellvertretender Landeshauptmann setzte er den Sigmaringer CDU-Vorsitzenden Leonhard Stiegler ein, diplomierter Betriebswirt und Wirtschaftsprüfer in Sigmaringen. Aber dessen Forderungen, die Kompetenzen des Landeskommunalverbandes zu erweitern und ihn von der Regierung unabhängig zu organisieren, leiteten einen Konflikt ein, der offen ausbrach, als Stiegler sich mit badischer Hilfe in die offizielle Südweststaatskommission einzudrängen versuchte. Eine Rüge des Staatspräsidenten beantwortete er am 10. Mai 1950 mit dem Rücktritt als stellvertretender, damals amtierender Landeshauptmann, auch legte er den CDU-Vorsitz nieder. Eine heillose Verwirrung der hohenzollerischen CDU ist das Kennzeichen in den Sommermonaten 1950, in denen in Tübingen das in der Verfassung verankerte Selbstverwaltungsgesetz vorbereitet wurde. Ihr Vorsitzender, der Sigmaringer Studienrat Emter, berichtet von der Gründung eines »Hohenzollernbundes«, in dem sich die »Gegner des Anschlusses an Württemberg«, auch Mitglieder der CDU, sammelten, und dem auch »Leute aus dem Kreis des fürstlichen Hofes« angehörten. Wie aufgeheizt die Atmosphäre war, läßt sich daran erkennen, daß sich der nunmehrige Privatmann Stiegler, unmittelbar vor der Behandlung des Hohenzollerngesetzes im Landtag, an den Bundesinnenminister wandte, um die Hilfe des Bundes gegen die Vergewaltigung Hohenzollerns durch Württemberg zu erbitten.[172]

Unter diesen Umständen fand am 1. September 1950 die zweite und dritte Lesung des Gesetzentwurfs über die Selbstverwaltung der hohenzollerischen Kreise im Landtag von Bebenhausen statt. Da man sich allerseits einig war, das später so genannte »Hohenzollerngesetz« noch vor der Volksbefragung über den Südweststaat, am 24. September 1950, zu verabschieden, entstanden keine Parteikontroversen, sondern es herrschte den vier Hohenzollern gegenüber eher eine milde, gönnerhafte Stimmung. Nur Staatspräsident Müller, der die Gesetzesvorlage selbst begründete und einen geschichtlichen Abriß der hohenzollerischen Sonderentwicklung gab, beklagte sich bitter über mangelnde Solidarität und Loyalität.

Der greise hohenzollerische CDU-Abgeordnete Hermann sah sich genötigt, sein Bedauern auszusprechen »über die ungeschickten, unqualifizierten Angriffe und Äußerungen, die von einer bestimmten Seite gefallen sind.« Er machte den Graben deutlich, der durch die hohenzollerische CDU führte und auf dessen anderer Seite der Fürst und seine Umgebung stand, wenn er fortfuhr: »Ich möchte bei dieser Gelegenheit feststellen, daß die Abgeordneten von Hohenzollern sich von dieser Clique – wenn ich so sagen darf – absolut distanzieren. Wir haben mit dieser Sache nichts zu tun.«[173]

Innenminister Renner setzte sich mit den Forderungen auseinander,

»die ein in Hohenzollern sehr maßgeblicher Mann – ich möchte ihn den eigentlich maßgeblichen Mann nennen, wenn er sich auch im Hintergrund hält – erhoben hat«, Forderungen, bei denen es sich nicht um eine Selbstverwaltungsorganisation handle, sondern »um einen Staat im Staate«. Auch wurde nicht versäumt, den Hohenzollern vorzurechnen, daß es, wie Carlo Schmid sagte, Württemberg ist, »das ihre leeren Kassen füllt«. Als Franz Gog den Mut hatte, einen alten hohenzollerischen Wunsch vorzutragen, daß der Landeskommunalverband das Recht bekommen solle, bei der Ernennung der Leiter der Oberschulen in Hechingen und Sigmaringen gehört zu werden, verlangte sein Fraktionskollege Josef Schneider die Ablehnung, »denn wenn in Hohenzollern auf den Willen der hohenzollerischen Bevölkerung keine Rücksicht genommen würde, so würde sich, wie man sich ausdenken kann, eine Stimme in Krauchenwies erheben, so daß alle Bäume von Rangendingen bis ins Achbergische hinauf erzittern würden.«

Ihm schloß sich der aus dem hohenzollerischen Glatt gebürtige SPD-Abgeordnete Karl Müller, Ravensburg, der allerdings von hohenzollerischer Seite nie als Landsmann in Anspruch genommen wurde, mit einem anderen Argument an: »Wir wollen nicht den Grundstein legen für eine Vetterleswirtschaft, denn darauf läuft das ja hinaus.« Carlo Schmid brachte die Zustimmung seiner Fraktion mit fast schon verletzender Jovialität und Suffisance zum Ausdruck: »Obwohl wir meinen, daß unser Land Württemberg-Hohenzollern auch ohne dieses Autonomie-Gesetz – wenn ich mir den Ausdruck erlauben darf – glücklich gedeihen und blühen könnte, werden wir zustimmen, weil wir glauben, daß man damit wird praktisch arbeiten können, und weil es sich vielleicht auch hier empfehlen könnte, eingefahrene Mißbildungen beizubehalten; denn die Erfahrung zeigt, daß Fehler, an die man sich durch Jahrzehnte gewöhnt hat, Besseres ins Werk zu setzen vermögen als allzu neue Vortrefflichkeiten.«[174] Er hält auch sein Urteil über das hohenzollerische Sonderbewußtsein nicht hinter dem Berg. »Dieser ganze »Patriotismus der hohenzollerischen Lande«, den man dort verkündet, ist doch ein Honorationen-Patriotismus, ist der Patriotismus einiger Leute, die einige Pfründen winken sehen oder aber zumindest glauben, so eine Bedeutung zu bekommen, die sich sonst zu erwerben ihnen offenbar zu schwierig erscheint. Ich glaube, man sollte ihnen das Vergnügen lassen, so was bringt immer Farbe ins Straßenbild. Auch die Stammtischgespräche brauchen gelegentlich eine Befruchtung. Ich hoffe allerdings, daß nicht ein böser Wind das alles einmal hinwegfegen möge. Was mich betrifft und meine Liebhabereien: Ein bißchen Biedermeier in unserem harten Leben ist eine angenehme Abwechslung. Schon aus dem Grund sollte man sich vielleicht die Erhaltung gewisser Skurrilitäten wünschen.«[175]

Das »Hohenzollerngesetz« wurde am 1. September 1950 mit großer Mehrheit angenommen. Seine Verabschiedung war von Meinungsäußerungen und Anspielungen begleitet, nicht von einer üblichen Parlamentsdebatte, eher von einer Art Schattenboxen mit einer außerparlamentarischen Potenz. Hier äußerte sich eine schwäbische demokratische Elite, die dem neuen Staat Gesicht gegeben hat, nicht nur Württemberg-Hohenzollern und Baden-Württemberg, auch mit beachtlichem Anteil der Bundesrepublik. Ihre Namen – Schmid, Müller, Renner, Binder, Kiesinger – lesen sich »wie ein Gotha der kleinbürgerlich-mittelständischen Gesellschaft«,[176] aber sie blickten selbstbewußt, fast mitleidig auf die Atavismen an der oberen Donau, wo man mit Begriffen wie »Geheimes Kabinett Seiner Königlichen Hoheit des Fürsten Friedrich von Hohenzollern« oder mit Objekten, wie dem Gehörn der »10 000. von Seiner Königlichen Hoheit dem Fürsten Friedrich von Hohenzollern erlegten Kreatur« im Trophäenraum des Schloßes, verlorene Bedeutung zu demonstrieren suchte. Es ist das besondere Verdienst Gebhard Müllers, der als Regierungschef in Tübingen und in Stuttgart durch seinen ebenso liebenswürdigen wie kompromißlosen Umgang mit den alten Eliten deren allmähliche unspektakuläre Integration in den demokratischen Staat in Gang gesetzt hat.

Der Hohenzollerische Landeskommunalverband als letzte Klammer

Das »Gesetz über die Selbstverwaltung der Hohenzollerischen Lande« vom 7. September 1950 stellte den Landeskommunalverband auf eine eindeutige rechtliche Grundlage und gab ihm wieder gewählte Organe: den Kommunallandtag, den Landesausschuß und den Vorsitzenden beider Gremien, der jetzt nicht mehr anspruchsvoll Landeshauptmann hieß, sondern schlicht Vorsitzender des Kommunallandtags. Während die Selbstverwaltung in den Kreisen Hechingen und Sigmaringen nach der Kreisordnung für Württemberg-Hohenzollern von 1948 organisiert war, also nicht mehr im Sinn der früheren Amts- und Landesordnung, bestand der Landeskommunalverband als eine ganz Hohenzollern umfassende Korporation fort und behielt seine Zuständigkeit im Sozialbereich, dem Straßenwesen, der Kultur- und Wirtschaftspflege, er verwaltete auch weiterhin seine eigenen Einrichtungen: die Hohenzollerische Landesbank, die Hohenzollerische Feuerversicherungsanstalt, die Hohenzollerische Landesbahn und das Fürst Carl-Landeskrankenhaus in Sigmaringen.[177]

Der Landeskommunalverband, der sich traditionellerweise als »Sprachrohr« für Hohenzollern verstand, im Dritten Reich faktisch aufgehoben war, bekam die Chance, seine alte Funktion wieder zu übernehmen. In einer Studie von 1964 aus kompetenter Feder wird vom

Landeskommunalverband nach 1950 gesagt: »Auf kommunalpolitischem Gebiet und als Vertreter der Hohenzollerischen Belange gegenüber einem größeren Ganzen führt er eine bald hundertjährige Tradition fort. In erster Linie verkörpert er eine Einrichtung der Tradition, hält er die Erinnerung an die frühere Eigenständigkeit des Ländles wach. Deshalb ist sein Wirken und seine Existenz auch nicht nach verwaltungs-pragmatischen Gesichtspunkten zu werten; hier stehen Gefühle und historische Aspekte im Vordergrund.«[178]

Der neue Kommunallandtag setzte sich zusammen aus je 10 von den beiden Kreistagen gewählten Mitgliedern und den beiden Landräten mit beratender Stimme. Da die indirekte Wahl die Mehrheitspartei begünstigten, entsandten beide Kreistage je 9 CDU-Abgeordnete, einer galt als parteiloser CDU-Sympathisant, blieb noch der Langenenslinger SPD-Bürgermeister Waldner als einziger Angehöriger einer anderen Partei.[179]

Eine der wichtigsten Aufgaben des Kommunallandtags war die Wahl seines Vorsitzenden. Da er ein fast reines CDU-Gremium war, liegt es nahe, daß über die Kandidaten außerhalb im Parteirahmen entschieden wurde. Offenbar kamen nach dem Rücktritt Mosers zuerst die Namen der beiden früheren Landräte, Schraermeyer und Dr. Seifert, zur Sprache, was erkennen läßt, wie hoch man ihre Qualitäten als leitende Beamte einschätzte, aber auch wie anstandslos man sie inzwischen in der Partei politisch wieder gesundgebetet hatte. Da aber Seiferts Spruchkammerverfahren noch lief, schied er aus. Eine Vorsprache der drei hohenzollerischen CDU-Landtagsabgeordneten bei Gouverneur Widmer schon im Juni 1950 ergab, daß er eine Wiederverwendung Schraermeyers nicht billigte.[180] Die Namen der anderen Kandidaten, über die dabei noch gesprochen wurde – »Stiegler, Gog, Hermann, Fürst von Hohenzollern« – zeigen, wie kurz die Personaldecke der CDU zu diesem Zeitpunkt war und wie eindeutig die Entscheidung auf Gog zulief, der zudem der klare Favorit Gebhard Müllers war.

Am 21. November 1950 trat der neue Kommunallandtag im Landeshaus in Sigmaringen zu seiner konstituierenden Sitzung zusammen. Den traditionellen Sitzungssaal schmückte das frisch restaurierte Wappen des Landeskommunalverbandes mit dem Schillerzitat aus dem Tell, das wohl schon in preußischer Zeit einen überhöhten Anspruch zum Ausdruck brachte: »Daheim regierten sie sich fröhlich selbst, nach altem Brauch und eigenem Gesetz«. Im Auftrag des Innenministers eröffnete Ministerialrat Eschenburg die erste Sitzung mit einer historischen und staatsrechtlichen Einführung, die er mit der ihm eigenen Fähigkeit der Präzisierung durch negative Bestimmung – und mit hanseatischem Charme – schloß: »Der hohenzollerische Kommunallandtag ist kein Parlament. Das Parlament des Landes hat seinen Sitz in

Bebenhausen. Der Kommunallandtag ist kein Nebenparlament, keine Konkurrenzeinrichtung des württembergisch-hohenzollerischen Landtages. Er ist auch kein Oberkreistag, keine rivalisierende Institution zu den Kreistagen. Seine Aufgaben sind klar begrenzt, aber wenn er in der Lage ist, diesen Aufgabenkreis voll auszuschöpfen, ihn mit Phantasie und Klugheit zu erfüllen, dann wird er erfolgreiche Arbeit leisten.«[181] Diese reservierte, fast distanzierte Haltung und die Betonung der Aufgabenbegrenzung machen das Ausmaß der Schlappe deutlich, die den Traditionalisten mit dem Hohenzollerngesetz bereitet worden war. Mit der Wahl Gogs, dem Intimfeind Stieglers, zum Vorsitzenden des Kommunallandtags setzte sich vollends die auf Integration bedachte Richtung durch, die sich in Übereinstimmung mit der Landes-CDU hielt.

Die neue Konstruktion des Kommunallandtags gab den beiden Landräten als permanenten Mitgliedern mit beratender Stimme dauerhaften Einfluß. Sowohl Dr. Hans Speidel in Hechingen wie Ernst Rothenbacher in Sigmaringen, beide Söhne des Landes und Mitglieder der CDU, hatten, jeder in seinem Kreis, eine starke Stellung. Beide 1946 vom Tübinger Landesdirektor des Innern ernannt und 1956 von ihren Kreistagen auf 12 Jahre wiedergewählt, verstanden sich in erster Linie als Sachwalter ihres eigenen Kreise und als Vorsitzende ihrer eigenen Kreistage.[182] Dasselbe gilt natürlich auch für die von diesen gewählten Mitgliedern des Kommunallandtags. Auch läßt sich nicht verschweigen, daß es eine angestammte Spannung zwischen Ober- und Unterland gab, die sich weitgehend mit den Kreisen deckte.

Es beweist die gute Regie der Tübinger Regierung, daß das Hohenzollerngesetz doch noch vor der Probeabstimmung über die staatliche Neugliederung im deutschen Südwesten vom 24. September 1950 verabschiedet wurde. Bei dieser Volksbefragung bekannte sich Hohenzollern in überzeugender Weise zu einer Südweststaatslösung. Beide Kreise lagen noch über dem ohnehin hohen Landesdurchschnitt.[183] In den folgenden schwierigen Verhandlungen im Bundestag, im Bundesrat und vor dem Bundesverfassungsgericht hat Staatspräsident Gebhard Müller immer wieder auf die besondere Stellung Hohenzollerns hingewiesen und auf den ausdrücklichen Wunsch der hohenzollerischen Bevölkerung, nicht Bestandteil eines wiederhergestellten Staates Württemberg, sondern des zu schaffenden Südweststaats zu werden.[184] Dies machte auch das Ergebnis der Volksabstimmung vom 9. Dezember 1951 deutlich. Obwohl sich der Freiburger Oberhirte entschieden gegen das neue Staatsgebilde aussprach, von dem er, »auch im religiösen Bereich weittragende Folgen« befürchtete, bekannten sich in Hohenzollern über 90 % der Wähler zum Südweststaat.[185] Die lange Auseinandersetzung um den Namen des neuen Bundeslandes veranlaßte den

Fürsten Friedrich, sich wieder an Gebhard Müller zu wenden. Er hätte gerne den Namen Hohenzollern ins Spiel gebracht und wollte vor allem eine Namenkombination der beiden großen alten Länder vermieden sehen. Als die Entscheidung für Baden-Württemberg gefallen war, beklagte er sich beim nunmehrigen Stuttgarter Ministerpräsidenten: »Für uns Hohenzollern – ich meine damit nicht nur meine Familie – ist das ein Faustschlag auf unsere Vergangenheit.« Auch die Hoffnung des Fürsten, Sigmaringen könne wieder Sitz eines Regierungspräsidenten werden, wurde gleichermaßen enttäuscht wie die der Stadt. Für den Fürsten mochte die Beibehaltung des bisherigen Landesnamens für das nunmehrige Regierungspräsidium für »Südwürttemberg-Hohenzollern« in Tübingen ein gewißer Trost sein.[186]

Schon in der Entstehungsphase des Landes Baden-Württemberg war klar, daß es mit einem bloßen Zusammenfügen der drei Länder zu einem Land nicht sein Bewenden haben werde, daß vielmehr tiefgreifende Änderungen der Gebiets- und Verwaltungsstruktur dem Zusammenschluß folgen müßten. Das galt besonders für die Kreise Hechingen und Sigmaringen mit ihren seit Napoleons Zeiten unverändert stehengebliebenen Grenzen. Ein Rundschreiben des Innenministeriums – »Neuordnung der Kreisgrenzen im Land Baden-Württemberg« –, das den Landratsämtem im Oktober 1954 zur Stellungnahme zuging, leitete das Reformvorhaben ein. An eine Auflösung von Kreisen wurde dabei noch nicht gedacht. Trotzdem stießen schon diese ersten Ansätze auf Ablehnung, und zwar zumeist in den betroffenen Gemeinden selber. Insgesamt entstand im Land so viel Mißmut und Widerspruch, daß das Ministerium darauf verzichtete, eine beabsichtigte dritte Reformstufe überhaupt in die Diskussion zu bringen.[187]

Im Kreis Hechingen, wo es naturgemäß um die Korridorgemeinden im Westen ging, die ehemaligen Herrschaften Glatt und Wehrstein und die Exklave Wilflingen, wollten die Neckargemeinden ihren alten Kreis ebensowenig verlassen wie die zum Austausch vorgesehenen Steinlachgemeinden den Kreis Tübingen. Sie drohten, bis zum Verfassungsgericht zu gehen. Im Kreis Sigmaringen, der 29 Gemeinden abgeben und 24 bekommen sollte, verabschiedete der Kreistag schon Anfang Dezember 1954 eine Entschließung, mit der die Reformvorschläge als verfrüht und zu wenig fundiert verworfen wurden. »Insbesondere aber würde die Neuregelung«, so lautet der grundsätzliche Einwand, »die geschichtlich-traditionell gewachsene Einheit des Kreises Sigmaringen und der Hohenzollerischen Lande wesentlich gefährden. Diese Einheit ist mit dem einheitlichen Empfinden in den württembergischen Kreisen aus geschichtlichen Gründen gar nicht zu vergleichen und hat auch gesetzlich und verwaltungsmäßig ihren Ausdruck gefunden im Schutz der Selbstverwaltung der Hohenzollerischen Lande durch Gesetz und

Verfassungsbestimmung.« Als Maxime für die weitere Behandlung soll gelten: »Grundlage jeder Entscheidung muß der Wille der betroffenen Bevölkerung sein.«[188] In einer weiteren Entschließung wiederholte der Kreistag das von ihm und vom Kommunallandtag schon mehrfach geäußerte Verlangen, Sigmaringen zum endgültigen Sitz des Regierungspräsidiums zu bestimmen. »Die Gründe hierfür sind in der Lage der Kreisstadt Sigmaringen zu den umliegenden Kreisen sowie in ihrem Charakter als früherer preußischer Regierungssitz gegeben.«

Die Regierung ließ sich insofern auf den vorherrschenden Reformunwillen ein, als sie am 22. April 1955 einen Entwurf verabschiedete, der vor allem die Beseitigung von Exklaven, Enklaven, Kondominaten und von geographischen Sonderfällen an den früheren Landesgrenzen zum Ziel hatte, im Grunde mehr als überfällige Maßnahmen, die aber für den Landkreis Sigmaringen mit deutlichen Gebietseinbußen verbunden waren. Auf der Kreistagssitzung vom 5. Mai 1955 überschlugen sich die Emotionen, die sich vor allem entzündeten an den kaltherzigen, realitätsfernen Planern in Stuttgart. »Fremdlinge«, sind es für den Abgeordneten Reck aus Ostrach, »die von Tuten und Blasen keine Ahnung haben« und denen er unterstellt, daß sie »das Bestreben haben, Hohenzollern zu vernichten oder verschwinden zu lassen«. Bürgermeister Keller aus Liggersdorf spricht für die Hohenfelser, die nicht zum nahen Stockach kommen wollen: »Wir hohenzollerischen Bürgermeister nehmen den Kampf auf. Wir wollen beim Kreis Sigmaringen bleiben. Sollte sich einer der Herren von Stuttgart bei uns sehen lassen, fährt die Feuerwehr auf und spritzt ihn hinaus. Die Kreisneueinteilung ist ein Verbrechen an uns. Die Männer sind krank. Hier gehört ein Operateur her, der diese behandelt, damit sie uns nichts mehr zu Schaden kommen lassen.« Auf diesem Niveau gibt es noch mehr Beiträge. Niemand will weg vom Kreis Sigmaringen, der, das weit entlegene Achberg ausgenommen, auch nichts abgeben will. Niemand will, das steht dahinter, Hohenzollern preisgeben, seine Integrität antasten lassen. »Wir wollen Hohenzollern bleiben«, versichert der Abgeordnete Reis, der für das kleine Tafertsweiler spricht, das zum Kreis Saulgau kommen soll: »Wenn der Entwurf durchgeführt wird, ist es mit Hohenzollern aus.«[189] Nach einstimmiger Verabschiedung einer Erklärung, in der die Zurücknahme der Entwürfe gefordert wurde, erheben sich die Versammelten und singen spontan das Hohenzollernlied.

Einen Höhepunkt erreichte die Auseinandersetzung um die Kreisgrenzen auf der »Gammertinger Versammlung« am 15. Juni 1955. Dabei handelt es sich um eine Anhörung durch den Verwaltungsausschuß des Landtags, zu der ein »Riesenaufgebot« aus den hohenzollerischen Kreisen erschien. Länger als 7 Stunden bekam der Ausschuß die Weigerung des Kommunallandtags und der Gemeinden beiderseits der Kreisgrenze zu hören, etwas an den überkommenen Verhältnissen zu ändern. Bürgermeister Hinger aus Dettingen, der für die hohenzollerischen Neckargemeinden sprach, forderte eine Abstimmung der Bevölkerung, die zu 90 % beim Kreis Hechingen bleiben wolle, was er damit begründete, daß für sie das geschichtlich Gewordene noch etwas Wertvolles, ja sogar Heiliges sei. Es handelte sich um eine radikale Absage an Veränderungen überhaupt. Der Verwaltungsrat verlor in der Folge durch Hin- und Herschieben einzelner Gemeinden jede Linie. Es überrascht deshalb nicht, daß die Gesetzesvorlage im Landtag, dessen Mitglieder einer Kanonade von Protesten aus ihren Wahlkreisen ausgesetzt waren, zu Fall kam. Der Landtag, dem 1955 so achtbare verwaltungspolitische Leistungen gelangen wie das Landesverwaltungsgesetz, die Gemeindeordnung und die Landkreisordnung, brachte die Regierungsvorlage zur Kreisreform zum Scheitern, um in der Bevölkerung wieder Ruhe einkehren zu lassen.[190]

Die durchgängige Unzufriedenheit mit den Reformvorhaben war Wasser auf die Mühlen der Traditionswahrer, die jetzt wieder glaubten, für ganz Hohenzollern sprechen zu können. Prinz Franz Joseph machte nun nochmals den Versuch, den Geschichtsverein im Sinn einer Heimatbewegung ins Spiel zu bringen. Aber es blieb bei emphatischen Bekenntnissen in den Geleitworten der Hohenzollerischen Jahreshefte. Immer wieder muß der alte Kampfruf »Hie guet Zollre allewegen« herhalten. In gleicher Weise von hohlem Pathos geschwellt ist auch ein etwa gleichzeitiges Schreiben des Fürsten Friedrich an Gebhard Müller. Darin erinnert er den Ministerpräsidenten an seine dem neuen Staat immer bewiesene Loyalität, »aber wenn es um das Sein oder Nichtsein unserer Stammlande geht, werde ich an vorderster Front für mein Hohenzollernland kämpfen«. Und er fügt hinzu, wie um seine Entschlossenheit durch eine noch höhere Zielsetzung zu legitimieren: »Es geht schliesslich ja nicht nur allein gegen Hohenzollern, sondern im Hintergrunde gegen unseren heiligen katholischen Glauben. Dies ist nicht nur meine persönliche Meinung, sondern auch die Ansicht aller Bevölkerungskreise Hohenzollerns.«[191]

Die Unbefangenheit, mit der Fürst Friedrich schon immer das Wort für seine Landsleute ergriffen hat, provoziert die Überlegung, ob und inwieweit sich die »Hohenzollernfrage« für die Bevölkerung wirklich gestellt hat, oder ob man Carlo Schmids giftige Vokabel vom »Honorationen-Patriotismus« für bare Münze nehmen darf. Es ist auf jeden Fall richtig, wenn Gerd Friedrich Nüske schreibt: »tatsächliche hohenzollerische Selbständigkeitsbestrebungen nach 1945 sind schwer nachweisbar«. Eine echte Autonomiebewegung, die diese Bezeichnung verdiente, hat es jedenfalls nicht gegeben. Zwischen den völlig aufgesetzten Widerstandsparolen des Prinzen Franz Joseph und den Protesten der Gemeinden, die sich 1954/55 jeder Art von Veränderung widersetzten, besteht kein wirklicher Zusammenhang. Das Festhalten an den bestehenden Verhältnissen und die Bereitschaft, dafür auch Nachteile in Kauf zu nehmen, ist eine allgemeine Erscheinung. »Eine geplante Umgliederung von einem früheren Land in ein anderes,« schreibt Landrat Speidel, »von Baden nach Württemberg – oder von Württemberg nach Hohenzollern oder umgekehrt, stieß immer auf Ablehnung.«[192] Dieser allgemeine Immobilismus mag sich mit den Verhältnissen nach dem Zweiten Weltkrieg erklären, mit dem Bedürfnis nach Rekonstruktion und Ruhe, das ohnehin von den Neuerungen des Südweststaats und, noch viel unmittelbarer, von der erzwungenen Aufnahme von Heimatvertriebenen und Flüchtlingen nachhaltig gestört wurde. Daß darüber hinaus das für Hohenzollern charakteristische Zusammengehörigkeitsbewußtsein eine Rolle spielte, ist keine Frage. Aber ihm fehlte nun schon seit Jahrzehnten ein wirklicher Sammelpunkt, der es lebendig gehalten hätte. Und eine Irredenta-Bewegung konnte es nach dem Untergang Preußens ohnehin nicht mehr geben. Der Wegfall Preußens nahm den Hohenzollern den Reiz des Exotischen, der das stärkste Unterscheidungsmerkmal gegenüber den Nachbarn war.

Die Landesregierung ließ sich volle 12 Jahre Zeit, bis sie im Zeichen der Großen Koalition die Pläne zu einer umfassenden Verwaltungsreform, mit der andere Bundesländer schon vorangegangen waren, in Angriff nahm. Nach einer Phase starker wirtschaftlicher Prosperität, die sich auf die Bereitschaft der Bevölkerung, Veränderungen zu akzeptieren, auswirkte, brachte die Regierung Filbinger/Krause eine umfassende, auf rationalen Kriterien fußende Verwaltungsreform in Gang, die ihren ersten Niederschlag im »Denkmodell« der Landesregierung zur Kreisreform im Dezember 1969 fand.[193] Ziel sollte die Steigerung der Leistungsfähigkeit der Verwaltung sein, die »den Erfordernissen der modernen Industriegesellschaft und des demokratischen Sozial- und Leistungsstaates« gerecht werden müsse. Das Denkmodell geht nicht mehr von einzelnen Grenzkorrekturen aus, sondern von der Bildung sinnvoller Verwaltungsräume. Die Konservierung überkommener Territorien war für die Planung überhaupt kein Thema mehr. Die Schaffung großer Räume, die mit der Verminderung der 63 Landkreise auf 25 gewonnen werden sollten, stellte sowohl das Fortbestehen des Landeskommunalverbandes und der beiden hohenzollerischen Kreise in Frage, wie die Zukunft der beiden Städte Hechingen und Sigmaringen als Sitz einer Kreisverwaltung. Das diesmal entschiedenere, rationalere und besser vorbereitete Handeln der Regierung und die Entscheidungsfindung im Landtag wurden allerorten von heftigen Diskussionen begleitet, die sich in Hohenzollern vorrangig am künftigen Schicksal der

Kreise und der Gemeinden entzündeten und nicht am Landeskommunalverband.

Es liegt nicht in der Absicht unserer Darstellung, die Auseinandersetzungen und Veränderungen im einzelnen zu verfolgen.[194] Wenn für das ganze Land Baden-Württemberg gesagt wird, daß der »Widerstand gegen das Reformvorhaben nicht allzu groß« war und der Anteil der dezidierten Gegner nicht mehr als 10 % betrug, so wird man wohl für Hohenzollern diesen Anteil höher einschätzen, aber auch eingestehen, daß sich die Gegnerschaft gegen die Reformen in Grenzen hielt.[195] Der Streit um die einzelnen Lösungen wurde nicht mehr mit dem Pathos der Fünfziger Jahre ausgetragen.

In Hechingen, dessen Aufhebung als Kreis sich schon früh abzeichnete, ist nicht so sehr um das Überleben als Kreisstadt gestritten worden, sondern um die Frage, ob ihre Interessen im Kreis Tübingen oder im Kreis Balingen – der Name Zollernalbkreis ist eine relativ späte, für die Hechinger versöhnliche Erfindung – besser zu wahren wären. Da Landrat, Kreistag und mit Hechingen auch viele Gemeinden im Killertal gegen die ursprüngliche Zuordnung nach Balingen den Anschluß an den Kreis Tübingen durchgesetzt hatten, wäre der Zoller, das Wahrzeichen Hechingens, in einen anderen Kreis gekommen als die Stadt. Dagegen bildete sich in Hechingen unter maßgeblicher Beteiligung der Jungen Union die »Bürgeraktion Zollern-Alb-Kreis«, die in einem Bürgerentscheid dem CDU-dominierten Gemeinderat (16 für Tübingen, 2 für Balingen) – »gerade diejenigen verfechten diesen Schwabenstreich, die sonst so gern die Tradition Hohenzollerns anführen« – mit 86,4 % der abgegebenen Stimmen für Balingen eine böse Schlappe bereiteten und den Anschluß an den Zollernalbkreis durchsetzten.[196] Sicher ist die Entscheidung von Kreistag und Gemeinderat ein Beispiel politischer Blindheit, denn Hechingen hätte beim Kreis Tübingen in Kürze sein Landgericht, auf das es so stolz ist, verloren. Es ist unvorstellbar, daß im Kreis Tübingen zwei Landgerichte belassen worden wären. Die niedrigere Kreisumlage bei Tübingen, die für viele Gemeindevertreter ein Anreiz für ihre Entscheidung gewesen sein soll, hat sich in den vergangenen zwei Jahrzehnten umgekehrt, sie ist jetzt im Zollernalbkreis niedriger.

Dem imposanten Beispiel für einen plebiszitären Erfolg stehen auch weniger demokratische Entscheidungen gegenüber. So hat bei der Gemeindereform das jahrelange Sträuben der Bürgermehrheit von Gruol und Owingen die Orte nicht vor der Zwangseingliederung nach Haigerloch bewahren können. Schon in der »Freiwilligkeitsphase«, in der die Regierung den Gemeinden durch hohe Fusionszuwendungen – »Abschlachtprämien« – goldene Brücken zu bauen versuchte, votierte die Bürgerschaft für die Behauptung der Selbständigkeit. In der Gemeinde Gruol, die damals knapp 1 500 Einwohner zählte, erklärten sich bei der Bürgeranhörung vom Januar 1974, bei einer Wahlbeteiligung von 91 %, volle 97 % gegen die Eingemeindung. Auch Demonstrationsfahrten nach Stuttgart, schließlich sogar eine Normenkontrollklage am Staatsgerichtshof halfen nichts. Gruol und Owingen machen seit 1975 je einen der 9 Ortsteile der Stadt Haigerloch aus. Die CDU, die diese Gegensätze zwischen Basisdemokratie und Reformzwang ausbalancieren mußte, erlitt dabei noch nicht einmal merkliche Einbußen. Von einer Solidarität der zollerischen Gemeinden war zu dieser Zeit schon nicht mehr viel übrig. Das seit vielen Jahrhunderten zur Herrschaft Haigerloch gehörende Heiligenzimmern, mit dem die Gruoler gerne einen Teilverwaltungsraum gebildet hätten, orientierte sich, der Diözesangrenzen ungeachtet, nach dem altwürttembergischen, zu 80 % evangelischen Städtchen Rosenfeld.[197]

Wenn es der Stadt Sigmaringen, deren städtischer Aufstieg im Vergleich mit Hechingen erst spät erfolgte, schließlich gelang, Kreisstadt zu bleiben, verdankte sie das mehreren Umständen. Vorab ihrer günstigen geographischen Lage, zum andern der Tatsache, »daß die Landesregierung und auch die Parteien nicht zwei hohenzollerische Landkreise auflösen wollten. Wenigstens eine hohenzollerische Stadt sollte das Landratsamt behalten.«[198] Schließlich kam Sigmaringen das Votum der Stadt Saulgau zugute, die sich gegen ihren auf Biberach eingeschworenen Landrat für Sigmaringen entschied. Die starke Orientierung des neuen Kreises Sigmaringen in Richtung Oberschwaben, mit der Neuerwerbung der beiden alten österreichischen Donaustädte Mengen und Saulgau, die zu Württemberg gehörten, der einstigen Reichsstadt Pfullendorf und der Residenzstadt Meßkirch, Zimmern und Fürstenberg, die von Baden kamen, verschob sich das Gewicht des neuen Sigmaringer Kreises auf die Südseite der Donau, zumal Trochtelfingen im Norden sich für den Anschluß an Reutlingen entschied. Es ist bemerkenswert, daß es auch Bedenken gegen die Einvernahme durch Hohenzollern gab. Ihnen begegnete der Mengener Bürgermeister mit der Feststellung: »Wir gehen nicht nach Hohenzollern, sondern nach Sigmaringen. Hohenzollern hört mit der Kreisreform auf zu bestehen.«[199]

Nach der Kreisreform finden wir das Gros der vormals hohenzollerischen Orte einerseits im neuen Kreis Sigmaringen, mit 58, zum anderen im Zollernalbkreis mit 42 Gemeinden. Von den Korridorgemeinden des Kreises Hechingen gingen 6 an den Kreis Freudenstadt (Betra, Dettensee, Dettingen, Dettlingen, Dießen, Empfingen) und 2 an den Kreis Rottweil (Glatt und Fischingen), an den auch der entlegene alte Hechinger Ort Wilflingen am Fuß des Lembergs fiel. Zwei Gemeinden (Stadt Trochtelfingen und Steinhilben) kamen an den Kreis Reutlingen. Im Osten des einstigen Landes fielen die Exklaven Langenenslingen mit Billafingen und dem entlegenen Kondominat Burgau an den Kreis Biberach, im Süden die 5 Hohenfelser Gemeinden an den Kreis Konstanz (Deutwang, Kalkofen, Liggersdorf, Mindersdorf, Selgetsweiler), im Südwesten Bärenthal an den Kreis Tuttlingen. Die Exklave Achberg, an der Grenze zu Bayern, kam über den alten Kreis Wangen schließlich zum Kreis Ravensburg.[200] Wie schon erwähnt, verteilten sich die ehemals 121 preußischen Gemeinden jetzt auf 9 verschiedene Kreise. Ihre neuen Bestimmungsorte sagen mehr aus über die bisher betonierte Zufallsstruktur als über den Spieltrieb der Reformer. Die meisten dieser Gemeinden bestiegen gleichzeitig oder wenig später das Karussell der Gemeindereform, freiwillig oder auch nicht, wodurch sich ihre Zahl schnell drastisch reduzierte.

Der Untergang des Landeskommunalverbandes war seit dem Erscheinen des Denkmodells eine klare Sache. Daß er jeder Vereinheitlichung im Wege stand, wußte man im Tübinger Innenministerium schon vor dem Zugeständnis des Hohenzollerngesetzes, mit dem man die dauernden Sonderwünsche zum Schweigen zu bringen hoffte.[201] Jedenfalls hat es einen Grund, daß die Verfassungsgarantie der hohenzollerischen Selbstverwaltung von 1947 in der Verfassung von Baden-Württemberg von 1953 nicht mehr erscheint. Und mit dem Ansatz von 1969, der unerbittlich auf Modernität, Effektivität und Gleichförmigkeit abhob und dessen Verwaltungseinheiten mit einem viel größeren Maßstab bemessen wurden, waren Gebilde wie der vom Verwaltungsstil der Bismarckzeit geprägte Landeskommunalverband unverträglich. Seine Fürsprecher hatten den Argumenten des Denkmodells nichts entgegenzusetzen als die Beschwörung seiner ehrwürdigen Vergangenheit. Auch wenn vorausgesetzt werden darf, daß er seine Verwaltungsaufgaben einwandfrei erfüllte, blieb der Landeskommunalverband nach außen eine aschgraue, glanzlose bürokratische Institution, die mit der Dynamik der Landratsämter nicht mithalten konnte. An deren Spitze standen seit 1966 und 1967 jüngere, tüchtige und ehrgeizige Landräte, die sicher waren, daß ihre Karriere nicht mit dem Untergang des Kreises abbrechen würde: Dr. Hans-Jörg Mauser in Hechingen und Dr. Max Gögler in Sigmaringen, im Gegensatz zu ihren Vorgängern keine gebürtigen Hohenzollern, auch keine Preußen mehr, sondern Württemberger.

Ein Blick auf den Kommunallandtag zeigt, daß dort die CDU fast unter sich war. Das Klima wurde bestimmt von den Bürgermeistern, die angesichts der Kompatibilität von Amt und Mandat in Baden-Württemberg, den Kommunallandtag beherrschten. Im letzten, 1966 gewählten Kommunallandtag waren von den 20 Abgeordneten 10 Bürgermeister. Sie sorgten dafür, daß die praktischen kommunalen Interessen nicht zu kurz kamen, während es kulturelle Initiativen nicht mehr gab. Völlig verschwunden aus der Kommunalpolitik sind die Geistlichen, die sich einst als Männer des Zentrums auf allen Ebenen politisch engagierten. Vom hochangesehenen letzten Vorsitzenden des Kommunallandtags vor 1933, Pfarrer Carl Vogel in Straßberg, wissen wir, daß er sich »sehr reserviert gegenüber Bestrebungen um die Erhaltung hohenzollerischer Selbständigkeit und Sonderrechte« verhielt und auch der parteipolitischen Betätigung von Priestern nicht mehr das Wort redete.[202] Die Lehrer spielten im Kommunallandtag noch kaum eine Rolle.

Die Solidarität im Landeskommunalverband wurde schon seit Mitte der Fünfziger Jahre erschüttert durch die zunehmende Weigerung des Hechinger Kreistags, sich in überkommener Form an der Finanzierung des Fürst Carl-Landeskrankenhauses in Sigmaringen, schon gar nicht an seiner baulichen Erweiterung zu beteiligen, denn es wurde aus dem Kreis Hechingen wenig in Anspruch genommen. Mit der Übertragung des Landeskrankenhauses an den Landkreis Sigmaringen im April 1963 gab der Landeskommunalverband selber ein Kernstück jener »historisch gewachsenen Gemeinsamkeit« preis, als deren Träger er sich darstellte.[203] Die Teilung des historischen Erbes hatte, aus einsichtigen Gründen, schon begonnen, bevor das Kreisreformgesetz vom 26. Juli 1971 den Landeskommunalverband förmlich auflöste, Bestimmungen über die Fortführung seiner Tätigkeit traf und über seine Hinterlassenschaft verfügte. Da zu dieser Zeit das öffentliche Interesse noch vorrangig vom Schicksal der beiden Kreise in Anspruch genommen war, entzündete der Wegfall der letzten Klammer, die beide bisher noch verbunden hatte, keine Leidenschaften. Von den alten Streitern um die Selbständigkeit Hohenzollerns lebte keiner mehr: Clemens Moser war schon 1956 gestorben, Prinz Franz Joseph 1964, Fürst Friedrich 1965.

Der Kreis Sigmaringen, der vor der Kreisreform rund 50 000, danach 110 000 Einwohner zählte, entließ in einer vorweihnachtlichen Feierstunde 1972 mit Äußerungen der Wehmut die scheidenden Gemeinden. Sie erhielten als Erinnerung an ihre Zugehörigkeit den Wappenteller des Landkreises Sigmaringen überreicht. Er sollte im Rathaus an geeigneter Stelle aufgehängt werden.[204] Im übrigen standen die Zeichen im Sigmaringer Landratsamt auf Kontinuität.

In Hechingen dagegen hieß es Abschied nehmen. Dies geschah sehr feierlich in einer letzten Sitzung des Kreistags auf der Burg Hohenzollern, und der Vortrag von Eberhard Gönner – »Geschichte des Kreises – ein Stück hohenzollerischer Geschichte« – war zugleich der Schwanengesang auf den Landeskommunalverband. In der kurzen, bewegenden Ansprache des Regierungspräsidenten Birn, der ein entschiedener Gegner der Kreisreform war, finden wir substantielle Feststellungen in zeitgeschichtlicher Dimension: »Kein Bürger Hohenzollerns muß in Zukunft in einem Land leben, wo ihm die Freiheitsrechte unserer Verfassung verwehrt sind. Kein Bürger Hohenzollerns muß seine Heimat verlassen oder findet seine Heimat um ein unverzichtbares Gut geschmälert.«[205]

Hohenzollern gehört als staatsrechtliches Gebilde der Geschichte an. Die Vergangenheit des Landes zu erforschen und sein historisches Erbe zu pflegen, hat sich der Hohenzollerische Geschichtsverein zur Aufgabe gemacht. Insofern führt er den Namen legitimerweise fort. Es gibt aber auch Einrichtungen, die sich in den Dienst des Fortschritts gestellt glauben und gleichwohl ihrer historischen Benennung die Treue halten, etwa die Hohenzollerische Landesbank oder die Industriegewerkschaft Metall, die an ihrem »Tarifgebiet Südwürttemberg-Hohenzollern« bisher festgehalten hat. Schließlich hat die Staatssymbolik des Landes Baden-Württemberg dem Andenken Hohenzollerns durch das Wappengesetz von 1954 einen besonders ehrenvollen Platz zugewiesen. In der Schildkrone des großen Landeswappens, die den Schild mit den heraldischen Zeichen des Herzogtums Schwaben und des Schwäbischen Kreises überwölbt, findet sich der weiß-schwarz gevierte Schild Hohenzollerns in der illustren Gesellschaft der Symbole Badens, Württembergs, des Herzogtums Franken, der Kurpfalz und der Vorderösterreichischen Lande.

Anmerkungen

1 Belege bei Kallenberg: ZGO S. 417 u. Schöntag: »Rheinbunds-Acte« S. 85, auch für das Folgende.

2 Als Beispiel für die Behandlung der Klosterinsassen durch den Fürsten Anton Aloys und für den Umgang mit den Gebäuden, dem Inventar, der Bibliothek, dem Archiv etc. sei auf den Aufsatz von Otto H. Becker verwiesen: Beuron von der Säkularisation der Augustinerchorherrenabtei bis zum Vorabend der Ankunft der Benediktiner. In Schöntag (Hrsg.): Beuron S. 110–155.

3 Die Angaben zur Säkularisation und Mediatisierung stützen sich auf Seigel: Kreisgebiet; Kallenberg: ZGO und Schöntag: »Rheinbunds-Acte« passim. Das Ergebnis der Volkszählung im Sigmaringer Fürstentum findet sich nach Ortschaften aufgegliedert bei Ziegler: Hohenzollern S. 118–121.

4 Kallenberg: ZGO S. 417; zur Standesherren-Problematik nach wie vor Gollwitzer, Heinz: Die Standesherren. Göttingen [2]1964.

5 Liener, Wilfried: Übergang der Reichsritterschaftlichen Herrschaft Hettingen an Hohenzollern-Sigmaringen. In: Zeitschrift für Hohenzollerische Geschichte 17, 1981 S. 129–201; vgl. auch Becker, Otto H.: Die hohenzollerischen Fürstentümer und die Mediatisierung der freien Reichsritterschaft in Schwaben 1805/06. Ebenda 15, 1979 S. 137–154.

6 Hohenzollerische Exklaven: 1) Achberg (1969 Kr. Wangen, 1973 Kr. Ravensburg); 2) Beuron (Kr. Sigm.) mit Bärenthal (1973 Kr. Tuttlingen); 3) Kondo-

minat Burgau (1969 Kr. Saulgau, 1973 Kr. Biberach); 4) Igelswies (Kr. Sigm.); 5) Langenenslingen mit Billafingen (1973 Kr. Biberach) und Kondominat Warmtal (1969 Gde. Emerfeld Kr. Saulgau, 1973 Kr. Biberach); 6) Weiler Mühlhausen (Gde. Selgetsweiler, 1969 Gde. Herdwangen Kr. Überlingen, 1973 Kr. Sigm.); 7) Weiler Tautenbronn (Gde. Hippetsweiler, 1969 Gde. Gaisweiler Kr. Überlingen, 1973 Kr. Sigm.); 8) Thalheim (Kr. Sigm.); 9) Weiler Thiergarten (Gde. Vilsingen Kr. Sigm.); 10) Wilflingen (1969 Kr. Rottweil). – Württembergische Enklaven: 1) Jettkofen (Kr. Saulgau, 1973 Kr. Sigm.); 2) Mägerkingen (Kr. Reutlingen), Hausen a.d.L. (Kr. Reutlingen, 1972 Gde. Trochtelfingen Kr. Sigm., 1973 Kr. Reutlingen) und Bronnen mit Mariaberg (Kr. Reutlingen, 1973 Kr. Sigm.); 3) Weiler Wirnsweiler (Gde. Friedberg Kr. Saulgau, 1973 Kr. Sigm.). – Badische Enklaven: 1) Weiler Dichtenhausen (Gde. Burgweiler Kr. Überlingen, 1969 Gde. Ostrach Kr. Sigm.); 2) Wangen (Kr. Überlingen, 1969 Kr. Sigm., 1971 Gde. Ostrach). Vgl. Keßler: Beschreibung; Land Baden-Württemberg Bde. II u. V–VII u. Metz, Friedrich: Ländergrenzen im Südwesten. Forschungen zur deutschen Landeskunde 60, Remagen 1951 bes. S. 70.

[7] Zit. Kallenberg: Schulorganisation S. 123; Schöntag: »Rheinbunds-Acte« S. 84 ff.; zum Gesamtkomplex vgl. den von Eberhard Weis herausgegebenen Sammelband: Reformen im rheinbündischen Deutschland. München 1984. – Zu Mezler vgl. Schadewaldt, Hans: Franz Xaver Mezler (1756–1812). Fürstlich Hohenzollerisch-Sigmaringischer Geheimer Medizinalrat. Leben und Leistung eines bedeutenden Arztes der Aufklärung. In: Hohenzollerische Jahreshefte 13, 1953 S. 3–44.

[8] Kallenberg: ZGO S. 422, dort auch die Belege für das Folgende; Schöntag: »Rheinbunds-Acte» S. 95 ff.; vgl. außerdem Sauer: Napoleons Adler passim.

[9] Kallenberg: ZGO S. 424 ff.

[10] Brühl, Clemens: Die Sagan. Berlin 1941 S. 47. Diese sehr locker geschriebene, informationsreiche Monographie läßt erkennen, daß Friedrichs Tauschvorstellungen von Erfahrungen ausgingen, die er in der kurländischen Familie machte. Dort hatte er gesehen, daß sich auch auf der Grundlage mittelbarer Besitzungen, ohne landesherrliche Pflichten, die Voraussetzungen für eine fürstliche Stellung schaffen ließen.

[11] Kallenberg: ZGO S. 435, dort auch die Belege für das Folgende.

[12] Schöntag: »Rheinbunds-Acte« S. 96 f.; Sauer: Napoleons Adler S. 258 ff.

[13] Das Memoire des Prinzen Hermann im Wortlaut bei Kallenberg: ZGO S. 465 f.

[14] Ebenda S. 443; die Sigmaringer Erwartungen und Wünsche sind zusammengefaßt in der Instruktion vom 15. 11. 1814, die ebenda S. 467–472 wiedergegeben wird. Vgl. Huber, Ernst Rudolf: Deutsche Verfassungsgeschichte seit 1789. Bd. 1, Stuttgart ^{2}1967 S. 549 ff.

[15] Auch für das Folgende Gönner: Handbuch S. 443 ff.; Schöntag: »Rheinbunds-Acte« S. 86 ff. und Ziegler: Hohenzollern S. 36 ff.

[16] Schon sein erster, ihm und dem Haus nahestehender Biograph, der Hausarchivar Eugen Schnell, konnte von ihm sagen: »Mit einer beinahe eifersüchtigen Sorgfalt überwachte er die ungeschmälerte Erhaltung der ihm zustehenden Rechte und Befugnisse und die rechtmäßige Vermehrung seines angestammten Besitzes.« In der Erinnerung seines Enkels Karl Anton wird dagegen seine schlichte Rechtschaffenheit betont, die bislang für seine Beur-

teilung bestimmend war: »Er war ein Mann von gutem, altem Schlage, ein Muster der Einfachheit und wohlwollend gegen jedermann. Einen weiteren Horizont aber wußte er nicht zu beherrschen; die Kleinstädterei in Sigmaringen genügte ihm vollkommen. Seine Zerstreuungen waren nicht Bücher oder Umgang mit geistreichen Menschen, sondern einzig und allein die Jagd. Ich habe auf diese Weise das vorige Jahrhundert in das unserige hereinragen sehen.« – (Eugen Schnell:) Anton Aloys von Hohenzollern-Sigmaringen. Leben und Wirken eines guten Fürsten, eines edlen Menschen, eines wahren Mannes des Volkes. Sigmaringen 1856 S. 34; Zingeler: Karl Anton S. 21.

17 Eine solche Revision wird von Wilfried Schöntag: »Rheinbunds-Acte« S. 92 nachdrücklich gefordert. Er macht »das krasse Mißverhältnis zwischen den für die Entwicklung des Landes eingesetzten Mitteln und den wieder in die Domänen investierten Erträgen« mit eindrucksvollen Zahlen deutlich. Vgl. auch die Feststellung des aus Veringenstadt stammenden späteren Freiburger Generalvikars Dr. Rösch von 1906 über Anton Aloys' Umgang mit Artikel 35 des Reichsdeputationshauptschlusses: »Von den säkularisierten Klöstem floß nichts kirchlichen oder sonst öffentlichen Zwecken zu«. Rösch, Adolf: Die Beziehungen der Staatsgewalt zur katholischen Kirche in den beiden hohenzollern'schen Fürstentümern von 1800–1850. In: Archiv für katholisches Kirchenrecht 86, 1906 S. 275.

18 Kirchherr: Verfassung S. 6 ff.; Schöntag: »Rheinbunds-Acte« S. 88; Gönner: Die hohenz. Stände S. 187 ff.; vgl. auch den Vortrag von Roland Kirchherr: Die Entstehung der Verfassung Hohenzollern-Sigmaringens vom Jahre 1833. In: Zeitschrift für Hohenzollerische Geschichte 17, 1981 S. 202–213.

19 Vgl. Kallenberg, Fritz: Das Hambacher Fest und die Bundesbeschlüsse vom Sommer 1832. In: Hambach 1832. Anstöße und Folgen (Geschichtliche Landeskunde 24) Wiesbaden 1984 S. 190–201. – Aus Hohenzollern hat Dr. Würth am Hambacher Fest teilgenommen. Er dürfte auch das Mitglied des Preß- und Vaterlandsvereins, von dem das Hambacher Fest ausging, gewesen sein, das für Sigmaringen nachgewiesen ist.

20 Der Reichsdeputationshauptschluß hatte den Reichsständen die Möglichkeit geboten, die zugewiesenen Entschädigungen und das nach § 35 säkularisierte Kirchengut ihrem Hausgut zuzuschlagen. Da § 27 der Rheinbundakte ihnen bei ihrer Mediatisierung den Hausbesitz beließ und Artikel 14 c der Bundesakte von 1815 diese Garantie erneuerte, gelang ihnen in großem Ausmaß die Überführung von kirchlichem Besitz in Privateigentum. Die bedeutendsten Beispiele dafür sind die Häuser Thurn und Taxis und Fürstenberg, die Fürst Anton Aloys als seine Standesherren vor Augen hatte. Christof Dipper bringt den Vorgang auf die Formel, die in der Sache auch auf Hohenzollern zutrifft, daß sich für die Standesherren »die rückständige patrimonialstaatliche Ordnung« als Vorteil erwies, da »wegen der noch ungeschiedenen Verwaltung von Fiskal- und Domanialgut die Erträge privatisiert, die Lasten jedoch verstaatlicht« wurden. Dipper, Christof: Probleme einer Wirtschafts- und Sozialgeschichte der Säkularisation in Deutschland (1803–1813). In: Deutschland und Italien im Zeitalter Napoleons. Hrsg. v. Armgard von Reden-Dohna. Wiesbaden 1979 S. 123–170, Zitat S. 162 f.

21 Kirchherr: Verfassung S. 123 u. 367, dort auch die Belege für die folgenden Zitate von Fidelis Schnell S. 126 u. 367.

22 Vgl. anstelle der älteren panegyrischen Versuche von Eugen Schnell und K. Th. Zingeler die abgewogene Würdigung von Eberhard Gönner: Fürstener-

ziehung im 19. Jahrhundert. Die Erziehung des Prinzen Karl Anton von Hohenzollern-Sigmaringen. In: Landesgeschichte und Geistesgeschichte. Festschrift für Otto Herding zum 65. Geburtstag. Stuttgart 1977 S. 419–441, bes. S. 440 f.

23 Franz, Eckhart G.: Hassenpflug. In: NDB 8, 1969 S. 46 f.; Franz, Günther: Wilhelm Frhr. Schenck zu Schweinsberg. In: Lebensbilder aus dem 19. Jahrhundert. Schweinsberg 1950 S. 8–16; Hermann, Klaus: August von Weckherlin. In: Lebensbilder aus Schwaben und Franken 14, 1980 S. 192–218.

24 Cramer: Grafschaft Hohenzollern S. 434; vgl. bes. Gönner: Revolution S. 30 ff.; Ziegler: Hohenzollern S. 16 ff.; Gönner: Die hohenz. Stände S. 196 ff. und ausführlich Speidel: Landtag S. 77–118 auch zu dem Folgenden.

25 Der Disput der Pfarrer Blumenstetter und Diebold, beide Wessenbergianer, gibt uns Einblick in die Grundsatzdebatten und die Mentalität der Zeit. Nachdem in den Verhandlungen des ersten Landtages, die im Hechinger Rathaus stattfanden, Einigkeit darüber erzielt wurde, daß sie öffentlich geführt werden sollten, stellte ein Abgeordneter die Frage, ob »auch Weiber und Mädchen herein dürften«. Daraufhin Diebold: »Ich habe mich auch schon in der Kommissionssitzung dagegen ausgesprochen; bin aber . . . in der Minderheit geblieben.« Blumenstetter: »Ich möchte doch einen vernünftigen Grund wissen, warum Weiber nicht in der Deputiertenkammer erscheinen sollen.« Diebold: »Weil der liebe Gott sie zur Kunkel und zur Nadel gewiesen.« Blumenstetter: »Das hat nicht die Vorsehung, sondern die Ungerechtigkeit der Menschen getan. Von je wurde das weibliche Geschlecht zurückgesetzt, in der Erziehung vernachlässigt und insofern mißhandelt. Soll diese Unbill fortdauern?« Diebold: »Ich möchte hier als Advokat der Menschheit auftreten und sie gegen den Vorwurf der Ungerechtigkeit verteidigen. Schon die Konstitution des Weibes, sowohl die geistige als die leibliche, spricht es deutlich aus, daß sie weder zum Staatsminister noch zum Soldaten geboren sei.« Blumenstetter: »Und doch hat sie beide Stellen schon mit Ehren versehen.« Die Entscheidung, daß die Frauen Zutritt zu den öffentlichen Sitzungen haben sollten, kommentierte Blumenstetter mit der auch ihn entlarvenden Feststellung: »Das Weib, das wert ist, einen Deputierten zum Manne zu haben, soll ihn auch sprechen hören unter den Repräsentanten des Volkes.« Speidel: Landtag S. 95 f.; dazu Lipp, Carola: Frauen und Öffentlichkeit. Möglichkeiten und Grenzen politischer Partizipation im Vormärz und in der Revolution von 1848. In: dies. (Hrsg): Schimpfende Weiber und patriotische Jungfrauen. Frauen im Vormärz und in der Revolution 1848/49. Moos 1986 S. 270–309

26 Vgl. Kallenberg: Diss. S. 63 ff., 473 f.; ders.: Landesgeschichte S. 14; Zingeler: Karl Anton S. 11 f.

27 Eugenies Schwestern waren mit den Königen von Schweden, von Portugal und dem Kaiser von Brasilien verheiratet. Die Geschwister ihrer Mutter waren u. a. König Ludwig I. von Bayern, Kaiserin Charlotte von Österreich und Königin Elisabeth von Preußen, die Frau Friedrich Wilhelms IV.; Eugenie hielt auch Verbindung zur Schwester ihres Vaters, Hortense, der Adoptivtochter und Schwägerin Napoleons, der Mutter des nachmaligen Kaisers Napoleon III. Vgl. den von tiefer Verehrung für seine Heldin geprägten biographischen Versuch von Anton Heinrich Buckenmaier: Eugenie Fürstin von Hohenzollern-Hechingen. Menschen und Mächte um eine Stiefenkelin

Napoleons I. In: Zeitschrift für Hohenzollerische Geschichte 1, 1965 S. 1–173.

28 Vgl. dazu mit Nachweis der Zitate Gönner: Revolution S. 32 ff., 183.

29 So charakterisiert Theodor Eschenburg den Abtretungsvorgang: Die Entstehung Baden-Württembergs. In Baden-Württemberg. Eine politische Landeskunde. Hrsg. von Hans-Georg Wehling, Stuttgart 1975 S. 44 f.

30 Vgl. die Äußerung des Königs: »Sie haben mir ja förmlich Gewalt angetan« bei Gönner: Revolution S. 228, dort auch das Zitat Karl Antons S. 87. Die zitierte Charakterisierung Stillfrieds stammt von Bothe: Burg Hohenzollern S. 67.

31 Bussmann, Walter: Friedrich Wilhelm IV. von Preußen. Ein Romantiker auf dem Thron? (Schriftenreihe der Hessischen Genossenschaft des Johanniterordens, H. 17) Butzbach/Nieder-Weisel, o. J., S. 17. In diesem gedruckten Vortrag geht der Verfasser ausführlicher auf Stillfried, »der einen festen Bestandteil des Ensembles um Friedrich Wilhelm IV. darstellte«, ein als in seiner bedeutenden Biographie: Zwischen Preußen und Deutschland. Friedrich Wilhelm IV. Berlin 1990. Hier übergeht Bussmann das Verhältnis des Königs zum schwäbischen Haus und die Übernahme der Stammlande fast völlig, obgleich er angibt, die Sigmaringer Archive benützt zu haben. Die übrigen vorhergehenden Zitate aus Bothe: Burg Hohenzollern S. 56, 58 u. Kallenberg: Landesgeschichte S. 54 f.

32 Gönner: Revolution S. 183; Kallenberg: »Vom Fels zum Meer« S. 212; ders.: Landesgeschichte S. 19 u. 55 f.; Zingeler: Karl Anton S. 58, 61.

33 Kuhn-Rehfus: Integration S. 304 f; Gönner: Handbuch S. 462 ff.; die Zitate nachgewiesen bei Kallenberg: Landesgeschichte S. 20; Egler: Chronik S. 261 ff.; Wiedel-Senn, Irene: Zu Paul Bürdes Darstellung der Erbhuldigung auf Burg Hohenzollern. In: Hohenzollerische Jahreshefte 11, 1951 S. 3–9.

34 Bothe: Burg Hohenzollern S. 108, 284; dazu materialreich-deskriptiv Lindeiner-Wildau, Christoph von: Burg Hohenzollern als preußisch-deutsche Garnison und befestigter Platz. In: Zeitschrift für Hohenzollerische Geschichte 3, 1967 S. 53–131; das folgende Zitat bei Bumiller, Anton: Aus dem Zollerland. Sigmaringen 1949 S. 99.

35 Vgl. Kuhn-Rehfus: Integration S. 308 ff., Zitat Spiegel ebenda S. 306; Zitat Mohl bei Gönner: Hohenz. u. Wttbg., 1979 S. 251.

36 Haase, Wilhelm: Rechtspflege in Hohenzollern (1815–1975). In: Zeitschrift für Hohenzollerische Geschichte 18, 1982 bes. S. 156 ff., 163 f.; Egler: Chronik S. 300.

37 Kuhn-Rehfus: Integration S. 310 ff.; Schöntag, Wilfried: Verwaltungsgliederung in Hohenzollern. In: Historischer Atlas von Baden-Württemberg. Erläuterungen zu den Karten Vll, 4–5 Stuttgart 1976 S. 20 ff.; Mühlebach: Oberamtmänner und Landräte S. 9–11, 22–26; Zekorn: Oberamtmänner und Landräte S. 27–69.

38 Schöntag, Wilfried: Vom Bauern zum Gewerbetreibenden. Die wirtschaftliche Entwicklung in Hohenzollern vom 19. bis Anfang des 20. Jahrhunderts. Sigmaringen 1984 S. 23.

39 Mühlebach: Landeskommunalverband passim.

40 Gönner: Revolution S. 190, es heißt tatsächlich Schiffchen, nicht Schäfchen. Vgl. Röhrich, Lutz: Lexikon der sprichwörtlichen Redensarten. Freiburg 1994 S. 1295, Egler: Chronik S. 260, 284 ff.

[41] Ziegler: Hohenzollern S. 98 ff., 194–204; vgl. Schöntag, wie Anm. 38, S. 75 f.

[42] Egler: Chronik S. 259 f.; das Zitat bei Ziegler: Hohenzollern S. 87 f.

[43] Gönner, Eberhard: Hechingen in preußischer Zeit. In: 1200 Jahre Hechingen, S. 106; ders.: Hohenz. u. Wttbg., 1979 S. 250 ff. u. 1993 S. 21 f. auch für das Folgende.

[44] Eisele: Verwaltung S. 553 ff. Fridolin Eisele (geb. Sigmaringen 1837, gest. Freiburg i. Br. 1920) hat noch im selben Jahr einen Ruf an die Universität Basel angenommen. Er gewann als Rechtshistoriker Bedeutung für die Erneuerung der römischrechtlichen Wissenschaft. Vgl. Wolf, Joseph Georg: NDB 4, 1959 S. 409.

[45] Richter, Gregor: Die Errichtung und Ausstattung der Erzdiözese Freiburg und Diözese Rottenburg zu Beginn des 19. Jahrhunderts. In: Freiburger Diözesanarchiv 98, 1978 S. 527–533; dazu bes. auch Rösch, wie oben Anm. 17.

[46] Der Aufsatz von Wolfgang Schaffer: Schulorden in Hohenzollern 1850–1875. In: Zeitschrift für Hohenzollerische Geschichte 29, 1993 S. 149–164 gibt interessante Einblicke in die spezifischen lokalen und zeitbedingten Schwierigkeiten, wobei die Studie über Empfingen auch die Sprach- und Dialektkonflikte anspricht. Zitat S. 158: »Indessen dürfte es noch eine gute Zeit anstehen, bis man in Hohenzollern und auch in Empfingen den preußischen oder berlin'schen Dialekt wird sprechen gelernt haben, was für eine gute Schule in Hohenzollern nicht gerade notwendig sein wird.« Vgl. auch Rösch: Wessenbergianismus S. 135 ff.

[47] Kuhn-Rehfus: Integration S. 324.

[48] Kallenberg: Landesgeschichte S. 69–75; für das Folgende Eisele: Verwaltung S. 567–570 u. zu dessen Äußerungen über die Marianische Schülerkongregation Rösch: Kulturkampf S. 81.

[49] Ebenda S. 94, dort auch die Belege für das Folgende; Wagner, Ernst: Das Gymnasium in Sigmaringen. 1818–1961. Sigmaringen 1961 S. 37 ff.

[50] Rösch: Kulturkampf S. 45.

[51] Fiala: Beuron S. 78.

[52] Rösch: Kulturkampf S. 96, für das Folgende bes. S. 105 ff.

[53] Bisher ist weder über die Wahlen zum Preußischen Abgeordnetenhaus in Hohenzollern noch über die Abgeordneten gearbeitet worden. Hohenzollern wurde zwischen 1851 und 1867 im Landtag vertreten durch: den vormaligen Sigmaringer Regierungspräsidenten Anton von Sallwürk (1807– 1871); den Hechinger Kabinettsrat Johann Baptist Bayl (geb. 1811); den Sigmaringer Hofkammer- und Forstrat Heinrich Karl (1796–1855); den ebenfalls aus Sigmaringen stammenden Regierungsrat Carl Xaver Dopfer (1806–1867); den Hechinger Oberamtmann Wilhelm Frhr. v. Frank (1825–1909); den Haigerlocher Kreisrichter Riefenstahl (gest. 1870); den in Sigmaringen wirkenden Bezirkstierarzt Johann Schanz und den aus Sigmaringen stammenden Kreisrichter in Wald Fidelis Graf (1827– 1901). Vgl. Haunfelder, Bernd: Biographisches Handbuch für das Preußische Abgeordnetenhaus 1849–1867. Düsseldorf 1994 passim; Grünthal, Günther: Parlamentarismus in Preußen 1848/49–1857/58. Düsseldorf 1982 S. 388, 438, 477.

[54] Vertreter Hohenzollerns im Preußischen Abgeordnetenhaus von 1867 bis 1893: August Evelt (1828–1904) aus Dorsten a. d. Lippe, seit 1860 Staatsanwalt in Hechingen, 1869 Kreisgerichtsdirektor, Rechtsliberaler ohne Frak-

tionsbindung; Dr. jur. Fridolin Eisele (1837–1920) aus Sigmaringen, Gerichtsassessor in Hechingen, seit 1868 Kreisrichter, rechtsliberal, seit 1870 nationalliberal, vgl. oben Anm. 44; Wilhelm Frhr. v. Frank (1825–1909), Regierungsrat in Magdeburg, Freikonservativer, vgl. oben Anm 53; Julius Cramer (geb. 1830) in Minden, Kreisrichter in Hechingen, Nationalliberaler, er dürfte der einzige Evangelische gewesen sein, der Hohenzollern im preußischen Landtag vertrat. Er ist der Verfasser der bis heute unübertroffenen Geschichte der Grafschaft Zollern; Joseph Justus Schmid (geb. 1838) aus Mainz, Hirschwirt in Gammertingen, Zentrum; Adolf von Kleinsorgen (1834–1903), stammt aus dem Sauerland, Kreisrichter in Hechingen, Zentrum; Dr. theol. Johann Evangelista Maier (1833–1899) aus Hörschwag, Professor am Gymnasium Hedingen bis 1875/76, Benefiziat in Sigmaringen, Zentrum; Fidelis Graf (1827–1901), Amtsgerichtsrat in Sigmaringen, Zentrum, vgl. oben Anm. 53. – Mann, Bernhard (Bearb.): Biographisches Handbuch für das Preußische Abgeordnetenhaus 1867–1918. Düsseldorf 1988 passim, bes. S. 644 f.; Kühne, Thomas: Handbuch der Wahlen zum Preußischen Abgeordnetenhaus 1867–1918. Wahlergebnisse, Wahlbündnisse und Wahlkandidaten. Düsseldorf 1994, bes. die Aufstellung S. 798 ff.; Egler: Chronik S. 280 ff.; Rösch: Kulturkampf, passim, bes. auch für das Folgende.

55 Kühne,Thomas: Dreiklassenwahlrecht und Wahlkultur in Preußen 1867–1914. Landtagswahlen zwischen korporativer Tradition und politischem Massenmarkt. Düsseldorf 1994 S. 104; zu den Vorgängen im einzelnen Rösch: Kulturkampf, der auf S. 115–118 das Flugblatt wiedergibt und S. 120 die Namen der angeklagten Verbreiter nennt.

56 Vgl. Gall, Lothar: Die partei- und sozialgeschichtliche Problematik des badischen Kulturkampfes. In: Zeitschrift für die Geschichte des Oberrheins 113, 1965.

57 Was in Anm. 53 zu den Landtagswahlen gesagt wurde, trifft auch auf die Reichstagswahlen zu. Im Reichstag wurde Hohenzollern zwischen 1867 und 1893 vertreten durch Abgeordnete, die schon als Landtagsvertreter vorgestellt wurden: August Evelt, 1867–1874; Adolf von Kleinsorgen, 1874–1877; Dr. Maier, 1877–1884; Fidelis Graf, 1884–1893. Grunddaten finden sich bei Schwarz, Max: MdR. Biographisches Handbuch der Reichstage. Hannover 1965; Egler: Chronik passim.

58 Egler: Chronik S. 282 f., für das Folgende S. 287.

59 Bothe: Burg Hohenzollern S. 259; Nipperdey, Thomas: Nationalidee und Nationaldenkmal in Deutschland im 19. Jahrhundert. In: Historische Zeitschrift 206, 1968 S. 529–585; Fehrenbach, Elisabeth: Wandlungen des deutschen Kaisergedankens. München 1969.

60 Die vorhergehenden Zitate von Zingeler, Karl Theodor: Vom Fels zum Meer! Vom Meer zum Fels! Die Beziehungen der Kaiserlich-Königlichen Hohenzollern zur Stammburg und den Stammlanden. Berlin 1908 S. III; Pfeffer, Anton: Vom Kaiserstammland Hohenzollern. Rottenburg 1913.

61 Dittrich, Jochen: Bismarck, Frankreich und die spanische Thronkandidatur der Hohenzollern. München 1962 S. 360 f.

62 Schöntag: »Rheinbunds-Acte« S. 91, 97; ders.: Vom Bauern S. 75 f.; Ziegler: Hohenzollern S. 101; Heß, Klaus: Junker und bürgerliche Großgrundbesitzer im Kaiserreich. Landwirtschaftlicher Großbetrieb, Großgrundbesitz und Familienfideikommiß in Preußen (1867/71–1914). Stuttgart 1990 S. 92, 183

63 Gönner: Handbuch S. 473; ders.: Hechingen in preußischer Zeit. In: 1200 Jahre Hechingen. S. 99–116, beide auch für das Folgende.

64 Vgl. die kunsthistorische Magisterarbeit von Sibylle Rebholz: Die Fürsten von Hohenzollern-Sigmaringen und ihre Denkmäler im 19. und 20. Jahrhundert. Bamberg o. J. (wohl 1994) Bd. 1 Text, Bd. 2 Dokumentation. S. 18 die allgemeine Feststellung: »Am Ende des Jahrhunderts wurde die inhaltliche Glaubwürdigkeit der Denkmäler in Frage gestellt.«

65 Kallenberg: »Vom Fels zum Meer« S. 212; für das Folgende Bothe: Burg Hohenzollern S. 11 f.; Stribrny, Wolfgang: Kaiser Wilhelm II und die Burg Hohenzollern. In: Zeitschrift für Religions- und Geistesgeschichte 13, 1971 S. 129–134. Die Information, daß der Kaiser »fassungslos« gewesen sei über das, was Stillfried mit seinen »Bureauräten und Kanzleidienern« fabriziert hätte, stammen von Philipp Eulenburg, dem persönlichen Freund Wilhelms II., dem am meisten der Grafensaal mißfiel (»Tanzlokal«), und der den Kaiser mit seiner harschen Kritik stark beeinflußte. Stribrny S. 130 f.

66 Egler: Chronik S. 314, 320; zu den Kriegerdenkmälern, Gedenkbüchern und Militärvereinen vgl. Bernhardt/Seigel: Bibliographie S. 322 f.

67 Im Preußischen Abgeordnetenhaus wurde Hohenzollern von 1893 bis 1905 vertreten durch den aus Jungingen stammenden Pfarrer und Dekan Lambert Bumiller (1852–1908), Ostrach, und dem in Sigmaringen geborenen Landgerichtsrat Adolf Hodler (1858–1905), Hechingen; von 1905 bis 1913 von Amtsgerichtsrat Dr. Emil Belzer (1860–1930), Sigmaringen, der in Baden-Baden geboren wurde, und von 1906 bis 1908 von Pfarrer Dr. Adolf Rösch (1869–1962) aus Veringenstadt, dem späteren Freiburger Generalvikar, dessen kirchengeschichtliche Arbeiten über Hohenzollern oben zitiert wurden; von 1908 bis 1918 vom Hechinger Stadtpfarrer Camillus Brandhuber (1860–1931), der aus Sigmaringen stammte, und von 1913 bis 1918 von Hermann Eger (1877–1944), Landwirt und Bürgermeister in Weildorf bei Haigerloch. – Pfarrer Bumiller vertrat Hohenzollern gleichzeitig im Reichstag, 1893 bis 1905, im Anschluß daran Dr. Belzer von 1906 bis 1918. Vgl. Mann und Kühne, wie Anm. 54, und Schwarz, wie Anm. 57, passim.

68 Zur Gemeindeordnung 1900 Kuhn-Rehfus: Integration S. 323; Egler: Chronik S. 325; zur Wahlbeteiligung an den Landtagswahlen Kühne, wie Anm. 54, S. 798; zu den Reichstagswahlen Statistik des Deutschen Reiches. Hrsg. v. kaiserlichen Statistischen Amte, Bd. 250: Die Reichstagswahlen von 1912, Heft 1–3, Berlin 1913, bes. H. 1 S. 40 f., H. 2 S. 44 f., 95; Egler: Chronik S. 317

69 Mühlebach: Kommunallandtag S. 105 f.; ders.: Regierungspräsidenten S. 11; Matthias, Erich/Morsey, Rudolf (Bearb.): Der Interfraktionelle Ausschuß 1917/18. 2 Bde., Düsseldorf 1959, Bd. 1 S. 470 f.; Morsey, Rudolf: Die Deutsche Zentrumspartei 1917–1923. Düsseldorf 1966 bes. S. 61 ff.

70 Bradler: Vorstufe S. 94 ff.; Gönner: Handbuch S. 474; Janßen, Karl-Heinz: Macht und Verblendung. Kriegszielpolitik der deutschen Bundesstaaten 1914/18. Göttingen 1963 passim; Fischer, Fritz: Griff nach der Weltmacht. Die Kriegszielpolitik des kaiserlichen Deutschland 1914/18. Düsseldorf 1961 S. 211 ff., 214.

71 Besonders informativ das maschinenschriftliche Manuskript des Geheimrats Karl Sauerland: Die Verwaltung in den Hohenzollerischen Landen in der Nachkriegszeit. (1930) Staatsarchiv Sigmaringen, Bibl. 10 C 38, daraus die Zitate S. 25 f.

[72] D. h.: Herunter mit dem schwarzen Vogel, dem preußischen Adler am Oberamtsgebäude. Zitat bei Sauerland S. 15.

[73] Hermann Eger, vgl. oben Anm. 67, rückte zweimal über die Landesliste für bedeutende Zentrumspolitiker nach. In der Nationalversammlung folgte er am 6. 12. 1919 dem verstorbenen Fraktions- und Parteivorsitzenden Adolf Gröber, im 1. Reichstag am 9. 9. 1921 dem ermordeten Mathias Erzberger. Dem 5. und 6. Reichstag gehörte aus Hohenzollern als Zentrumsabgeordneter der Sigmaringer Malermeister Hermann Ott (1870–1934) von September 1930 bis November 1932 an, dem 8. nur kurz von Juli bis November 1933 als Nachrücker für Oskar Farny. Der Landwirt, Bürgermeister, SA-Führer und spätere Kreisbauernführer Vincenz Stehle, aus Bittelbronn bei Haigerloch, gehörte dem Reichstag für die NSDAP von Juli 1932 bis zum Ende des Zweiten Weltkrieges an. Er taucht erstmals auf dem Kreiswahlvorschlag der NSDAP von 1930 auf. Schwarz, wie Anm. 57, passim

[74] Über die Zentrumsliste des Wahlkreises Koblenz-Trier kam aus Hohenzollern der Verbandsdirektor Johann Petry (geb. 1876) aus Sigmaringen direkt in der 3. Wahlperiode (1924–1928) u. als Nachrücker in der 4. (6. 2. 32–23. 4. 32) in den Preuß. Landtag. Er gehörte v. 1925–1933 auch dem Kommunallandtag an. Vgl. Hömig, Herbert: Das Preußische Zentrum in der Weimarer Republik. Mainz 1979 S. 303; Mühlebach: Landeskommunalverband S. 94 f.

[75] Welche Vergünstigung es war, daß Hohenzollern mit seinen knapp 71 000 Einwohnern durch die preußische Verfassung (Art. 32) ein Platz im Staatsrat, der gegen 80 Mitglieder zählte, eingeräumt wurde, zeigt die für die Provinzen aufgestellte Richtzahl von 500 000 Einwohnern, auf die je ein Vertreter kam. Für Hohenzollern wurden in den Staatsrat gewählt: die Zentrumsmitglieder Herrmann Eger 1921/22; Dr. Emil Belzer 1922 bis zu seinem Tod 1930; Clemens Moser, Studienrat in Hechingen, 1930–1933. Mühlebach: Landeskommunalverband S. 92, 106 f.

[76] Sauerland, wie Anm. 71, S. 61 f.; Wiest, Stephan: Monsignore Carl Vogel. Eine beispielhafte Persönlichkeit für die politische Vergangenheit Hohenzollerns. In: Hohenzollerische Heimat 29, 1979 S. 29.

[77] Saucrland S. 18 ff., 34–45; Bumiller, Karl: Die Domänenfrage in Hollenzollern. Hechingen 1921; Gegengutachter waren die Professoren Max Fleischmann, Halle, und Victor Bredt, Marburg, Hofkammerpräsident war der Unterstaatssekretär a. D. Franz Brümmer. – Von den am 28. 9. 1919 gewählten 24 Mitgliedern des Kommunallandtags, die aus allen Teilen des Landes stammten, gehörten 19 (!) dem Zentrum, 3 der Deutschen Demokratischen Partei und 2 den Mehrheitssozialdemokraten an. Mühlebach: Landeskommunalverband S. 92 f.

[78] Sauerland S. 47 ff.; Kallenberg: Staatsautorität S. 754 ff., bes. 757; Lioba Schlör in: Preußen in Hohenzollern S. 178 f.

[79] Dazu und zum Folgenden Kallenberg: Staatsautorität S. 758 ff., das sich auf die Handakten des Sigmaringer Stadtbürgermeisters stützt, StA Sigm., Dep. 1, Stadtarchiv Sigmaringen Nr. 76 f. Egon Müller (1885–1949) stammte aus Gammertingen, hatte in Sigmaringen als Zögling des Fidelishauses das Gymnasium besucht und in Baden die Prüfungen für den mittleren und den gehobenen Verwaltungsdienst abgelegt. Sigmaringer Bürgermeister war er von 1921–1933 und wieder von 1945 bis zu seinem Tod am 26. 4. 1949. Er war ein energischer, gewissenhafter und um Ausgleich bemühter Wahrer der Stadtinteressen.

[80] Zum Begriff des politischen Beamten Runge, Wolfgang: Politik und Beamtentum im Parteienstaat. Die Demokratisierung der politischen Beamten in Preußen zwischen 1918 und 1933. Stuttgart 1965, S. 21 ff.; Ehni, Hans-Peter: Bollwerk Preußen? Preußen-Regierung, Reich-Länder-Problem und Sozialdemokratie 1928–1932. Bonn-Bad Godesberg 1975, S. 49 f.; zur Personalpolitik des Zentrums im Innenministerium vgl. Hömig, wie Anm. 74, S. 165 ff., bes. 172 ff.

[81] Vgl. den wohl von Wallishauser selbst stammenden Beitrag vom 17. 3. 1927, der die Überschrift trägt: »Kleine Ursachen – große Wirkungen. Die politischen Auswirkungen einer Etikettenfrage«. Aus den Handakten Müllers, wie Anm. 79 Nr. 77

[82] Die Darstellung hält sich, auch für das Folgende, an die Quellenbestände: Handakten Scherers 1927 ff., StA Sigm., Ho 235 PI Nr. 36; Berichte und Demarchen Scherers, Geh. StA Berlin-Dahlem, Preuß. Staatsministerium Rep. 90/465.Vgl. Sauerland, wie Anm. 71, S. 49 ff., 54 ff.; Kallenberg: Staatsautorität S. 760–764

[83] Kaufhold, Walter: Fürstenhaus und Kunstbesitz. Hundert Jahre Fürstlich Hohenzollernsches Museum. In: Zeitschrift für Hohenzollerische Geschichte 4, 1986 S. 109 ff., 112 f.; Link, Eva/Gauggel, Heinz: Fürstlich Hohenzollernsche Orden und Ehrenzeichen. Fridingen 1985; Gothaisches genealogisches Taschenbuch der Fürstlichen Häuser (Hofkalender), 177. Jahrg., 1940 S. 93: »Der Titel »Kgl . Hoheit« wurde bis 1918 dem jeweiligen Fstn. von Hohenzollern preußischerseits »ad personam« verliehen. Da der Fst. von Hohenzollern als Chef der schwäbischen Linie auch Chef der Kgl. rumän. Linie ist, hat er als solcher (wie die Pr. von Rumänien) den Titel »Kgl. Hoheit« lt. Familienvereinbarung angenommen.«

[84] Vgl. den Bericht Scherers v. 17. 1. 1930: »Verhalten der kirchlichen Behörden in der Prinz von Hohenzollern'schen Angelegenheit«, StA Sigm, Ho 235 PI Nr. 36. Zum Folgenden Kallenberg: Staatsautorität S. 768–779.

[85] Die herangezogenen Zahlen beziehen sich auf die 8 Reichstagswahlen zwischen 1920 und 1933 und stammen aus: Statistik des Deutschen Reichs: 6.6.20 = Bd. 291 (1920), 4.5.24 u. 7.12.24 = 315 (1928), 20.5.28 = 372 (1931), 14.9.30 = 382 (1932), 31.7.32, 6.11.32, 5.3.33 = 434 (1935); vgl. auch Falter, Jürgen u. a.: Wahlen und Abstimmungen in der Weimarer Republik. München 1986 und Griesmeier, Josef: Die Reichswahlen im Wahlkreis Württemberg 1919–1930. In: Württembergische Jahrbücher für Statistik und Landeskunde, Jg. 1930/31, Stuttgart 1932 S. 77–158, bes. S. 142 f., 154

[86] So Johannes Schauff in einem Aufsatz von 1928: Die Schicksalskurve der Zentrumspartei. Abgedruckt in ders.: Das Wahlverhalten der deutschen Katholiken im Kaiserreich und in der Weimarer Republik. Hrsg. von Rudolf Morsey. Mainz 1975 S. 193

[87] Vgl. die beispielhafte, bisher zu wenig beachtete Lokalstudie über Haigerloch und seinen Umkreis von Günter Tietz: Die nationalsozialistische Machtergreifung in einer hohenzollerischen Kleinstadt. Bes. S. 214

[88] Statistik des Deutschen Reichs, Bd. 321 (1925) S. 41f., Bd. 332 (1926) S. 25,27; Schüren, Ulrich: Der Volksentscheid zur Fürstenenteignung 1926. Düsseldorf 1978 bes. S. 217–221

[89] Mühlebach: Landeskommunalverband S. 92 ff., 101 f.; Stang, Joachim: Die Deutsche Demokratische Partei in Preußen 1918–1933. Düsseldorf 1994 S. 101, 390

[90] Tietz: Machtergreifung S. 230; Buckenmaier, Claudia: Friedrich Wolf. Arzt und Schriftsteller in Hechingen 1921–1926. In: Zollernalb-Profile 1, 1988 S. 137–145; S. 142 das Zitat Wolfs aus einem Brief an die Hechinger KPD-Ortsgruppe von 1932: »Ich freue mich sehr, daß Ihr in Hechingen, dem Zentralafrika Deutschlands, eine rote Bücherei aufbaut.« Zum Folgenden Mühlebach: Landeskommunalverband S. 94

[91] Ebenda S. 94 ff.; Pleli, Michael: Sigmaringen im Übergang von der Weimarer Republik zum Nationalsozialismus, 1929 bis Ende 1933. Zulassungsarbeit (masch.) 1971, StA Sigm., Bibl. 13 J 302 S. 72; Tietz: Machtergreifung, S. 231; allgemein zum Württembergischen Bauern- und Weingärtnerbund, auch zu dessen antisemitischer Einstellung Schnabel: Württemberg S. 42, 225 ff.

[92] Vgl. Kallenberg: Staatsautorität S. 762, 772 f.; Becker, Otto H.: Die Fürsten von Hohenzollern und ihr Füsilier-Regiment. In: Hohenzollerische Heimat 36, 1986 S. 49–53, 37, 1987 S. 9–12, bes. S. 10 f.

[93] Schnabel, Thomas: Die NSDAP in Württemberg 1928–1933. Die Schwäche einer regionalen Parteiorganisation. In: Die Machtergreifung in Südwestdeutschland. Hrsg. v. Thomas Schnabel. Stuttgart 1982 S. 49–81, bes. S. 50 ff.; Hüttenberger, Peter: Die Gauleiter. Stuttgart 1969 S. 14 f., 25; Pleli, wie Anm. 91, S. 5 f.

[94] Statistik des Deutschen Reichs, Bd. 372 H. III (1931) S. 55; Frank/Fechter: Weildorf S. 302, 327 f.; Pleli, wie Anm. 91, S. 9 f.

[95] Statistik Bd. 382 H. II (1932) S. 70, 78; Pleli S. 10 ff., 14 f.

[96] Statistik Bd. 427 (1932) S. 50 f., 58 f.; Frank/Fechter: Weildorf S. 341

[97] Statistik Bd. 434 (1935) S. 65, 132; Schanbacher, Eberhard: Das Wählervotum und die»Machtergreifung« im deutschen Südwesten. In: Die Machtergreifung, wie Anm. 93, S. 295–317, bes. S. 300, 306 ff.; für das Folgende Tietz: Machtergreifung S. 227, 230; Pleli S. 61

[98] Vgl. den sich auf das Jahr 1933 beziehenden Band von Horkenbach, Cuno (Hrsg.): Das Deutsche Reich von 1918 bis heute. Berlin 1935 S. 35ff., 43, 73ff.

[99] Pleli, wie Anm. 91, S. 46 ff.

[100] Statistik Bd. 434 (1935) S. 235; Falter, wie Anm. 85, bes. S. 75; Pleli S. 48 ff.; Tietz: Machtergreifung S. 214; Frank/Fechter: Weildorf S. 346 f.; Bumiller: Wilflingen S. 227

[101] So heißt es in der Entschließung der Zentrumsfraktion des Kommunallandtags vom 10. 4. 1933, Peli, wie Anm. 91, S. 74, vgl. auch 79 ff.

[102] Köhler, Joachim: Die katholische Kirche in Baden und Württemberg in der Endphase der Weimarer Republik und zu Beginn des Dritten Reiches. In: Die Machtergreifung, wie Anm. 93, S. 257–294, bes. S. 282 ff., 292 f.; Hug, Wolfgang: Geschichte Badens. Stuttgart 1992 S. 341 f.; Ott, Hugo: Conrad Gröber (1872–1948), In Metz/Reischer/Morsey (Hrsg.): Zeitgeschichte in Lebensbildern, Bd. 6, Mainz 1984 S. 64–75.

[103] Vgl. Ruck, Michael: Führerabsolutismus und polykratisches Herrschaftsgefüge. Verfassungsstrukturen des NS-Staates. In: Bracher, Karl-Dietrich/ Funke, Manfred/Jacobsen, Hans-Adolf (Hrsg.): Deutschland 1933–1945. Neue Studien zur nationalsozialistischen Herrschaft. Düsseldorf [2]1993 S. 32–56, bes. 38; Pleli S. 57 f. auch zum Folgenden.

[104] Horkenbach S. 433 ff.; Pleli S. 67 ff.; Tietz: Machtergreifung S. 239 f.; Vogt: Hechingen S. 23.

[105] Kommunallandtag (24 Mandate): 12 Zentrum, 9 NSDAP, 3 Kampffront Schwarz-weiß-rot; Kreistag Hechingen (22): Zentrum 9, NSDAP 8, SPD 1,

KPD 1, Kampffront 2, Freie Wählervereinigung 1; Kreistag Sigmaringen (22): Zentrum 11, NSDAP 7, Kampffront 2, SPD 1, Liste Mittelstand 1. Mühlebach: Landeskommunalverband S. 95 f.; Tietz: Machtergreifung 227 ff.; Pleli, wie Anm. 91, S. 72 ff.,79 ff.

106 Karl Maier, 1896 in Betra geboren, besuchte das Sigmaringer Gymnasium bis zum Einjährigen; Kriegsfreiwilliger, nach dem Krieg beteiligt an der Niederschlagung der Spartakistenaufstände in Bremerhaven und Berlin; anschließend im Forstdienst in Brandenburg und in der Landwirtschaft in Betra tätig. Mühlebach, der im Landeshaus nächster Mitarbeiter Maiers war, nennt in seiner biographischen Skizze dessen Tätigkeit als Sigmaringer Kreisleiter überhaupt nicht. Es ist auch unbekannt, warum der Wechsel von Ingenieur Heinrich Rinklef aus Sigmaringendorf, der am 12. 3. 33 ebenfalls in den Kommnuallandtag gewählt wurde und der am 1. Mai 33 als Kreisleiter die Festrede in Sigmaringen hielt, zu Karl Maier stattfand. Mühlebach S. 15, bes. 107; Pleli, wie Anm. 91, S. 61, bes. 76 f.

107 Dr. Theodor Johannsen, geboren 1880, Deutschbalte, seit Dezember 1918 Arzt in Hechingen (also von 1921 bis 1926 gleichzeitig mit Friedrich Wolf), 1931 Ortsgruppenleiter der NSDAP in Hechingen, 1932 Kreisleiter. In den umfangreichen Dokumentationsbänden über die Judenverfolgung von Paul Sauer wird Johannsen nur einmal direkt faßbar, als er im Juni 1935 in Hechingen die Störung und den Abbruch einer genehmigten jüdischen Kulturveranstaltung durch HJ und BDM veranlaßte, die dann in seinem Beisein erfolgten. Sauer, Paul: Dokumente über die Verfolgung der jüdischen Bürger in Baden-Württemberg durch das nationalsozialistische Regime 1933–1945. Bd. 1, Stuttgart 1966 S. 286 f.; vgl. auch ders.: Die jüdischen Gemeinden in Württemberg und Hohenzollern. Stuttgart 1966 S. 11,66 ff.,87 ff., bes. 94; Tietz: Machtergreifung S. 230

108 Vinzenz Stehle, 1901 in Hirrlingen geboren, im Frühjahr 1918 Kriegsfreiwilliger, 1919 Grenzschutz Ober-Ost, 1921/23 Landwirtschaftsschule Haigerloch, 1925 als Geschäftsführer des Hohenzollerischen Bauernbundes genannt, 1929 an der Spitze der SA in Haigerloch und Umgebung, 1929 einziger Vertreter der NSDAP im Hechinger Kreistag, Reichstagsabgeordneter ab 31. 7. 32, SA-Standartenführer, 1933 Kreis- und Landesbauernführer. Horkenbach, wie Anm. 98, S. 1031; Frank/Fechter: Weildorf S. 302, 327, 334 f., 349; Steim: Haigerloch S. 56 f.

109 Ein Zufallsfund in den Polizeiakten des Landratsamts Hechingen – StA Sigm., Ho 13,235 – wirft Licht auf die damaligen Verhältnisse. Stehle ließ am 12. September 1933 drei Männer aus Steinhofen kurzerhand festnehmen und auf den Heuberg bringen, die einen Konflikt mit dem Stützpunktleiter der NSDAP, Lehrer Klaiber, in ihrem Heimatort hatten. Sie wurden nach 24 Stunden wieder aus der Schutzhaft freigelassen. Daraufhin beauftragte der Landrat den Landjägerposten in Bisingen, die drei zu verhören und die vorhandenen Zeugen zu vernehmen. Dem »Kaiser«-Wirt Andreas Fischer wurde vorgeworfen, er solle gesagt haben, »der« oder »die« Hitler hätten den Reichstag selber angezündet; der »Sonnen«-Wirt Julius Klink soll Hitler einen »gewöhnlichen Zuchthäusler und Mausfallenhändler« genannt haben, und der Landwirt Johann Fecker, der nicht in Abrede stellte, 1930 an kommunistischen Demonstrationen sowohl in Marseille als auch in Odessa teilgenommen zu haben, der aber gleichwohl seit Februar 1933 der NSDAP angehörte, soll im Rausch die Internationale gesungen haben. Aus dem

Schreiben eines Polizeibeamten an das Landratsamt vom 30. 12. 1933 aus Balingen geht hervor, daß die drei vorübergehend Festgenommenen in Zusammenhang gebracht wurden mit der zu dieser Zeit beobachteten Spaltung der SA »in eine revolutionäre und eine reguläre SA«. Sie sollen »Treiber der Angelegenheit in Steinhofen« sein. Nach ihrer Rückkunft vom Heuberg, so berichtet der Beamte weiter, »bildete die revolutionäre SA Spalier und empfing dieselben mit Heil-Rufen«. Schließlich fügt er noch, völlig ungerührt, die in doppelter Hinsicht beschämende Information an: »Nach ihrer Entlassung behaupten dieselben in der Öffentlichkeit, sie wären auf dem Heuberg mißhandelt worden, so daß Striemen am ganzen Leibe zu sehen wären. Da verschiedene Ärzte eine Untersuchung ablehnten, wandten sie sich an den Kreisleiter Dr. Johannsen in Hechingen.«

110 Dem Aufsatz von Rolf Vogt kommt das Verdienst zu, Licht in die Anfänge der NS-Zeit in Hechingen gebracht zu haben. Vogt: Hechingen S. 9 f., 24 f. auch für die folgenden Zitate.

111 Herrn Kollegen Michael Ruck habe ich sehr herzlich zu danken für die Einsichtnahme, die er mir in die von ihm zusammengetragenen Unterlagen über die höheren Beamten in der Sigmaringer Regierung und der beiden Landräte und auch in seine Habilitationsarbeit gewährt hat. Diese wird in Bälde im Oldenbourg-Verlag München erscheinen unter dem Titel: »Der Korpsgeist hat alles überstanden«. Zur Rolle der administrativen Eliten in Südwestdeutschland 1928 bis 1972. Vgl. auch Ruck, Michael: Administrative Eliten in Demokratie und Diktatur. Beamtenkarrieren in Baden und Württemberg von den zwanziger Jahren bis in die Nachkriegszeit. In: Regionale Eliten zwischen Diktatur und Demokratie. Hrsg. v. Cornelia Rauh-Kühne u. Michael Ruck, München 1993 S. 37–69 bes. 44

112 So Ruck im Mskr. seiner Habil.-Schrift S. 121. Dr. Karl Simons, 1877 in Neuß als Sohn eines Rittergutsbesitzers geboren, im Weltkrieg Rittmeister d. R., zuletzt Oberregierungsrat beim Oberpräsidenten in Kassel. Er soll ebenso wie sein Stellvertreter seit 1936, Regierungsdirektor Erich von Reden, in Berlin nachdrücklich gegen einen Anschluß Hohenzollerns an Württemberg gewirkt haben.

113 Dr. Robert Seifert, 1891 in Hilders in der Rhön geboren, übernahm nach der Tätigkeit als Regierungsrat im preußischen Innenministerium Ende 1924 kommissarisch das Oberamt Sigmaringen, ehe ihm im März 1925 als Landrat der neugeschaffene Landkreis Sigmaringen übertragen wurde. Im Juli 1933 trat er in die SA (NSKK) ein, erst 1937 erfolgte die gleichzeitig beantragte Aufnahme in die NSDAP. Diese Mitgliedschaft wurde durch ein Verfahren vor dem NSDAP-Gaugericht vom 14. 8.–11. 12. 1944 unterbrochen, ebenso seine Tätigkeit als Landrat. Er soll während seines Parteiausschlusses zu Schanzarbeiten eingesetzt gewesen sein. Diesem Konflikt, über dessen Ursachen wir ebensowenig wissen wie über seine Beilegung, dürfte es Seifert verdankt haben, daß er über das Kriegsende hinaus als Landrat im Amt blieb. 1946 doch noch von der französischen Besatzungsmacht im Lager Balingen interniert; anschließend Verwendung im Tübinger Innenministerium, Mai 1952 bis Nov. 1955 an der Bezirksregierung in Aachen (Reg. Präs. Dr. Brand), gest. 1963 in Gammertingen. – Paul Schraermeyer, geboren 1884 in Meyenburg/Prignitz im Reg. Bez. Potsdam, schwerkriegsbeschädigt, nach vorübergehender Tätigkeit im württemberg. Staatsdienst seit 1923 Reg. Rat an der Preuß. Reg. Sigmaringen, Oberamtmann und seit 1925 Landrat

des neuen Landkreises Hechingen, 1929–1933 für die Zentrumspartei im Hohenz. Kommunallandtag, seit Juli 1933 SA-Reserve, seit 1937 NSDAP, im Mai 1945 von der frz. Besatzungsmacht amtsenthoben, Berater der nachfolgenden Landräte Moser und Dr. Remark, ab Sept. 1946 Hilfsrichter am Verwaltungsgerichtshof in Bebenhausen, 28.6.1947 vom Landgericht Hechingen »wegen Vergehens gegen die Menschlichkeit« im Zusammenhang mit der Deportation der Hechinger und Haigerlocher Juden zu 2 Jahren und 3 Monaten Haft verurteilt. Vorübergehende Inhaftierung. Aufhebung des Urteils am 21. 1. 1949 durch das OLG Tübingen, Freispruch durch LG Tübingen 8. 8. 1948, Ruhestand 1950, gest. 1955 in Stuttgart. Informationen von M. Ruck.

114 Zit. nach Pleli, wie Anm. 91, S. 93 und Schnabel: Württemberg S. 220

115 Tietz: Machtergreifung S. 232 f.; Pleli S. 85

116 Dazu wird in Kürze die erschütternde Untersuchung des Arztes Dr. Gabriel Richter erscheinen, die mir Herr Dr. Becker freundlicherweise im Umbruch zugänglich gemacht hat. Richter, Gabriel: Die psychiatrische Abteilung des Fürst Carl-Landeskrankenhauses in Sigmaringen im »Dritten Reich«. Leiden, Stigmatisierung, Sterilisation und Tötung angeblich unheilbar Kranker am Beispiel der Hohenzollerischen Lande. In: Zeitschrift für Hohenzollerische Geschichte 30/31 (in Vorbereitung).

117 Eine besondere Infamie für die Opfer und ihre Hinterbliebenen war es, darauf weist Richter S. 30 hin, daß den Getöteten ein christliches Begräbnis vorenthalten wurde, da sich die katholische Kirche seinerzeit weigerte, Urnenbestattungen ihren Segen zu geben.

118 Ruck: Habil. Schrift, wie Anm. 111, S. 286. Landrat Schraermeyer formuliert in einem Brief an Seifert vom Oktober 1950 den Satz: »Wir dürfen auch ohne Überheblichkeit für uns in Anspruch nehmen, in all den 22 Jahren unter den verschiedensten Ministern verschiedener politischer Richtungen nur der Sache unserer Verwaltung und der Bevölkerung gedient zu haben.« Ruck nennt dies »die Lebenslüge seines Berufsstandes«. Ebenda S. 288

119 Breuning, Klaus: Die Vision des Reichs. Deutscher Katholizismus zwischen Demokratie und Diktatur (1929–1934). München 1969; Kallenberg: Staatsautorität S. 777 ff.; für das Folgende Pleli, wie Anm. 91, S. 62, 85

120 Berghahn, Volker: Der Stahlhelm. Bund der Frontsoldaten 1918–1935. Düsseldorf 1966 bes. S. 263–274.

121 Zit. bei Pleli, wie Anm. 91, S. 6, 29; das folgende Zitat ebenda S. 63

122 Kleine, Georg H.: Adelsgenossenschaft und Nationalsozialismus. In: Vierteljahrshefte für Zeitgeschichte 26, 1978 S. 100–143 bes. 133 f.

123 Zit. Sauer: Dokumente, wie Anm. 107, Bd. 2 S. 58; der Name des Bergrats u. Hüttendirektors von Laucherthal Bernhard Weishan (sic) erscheint erstmals 1921, 1926–1928 als Vorgänger von Dr. Aengenheister zugleich Hofkammerpräsident und Generalbevollmächtigter des Fürsten Wilhelm. Zum Großgrundbesitz vgl. Häbich, Theodor: Deutsche Latifundien. Königsberg 1929, bes. S. 148.

124 Fürst Friedrich an Staatssekretär im preuß. Staatsministerium, 27. 12. 1937, StA Sigm., Dep. FAS Nr. A 34105; Hinweise auf Gebietsreform u. wttbg. Aspirationen: 1932/33 Bradler: Vorstufe S. 116 f., Preußen in Hohenzollern S. 134; 1934/35 Sauer: Württemberg S. 44 ff.; 1937/38 ebenda S. 117 f. Vgl. auch die spektakuläre aber folgenlose Aktion vom November 1935, mit der Parteimitglieder von Mengen und Rulfingen die ihnen obsolet erscheinen-

den alten gußeisernen Grenzpfähle entfernten und ins Heimatmuseum Mengen brachten. Preußen in Hohenzollern S. 180f.

125 Ruck, Habilarbeit wie Anm. 111, S. 121. Er bezeichnet Dreher auch als einen Abschiebefall, denn er hatte sich als Polizeipräsident von Ulm sowohl mit dem Oberbürgermeister wie mit dem Kreisleiter überworfen. Wilhelm Dreher, 1892 in der Nähe von Ulm geboren, war gelernter Mechaniker, 1910–1918 als Berufssoldat bei der Kriegsmarine (u. a. im Ostasiengeschwader), nach 1918 SPD- und Gewerkschaftsmitglied, 1925 Eintritt in die NSDAP, erster Ortsgruppenleiter von Ulm, Mitglied des Reichstags von 1928–1945 (führte 1930 als »Arbeiter« die Reichstagsliste der NSDAP vor Murr und von Jagow an), seit 1930 in der SS, 1936 SS-Brigadeführer, 1933 NS-Sonderkommissar für das württemberg. Oberland, Polizeidirektor in Ulm ab 1933, seit 1935 Beisitzer am Volksgerichtshof (seit Februar 1940 nicht mehr hinzugezogen), Februar 1942 bis April 1945 Regierungspräsident in Sigmaringen, bis Oktober 1948 im Internierungslager Balingen, gestorben im November 1969 in Senden Krs. Neu-Ulm.

126 Drehers Stellungnahme vom 17. 2. 1943 und Erlaß des Reichsministers des Innern vom 15. 12. 1944 auszugsweise in: Preußen in Hohenzollern S. 135. Vgl. zur Behördenstruktur und Verflechtung mit württembergischen Stellen Hubatsch: Grundriß S. 227 ff., 233–244

127 Dazu insgesamt die eindringliche Darstellung von Eberhard Elbs: »Unternehmen Wüste«. Er gibt S. 161 nach einer Aufstellung vom 31. 10. 1944 folgende Zahlen von den Lagern: »Schömberg 788, Schörzingen 846, Frommern 179, Erzingen 199, Bisingen 1 489 und Dautmergen 2 777«, Dormettingen trat erst kurz vor Kriegsende hinzu. Die Häftlingstransporte kamen soweit bekannt aus Auschwitz und Buchenwald (»polnische Juden und Überlebende des Warschauer Aufstandes«), aus Stutthof bei Danzig (»die letzten Überlebenden der jüdischen Bevölkerung Litauens«), aus Dachau (»ungarische Juden«). »Daneben zählten zu den Häftlingen dieser Konzentrationslager auch Mitglieder der Widerstandsbewegungen Westeuropas und Skandinaviens, ... Juden aus den übrigen Ländern Osteuropas, Sinti und Roma, Polen, Russen und Angehörige anderer europäischer Nationen.“ Zu den Zuständen in den Lagern schreibt Elbs ebenda: »nach den Berichten der Überlebenden waren die Lager des »Unternehmens Wüste«, vor allem Dautmergen und Bisingen, die schlimmsten, die sie erleben mußten.« – Außerdem Müller, Hans Peter: Bericht über das KZ Bisingen. In: Hohenzollerische Heimat 28, 1978 S. 55–57; bemerkenswert auch die politische Aufklärungsschrift einer Bisinger Juso-Arbeitsgruppe: Das KZ Bisingen. Eine Dokumentation. Bisingen 1984

128 Für den in Bachhaupten 1896 geborenen Rechtsanwalt und Zentrums-Stadtverordneten Reinhold Frank in Karlsruhe, später Verteidiger in politischen Strafsachen am Volksgerichtshof in Berlin, der in den Plänen der Gördelergruppe des Widerstands als politischer Verantwortungsträger für Baden vorgesehen war und am 23. 1. 1945 in Berlin-Plötzensee mit seinem Gesinnungsfreund Eugen Bolz hingerichtet wurde, gibt es seit 1956 ein Mahnmal auf dem Friedhof von Bachhaupten; in Karlsruhe ist eine Straße nach ihm benannt. Vgl. Schnabel (Hrsg.): Widerstand S. 16, 84, 101 ff., 291 f. – Inwieweit die Erinnerung an die Pfarrer Alois Brugger (1881–1945), Billafingen, und Michael Gaisert (1864–1933), Steinhilben, als Opfer der NS-Gewaltherrschaft gepflegt wird, oder ob für sie weiterhin der Titel des Beitrags von

Johann Adam Kraus: Zwei vergessene »Märtyrer des Dritten Reiches« – in: Hohenzollerische Heimat 13, 1963 S. 59–61 – gilt, läßt sich aus der mir zur Verfügung stehenden Literatur nicht klären.

129 Hier sei ausdrücklich verwiesen auf die vorzüglichen Beiträge in Schnabel (Hrsg.): Widerstand, ganz bes. Messerschmidt, Manfred: Verweigerung in der Endphase des Krieges, S. 152–164 und vom Hrsg.: »Die Leute wollten nicht einer verlorenen Sache ihre Heimat opfern«, S. 165–179. Der Landkreis Sigmaringen hat 1995 durch eine Vortragsreihe an das Kriegsende vor 50 Jahren erinnert und die informationsreichen Beiträge sofort publiziert in dem Band: Von der Diktatur zur Besatzung. Das Kriegsende 1945 im Gebiet des heutigen Landkreises Sigmaringen. Unter den auf Hohenzollern bezogenen Beiträgen seien als besonders ergiebig hervorgehoben Becker, Otto H.: Kriegsende und Besatzungszeit in Sigmaringen 1944/45, S. 31–56 und Burkarth, Herbert: Kriegsende und Besatzungszeit in Gammertingen, S. 175–196.

130 Von Härlin, dem Nachfolger von Kreisleiter Karl Maier, wissen wir nur, daß er am Kriegsende überall mit schärfsten Durchhalteforderungen und Erschießungsdrohungen auftrat. Er dürfte auch den Parteiausschluß von Landrat Dr. Seifert im August 1944 betrieben haben.

131 Informationen zu Einmarsch und Übergabe, zum Kreis Hechingen bei Speidel: 1945–1955, S. 245 f.; für Gruol (mit »Aufruf des Kreisleiters«) bei Frank/Schneider: Gruol S. 370 ff.; für Weildorf bei Frank/Fechter: Weildorf S. 382; für Haigerloch bei Steim: Haigerloch S. 94 ff.; für Bisingen bei Buhl, A./Knaus J.: Heimatbuch der Gemeinde Bisingen-Steinhofen. Hechingen 1953 S. 128; für Beuron bei Fiala: Beuron S. 187; für Sigmaringen bei Becker, wie Anm. 129, S. 44 ff.; für Gammertingen bei Burkarth, wie Anm. 129, S. 184 ff.; für Wald bei Hahn in Landkreis Sigm. (Hrsg.): Kriegsende S. 214 ff.; für Ostrach bei Unger, ebenda S. 219 ff.; für Habsthal bei Schnabel (Hrsg.): Widerstand S. 172.

132 Unger, Josef: Das Kriegsende 1945 im Ostrachtal. In: Landkreis Sigm. (Hrsg.): Kriegsende S. 219–225, Zitat S. 221.

133 Zur Gesamtentwicklung Eschenburg, Theodor: Jahre der Besatzung 1945–1949. Geschichte der Bundesrepublik Deutschland Bd. 1, Stuttgart/Wiesbaden 1983, bes. S, 97 f., 240 f.; Schmid, Carlo: Erinnerungen. Bern/München/Berlin 1979 S. 213 ff.; Nüske: Besatzungszone, verdanken wir eine umfassende, quellengesättigte Darstellung der französischen Besatzungspolitik, vgl. bes. 19 S. 169 ff., dort S. 190 auch das folgende Zitat.

134 Etwa Rovan, Joseph: Die Grundlagen des Neubeginns. Eindrücke aus Jahren der Wirrnis und der Klärung (1945–1955). In: Knipping, Franz/Weisenfeld, Ernst (Hrsg.): Eine ungewöhnliche Geschichte. Deutschland-Frankreich seit 1870. Bonn 1988 S. 156–163, bes. 162; Nüske: Besatzungszone 19 S. 192; vgl. auch die biogaphischen Skizzen der beiden Hechinger Kreisgouverneure Colonel Brochu und Colonel Courtois von Landrat Speidel: 1945–1955, S. 250–255; zu den oben genannten Fakten Becker: Kriegsende S. 50 mit Bildern.

135 Konstanzer: Entstehung S. 21; Mühlebach: Landeskommunalverband S. 16, 107; Bradler, Günther: Clemens Moser und die Sonderstellung der Hohenzollerischen Lande. In: Beiträge zur Landeskunde 6, 1981 S. 12 ff.

136 StA Sigm., Dep. FAS NZ 34 227; Nüske: Besatzungszone 18 S. 214–228; Konstanzer: Entstehung S. 21, 84 ff.; Schmid, wie Anm. 133, S. 229; ausführ-

licher Weihnacht, Paul-Ludwig: Neugliederungsbestrebungen im deutschen Südwesten und die politischen Parteien (1945–1951). In: Oberrheinische Studien V, 1980 bes. S. 335–341; Dornheim: Adel S. 379, 409

137 Feger, Otto: Schwäbisch-Alemannische Demokratie. Aufruf und Programm. Konstanz 1946

138 Nüske: Besatzungszone 18 S. 237 ff., Faksimile des Statuts 19 S. 135

139 Schmid, wie Anm. 133, S. 269; Eschenburg, Theodor: Aus den Anfängen des Landes Württemberg-Hohenzollern. In: Festgabe für Carlo Schmid zum 65. Geburtstag. Tübingen 1962 S. 57–80, Zitat S. 66

140 Mühlebach: Landeskommunalverband S. 16 f., 102 f.; Kallenberg: Landesgeschichte S. 30

141 Ausführlich Eschenburg, wie Anm. 139, S. 68–78

142 Speidel: 1945–1955, S. 256

143 Ebenda S. 265–269; vgl. die vorzügliche Untersuchung, in der allerdings die Namen der Betroffenen noch nicht genannt werden, von Henke, Klaus-Dietmar: Politische Säuberung unter französischer Besatzung. Die Entnazifizierung in Württemberg-Hohenzollern. Stuttgart 1981; zusammenfassend Nüske in Gögler/Richter: Württemberg-Hohenzollern S. 201–216.

144 Ausführlich Dornheim: Adel S. 271–277, zum sog. »Fürstenerlaß« 327 ff.

145 Grebing, Helga: Geschichte der deutschen Parteien. Wiesbaden 1962 S. 78

146 In einem SD-Bericht über die Bespitzelung des Prinzen Franz Joseph vom 25. 6. 1943 wird er politisch »als einwandfrei« beurteilt und seine »Siegeszuversicht« hervorgehoben, allerdings auch bemerkt: »Aus dem Umstand, dass in der Bücherei des Prinzen kirchliches Schrifttum vorhanden und die Wohnung weitgehend mit Kruzifixen und Heiligenbildern geschmückt ist, wird auf das Vorliegen kirchlicher Bindungen geschlossen.« Dornheim: Adel S. 276; vgl. auch das völlig überzogene, effektiv falsche Urteil des Beuroner Historiographen über Landrat Dr. Seifert und den Fürsten Friedrich, die das Kloster vor der Aufhebung und Beschlagnahme durch Partei und SS geschützt hatten: »Beuron wird diesen Männern des aktiven Widerstandes gegen ein Unrechtsregime stets Dank wissen.« Fiala: Beuron S. 186.

147 Speidel: 1945–1955 S. 252, 256

148 Wieck, Hans Georg: Christliche und Freie Demokraten in Hessen, Rheinland-Pfalz, Baden und Württemberg 1945/46. Düsseldorf 1958 S. 161 f., 169–188; Adam, Uwe Dietrich: Parteien und Wahlen. In Gögler/Richter (Hrsg.): Württemberg-Hohenzollern S. 125–156; die Aufrufe vom 6. Januar und 23. Juni 1946 bringt Flechtheim, Ossip K. (Hrsg.): Dokumente zur parteipolitischen Entwicklung in Deutschland seit 1945. Bd. 2, Berlin 1963 S. 45–48

149 Bei einer Wahlbeteiligung von 70,7 % (80,7) entfielen im Kreis Hechingen (in Klammern das Ergebnis der Kreisstadt) auf die CDU 68,9 % (62,1), SPD 11,0 (13,2), DVP 11,2 (13,7), KPD 5,5 (7,2); im Kreis Sigmaringen bei einer Wahlbeteiligung von 68,7 % (69,6) CDU 78,5 (71,5), SPD 12,2 (15,6), DVP 3,5 (4,9), KPD 3,6 (3,5). Schwäbische Zeitung v. 15. 10. 46

150 Franz Dreher (geb. Ebingen 1898, gest. Hechingen 1977), vor 1933 Parteisekretär des Zentrums im Kreis Hechingen, AOK-Geschäftsführer in Hechingen, wohl als ein Mann Mosers von 1946–1950 Mitglied des Landesausschusses; er gehörte auch noch dem Landtag von Wttbg.-Hohenz. an. – Franz Gog (geb. 1907 in Opfingen a. d. Donau, Kr. Ehingen, gest. 1980) 1945 Amtsgerichtsrat in Sigmaringen, 1952 Landgerichtsdirektor, begann

seine Laufbahn als Landespolitiker im Vorparlament von Bebenhausen, war im Landtag von Wttbg.-Hohenz. 1948–1952 Fraktionsvorsitzender der CDU u. gehörte im Landtag von Baden-Wttbg. von 1952–1972 zu den führenden Parlamentariern seiner Partei. Von 1950 bis zu seinem Ende 1972 stand er an der Spitze des Hohenzollerischen Landeskommunalverbandes. – Jakob Hermann (1872 in Rangendingen geb. u. 1952 gest.), Domänenpächter in Rangendingen, hatte vor 1933 dem württembergischen Landtag als Zentrumsabgeordneter angehört, gilt als Gründer der CDU (am 16. 3. 1946 im Hotel Post in Haigerloch) im Kreis Hechingen, war Vorsitzender des Kreisuntersuchungsausschusses in der Anfangsphase der Entnazifizierung; er gehörte auch noch bis zu seinem Tod am 28. 3. 1952 dem Landtag in Bebenhausen an. – Adolf Waldner, Bauer, Wirt und Bürgermeister in Langenenslingen (dort 1889 geb. u. 1959 gest.), hatte schon 1929–1933 als Sozialdemokrat dem Kommunallandtag angehört und wurde im Februar 1946 in den Landesausschuß berufen; von 1950–1952 im neuen Kommunallandtag und gewähltes Mitglied im Landesausschuß. – Weik, Josef (Bearb.): MdL, die Abgeordneten der Landtage in Baden-Württemberg: 1946–1978. Stuttgart 1978 S. 108, 120, 130, 191; Mühlebach: Kommunallandtag S. 95–103, 108; Speidel: 1945–1955 S. 266; Frank/Schneider: Gruol S. 353, 386

151 Die Auseinandersetzungen im Verfassungsausschuß sind aufgrund der Protokolle erstmals ausführlich dargestellt von Nüske: Besatzungszone 18 S. 246–263. Gog macht dabei noch am ehesten kritische Einwendungen gegen Niethammers Konzeption. Die Beiträge von Hermann sind zum Teil hanebüchen. In der Schul- und Hochschuldiskussion versteigt er sich zu der Forderung: »Wir werden die Professoren, die ihr Leben nicht auf der christlichen Weltanschauung aufgebaut haben, nicht mehr an unseren Hochschulen zulassen. Wir werden unser Augenmerk darauf legen, daß unsere Lehrkräfte christlich eingestellt sind. Wenn sie das nicht sind, dann gehören sie heraus, dann sollen sie Steine klopfen gehen, aber keine Jugend erziehen.« Ebenda 256. Dornheim: Adel S. 369 vertritt gegenüber Nüske aufgrund von dessen Darstellung die Auffassung, daß die ultrakonservative Konzeption nicht primär Niethammer anzulasten sei, »sondern daß im katholischen Süden Deutschlands, also in den katholischen Teilen Bayerns, Württemberg-Hohenzollerns und (Süd-) Badens nach 1945 ein ausgeprägter katholischer Konservativismus existiert hat.»

152 Der Artikel erschien am 20. 5. 1926 als Leitglosse in der von Paul Levi herausgegebenen Wochenschrift »Sozialistische Politik und Wirtschaft« und ist abgedruckt in Levi, Paul: Zwischen Spartakus und Sozialdemokratie. Schriften, Aufsätze, Reden und Briefe. Hrsg. v. Charlotte Beradt. Frankfurt/Wien 1969 S. 256–259

153 Die Darstellung folgt Nüske in dem Beitrag »Die Hohenzollernfrage« in Gögler/Richter: Württemberg-Hohenzollern S. 171–187 u. Kallenberg: Landesgeschichte S. 30 f.; vgl. auch Preußen in Hohenzollern S. 66, 140 .

154 Vgl. Nüske in dem Beitrag »Neubeginn von oben«, Gögler/Richter S. 81–110, bes. 90; Winkeler, Rolf: Schulpolitik in Württemberg-Hohenzollern 1945–1952. Stuttgart 1971 S. 87 ff, 92.

155 Krauchenwies, 14. April 1947; StA Sigm., Dep. FAS NZ 34227 auch für das Folgende.

156 Bei einer Wahlbeteiligung von 60,2 % (62,1) entfielen im Kreis Hechingen (in Klammern das Ergebnis der Kreisstadt) auf die CDU 60,2 (62,1), SPD

14,2 (13,2), DVP 19,7 (13,7), KPD 5,8 (7,2); im Kreis Sigmaringen: Wahlbeteiligung 63,2 (70,0), CDU 74,0 (55,2), SPD 14 (14,9), DVP 3,5 (3,9), KPD 3,6 (3,5). Der Abgeordnete Hans Rager (in Bisingen geb. 1896, ebenda gest. 1971) trat nur im Bebenhäuser Landtag in Erscheinung. Schwäbische Zeitung 20.5.47; Weik, wie Anm. 150, S. 165

157 Henke, wie Anm. 143, S. 152 f.; Nüske, Gerd Friedrich: Neubeginn von oben. Staatssekretariat und Landesregierungen. In: Gögler/Richter: Württemberg-Hohenzollern S. 91 ff.

158 Vgl. Konstanzer: Entstehung S. 65–83; Nüske, wie Anm. 157, S. 94 ff.

159 Schreiben des Fürsten Friedrich an Staatspräsident Gebhard Müller, Krauchenwies 7.10.1948, StA Sigm., Dep. FAS NZ 34 227

160 Korrespondenz StA Sigm., Dep. FAS NZ 34 321 und Ho 235 II F 16; Kallenberg, Fritz: 125 Jahre Hohenzollerischer Geschichtsverein. In: Zeitschrift für Hohenzollerische Geschichte 28, 1992 S. 9–22 bes. 16 f.

161 Dornheim: Adel S. 505–521

162 Eschenburg, wie Anm. 133, S. 459 ff., 470 ff.; Kallenberg: Landesgeschichte S. 32 f.; Nüske: Gerd Friedrich: Die Rolle Württemberg-Hohenzollerns bei der Bildung des Südweststaats. In Gögler/Richter: Württemberg-Hohenzollern S. 367–403

163 Konstanzer: Entstehung S. 106; neben Konstanzers aus den Akten gearbeiteter Darstellung und Nüskes Überblick, wie Anm. 162, ist hinzuweisen auf den zeitgenössischen Aufriß der Gesamtproblematik von Eschenburg, Theodor: Das Problem der Neugliederung der Deutschen Bundesrepublik, dargestellt am Beispiel des Südweststaats. Frankfurt a. M. 1950; auf die Dokumentation von Sauer, Paul (Bearb.): Die Entstehung des Bundeslandes Baden-Württemberg. Ulm 1977 und auf die Sammlung der den Bund betr. Quellen des Instituts für Staatslehre und Politik (Hrsg.): Der Kampf um den Südweststaat. München 1952; sowie auf den zusammenfassenden Überblick von Eschenburg: Die Entstehung Baden-Württembergs. In Wehling, Hans-Georg (Hrsg.): Baden-Württemberg. Eine politische Landeskunde. Stuttgart 1975 S. 41–63 und dessen essayistischen Beitrag: Bilanz zur silbernen Hochzeit, in Eschenburg, Theodor/Frank-Planitz, Ulrich (Hrsg.): Republik im Stauferland. Baden-Württemberg nach 25 Jahren. Stuttgart 1977 S. 10–28. Neuerdings mit kritischen Vorbehalten gegenüber der bisher genannten Literatur Weinacht, Paul-Ludwig: Der Weg in den Südweststaat. In Thierfelder, Jörg/Uffelmann, Uwe (Hrsg.): Der Weg zum Südweststaat. Karlsruhe 1991 S. 310–323

164 Konstanzer: Entstehung S. 106 ff., 110, 120 ff., 133

165 Niederschrift über die Besprechung am 9. 9. 1948 im Alten-Fidelishaus in Sigmaringen; Fürst Friedrich an Landeshauptmann Moser, 13. 9. 1948; Fürst Friedrich an Staatspräsident G.Müller, 7. 10. 1949; Staatspräsident G. Müller an den Fürsten Friedrich, 13. 10. 1948, darin u. a.: »Bei der Konferenz in Bebenhausen haben wir vereinbart, dass der stellv. Landeshauptmann Müller zu dem Ausschuss der Sachverständigen mit beratender Stimme zugezogen wird. Er kann im Benehmen mit den um das künftige Schicksal Hohenzollerns besorgten Kräften dessen Wünsche zur Geltung bringen.« StA Sigm., Dep. FAS NZ 34 227

166 Ebenda Abschrift des Rechtsgutachtens mit handschriftl. Notiz des Fürsten: »Baden will diese Verpflichtung übernehmen und Hohenzollern die Autonomie innerhalb Badens gewähren.« Konstanzer: Entstehung S. 157

167 Das Einladungsschreiben vom 1. 2. 1949 in: Der Kampf um den Südweststaat, wie Anm. 186, S. 23

168 Konstanzer: Entstehung S. 157 f.; Nüske: Hohenzollernfrage, wie Anm. 153, S. 174 ff.

169 Konstanzer S. 173 ff.; Weinacht, wie Anm. 163, S. 316 f.

170 Nüske: Hohenzollernfrage, wie Anm. 153, S. 176 f.

171 Ebenda S. 180; Mühlebach: Landeskommunalverband S. 31, 107

172 Vgl. die im Frühjahr 1950 erschienene Schrift Stieglers: Die Selbstverwaltung in Hohenzollern – ein Stück Vergangenheit oder ein wesentlicher Baustein für die Zukunft?; Mitteilungen über die Ereignisse bringt Nüske: Hohenzollernfrage, wie Anm. 153, S. 180 f.

173 Verhandlungen des Landtags für Württemberg-Hohenzollern, Protokollband 4, S. 1756 ff.

174 Ebenda S. 1752, 1754 ff., 1759 f.

175 Ebenda S. 1755 f.

176 Diese Formulierung gebraucht Hans-Peter Schwarz für die Ministerlisten der ersten Adenauer-Kabinette in: Die Ära Adenauer. Gründerjahre der Republik 1949–1957. Geschichte der Bundesrepublik Deutschland Bd. 2, Stuttgart/Wiesbaden 1981 S. 413

177 Mühlebach: Landeskommunalverband passim

178 Konstanzer, Eberhard: Versuch einer Darstellung über die Entwicklung der Selbstverwaltung in Hohenzollern bis 1950, unter Berücksichtigung staatsrechtlicher Veränderungen. (masch.) Hechingen 1964 S. 41

179 Mühlebach: Landeskommunalverband S. 97

180 Nüske: Besatzungszone 19 S. 187: Faksimilierte Protokollseite einer vertraulichen Besprechung des Staatspräsidenten Gebhard Müller mit Gouverneur Widmer v. 27. 6. 1950

181 Auszüge in: Preußen in Hohenzollern S. 68

182 Dr. Hans Speidel (geb. 1900 in Schlatt bei Hechingen, gest. 1984 in Hechingen), Anfänglich Geschichts-, dann Jurastudium. Ab 1929 Rechtsanwalt in Köln, 1945 in Hechingen. Landrat in Hechingen 1946–1966. Langjähr. Vorstandsmitglied des Landkreistages Baden-Württemberg. Verfasser verwaltungsgeschichtlicher und allgemeinhistorischer Beiträge; von 1969 bis zu seinem Tod Stellv. Vorsitzender des Hohenzollerischen Geschichtsvereins. – Emst Rothenbacher (in Sigm. 1907 geb. u. 1980 gest.) Jurist. u. volkswirtschaftl. Studium, kaufmännische Auslandstätigkeit, Kriegsdienst, Landrat in Sigmaringen 1946–1967. Mühlebach: Oberamtmänner u. Landräte S. 10, 24

183 Die Alternativfrage lautete: »1. Ich wünsche die Vereinigung der drei Länder Baden, Württemberg-Baden und Württemberg-Hohenzollern zum Südweststaat oder 2. Ich wünsche die Wiederherstellung des alten Landes Baden und des alten Landes Württemberg einschl. Hohenzollern.« An der Volksbefragung vom 24. 9. 1950 beteiligten sich im Kreis Hechinger 50 % (Stadt Hechingen 62,2), im Kreis Sigmaringen 57,7 % (Stadt Sigm. 74). Für den Südweststaat stimmten im Kreis Hechingen 94,7 % (93), im Kreis Sigmaringen 94 % (94,2). Im Landesdurchschnitt von Württemberg-Hohenzollern erklärten sich 92,5 % der Wähler für den Zusammenschluß. Schwäb. Zeitung, Extrablatt v. 25. 9. 1950

184 Der Kampf um den Südweststaat, wie Anm. 163, S. 191 f., 253, 256 f., 468; einige besonders originelle Zitate bei Bradler: Vorstufe S. 93. – Vgl. neuer-

dings die kritischen Bemerkungen von Heinz Pfefferle zum »Regierungsstil Gebhard Müllers« in dem Aufsatz: Verschwiegene Aspekte der Südweststaatbildung. Zur Rolle des Generalsekretariats der Arbeitsgemeinschaft für die Vereinigung Baden-Württemberg. In: Zeitschrift für Hohenzollerische Geschichte 28, 1992 S. 165–178, bes. S. 177 f.

185 Bei einer Wahlbeteiligung von 55,7 % stimmten im Kreis Hechingen 94,1 % (Stadt Hechingen 94,6), im Kreis Sigmaringen 89,9 % (Stadt Sigmaringen 92,8) bei einer Beteiligung von 56,4 dafür. Im Landesdurchschnitt lag die Wahlbeteiligung bei 52,3 %, die Zustimmung bei 91,4. Schwäb . Zeitung vom 10. 12. 1951. Die Erklärung des Freiburger Erzbischofs Wendelin Rauch bei Sauer, wie Anm. 186, S. 155; vgl. den auch im Gesamtzusammenhang wertvollen Beitrag von Joachim Köhler: Die katholische Kirche zwischen Restauration und Neuaufbruch. In: Der Weg zum Südweststaat, wie Anm. 163, S. 222–241, bes. 235 ff., 239

186 Fürst Friedrich an Gebhard Müller, 12. 5. 53 und 27. 10. 53, StA Sigm., Dep . FAS NZ 34 227, vgl. auch: Preußen in Hohenzollern S. 141 ff.

187 Einen sehr kompetenten Überblick gibt Speidel, Hans: Verwaltungs- und Gebietsreform. In: Vogteien, Ämter, Landkreise Bd. 2, Stuttgart 1975 S. 7–55; detailliert für 1954/55 Speidel: 1945–1955 S. 281 ff.; Häberle: Landkreis Sigmaringen S. 24–28, 177–184

188 Häberle S. 25, zum Folgenden 26 u. Preußen in Hohenzollern S. 143 f.

189 Häberle S. 184 f., vergl. die im Zeitzusammenhang interessante Äußerung des Abg. Rech: »Wir sind empört, wenn wir von der Ostzone solche Machenschaften hören, bald ist es jedoch bei uns nicht mehr anders.«

190 Speidel: 1945–1955 S. 281 ff.

191 Preußen in Hohenzollern S. 143; Kallenberg, wie Anm. 160, S. 16 f.; Fürst Friedrich an Ministerpräsident Gebhard Müller, 25. Mai 1955, StA Sigm., Dep. FAS NZ 34 227

192 Speidel: 1945–1955 S. 283; das Nüske-Zitat vgl. Hohenzollernfrage, wie Anm. 153, S. 174

193 Speidel, Verwaltungs- und Gebietsreform, wie Anm. 187, S. 26 ff.; Dokumentation über die Verwaltungsreform in Baden-Württemberg. Hrsg. vom Staatsministerium Baden-Württemberg, 2 Bde., Stuttgart 1972/76

194 Zumal Otto H. Becker einen Vortrag mit dem Titel »Die Kreisreform und Hohenzollern« in Kürze veröffentlichen wird. Ich habe Herrn Dr. Becker herzlich zu danken, daß er mir mit der Überlassung des Manuskripts erneut einen Beweis seiner Hilfsbereitschaft gegeben hat.

195 Wehling, Hans Georg: Städte und Gemeinden. In Schaab, Meinrad (Hrsg.): 40 Jahre Baden-Württemberg. Aufbau und Gestaltung. Stuttgart 1992 S. 125–146, bes. S. 143

196 Steim, Karl-Werner: Die Bürgeraktion Zollern-Alb-Kreis (1971). In: Zollernalb-Profile, hrsg. vom Zollernalbkreis Bd. 3, Balingen 1993 S. 77–81, Zitat aus einer Zeitungsanzeige S. 80; Hoss, Hans: Die Entstehung des Zollernalbkreises. Ebenda S. 71–76; Zekorn, Andreas: »Zollern-Alb-Kreis« oder »Neckar-Vorlandkreis«. Ebenda S. 83 f.

197 Frank/Schneider: Gruol S. 428–436; Speidel: Verwaltungs- und Gebietsreform, wie Anm. 187, S. 39 ff.

198 So formuliert es Prof. Dr. Hans Hoss, der damalige Ebinger Oberbürgermeister, der seinerzeit für einen Großkreis Hechingen-Balingen-Ebingen-Sigmaringen plädierte, in dem sich der größte Teil Hohenzollerns wiedergefun-

den hätte, für den aber als Kreismittelpunkt Ebingen in Frage gekommen wäre. Wie Anm. 196, S. 73

199 Becker, Otto H.: „daß auch im Zuge der Kreisreform ein Landkreis mit Hauptstadt im Raum Hohenzollern erhalten bleiben sollte". Zur Bildung des Landkreises Sigmaringen. In: Hohenz. Heimat 42, 1992 S. 57

200 Das Land Baden-Württemberg, Bd. II: Die Gemeinden vor und nach der Gebietsreform. Landeskundlich-statistische Grunddaten, passim

201 Friedrich Roemer, seinerzeit Oberregierungsrat im Tübinger Innenministerium, 1948–1967 Landrat in Balingen, dann Regierungspräsident in Stuttgart, schreibt 1982 über »die ehemals preußischen Kreise Hechingen und Sigmaringen, die ein hohenzollerisches, übrigens achtenswertes Gefühl der Eigenständigkeit bewahrt hatten, es reichlich pflegten und immer wieder ihre »hohenzollerischen Belange« in Reservatrechten festgehalten wissen wollten, was aber den Unmut der anderen hervorrief, als Bevorzugung angesehen und mehr und mehr aufgegeben wurde.« In: Gögler/Richter: Württemberg-Hohenzollern S. 119

202 Wiest, wie Anm. 76, S. 29 f.; Mühlebach: Landeskommunalverband S. 97–100

203 Ebenda S. 79; Speidel: 1945–1955 S. 277 f.

204 Häberle: Landkreis Sigmaringen S. 184 ff.

205 Abschied vom Landkreis Hechingen. Letzte Sitzung des Kreistags am 15. Dezember 1972 auf der Burg Hohenzollern. Hrsg. v. Landkreis Hechigen. Hechingen 1973 bes. S. 39; vgl. auch Preußen in Hohenzollern S. 146 f.

Literaturhinweise*

Becker, Otto H.: Kriegsende und Besatzungszeit in Sigmaringen 1944/45. In Landkreis Sigmaringen (Hrsg.): Von der Diktatur zur Besatzung. Sigmaringen 1995 S. 31–56

Birn, Willi K.: Die Hohenzollerischen Lande in Baden-Württemberg. In: Zeitschrift für Hohenzollerische Geschichte 19, 1983 S. 195–201

Bradler, Günther: Eine Vorstufe zur Entstehung des Bundeslandes Baden-Württemberg: Der »Großschwaben-Plan« des preußischen Regierungspräsidenten Dr. Emil Belzer innerhalb der Diskussion um die »Reichsreform« in den Jahren 1920 bis 1922. In: Zeitschrift für Hohenzollerische Geschichte 13, 1977 S. 91–118

Burkarth, Herbert: Kriegsende und Besatzungszeit in Gammertingen. In Landkreis Sigmaringen (Hrsg.): Von der Diktatur zur Besatzung. Sigmaringen 1995 S. 175–196

Diel-Thiele, Peter: Partei und Staat im Dritten Reich. Untersuchungen zum Verhältnis von NSDAP und allgemeiner innerer Staatsverwaltung 1933–1945. München 1969

Dokumentation über die Verwaltungsreform in Baden-Württemberg. Hrsg. v. Staatsministerium Baden-Württemberg. Stuttgart, 2 Bde. 1972/76

*) Die unter die Allgemeinen Literaturhinweise aufgenommenen Titel werden nicht wiederholt

Dornheim, Andreas: Adel in der bürgerlich-industrialisierten Gesellschaft. Eine sozialwissenschaftlich-historische Fallstudie über die Familie Waldburg-Zeil. Frankfurt etc. 1993
[Eisele, Fridolin:] Hohenzollern unter preußischer Verwaltung. In: Dove, Alfred (Hrsg.): Im neuen Reich, 2. Jahrg., 1872, Bd. 1 S. 553–570
Elbs, Eberhard: Ölschiefer und Konzentrationslager: Das »Unternehmen Wüste«. In: Haasis, Heinrich (Hrsg.): Der Zollernalbkreis. Stuttgart/Aalen ^{2}1989 S. 157–165
Fiala, Virgil: Ein Jahrhundert Beuroner Geschichte 1863–1963, Beuron 1963
Gögler, Max/Richter, Gregor (Hrsg.): Die Geschichte des Landes Württemberg-Hohenzollern 1945–1952. Darstellungen und Erinnerungen. Sigmaringen 1982
Gönner, Eberhard: Die Revolution von 1848/49 in den hohenzollerischen Fürstentümern und deren Anschluß an Preußen. Arbeiten zur Landeskunde Hohenzollerns 2, Hechingen 1952
Gönner, Eberhard: Die hohenzollerischen Stände. In: Von der Ständeversammlung zum demokratischen Parlament. Die Geschichte der Volksvertretungen in Baden-Württemberg. Hrsg. von der Landeszentrale für politische Bildung Baden-Württemberg. Stuttgart 1982 S. 183–201
Gönner, Eberhard: Hohenzollern 1800–1918. In: Handbuch der baden-württembergischen Geschichte, Bd. 2, Stuttgart 1992 S. 433–475
Häberle, Meinrad: Der Landkreis Sigmaringen 1925–1972. Ein Beitrag zu seiner Geschichte. Sigmaringen 1985
Hildebrand, Klaus: Das Dritte Reich. (Oldenbourg Grundriß der Geschichte Bd. 17) München ^{4}1991
Hubatsch, Walter (Hrsg.): Grundriß zur deutschen Verwaltungsgeschichte 1815–1945. Reihe A: Preußen, Bd. 12, Marburg 1978, darin: Die Hohenzollernschen Lande S. 201–245
Kallenberg, Fritz: Die Schulorganisation von 1809 im Fürstentum Sigmaringen. In: Hohenzollerische Jahreshefte 22, 1962 S. 99–140
Kallenberg, Fritz: Landesgeschichte in Hohenzollern. In: Zeitschrift für Hohenzollerische Geschichte 15, 1979 S. 9–90
Kallenberg, Fritz: Die Staatsautorität der Republik. Der preußische Regierungspräsident, der Fürst von Hohenzollern und die Stadt Sigmaringen 1919–1933. In: Deutschland und Europa in der Neuzeit. Festschrift für Karl Otmar Frhr. v. Aretin zum 65. Geburtstag. Stuttgart 1988 S. 751–779
Keßler, H.: Beschreibung der Hohenzollernschen Lande. Sigmaringen 1893
Kirchherr, Roland: Die Verfassung des Fürstentums Hohenzollern-Sigmaringen vom Jahr 1833. Zu den Auswirkungen der Verfassungstheorien zur Zeit des Deutschen Bundes auf das Fürstentum Hohenzollern-Sigmaringen. Köln 1979
Kolb, Eberhard: Die Weimarer Republik. (Oldenbourg Grundriß der Geschichte Bd. 16) München ^{3}1993
Konstanzer, Eberhard: Die Entstehung des Landes Baden-Württemberg. Stuttgart 1969
Kuhn-Rehfus, Maren: Die Integration Hohenzollerns in Preußen. In Baumgart, Peter (Hrsg.): Expansion und Integration. Zur Eingliederung neugewonnener Gebiete in den preußischen Staat. Köln/Wien 1984 S. 299–325
Landkreis Sigmaringen (Hrsg.): Von der Diktatur zur Besatzung. Das Kriegsende 1945 im Gebiet des heutigen Landkreises Sigmaringen. Sigmaringen 1995
Liener, Wilfried: Übergang der Reichsritterschaftlichen Herrschaft Hettingen

an Hohenzollern-Sigmaringen. In: Zeitschrift für Hohenzollerische Geschichte 17, 1981 S. 129–201
Morsey, Rudolf: Die Bundesrepublik Deutschland. Entstehung und Entwicklung bis 1969. (Oldenbourg Grundriß der Geschichte Bd. 19) München ³1994
Mühlebach, Josef: Der Landeskommunalverband der Hohenzollerischen Lande. Geschichtliche Entwicklung, Rechtsgrundlagen und Aufgabengebiete. Arbeiten zur Landeskunde Hohenzollerns 10, Sigmaringen 1972
Mühlebach, Josef: Oberamtmänner und Landräte in Hohenzollern. In: Hohenzollerische Heimat 24, 1974 S. 9–11, 22–26
Mühlebach, Josef: Die preußischen Regierungspräsidenten in Hohenzollern. In: Hohenzollerische Heimat 27, 1977 S. 9–13
Nüske, Gerd Friedrich: Der Landtag von Württemberg-Hohenzollern. In: Von der Ständeversammlung zum demokratischen Parlament. Die Geschichte der Volksvertretungen in Baden-Württemberg. Hrsg. von der Landeszentrale für politische Bildung Baden-Württemberg. Stuttgart 1982 S. 270–284
Nüske, Gerd Friedrich: Württemberg-Hohenzollern als Land der französischen Besatzungszone in Deutschland 1945–1952. Bemerkungen zur Politik der Besatzungsmächte in Südwestdeutschland. In: Zeitschrift für Hohenzollerische Geschichte 18, 1982 S. 179–278; 19, 1983 S. 103–194
Preußen in Hohenzollern. Begleitband zur Ausstellung Sigmaringen 1995. Hrsg. vom Haus der Geschichte Baden-Württemberg und dem Staatsarchiv Sigmaringen. Sigmaringen 1995
Reichold, Helmut: Bismarcks Zaunkönige. Duodez im 20. Jahrhundert. Eine Studie zum Föderalismus im Bismarckreich. Paderborn 1977
Richter, Gabriel: Die psychiatrische Abteilung des Fürst-Carl-Landeskrankenhauses in Sigmaringen im »Dritten Reich«. Leiden, Stigmatisierung, Sterilisation und Tötung angeblich unheilbar Kranker am Beispiel der Hohenzollerischen Lande. In: Zeitschrift für Hohenzollerische Geschichte 30/31 (in Vorbereitung)
Rösch, Adolf: Das religiöse Leben in Hohenzollern unter dem Einflusse des Wessenbergianismus 1800–1850. Ein Beitrag zur Geschichte der religiösen Aufklärung in Süddeutschland. Köln 1908
Rösch, Adolf: Der Kulturkampf in Hohenzollern. In: Freiburger Diözesanarchiv 43, 1915 S. 1–128
Sauer, Paul: Württemberg in der Zeit des Nationalsozialismus. Ulm 1975
Sauer, Paul: Napoleons Adler über Württemberg, Baden und Hohenzollern. Südwestdeutschland in der Rheinbundzeit. Stuttgart 1987
Schnabel, Thomas: Württemberg zwischen Weimar und Bonn, 1928 bis 1945/46. (Schriften zur politischen Landeskunde Baden-Württembergs 13) Stuttgart 1986
Schnabel, Thomas (Hrsg.): Formen des Widerstandes im Südwesten 1933–1945. Scheitern und Nachwirken. Ulm 1994
Schöntag, Wilfried: »... daß die Rheinbunds-Acte das Fürstenhaus größer, mächtiger und reicher – das Land aber unfreier und ärmer gemacht hat ...«. Die Fürstentümer Hohenzollern-Hechingen und Hohenzollern-Sigmaringen im Zeitalter Napoleons. In: Baden und Württemberg im Zeitalter Napoleons. Bd. 2, Stuttgart 1987 S. 81–102
Schöntag, Wilfried (Hrsg.): 250 Jahre Abteikirche Beuron. Geschichte, geistliches Leben, Kunst. Beuron 1988
Speidel, Hans: Der erste Landtag in Hohenzollern-Hechingen in den Jahren

1835–1836. In: Zeitschrift für Hohenzollerische Geschichte 7/8, 1971/72 S. 77–118
Speidel, Hans: Der Altkreis Hechingen. In Haasis, Heinrich (Hrsg.): Der Zollernalbkreis. Stuttgart/Aalen ²1989 S. 176–185
Speidel, Hans: Der Landkreis Hechingen 1945–1955. In: Zeitschrift für Hohenzollerische Geschichte 21, 1985 S. 243–284
Steim, Karl Werner: Haigerloch in preußischer Zeit (1850–1945). Haigerloch 1994
Tietz, Günter: Die nationalsozialistische Machtergreifung in einer hohenzollerischen Kleinstadt [Haigerloch]. In: Lokalmodelle nationalsozialistischer Machtergreifung. Dokumente – Bilder – Unterrichtsmodelle. Hrsg. von Thomas Schnabel. Heidelberg 1983 S. 201–250
Vogt, Rolf: Hechingen und der 30. Juni 1934. Überlegungen zu den Auswirkungen der SA-Entmachtung auf eine südwestdeutsche Kleinstadt. In: Hohenzollerische Heimat 45, 1995 S. 7–9, 23–27
Ziegler, Uwe: Verwaltungs-, Wirtschafts- und Sozialstruktur Hohenzollerns im 19. Jahrhundert. (Arbeiten zur Landeskunde Hohenzollerns 13) Sigmaringen 1976
Zingeler, Karl Theodor: Karl Anton Fürst von Hohenzollern. Ein Lebensbild nach seinen hinterlassenen Papieren Stuttgart und Leipzig 1911
Zekorn, Andreas: Oberamtmänner und Landräte im Gebiet des heutigen Zollernalbkreises 1806–1992. In: Zollernalb-Profile 3, 1993 S. 27–69

Wahlen zum 1. Reichstag: 6. Juni 1920

	Bev. am 8. 10. 19	Wahlberechtigte	Wahlbeteiligung	DNVP		DVP		Zentrum		DDP		MSPD		USPD		KPD	
OA Sigmaringen	23 804	14 151	79,3 %	731	6,6	106	0,9	8 236	73,7	587	5,3	989	8,8	404	3,6	127	1,1
Landgemeinden	18 527	10 867	78,3 %	436	5,1	56	0,7	6 515	76,9	328	3,9	727	8,6	301	3,5	113	1,3
Stadt Sigmaringen	5 277	3 284	82,9 %	295	11,0	50	1,8	1 721	63,6	259	9,6	262	9,7	103	3,8	14	0,5
OA Gammertingen	12 650	7 603	76,5 %	258	4,5	23	0,4	4 772	82,2	258	4,4	330	5,7	109	1,9	56	0,9
OA Hechingen	22 238	13 496	56,5 %	267	3,5	45	0,6	4 694	61,6	895	11,7	928	12,2	599	7,9	191	2,5
Landgemeinden	17 283	10 495	51,6 %	125	2,3	21	0,4	3 644	67,0	468	8,6	559	10,3	460	8,4	161	3,0
Stadt Hechingen	4 955	3 001	72,6 %	142	6,5	24	1,1	1 048	48,1	427	19,6	369	16,9	139	6,4	30	1,4
OA Haigerloch	12 059	7 092	69,1 %	401	8,2	48	1,0	3 493	71,4	328	6,7	205	4,2	329	6,7	90	1,8
Reg. Bezirk Hohenzollern	70 751	42 342	69,8 %	1 657	5,6	222	0,8	21 195	71,8	2 068	7,0	2 452	8,3	1 441	4,9	464	1,6

Statistik des Deutschen Reichs, Bd. 291 II S. 101, 119 ff.

Wahlen zum 5. Reichstag: 14. September 1930

	Bev. am 16. 6. 25	Wahlberechtigte	Wahlbeteiligung	NSDAP		DNVP		BuW		Zentrum		Dt. Staatspartei		SPD		KPD		Sonstige	
Kr. Hechingen	36 725	24 368	73,3 %	1 537	8,6	387	2,2	1 003	5,6	10 645	59,9	866	4,9	1 449	8,1	1 238	7,0	662	3,7
Burladingen	2 048	1 524	69,8 %	97	9,1	7	0,7	–	–	824	77,7	46	4,3	37	3,5	37	3,5	11	0,4
Hechingen	5 123	3 599	76,5 %	193	7,0	138	5,0	2	–	1 137	41,5	348	12,7	440	16,0	302	11,0	181	6,6
Kr. Sigmaringen	35 115	22 591	82,5 %	1 488	8,0	360	1,9	1 496	8,0	12 124	65,5	501	2,7	1 172	6,3	424	2,3	960	5,1
Sigmaringen	5 299	3 379	89,2 %	569	19,0	163	5,5	43	1,4	1 614	54,0	154	5,2	178	6,0	35	1,2	231	7,7
Reg.Bezirk Hohenzollern	71 840	46 959	77,8 %	3 025	8,3	747	2,1	2 499	6,8	22 769	62,7	1 367	3,7	2 621	7,2	1 662	4,6	1 622	4,4

Wahlen zum 8. Reichstag: 5. März 1933

Kr. Hechingen	36 725	25 246	81,5 %	8 930	43,4	662	3,2	281	1,4	8 728	42,4	128	0,6	651	3,2	827	4,0	128	0,6
Burladingen	2 048	1 643	81,3 %	513	38,4	14	1,0	3	0,2	682	51,0	5	0,4	36	2,7	50	3,7	6	1,3
Hechingen	5 123	3 804	83,1 %	1 231	38,9	194	6,1	3	0,1	1 106	35,0	58	1,8	225	7,1	235	7,4	40	1,3
Kr. Sigmaringen	35 115	23 354	85,7 %	7 093	35,5	732	3,6	268	1,4	10 343	51,7	95	0,5	589	3,0	473	2,4	160	0,8
Sigmaringen	5 299	3 804	88,0 %	1 038	31,0	272	8,1	6	0,2	1 723	51,4	30	0,9	129	3,8	52	1,5	48	1,4
Reg. Bezirk Hohenzollern	71 840	48 600	83,5 %	16 023	39,5	1 394	3,4	567	1,4	19 071	47,0	223	0,5	1 240	3,0	1 300	3,2	288	0,7

Statistik des Deutschen Reichs, Bd. 382 II S. 70, 78; Bd. 434 S. 235

Eberhard Gönner

Die Revolution von 1848/49 in den Hohenzollerischen Fürstentümern und der Übergang an Preußen

Aufruhr in Hohenzollern-Hechingen

Am 11. März 1848 zogen Scharen von Bauern aus den Landgemeinden des Fürstentums Hohenzollern-Hechingen in die Residenzstadt Hechingen, bewaffnet mit Stöcken, großen Messern und auch mit Pistolen. Die Bürger der Stadt sahen diesen Massenauflauf mit Unbehagen und hielten sich zurück. Die Demonstranten hatten noch keine klaren Vorstellungen von den Forderungen, die in Hechingen erhoben werden sollten, einig waren sich aber alle in der Überzeugung, im Gefolge der französischen Februarrevolution sei eine Zeit der Freiheit angebrochen, die es nun den alten Gewalten gegenüber zu nutzen gelte. Die Vertreter der Gemeinden legten im Rathaus ihre Forderungen vor, die hauptsächlich die Abschaffung von Frondiensten, des Klein- und Blutzehnten, die Aufhebung der bäuerlichen Lehenverhältnisse und der Stempelgebühren sowie eine gerechtere Besteuerung betrafen. Einige verlangten die Entfernung verschiedener »ausländischer« Beamter. Die Besoldungen der Beamten sollten verringert, ihre Pensionen abgeschafft werden. Die Gemeinden wollten im Zunftwesen von der Stadt unabhängig sein und eigene Zünfte erhalten. Die zeitgemäßen liberalen Forderungen wie Pressefreiheit, Schwurgericht und deutsches Parlament standen bei den Hechinger Gemeinden nicht im Vordergrund.

Entscheidend für den weiteren Verlauf der Demonstration wurde die Einigung der Gemeindevertreter auf einen Forderungskatalog. Die Petition der Gemeinde Schlatt, die nach Inhalt und Form am besten geeignet schien, wurde der auf dem Marktplatz harrenden Menge vorgelesen und fand Zustimmung. Die Zeit schien gekommen, diese Forderungen durchzusetzen. Als der Ruf »Der Fürst muß her!« immer lauter wurde, begaben sich einige Stadträte zur fürstlichen Residenz, um den Fürsten zu holen. Unter dem Eindruck der aus anderen Ländern bekannt gewordenen revolutionären Ereignisse fand sich Fürst Friedrich Wilhelm Constantin bereit, sich den Aufständischen zu stellen. Wenn er auch von Bürgern der Stadt begleitet wurde, war er doch auf dem Gang zum Rathaus Demütigungen ausgesetzt: die einen beleidigten ihn mit Zurufen, andere klopften ihm auf die Schulter oder zupften ihn am Ärmel. Im Rathaus legten ihm die Sprecher der Bauern die Forderungen in Gestalt der mit Zusätzen versehenen Schlatter Petition vor und verlangten seine sofortige Zustimmung. Der Fürst sollte sich also auf der Stelle einverstanden erklären mit:

- Pressefreiheit, Entlassung des stehenden Militärs, Volksbewaffnung, Schwurgerichten,
- deutschem Parlament, allgemeinem deutschen Recht,
- gerechter Besteuerung nach dem Einkommen, Ausgleich des Mißverhältnisses von Kapital und Arbeit, Änderung des Gewerbegesetzes,
- volkstümlicher Verfassung, Verantwortlichkeit der Staatsbeamten gegenüber dem Volk, Entfernung unliebsamer Beamter, Verminderung der Gendarmerie auf vier Mann,
- Aufhebung der Feudallasten und aller Zehnten,
- freier Gemeindeverwaltung, freiem Recht zum Bauen ohne Inspektionszwang,
- Besteuerung der fürstlichen und geistlichen Güter, Verwendung des (säkularisierten) Klostergutes Stetten und des Stiftsgutes Bisingen (des ehemaligen Stifts Hechingen) zur Besoldung der Lehrer,
- Herausgabe der vom Fürstenhaus beanspruchten französischen Entschädigungsgelder für die napoleonischen Kriege an das Land,
- Festsetzung des Gehalts der Geistlichen auf 600 bis 800 fl,
- Aufhebung des Brandversicherungsvertrages mit Württemberg,
- Beschränkung des Schacherhandels der Juden,
- Gründung von drei neuen Pfarreien.

Es war eine lange Liste von nationalen und Landeswünschen, von politischen Schlagworten und alten Landesgravamina. So sehr viele Forderungen berechtigt und zeitgemäß erschienen, so wenig konnte es politisch vernünftig und vertretbar sein, ihre Erfüllung mit einem Federzug zu versprechen. Die nationalen Desiderata lagen ohnehin nicht in der Kompetenz des Fürsten eines deutschen Kleinstaates mit 20 000 Einwohnern. Friedrich Wilhelm Constantin erklärte sich denn auch außerstande, eine so weitreichende Gesamtgenehmigung auszusprechen. Die Behandlung dieser Punkte könne auf dem zum 13. März einberufenen Landtag geschehen. Doch damit gaben sich die Aufständischen nicht zufrieden, sie verlangten unter Drohungen und Beleidigungen die sofortige Bewilligung. Friedrich Wilhelm Constantin versicherte wiederholt seine Bereitschaft, alle vorgetragenen Wünsche zu prüfen und alsbald seine Entscheidung bekanntzugeben. Daraufhin begab er sich, von Hechinger Bürgern geschützt, in die Villa Eugenia zurück. Die Volksmenge blieb in der Stadt und gab zu verstehen, nicht weichen zu wollen, bevor nicht alle ihre Forderungen erfüllt seien. Diesem Druck gab der Fürst nach und ließ noch am gleichen Tag seine Zustimmung zu allen Punkten der Petition verkünden. Daraufhin zogen die Demonstranten wieder in ihre Dörfer zurück.

Eine solche Szene hat die Stadt Hechingen nicht zum ersten Mal erlebt. Die Grafschaft, später das Fürstentum Hohenzollern-Hechingen, war durch seine zahlreichen Untertanen-Revolten bekannt. Die fürstliche Seite sprach um 1734 von der »von Seculis her angewohnten Rebellions-Seuche« ihrer Untertanen. Julius Cramer, der Geschichtsschreiber dieser Aufstände, zählt von 1584 bis 1796 15 gewaltsame Erhebungen. In einigen Fällen rief der Fürst fremde Truppen ins Land, um seiner Untertanen Herr zu werden. Bei den vielen Revolten kam es wiederholt zu Auftritten der Landbevölkerung in Hechingen. So zogen in den Jahren 1605 und 1619 wegen der Freien Pirsch, Frondiensten und verschiedener anderer Lasten revoltierende Bauern nach Hechingen und bedrängten den Grafen. Am Ende des Aufruhrs stand aber in beiden Fällen die kniefällige Abbitte der Untertanen. Auch im 18. Jahrhundert sah die Stadt mehrfach aufständische Landbevölkerung in ihren Mauern. Ihre Bürger beteiligten sich nur daran, wenn es um die Freie Pirsch ging. Die Demonstration der Untertanen in der Residenzstadt im März 1848 hatte also in dem kleinen zollerischen Fürstentum durchaus Tradition.

Unter den Forderungen von 1848 tauchen auch die alten Wünsche nach dem Abbau der Feudallasten und nach einem klaren Steuersystem auf. Die Hoffnung, das veraltete Abgabensystem nun endlich abschütteln zu können, war im März 1848 die eigentliche Triebkraft beim Aufruhr der Hechinger Landbevölkerung. Die liberale Bewegung, die in den nachnapoleonischen Jahren das politische Denken in Süddeutschland prägte, hat dazu das Feld bereitet. In Hohenzollern-Hechingen hatten die liberalen Ideen nach der französischen Julirevolution Eingang gefunden, ohne eine politische Bewegung zu entfachen. In der 1824 in Hechingen gegründeten Lesegesellschaft »Museum« und im 1832 entstandenen liberalen Leseverein wurden Zeitungen gehalten, die die liberalen Gedanken verbreiteten. Eine Wirkung war bei einigen politisch aufgeschlossenen Bürgern, Beamten, Ärzten und Pfarrern zu erkennen. In der Landbevölkerung wurde der Freiheitsbegriff vor allem als Freiheit von den Relikten des Feudalsystems verstanden. Im Februar 1831 trugen die Landesdeputierten dem Fürsten die Wünsche des Landes nach Ablösung der Feudallasten und nach einer Neuordnung des Abgabensystems vor. Außer der Umwandlung der Frondienste in Geldabgaben blieb der Erfolg gering.

Die Einführung einer Verfassung in Hohenzollern-Sigmaringen

mußte in Hechingen das Bewußtsein politischer Rückständigkeit wekken. Zum ersten Mal sprach im Herbst 1834 eine Bittschrift aus dem Lande das Verlangen nach einer Verfassung aus. Fürst Friedrich war aber der Auffassung, mit dem Landesvergleich von 1798 habe das Land eine Verfassung erhalten, die er nun mit einer zeitgemäßen Volksvertretung ergänzen wollte. 1835 erließ er daher eine neue Wahlordnung für die Landesdeputation. Der Landtag bestand fortan aus indirekt gewählten 10 Abgeordneten der Landgemeinden und 2 Vertretern der Stadt. Diese Volksvertretung sollte alljährlich die Finanzen prüfen, den Jahresetat beraten und die Steuern festsetzen. Alle drei Jahre versammelten sich die Abgeordneten zur Beratung anderer Landesangelegenheiten.

Die Verhältnisse, denen sich der 1835 erstmals zusammengetretene Landtag gegenübergestellt sah, waren niederschmetternd: eine schlampige Verwaltung und ein völlig zerrüttetes Finanzwesen. Das Landvolk verlangte erneut und dringend die Abschaffung der noch bestehenden grundherrlichen Lasten. Die Leibeigenschaft war 1798 aufgehoben worden, die mit ihr zusammenhängenden Abgaben bestanden aber noch. Die erst im Januar 1848 festgelegte Ablösung der Leibeigenschaftsgebühren war bei Beginn der Revolution noch nicht in Gang gekommen. Der Landtag war zwar bemüht, seiner Rolle als Volksvertretung gerecht zu werden, aber die beharrenden Kräfte – Fürst und Verwaltung – ließen Fortschritte nur langsam zu.

In den vierziger Jahren gelang es immerhin, die Finanzlage des Landes durch die Eintreibung alter Steuerreste und infolge von Zuschüssen des Fürsten aus seinem Vermögen zu verbessern. Doch der Landtag vermochte es nicht, seine Kontroll- und Initiativfunktion im Lande populär zu machen. Das Bedürfnis nach politischen Rechten war bei der Hechinger Landbevölkerung nicht sonderlich entwickelt. Selbst bei der Hechinger Oberschicht scheinen die liberalen Ideen nicht tief eingedrungen zu sein, ist doch hier im Jahre 1844 die Gesellschaft »Biedermannia« ins Leben gerufen worden, die sich der fröhlichen Geselligkeit unter ausdrücklicher Ausklammerung der politischen Diskussion verschrieb. Was das Hechinger Landvolk bedrückte, war die Langsamkeit, mit der die Befreiung von den Feudallasten vor sich ging. Es wurden Stimmen laut, die die Effizienz des Landtages und seine Nützlichkeit überhaupt in Frage stellten. Als sozialer Gärungsstoff blieben die unerfüllten Wünsche im Hechinger Land virulent, bis sie nach der französischen Februarrevolution wieder wie in früheren Zeiten zu einem gewaltsamen Ausbruch drängten.

Der Beginn der Revolution in Sigmaringen

Die Erhebung in Hechingen ist im Zusammenhang mit den Revolutionsereignissen in anderen Ländern zu sehen, von denen der Zündfunke auch in das kleine zollerische Land übergesprungen ist. Eine auslösende Rolle dürften nicht zuletzt die Vorgänge in Sigmaringen am 5. März gespielt haben. Die Sigmaringer Revolution begann nicht als Bauernaufstand wie in Hechingen, sondern als eine bürgerliche Erhebung im Gefolge der Pariser Februarrevolution und der revolutionären Ereignisse im Großherzogtum Baden. Die am 4. März in Sigmaringen verfaßte und von 174 Sigmaringer Bürgern und Bürgermeistern umliegender Gemeinden unterschriebene Petition enthielt die »dringend ausgesprochenen allgemeinen Wünsche des Landes«, vorab die aus der liberalen Presse bekannten Forderungen wie Volksbewaffnung, volle Pressefreiheit, Religions- und Gewissensfreiheit, Gleichheit der staatsbürgerlichen Rechte, Vereidigung aller Staatsbürger auf die Verfassung, Schwurgerichte, freies Versammlungsrecht und deutsches Parlament. Als spezielle Landeswünsche wurden die Aufhebung der sogenannten alten Abgaben und ein neues Steuersystem mit Einkommensteuer und ohne indirekte Steuern genannt. Zur Behandlung aller Landesbeschwerden solle die Ständeversammlung einberufen werden.

Beim Vergleich der Sigmaringer mit der Schlatter Petition fällt die wesentlich stärkere Prägung des Sigmaringer Papiers durch liberale Ideen auf. In Sigmaringen hatte das liberale Gedankengut wie in Hechingen nach der französischen Julirevolution über Baden Eingang gefunden, zunächst bei einigen Beamten, Advokaten, Geistlichen und Kaufleuten. Entscheidend für die Verbreitung des Liberalismus in Hohenzollern-Sigmaringen wurde die Agitation des jungen Sigmaringer Advokaten Karl Würth und des Pfarrers Josef Sprißler in Empfingen, eines vehementen Kämpfers für die kirchliche Aufklärung. Beide waren in der seit 1832 bestehenden Ständeversammlung in Sigmaringen Sprecher der liberalen Opposition, wobei der redegewandte Würth bald als deren Haupt auftrat.

In Sigmaringen regierte seit 1831 Fürst Karl, ein gebildeter, aufgeklärter und gewissenhafter Regent. Getreu seiner Maxime: »Man muß im Geist seines Zeitalters handeln« gab er 1833 seinem Land eine moderne Verfassung und holte damit den Vorsprung der Nachbarländer Baden und Württemberg auf. An die Spitze der Verwaltung berief der Fürst 1839/40 den aus kurhessischen Diensten gekommenen Wilhelm Schenck zu Schweinsberg, der den Übergang vom patriarchalischen Herrschaftssystem zum konstitutionellen Staat konsequent durchführte, wobei er im Volke keineswegs allgemeine Zustimmung fand. Für die bäuerlich-konservative Bevölkerung kamen die Änderungen zu rasch, insbesondere wenn sie mit Kosten verbunden waren. Den Liberalen in Sigmaringen nahm er mit seiner fortschrittlichen Politik den Wind aus den Segeln, so daß Würth in den vierziger Jahren im Landtag ziemlich gemäßigt auftrat und dem Dirigierenden Schenck zu Schweinsberg keine Schwierigkeiten bereitete. Auch das liberale Blatt, der »Erzähler«, hinter dem seit 1847 Würth als Spiritus rector stand, lobte den Regierungschef. Diese Zeitung trat für den »entschiedenen Fortschritt« in Gesellschaft, Politik und Kirche ein und übernahm die Rolle eines Multiplikators für liberale Artikel auswärtiger Zeitungen. Auffallend eingehend setzte sich der »Erzähler« mit den kirchlichen Verhältnissen auseinander. Hier kämpfte Pfarrer Sprißler gegen die »Neurömischen«, die sich der kirchlichen Aufklärung widersetzten. Enttäuscht mußte er aber zu Anfang des Jahres 1848 feststellen, daß er mit seinen Vorstellungen beim hohenzollerischen Klerus auf wenig Resonanz stieß.

Die hauptsächlich über Baden vermittelten liberalen Ideen haben vor dem Jahr 1848 in Hohenzollern-Sigmaringen eine stärkere Verbreitung gefunden als im zollerischen Nachbarland. In beiden Fürstentümern bewirkte die liberale Infiltration weniger eine Begeisterung für die verfassungsrechtlichen und nationalen Ideen als vielmehr den allgemeinen Wunsch nach Freiheit von Abgaben und Lasten aus der feudalen Zeit. Schon seit Jahren vermittelten die Nachrichten über Unruhen in der Welt, Aufstände in Polen, Italien und der Schweiz das Gefühl bevorstehender Umwälzungen. Auch die Regenten der kleinen zollerischen Staaten hatten düstere Revolutionsahnungen. Der »Erzähler« meint zum Jahresbeginn 1848, dieses Jahr werde »diejenigen Ereignisse bringen, welche die vorübergehenden Jahre vorbereitet haben«. Zwei Wochen vor der Pariser Februar-Revolution schreibt der hohenzollerische Geschäftsträger in Wien an den Erbprinzen Karl Anton von Sigmaringen: »Europa steht auf einem Vulkan, dessen Ausbruch nur durch ein Wunder verhindert werden kann.«

Die Februarrevolution in Paris wirkte wie ein Auslöser. Mit einer erstaunlichen Schnelligkeit verbreitete sich die Neuigkeit aus Paris in Deutschland und rief überall eine starke Erregung hervor. Als der »Erzähler« darüber am 3. März berichtete, war das Ereignis im Fürstentum schon bekannt. Außer in Sigmaringen entstand auch in Empfingen am 4. März eine Petition, die ihre Forderungen in der Form von »Bitten« vortrug. Was die politisch-liberalen Wünsche betraf, baten die Empfinger um Gleichstellung mit Württemberg und Baden. Die Hauptsache war ihnen aber die Befreiung von sämtlichen Feudallasten und die Zehntfixierung. Mit einer Einkommensteuer sollten die Lasten gerechter als bisher verteilt werden. Die Bitte um Aufschub der vielen Pfändungen und um Arbeitsbeschaffungsmaßnahmen lassen die soziale Notlage im übervölkerten Sigmaringer Unterland erkennen.

Weder die Sigmaringer noch die Empfinger Petition waren in einem aufrührerischen Ton abgefaßt. Die zollerische Bevölkerung wollte die allgemeine Revolutionsstimmung nutzen, um ihre Regierungen zum Verzicht auf unzeitgemäße Abgaben und Lasten zu bewegen. An einem Abgleiten ins Radikale war ihr nicht gelegen.

Doch der Verlauf einer Revolution folgt – wie das Beispiel Hechingen gezeigt hat – seinen eigenen Gesetzen. Am 5. März begab sich eine Abordnung der Sigmaringer Bürgerschaft mit der Petition zu dem Dirigierenden von Schenck. Als dieser versichert hatte, Hohenzollern-Sigmaringen erhalte dieselben Rechte wie die Badener, zog die Deputation befriedigt ab. Die Menge, die sich vor dem Rathaus versammelt hatte, gab sich aber mit diesem angeblichen »Hofbescheid« nicht zufrieden und forderte die Bestätigung durch den Fürsten. So ging der städtische Magistrat um 12 Uhr zum Schloß, um auch diesem die Petition vorzulegen. Der zunächst ungehaltene Fürst versprach eine Antwort bis 3 Uhr nachmittags, worauf sich die Deputation wieder entfernte.

Inzwischen verfaßte Schenck einen Aufruf »An die Bürgerschaft der Residenzstadt Sigmaringen« und ließ ihn vom Fürsten unter Hinweis auf die große Unruhe in der Stadt unterzeichnen. In dieser gedruckten Proklamation versprach der Fürst, »schleunigst das Nötige einleiten« zu lassen. Sigmaringen werde in Beziehung auf zeitgemäße Fortschritte hinter keinem deutschen Bundesstaat zurückbleiben. In Kürze solle die Zensur aufgehoben und die Bürgerbewaffnung durchgeführt werden.

Der durch Zuzug vom Lande verstärkten Menge auf dem Marktplatz waren diese Zusicherungen zu unbestimmt. Der aus Furcht vor Ausschreitungen vom Sigmaringer Bürgermeister herbeigeholte Regierungschef versuchte im und außerhalb des Rathauses, die Menge zu beschwichtigen, und ließ, um einem weiteren Zug der Demonstranten zum Schloß vorzubeugen, eine rasch gedruckte »Erläuterung« verteilen, in der er die fürstlichen Versprechungen präzisierte: die Zensur sei aufgehoben, die Volksbewaffnung und die Schwurgerichte würden eingeführt. Über die anderen Wünsche der Petition werde auf einem außerordentlichen Landtag verhandelt. Im übrigen würden alle in Baden gegebenen Bewilligungen auch in Sigmaringen erteilt werden. Diese Zusicherungen hatten die erhoffte Wirkung: die Landbevölkerung verließ wieder die Stadt, und die Bürger sorgten für Ruhe in ihren Mauern.

Die »Erläuterungen« Schencks waren über den Wortlaut der fürstlichen Proklamation hinausgegangen und waren deshalb in den Augen des Fürsten eine Eigenmächtigkeit. Sie haben aber jedenfalls ein revolutionäres Ausufern der Volksbewegung in Sigmaringen am 5. März verhindert.

Die Unruhe blieb nicht auf die Residenzstadt beschränkt. »Auch auf der rauhen Alb brennt das Feuer der Empörung«, schrieb am 5. März der Oberamtmann von Gammertingen an die Sigmaringer Regierung. Er hatte aber die Bewegung, hinter der ein Gammertinger Advokat stand, im Griff.

Dem Fürsten blieb am 6. März keine andere Wahl, als die Präzisierungen Schencks zu bestätigen. In den folgenden Tagen gelangte eine Flut von Petitionen aus dem ganzen Land an die Regierung, wozu diese und der »Erzähler« aufgefordert hatten. Die Regierung bemühte sich zunächst, den Wünschen entgegenzukommen, die in Baden bereits erfüllt worden waren.

Für die zugesagte außerordentliche Landtagssitzung verlangten Würth und seine Anhänger eine Neuwahl der Abgeordneten, die ihnen Erbprinz Karl Anton in Vertretung des abwesenden Fürsten am 12. März zugestand. Dringend forderten die Liberalen die sofortige Aufhebung der sogenannten Alten Abgaben. Unter dem Eindruck der Ereignisse in Hechingen am 11. März und in anderen Residenzorten, sowie beunruhigt durch Gerüchte über einen Zug aufständischer Bauern des Haigerlocher Unterlandes nach Sigmaringen, verzichtete Karl Anton am 14. März entschädigungslos auf die Alten Abgaben, d. h. alte, kaum mehr verständliche Feudalrechte wie Jagdfronen, Jagdrechte, Landgarbe, Vogtabgaben, Herbst- und Fastnachtshühner, Bannrechte, Frondienste und Frongelder. Fürst Karl, der am folgenden Tage nach Sigmaringen zurückkehrte, war über diese nach seiner Auffassung übereilte Konzession ungehalten, mußte sie aber hinnehmen.

Dieser Verzicht ist ein Beispiel, wie die Märzzugeständnisse in den einzelnen Ländern und Herrschaften ineinandergriffen. Für die Unruhe am 4./5. März in Sigmaringen waren die revolutionären Ereignisse in Baden auslösend. Der Hechinger Aufruhr vom 11. März ist im Zusammenhang mit der Sigmaringer Erhebung zu sehen, und die Konzession Karl Antons vom 14. März wäre vermutlich nicht so großzügig ausgefallen, wenn er nicht über die Vorfälle in Hechingen informiert gewesen wäre. Die Zugeständnisse Karl Antons hatten wiederum zur Folge, daß die Bauern in der fürstlichen Standesherrschaft Trochtelfingen nicht benachteiligt sein wollten gegenüber den altzollerischen Teilen des Landes. Als eine nach Donaueschingen entsandte Deputation ohne Ergebnis zurückgekehrt war, gaben sich die Trochtelfinger auch mit dem Verzicht der fürstenbergischen Domänenkammer auf einige Feudallasten nicht zufrieden. Der zur Beschwichtigung nach Trochtelfingen geschickte Domänenrat sah sich einer aufgebrachten Menge gegenüber, die ihn gefangensetzte. Angesichts dieser revolutionären Stimmung verzichtete Fürst Karl Egon II. von Fürstenberg am 29. März auf die niedere Gerichtsbarkeit, Patronatsrechte, Bannrechte,

Abzugsgebühren, Jagd- und Fischereirechte, Jagdfronen und Rechte der Bürgermeisterwahl-Bestätigung in allen fürstenbergischen Besitzungen in Baden, Württemberg und Hohenzollern.

Die Märztage haben gezeigt, daß die hohenzollerischen Fürsten einem Aufstand ihrer Untertanen hilf- und schutzlos ausgeliefert waren. Es war unmöglich, das kleine Militär gegen das eigene Volk einzusetzen. Am 29. März meuterten sogar die drei sigmaringischen Kompanien.

Noch nie hatte man in Hohenzollern eine solche Aufgewühltheit der Bevölkerung erlebt, in der das Volk im Vertrauen auf die Freiheitsparolen alte Lasten abzuwerfen suchte. Das auffallend rasche Zurückweichen der erschreckten Regierungen mußte geradezu dazu reizen, jetzt im Fordern nicht mehr nachzulassen.

Die Ausführung der Zugeständnisse in Hechingen

Am 11. März hatte Fürst Friedrich Wilhelm Constantin die Entfernung »ausländischer« Beamter zugesagt. Auch im Fürstentum Sigmaringen waren in den vorangegangenen Tagen ähnliche Forderungen erhoben worden. Die Hechinger Beamten aus dem »Ausland« verließen bereits am 12. März fluchtartig das Land. Laut einer Familientradition der Freiherren Hiller von Gaertringen habe sich damals der Hofjägermeister Hiller von Gaertringen, Schlimmes befürchtend, von einem treuen Diener in einem Jauchefaß versteckt aus Hechingen über die nahe württtembergische Grenze bringen lassen. Ein Teil der Vertriebenen blieb in Tübingen und wartete dort die Entwicklung in der zollerischen Hauptstadt ab.

Nach dem 11. März stellte sich rasch heraus, daß die Erfüllung aller Zusagen vom 11. März den Ruin des kleinen Staates bedeuten würde. Die Konzessionen gingen vor allem zu Lasten der Hofkammer, die für die Landesverwaltung aufkam, die Beamten besoldete und die Apanagen für das fürstliche Haus bezahlte. Ein Stimmungsumschwung in vielen Gemeinden kam der Regierung zu Hilfe. Nicht wenige Orte distanzierten sich von den Gewalttätigkeiten am 11. März, Ergebenheitsadressen bekundeten die Bereitschaft, nichts Unbilliges zu verlangen. Der Versuch der Regierung, die Zugeständnisse vom 11. März durch Einzelverhandlungen mit den Gemeinden rückgängig zu machen, hatte nur einen teilweisen Erfolg. Sie strebte daher eine Lösung auf dem Wege über eine Deputiertenversammlung an. Anstelle der unpopulären Landesdeputation ließ sie 58 Gemeindevertreter wählen, die als »Achtundfünfziger« vom 10. April an im Rathaus Hechingen tagten.

Nach tumultuarischen ersten Tagen gelang es dem Präsidenten der Versammlung, Pfarrer Josef Blumenstetter, einem gemäßigten Liberalen, die Verhandlungen in eine vernünftige Bahn zu lenken. Unter seiner geschickten Leitung ging die Versammlung die einzelnen Konzessionen vom 11. März durch und gelangte in allen Punkten zu einer Einigung mit der Regierung. Sämtliche Leibeigenschafts- und Feudalabgaben, sowie der Kleinzehnte, der Blutzehnte und auch die Stolgebühren wurden aufgehoben. Die Fixierung des Großzehnten und des Heuzehnten wurde in Aussicht gestellt. Auf Wunsch sollten die Lehen und die Lehengelder abgelöst werden können. Die Herrschaft verzichtete auf das Biermonopol und die Gerichtsfunktionen der Hofkammer. Eine Besteuerung der fürstlichen Güter sollte erst vom nächsten Regentenwechsel an einsetzen. Das Land wollte keine Ansprüche auf das Kloster Stetten und auf das Stiftsgut in Bisingen mehr erheben. Mit der Rückberufung der »ausländischen« Beamten ließ sich die Versammlung bis zum 28. April Zeit.

Zu den wichtigsten Aufgaben dieser Deputiertenversammlung gehörte die Verabschiedung einer Verfassung, die an die Stelle des durch die Wahlordnung von 1835 erweiterten Landesvergleichs von 1798 treten sollte. Mit dieser am 16. Mai verkündeten Verfassung trat Hohenzollern-Hechingen in die Reihe konstitutioneller Staaten ein. Der künftige Landtag bestand aus 15 indirekt von den Staatsbürgern gewählten Abgeordneten, die bei der Gesetzgebung und der Ausschreibung der Steuern mitzuwirken hatten.

Am 27. April beendeten die »Achtundfünfziger« ihre Arbeit. Innerhalb weniger Wochen war aus dem patriarchalisch regierten Ländchen ein moderner Verfassungsstaat geworden. Es galt nun, den beschrittenen Weg konsequent weiterzugehen. Im August verabschiedete der Landtag das Gesetz zur Fixierung des Großzehnten. Die von der Regierung begonnene Neuorganisation der Verwaltung ging nur langsam voran, weil sich der phlegmatische Fürst zu keinen Entschlüssen durchringen konnte. Am 1. August kam es dann doch zur Trennung der Justiz von der Verwaltung: das Oberamt war auf die Verwaltung und die Polizei beschränkt, das Oberamtsgericht übernahm die Gerichtsbarkeit. Die Fürstliche Geheime Konferenz als Regierungsorgan wurde abgeschafft und durch die Fürstliche Landesregierung ersetzt.

Im Fürstentum Hechingen begann man, sich wieder im Alltag einzurichten. In verschiedenen Landgemeinden allerdings erinnerten Schießereien und nächtlicher Lärm sowie die Verweigerung von Abgaben daran, daß die Revolution noch nicht zu Ende war. In der Stadt aber kehrte wieder völlige Ruhe ein. Man mußte sich nun an die neuen konstitutionellen Verhältnisse gewöhnen. Von der seit dem 27. März bestehenden Pressefreiheit wurde in Hechingen wenig Gebrauch gemacht, weil es hier nur ein Verordnungs- und Anzeigenblatt gab und die politische Bildung beim Bürgertum schwach entwickelt war. Das einzige politische Ereignis, das in der Hechinger Zeitung einen größeren Niederschlag fand, war die Wahl des Abgeordneten des Fürstentums zur deutschen Nationalversammlung. Gegen Pfarrer Blumenstetter hatten die anderen Kandidaten – zwei fürstliche Beamte und ein aus dem Land stammender Theologieprofessor – keine Chance. Blumenstetter gewann die Wahl am 11. Mai und wurde vor seiner Abfahrt nach Frankfurt feierlich im Lande verabschiedet.

Ansätze zur Bildung von politischen Parteien gehen in Hechingen in den Juli 1848 zurück. Zu dieser Zeit entstand hier ein konstitutioneller Verein (»Vaterländischer Verein«), dem Beamte, Ärzte und Bürger angehörten. Bald darauf gab es auch einen demokratischen »Märzverein«, der aber wenig Anklang gefunden zu haben scheint.

Als Mitte August der Landtag zu einer Sitzungsperiode zusammentrat, verabschiedete sich der Fürst von seinen »teuren Hechingern«, um sich auf seine schlesischen Besitzungen zu begeben, wo ihn kein aufbegehrendes Volk erwartete.

Hohenzollern-Sigmaringen im Nachmärz

Während in Hohenzollern-Hechingen die revolutionäre Erregung im Abklingen war, sorgten in Sigmaringen die Liberalen für die Erhaltung der Spannung. Dazu trug die politische Wandlung Würths vom konstitutionellen Liberalen der vorrevolutionären Jahre zu einem Gegner der Monarchie bei. Seine Teilnahme am Frankfurter Vorparlament ohne Auftrag aus dem Lande und sein dortiger Anschluß an die äußerste Linke verscherzte ihm die Sympathien seiner monarchisch gesinnten Landsleute. Die Bevölkerung des Fürstentums wählte daher am 26. April nicht Würth zum Abgeordneten des Landes, sondern den Pfarrer Josef Sprißler, der sich in der Frage Monarchie oder Republik noch nicht festlegen wollte. Sprißler war sozial eingestellt, hatte aber phantastische Vorstellungen von der Rolle des künftigen Deutschlands. Bei der Wahl unterlegen, sah Würth keinen Grund mehr, seine Einstellung vor der Öffentlichkeit zu verbergen. Bei der Verabschiedung von Sprißler am 10. Mai auf dem Karlsplatz in Sigmaringen trat er offen für die Einführung der Republik ein. Es mußte jetzt damit gerechnet werden, daß Würth jede Gelegenheit zur Radikalisierung der Sigmaringer benützen würde. Die Märzerrungenschaft der Bürgerwehren hatte ein Volk in Waffen geschaffen. Die Gefahr, daß sich Würth dieses Instrumentes bedienen könnte, war nicht von der Hand zu weisen. Der Heckeraufstand im nahen badischen Seekreis gab solchen Befürchtungen Nahrung. Um der revolutionären Bewegung in Sigmaringen Einhalt zu gebieten, hatte Fürst Karl im April um preußische Hilfe nachgesucht. Von Berlin war der Wunsch nach München weitergeleitet worden, und so rückte am 15. Mai mit Wissen und Zustimmung des Erbprinzen ein bayerisches Regiment für zwei Tage in Sigmaringen ein. Karl Anton nutzte diese Gelegenheit zur Verhaftung eines Offiziers seines Kontingents, dem er die Mitschuld an der Meuterei gab. Über die Frage der politischen Opportunität, fremde Truppen in das Land zu rufen, kam es zwischen dem Erbprinzen und Schenck zu einem Zerwürfnis, das nur äußerlich behoben werden konnte.

Viele Liberale waren nicht bereit, Würths Wandlung zum Republikaner mitzumachen. Es kam daher zu einer Spaltung, wobei sich im Mai die radikale Richtung um Würth im »Vaterländischen Verein«, die Gegner der Demokraten im »Konstitutionellen Verein« zusammenfanden. Letzterer gewann in den Oberämtern Sigmaringen und Wald zahlreiche Anhänger, nicht aber im hohenzollerischen Unterland. Daneben gab es zeitweise noch eine von Pfarrern geführte konservativ-ultramontane Richtung, die ihr Sprachrohr im »Volksfreund aus Hohenzollern« hatte.

Würth hielt die Regierungsseite in dauernder Aufregung. Oberstleutnant von Niedermayr, der ranghöchste Offizier des gesamthohenzollerischen Militärs, ließ Würth überwachen und meldete die Ergebnisse und seine Befürchtungen dem Erbprinzen. Weil bei der von Würth für den 18. Juni angekündigten Versammlung des Vaterländischen Vereins in Sigmaringen ein Umsturzversuch erwartet wurde, rief Karl Anton wieder bayerische Truppen zu Hilfe, die im Grenzort Vilsingen in Bereitschaft blieben. Die Sigmaringer Volksversammlung, bei der Würth eine auffallend gemäßigte Rede hielt, verlief jedoch ruhig. Würth ließ sich durch die Anwesenheit der bayerischen Kompanie, die auch einige Tage in die Kaserne Gorheim verlegt wurde, nicht davon abhalten, bei weiteren Versammlungen aufzutreten. Am 29. Juni fand eine gut besuchte Kundgebung in Langenenslingen statt, die auch von vielen Württembergern besucht war. In den Reden wurde die Republik als erstrebenswerte Staatsform bezeichnet.

Der Sigmaringer Landtag 1848

Der Beginn der außerordentlichen Ständeversammlung am 1. Juli war von den Liberalen mit großen Hoffnungen, von den Konservativen und der Regierung mit Befürchtungen erwartet worden. Die Versammlung bestand aus 14 indirekt gewählten Abgeordneten, einem Vertreter der

Geistlichkeit und je einem Vertreter der im Fürstentum begüterten Fürsten von Fürstenberg, der Fürsten von Thurn und Taxis sowie des Erbprinzen Karl Anton in dessen Eigenschaft als Standesherr der Herrschaft Straßberg.

Würth begann mit einem revolutionären Paukenschlag: Der Landtag repräsentiere das souveräne Volk und brauche sich deshalb bei seinen Beschlüssen nicht an die Verfassung zu halten. Er lehnte die Vertreter der Standesherren im Landtag ab, ebenso den Eid auf Fürst und Verfassung. Wenn er sich auch mit seiner Auffassung von der Volkssouveränität und mit verschiedenen revolutionären Forderungen nicht durchsetzen konnte, so wurde er doch als wortgewandter Demokratenführer zur bedeutendsten, von seinen Anhängern umjubelten, von seinen Gegnern gefürchteten Figur des Landtags. Würth blieb bei seiner Revolutionstheorie, wonach die Märzvorgänge das alte Recht beseitigt hätten und nun ein neues Recht geschaffen werden müsse.

Sein dauerndes Drängen im Landtag entsprang nicht zuletzt der Befürchtung, die alten Mächte könnten die Märzerrungenschaften wieder zunichte machen. Sympathien auch bei seinen politischen Gegnern verschaffte sich Würth gleich in den ersten Tagen, indem er die höchst unpopuläre Anwesenheit der bayerischen Truppe – sie befand sich noch in Vilsingen – zur Sprache brachte.

Er verlangte Rechenschaft über die Gründe der zweimaligen Besetzung und brachte damit die Regierung in Argumentationsschwierigkeiten. Jedenfalls erreichte er mit seinem Vorstoß den Abmarsch der Bayern aus dem Fürstentum.

Zu den dringendsten Aufgaben der Ständeversammlung gehörten die Behandlung der bäuerlichen Lasten, das Steuersystem und die Domänenfrage. Mit der unentgeltlichen Aufhebung der Alten Abgaben, der Bannrechte, der Jagdrechte auf fremden Grundstücken und der noch bestehenden Frondienste schuf der Landtag eine gesetzliche Grundlage für den Wegfall dieser Rechte im ganzen Land. Bei der Frage der Lösung des Lehenverbands bei bäuerlichen Lehen konnte die Linke und Würth eine entschädigungslose Ablösung nicht durchsetzen. Die Abschaffung des Blut- und des Neubruchzehnten ging verhältnismäßig rasch durch. Hart wurde aber um die Aufhebung bzw. die Fixierung des Großzehnten gerungen. Diesmal errang Würth nach einem intensiven Propagandafeldzug einen großen Erfolg. Der Landtag stimmte einer entschädigungslosen Aufhebung des Zehnten zu – doch die Regierung weigerte sich, den Beschluß anzuerkennen. Zu einer Einigung kam es auch nicht in der gegen Ende des Landtags behandelten Domänenfrage. Für das Fürstenhaus galten die 1803 und 1806 angefallenen Domänen als eine sicherere Existenzgrundlage als eine Zivilliste. Karl Anton war aber bereit, das mit 41 000 fl berechnete fürstliche Einkommen aus Regalien dem Lande zu überlassen. Würth anerkannte diese Konzession nicht als Ersatz für die Herausgabe der Domänen und forderte beides. Karl Anton setzte der Abgabe der Domänen an das Land ein kategorisches Nein entgegen und ließ Beschlüsse des Landtags in diesen Fragen unbeachtet. Die Hofkammer überwies allerdings für 1848/49 den Ertrag an Hoheitseinkünften von 41 000 fl an das Land.

Nachdem die von den Linken geforderte Einkommensteuer und die Übergabe der Domänen an das Land in dieser Sitzungsperiode nicht zustande gekommen waren, drängten die Konservativen auf Sparmaßnahmen, um den verschuldeten Staatshaushalt wieder in Ordnung zu bringen. Es war zugleich eine Abrechnung der alten Gegner Schencks mit dessen System des aufgeklärten Wohlfahrtsstaates. Die beschlossenen rigorosen Einsparungen gingen zu Lasten des Schulwesens, sozialer Einrichtungen, des Militärs und der Landwirtschaftsförderung – eine große Enttäuschung für den Regierungschef.

Die Behandlung kirchlicher Fragen nahm in diesem Landtag einen auffallend breiten Raum ein. Im Laufe der Sitzungsperiode kam es zu einer Konfrontation des aufgeklärten Katholizismus mit der neu aufgekommenen strengen Kirchlichkeit, von den Gegnern als Ultramontanismus bezeichnet. Die liberale Richtung verkörperten insbesondere die Beamten, die die Standesherren vertraten, die neukirchliche der Abgeordnete der Geistlichkeit, Pfarrer Silvester Miller. Im Namen der Religionsfreiheit griff Pfarrer Miller das Staatskirchentum an und verlangte die Freiheit der Kirche vom »Polizeistaat«. Die ihm im Landtag fehlende Unterstützung suchte er sich im Volke zu verschaffen durch die Abhaltung kirchlicher Volksversammlungen und die Gründung von »Piusvereinen«. Von seinen Forderungen konnte Miller die Aufhebung des Plazets, die Errichtung von örtlichen Stiftungsräten und die zweckentsprechende Verwendung der kirchlichen Stiftungen durchsetzen. Millers Angriffe auf den »Polizeistaat« fanden bei der Linken Symphathie, der Ultramontanismus freilich wurde von ihr bekämpft. Eine Sensation war der Meinungsumschwung Millers in der Zehntfrage. Aus einem Gegner der entschädigungslosen Aufhebung wurde bei der Abstimmung ein Befürworter. Allerdings knüpfte er daran die Bedingung eines standesgemäßen Einkommens der Pfarrer.

Wenn auch Würth und seine Anhänger mit dem Ergebnis des am 31. August beendeten Landtags nicht zufrieden waren, ist doch festzuhalten, daß diese Ständeversammlung dem Landvolk eine bemerkenswerte materielle Erleichterung gebracht hat.

Regenten- und Regierungswechsel in Sigmaringen

Tief enttäuscht über das revolutionäre Geschehen dankte Fürst Karl am 27. August zugunsten seines Sohnes Karl Anton ab. Als aufgeklärter Monarch war er zwar der Auffassung, daß der Souverän die vom Zeitgeist geforderten Maßnahmen rechtzeitig treffen müsse, aber jede Übereilung in der Gegenwart sei ein Zeitverlust für die Zukunft. Vom Ausbruch demokratischer Energien erschreckt, verstand er die Zeit nicht mehr.

Wenige Tage später verließ auch Schenck zu Schweinsberg das Land, das er fast neun Jahre lang in liberalem Geiste regiert hatte. Politische Meinungsverschiedenheiten mit dem Erbprinzen Karl Anton, der seit 1847 mehrfach seinen Vater vertrat, persönliche Anfeindungen von konservativer und kirchlicher Seite sowie die Radikalisierung der Demokraten bewogen ihn, sein Amt aufzugeben. Seine Stelle wurde provisorisch durch den Regierungsdirektor Mock besetzt.

September-Aufstand in Sigmaringen

Die Sigmaringer Demokraten versuchten nach der Sitzungsperiode des Landtags verstärkt, den politischen status quo zu verändern. Ihr Fackelzug am 3. September zu Ehren Würths war eine Demonstration der Stärke der Linken. Bei der Wahl des Nachfolgers von Pfarrer Sprißler für die deutsche Nationalversammlung am 23. September erhielt Würth 88 % der Stimmen im Fürstentum. Sprißler hatte aus Enttäuschung über den langwierigen Verlauf der Paulskirchen-Versammlung, aus Verärgerung über die Angriffe aus Sigmaringen wegen seiner gemäßigten Haltung und aus Furcht vor möglichen Maßnahmen seiner kirchlichen Oberen gegen ihn sein Mandat niedergelegt. Sein Antrag in der Nationalversammlung, den Zölibat aufzuheben, hat ihm wohl mehr Spott als Zustimmung eingetragen.

Hatte Würth mit seiner Parole von der Volkssouveränität im Landtag keine Verfassungsänderung erreichen können, so agitierten er und seine Anhänger jetzt offen für den Umsturz. Der »Erzähler« hämmerte unablässig die Forderung nach einer neuen Verfassung ein, wozu ein konstituierender Landtag berufen werden solle. Das Nahziel sei die »Befreiung von der Monarchie«. Mit Petitionen und Volksversammlungen wurde die politische Erregung lebendig gehalten. Nachrichten über Aufstände in Frankfurt, Baden und Württemberg verbreiteten sich wie ein Lauffeuer und mußten den Eindruck erwecken, der große Umsturz stehe bevor.

Als am 25. September in Sigmaringen die Meldung bekannt wurde, das Fürstentum werde von bayerischen Truppen besetzt, gab Würth das Signal zum Aufstand, indem er eilends für den nächsten Tag zu einer Volksversammlung in Sigmaringen aufforderte. Die auf dem Karlsplatz versammelte Menge stimmte den Anträgen Würths zur Aufstellung eines Sicherheitsausschusses und der Übernahme der Waffen aus der Kaserne Gorheim in die Obhut der Stadt zu. Durch Drohungen eingeschüchtert, nahm der Regierungschef Mock diese Beschlüsse zur Kenntnis.

Am nächsten Tag verließ der Fürst, der diese Zugeständnisse nicht anerkannte, mit der Regierung das Land, nachdem er die Bitte an die Frankfurter Zentralgewalt hatte richten lassen, die Ordnung im Fürstentum wiederherzustellen.

Die Flucht des Fürsten und der Regierung sowie die bevorstehende Besetzung durch fremde Truppen erzeugten im Land einen rasanten Stimmungsumschwung. Würth, der in der Erwartung einer Revolution in Baden und in Württemberg in Sigmaringen die Republik hatte ausrufen wollen, mußte erkennen, daß seine Voraussetzungen nicht eintrafen. Er und der nicht tätig gewordene Sicherheitsausschuß hielten sich nun ganz zurück. Der Sigmaringer »Erzähler« versuchte, das Geschehen vom 25./26. September zu bagatellisieren, und gab sich jetzt sehr gemäßigt.

Am 10. Oktober marschierten zwei bayerische Bataillone in das Fürstentum ein. Mit ihnen kam der Reichskommissar für Hohenzollern-Sigmaringen an, und am gleichen Tag kehrten auch der Fürst und die Regierung aus dem Überlinger Exil zurück. Einige führende Demokraten wurden verhaftet, aber nach einigen Tagen freigelassen. Würth, der krank in Sigmaringen lag, war als Frankfurter Abgeordneter immun. Mit der Annulierung der Beschlüsse der Karlsplatz-Versammlung vom 26. September war die Ordnung in Sigmaringen wiederhergestellt.

Politische Ruhe in Hechingen

Im Gegensatz zum Fürstentum Sigmaringen verlief in Hechingen die zweite Hälfte des Jahres 1848 ziemlich ruhig. Der Fürst hielt sich im fernen Schlesien auf und überließ das Regieren den Hechinger Beamten, denen die Führung fehlte. Die beiden politischen Vereine in Hechingen waren eingeschlafen. Das politische Leben wurde erst wieder reger, als Pfarrer Blumenstetter aus Frankfurt zurückkehrte. Wie Sprißler des parlamentarischen Lebens müde, gab er zu Anfang Oktober 1848 sein Mandat in der Nationalversammlung auf. Anfeindungen aus seinem Land haben seinen Entschluß beschleunigt. Blumenstetter hatte sich im Fürstentum unbeliebt gemacht, als er die Gemeinden, die keine Abgaben mehr entrichten wollten, mit scharfen Worten zurechtwies. Deutlich distanzierte er sich von den Radikalen und verlangte die Beachtung der Gesetze und die Absage an jede Art von Gewalt.

Politische Ernüchterung in Sigmaringen

Die drückende Last der Besatzung – auf die bayerischen folgten bis Februar 1849 württembergische Truppen – wirkte in Sigmaringen ernüchternd. Die Bilanz des Jahres 1848 blieb hinter den großen Erwartungen weit zurück. Die Sigmaringer Demokraten waren führerlos, als Würth seinen Platz in Frankfurt einnahm. Seine unvermindert radikalen Äußerungen, die von dort nach Sigmaringen durchdrangen, fanden nicht mehr das frühere Echo. Während der demokratische »Vaterländische Verein« an Bedeutung verlor, belebten die Sigmaringer Konstitutionellen ihren Verein wieder und setzten dem »Erzähler« eine regierungsfreundliche Zeitung des gemäßigten Liberalismus entgegen.

Die Regierung nutzte ihre wiedergewonnene Autorität, um ein Verfahren gegen Würth wegen Hochverrats anzustrengen. Obwohl die Nationalversammlung dessen Immunität aufhob, kam es in Sigmaringen jedoch zu keinem Prozeß.

Aufsehen erregte die Suspension von Pfarrer Sprißler durch das Erzbischöfliche Ordinariat Freiburg. Der Empfinger Pfarrer befand sich seit vielen Jahren in einem Dauerstreit mit seinen kirchlichen Oberen, die nun die politische Reaktion zum Vorgehen gegen ihn nutzten. Sprißler beachtete die Absetzung nicht und blieb unter dem Schutz seiner Gemeinde in Empfingen.

Der Wandel im politischen Leben wurde auch während des April-Landtages 1849 deutlich, der einen ruhigen Verlauf nahm. Es waren ein Finanzgesetz für das nächste halbe Jahr zu verabschieden und Verfassungsänderungen zu beschließen, die durch die Einführung der Grundrechte erforderlich geworden waren. Mit großer Mehrheit stimmte der Landtag einem neuen Wahlgesetz zu, das die allgemeine, direkte und geheime Wahl festlegte. Die Standesherrschaften und die Geistlichkeit waren künftig im Landtag nicht mehr vertreten. An die Stelle einer Ständeversammlung trat nun die Volkskammer. Beschlossen wurde auch die Trennung von Verwaltung und Justiz und die Abschaffung der Geheimen Konferenz. In der Frage der Großzehnten erklärte die Regierung ihre Bereitschaft zur Ablösung. Der Landtag beschränkte sich aber auf ein provisorisches Gesetz zur Regelung des Zehntbezugs für das Jahr 1849. Im Domänenstreit kam es wieder zu einer Vertagung, nachdem der Fürst erneut 20 500 fl für das nächste halbe Jahr an das Land überwiesen hatte.

Der Kampf um die Reichsverfassung

Im Frühjahr 1849 gerieten die beiden Hohenzollern in den Streit um die Annahme der Reichsverfassung. Wie viele kleinere Länder haben die hohenzollerischen Fürstentümer die in der Paulskirche beschlossene Reichsverfassung anerkannt, während sich die meisten großen Staaten gegen sie sperrten. Die radikale Linke in Deutschland rief zu einem Volksaufstand auf, um die Durchsetzung der Verfassung mit Gewalt zu erzwingen. Auch Würth forderte von Frankfurt aus dazu auf, und der »Erzähler« schrieb vom »Kampf auf Leben und Tod« mit den »fürstlichen Hochverrätern«. Die Welle der Begeisterung für die deutsche Einheit erfaßte in den hohenzollerischen Ländern auch gemäßigte Demokraten und selbst Konstitutionelle. Die Bürgerwehren versorgten sich mit Waffen. Vom Volk gedrängt, ließen die beiden Regierungen das Militär, die Bürgerwehr und die Beamten auf die Reichsverfassung vereidigen. Große Unruhe verursachte der von der Reichsregierung befohlene Ausmarsch des hohenzollerisch-liechtensteinischen Bataillons, weil der Verdacht bestand, dieses Militär werde gegen Demokraten eingesetzt.

Neues Aufflammen der Revolution

Wieder schien ein Umsturz bevorzustehen. Auf die große württembergische Demokratenversammlung in Reutlingen an Pfingsten 1849 folgten eine Woche später Volksversammlungen in Gammertingen und am Hohenzollern. Aus Furcht vor Gewaltstreichen verließ Fürst Friedrich Wilhelm Constantin gleich nach Pfingsten sein Land, in das er erst nach zwanzig Jahren als Toter zurückkehrte. Fürst Karl Anton war reisefertig für eine Flucht.

In Gammertingen verlangte Würth, die Erhebung in Baden und in der Pfalz zu unterstützen, ferner die Rückberufung des Militärs, die unentgeltliche Aufhebung sämtlicher Grundlasten, die Übergabe der Domänen an den Staat und die Einführung einer progressiven Einkommensteuer. Die Versammlung ließ diese Verlangen der Regierung in ultimativer Form vorlegen.

Im Unterschied zu der Gammertinger Versammlung war das Treffen der Märzvereine des Fürstentums Hechingen gemäßigter. Pfarrer Blumenstetter gelang es, die Forderungen auf den gesetzlichen Weg zu verweisen. Als Direktor der Hechinger Landesdeputation rief er zwei Tage später die Abgeordneten zusammen und legte ihnen die Beschlüsse der Versammlung am Hohenzollern vor. Die Wünsche, die daraufhin die Landesdeputierten der Regierung vortrugen, betrafen in der Hauptsache die Anerkennung der Beschlüsse der Nationalversammlung, die Beachtung der Reichsverfassung und die Rückberufung des hohenzollerischen Kontingents.

In der Erkenntnis, daß sie in der deutschen Frage keine von Württemberg unabhängige Politik betreiben könnten, holten die Hechinger und die Sigmaringer Regierung Rat in Stuttgart. Württemberg anerkannte noch zu diesem Zeitpunkt die provisorische Zentralgewalt, war aber nicht bereit, die Reichsverfassung mit Gewalt durchzuführen. Auf dieser Linie hielten sich auch die hohenzollerischen Regierungen.

In Hechinger Dörfern sprach man wieder von Aufstand. Die am 10. Juni in Grosselfingen versammelten Deputationen aus den meisten Gemeinden des Landes beschlossen, die Abgaben zu verweigern, die Regierung zu stürzen und den unnützen Landtag nicht mehr anzuerkennen. Die Klagen über zu hohe Abgaben und das schlechte Steuersystem standen wieder im Vordergrund und erinnerten an die alten Landes-Gravamina.

Das Ende der Revolution

Die entschiedene Haltung der württembergischen Regierung gegenüber dem Rumpfparlament und der Reichsregentschaft veranlaßte die Sigmaringer Regierung, nun auch ihrerseits gegen die radikalen Forderungen aufzutreten. Am 22. Juni wies sie die Gammertinger Beschlüsse kategorisch ab.

Aus Stuttgart vertrieben, reiste die Reichsregentschaft durch Hohenzollern nach Freiburg. Dort bestellte sie am 25. Juni Würth zum Reichskommissar für die hohenzollerischen Fürstentümer. Sein Versuch, in dieser Funktion in Hohenzollern tätig zu werden, ist von den Regierungen strikt zurückgewiesen worden. Die Beschlüsse des Rumpfparlaments und der Regentschaft wurden von keiner deutschen Regierung mehr anerkannt. Würths Aufforderungen zur Volkserhebung verhallten unbeachtet. Als er Anfang Juli nach Sigmaringen kommen wollte, hielt ihn eine nach Meßkirch entgegengekommene Deputation des Sigmaringer Gemeinderats davon zurück. Nun sah auch er die Zwecklosigkeit seines Handelns ein. Nach dem Sieg der preußischen Truppen über den Aufstand in Baden war die revolutionäre Zeit in den hohenzollerischen Fürstentümern vorüber: Mit dem Erscheinen preußischen Militärs in Hohenzollern zu Anfang August 1849 begann für die hohenzollerischen Länder ein neuer Abschnitt ihrer Geschichte.

Die hohenzollerischen Fürsten suchen Hilfe in Stuttgart und Berlin

Der 11. März 1848 hatte dem Fürsten von Hohenzollern-Hechingen seine Machtlosigkeit bei einem Aufstand seiner Untertanen deutlich vor Augen geführt. Seine Vorgänger in früheren Jahrhunderten waren wiederholt gezwungen gewesen, sich militärischer Hilfe aus Württemberg zu bedienen, um sich gegen die Bevölkerung ihres Landes durchzusetzen. Auch Friedrich Wilhelm Constantin erbat nach der Erhebung am 11. März auf privatem Wege württembergische Hilfe, die ihm für den Bedarfsfall zugesagt wurde. Äußerungen des Fürsten ließen allerdings erkennen, daß er ein tiefes Mißtrauen gegen Württemberg hegte, das im Laufe der Jahrhunderte mehrfach versucht hatte, sich Hohenzollern einzuverleiben, zuletzt in der napoleonischen Zeit. Mit diesem Argwohn ist schwer zu vereinbaren, daß die hohenzollerischen Fürsten – wie eine Quelle wissen will – im Jahre 1848 ihre Länder dem König von Württemberg angeboten haben sollen; dieser habe aber abgelehnt. Sicher ist jedenfalls, daß Friedrich Wilhelm Constantin sein Land spätestens im April 1848 dem Fürsten von Sigmaringen angetragen hat. Nachdem er von dort keine Zusage erhielt, wandte er sich – den bestehenden Verträgen entsprechend – nach Berlin. Aber auch König Friedrich Wilhelm IV. wollte das Angebot nicht annehmen.

Fürst Karl suchte gleichfalls die preußische Hilfe. Ihm ging es zunächst um einen Beistand, wenn seine revolutionären Untertanen ihm die Domänen entreißen sollten. Ende April 1848 ließen die beiden Fürsten in Berlin über die preußische Bereitschaft zu einer Hilfe bzw. zu einer Übernahme der Fürstentümer sondieren. Die Ausflüchte des Königs und seiner Regierung waren für die schwäbischen Hohenzollern enttäuschend. Berlin wollte sich angesichts der unklaren deutschen Verhältnisse nicht in Süddeutschland engagieren.

Nach der Zurückweisung durch Preußen schlug Schenck seinem Fürsten vor, die Souveränität von Hohenzollern-Sigmaringen an die deutsche Nationalversammlung abzutreten und damit den anderen kleinen Staaten ein Signal für die deutsche Einigung zu geben. Fürst Karl erwärmte sich für diese Idee, wollte die Entscheidung aber seinem Sohne überlassen, der Bedenken äußerte. Im August 1848 fuhr Karl selbst zu der neuen Frankfurter Zentralgewalt und gewann dort den Eindruck, daß die kleinen deutschen Fürstentümer in absehbarer Zeit mediatisiert würden. Bei einem freiwilligen Verzicht sei mit der Belassung der Domänen beim seitherigen Besitzer zu rechnen. Am 27. August 1848 dankte Fürst Karl zugunsten seines Sohnes Karl Anton ab und übertrug damit diesem die Entscheidung über die politische Zukunft des Fürstentums.

Die hohenzollerische Bevölkerung und die Abtretungsfrage

Die geheimen Verhandlungen der Fürsten über eine Abtretung ihrer Souveränität konnten der Bevölkerung nicht verborgen bleiben. Die Diskussion in Hechingen – auch der Landtag beschäftigte sich im November 1848 damit – führte zu einer sehr realistischen Einschätzung der Lage: das ohnehin stark verschuldete kleine Land ist den Anforderungen an einen modernen Staat finanziell nicht gewachsen; die Mehrbelastung durch die Erfordernisse der Frankfurter Zentralgewalt kann vom Fürstentum Hechingen nicht getragen werden. Das war die Auffassung sowohl von Pfarrer Blumenstetter wie von Regierungsdirektor von Wangenheim. Blumenstetter vertrat die Ansicht, daß alle deutschen Staaten mit weniger als 500 000 Einwohnern an größere Länder angeschlossen oder mit anderen kleinen Ländern vereinigt werden sollten.

Die Sigmaringer Demokraten hatten keine Bedenken gegen den Verzicht auf die Selbständigkeit. Ablehnung fand er in den beiden Residenzstädten, weil mit dem Verlust von Hof und Regierung empfindliche geschäftliche Einbußen zu erwarten waren. Die katholische Geistlichkeit stand einem Anschluß an Württemberg aus kirchlichen Gründen ablehnend gegenüber. In der gesamten zollerischen Bevölkerung war ein starkes Ressentiment gegen Württemberg vorhanden. Der Sigmaringer »Volksfreund« zeigte eine geradezu krankhaft-gehässige Abneigung gegen den nördlichen Nachbarn. Für diese Zeitung war Württemberg der »Schreiberstaat«, der Staat der »Federfuchser, Tintenrührer und Federkielritter«. Wenn die Selbständigkeit aufgegeben werden müsse, wünschte der »Volksfreund« lieber einen Anschluß an Preußen als an Württemberg.

Verhandlungen mit der Frankfurter Zentralregierung

Obwohl zunächst von der Notwendigkeit der Souveränitätsabtretung noch nicht überzeugt, ließen die revolutionären Ereignisse in Sigmaringen, das Drängen seines Vaters und die Sorge um den Domänenbesitz den neuen Fürsten von Sigmaringen im Oktober 1848 zu dem Entschluß kommen, die Entscheidung nicht mehr länger hinauszuschieben. Er schickte im November einen Abgesandten nach Frankfurt und begab sich kurz darauf selbst zur Zentralgewalt. Am 8. Dezember lag der Entwurf eines Übereinkommens zwischen der Reichsregierung und dem Fürsten vor, wonach das Fürstentum entweder mit einem Nachbarstaat verschmolzen oder aber auf mehrere Staaten aufgeteilt werden sollte. Jetzt erhob Preußen Einspruch gegen die Abtretung, wobei es sich auf die Erbverträge von 1695 und 1707, das Familienstatut von 1821 und auch auf die Sigmaringer Verfassung von 1833 stützen konnte. Diese preußische Erklärung kam Karl Anton sehr gelegen, denn bei der norddeutschen stammverwandten Dynastie lagen seine Sympathien. Mit seinen Verhandlungen in Frankfurt hatte er die Stellungnahme Berlins herausgefordert.

Verhandlungen mit Berlin

Bevor der Fürst von Sigmaringen an Weihnachten 1848 nach Berlin kam, um dort die neue Lage zu erörtern, war Friedrich Wilhelm Constantin bereits dort gewesen. Der Hechinger Fürst wollte sich im Hinblick auf die von ihm befürchtete Mediatisierung durch Württemberg des preußischen Schutzes versichern.

Karl Anton mußte bald feststellen, daß Preußen zwar die Mediatisierung durch die Reichsgewalt nicht billigte, aber nicht bereit war, die Fürstentümer zu übernehmen. Das Ministerium fürchtete Konflikte mit süddeutschen Staaten, und der König konnte eine Einverleibung der Fürstentümer nicht mit seiner Auffassung von monarchischer Legitimität vereinbaren. Nach fünf Wochen reiste der Sigmaringer Fürst enttäuscht aus der preußischen Hauptstadt ab mit der allgemeinen Zusage des Königs, ihm im Notfall Beistand zu leisten. Es bedurfte des dauernden Drängens und Bittens beider Fürsten, bis König Friedrich Wilhelm IV. im Mai 1849 schließlich doch dem Abschluß eines Vertrags zustimmte. Die zollerischen Bittsteller hatten in dem Grafen Stillfried, dem Vize-Oberzeremonienmeister des Königs, einen unentwegten Fürsprecher. Stillfried führte dem König vor Augen, daß sich die Fürsten »dem vierhundertjährigen württembergischen ... Erbfeind unvermeidlich in die Arme werfen« müßten, wenn sie von Preußen abgewiesen würden. Eine solche »Schmach« für den hohenzollerischen Namen dürfe der König nicht dulden.

Nach den Volksversammlungen in Gammertingen und am Hohenzollern zu Beginn des Monats Juni 1849 berichteten die beiden Regierungen ihre Lage in düsteren Farben nach Berlin, worauf der König seinen in Baden stehenden Bruder Wilhelm anwies, mit preußischen

Truppen die Ordnung in Hohenzollern wiederherzustellen. Am 3. August rückte ein preußisches Regiment in Sigmaringen und am 6. August in Hechingen ein.

Der Vertrag mit Preußen

In Berlin hatten die Unterhändler der Fürsten noch manche Schwierigkeiten bis zum Abschluß des Abkommens zu überwinden. Am 7. Dezember 1849 endlich konnte der Vertrag von dem Hechinger Finanzrat von Billing unterzeichnet werden.

Die Fürsten hatten Grund, mit dem Ergebnis der langen Verhandlungen zufrieden zu sein: der Fürst von Hechingen erhielt eine Jahresrente von 10 000, der Fürst von Sigmaringen eine solche von 25 000 Talern. Die Domänen wurden von Preußen als »wahres Fürstlich Hohenzollernsches Stamm- und Fideikommiß-Vermögen« anerkannt. Der kinderlose Friedrich Wilhelm Constantin überließ am 3. Februar 1850 in einem Erb- und Schenkungsvertrag dem Fürsten Karl Anton seinen gesamten Besitz im Fürstentum Hechingen gegen eine jährliche Rente von 40 000 fl.

Nachdem das »Gesetz über die Vereinigung der Hohenzollernschen Fürstentümer mit dem Preußischen Staatsgebiet« am 12. März 1850 erlassen war, fand die feierliche Übergabe am 6. April in Sigmaringen und am 8. April in Hechingen statt.

Das Erscheinen Preußens in Süddeutschland wurde an manchen Höfen mit Argwohn aufgenommen. Wer aber den Preußen »Gelüste« nach den hohenzollerischen Landen unterstellte oder gar von Usurpation sprach, kannte die wirklichen Hintergründe nicht. Die preußische Regierung und insbesondere der König haben sich lange gesträubt, die Fürstentümer zu übernehmen. Erst das unablässige und inständige Bitten der schwäbischen Verwandten und ihre nach Berlin gerichteten Hiobsmeldungen über die Zustände in ihren Ländern haben den König schließlich bewogen, Truppen zu schicken und dem Vertragsabschluß zuzustimmen.

Die hohenzollerische Bevölkerung hat die staatsrechtliche Änderung widerstandslos hingenommen. Auffallend freundlich sind die preußischen Truppen in Hechingen empfangen worden. Das Volk war in beiden Fürstentümern zur Abtretung nicht gefragt worden, obwohl der Vertrag mit Preußen verfassungsändernde Abmachungen enthielt. Die Landtage sind von den Regierungen nicht davon unterrichtet worden, doch haben die Volksvertretungen in dieser wichtigen Sache auch keine Einberufung verlangt. Trotz der landsmannschaftlichen Mentalitätsunterschiede ist es der preußischen Verwaltung gelungen, sich bei der hohenzollerischen Bevölkerung Achtung zu verschaffen. Das Volk begann, die Vorteile der Zugehörigkeit zu einem großen Staat zu schätzen, und hat sich in seiner großen Mehrheit nie mit den neuen Verhältnissen unzufrieden gezeigt.

Literaturhinweise

Gönner, Eberhard: Die Revolution von 1848/49 in den hohenzollerischen Fürstentümern und deren Anschluß an Preußen. (Arbeiten zur Landeskunde Hohenzollerns. Heft 2.) Hechingen 1952.

Gönner, Eberhard: Die hohenzollerischen Stände. In: Von der Ständeversammlung zum demokratischen Parlament. Hrsg. von der Landeszentrale für politische Bildung Baden-Württemberg. Stuttgart 1982, S. 183–201.

Kuhn-Rehfus, Maren: Die Integration Hohenzollerns in Preußen. In: Zur Eingliederung neugewonnener Gebiete in den preußischen Staat. Hrsg. von Peter Baumgart. Köln–Wien 1984, S. 299–325.

Langewiesche, Dieter (Hrsg.): Die deutsche Revolution von 1848/49. Darmstadt 1983.

Loose, Rainer: Die Langenenslinger Volksversammlung am St.-Peter-und-Paulstag 1848. In: Heimatkundliche Blätter für den Kreis Biberach 12 (1989) S. 14–22.

Stadelmann, Rudolf: Soziale und politische Geschichte der Revolution von 1848. München 3. Aufl. 1973.

Wollstein, Günter: Deutsche Geschichte 1848/49. Gescheiterte Revolution in Mitteleuropa. Stuttgart 1986.

Hermann Grees

Siedlung, Bevölkerung, Wirtschaft

I Siedlung und Bevölkerung

1 Das Siedlungsgefüge

Hohenzollern ist ein überwiegend ländliches Gebiet. Auch nach den Eingemeindungen vom Anfang der siebziger Jahre hat keine der acht Städte über 20 000 Einwohner: Hechingen hat 18 008, Sigmaringen 16 000, Burladingen 12 845, Haigerloch 10 581, eine weitere Stadt und zwei ländliche Gemeinden haben über 5 000, alle übrigen unter 5 000 Einwohner (1993). Nur 24 Gemeinden behielten bei der Gemeindereform ihre kommunale Selbständigkeit, davon wurden lediglich fünf nicht durch Eingemeindungen vergrößert. Bei der Neuformierung der Gemeinden wurden auch ehemals zollerische und nichtzollerische Gemeinden zusammengeschlossen, besonders war dies bei den Ex- und Enklaven sowie bei den peripheren Gemeinden der Fall.

Der überwiegend ländliche Charakter Hohenzollerns kommt auch darin zum Ausdruck, daß von den sieben alten Städten mit weniger als 2 000 E. fünf seit 1883 amtlich nicht mehr als Stadt geführt wurden und ihren Stadttitel erst 1951 wieder zuerkannt bekamen. Der ehemalige Marktflecken Burladingen, heute ein wichtiger Industriestandort, erhielt das Prädikat Stadt erst 1978 nach der Eingemeindung von neun ehemals selbständigen Gemeinden.

Das Städtemuster und die langgestreckte Gestalt des Landes haben auch die Absatz- und Versorgungsbeziehungen und damit die zentralörtlichen Verhältnisse geprägt. Die beiden wichtigsten Zentralen Orte waren die zollerischen Residenzstädte Sigmaringen und Hechingen, und sie gelten auch heute noch nach dem Landesentwicklungsplan (LEP) als Mittelzentren. Ihre Verflechtungs- oder Mittelbereiche zeichnen ungefähr das hohenzollerische Territorium nach, für Sigmaringen in Nord-Süd-Erstreckung unter Einschluß der Unterzentren Pfullendorf und Gammertingen, Meßkirch und Mengen, für Hechingen in West-Ost-Erstreckung unter Einschluß der Unterzentren Haigerloch und Burladingen. Hinsichtlich der Oberzentren war Hohenzollern früher, sofern damals entsprechende Beziehungen überhaupt möglich und erforderlich waren, ganz auf die ziemlich weit entfernten Oberzentren Reutlingen/Tübingen, Ravensburg, Konstanz und Villingen angewiesen, und das gilt bis heute, auch für einige nähere, relativ gut ausgestattete Mittelzentren, nämlich Balingen, Albstadt, Tuttlingen, Rottweil, Saulgau und Riedlingen (s. Karte 5). Die ehemaligen Zwergstädte Gammertingen und Haigerloch erfüllen heute die Funktion von Unterzentren, Trochtelfingen und Veringenstadt sind als Kleinzentren ausgewiesen wie die früheren Marktflecken Ostrach, Krauchenwies, Burladingen, Langenenslingen und Empfingen sowie das stark industrialisierte Bisingen. Kaum überörtliche zentrale Funktionen üben das Städtchen Hettingen und die Marktflecken Glatt, Gruol, Rangendingen, Grosselfingen, Melchingen, Inneringen und Bingen aus.

Hechingen konnte den zweimaligen Verlust einer gehobenen Verwaltungszentralität von 1850 und 1972 durch seine relativ frühe Industrialisierung und seine günstige Verkehrslage auf der Entwicklungsachse im Albvorland einigermaßen ausgleichen. Die Stadt und ihr verstädtertes Umland werden im LEP als einziger Teil Hohenzollerns im Anschluß an die Randzone des Verdichtungsraums Mittlerer Neckar um Reutlingen-Tübingen einem »Verdichtungsbereich im ländlichen Raum« zugerechnet, der sich bis Balingen und Albstadt erstreckt.

Natürlich wurde nicht nur um Hechingen, sondern auch im Sigmaringer Umland die Entwicklung der ländlichen Siedlungen durch die städtische Entwicklung beeinflußt, wenn auch in geringerem Maße. Auch hier sind die größeren Nachbarorte von Sigmaringen, Sigmaringendorf vor allem, in der Nachkriegszeit zu kleineren gewerblichen und Dienstleistungsstandorten oder zu Pendlerorten geworden, deren Erwerbspersonen hauptsächlich in Sigmaringen, Sigmaringendorf (Laucherthal), Krauchenwies und Inzigkofen arbeiten. Das gilt auch für die Dörfer im Bereich des mittleren Schmeietals, die aber stärker nach Albstadt-Balingen hin orientiert sind. Ebenso haben die Orte auf der Alb entlang dem Lauchert-, Fehla-, Seckachtal um Gammertingen, Hettingen, Burladingen und Trochtelfingen ihren rein ländlichen Charakter zum Teil verloren.

In der Größe und Verteilung, aber auch in der Sozialstruktur der ländlichen Siedlungen gibt es seit langem deutliche Unterschiede (s. Karte 2). Das Unterland, das Killertal eingeschlossen, ist gekennzeichnet durch seine großen, relativ dicht gestreuten Kleinbauerndörfer mit einigen Einzelhöfen und Weilern dazwischen, deren Zahl durch die Aussiedlerhöfe der Nachkriegszeit stark zugenommen hat. Lediglich zwei Landschaftsstreifen sind fast siedlungsleer, die Keuperstufe und

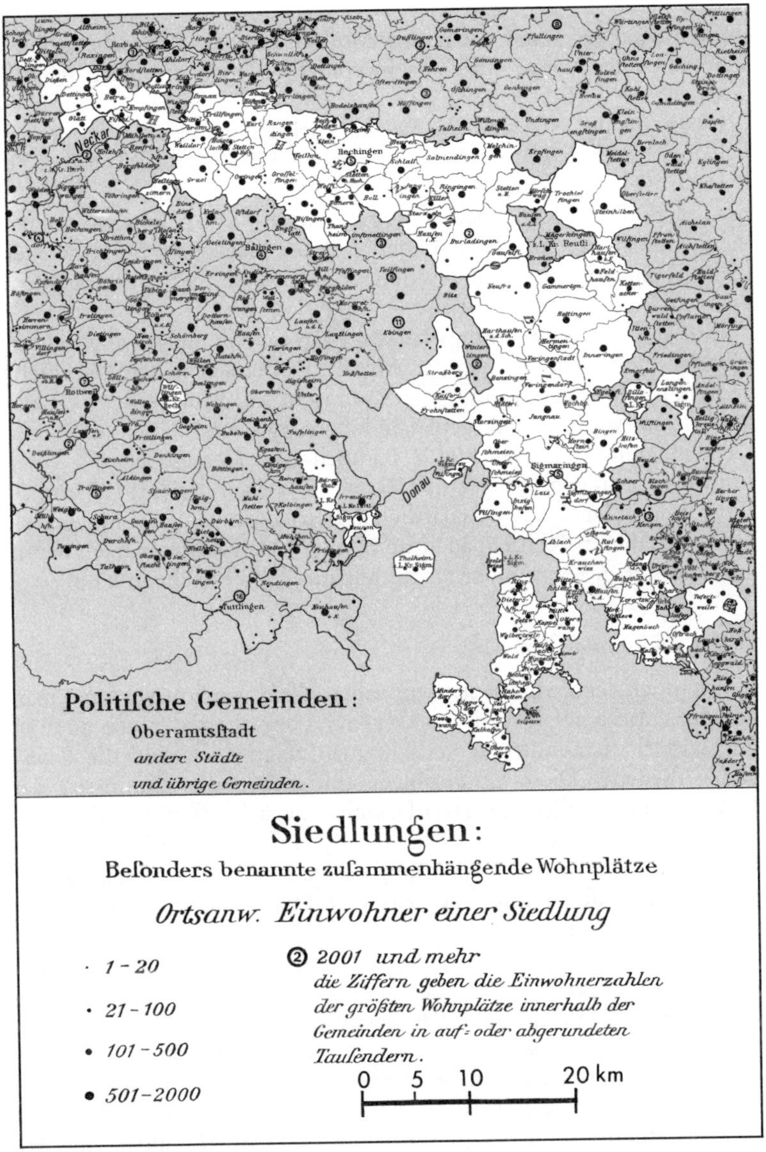

2. Die Siedlungen 1910

Ausschnitt aus: Siedlungs-Karte des Königreichs Württemberg und der Hohenzollernschen Lande, aufgebaut auf der Gemarkungsgrundkarte, nach dem Stande vom 1. Dezember 1910. Hrsg. von dem K. Statist. Landesamt. Stuttgart 1913.

ihr Gipskeupervorland sowie der Albtrauf und die Albvorberge einschließlich der Hänge mit den schweren Tonböden, aus denen sie sich erheben.

Oben auf der Alb sind die Dörfer ebenfalls recht stattlich, liegen jedoch wesentlich weiter auseinander als im nördlichen Albvorland. Zu ihren großen Gemarkungen gehören freilich auch ausgedehnte Wälder, besonders auf der Kuppenalb. Nur im Lauchert- und Schmeietal folgen die Siedlungen dichter aufeinander. Auf der Flächenalb liegen wieder mehr Kleinsiedlungen dazwischen, auch hier vermehrt durch junge Aussiedlerhöfe.

Eine ganz andere Siedlungsstruktur zeigt sich im moränenbedeckten Oberland vor allem südlich der Ablach. Es herrschen, ziemlich dicht gedrängt, Kleindörfer und Weiler vermischt mit Einzelhöfen vor, die bereits zum Streusiedlungsgebiet Südoberschwabens überleiten. Bis zur Gemeindereform gab es hier z. B. noch fünf Gemeinden mit einer Einwohnerzahl von weniger als 100 und 17 Gemeinden mit 100 bis 200 Einwohnern. Die landwirtschaftlichen Betriebe im Süden sind deutlich größer als die im Norden, auch wenn man viele von ihnen nach heutigen Maßstäben kaum mehr als mittelbäuerlich bezeichnen kann.

2 *Der »Nord-Süd-Gegensatz«*

Hinsichtlich der Siedlungsstruktur innerhalb Hohenzollerns kann man geradezu von einem Nord-Süd-Gegensatz sprechen, der sich auch in den wirtschaftsräumlichen Verhältnissen zeigt, doch sind die Übergänge fließend. Diese Unterschiede sind neben den Einflüssen der Landesnatur vor allem auf zwei Ursachen zurückzuführen, auf Unterschiede in der Besiedlungsgeschichte und auf die durch Jahrhunderte hindurch übliche Art der Vererbung der bäuerlichen Anwesen. Die im Gäu und im Albvorland liegenden Teile Hohenzollerns gehören fast ausnahmslos zum neckarschwäbischen Realteilungsgebiet, d. h. hier wurden im Erbgang die Grundstücke und oft sogar auch das Haus gleichmäßig, »real«, an die Erben aufgeteilt, was nicht nur die Besitzzersplitterung, sondern auch das Bevölkerungs- und Siedlungswachstum förderte. Im Oberland südlich der Alb dagegen war überall die geschlossene Vererbung üblich. Hier bekam der »Anerbe« alle Liegenschaften, und seine Geschwister, die »weichenden Erben«, mußten mit Geld abgefunden werden. Die Gemeinden auf der Alb bilden eine Art Übergangszone. Auf der Kuppenalb herrschte noch die Realteilung vor, in den meisten Laucherttalgemeinden waren Mischformen üblich, während diesseits und jenseits des Laucherttals, mit Ausnahme von Harthausen auf der Scher, die geschlossene Vererbung gebräuchlich war, z. T. ebenfalls mit gewissen Abwandlungen. Eine Begründung dieser Differenzierung ist schwierig. Neben alter Gewohnheit, den natürlichen Ertragsbedingungen, den Leiheformen für die von den Bauern bewirtschafteten Lehengüter spielte auch der herrschaftliche Einfluß eine Rolle. Im althohenzollerischen Gebiet z. B. war die Realteilung überall erlaubt.

3 Der Gang der Besiedlung

Das Unterland und die Schwäbische Alb gehören nach dem Indiz der verbreiteten Ortsnamen mit der Endung -ingen und zahlreichen Reihengräberfunden aus dem 6./7. Jahrhundert zum Altsiedelland. Hier reichen die Wurzeln der älteren Siedlungen bis in die Zeit der alemannischen Landnahme im 3. bis 6. Jahrhundert zurück. Das Weilergebiet im Süden ist offensichtlich erst später besiedelt worden. Hier fehlen die -ingen-Namen (der südlichste ist Rulfingen), und außer einigen auf Wald und Rodung hinweisenden Ortsnamen und solchen, die mit Geländebezeichnungen zusammengesetzt sind, gibt es etwa 20 -weiler-Namen (einschließlich der Namen abgegangener Orte).

Spuren der frühen Kulturlandschaftsentwicklung

Die Anfänge der Kulturlandschaftsentwicklung reichen natürlich noch sehr viel weiter zurück. Die deutlichsten Überreste einer ersten seßhaften Besiedlung in Hohenzollern finden sich in dem kleinen Egelsee-Moor bei Rulfingen, wo bereits 1893 eine jungsteinzeitliche Siedlung entdeckt wurde. Neben Funden aus der Alt- und Mittelsteinzeit, in der das Eiszeitalter zu Ende ging, wurden in den Albhöhlen des Donau-, Lauchert- und Schmeietals auch Spuren von Benutzern in der Jungsteinzeit gefunden. Besonders die Burghöhle bei Dietfurt weist eine fast lückenlose Fundfolge auf, die auch in den folgenden vor- und frühgeschichtlichen Perioden weitergeht. Auch das Unterland war in den einzelnen Phasen der Jungsteinzeit immer wieder besiedelt, wie besonders die Funde auf den Gäuflächen um Haigerloch belegen.

Ein bevorzugtes Siedlungsgebiet bleiben die Alb und ihr nördliches Vorland in der Bronze- und Urnenfelderzeit. Das zeigen z. B. die frühbronzezeitlichen Grabfunde in Veringenstadt, die zahlreichen Grabhügel auf den Höhen zu beiden Seiten des Laucherttales aus der mittleren Bronzezeit wie auch die urnenfelderzeitlichen Funde in Burladingen, Gammertingen und Sigmaringen. Im Unterland sind entsprechende Siedlungsspuren weniger deutlich.

Auch die Kelten der vorrömischen Eisenzeit oder Hallstattzeit siedelten im hohenzollerischen Gebiet. Wiederum wird dies durch zahlreiche Grabhügel bezeugt, von denen die größten Fürstengrabhügel mit reichen Beigaben waren, z. B. bei Vilsingen. Überreste der dazugehörigen befestigten Siedlungen sind im Hohenzollerischen z. B. bei Beuron (»Altstadt«, »Käpfle«) und Langenenslingen (»Alte Burg«) nicht so eindrucksvoll wie in der nahen Heuneburg bei Hundersingen.

Als die Römer um die Mitte des 1. Jahrhunderts n. Chr. bis zur Donau vorrückten, wurde von ihnen auch das hohenzollerische Gebiet erreicht. Am sog. Donaulimes wird in dieser Zeit bei Laiz ein römisches Kastell vermutet. Um das Jahr 80 wurde an der Wasserscheide Fehla-Starzel bei Burladingen ein Kastell des sog. Alblimes zwischen den Kastellen Lautlingen und Gomadingen angelegt. Diese Kastelle wurden durch Straßen (»Hochgesträß«) untereinander verbunden.

Als Hinweise auf die Siedlungsgunst und für die Entwicklung der Kulturlandschaft wichtiger waren die zahlreichen, insgesamt über 30 römischen Gutshöfe, die im späteren Hohenzollern entdeckt wurden. Sie häufen sich vor allem auf den ackergünstigen Terrassen über dem Donau- und unteren Laucherttal, im übrigen Oberland fehlen sie fast ganz, mit wenigen Ausnahmen im Ablach- und Ostrachtal. Auf der Alb finden sie sich nur vereinzelt. Etwas zahlreicher sind sie im Gäu und im Albvorland, wo ja der erst 1972 entdeckte Gutshof bei Stein-Hechingen, eine der größten Anlagen dieser Art, zu einem Freilichtmuseum eingerichtet wurde.

Besiedlung durch die Alemannen

Aus den sehr unruhigen eineinhalb bis zwei Jahrhunderten nach dem Abzug der Römer um 260 gibt es kaum Zeugnisse davon, wie sich die Alemannen in dem von ihnen eroberten Gebiet niedergelassen haben. Als sie seßhaft wurden, gründeten sie in der Regel neue Siedlungen, auf die ein großer Teil unserer heutigen Siedlungen zurückgeht, besonders die -ingen-Orte. Davon gibt es 35 in Hohenzollern, wozu noch wenigstens 14 weitere kommen, die später wieder abgegangen sind. Sie verteilen sich locker auf das Unterland und die Alb, wo sie sich in den für die Landwirtschaft günstigeren Bereichen finden. Lediglich im später besiedelten Moränenland südlich des Ablachtales fehlen sie ganz. Heute sind es meist stattliche Dörfer, und es waren auch bereits Dörfer in der frühen Neuzeit, wie die nun verfügbaren schriftlichen Quellen zeigen. Doch darf man daraus nicht schließen, daß die Siedlungen auch schon als Dörfer gegründet worden seien.

Vielmehr standen am Anfang Kleinsiedlungen, Einzelhöfe, Hofgruppen oder Weiler, die von Personenverbänden gegründet wurden, auf die sich die mit Vornamen gebildeten -ingen-Namen beziehen. Dies läßt sich aus den archäologisch untersuchten Grablegen erschließen, den sog. Reihengräbern, in denen die alemannischen Siedler seit dem 5./6. bis zum beginnenden 8. Jahrhundert ihre Toten mit reichen Beigaben bestatteten. Diese Grabbeigaben lassen sich zeitlich einordnen und erlauben auch Rückschlüsse auf die Lebensweise der Bewohner sowie auf die Sozialstruktur in den Siedlungen und ihre jeweilige Größe. Bis jetzt hat man etwa 30 solcher Reihengräberfriedhöfe in Hohenzollern entdeckt.

Der größte und bekannteste mit etwa 300 bis 350 Bestattungen ist der von Gammertingen, der spätestens seit der Mitte des 5. bis zum Anfang des 8. Jahrhunderts belegt wurde. Die Siedlung, aus der sich Gammertingen entwickelte, könnte hier in einer Weitung des Laucherttals schon im 4. oder frühen 5. Jahrhundert gegründet worden sein. Anfänglich bestand sie wohl nur aus einem großen Herrenhof, auf dem etwa 20 bis 25 Menschen einschließlich der Kinder wohnten. Im frühen 8. Jahrhundert waren es höchstens drei bis vier Höfe mit geschätzten 60 bis 70 Bewohnern, die deutliche soziale Rangunterschiede aufwiesen. Ein großes, prunkvoll ausgestattetes Grab mit prächtig verziertem Helm, einem Kettenpanzer und Schild, Waffen, Pferdegeschirr und sonstigen Beigaben wurde um 570 belegt. Der Mann in diesem »Fürstengrab« muß zur obersten alemannischen Führungsschicht gehört haben wie auch noch seine Nachkommen. Einer seiner Vorfahren dürfte der Siedlungsgründer gewesen sein. An den Grabbeigaben kann man auch die Angehörigen einer Mittelschicht und einer unteren Schicht erkennen, wohl hauptsächlich Knechte und Mägde. Auch nach der Christianisierung, die im ausgehenden 6. oder beginnenden 7. Jahrhundert erfolgte, wie man aus den gefundenen Goldblattkreuzen schließen kann, wurde die Sitte der Grabbeigaben bis zum frühen 8. Jh. zunächst beibehalten. Danach wurden die Toten ohne Beigaben bei der Kirche bestattet.

Auch die meisten anderen Altsiedlungen dürften sich aus ähnlich kleinen Anfängen entwickelt haben. Wo mehrere Reihengräberfriedhöfe in oder bei einer Ortschaft gefunden wurden, z. B. in Bisingen, Burladingen, Empfingen, Hechingen und Langenenslingen, dürften diese Orte aus mehreren, nahe beieinanderliegenden Siedlungszellen zusammengewachsen sein.

Siedlungswachstum und jüngere Siedlungen

Schon bald nach dem Aufhören der Reihengräberbestattungen setzt im 8./9. Jahrhundert die ortsbezogene schriftliche Überlieferung ein. In Hohenzollern sind es Urkunden oder später angelegte Verzeichnisse über Schenkungen vor allem an die frühen Klöster St. Gallen und Lorsch. Neben zahlreichen -ingen-Orten, etwa 15 um das Jahr 1 000, sind auch einige andere genannt, so Glatt 725/59, Betra 786, Beuren 786, Weildorf 786, Dettensee 816, Frohnstetten 842, Mindersdorf 843,

Ostrach 851, Feldhausen 865, vielleicht auch Walbertsweiler (Waldrammeswilare quod prius vocabatur Uodalprechteswilare) 854, Tafertsweiler (Tagebrehteswilare) 909, Liggersdorf 970 und Oberndorf 975. Inzwischen sind also viele neue Siedlungen entstanden, die meisten wohl als Ausbausiedlungen älterer Orte. Auch sie begannen in der Regel als Kleinsiedlungen, deren Namen auf verschiedene Art gebildet wurden. Jedenfalls können demnach Orte mit -dorf-, -beuren-, -hausen-, -stetten-Namen bis ins neunte, vielleicht bis ins 8. Jahrhundert zurückreichen. Die zahlreichen -weiler-Orte im südlichen Oberland, deren Namen auffallend häufig einen Personennamen (im Genitiv) enthalten, dürften wie die dort ebenfalls verbreiteten Orte mit Geländenamen, z. T. auch mit Wald- und Rodenamen, ihre Entstehung einer breiter angelegten Rodeunternehmung verdanken, die auch schon im 9./10. Jahrhundert begonnen haben könnte und mit der das bisher kaum besiedelte Moränenland erschlossen wurde.

Eine besondere Rolle könnten auch die alten -dorf- (Höfen-, Weil-, Liggers-, Mindersdorf) und -zimmern-Orte spielen, zu denen noch die abgegangenen Bindorf (bei Bingen), Bierendorf (bei Harthausen auf der Scher), Frondorf (bei Hornstein) und Hochdorf (bei Veringenstadt) kommen. Für sie hat H. Jänichen einen Zusammenhang mit der Siedlungstätigkeit der fränkischen Oberherrschaft nach der Unterwerfung der Alemannen seit dem 6. und dann besonders im 8./9. Jahrhundert nach der Verschärfung der fränkischen Herrschaft abgeleitet.

Aus der frühen urkundlichen Überlieferung des 8. bis 10. Jahrhunderts erfährt man auch, daß inzwischen die alten Siedlungen z. T. zu Dörfern von beachtlicher Größe herangewachsen sind, so etwa der kirchliche Mittelpunkt und spätere Marktflecken Empfingen, wenn allein zwischen 772 und 799 dort mehrere Schenkungen an das Kloster Lorsch gemacht wurden. Offenbar haben sich die alemannischen Siedlungsansätze sehr unterschiedlich entwickelt, und es sind inzwischen zahlreiche neue Kleinsiedlungen auf dem Wege des Ausbaus entstanden. Förderlich auf das Siedlungswachstum scheinen sich schon früh herrschaftliche und kirchliche und damit vielleicht auch wirtschaftliche Mittelpunktsfunktionen ausgewirkt zu haben. Oft läßt sich bei größeren Dörfern feststellen, daß sie aus mehreren Siedlungszellen zusammengewachsen sind, die später noch als bestimmte Dorfteile in Erscheinung treten. Zu Gammertingen z. B. gehörte ein Ortsteil Vorderweiler noch vor der planmäßigen Stadtanlage, die im 13. Jh. neben den beiden älteren Ortsteilen entstand. Zu diesem Komplex zählte auch der frühmittelalterliche, wahrscheinlich befestigte Herrenhof mit einer Eigenkirche der Ortsherren, wozu dann wohl im 11. Jh. noch die gräfliche Höhenburg Baldenstein mit einem Burgweiler zu ihren Füßen im Fehlatal kam. Solche Dorfteile werden oft durch die Bezeichnungen

Ober- (Auf-, Uff-) und Unter- (Nieder-) sowie Vorder- und Hinter-, gelegentlich auch Mittel-, oder verschiedene Eigennamen voneinander unterschieden.

Da es aus dem 11. bis 13. Jahrhundert kaum eine urkundliche Überlieferung gibt, erfährt man über die herrschaftliche Eigenwirtschaft in großen Hofverbänden, sog. Villikationen, kaum etwas. Das gilt auch für den Übergang der Bewirtschaftung des Bodens durch Bauernhöfe, aus denen dem Grundherrn Abgaben zu entrichten waren, wie auch für die Entstehung der ländlichen Gemeinde. Sicher haben diese Vorgänge auch für die Siedlungsentwicklung eine wichtige Rolle gespielt.

Burgen, Städte, Marktflecken, Klöster

Im 11. Jahrhundert fingen zunächst der gräfliche Hochadel und dann bald auch die Edelfreien an, anstelle ihrer festen Häuser in den Ortschaften Höhenburgen als befestigte Wohnsitze zu bauen. Darin folgten ihnen, soweit möglich, im 12./13. Jahrhundert ihre niederadligen Dienstleute. So entstand ein neues Siedlungselement, das eine Zeitlang gerade im bergigen hohenzollerischen Gebiet eine wichtige Rolle spielte. Waren diese Burgen doch gleichzeitig auch die Herrschafts- und Verwaltungsmittelpunkte und die Stätten ritterlicher Kultur, hauptsächlich auf der Grundlage der Abgaben und Dienste der von ihrer Grund- und Leibherrschaft abhängigen bäuerlichen Bevölkerung. Hauptstandorte der Burgen waren in Hohenzollern die Ränder der zahlreichen tief eingeschnittenen Täler und die höheren Stufenränder, so die Höhen über dem Dießener Bach und dem kurzen Neckartalabschnitt bei Dettingen-Fischingen, die Keuper/Lias-Stufe zwischen Gäu und Albvorland, die Albvorberge und vor allem die Höhen zu beiden Seiten über dem Starzeltal und in der Fortsetzung über dem Fehla-, Lauchert- und Seckachtal im Bereich der Kuppenalb. Sie begleiteten auch das untere Laucherttal, das Schmeie-, das Bära- und vor allem das Donautal. Im Oberland traten sie zurück, fehlten aber nicht ganz. Von den einst sicher über fünf Dutzend Höhenburgen ist wenig übriggeblieben, Ruinen, Mauerreste, Namen. Die Burgen wurden teils zerstört, teils einfach aufgegeben, als im 14./15. Jahrhundert vor allem der niedere Adel verarmte. Die Höhenburgen wurden verlassen, und neue Herren bauten sich eine neue Residenz an einem bequemeren Standort, so in Trochtelfingen, Gammertingen, Hechingen. In anderen Fällen, so in Sigmaringen, Haigerloch, Hettingen und Hohenfels, wurden die alten Höhenburgen oder Schlösser erneuert, ebenso die alte Wasserburg in Glatt.

Besondere Bedeutung erlangten die Burgen dort, wo sie zum Ansatzpunkt für die Gründung einer Stadt wurden. Dies gilt für jede der sieben alten Städte im hohenzollerischen Land, die alle im Lauf des 13. Jh. zu Füßen einer Hochadelsburg oder im Fall von Hechingen und Gammertingen in deren Nähe gegründet wurden. Gemeinsam ist ihnen auch eine günstige Verkehrslage.

Hechingen entstand durch planmäßige Erweiterung eines Burgweilers bei einem festen Herrensitz der Zollergrafen in der Nähe der beiden älteren dörflichen Siedlungen Niederhechingen (mit St. Martin) und Oberhechingen (mit St. Luzen) schon in der ersten Hälfte des 13. Jahrhunderts.

Haigerloch ist eine Gründung der Grafen von Hohenberg bei der älteren Burg mit Burgweiler der Grafen von Haigerloch aus dem 11. Jahrhundert in der Oberstadt und der von ihnen selbst um 1200 erbauten Burg, dem »Schloß« mit der planmäßig angelegten Unterstadt im Eyachtal vor 1237.

Sigmaringen entstand um 1250 unter einer 1077 erstmals genannten Burg der Grafen, deren Name sich auf das nahe Dorf Sigmaringen bezieht, durch die planmäßige Erweiterung eines Burg- und Marktflekkens.

Gammertingen wurde als Stadt beim namengebenden Dorf, das außerhalb der Stadtmauer blieb und danach aufgegeben wurde, regelmäßig angelegt, und zwar entweder von den Grafen von Gammertingen-Hettingen schon im frühen 13. Jahrhundert oder von den Grafen von Veringen, an die der Gammertinger Besitz kam, in der 2. Hälfte des 13. Jahrhunderts.

Hettingen, in einem engeren Talabschnitt des Laucherttals zu Füßen der erweiterten Grafenburg aus dem frühen 12. Jahrhundert gelegen, geht wohl auf die gleiche Gründerfamilie zurück wie Gammertingen. Das neue Städtchen im Bereich des älteren Dorfes oder in dessen Nähe wurde noch im 13. Jahrhundert durch Schenkelmauern mit der Burg verbunden, wobei die Kirche wie in Gammertingen außerhalb der Stadtmauern blieb.

Veringenstadt war anfänglich ein Burgweiler am Aufgang zu der Burg, die von den Grafen von Veringen um die Mitte des 12. Jahrhunderts auf einem Sporn über einer Lauchertschlinge errichtet wurde. Die Grafen nannten sich nach dem nahen Dorf Veringen. Gut hundert Jahre später, 1262, muß es außer dem damals genannten Veringendorf eine Stadt gleichen Namens gegeben haben, zu welcher der Burgweiler ausgebaut worden war und die dann 1272 ausdrücklich als oppidum bezeichnet wurde. Das Recht zu einem Wochenmarkt wurde Veringenstadt erst 1285 verliehen, als die Stadt schon den Habsburgern gehörte.

Trochtelfingen ist eine Gründung entweder der Grafen von Gammertingen in der 1. Hälfte oder eher der Pfalzgrafen von Tübingen in der 2. Hälfte des 13. Jahrhunderts. Es ist wohl auch aus einem Burg- und Marktflecken in der Nähe eines älteren Dorfes hervorgegangen, von dem der Name stammt. Als Stadt mit eigener Pfarrkirche wird es 1310 bezeichnet.

Zu diesen sieben kleinen Städten des 13. Jahrhunderts kommen noch Hinweise auf drei versuchte, fehlgeschlagene oder wieder aufgehobene Stadtgründungen, Jungnau, Langenenslingen und Straßberg. Schon mit den sieben realisierten Stadtgründungen erreichte das Gebiet, gemessen an andern Teilen Südwestdeutschlands, eine mittlere Städtedichte (150 km^2 auf 1 Stadt). Da sich die Städte aber besonders im Bereich des Lauchert-Starzeltals ziemlich dicht aneinanderreihen, haben sie sich sicher in ihrer Entwicklung auch wechselseitig eingeengt. Die Tatsache, daß sie bis weit ins 19. Jh. hinein und einige sogar bis heute auf der Stufe von Zwerg- oder Kleinstädten stehengeblieben sind, hängt freilich auch mit der starken herrschaftlichen Zersplitterung des Gebiets und dem verhältnismäßig häufigen Herrschaftswechsel zusammen. Sie blieben lange mit Abgaben stark belastete Residenzorte und Verwaltungsmittelpunkte kleiner Herrschaftsgebiete, und wo auch diese Funktion aufhörte, ergaben sich für die Ackerbürger- und Handwerkerstädtchen auch aus der relativ eng begrenzten und z. T. erst spät bezeugten Marktfunktion (Sigmaringen 1362, Hechingen, Haigerloch, Trochtelfingen 16. Jahrhundert, Hettingen 1714, nur Jahrmarkt) keine größeren Entwicklungsimpulse, zumal sie hierin im Lauf der Zeit durch dörfliche Marktflecken noch Konkurrenz erhielten (z. B. Empfingen 1401, Rangendingen 15. Jahrhundert, Grosselfingen 1505, Inneringen vor 1593, Melchingen 16. Jahrhundert, insgesamt 16, die meisten wohl erst im 19. Jahrhundert).

Die relativ geringe Bedeutung der Städte zeigt sich auch darin, daß sich innerhalb ihrer Mauern kaum Klöster niedergelassen haben. Die Klöster in der Nähe der wichtigeren Städte waren hauptsächlich kleine Frauenklöster, so bei Hechingen das Kloster in Stetten/Gnadental seit der Mitte des 13. Jahrhunderts, das bis zum 15. Jahrhundert Grablege der Hohenzollern war; die Klause St. Luzen wurde erst 1586 Franziskanerkloster. Um Sigmaringen lagen die Klöster Gorheim (1303), Hedingen (1346) und Laiz (1308). Klöster gab es auch in den Marktflecken Rangendingen (1302), Gruol (1353) und Empfingen, kleinere Klausen in und um Haigerloch in Weildorf, Stetten, Heiligenzimmern und Trillfingen sowie in Weilheim und Starzeln, wo auch ein Johanniter-Hospiz bestand. Eine eigenständige siedlungsgeographische Bedeutung z. T. bis heute erlangten die Klöster Beuron (ausgehendes 11. Jh.), Habsthal (1259, Dominikanerinnen aus Mengen) sowie Inzigkofen (1354, Augustinerinnen), das Zisterzienserinnenkloster Wald (1200) auch dadurch, daß es ihm gelang, sich ein größeres Herrschaftsgebiet zuzulegen und daß es, wie das Kloster Salem, in einigen Fällen bäuerliche Weiler in Eigenbauhöfe umwandelte, sog. Grangien, so Tautenbronn bei Gaisweiler (später wieder aufgesiedelt), Annenweiler bei Selgetsweiler (abgegangen) und Bachhaupten bei Tafertsweiler (auch wieder aufgesiedelt). Außerdem gab es Grangien in Otterswang, Rothenlachen, Burrau und auch beim Kloster Wald selbst. Eine Besonderheit sind bis heute die Schlösser der ehemaligen Deutschordenskommenden Achberg und Hohenfels.

4 Spätmittelalterlicher Siedlungsschwund

Wie in großen Teilen des westlichen Europas hat auch im hohenzollerischen Gebiet eine Phase rückläufiger Siedlungsentwicklung im ausgehenden Mittelalter deutliche Spuren hinterlassen. Vor allem waren es die Pestepidemien im 14. Jahrhundert, durch welche die Bevölkerung sehr stark dezimiert wurde. Viele Bauernstellen blieben unbesetzt, Dörfer und Weiler schrumpften oder wurden ganz aufgegeben bzw. nach einer Kriegszerstörung nicht wieder aufgebaut. Es fehlte an Arbeitskräften, und die Preise für landwirtschaftliche Erzeugnisse fielen. Im 14./15. Jahrhundert müssen an die hundert Siedlungen ganz oder bis auf einen letzten Rest verschwunden sein. Auch im Zusammenhang mit den Stadtgründungen wurden nahegelegene Orte aufgegeben oder gingen in den neuen Städten auf, im Falle Sigmaringens z. B. Brenzkofen, Hedingen und Gorheim, vielleicht auch Dettingen und Schmidenweiler. Um Veringenstadt sind der einstige Pfarrort Deutstetten, ferner Trebstetten, Hochdorf und Hagelsberg verschwunden.

Natürlich hatten diese Wüstungsvorgänge auch nachhaltige Folgen für die Verhältnisse innerhalb der fortbestehenden Siedlungen, z. B. dadurch, daß freigewordene Lehengüter zusammengelegt oder auch aufgeteilt und stückweise ausgegeben wurden. In den frühesten Urbaren des 14./15. Jahrhunderts lassen sich fast in jedem Dorf mehrere Lehengüter in einer Hand feststellen. Auch die Bodennutzung und das Landschaftsbild änderten sich, wenn Fluren verlassener Siedlungen ganz oder teilweise dem Wald überlassen oder von Nachbarsiedlungen aus extensiv weitergenutzt wurden, z. B. als Wiesen oder Weiden. Nicht selten werden später auf Wüstungsfluren auch herrschaftliche Domänen eingerichtet.

Die Siedlungen, welche den Entwicklungseinschnitt des Spätmittelalters überdauert haben, bilden bis heute das Grundmuster unseres Siedlungsnetzes, wenn man von den relativ wenigen Neugründungen des 18./19. Jahrhunderts und den Aussiedlungen der Nachkriegszeit absieht.

Wellen der Bevölkerungsentwicklung

Alle Anzeichen sprechen dafür, daß wohl schon in der zweiten Hälfte des 15., spätestens aber mit dem Beginn des 16. Jahrhunderts, die Bevölkerung allgemein wieder stärker zugenommen hat. Verläßliche Einwohnerzahlen gibt es freilich aus dieser Zeit noch nicht. Ein gewisser Anhaltspunkt für die Größe der Ortschaften im ehemaligen Kreis Hechingen ergibt sich aber aus den im Hagenschen Lagerbuch von 1543–45 überlieferten Zahlen der Leibeigenen und aus einigen anderen etwa zeitgleichen Quellen, die von J. Cramer (1873) und K.-F. Eisele (1956) ausgewertet wurden. Dabei zeigt sich, daß schon damals die Rangordnung der Ortschaften nach ihrer Einwohnerzahl im großen ganzen der entspricht, die sich nach den ersten verläßlichen Einwohnerzahlen für den Anfang des 19. Jahrhunderts ergibt (vgl. Karte 2).

Für die Orte der Herrschaft Gammertingen ergibt sich nach den sog. Türkensteuerlisten von 1544/45 ein ähnliches Bild.

Bis zum Beginn des 19. Jahrhunderts hat die Bevölkerung nochmals stark zugenommen, in den kleineren Dörfern fast auf das Doppelte. Neufra hatte 1599 bereits 646 Einwohner, 1806 waren es 836, 1824: 955, 1836: 1189. Doch verlief diese Entwicklung natürlich nicht gleichmäßig. Dazwischen liegt vor allem der Einschnitt des Dreißigjährigen Krieges, in dem viele Menschen den Kriegsgreueln und wiederholten Seuchen zum Opfer gefallen sind.

Für die Herrschaft Jungnau hat T. Lahn (1977) den Gang der Bevölkerungsentwicklung im 17. und 18. Jahrhundert aus fürstenbergischen Listen erfaßt. Zu Anfang des Dreißigjährigen Krieges nahm die Einwohnerzahl noch zu, dann aber ging sie in den einzelnen Gemeinden zwar unterschiedlich stark, insgesamt aber fast auf ein Drittel zurück. Manche Orte waren zeitweise ganz oder fast ganz verlassen. Aber nur in einzelnen Fällen kam es zur völligen Aufgabe einer Siedlung, so im Falle von Spechtshart bei Hechingen-Beuren. Trotz der schlimmen Verluste hat sich also diese Kriegszeit auf die Siedlungsentwicklung bei weitem nicht so stark und so nachhaltig ausgewirkt wie die spätmittelalterlichen Wüstungsvorgänge.

Allerdings dauerte es lange, z. T. bis ins 18. Jahrhundert hinein, ehe der Vorkriegsstand der Einwohnerzahl wieder erreicht war. Zur Wiederauffüllung der Lücken aus der Kriegszeit trug auch die Zuwanderung aus den Alpenländern bei, besonders aus der Schweiz.

Im Lauf des 18. Jahrhunderts wuchs die Bevölkerung dann wieder sehr stark an, und zwar weit über die »Tragfähigkeit« des Landes hinaus, und sie hätte noch mehr zugenommen, wenn nicht ein Teil des Geburtenüberschusses durch eine starke Ab- und Auswanderung, zunächst vor allem nach Südosteuropa, aufgewogen worden wäre. J. Schäfer (1962 und 1963) schätzt, daß im Lauf des 18. Jahrhunderts etwa 8–10 % der Bevölkerung ausgewandert seien, d. h. etwa 5–6 000 Menschen. Diese Entwicklung setzte sich im 19. Jahrhundert verstärkt fort. Seit den 1830er Jahren ist Nordamerika das Hauptauswanderungsziel. Aus dem Vergleich der für das Fürstentum Hohenzollern-Sigmaringen vorliegenden Zahlen über die Entwicklung der »Wohnbevölkerung« und über den Geburtenüberschuß von 1828 bis 1850 ergibt sich ein laufender jährlicher Wanderungsverlust, der sich 1833 und dann Ende der 40er Jahre auf über 200 Personen steigerte. Ganz Hohenzollern verlor zwischen 1852 und 1890 insgesamt 18 874, d. h. im Durchschnitt fast 500 Menschen pro Jahr durch Ab- und Auswanderung, am meisten nach der Wirtschaftskrise um die Jahrhundertmitte. So stieg die Einwohnerzahl, die 1816 rund 55 000 betragen hatte, zwischen 1852 und 1890 trotz hoher Geburtenüberschüsse nur von 65 550 auf 66 085.

Danach gingen die Wanderungsverluste zwar zurück, doch blieb Hohenzollern bis zum Zweiten Weltkrieg ein Ab- und Auswanderungsland, obwohl die Einwohnerzahl nach 1900 insgesamt (abgesehen von den Folgen des Ersten Weltkriegs) kontinuierlich zunahm, wenn auch nur verhältnismäßig langsam (1900: 66 770, 1910: 71 011, 1914: 72 400, 1925: 71 840, 1933: 72 991, 1939: 73 706). War schon während des Zweiten Weltkriegs durch die Aufnahme von aus den größeren Städten Evakuierten die Einwohnerzahl trotz der Kriegsverluste weiter gestiegen (1946: 75 951), so nahm sie in der Nachkriegszeit durch den Zustrom von Heimatvertriebenen und Flüchtlingen (1961: 16 510) und später auch von Gastarbeitern (1970: 5 730) bei anhaltenden Wanderungsgewinnen noch stärker zu (1950: 86 039, 1956: 92 697, 1961: 99 113), überschritt 1962 die Schwelle von 100 000 Einwohnern und erreichte 1970, vor der Kreisreform, 114 042 Einwohner, 1987 wohnten im ehemals zollerischen Gebiet 121 567 Menschen.

Die ländliche Sozial- und Siedlungsstruktur

Die neuzeitliche Bevölkerungsentwicklung und damit auch die Entwicklung der Siedlungen verliefen natürlich nicht überall gleich. Die Unterschiede, die es hierin innerhalb des Landes gab, sind vor allem auf die Unterschiede in den ländlichen Vererbungsformen im Norden und Süden Hohenzollerns und, z. T. damit zusammenhängend, auf den unterschiedlichen Verlauf der Industrialisierung zurückzuführen.

Dieser Gegensatz, der zu unterschiedlichen sozialen Entwicklungen führte, hat sich schon früh herausgebildet. Zwar gibt es auch im Anerbengebiet Hinweise auf frühe Teilungen von Lehengütern, doch hat sich hier spätestens seit dem ausgehenden Mittelalter die geschlossene

Übergabe an einen Erben durchgesetzt, die »weichenden Erben« wurden mit Geld abgefunden. Im Realteilungsgebiet lassen sich schon in den ersten Lagerbüchern aus dem 15. Jh. die Ergebnisse vorausgegangener starker Teilungen feststellen.

Die häufigen Teilungen und Zusammenlegungen führten aber nicht zu einer allgemeinen Nivellierung der Grundbesitzverhältnisse, höchstens war dies innerhalb der Gruppe der Vollbauern der Fall. Bei allen einschlägigen Einzeluntersuchungen wurde eine große Spannweite der Besitzgrößen festgestellt. Meist steht einer relativ kleinen Oberschicht, deren Angehörige C. Bumiller (1990) z. T. von den Inhabern der alten Herrenhöfe ableitet und die zusammen mit den Angehörigen einer ebenfalls nicht sehr zahlreichen Mittelschicht den größten Teil der Äcker und Wiesen bewirtschaftet, eine breite grundbesitzarme oder landlose Unterschicht gegenüber. Die Zahl dieser Tagelöhner und Handwerker, die von ihrer kleinen Landwirtschaft allein nicht leben können, muß im 16. Jh. sehr stark zugenommen haben.

Gegen das anhaltende Wachstum gab es auch Widerstand, da ja dadurch die Allmendnutzungsanteile geschmälert werden konnten. So wurden die nichteinheimischen Tagelöhner mit Ausweisung bedroht, der Zuzug wurde erschwert, und die für Leibeigene erforderliche Heiratserlaubnis wurde Armen nur bei Wegzug erteilt. Auch die Verteilung von Allmendplätzen zur individuellen Nutzung, die den Gemeinden 1585 von der Herrschaft sogar nahegelegt wurde, ist als Reaktion auf den wachsenden Bevölkerungsdruck zu verstehen.

Im Anerbengebiet war die soziale Schichtung in den Dörfern noch ausgeprägter. Hier stehen den Bauern, den Inhabern der wohl spätestens seit dem 15. Jh. unteilbaren vollbäuerlichen großen »Höfe« und kleineren »Huben«, »Gütern« oder »Lehen« schon sehr früh die kleinbäuerlichen »Seldner« gegenüber. Diese Inhaber einer »Selde« oder auch einer »Schuppose« waren auf einen Zuerwerb als Tagelöhner bei den Bauern oder als Dorfhandwerker angewiesen. Sie verfügten über kein eigenes Gespann und hatten kleinere Anteile an der Allmendnutzung als die Bauern. Die Bauerngüter wie auch die Selden und Schupposen waren wohl überwiegend als Fall- oder Leiblehen auf Lebenszeit des jeweiligen Inhabers verliehen. Auch dies dürfte ein Unterschied zum Unterland sein, wo die Erblehen überwogen.

Der Bevölkerungsüberschuß des 16. und vor allem des 18. Jahrhunderts mußte im Anerbengebiet vor allem als Seldner unterkommen, sofern die weichenden Erben nicht in einen Hof einheiraten konnten oder abwanderten. Für 1626, als das Gebiet noch nicht von Kriegshandlungen heimgesucht worden war, hat T. Lahn (1977) für die Gemeinden der fürstenbergischen Herrschaft Jungnau folgende mittlere Sozialstruktur errechnet. Bauern rund 27 %, »Halbbauern« knapp 8 %,

Seldner über 65 %. Wer zu keinem Haus kommen konnte, wurde allenfalls als »Beiwohner«, »Beisitzer«, »Hintersasse« oder »Schutzverwandter« geduldet, der gegen Hauszins im Haus eines Bauern oder Seldners wohnen durfte. Diese Beisitzer waren keine eigentlichen Mitglieder der Gemeinde und auch keine normalen Untertanen der Herrschaft.

Im 18. Jahrhundert haben fast überall die dörflichen Unterschichten an Zahl beträchtlich zugenommen. Dadurch kam es nicht nur zu einer verstärkten sozialen Differenzierung, sondern auch zu einer wachsenden Verarmung bei den Unterschichten, deren Zunahme man zu erschweren oder zu verhindern sucht, z. B. durch Erhöhung des Aufnahmegeldes oder des nachzuweisenden Vermögens als Voraussetzung für die Zuzugserlaubnis, durch Heiratsbeschränkungen und zeitweise auch durch die Unterstützung von Auswanderern. Andererseits konnten die Seldner an vielen Orten gegen den Widerstand der Bauern eine Verbesserung ihrer Allmendnutzungsrechte durchsetzen.

Durch das starke Bevölkerungswachstum des 18. Jahrhunderts lagerte sich an die Schicht der älteren Seldner eine neue, sehr zahlreiche dörfliche Unterschicht an, deren Angehörige meist generell als Tagelöhner bezeichnet werden. Dies findet in den größeren Dörfern darin seinen Niederschlag, daß sich die kleinen, oft nur einstöckigen »Seldner- oder Tagelöhnerhäuser« in ganzen Zeilen an den vom Dorf nach außen führenden Straßen oder Wegen aneinanderreihen.

Solche Häuserzeilen, die von den Dorfkernen ausgehen oder ältere, anfänglich getrennte Siedlungszellen miteinander verbinden, spielen in den Realteilungsdörfern des Unterlandes und der nördlichen Zollernalb als jüngere Wachstumsformen des 18. und 19. Jh. eine noch größere Rolle. Hier sind die Bevölkerung und damit auch die Siedlungen noch stärker angewachsen als im Oberland. Meist sind es sog. »Gestelzte Quereinhäuser«, die in langen Reihen mit ihren Längsseiten die Straße säumen. Sie wurden für die jungen Familien gebaut, die im elterlichen Gehöft oder in seinem Hofareal keinen Platz mehr fanden. Die damals übliche Form des Kleinbauernhauses ist ein zweistöckiges Einhaus mit dem Wohnteil im Obergeschoß und Nebenräumen, Werkstätten u. ä. sowie dem Stall darunter, daneben in der Höhe beider Stockwerke die Scheuer, oft noch mit einem daran angehängten »Schopf«. Diese Hausform, die in den älteren Ortsteilen bis heute das Siedlungsbild prägt, wenn auch meist stark umgebaut, findet sich auch im Dorfkern. Hier wurden im Realteilungsgebiet die ehemaligen mehrteiligen Gehöfte durch wiederholte Teilungen ganz umgestaltet und verbaut, während sie im Anerbengebiet weitgehend erhalten geblieben sind. Bei Teilungen wurden oft auch die Häuser selbst aufgeteilt, nicht selten sogar mehrfach. Dazu kommen auch in den Realteilungsdörfern noch Zeilen oder ganze Kolonien mit meist einstöckigen Seldner- oder Taglöhnerhäuschen, zu denen nur kleinste Wirtschaftsteile gehören, ein winziger Stall, oft nur für Kleinvieh, und ein Vorratsraum unter dem Dach anstelle einer Scheuer.

II Die Wirtschaft

1 Die Landwirtschaft

Die traditionelle Wirtschaftsweise

In der Wirtschaft Hohenzollerns spielte die Landwirtschaft länger eine dominierende Rolle als in anderen Teilen Südwestdeutschlands. Wie fast überall in Südwestdeutschland wurde die Wirtschaftsweise bestimmt durch die traditionelle Dreifelderwirtschaft in Verbindung mit der gemeinschaftlichen Beweidung der Allmende, der Brachfelder und der abgeernteten Felder und Wiesen im Sommerhalbjahr. Die Wiesenfläche, hauptsächlich in den Talauen, wo sie meist künstlich bewässert wurde, an steileren Hängen, am Markungs- und Waldrand, war meist um ein Mehrfaches kleiner als die Ackerfläche der Gemeinden. Das Acker-Wiesen-Verhältnis bewegte sich zwischen 2:1 in den Talgemeinden des Oberlandes und 10:1 in den Gemeinden der Albhochfläche und des Unterlandes.

Daneben gab es noch Sonderflächen, so die Egarten, die außerhalb der Dreifelderfolge nur zeitweise als Ackerland genutzt wurden, sowie die von der Beweidung ausgenommenen Baum- und Hausgärten innerhalb des Etterzauns, der das Dorf umgab, ferner die meist ebenfalls eingezäunten Kraut- und Hanfgärten, die Flachs-, Rüb- und seit den 1770er Jahren die Kartoffelländer. Ein bescheidener Weinbau war nur in einigen Gemeinden des Unterlandes möglich, so in Glatt, Fischingen, Gruol, Rangendingen, Owingen und Weildorf, doch begünstigten die besseren Böden im Albvorland und im Gäu auch sonst die Realerbteilung, weil man hier auch mit kleineren Flächen auskommen konnte.

Die größeren Bauern hielten vier bis sechs Pferde als Zugtiere, die kleineren, darunter auch aufgestiegene Seldner, zwei Pferde oder ein Ochsengespann. Die Kuhanspannung der Kleinbetriebe ist wohl erst im 18. Jahrhundert üblich geworden, vorher waren die nicht spannfähigen Kleinbetriebe auf die Gespannhilfe der größeren angewiesen, gegen Geld oder Arbeitsleistung. Im übrigen war, neben der Haltung von Kleinvieh (Hühner, Gänse), die Rinderhaltung der wichtigste Zweig der Viehwirtschaft. Tagelöhner und Seldner konnten sich oft nur eine Kuh oder auch nur eine Ziege leisten, die größeren Bauern hielten bis zu 10 Kühe oder noch mehr. Die Schweinehaltung spielte zunächst keine größere Rolle, doch nahm sie dann vor allem im 19. Jahrhundert stark zu. Herrschaftliche Schäfereien lassen sich bereits im 15. Jahrhundert nachweisen. In den Gutsbetrieben des Klosters Wald wurden ebenfalls Schafe gehalten, ebenso wohl auf den meisten herrschaftlichen Domänen, außerdem gab es eine starke bäuerliche Schafhaltung. Ein Teil der Alb-Schafweiden wurde an Wanderschäfer aus dem Württembergischen verpachtet. Zur Fischzucht waren früher zahlreiche Weiher künstlich aufgestaut.

Die Agrarreformen

Neue Anbaugewächse, Allmendverteilungen, sommerliche Stallfütterung, Anbau der Brache

Auch im hohenzollerischen Gebiet regte sich im späten 18. Jh. die von den Ideen der Aufklärung ausgehende Kritik am herkömmlichen System der Landwirtschaft. Von der zunehmenden Überbevölkerung und Verarmung besonders der dörflichen Unterschichten, die von den immer wiederkehrenden Mißernten, Viehseuchen, Teuerungen und Hungersnöten hart getroffen wurden (z. B. 1770, 1816/17, 30er u. 50er Jahre), ging ebenfalls ein starker Antrieb für eine Verbesserung der landwirtschaftlichen Produktivität aus. Dabei spielte die Einführung des Kartoffelanbaus seit den 60er Jahren des 18. Jh., zunächst in besonderen »Ländern«, eine wichtige Rolle. Dazu wurden auch Stücke aus der Allmende umgebrochen und an die Kleinbauern oder allgemein an die Berechtigten in schmalen Streifenparzellen ausgegeben. Als Anreger für die Neuerungen wirkten einige Pfarrer und z. T. die Herrschaft, wobei auch die herrschaftlichen Gutswirtschaften eine Rolle gespielt haben dürften. Der Obstbau wurde gefördert und der Hopfenanbau eingeführt. So ließ z. B. Fürst Joseph (1750–1798) in Grosselfingen einen Obstgarten anlegen und unter die Bürger verteilen, und im Fürstentum Hohenzollern-Sigmaringen ließ die Herrschaft nach württembergischem Vorbild die Straßenränder mit Obstbäumen bepflanzen. Neben dem Kartoffelanbau förderte Fürst Joseph auch den Anbau von Klee, eine zukunftsweisende Neuerung und eine der Voraussetzungen für die Abschaffung der gemeinsamen sommerlichen Weide. Der Entschluß zur Einführung der Stallfütterung war eine Entscheidung der einzelnen Gemeinden. Sie erfolgte daher erst nach und nach und zog sich in Hohenzollern ziemlich lange hin, oft bis über die Mitte des 19. Jahrhunderts hinaus, entsprechend auch der Anbau von Futterpflanzen im Brachfeld.

Vereinödung

Eine besondere Entwicklung zeigen die meist kleinen Gemeinden ganz im Südosten des Oberlandes, hauptsächlich in den ehemaligen Herrschaften Wald und Hohenfels. Sie wurden noch von der oberschwäbischen Vereinödungsbewegung erfaßt, wobei es allerdings in den meisten Fällen nur zu einer »Arrondierung« der verstreuten Grundstücke eines Besitzers kam und bei der geringen Größe der Orte nur selten zu einer Aussiedlung. Offenbar hatte die Änderung der Herrschaftsverhältnisse nach 1802/03 keinen Einfluß auf den Fortgang der Vereinödung, die zwischen 1790 und 1822 auf Initiative der Gemeinden durchgeführt wurde. Sie war in der Regel mit einer Aufteilung der Weideallmende verbunden.

Neusiedlungen und Domänen

Im Zusammenhang mit der zunehmenden Aufgabe der gemeinsamen Weide kam es besonders auf der Alb zu einer ganzen Reihe von Neusiedlungen auf den ehemaligen Allmendflächen, aber auch auf herrschaftlichem Land. Dazu gehören u.a. die Schmeienhöfe bei Frohnstetten (2. Hälfte 18. Jahrhundert), Freudenweiler bei Neufra (seit 1795), Hermannsdorf bei Burladingen (1804), der Sandhof bei Langenenslingen (um 1820) und Gnadenweiler bei Bärenthal (1833). Zu den neu begründeten Höfen und Weilern kamen noch einige neue Ziegelhütten und Sägemühlen.

Die herrschaftlichen Domänen, die meist ebenfalls Einzelhöfe sind, gehen teils auf alte herrschaftliche Burg- oder Gutshöfe zurück, teils stehen sie an der Stelle einer abgegangenen größeren Siedlung. Manche sind ganz verschwunden und ihre Flächen aufgeteilt, die meisten werden heute als Pachthöfe bewirtschaftet.

Die Ablösung der Feudallasten

Die Abgaben an die Herrschaft und an kirchliche Institutionen, mit denen die bäuerliche Bevölkerng stark belastet war, hemmten ebenfalls den Fortschritt in der Landwirtschaft. Dazu gehörte die Getreidegült, »Landgarben«, Küchengefälle, Frondienste oder -gelder, weitere Zinse, z. B. die »Steuerung«, Abgaben bei Besitzerwechsel, die mit der Leibeigenschaft verbundenen Abgaben und vor allem der Zehnte. Ihre Ablösung vollzog sich in Hohenzollern erst verhältnismäßig spät. Gegen ihre ungerechtfertigte Steigerung oder Bemessung hatten sich die Untertanen in z. T. heftigen Auseinandersetzungen mit der Herrschaft seit dem 15. Jahrhundert immer wieder zur Wehr gesetzt, meist mit geringem Erfolg, vor allem in Hohenzollern-Hechingen, bis hin zur Revolution von 1848, aber auch in anderen Herrschaften, z. B. in Gammertingen und Hettingen.

Die endgültige Befreiung von den Feudallasten und damit auch der Übergang des bäuerlichen Lehenbesitzes in das freie Eigentum der Inhaber wurde erst im Lauf des 19. Jh. erreicht. Dabei ging das für die damalige Zeit fortschrittlich regierte und verwaltete Fürstentum Sigmaringen voran. Es hatte 1833 eine Verfassung erhalten, in der auch die leibherrschaftlichen Bindungen abgeschafft wurden, die diesbezüglichen Abgaben erst 1840. Schon seit Ende der 30er Jahre war die Allodifizierung der Lehengüter gestattet, d. h. ihre Überführung ins Privateigentum gegen eine in jedem Einzelfall vertraglich festgelegte Ablösungssumme. Davon machten vor allem die wohlhabenderen Bauern und Seldner Gebrauch. Auch die Umwandlung des Zehnten von einer ertragsabhängigen in eine fixierte Abgabe war nun möglich, worüber es freilich zu langen Auseinandersetzungen kam. Zu einer endgültigen Regelung der Zehntablösung von Amts wegen kam es erst 1860, wonach eine Streckung der Ablösungsraten auf 56 Jahre möglich war.

Im Fürstentum Hechingen kam die Ablösung der Feudallasten, die in den Notjahren 1846/47 als besonders drückend empfunden wurden, erst durch die Revolution von 1848 in Gang, abgesehen von der Umwandlung der Frondienste in eine Geldabgabe Anfang der dreißiger Jahre. Hier war die Revolution eine Angelegenheit in erster Linie der ländlichen Bevölkerung, die nach Entlastung verlangte. Praktisch durchgeführt wurde die Grundentlastung und die Aufhebung bzw. Ablösung der übrigen Abgaben teils nach badischem, teils nach württembergischem Vorbild erst nach 1848 bzw. 1850 nach dem Übergang beider Fürstentümer an Preußen, nach welchem die Domänen in ganz Hohenzollern in der Hand des Fürstenhauses Hohenzollern-Sigmaringen vereinigt wurden.

Die Überführung der bäuerlichen Lehengüter in das frei veräußerliche Eigentum hatte außer den zweifellos positiven Auswirkungen auf die Eigeninitiative der Inhaber zu betrieblichen Verbesserungen im Sinne der Agrarreformen auch Nachteile. In den Gemeinden mit geschlossener Vererbung kam es nun zunehmend ebenfalls zu Hofteilungen, besonders im Grenzbereich zum Realteilungsgebiet, und die Ratenzahlungen der Ablösungssummen, die sich z. T. bis über die Jahrhundertwende hinzogen, wurden oft nicht verkraftet. Es kam immer wieder zu Notverkäufen und zur Zerschlagung ganzer Betriebe.

Die Fortschritte in der Landwirtschaft gingen indessen weiter, auch wenn sie sich oft nur gegen den Widerstand der bäuerlichen Tradition durchsetzen ließen. Sie wurden gefördert durch die in Sigmaringen eingerichtete Landwirtschaftskammer, die Landwirtschaftsschulen in

Sigmaringen und Haigerloch sowie durch die landwirtschaftlichen Vereine und Verbände. Eine wichtige Rolle spielten dabei auch die örtlichen Darlehenskassenvereine, die seit dem Anfang der achtziger Jahre in den Gemeinden gegründet wurden (Gruol 1881, Weildorf und Trillfingen 1882).

Landesvermessung, Feld- und Flurbereinigung

Zwischen 1844 und 1867 wurde nach manchen Vorarbeiten die Vermessung und Kartierung des ganzen Landes auf Flurkarten im Maßstab 1:2 500 nach württembergischem Muster und z. T. mit württembergischen Geometern durchgeführt. Bei dieser Vermessung, die vor allem auch der Anlage eines landeseinheitlichen Katasters diente, zeigte sich der Nord-Süd-Gegensatz innerhalb Hohenzollerns deutlich. Es ergab sich für die Oberamtsbezirke folgende mittlere Größe der landwirtschaftlich genutzten Parzellen: Sigmaringen links der Ablach 33 a, rechts der Ablach 58 a, Gammertingen 29 a, Hechingen 16 a, Haigerloch 15 a, insgesamt 25 a. Die Unterschiede in den Betriebsgrößen zeigen sich besonders im Anteil der über 10 ha großen Betriebe. Er betrug 1882 (Flächenanteile in Klammern) in den Oberämtern Sigmaringen 22 % (65 %), Gammertingen 21 % (55 %), Hechingen 2 % (14 %), Haigerloch 3 % (19 %).

Schon kurz nach der Landesvermessung begannen die ersten Gemeinden mit einer sog. Feldbereinigung oder Regulierung, die vor allem eine Erschließung der Fluren mit Wegen zum Ziel hatte, so daß die einzelnen Parzellen nun direkt erreichbar waren und man nicht mehr über fremde Felder fahren mußte. Die Zusammenlegung von Parzellen spielte dabei eine untergeordnete Rolle. Bis zum Beginn der modernen Flurbereinigung nach dem Zweiten Weltkrieg war ein Großteil der hohenzollerischen Gemeinden ganz oder teilweise »reguliert« worden. Trotzdem wurde in vielen Gemeinden noch bis weit ins 20. Jh. hinein an der öschgebundenen Dreifelderwirtschaft festgehalten. Seit 1952 wurde in den meisten Gemeinden, mit Schwerpunkten auf der Alb und im Gäu, ein modernes Flurbereinigungsverfahren durchgeführt mit größtmöglicher Zusammenlegung der Streifenparzellen zu einer Blockflur. Zu einer neuen Welle der Neugründung von Einzelhöfen oder Hofgruppen kam es, als, oft im Zusammenhang mit der Flurbereinigung, in den beiden Kreisen insgesamt etwa hundert Höfe aussiedelten.

Die jüngere Entwicklung der Landwirtschaft

Natürlich hatte auch Hohenzollern Anteil an der allgemeinen enormen Ertragssteigerung der Landwirtschaft, die u. a. durch die Verwendung von Kunstdünger, die Erfolge der modernen Pflanzen- und Tierzucht, die Mechanisierung der Betriebe sowie durch die verbesserte Beratung und Ausbildung der Landwirte ermöglicht wurde. Bei der Bodennutzung hatte sich das Verhältnis von Acker- zu Grünland seit der Einführung der Stallfütterung bis Anfang der 1930er Jahre wenig geändert (ca. 3:1), die starke Vergrößerung der Viehhaltung war vor allem durch den zunehmenden Ackerfutterbau (Klee, Esparsette, Luzerne) und des Futterhackfruchtbaus ermöglicht worden. Beim Wintergetreide dominierte noch lange der Dinkel (1934: 17 % des Ackerlandes), ehe er durch den Weizen weitgehend ersetzt wurde. Im Zusammenhang mit dem Rückgang der Pferdehaltung erreichte die Gerste ungefähr den Anteil des Hafers (ca. 15 %). Der früher beträchtliche Rapsanbau wurde wie der Anbau von Hanf, Flachs und Hopfen ganz aufgegeben, erst in den siebziger Jahren wurde der Rapsanbau mit neuen Sorten wieder verstärkt aufgenommen. Heute bestimmen die gelben Rapsfelder zusammen mit dem Futtermais und den anderen Futtergewächsen neben den Getreidefeldern das frühsommerliche Bild der Fluren. Seit den dreißiger Jahren dehnte sich das Dauergrünland auf Kosten des Ackerlandes bis auf über 45 % der landwirtschaftlich genutzten Fläche aus. Seit den fünfziger Jahren nahm der Ackerbau im Zusammenhang mit der Aufgabe vieler Kleinbetriebe wieder zu, das Verhältnis von Acker- zu Grünland pendelte sich auf etwa 3:2 ein.

Zu Anfang des 19. Jahrhunderts war die Zahl der zur Milch- und Fleischerzeugung gehaltenen Rinder noch wenig höher als die Zahl der Pferde und Zugochsen. Mit der Modernisierung der Landwirtschaft im 19. Jahrhundert und damit, daß die Kuhanspannung bei den Kleinbetrieben allgemein üblich wurde, nahm die Rinderhaltung zu und erreichte im letzten Drittel des Jahrhunderts einen Stand von fast 5 000 Tieren. In dieser Größenordnung hielt er sich mit gewissen Schwankungen bis 1970, obwohl die Zahl der Betriebe bis dahin auf etwa die Hälfte zurückgegangen war. Die Schweinehaltung dagegen hat sich in dieser Zeit mehr als verdoppelt (1970: 36 545). Die Motorisierung der Landwirtschaft nach dem Zweiten Weltkrieg führte dazu, daß fast alle Pferde abgeschafft wurden. Erst die Ausbreitung des Reitsports in jüngerer Zeit veranlaßte einige Betriebe, Pferdepensionen einzurichten. Einst weideten vor allem auf der Zolleralb weit über 10 000 Schafe, doch ist auch die Schafhaltung im Zusammenhang mit dem Verfall der Preise für Wolle und Schaffleisch sehr stark zurückgegangen, so daß man nur noch selten eine Schafherde sieht und die Wachholderheiden durch Pflegemaßnahmen künstlich offengehalten werden müssen.

Die Zahl der landwirtschaftlichen Betriebe nahm im ausgehenden 19. und im 20. Jahrhundert weiterhin zu. Wegen des Wechsels in der Definition ist es schwierig, die Entwicklung statistisch zu verfolgen.

Zwischen 1873 und 1892 stieg die Zahl der viehhaltenden Betriebe von 10 724 auf 10 983. Darunter waren aber sehr viele Klein- und Kleinstbetriebe, wie die relativ große Zahl der Ziegen zeigt (1864: 1 902, 1907: 3 738, 1913: 6 893). Von 1907 bis 1925 wuchs die Zahl der Betriebe mit über 0,05 ha Betriebsfläche von 11 752 auf 12 164, von 1933 bis 1939 nahmen die Betriebe mit über 0,5 ha von 10 658 auf 10 914 zu, 1949 waren es 10 945, 1960: 8 308, 1971: 6 368 Betriebe, wobei der Rückgang seit 1949 im Realteilungsgebiet sehr viel stärker war als im Anerbengebiet (im Kreis Hechingen von 6 331 auf 2 950, im Altkreis Sigmaringen von 4 614 auf 3 418). Daß die Landwirtschaft in Hohenzollern sehr viel langsamer an Bedeutung verlor als im übrigen Baden-Württemberg, läßt sich z. B. an der Entwicklung der Erwerbstätigen ablesen.

Erwerbstätige (Ep = Erwerbspersonen)
in Hohenzollern und Baden-Württemberg

	Land- und Forstwirtschaft			Produzierende Gewerbe			Dienstleistungen		
		Hohenzollern	Gebiet v. Bad.-Württ.		Hohenzollern	Gebiet v. Bad.-Württ.		Hohenzollern	Gebiet v. Bad.-Württ.
	Zahl	%	%	Zahl	%	%	Zahl	%	%
1882	17 703	66	53	6 658	25	34	2 557	9	13
1907	25 876	68	44	8 606	23	39	3 600	9	17
1925	27 979	62	40	11 224	25	39	5 746	13	21
1933 (Ep)	25 231	57	35	12 960	29	40	6 007	14	25
1939 (Ep)	22 440	50	31	15 544	35	43	6 665	17	26
1950 (Ep)	20 900	42	26	20 204	41	46	8 216	17	28
1961 (Ep)	13 987	25	16	29 846	55	52	10 839	20	32
1970	7 332	13	8	33 497	60	55	15 408	27	37
1987	2 120	3	4	33 792	57	48	23 744	40	48

Noch 1987 gab es im Oberland in einigen ehemaligen Gemeinden mehr als 30 % Erwerbstätige in der Landwirtschaft, die Mehrzahl der Orte dort hatte wie auch einige Altgemeinden auf der Alb immerhin noch mehr als 10 %. Die übrigen Gemeinden, vor allem im Unterland sowie auch sonst in Stadtnähe, sind bis dahin gewerbliche oder Pendlergemeinden geworden, in denen nur noch wenige Prozent der dort wohnenden Erwerbstätigen der Landwirtschaft zuzurechnen sind.

2 *Die gewerbliche Wirtschaft*

Das frühe Gewerbe

Die Industrie und auch die Dienstleistungsbereiche sind in Hohenzollern im Vergleich mit anderen Landesteilen Baden-Württembergs zunächst in der Entwicklung zurückgeblieben und haben erst verhältnismäßig spät aufgeholt. Das hängt zum Teil mit der Sonderstellung des kleinen Landes innerhalb Südwestdeutschlands zusammen, doch gibt es eine ähnliche Entwicklung z. B. im ehemals württembergischen Oberschwaben oder in Ostwürttemberg. Innerhalb Hohenzollerns stehen auch in der gewerblichen Entwicklung das stärker übervölkerte und vom Verkehr begünstigte Unterland und das Oberland einander gegenüber. Eine Zwischenstellung nimmt die Zollernalb ein, wobei hier auch die Nähe des alten Textilgewerbes und der Feinmechanik in der württembergischen Nachbarschaft eine Rolle spielt. Natürlich gab es auch in Hohenzollern neben der überall dominierenden Landwirtschaft ein frühes Gewerbe. Dazu gehört das übliche Dorfhandwerk, das i. a. für die Befriedigung des wichtigsten örtlichen Bedarfs und für die nähere Umgebung arbeitete, ferner das etwas spezialisiertere Handwerk in den Städtchen und den relativ zahlreichen Marktflecken, das über die Märkte einen etwas größeren Umkreis versorgte. In den Residenzorten hatte es auch die gehobenen Bedürfnisse der Herrschaft zu befriedigen. Zur Vermarktung der Erzeugnisse und zur Beschaffung der Rohstoffe sowie von importierten Gütern wie Salz, Gewürzen und nicht alltäglichen Gebrauchsgegenständen gab es Händler, auch auswärtige, und für die herrschaftliche Verwaltung waren Bedienstete nötig. Dazu kamen Mühlen, Sägmühlen und Ziegeleien, die meist mit Bannrechten ausgestattet waren und oft außerhalb der geschlossenen Siedlungen lagen. Die »Tafernen« oder Gastwirtschaften in den Ortschaften erwarben später z. T. Brenn- und Braurechte.

Außer Mahl- und Sägemühlen nutzten auch noch andere Triebwerke die Wasserkraft vor allem im Lauchert-, Vehla- und Seckachtal, im Eyach- und Schmeietal sowie an den Bächen des Oberlandes. Die 1458 genannte Walkmühle in Haigerloch weist auf ein städtisches Tuchgewerbe hin. Später kamen dazu noch Loh- und Gipsmühlen.

Von der Papiermühle zur Samtfabrik

Papiermühlen lassen sich in Hohenzollern mit der Papiermühle in Weilheim 1787–1815 erst verhältnismäßig spät nachweisen. Vorher hatten Auswärtige den »Lumpensammler-Bestand« inne. Die Gammertinger Papiermühle, begründet 1804 von zwei Bürgern aus der Stadt, hatte das Monopol für die Papierherstellung und das Sammeln der dafür benötigten Lumpen. Als das Privileg 1840 auslief, wurde in Kaiseringen an der Schmeie eine neue »Fabrik für endloses Papier« eröffnet. Es ist kennzeichnend für die Anfänge der Industrie in Hohenzollern, daß der Unternehmer aus dem benachbarten Württemberg kam, aus Laufen an der Eyach. Auch das weitere Schicksal dieses Betriebs ist beispielhaft. Bald fanden hier etwa 30 Beschäftigte Arbeit. Später ließ das Geschäft nach. Als der Inhaber 1858 zur Überbrückung des sommerlichen Wassermangels der Schmeie eine Dampfmaschine anschaffen wollte, wurde sein Gesuch um eine staatliche Beihilfe abgelehnt, ebenso 1867 ein staatliches Darlehen. Nach dem Konkurs von 1868 erwarb der Manchesterfabrikant Kauffmann aus dem nahen Ebingen die Fabrik und baute sie zum Hauptbetrieb der Firma »J. C. Kauffmann Sohn KG. Sammetfabrik Kaiseringen/Hohenzollern« aus. In die Gammertinger Papiermühle kam nach dem Konkurs zunächst eine Walkmühle, später eine Kartonfabrik und dann eine Sägerei und Möbelfabrik.

Auch einige Glashütten, die den Holzreichtum nutzten, gab es im hohenzollerischen Gebiet, so in Ensisheim bei Bärenthal und vielleicht eine »Lenzenhütte« (Glashüttenhof) bei Straßberg. Die von Kloster Wald 1701 gegründete Glashütte, die von der Unternehmerfamilie Schmid von Schmidsfelden aus dem Allgäu bis 1881 betrieben wurde, führte zur Entstehung der Gemeinde Glashütte.

Von der Bohnerzverhüttung zur modernen Metallverarbeitung

Die Bohnerzvorkommen auf der Albhochfläche zu beiden Seiten des Laucherttals wurden bereits in vorgeschichtlicher Zeit genutzt, und auch aus dem späteren Mittelalter und der frühen Neuzeit gibt es Hinweise auf eine Eisenverhüttung im kleinen durch Rennfeuer. An dem Aufschwung des Eisengewerbes im 17./18. Jh. durch landesherrliche Gründungen war auch das hohenzollerische Gebiet beteiligt. In Thiergarten (heute Gemeinde Beuron) gründete die fürstenbergische Herrschaft 1670 ein Hammerwerk, in dem auch Eisen verhüttet wurde und das bis 1863 in Betrieb war.

Fürst Meinrad II. von Hohenzollern-Sigmaringen ließ 1707 das Hüttenwerk Laucherthal mit Hammerschmiede einrichten, das sich von einer bescheidenen Bohnerzhütte zu einem hochspezialisierten metallurgischen und metallverarbeitenden Betrieb entwickelt hat (seit 1989 Fürstlich Hohenzollernsche Werke Laucherthal GmbH und Co; Jahresumsatz ca. 300 Mill., über 1500 Mitarbeiter; Erzeugnisse u.a. Feinguß-, Kupferguß-, Schmiedeprodukte, Blankstahl, Profile, Maschinenbauelemente, Planetenradgetriebe, Winden, Gleitlager). Durch wiederholte Erweiterung der Anlagen und den Bau von Werkswohnungen für Arbeiter und Angestellte hat sich hier eine Siedlung mit eigener Schule entwickelt (Gemeinde Sigmaringendorf). Die nahen Bohnerze, der Holzreichtum und die Wasserkraft begünstigten den Standort, und der Abbau der Erze über und unter Tage, die Erzwäsche und der Transport wie auch die Bereitstellung der Holzkohle boten vielen Menschen in den Albdörfern von Melchingen im Norden bis Vilsingen im Süden die so dringend benötigten Verdienstmöglichkeiten, bis in den 70er Jahren die Verhüttung der Bohnerze mit Holzkohle eingestellt wurde. Den Standortnachteil gegenüber der neuen Schwerindustrie an Ruhr und Saar, der sich für den Bezug von Steinkohle und anderen Rohstoffen sowie den Absatz u. a. auch durch den späten Bahnanschluß von 1900 ergab, konnte das Unternehmen durch fortwährende Modernisierung sowie durch immer neue Produktinnovationen mehr als ausgleichen.

Vom Hausgewerbe zur Textilindustrie

Textiles Hausgewerbe

Auch die Textilindustrie, die für Hohenzollern besonders wichtig werden sollte, hatte ihre Vorläufer in einem verbreiteten Hausgewerbe, an das aber die Industrialisierung kaum anknüpfen konnte. Im Unterschied zu anderen Gegenden der Schwäbischen Alb spielte die Landweberei hier eine relativ geringe Rolle. In den Dörfern arbeiteten allenfalls einzelne Kundenweber, Weber in größerer Zahl gab es im 18./19. Jh. nur in den übervölkerten Dörfern des Unterlandes und in einigen sonstigen größeren Dörfern, z. B in Langenenslingen.

Die Zubereitung und das Spinnen von Hanf und Flachs war schon lange hauptsächlich als Frauenarbeit verbreitet. Dazu kamen im Lauf des 18. Jh. weitere Tätigkeiten, so das Strumpfwirken, die Florherstellung (locker gestrickte Wollhalstücher), besonders im Killertal, und vor allem dann die Weißzeug- oder Mousselinstickerei für Konstanzer und Schweizer Handelshäuser in St. Gallen/Appenzell. Sie war verlagsmäßig organisiert und wurde gegen einen Hungerlohn, der noch durch die Agenten der Unternehmer beschnitten wurde, von vielen Frauen und Mädchen im Unterland und auf der nördlichen Alb betrieben, vor allem in den Herrschaften bzw. Ämtern Straßberg und Gammertingen bis nach Veringendorf und Inneringen. In ganz Hohenzollern waren 1853 insgesamt 1508 Stickerinnen mit einem mittleren Jahreslohn von knapp 36 Gulden beschäftigt. Zahlreiche Frauen waren auch mit dem Nähen u. a. von Flanellhemden, Hand- und Hausschuhen beschäftigt.

Soweit die Erzeugnisse den örtlichen Bedarf überstiegen oder nicht an die Verlage gingen, wurden sie zunehmend auch im Hausierhandel vertrieben. Dies wurde besonders für die übervölkerten Killertalorte mit ihren begrenzten landwirtschaftlichen Möglichkeiten wichtig, ebenso für weitere Orte in der Umgebung, vor allem Burladingen und Ringingen. In dem Maße, in dem sich hier der Hausierhandel entwickelte und sich immer größere Absatzgebiete erschloß, bis nach Norddeutschland, ins Elsaß, in die Alpenländer und nach Norditalien, konnte sich ein Hausgewerbe ausbreiten, das vor allem geschnitzte und gedrechselte Holzgeräte und -gefäße produzierte.

Die Herstellung von Peitschen, für die das Killertal dann vor allem bekannt wurde, ist erstmals für 1748 nachgewiesen. Die preußische Regierung stellte bereits 1854 einige Flechtmaschinen aus Elberfeld, zwei Drehbänke und Mustergegenstände aus Thüringen zur Verfügung. Ihr Versuch, die Korbflechterei im Killertal einzuführen, scheiterte auf die Dauer. Die »Erste und größte Hohenzollerische Peitschenstöcke-, Spazierstöcke- und Peitschenriemenfabrik« wurde 1873 in Jungingen gegründet, bis zum Ende des 19. Jahrhunderts waren es drei. Auch in den anderen Killertalgemeinden wurden Peitschen und Zubehör hergestellt, schließlich sogar mit Zirbenholz aus Südtirol sowie aus Manila- und Malakka-Rohr. Nach dem Zweiten Weltkrieg kam die Peitschenherstellung mit dem Rückgang der Pferdehaltung fast völlig zum Erliegen. Nur zu einem kleinen Teil wurde sie ersetzt durch die Herstellung von Wanderstöcken u. ä. Heute erinnert das 1993 eröffnete Peitschenmuseum in Jungingen an diesen für das Killertal so wichtigen Wirtschaftszweig.

Um 1900 gab es allein in den Gemeinden des Killertals an die 700 Hausierer bei einer Einwohnerzahl von etwa 3 000. Sie hatten zunehmend auch Erzeugnisse aus anderen Gegenden in ihr Sortiment aufgenommen, vor allem Textilien, die u. a. an bestimmten Tagen des Jahres von Geschäftsreisenden auf den »Messen« z. B. in Jungingen und Burladingen übernommen wurden. Durch diese Absatzmöglichkeit wurden die Hausierer auch wichtig für die Anfänge der Korsett- und Trikotagenindustrie außerhalb Hohenzollerns, vor allem im Raum Ebingen-Tailfingen, der sich ja zur wichtigsten Region der deutschen Maschenindustrie entwickelte. Dabei spielten die Verleger in Hechingen, vor allem jüdische Geschäftsleute, ebenfalls eine wichtige Rolle. Auch im Killertal selbst entstanden mehrere »Trikotfabriken«.

Die ersten Textilfabriken

Mit kleinen textilgewerblichen Manufakturen hatte man es im nachmaligen Hohenzollern schon früh versucht, z. B. 1761 in Gammertingen mit einer Baumwollspinnerei, deren rasch wechselnde Besitzer nacheinander aus Schaffhausen, dem Toggenburg und aus Buchau kamen. Zu diesen frühen Versuchen gehören sicher auch die von Johler 1824 genannten »Flachs-Webereien, Spinnereien, auch in Baumwolle«, die es in beiden Fürstentümern gab, dagegen gab es »keine eigentlichen Fabriken«. Die Baumwollspinnerei und -weberei, zu der in Gammertingen 1831 eine Färberei ausgebaut wurde, dürfte bereits mit Wasserantrieb gearbeitet haben, ebenso die dort 1836 mit einem Aufwand von über 7 000 Gulden gegründete Wollspinnerei, die 1838 abbrannte, danach von der Spar- und Leihkasse Sigmaringen übernommen und 1849 an einen Wollefabrikanten aus Metzingen verkauft wurde. Schon vor der Gründung dieser Spar- und Leihkasse 1843, die als eine der ersten Wirtschaftsförderungsmaßnahmen des Fürsten Karl gilt, unterstützte die Hofkammer 1836 die Einrichtung einer Seidenspinnerei-Manufaktur im Hettinger Schloß durch eine Züricher Unternehmung, die aber wie die Seidenspinnereien in Sigmaringendorf, Hitzkofen und Laiz bald wieder aufgegeben wurde, angeblich wegen mangelnder Arbeitsmoral der Beschäftigten.

Mit »wohltätigen Absichten«, um der »stets wachsenden Armut« durch die Schaffung von Verdienstmöglichkeiten zu steuern, gründete Fürst Karl 1838 die nach ihm benannte Baumwollspinnerei Karlstal bei Haigerloch, die erste »richtige« Textilfabrik in Hohenzollern, deren Nachfolgebetrieb als Strickerei heute noch besteht. Es ist kennzeichnend für die damalige Situation, daß die Gründungsverhandlungen für diesen Betrieb, um den sich auch Betra, Empfingen, Fischingen und Imnau bemüht hatten, vom Direktor des fürstlichen Hüttenwerkes Laucherthal geführt wurden und daß die Maschinen aus St. Gallen, der Verwalter aus Feldkirch und der Spinnmeister wohl auch aus der Schweiz stammten. Die Arbeiterinnen und Arbeiter, zeitweise über hundert, kamen aus Haigerloch und Umgebung. Als Standort der Spinnerei wurde wohl deshalb Haigerloch gewählt, weil es als zweite Residenzstadt mitten im bevölkerungsreichen Unterland lag, trotz der Nachteile, die sich aus der unregelmäßigen Wasserführung der Eyach und aus der ungünstigen Verkehrslage ergaben. Die Fabrik arbeitete, nachdem schließlich 1854 die bereits 1840 beantragte Dampfmaschine angeschafft worden war, mit wechselndem Erfolg, bis sie wegen mangelnder Rentabilität 1863 stillgelegt und 1866 verkauft wurde, und zwar an zwei Textilunternehmer aus dem Stuttgarter Industrievorort Berg, wo 1810 die erste württembergische Baumwollspinnerei gegründet worden war.

Fast gleichzeitig, ebenfalls 1838, gründeten zwei Unternehmer aus Konstanz (Delisle) und St. Gallen (Stölker) eine private Baumwollspinnerei mit Weberei im Laucherttal bei Sigmaringendorf, von der nicht viel bekannt ist, die aber 1874 immerhin 42 Arbeiterinnen und 80 Arbeiter beschäftigte.

Im hochverschuldeten und in der Administration rückständigen Fürstentum Hohenzollern-Hechingen wurde außer der Gründung einer Spar- und Leihkasse 1843 in Hechingen von der Seite der Landesherrschaft kaum etwas für die gewerbliche Entwicklung getan.

Die Industrie nach 1850

Der »Bericht über die gewerblichen Verhältnisse in Hohenzollern und Vorschläge zu deren Verbesserung«, den der schlesische Unternehmer und Textilfachmann L. Reichenheim nach einer Bereisung des Landes 1854 für die preußische Regierung verfaßte, vermittelt einen guten Eindruck vom damaligen Stand der Entwicklung. Allerdings beschränken sich Bestandsaufnahme und Verbesserungsvorschläge fast ausschließlich auf das Textilgewerbe, und auch hierin sind sie nicht vollständig.

Neben der Erwähnung und Beurteilung der bereits genannten textilgewerblichen Aktivitäten werden die Probleme vor allem am Beispiel der Firma Benedikt Baruch und Söhne aufgezeigt, die sich, aus Buchau in Württemberg kommend, 1846 in Hechingen niederließ und dort eine »Färberei, Spinnerei und Weberei« betrieb. Sie beschäftigte 1851, hauptsächlich wohl als Verleger, bereits mehrere hundert Menschen. Von den 500 Webstühlen, die für sie arbeiteten, stand zunächst keiner in Hechingen selbst, 150 arbeiteten in hohenzollerischen und 350 in württembergischen Gemeinden (1854 waren es in Hohenzollern 137, in Württemberg 442). Damit bestand der Betrieb in einer für die damalige Zeit typischen Kombination von Fabrik, Manufaktur und Verlag für zahlreiche Hausweber und sonstige Heimarbeiter. Als 1854 ein vielleicht von Reichenheim angeregter Antrag an die preußische Regierung auf Unterstützung bei der Anschaffung von Maschinen, darunter einer Dampfmaschine mit 10 PS, genehmigt wurde, mußten sich die Unternehmer verpflichten, mindestens 300 Webstühle in Hohenzollern zu betreiben. Diese Verpflichtung einzuhalten, fiel ihnen offenbar schwer, 1859 waren es erst 268. Neben der allgemeinen Kritik an der Abneigung gegen gewerbliche Arbeit bei der Bevölkerung und an der unzureichenden Ausbildung der Arbeiter bemängelte Reichenheim besonders die veraltete technische Ausstattung, den zu hohen Stücklohn, die zu geringe Arbeitsteilung und Produktspezialisierung sowie das damit zusammenhängende begrenzte Absatzgebiet. Der Betrieb wurde 1904 von A. Gutmann u. Cie aus Göppingen übernommen, 1937 ging er an die Süddeutsche Baumwollindustrie AG Kuchen.

Reichenheim, der sich ausdrücklich auch an der Stuttgarter Zentralstelle für Handel und Gewerbe orientierte, lag besonders die Verbesserung der Ausbildung der Arbeitskräfte und des Ansehens der Industrie im Agrarland Hohenzollern am Herzen. Man versuchte, seinen Vorschlag einer Organisation der Landweberei im Verlagssystem unter öffentlicher Aufsicht und Anleitung in Kombination mit kleinen Manufakturen zu verwirklichen, indem man seit 1855 in einigen großen Dörfern des Unterlandes, in Empfingen, Grosselfingen und Jungingen, sowie im abgelegenen Wilflingen und dann auch noch in Salmendingen mit Beihilfen aus Berlin Musterwerkstätten oder »Webschulen« einrichtete. Sie wurden aber bald, wohl schon 1857, wieder aufgegeben, vielleicht weil es an der örtlichen Unterstützung fehlte.

In dieser Zeit entstanden weitere kleine Betriebe, die z. T. noch von der preußischen Regierung unterstützt wurden, so die Tuchfabrik eines Metzinger Unternehmers in Gammertingen, der 1854 eine Beihilfe für eine Schermaschine erhielt und bei Armeelieferungen berücksichtigt wurde, die von ihm eingegangene Verpflichtung, elf Lehrlinge kostenlos auszubilden, aber nicht erfüllen konnte. Die aus Plieningen auf den Fildern stammenden Unternehmer S. Bernheimer und S. Heilbronner erhielten 1853 die Konzession für eine »Leinen-, Wollen- und Baumwollspinnerei« in Hechingen, die 1892 in eine Trikotfabrik umgewandelt wurde. Daneben gab es in Hechingen noch mehrere jüdische Verleger für die Hausweber und -stricker in den umliegenden Dörfern und auf der Alb, besonders um Ebingen-Tailfingen, die zunächst Baumwoll- und Halbleinenstoffe herstellten, mit dem Aufkommen der Korsettweberei Ende der fünfziger Jahre vor allem dann Miederwaren und seit Ende der siebziger Jahre zunehmend Wirkwaren.

Dies war der Beginn der Hechinger Trikotagenindustrie, der 1892 acht Trikotwebereien angehörten, davon sechs in der Stadt, eine in Stetten und eine in Bisingen, wo es auch noch eine Korsettfabrik gab (s. Karte 3). Sie alle arbeiteten damals bereits mit Dampfmaschinen oder Benzinmotoren. In den sieben Trikotfabriken, die es 1933 gab, waren 1370 Arbeiter beschäftigt, in einer Zwirnerei 120 Arbeiter, von denen viele als Pendler aus den umliegenden Dörfern kamen, auch aus dem Württembergischen. Die jüdischen Verleger in Hechingen (Liebmann und Levi, David Levi und Löwengardt und Levi) spielten in der zweiten Hälfte des 19. Jh. durch ihre Tätigkeit auch eine wichtige Rolle für den Aufschwung der Maschenindustrie im württembergischen Ebingen-Tailfingen, die sich dort ja noch viel stürmischer entwickelte als in Hohenzollern.

Ein Sonderfall in Hohenzollern ist das Salzbergwerk in Stetten bei

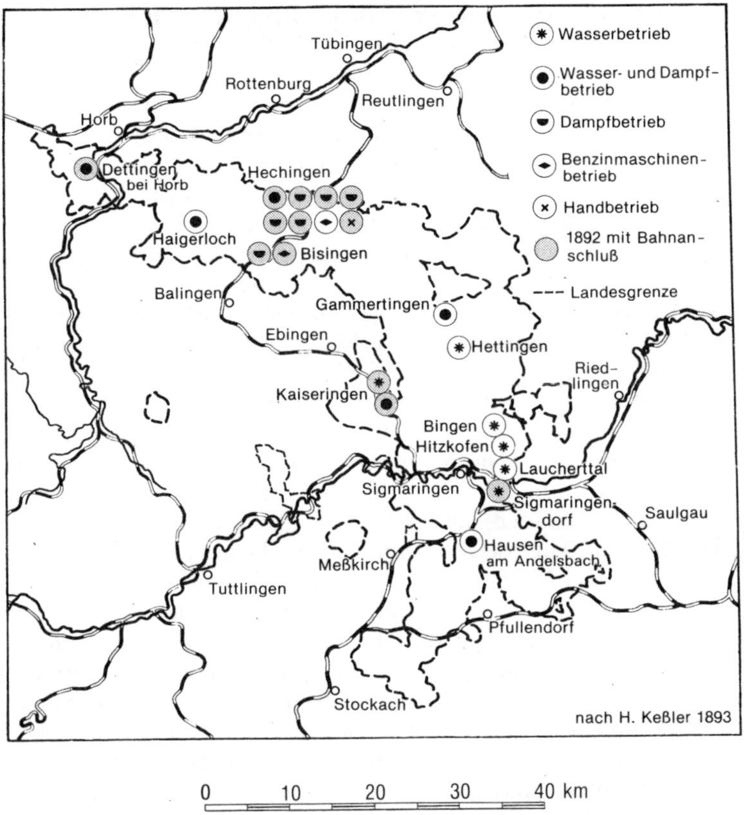

3. Fabrikbetriebe in Hohenzollern 1892 mit Antriebsart

Haigerloch. Bei den von der preußischen Regierung mit Blick auf die bis dahin entstandenen württembergischen Salinen 1852 veranlaßten Bohrungen wurde 1857 in einer Tiefe von 123 m ein 8–10 m mächtiges Salzlager entdeckt. Das kleine Bergwerk, das hier entstand und in dem 20 bis 25 Leute Beschäftigung fanden, versorgte Hohenzollern mit Koch-, Vieh- und Streusalz, bis es 1924 verpachtet und 1960 schließlich verkauft wurde. Nach wiederholten Modernisierungen beliefert es heute mit etwa 50 Mitarbeitern und einer um ein Vielfaches gesteigerten Produktion einige bayerische Chemiebetriebe mit Steinsalz, im Winter auch die weitere Umgebung mit Streusalz.

Nach einer Zusammenstellung für 1892 gab es damals in Hohenzollern 21 Fabriken (s. Karte 3). Dazu gehörten neben den bereits genannten noch die Spinnereien in Karlstal und Gammertingen, zwei weitere in Hettingen und Kaiseringen, eine Schäftefabrik mit Handbetrieb in Hechingen, welche auf die sich entwickelnde Schuhindustrie hinweist, ferner die Samt- und Manchesterfabrik in Kaiseringen (s. o.) und eine Schiefertafelfabrik in Dettingen. Im südlichen Hohenzollern gab es neben dem Eisenhütten- und Walzwerk Laucherthal nur noch vier Holzstoff- und Zellulosefabriken in Bingen, Hausen a. A., Hitzkofen und Sigmaringen. Die Spinnerei bei Sigmaringendorf war 1876 abgebrannt und wurde nicht wieder aufgebaut. Das fürstlich-fürstenbergische Eisenwerk Thiergarten war schon 1863 stillgelegt worden. Insgesamt sind 1892 in Hohenzollern 58 Dampfkessel registriert, darunter 36 feststehende und 22 bewegliche, mit deren Hilfe auch die vorhandenen 24 Dampfmaschinen betrieben wurden. Daneben gab es natürlich noch zahlreiche gewerbliche Kleinbetriebe, deren Produktion nur wenig oder gar nicht mechanisiert war. Dazu gehören neben größeren Handwerksbetrieben vor allem die 230 »gewerbsmäßigen« Brauereien, die sich bis 1891 entwickelt hatten, nachdem die herrschaftlichen Biermonopole und Bannrechte aufgehoben worden waren. Außerdem wurden 1891 noch 166 Branntweinbrennereien betrieben, wie die Brauereien fast durchweg neben einer Landwirtschaft und oft in Verbindung mit einer Gaststätte. Später konzentrierte sich die Produktion auf immer weniger größere Betriebe.

Dies ist, verglichen mit den Nachbarländern, das relativ bescheidene Ergebnis einer Entwicklung, die anfangs von der preußischen Regierung durch Zuschüsse für einzelne Betriebe zur Anschaffung von Maschinen, zu Informationsreisen u. a. gefördert wurde. Die einzelbetriebliche Förderung wurde zwar, im Unterschied zu den anderen preußischen Provinzen, in Hohenzollern noch bis 1909 fortgesetzt, aber doch mit ziemlich geringen Beträgen, meist in Form von Darlehen und verbunden mit bestimmten Auflagen. Danach gab es nur noch Darlehen für Genossenschaften. Indirekt wurde das Gewerbe aber durch den Ausbau der Infrastruktur weiter gefördert, z. B. durch den Ausbau des Schulwesens, auch des beruflichen, die Verbesserung der Straßenverhältnisse und, wenn auch sehr spät, die Erschließung des Landes durch Bahnlinien. Was vor allem fehlte, war entsprechendes Kapital, das unter den gegebenen Umständen auch von außerhalb kaum zufloß. Auch an unternehmerischer Initiative mangelte es weithin, von wenigen Ausnahmen abgesehen. Ebenso fehlte wohl auch die entsprechende Erfahrung und die positive Einstellung der ländlichen Bevölkerung zur gewerblichen Betätigung. Wasserkraft und Holz als Energiequellen und das Bohnerz, über die das Land reichlich verfügte, verloren im Lauf des 19. Jh. zunehmend an Bedeutung, und die neuen Antriebsarten waren durch hohe Transportkosten vor allem für die Kohle kaum rentabel, allenfalls zur Ergänzung der wenig zuverlässigen Wasserkraft (s. Karte 3).

Die durch die Bevölkerungszunahme vorhandenen zusätzlichen Arbeitskräfte wanderten ab oder nach Amerika aus, verdienten als Pendler in den in der gewerblichen Entwicklung weiter fortgeschrittenen Nachbarländern ihren Lebensunterhalt, waren als Wanderarbeiter, vor allem als Bauarbeiter, die meiste Zeit des Jahres im Ausland beschäftigt oder vertrieben als Hausierer die Erzeugnisse ihrer Dörfer und auch die Produkte anderer in der Fremde. Zeitweise gab es dadurch sogar einen Mangel an Arbeitskräften. Die Mehrzahl derer, die im Dorf blieben, fristete als Kleinbauer, als Handwerker oder Heimarbeiter mit etwas Landwirtschaft mit der Familie ein ziemlich armseliges Dasein, trotz der allgemeinen Fortschritte in der Landwirtschaft. Dies gilt natürlich besonders für die Realteilungsdörfer im nördlichen Hohenzollern, aber auch für die auf der Flächenalb und im eigentlichen Oberland recht zahlreiche unterbäuerliche Bevölkerungsschicht.

Bis zur Jahrhundertwende und noch danach war Hohenzollern ein Agrarland geblieben, in dem noch gut zwei Drittel der Erwerbstätigen mit ihren Angehörigen von der Landwirtschaft lebten. In Württemberg und Baden war dieser Anteil bereits deutlich unter 50 % gesunken und näherte sich schon dem Anteil der Beschäftigten in Handwerk und Industrie, während der Anteil der Erwebstätigen in diesem Wirtschaftszweig in Hohenzollern noch unter 25 % lag. Auch auf dem Gebiet der Dienstleistungen lag das Land mit 9 % der Erwerbstätigen hinter Baden (19 %) und Württemberg (15,4 %) noch weit zurück (s. Tabelle S. 329), wobei in diesem Fall das Oberamt Sigmaringen mit seinen Behörden und Schulen am Sitz der Verwaltung vorne lag.

Der Vorsprung der Nachbargebiete Hohenzollerns in der gewerblichen Entwicklung, vor allem der feinmechanischen und Trikotindustrie im Raum Ebingen-Balingen und auch sonst im Albvorland, hatte Auswirkungen auch auf Hohenzollern, besonders in den Oberämtern Hechingen und Gammertingen. So wurde die feinmechanische Industrie in Jungingen, die heute durch ihre Feinwaagen und medizinischen Geräte bekannt ist, dadurch ins Leben gerufen, daß der Gründer der Feinwaagenfabrik Gebrüder Bosch, der in Onstmettingen gelernt hatte, sich 1852 in Jungingen selbständig machte. In dieser Firma hat 1885–88 auch F. H. Deckel gelernt, der Erfinder des Compurverschlusses für Photoapparate, der es in München zu einem führenden Unternehmer und zum Kommerzienrat brachte. Ein zweiter Impuls ergab sich daraus, daß zwei Junginger Feinmechaniker, die seit 1905 in Straßburg medizinische Geräte herstellten, nach dem Ersten Weltkrieg ausgewiesen wurden und dann in ihrem Heimatdorf einen neuen Betrieb aufbauten. Danach sind in diesem Mechanikerdorf weitere ähnliche Betriebe entstanden, die heute alle mit Elektronik ausgestattete Geräte produzieren.

An Burladingen, dem einstigen Kleinbauern-, Hausierer- und hausgewerblichen Dorf, läßt sich zeigen, wie die Anstöße, die von der Ebinger und Tailfinger Trikotindustrie ausgingen, die Entwicklung der Industrie in Hohenzollern förderten. Es begann damit, daß Männer als Pendler und Frauen als Heimarbeiterinnen für die Fabriken im Württembergischen arbeiteten, bis seit den achtziger Jahren mit Hilfe der dabei gewonnenen Erfahrungen und Fertigkeiten die ersten Web- und Strickmanufakturen auch in Burladingen von Einheimischen gegründet wurden. Ihre Zahl nahm bis zum Ersten Weltkrieg auf über ein Dutzend zu, und die erfolgreichsten unter ihnen konnten bald Filialen eröffnen und in den umliegenden Orten bis nach Neufra, Veringenstadt und Rangendingen für sich arbeiten lassen. Auch von Ebinger und Tailfinger Unternehmern wurden Filialen in zahlreichen hohenzollerischen Orten eröffnet.

Verbesserung der Infrastruktur

Verkehrserschließung

Wenn in Hohenzollern die Zahl der Fabriken, die der Gewerbeinspektion unterstanden, zwischen 1892 und 1910 von 21 auf 152 zunahm und sich auch die Beschäftigtenzahl bis zum Ersten Weltkrieg mehr als verdoppelte, dann ist dies u. a. auch auf die Verbesserung der Verkehrsverhältnisse zurückzuführen, vor allem auf die Erschließung des Landes durch die Eisenbahn (s. Karte 4). Sie erfolgte zwar recht spät und konnte so relativ kurz vor dem Beginn des Kraftfahrzeug-Zeitalters und dem Aufbau eines Stromnetzes, das die Verwendung des Elektromotors fast überall ermöglichte, nicht mehr den Entwicklungsschub auslösen, den der Bau der älteren Bahnlinien mit sich gebracht hatte,

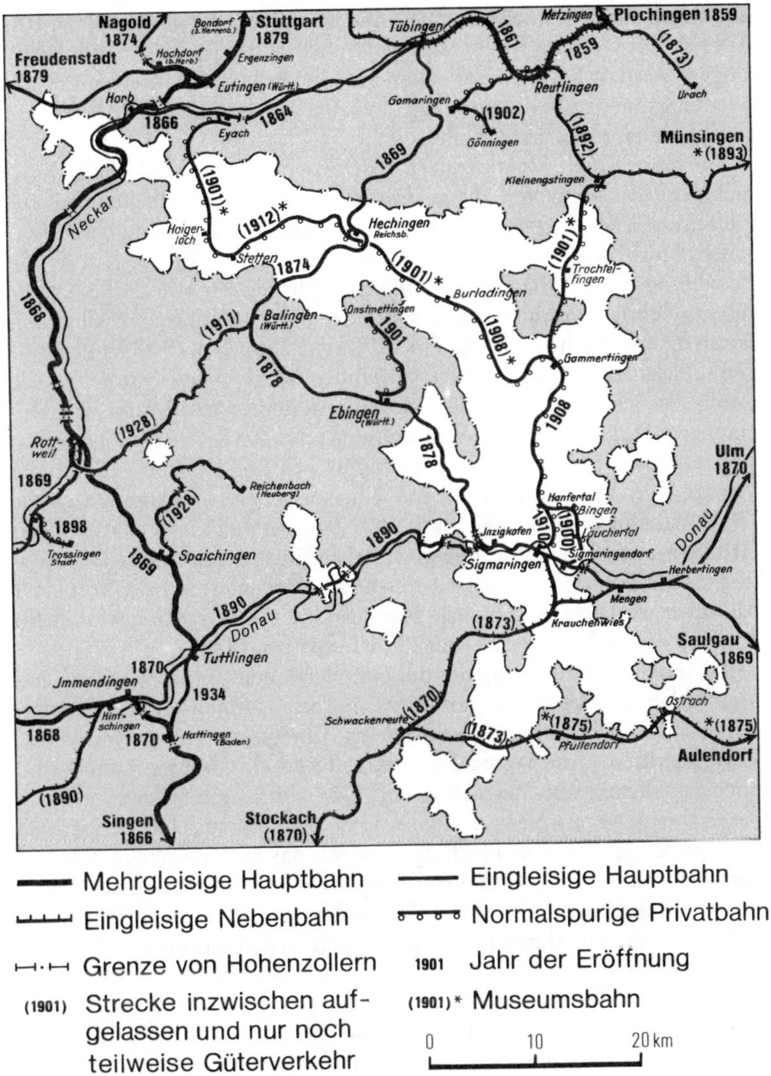

4. Die Erschließung Hohenzollerns mit Bahnlinien

Nach Ute Feyer, Hist. Atl. von Baden-Württ., KX.4, auf der Grundlage einer Streckenkarte des Reichsbahn-Vermessungsamtes Stuttgart 1947

doch trug die Hohenzollerische Landesbahn mit Sicherheit dazu bei, daß der Entwicklungsrückstand der Industrie des Landes deutlich verringert werden konnte. Vor allem für die Arbeiter-Pendelwanderung wie auch für den Rohstoffbezug und den Marktzugang der Produkte spielte sie eine wichtige Rolle.

Zunächst erhielt Hohenzollern Bahnanschluß nur durch die Bahnlinien der Nachbarstaaten, die an drei relativ schmalen Stellen das hohenzollerische Gebiet querten. Die württembergische Neckartalbahn zwischen Horb und Sulz von 1867 war für Hohenzollern kaum von Bedeutung. Durch die Strecke Tübingen-Hechingen wurde die damals schon wichtigste Industriestadt Hohenzollerns 1869 erreicht, die dann durch die sog. Hohenzollernbahn 1874 mit Balingen und 1878 mit Ebingen und seinem Industriebezirk verbunden wurde. Diese Strecke wurde durch das Schmeietal nach Sigmaringen weitergeführt. Damit war Hechingen mit dem Verwaltungsmittelpunkt des Landes verbunden, wenn auch auf Umwegen durch württembergisches Gebiet. Schon 1873 hatte Sigmaringen Anschluß an die von Ulm ausgehende württembergische Donautalbahn erhalten, die dann 1890 hauptsächlich aus strategischen Gründen mit einer aufwendigen Streckenführung durch das Donautal und durch badisches Gebiet bis Tuttlingen verlängert wurde. Von einer badischen Nebenstrecke wurde Sigmaringen über Krauchenwies ebenfalls 1873 erreicht, Ostrach von Pfullendorf her 1875.

Die innere Erschließung des hohenzollerischen Gebietes begann erst um die Jahrhundertwende, zunächst mit Stichbahnen zu den wichtigsten bisher noch nicht angeschlossenen Oberamts- und gewerblichen Mittelpunkten: von Sigmaringendorf durch das untere Laucherttal über das Hüttenwerk nach Bingen (1900), von Eyach an der württembergischen Oberen Neckartalbahn über Bad Imnau nach Haigerloch und Stetten (1901), von Hechingen durch das gewerbereiche Killertal nach Burladingen (1901) und von dem seit 1892 mit Reutlingen verbundenen Kleinengstingen über Trochtelfingen nach Gammertingen (1901). Noch einmal mehrere Jahre dauerte es dann, bis die Endpunkte dieser Stichbahnen, die den Anschluß nach außen hergestellt hatten, miteinander verbunden wurden: Burladingen mit Gammertingen und dieses mit Bingen 1908 und mit Sigmaringen 1910 sowie Haigerloch-Stetten mit Hechingen 1912, so daß nun, abgesehen von der nordwestlichen und südlichen Peripherie, eine Längsverbindung durch ganz Hohenzollern hergestellt war. Glücklicherweise wurde für diese als private Kleinbahn konzipierte Hohenzollerische Landesbahn die Normalspur gewählt. An ihrer Finanzierung beteiligte sich der preußische Staat zur Hälfte, die Westdeutsche Eisenbahngesellschaft Köln als Betreiber der Bahn bis 1927 und der Landeskommunalverband, der den Betrieb danach übernahm, je zu einem Viertel (H. Deck 1970). Sie bildeten die Hohenzollerische Landesbahn AG mit Sitz in Hechingen, deren Gesellschafter heute das Land Baden-Württemberg und die beiden Landkreise Sigmaringen und Zollernalbkreis sind.

Zwar konnte diese späte Kleinbahn wie andere Kleinbahnen aus dieser Zeit kaum mehr neue Industriestandorte begründen, aber sie verbesserte doch die Verkehrsverhältnisse in Hohenzollern ganz erheblich, auch für die Landwirtschaft, und begünstigte die Weiterentwicklung der bestehenden Industrieansätze entscheidend. Der Rückstand des Oberamtes Sigmaringen wurde freilich durch eine verstärkte Abwanderung eher noch vergrößert.

Sehr bald schon machte der LKW- und Busverkehr, der in den dreißiger Jahren auf den ebenfalls ausgebauten Straßen einsetzte, der Landesbahn zunehmend Konkurrenz und bedrohte ihre Rentabilität. Diese Entwicklung setzte sich nach dem Zweiten Weltkrieg vor allem auch durch die private Motorisierung verstärkt fort und führte trotz der Umstellung auf Dieseltriebwagen zur Beschränkung mehrerer Teilstrecken auf den Güterverkehr und schließlich zu ihrer Stillegung (s. Karte 4). Versuche, die Kleinbahnstrecken, die z. T. für die Zwecke einer Museumsbahn unterhalten werden, in Kombination mit Buslinien für einen modernen, umweltfreundlichen öffentlichen Personennahverkehr wieder nutzbar zu machen, laufen inzwischen oder sind in der Diskussion. Auch soll die Strecke der »Hohenzollernbahn« (Tübingen – Hechingen – Balingen – Albstadt – Sigmaringen) im Rahmen des neuen baden-württembergischen Generalverkehrsplans von 1994 aufgewertet werden.

Mit dem Ausbau der Eisenbahn wurde auch das Postwesen, das bis 1866/67 in den Händen von Thurn und Taxis lag und dann in preußische Verwaltung überging, laufend verbessert und damit auch der Telegraphen- und später der Telefonverkehr fortentwickelt.

Wasser und Elektrizität

Eine weitere wichtige Voraussetzung für die Modernisierung der Landwirtschaft, aber auch für den Fortschritt in der Industrialisierung war der Ausbau der öffentlichen Wasserversorgung, besonders auf der wasserarmen Alb. Hier folgte man dem Muster der württembergischen Albwasserversorgung. Einige hohenzollerische Gemeinden schlossen sich direkt an eine benachbarte württembergische oder badische Versorgungsgruppe an (z. B Heuberggruppen links und rechts der Donau, Erpf- und Zwiefalter-Ach-Gruppe). Das Verbandswasserwerk Gammertingen wurde 1907 erbaut, die Mittlere und Untere Lauchertgruppe sowie die Starzel-Eyach-Gruppe folgten. Um 1925 waren zwei Drittel der Haushaltungen in Hohenzollern mit Wasserleitungen versorgt.

Durch den Wasserversorgungsverbund Hohenzollern, 1929 als Kreiswasserwerk Hechingen gegründet, wurde die Wasserversorgung vieler Gemeinden im Unterland zusammengefaßt und sichergestellt. Einige Gemeinden, vor allem im Oberland und auf der Flächenalb, haben auch eine eigene Wasserversorgung, z. T. mit Hilfe eines Wasserturms. Durch den Bau der Bodenseewasserleitung 1965 ff. durch das Laucherttal und durch einen Stollen etwa zwischen Benzingen und Salmendingen war es möglich, dem ständig wachsenden Wasserbedarf nachzukommen.

Die elektrische Energie wurde in Hohenzollern wohl erstmals von dem damals modernsten und größten Fabrikbetrieb des Landes verwendet, dem Hüttenwerk Laucherthal, das schon wenige Jahre nach dem Bau des ersten württembergischen Wasserkraftwerks 1885 in Cannstatt 1893 ein Elektrizitätswerk baute und damit u. a. sein neues Warmwalzwerk betrieb. Fast gleichzeitig muß in der Spinnerei Karlstal ein Generator installiert worden sein. Es ist bezeichnend, daß es ein Ebinger Textilfabrikant war, der 1902 in einer Mühle bei Veringendorf ein Elektrizitätswerk einrichtete und den Strom über eine 17 km lange Hochspannungsleitung nach Ebingen schickte. Noch vor dem Ersten Weltkrieg entstand dann im Laucherttal eine ganze Reihe von kleineren Wasserkraftwerken, ebenso in Straßberg an der Schmeie, in Igelswies an der Ablach und in Sigmaringen an der Donau; in Hechingen und Haigerloch waren es Kraftwerke mit »gemischtem Antrieb«, in denen die Wasserkraft durch eine Dampfmaschine ergänzt wurde. Die Spinnerei Karlstal stellte 1918 ganz auf elektrischen Betrieb um. Nach dem Ersten Weltkrieg wurde das Stromleitungsnetz auf das ganze Land ausgedehnt, so daß bald fast überall elektrisches Licht möglich war und Elektromotoren betrieben werden konnten, was für die Standortentwicklung der Industrie entscheidend wurde. Heute wird das ganze Gebiet, z. T. über das Umspannwerk Laucherttal, von der Energieversorgung Schwaben mit Strom versorgt, der Sigmaringen kürzlich das Stromnetz der Stadt abgekauft hat und die einige neue Wasserkraftwerke an der Donau bauen möchte. Sie betreibt auch ein Deponiegas-Blockkraftwerk auf der Kreismülldeponie Hechingen. Auf dem Himmelberg bei Melchingen ist ein Windkraftpark entstanden.

Nach dem Ersten Weltkrieg

Nach den Rückschlägen, die der Erste Weltkrieg mit sich gebracht hatte, erholte sich die Industrie erstaunlich rasch und wuchs vor allem im Unterland und in der Nachbarschaft von Ebingen-Tailfingen weiter. Dabei erhöhte sich auch die Branchenvielfalt. Zwar dominierte die Textilindustrie weiterhin mit über 45 % der Industriebeschäftigten

(1922) in 55 Betrieben, vor allem die Trikotfabriken in Hechingen, Burladingen und Gammertingen sowie in den »Industriedörfern« ihrer weiteren Umgebung, doch kamen dazu noch neun Schuhfabriken in Hechingen, Stetten, Boll, Bisingen und Jungingen, die z. T. auf den Fell- und Häutehandel zurückgehen, der früher vor allem von jüdischen Händlern aus Hechingen betrieben wurde. Auch die fabrikmäßigen Webereien und Spinnereien sowie einige Korsettfabriken lagen fast alle im Unterland mit Ausnahme der Samt- und Cordweberei in Kaiseringen sowie zweier Wäschenähereien in Sigmaringen und Veringenstadt. Außer den Textilbetrieben hatte sich im Killertal auch die Peitschenfabrikation und die feinmechanische Industrie gut entwickelt, in Hausen war wie in Bisingen eine Zementfabrik entstanden. Das Oberamt Sigmaringen hatte dagegen fast nur durch die günstige Entwicklung des Hüttenwerks Laucherthal, in dem 1907 bereits 332, 1922 aber etwa 700 Beschäftigte arbeiteten, an der industriellen Aufwärtsentwicklung teilgenommen. Eine neue Landmaschinenfabrik in Laiz, einige wenige Textilbetriebe, vier Holzstoff-Fabriken sowie zahlreiche Sägewerke hatten ebenfalls dazu beigetragen. Einige kleinere Ansätze gab es noch verstreut an verschiedenen Orten, die aber meist kaum über ihre Anfänge hinauskamen.

Insgesamt war die Zahl der Fabriken zwischen 1914 und 1922 von 156 auf 303 gestiegen, die der darin Beschäftigten von 4 500 auf 6 100 (darunter 2 300 Frauen und 800 Jugendliche). Trotz dieses Aufschwungs lag Hohenzollern 1925 mit etwa einem Viertel der Erwerbstätigen im Produzierenden Gewerbe in seiner gewerblichen Entwicklung immer noch weit hinter den Nachbarländern zurück. Auch wenn sich die Entwicklung danach etwas verlangsamte, so scheint die Industrie in Hohenzollern doch relativ gut über die Weltwirtschaftskrise von 1929/30 gekommen zu sein, wie z. B. die Zählung von 1933 zeigt (s. Tab. S. 329). Dazu trug die gute Konjunktur der Trikotindustrie wesentlich bei, die Branchenzusammensetzung änderte sich kaum.

Nach dem Zweiten Weltkrieg

Verhältnismäßig bald nach dem tiefen Einschnitt, den der Zweite Weltkrieg mit sich brachte mit Produktionsumstellungen, Betriebseinschränkungen und teilweisen Demontagen der Maschinen, setzte erneut ein Aufschwung der Industrie ein, der einen Wandel der gesamten Wirtschaftsstruktur einleitete. Erstmals nahm die Zahl der hauptberuflich Erwerbstätigen in der Landwirtschaft deutlich ab. Dieser Rückgang verstärkte sich drastisch mit der zunehmenden Mechanisierung der Landwirtschaft und der Aufgabe von immer mehr Kleinbetrieben.

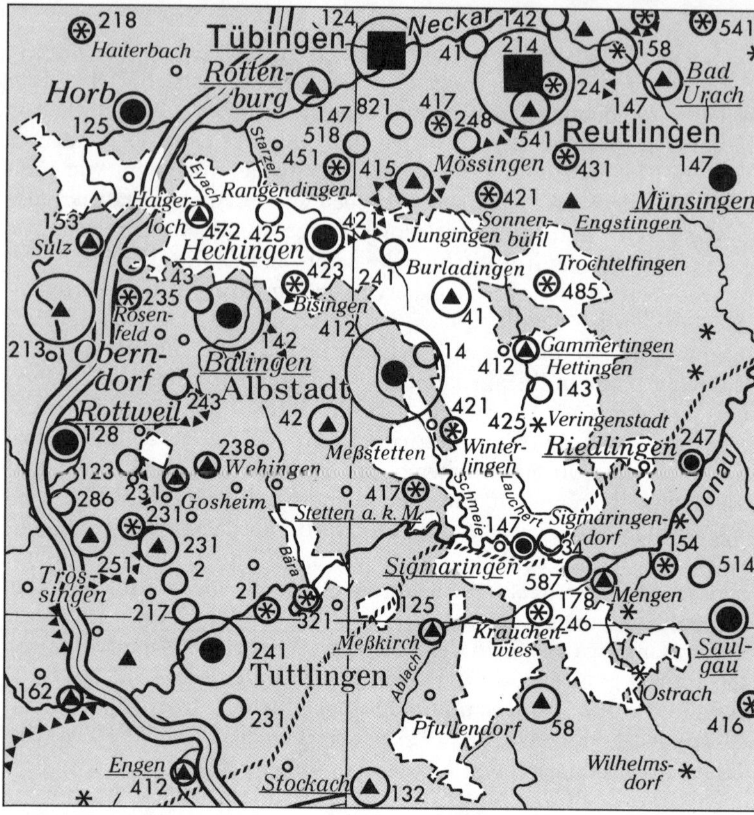

Gemeinden mit mindestens 250 Beschäftigten im Verarbeitenden Gewerbe 1987[3]:

- 10000 und mehr
- 5000 - 9999
- 2000 - 4999
- 500 - 2000
- 250 - 499

Oberzentrum[1]
Mittelzentrum[1]
Unterzentrum[1]
Kleinzentrum[2]

[1] nach dem Landesentwicklungsplan Baden-Württemberg
[2] nach den Regionalplänen
[3] nach Statistik von Baden-Württemberg Bd. 404 und 420

--- Einstige Landesgrenze von Hohenzollern

Die wichtigsten Erzeugergruppen sind in der Reihenfolge ihrer Beschäftigtenzahlen mit folgenden Ziffern angegeben:

1 Stahl-, Maschinen-, Fahrzeugbau
2 Elektrotechnik, Feinmechanik, Optik, Uhren
3 Metallerzeugung und -bearbeitung
4 Leder, Textil, Bekleidung
5 Holz, Papier, Druck
6 Steine, Erden, Keramik, Glas
7 Ernährungsgewerbe
8 Chemische Industrie, Mineralöl-, Kunststoff-, Gummiverarbeitung

▲▲▲▲ Albtrauf
Albsüdrand
Autobahn

Wo die Zahl der mit Dienstleistungen in nichtlandwirtschaftlichen Arbeitsstätten Beschäftigten überwiegt (50 % und mehr), ist der Ortsname unterstrichen.

0 5 10 20 30 km

5. Wirtschafts- und Versorgungsstruktur

Zwischen 1950 und 1987, dem Jahr, für das die jüngsten Daten für die alten Gemeinden vor der Reform verfügbar sind, ging die Zahl der Erwerbstätigen in der Landwirtschaft auf ein Zehntel zurück. d. h. auf rund 3 % aller Erwerbstätigen. Damit lag das ehemalige Hohenzollern sogar noch leicht unter dem Landesdurchschnitt (s. Tab. 329), worin sich vor allem die Entwicklung im Altkreis Hechingen niederschlug. Dabei ist zu berücksichtigen, daß in dieser Zeit die Einwohnerzahl in den Gemeinden der beiden Altkreise um über 40 % von 86 039 auf 114 042 zunahm.

Dies war nur dadurch möglich – bei gleichzeitiger beträchtlicher Erhöhung des Lebensstandards der Bevölkerung – daß die nichtlandwirtschaftlichen Wirtschaftssektoren enorm gewachsen sind. So stieg der Anteil der Erwerbstätigen im Produzierenden Gewerbe, der sich bereits zwischen 1933 und 1950 von 29 % auf 41 % erhöht hatte, seitdem bis 1970 auf 60 % an. Damit lag er deutlich über dem damaligen Durchschnitt von 55 % für ganz Baden-Württemberg. Zwischen 1970 und 1987 ist die Zahl der Erwerbstätigen im Produzierenden Gewerbe zwar etwa gleichgeblieben, doch fiel ihr Anteil an der Gesamtzahl auf 57 %. Auch im hohenzollerischen Gebiet zeigt sich damit die allgemeine Tendenz der jüngeren Zeit zur »Tertiärisierung« des Gewerbes, die allerdings in ganz Baden-Württemberg rascher vorangeschritten ist als in den beiden hohenzollerischen Altkreisen. Hier lag der Anteil der mit Dienstleistungen beschäftigten Erwerbstätigen 1987 bei 40 % gegenüber 48 % in Baden-Württemberg; 1933 waren es erst 14 % gewesen, 1961 bereits 27 %. Es zeigt sich also, daß heute das ehemalige Hohenzollern stärker industrialisiert ist als ganz Baden-Württemberg im Durchschnitt, daß es aber hinsichtlich der Tertiärisierung der Wirtschaft hinter der allgemeinen Entwicklung stark zurückliegt. In ganz Baden-Württemberg waren die Anteile der Beschäftigten im Produzierenden Gewerbe und im Dienstleistungssektor mit je rund 48 % etwa gleich, im Hohenzollerischen lagen sie noch um 17 Prozentpunkte auseinander. Die Abweichung vom baden-württembergischen Landesmittel ist aber hauptsächlich auf die Situation im Altkreis Hechingen zurückzuführen. Die Werte für den Altkreis Sigmaringen lagen 1987 mit 48 bzw. 47 % ganz nahe bei den Mittelwerten für das Land. Er hatte mit seiner Kreisstadt als Behörden- und Bildungszentrum immer schon einen wesentlich höheren Dienstleistungsanteil als der Kreis Hechingen, im Produzierenden Gewerbe ist er dafür kaum über die 48 % von 1987 hinausgekommen.

Erste Veränderungen der Industrie gab es bereits während des Zweiten Weltkrieges mit der Umstellung auf die Kriegswirtschaft, der Beschlagnahme von Betrieben oder Betriebsteilen für die Rüstungsindustrie und -forschung oder mit entsprechenden Verlagerungen, z. B. des

Kaiser-Wilhelm-Instituts für Physik nach Hechingen mit einem kernphysikalischen Labor im Felsenkeller von Haigerloch. Dazu gehört auch das 1920 in Stuttgart gegründete Theben-Werk Zeitautomatik GmbH u. Co., das u. a. Relais für Luftschutzsirenen herstellte und 1941 nach Haigerloch kam. Heute gehört es mit seinen mit Elektronik und Digitaltechnik ausgestatteten Produkten zu den wichtigsten Betrieben der Stadt. Nach dem Krieg fanden einige im Osten vertriebene Firmen einen neuen Standort in Hohenzollern, so eine Leicht- und Schwermetallgießerei auf dem Gelände der längst aufgegebenen, 1857 auf Ölschieferbasis gegründeten »Julienhütte« in Bisingen, eine Werkzeug- und Maschinenfabrik, ebenfalls aus dem Sudetenland stammend, in Sigmaringen oder zwei Spitzenhersteller in Bingen.

Die gesteigerte Nachfrage der Nachkriegszeit nach Ge- und Verbrauchsgütern kam zunächst besonders der dominierenden Textilindustrie und den mit ihr zusammenhängenden Zweigen zugute, aber auch der holzbe- und -verarbeitenden Industrie sowie der Bauwirtschaft und der Gewinnung von Baustoffen. Dagegen kam die Schuhherstellung fast ganz zum Erliegen. Als Arbeitskräfte standen zusätzlich zu den aus der Landwirtschaft freigesetzten die Heimatvertriebenen und Flüchtlinge zur Verfügung, die 1961 ein Sechstel der Bevölkerung in den beiden hohenzollerischen Kreisen ausmachten.

Wenn sich die Textilindustrie nun auch im Kreis Sigmaringen stärker ausbreitete und sich andere Betriebe dort ebenfalls vermehrt niederließen, dann ist dies besonders auf die staatlichen Förderprogramme zur Strukturverbesserung zurückzuführen, in die das Kreisgebiet, zumal die Kreisstadt als Förderungsschwerpunkt, laufend einbezogen war. Die Holz- und Zellstoffindustrie erlag zwar weitgehend der Konkurrenz innerhalb der EWG und der EFTA oder mußte sich umstellen, dafür entwickelte sich die Metall- und Maschinenindustrie gut, besonders der größte Betrieb, die Fürstlich Hohenzollerischen Werke Laucherthal, die 1962 etwa 1 800 Arbeitskräfte beschäftigten (mit Zweigwerken in Herbertingen und Aulendorf), die Landmaschinenfabrik Franz Eisele und Söhne mit 350 Beschäftigten (1962), aber auch einige neugegründete Betriebe, so u. a. eine Drahtflechterei in Sigmaringendorf oder ein Zweigbetrieb der Maschinenfabrik Trumpf GmbH u. Co. Ditzingen, die 1955 die Anlagen einer Stoffdruckerei in Hettingen übernahm, mit rund 300 Arbeitsplätzen.

Auch im Kreis Hechingen kamen zu den älteren feinmechanischen und sonstigen metallverarbeitenden Betrieben z. B. in Jungingen neue hinzu, so die Präzisionswerkzeugfabrik Gewefa im sonst fast ausschließlich von der Textilindustrie geprägten Burladingen, die Firma Centra Apparatebau in Gammertingen oder eine Kontrolluhrenfabrik in Empfingen. Durch moderne Techniken und Produktionen kam es nicht nur zu erheblichen innerbetrieblichen Veränderungen, sondern auch zur Gründung von neuen Betrieben und Zweigbetrieben, welche die Branchenvielfalt erweiterten.

Auf dem Gebiet der Elektrotechnik und der Elektronik entstanden z. B. Betriebe in Bisingen, Hechingen-Boll, Straßberg und in Ostrach, Trochtelfingen entwickelte sich zu einem Standort der Kunststoffverarbeitung, die u. a. auch in Haigerloch Fuß faßte mit einem Betrieb, der heute zu einer größeren Firmengruppe gehört wie eine Fabrik in Rangendingen, die Spezialverpackungen aus Kunststoff und Aluminium herstellt. Die traditionellen Hersteller medizinischer Apparate in Jungingen erhielten Zuwachs durch den großen Betrieb einer schwedischen Unternehmensgruppe in Hechingen, der Dialysatoren herstellt, sowie einen Betrieb in Inzigkofen-Engelswies mit einer Filiale in Vilsingen.

Trotz solcher Neuerungen blieb die Gruppe Textil/Bekleidung bis zum Anfang der siebziger Jahre nach der Zahl der Beschäftigten in der Industrie eindeutig an der Spitze, im Kreis Hechingen mit 63 %, im Kreis Sigmaringen mit 47 %, insgesamt mit über 56 % der Industriebeschäftigten (1970, Baden-Württemberg 13 %). In der Gruppe Maschinenbau und sonstige metallverarbeitende Industrie lag der Kreis Sigmaringen mit über 37 % vorn, der Kreis Hechingen dahinter (knapp 25 %, zusammen 30 %, Baden-Württemberg 58 %). Die anderen Branchengruppen hatten nur relativ kleine Anteile. Im Kreis Sigmaringen tritt durch die anhaltend große Bedeutung der Kies-, Sand- und Splittgewinnung noch die Gruppe Steine und Erden mit 7,5 % deutlich hervor (Baden-Württemberg 3 %).

Die vielfältigen Wurzeln der Industrie im hohenzollerischen Gebiet zeigen sich vor allem auch in den Betriebsgrößen. Es herrschen eindeutig die kleinen (1970: 61 % mit 10 bis 49) und mittleren Betriebe vor (20 % mit 50 bis 99, 17 % mit 100 bis 500 Beschäftigten), nur drei Betriebe haben mehr als 500 Beschäftigte, darunter einer mit mehr als 1 000.

Die weitere Entwicklung ist dann vor allem durch die zunehmenden Schwierigkeiten gekennzeichnet, in welche die Textilindustrie seit dem Anfang der siebziger Jahre durch die Einfuhren aus Billiglohnländern geriet. Massenweise gingen Arbeitsplätze verloren, auch durch die Verlagerung von Teilen der Fertigung ins Ausland. Halten konnten sich nur solche Betriebe, die sich rechtzeitig spezialisierten auf modische Qualitätsartikel, z. T. durch Lizenznahme, oder auf Sport- und Freizeitbekleidung. Darunter sind auch einige Firmen. die weiter wuchsen und einen hohen nationalen und sogar internationalen Bekanntheitsgrad erlangten, so die größten Textilbetriebe in Burladingen, Hechingen und Bisingen mit ihren Zweigwerken.

Beispiele für Versuche, mit den gegenwärtigen regionalen Strukturproblemen der Wirtschaft fertigzuwerden, sind etwa die Umwandlung der Anlagen einer großen Gammertinger Textilfirma, die in Konkurs geriet, mit Hilfe eines Zuschusses der EU in einen Gewerbepark oder das unter Beteiligung der baden-württembergischen Steinbeis-Stiftung im Entstehen begriffene Technologiezentrum in Stetten a.k.M.-Frohnstetten.

III. Der Fremdenverkehr

Durch sein eindrucksvolles, abwechslungsreiches Landschaftsbild und die zahlreichen Zeugnisse einer bewegten Vergangenheit in seinen Städten und Dörfern hat das hohenzollerische Gebiet eigentlich die besten Voraussetzungen für einen gutgehenden Fremdenverkehr. Doch ähnlich wie in anderen Teilen der Schwäbischen Alb und ihres Vorlandes hat sich ein einträglicher Übernachtungsfremdenverkehr nur zögernd entwickelt. Hohenzollern ist vorwiegend ein Wandergebiet und ein Ziel des Ausflugsfremdenverkehrs geblieben. Neuerdings erfreut es sich aber auch für die Wochenenderholung und den Kurzurlaub einer steigenden Beliebtheit. Insgesamt werden schätzungsweise etwa zweieinhalb tausend Fremdenbetten angeboten, doch erscheint davon nur ein Teil in der amtlichen Statistik, die lediglich die gewerblichen Übernachtungsstätten mit 9 und mehr Betten erfaßt, also nicht das private Bettenangebot. Am meisten Fremdenübernachtungen mit über 40 000 wurden 1993 für den amtlich anerkannten Erholungsort, Kloster- und Wallfahrtsort Beuron registriert, etwas weniger für Sigmaringen (einschließlich der Übernachtungen im Zusammenhang mit Geschäfts- und Dienstreisen). Die Gesamtgemeinde Haigerloch mit Bad Imnau zählt über 30 000, Hechingen über 20 000, der anerkannte Erholungsort Gammertingen mit einem Kurheim der Landesversicherungsanstalt knapp 15 000 Übernachtungen. Trochtelfingen, ebenfalls »Erholungsort«, und alle anderen Gastgemeinden gehören mit weniger als 10 000 registrierten Übernachtungen nicht zu den »Berichtsgemeinden« der amtlichen Statistik. Neben dem Bettenangebot in Hotels, Gaststätten, Pensionen und Privatquartieren mit einer zunehmenden Zahl von Ferienwohnungen, auch für »Ferien auf dem Bauernhof«, gibt es noch weitere Übernachtungsmöglichkeiten in einigen Wanderheimen im Wandergebiet Donautal, in der Jugendherberge in Sigmaringen, auf den Campingplätzen in Beuron und Sigmaringen sowie im Sommer auf einigen Jugendzeltplätzen. Die Wochenend- und Ferienhaussiedlung Dullenberg bei Inneringen vom Anfang der siebziger Jahre dient heute bereits zu einem guten Teil als Altersruhesitz.

In früheren Zeiten waren besondere Einrichtungen für Erholung und Freizeit den Angehörigen des Adels vorbehalten. Daran erinnern heute noch Namen wie der von Thiergarten, der auf ein Jagdgehege der Grafen von Zimmern zurückgeht, oder die Namen ehemaliger Jagdhütten und Jagdschlößchen wie Lusthof bei Hettingen, das Schlößle Ensisheim, Karlswahl bei Bärenthal und die Fürstenhöhe bei Oberschmeien. Manches ist auch erhalten geblieben und steht heute z. T. der Allgemeinheit zur Verfügung, so der große Wildpark mit dem Jadgschlößchen Josefslust bei Sigmaringen, der Prinzengarten in der Stadt selbst, das »Landhaus«, die fürstliche Sommerresidenz, in einem schönen Park in Krauchenwies in der Ablachaue oder die Anlagen bei der einstigen Sommerresidenz im ehemaligen Kloster Inzigkofen, dem heutigen Volkhochschulheim und Zentrum für Erwachsenenbildung. Bei Hechingen ist es vor allem das Schloß Lindich mit seinem Park und seinen Alleen oder die Villa Eugenia mit dem Fürstengarten.

Auch wenn die Heilquelle von Bad Imnau, wie die von Glatt und einige andere, schon früher benützt wurde, so verdankt das Heilbad seinen Aufschwung im 18. Jh. ebenfalls fürstlicher Initiative, als der in Haigerloch residierende Fürst Joseph Friedrich 1733 den »Fürstenbau« aufführen und sein Nachfolger u. a. den Kurpark anlegen ließ. Das Bad, das 1862 in private Hände überging und seit 1917 von Ordensschwestern aus der Schweiz betrieben wird, wurde von Anfang an auch von bürgerlichen und besonders von geistlichen Kurgästen aufgesucht. Der renovierte Kursaal von 1868 stammt aus der Zeit, als der Kurbetrieb seinen Höhepunkt erreichte. Dabei war auch der Bahnanschluß wichtig, zunächst in Eyach, dann im Ort selbst (s. Karte 4). Heute ist Bad Imnau hauptsächlich bei Gästen beliebt, die seine ruhige, freundliche Atmosphäre schätzen. Die Fürstenquelle Bad Imnau GmbH füllt mit modernen Anlagen täglich über eine halbe Million Flaschen mit Mineralwasser.

Inzwischen ist ja durch die Aufhebung einiger Streckenabschnitte die Bedeutung der Bahn, die für die Entwicklung des Fremdenverkehrs in Hohenzollern eine wichtige Rolle gespielt hat, stark zurückgegangen, doch bieten die Museumsbahnen und der Wanderbummelzug im Oberen Donautal mit ihren gelegentlichen Wochenendfahrten immer noch eine Attraktion für die Gäste. Im übrigen sind die Reiseziele auf guten Straßen leicht erreichbar, neuerdings auch auf vielen Fahrradwegen. Der Ausbau des dichten Netzes gut gekennzeichneter Wanderwege ist vor allem dem Schwäbischen Albverein zu verdanken, der keine Rücksicht auf die ehemaligen Landesgrenzen zu nehmen brauchte.

Hauptziele sind außer dem großartigen Donaudurchbruchstal mit seinen ruinengekrönten Felswänden und -türmen, den Nebentälern und Randhöhen vor allem das reichgegliederte nördliche Randgebiet der Schwäbischen Alb, das Starzel- und das Eyachtal sowie jenseits des Neckars die Täler im Heckengäu gegen den Schwarzwald hin. Die Kalkfelsen im Donautal ziehen so viele Kletterer an, daß sie bereits vor allzu starker Belastung geschützt werden müssen, ähnliches gilt für die Tier- und Pflanzenwelt an der Donau, die durch die Kanufahrer gefährdet ist. Gute Wassersportmöglichkeiten gibt es auch auf einigen Baggerseen im Oberland. Auf der verkarsteten Zollernalb finden sich zahlreiche Höhlen, doch sind darunter keine solch bekannten Schauhöhlen wie die Bären-, die Nebel- und die Kolbinger Höhle in der unmittelbaren Nachbarschaft. Auch einige Skilifte bei Salmendingen, Burladingen und Vilsingen sowie mehrere Langlaufloipen stehen zur Verfügung, sofern es die Schneeverhältnisse zulassen. Reitmöglichkeiten werden ebenfalls angeboten. Im übrigen gibt es überall fast schon ein Übermaß an Wanderparkplätzen, Feuerstellen, Spielplätzen, Trimmpfaden u. a., in den größeren Orten ganze Freizeitzentren mit Freibädern, auch mit Tennisplätzen, und sogar bereits drei Golfplätze in Hechingen, Sigmaringen und in Inzigkofen.

Die Anfänge des »bürgerlichen« Fremdenverkehrs reichen im Bereich des »wildromantischen« Donautals noch ins 19. Jahrhundert zurück. In Beuron bestand schon um die Mitte des Jahrhunderts eine »Molkenkuranstalt«, und bald wurden die Dörfer dort auch zur »Sommerfrische« aufgesucht und als Ausgangspunkt für Wanderungen, besonders seit der Eröffnung der Donautalbahn 1891. Noch vor dem Ersten Weltkrieg wurde ein regionaler »Verein zur Hebung des Fremdenverkehrs im Oberen Donautal und Umgebung« mit Sitz in Sigmaringen gegründet. Inzwischen gibt es zahlreiche örtliche Verkehrsämter und überörtliche Fremdenverkehrsverbände.

Mit dem »Naturpark Obere Donau«, der 1980 eingerichtet wurde, versucht man mit Unterstützung des Landes, die Belange des Natur- und Landschaftschutzes und die wachsenden Bedürfnisse der Erholungsuchenden sowie die Interessen des Fremdenverkehrsgewerbes und der Landwirtschaft einigermaßen in Einklang miteinander zu bringen. In diesem Naturpark liegen große Teile der Zollernalb und das untere Ablach- und Ostrachtal (s. Karte 6). In Beuron wird ein Naturparkzentrum eingerichtet, das wie die verschiedenen Lehrpfade für die sachgerechte Information der Besucher sorgen und sie damit auch zum verständnisvollen Umgang mit der Landschaft anhalten soll.

Die »Hohenzollernstraße«, eine Touristenroute, die 1990 aus der Taufe gehoben wurde, durchzieht die Hohenzollernschen Lande in ihrer ganzen Länge von Norden nach Süden, und zwar als Rundkurs zweifach, wobei sie allerdings auch durch altwürttembergisches und ehemals badisches Gebiet führen muß (s. Karte 6). Bisher hatte die

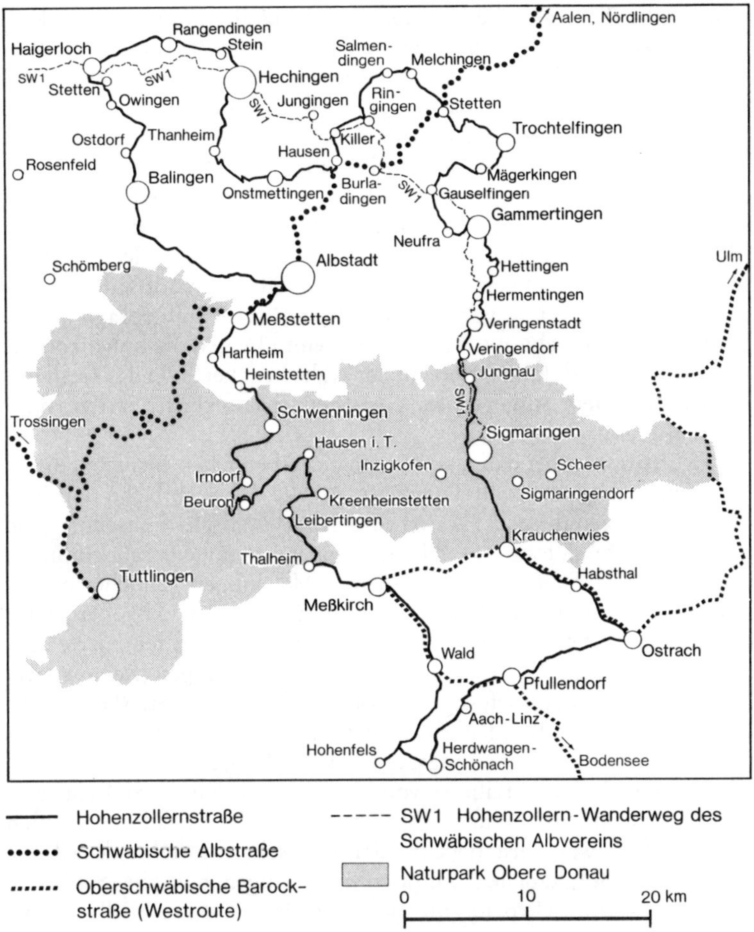

6. Fremdenverkehrsrouten, Naturpark Obere Donau

touristische »Schwäbische Albstraße« Hohenzollern nur auf einer kurzen Strecke durchquert, in die »Oberschwäbische Barockstraße« ist es durch eine westliche Abzweigung einbezogen. Die Hohenzollernstraße verbindet nun alle wichtigen Zeugnisse der Landesgeschichte miteinander. An erster Stelle ist hier natürlich die Burg Hohenzollern zu nennen, das Stammschloß des Hohenzollerngeschlechts, das in seiner beherrschenden Lage mit wenigen alten Überresten und einer imponierenden Anlage aus dem Zeitgeist des 19. Jh. jährlich über eine halbe Million Besucher anzieht, dazu die alte Residenzstadt Hechingen zu seinen Füßen, deren überschaubares, gut erhaltenes Stadtbild wie auch die weitere Umgebung von den Stadtherren stark mitgeprägt wurde. Dort ist auch in mehreren Museen und Sammlungen die hohenzollerische Geschichte dokumentiert. In der Nähe liegt bei Stein das Freilichtmuseum mit dem ausgegrabenen und teilweise rekonstruierten römischen Gutshof.

Die Ostroute führt dann, vorbei am gewerbereichen Bisingen, durch Wessingen, Zimmern und Thanheim auf die Albhochfläche und hinüber ins Starzeltal nach Hausen und Killer (Peitschenmuseum). Von dort geht es hinauf auf das »Heufeld« über Ringingen, Salmendingen (Kornbühl mit Salmendinger Kapelle), Melchingen (Lauchertquelle, dörfliches Theater Lindenhof, Dorfmuseum), durch das obere Laucherttal nach Stetten und ins Seckachtal in das schön renovierte ehemals werdenbergische Residenzstädtchen Trochtelfingen (Renaissanceschloß, Teile der Stadtbefestigung, gotische Pfarrkirche St. Martin). Die Reihe der kleinen Residenzen setzt sich laucherttalabwärts fort mit Gammertingen (alter Siedlungsplatz mit berühmten Funden, klassizistisch das Schloß der Freiherrn von Späth und die Kirche St. Leodegar) und Hettingen (Späthsches Schloß über der Zwergstadt), und auch Veringenstadt war einst bedeutender Herrschaftsmittelpunkt (Ruine der Burg mit Burgkapelle der Grafen von Veringen, hübsches Stadtbild, Heimatmuseum, Lehrpfad zum Bohnerzabbau und zur Siedlungsentwicklung).

Auch die ehemalige Residenz der Sigmaringer Linie der Hohenzollern im Donautal, Hauptstadt von Preußisch-Hohenzollern und bis heute Kreisstadt, ist in ihrem Stadtbild stark geprägt von diesen zentralen Funktionen, überragt vom markanten fürstlichen Schloß mit seinen Prunkräumen und prächtigen Sammlungen. Im nahen Inzigkofen beherbergt das ehemalige Kloster und die zeitweilige fürstliche Sommerresidenz mit eindrucksvollem Landschaftspark ein Volkshochschulheim als Zentrum der Erwachsenenbildung. Über Krauchenwies mit Schloß und Park Landhaus geht es auf der Route der Barockstraße ins hohenzollerische Oberland mit dem Marktflecken Ostrach und den Klöstern Habstal und Wald (beide mit bedeutenden Barockkirchen,

Wald mit Internat) und dem ehemaligen Deutschordensschloß Hohenfels (Internat) an der äußersten Südwestecke Hohenzollerns.

Zurück im Donautal, führt die Hohenzollernstraße talaufwärts durch eine der schönsten Strecken des Felsentals zum Benediktinerkloster Beuron, dem weltbekannten Zentrum von Religion, Wissenschaft und Kunst. Durch hohenzollerisches Gebiet kommt man im weiteren Verlauf nur auf dem östlichen Zweig der Hohenzollernstraße über den Großen Heuberg und Frohnstetten ins Schmeietal nach Kaiseringen und Straßberg, dem Mittelpunkt des früher zum Stift Buchau gehörenden kleinen Herrschaftsgebiets (mit Neuem Schloß oder Amtshaus).

Auf der Weiterfahrt durch das Schmiecha- und Eyachtal erreicht man erst wieder in Owingen hohenzollerischen Boden (romanische Friedhofskirche des einstigen Oberowingen). Vorbei an Stetten (Salzbergwerk) geht es zum nächsten landschaftlichen und architektonischen Höhepunkt Hohenzollerns, der zeitweiligen Residenzstadt Haigerloch, deren Ober- und Unterstadt teils über einer steil in die Muschelkalkfelsen eingeschnittenen Schlinge des Eyachtals, teils im Tal selbst liegt (Renaissance-Schloß, barocke Schloßkirche und Wallfahrtskirche St. Anna, Atomkellermuseum).

Von hier aus ist ein Abstecher in den nordwestlichen Ausläufer der Hohenzollernschen Lande vorgesehen, die ehemalige Herrschaft Glatt, die bis 1803 dem Kloster Muri in der Schweiz gehörte, mit Empfingen und Dettingen sowie dem Glanzpunkt des neu renovierten Wasserschlosses in Glatt. Über den alten zollerischen Marktflecken Rangendingen führt der Rückweg dann wieder nach Hechingen.

Literaturhinweise

Anstelle von Einzelverweisen, die aus Platzgründen nicht möglich sind, kann nur allgemein die verwendete Literatur angeführt werden. Als Abkürzungen wurden die der Bibliographie der Hohenzollerischen Geschichte von Walter Bernhardt und Rudolf Seigel, ZGH 10/11, 1974/75, verwendet.

Sammelbände:

Das Land Baden-Württemberg. Hg. Landesarchivdirektion Baden-Württemberg. 8 Bde. Stuttgart 1974–1983. Kreis- und Ortsartikel in den Bänden 5–8.

Der Landkreis Biberach. Kreisbeschreibungen des Landes Baden-Württemberg. Hg. Landesarchivdirektion Baden-Württemberg und Landkreis Biberach. Bd. 2. Sigmaringen 1990 (für die Gemeinde Langenenslingen).

Historischer Atlas von Baden-Württemberg. Hg. Komm. f. geschichtl. Landeskunde in Baden-Württ. Stuttgart 1972–1988. Karten III,6,7; IV,1,2,16,21,23; VI,5; XI,6–9; XII,1–6; mit Beiworten.

Aus der Reihe Heimat und Arbeit:
Der Kreis Hechingen. Aalen, Stuttgart 1962. Beiträge von Willy Baur (Landschaftliche Gegebenheiten, Geschichtliches Werden), Josef Schäfer (Auswanderung), Lothar Prowosnik (Landwirtschaft), Walter Sauter (Wirtschaftliche Entwicklung).
Der Kreis Sigmaringen. Aalen, Stuttgart 1963. Beiträge von Willy Baur (Landschaftliche Bedingungen), Rudolf Seigel (Geschichte), Josef Schäfer (Auswanderung), Ernst Gförer (Landwirtschaft), Anton Emter (Wirtschaftliche Entwicklung).
Der Zollernalbkreis. Stuttgart 1979, ²1989. Beiträge von Klaus Münzing (Erd- und Landschaftsgeschichte), Werner Ludwig (Natur- und Landschaftsschutz), Hartmann Reim (Vor- und Frühgeschichte), Rudolf Seigel (Die alten Herrschaftsgebiete), Siegfried Kullen (Wirtschaftliche und soziale Entwicklung vom 18. Jh. bis zum Zweiten Weltkrieg), Eberhard Elbs (Ölschiefer und Konzentrationslager: Das »Unternehmen Wüste«), Hans Speidel (Der Altkreis Hechingen), Herbert Scheurer (Industrie-Gewerbe-Verkehr), Hans-Peter Henninger (Handwerk), Hans Birnbacher (Landwirtschaft), Ostertag-Stoffler (Wald und Forstwirtschaft), Bernhard Glietsch (Fremdenverkehr).

Außerdem die Kreis- und Ortsartikel sowie die Firmenbiographien in den vorstehenden Bänden.

Der Landkreis Sigmaringen. Geschichte und Gestalt. Sigmaringen 1981. Beiträge von Gregor Richter (Spuren der Geschichte), Jörg Werner (Geschichtetes und Ungeschichtetes. Zehn geologische Skizzen), Tilman Beck (Strukturen im Umbruch. Wirtschaft, Verkehr, Gesundheits-, Sozialwesen und Schulen).

Stadtwerdung im Landkreis Sigmaringen. Burg und Stadt Veringen. Hg. Erwin Zillenbiller. Sigmaringen 1985. Mit Beiträgen des Hg. und von Hans-Dieter Ingenhoff, Rolf Götz, Wilfried Pfefferkorn, Christoph Bizer.

Literatur zu örtlichen und regionalen sowie speziellen Themen:
Für die sehr zahlreichen wichtigen Arbeiten von Johann Adam Kraus und Michael Walter, die nicht im einzelnen aufgeführt werden können, muß auf die genannte Bibliographie der Hohenzollerischen Geschichte (1974/75) verwiesen werden.

Aich, Albert: Bilder der Schwäbischen Südwestalb. Rottweil 1926.
Baur, Fidelis: Beschreibung der Fürstenthümer Hohenzollern-Hechingen und -Sigmaringen. Stuttgart 1838.
Bayer, Hans-Joachim: Zur frühen Eisenerzgewinnung auf der Schwäbischen Alb. BlSAV 94, 1988, S. 200 bis 207.
Beck, Max: Inzigkofen. Kurzchronik mit Bildern aus Inzigkofen, Vilsingen und Engelswies. Horb 1988.
Bieger, Josef: Zehentverhältnisse und Zehentablösung im Fürstentum Hohenzollern-Sigmaringen. Diss. Freiburg 1921 (masch. schr.). Ref. A. Bosch, ZH 4, 1935, S. 25–27, 29 f., 35 f.
Blessing, Elmar: Stadt und Herrschaft Haigerloch im Mittelalter. Arb. z. Landeskunde Hohenzollerns 11, Sigmaringen 1974.

Bumiller, Casimir: Studien zur Sozialgeschichte der Grafschaft Zollern im Spätmittelalter. Arb. z. Landeskunde Hohenzollerns 14, Sigmaringen 1990.
Bumiller, Casimir: Vorindustrielles Handwerk und Industrialisierung in Jungingen. HH 32, 1982, S. 17–20.
Bumiller, Casimir: Jungingen zu Kaisers Zeiten im Spiegel der Polizeidienerbücher. HH 33, 1983, S. 40–43, 58–61. S. auch HH 35, 1985, S. 1–4. ferner ZHG 15, 1979, S. 131–136 u. 20, 1984, S. 17–46.
Bumiller, Casimir: 900 Jahre Owingen – »Aufwiegler, Aufrührer, Rottierer«? HH 44, 1994, S. 52–55.
Burkarth, Herbert: Geschichte der Herrschaft Gammertingen-Hettingen. Sigmaringen 1983.
Cramer, Julius: Die Grafschaft Hohenzollern. Ein Bild süddeutscher Volkszustände 1400–1850. Stuttgart 1873.
Deck, Hubert: Hohenzollern erhält Anschluß an das Eisenbahnnetz. HH 20, 1970, S. 35–38.
Dehner, Karl: Geschichte von Laucherthal. Sigmaringen 1908.
Deutschmann, Gerh.: Die Raumschaft Winterlingen im neuen Zollernalbkreis. HH 23, 1973, S. 7–9, 32.
Eisele, Karl-Friedrich: Studien zur Geschichte der Grafschaft Zollern und ihrer Nachbarn. Arb. z. Histor. Atlas v. Südwestdeutschland H. 2 (= Arb. z. Landeskunde Hohenzollerns 3) Stuttgart 1956.
Elbs, Eberhard: Owingen 1584. Der erste Aufstand in der Grafschaft Zollern. ZHG 17, 1981, S. 9–127.
Fuchs, C. J.: Die ländliche Vererbung in Württemberg und Hohenzollern. Schr. d. Ver. f. Sozialpolitik 178, München u. Leipzig 1930.
Gönner, Eberhard: Die Revolution von 1848/49 in den hohenzollerischen Fürstentümern und deren Anschluß an Preußen. Arb. z. Landeskunde Hohenzollerns 2, Hechingen 1952.
Golf, Hermann: Die wirtschaftliche Entwicklung der Hohenzollernschen Lande in der preußischen Zeit (seit 1850). Diss. Tübingen 1921 (masch. schriftl.).
Grees, Hermann: Ländliche Unterschichten und ländliche Siedlung in Ostschwaben. Tübinger Geographische Studien H. 58, 1975.
Grees, Hermann: Standort, Verkehr, Umwelt. In: Wege in die Welt. Die Industrie im deutschen Südwesten seit Ausgang des 18. Jahrhunderts. Hg. O. Borst. Stuttgart 1989. S. 129–174. Hieraus stammt die Karte 3, Fabrikbetriebe 1892.
Hacker, Werner: Auswanderung aus dem Raum der späteren Hohenzollerischen Lande nach Südosteuropa im 17. und 18. Jahrhundert. Eine Dokumentation ZHG 5, 1969, S. 45–230.
Häberle, Meinrad: Der Landkreis Sigmaringen 1925–1972. Sigmaringen 1985.
Haug, Franz: Beiträge zur Wirtschaftsgeschichte einiger hohenzollerischer Gemeinden. In: ZH 4, 1935, S. 27–28, 33–35, 46–47; 5, 1936, S. 5–6, 10–11, 15–16, 26–27.
Herberhold, Franz (Bearb.): Das Bickelspergische Lagerbuch der Grafschaft Zollern von 1435. Arb. z. Landeskunde Hohenzollerns 1, Sigmaringen 1978.
Hodler, Franz Xaver: Geschichte des Oberamts Haigerloch. Hechingen 1928.
Höhfeld, Volker (Hg.): Hechingen. Stadt und Landschaft. Hechingen 1992.

Hornberger, Theo: Die hohenzollerischen Städte. Eine siedlungsgeographische Untersuchung. HJh 3, 1936, S. 265–331; 4, 1937, S. 113–167.
Jänichen, Hans: »Dorf« und »Zimmern« am oberen Neckar. In: Alemann. Jb. 1954 S. 145–166.
Johler, Ernst G.: Geschichte, Land- und Orts-Kunde der souverainen teutschen Fürstenthümer Hohenzollern Hechingen und Sigmaringen. Ulm 1824.
Keßler, H.: Beschreibung der Hohenzollernschen Lande. Sigmaringen 1893.
Koch, Josef: Wertwandel der Standortfaktoren des Hüttenwerkes Laucherthal. In: Heimatbewußtsein und Weltkenntnis. Hg. E. Schallhorn. Heinsberg 1987, S. 79–85.
Kroll, Ruth u. Werner Konold: Die Geschichte der Wiesenbewässerung im unteren Fehlatal. ZHG 27, 1991, S. 53–84.
Kuhn-Rehfus, Maren (Hg.): Sigmaringen. Ein historischer Führer. Sigmaringendorf 1989.
Lahn, Thea: Studien zur Bevölkerungsgeschichte der Herrschaft Jungnau in fürstenbergischer Zeit (17. und 18. Jahrhundert). ZHG 13, 1977 S. 10–77.
Liener, Wilfried: Übergang der Reichsritterschaftlichen Herrschaft Hettingen an Hohenzollern-Sigmaringen. ZHG 17, 1981, S. 129–201.
Loser, Fritz: Die Bedeutung von Händler- und Hausierergemeinden für die Entwicklung der württembergischen Industrie, aufgezeigt an charakteristischen Beispielen. Jbb. f. Statistik u. Landeskunde v. Baden-Württ. 8, 1964, S. 5–11.
Löffler, Heinrich: Die Weilerorte in Oberschwaben. Eine namenkundliche Untersuchung. Veröff. d. Komm. f. geschichtl. Landeskunde in Baden-Württ., R. B, 42. Stuttgart 1968.
Maier, Johannes: Geschichte des Fürstlich Hohenzollerischen Hüttenwerkes Laucherthal. HJh. 18, 1958, S. 1–143.
Maier, Nikolaus: Siedlungsfragen in der Herrschaft Straßberg 1791–1802. HJh. 4, 1937, S. 168–174.
Mors, Karl: Hechingen und Burg Hohenzollern. Ein historischer Führer. Sigmaringendorf 1989.
Mühlebach, Josef: Glashütte bei Wald – Ein Gang durch die Geschichte des Dorfes. HH 25, 1975, S. 8–11.
Rehfus, Maren: Das Zisterzienserinnenkloster Wald. Grundherrschaft, Gerichtsherrschaft, Verwaltung. Arb. z. Landeskunde Hohenzollerns 9. Sigmaringen 1971.
Reinert, Eugen: Schwäbische Eisenerze. In: Jbb. f. Statistik und Landeskunde v. Baden-Württ. 2, 1956, S. 107–115.
Röhm, Helmut: Die Vererbung des landwirtschaftlichen Grundeigentums in Baden-Württemberg. Forsch. z. dt. Landeskunde 102. Remagen 1957.
Richter, Gregor: Sigmaringen 1077. Ein Beitrag zur Problematik der Erstnennung von Orten. HH 27, 1977, S. 33–35; s. auch S. 50–52.
Scheerer, Fritz: Aus der Geschichte von Winterlingen, Benzingen und Harthausen. HH 26, 1976, S. 33–37; s. auch 27, 1977, S. 2–6.
Schöntag, Wilfried: Die Hohenzollerische Landesbahn und die Entwicklung der gewerblichen Wirtschaft in den ehemaligen Hohenzollerischen Landen. HH 37, 1987, S. 49–53.
Schulz, Günter: Die Geschichte des Salzwerkes Stetten bei Haigerloch. Arb. z. Landeskunde Hohenzollerns 7. Sigmaringen 1967.
Seigel, Rudolf: Glatt und Glatten. ZHG 2, 1966, S. 9–21.

Seigel, Rudolf: Trochtelfingen zwischen Neckarraum und oberer Donau, zwischen Reutlingen und Sigmaringen. HH 21, 1971, S. 129–132.
Speidel, August: Burladinger Heimatbuch. Burladingen 1958.
Stadelmann, Jutta: Liste vor- und frühgeschichtlicher Bodendenkmale im Landkreis Sigmaringen. ZHG 28, 1992, S. 181–184.
Stein, Frauke: Alemannische Siedlung und Kultur. Das Reihengräberfeld in Gammertingen. Sigmaringen 1991.
Stekeler, Hubert: Die Thalheimer Allmende im Wandel der Zeit. ZHG 21, 1985, S. 21–38.
Sick, Wolf-Dieter: Das Siedlungsgefüge im Gebiet der Einzelhöfe und Einödfluren nördlich des Bodensees. Diss. Tübingen 1951 (Masch.schriftl.).
Simmendinger, Jürgen: Die Geschichte der Peitschenmacher von Killer. Burladingen 1988.
Stehle, Bruno: Geographie und Heimatkunde der Hohenzollernschen Lande. Sigmaringen 1884. 2.Ausg. unter dem Titel: Hohenzollern. Ein Heimatbuch. Sigmaringen 1925.
Wiest, Stephan: Aus Walbertsweiler Pfarrbüchern von 1794–1838. ZHG 14, 1978, S. 109–189.
Ziegler, Uwe: Verwaltungs-, Wirtschafts- und Sozialstruktur Hohenzollerns im 19. Jahrhundert. Arb. z. Landeskunde Hohenzollerns 13. Sigmaringen 1976.
Ziegler, Uwe: Preußische Starthilfe für Hohenzollern 1854. Ein schlesischer Fabrikant untersucht die gewerblichen Verhältnisse in Hohenzollern. ZHG 14, 1978, S. 191–224.
Zillenbiller, Erwin: Stadt Veringen. Gammertingen 1963.
Zillenbiller, Erwin: Bohnerzgewinnung auf der Schwäbischen Alb. Gammertingen 1975.

Andreas Zekorn

Kultur in Hohenzollern – Kunst, Bildung, Wissenschaft, Presse und Vereinswesen

Hohenzollern besitzt eine reichhaltige Kulturlandschaft und brachte auf nahezu allen kulturellen Gebieten, wie Kunst, Musik oder Forschung, bedeutende Persönlichkeiten hervor. Behandelt wird im vorliegenden Beitrag im großen und ganzen das kulturelle Schaffen im Gebiet der Fürstentümer Hohenzollern-Hechingen und Sigmaringen, wie sie seit 1806 bestanden und 1850 als Hohenzollernsche Lande in den preußischen Staat eingegliedert wurden. Da weite Teile der beiden Füstentümer in der Zeit vor 1806 nicht zum Herrschaftsgebiet der Fürsten von Hohenzollern gehörten, wird die kulturelle Entwicklung vor 1806 in diesen Gebieten nur dann berücksichtigt, wenn für den jeweiligen Zeitraum typische Phänomene behandelt werden und die Gefahr von Anachronismen nicht gegeben ist. Die obere zeitliche Grenze sei im wesentlichen mit 1945/46 gezogen, als der Staat Preußen sein Ende fand und die Hohenzollerischen Lande Teil des Landes (Süd)Württemberg-Hohenzollern wurden.

Vorweg ist zu bemerken, daß zu keinem Zeitpunkt eine originäre hohenzollerische Kultur existierte, sondern daß sich die kulturelle Entwicklung der Fürstentümer in die allgemeine Entwicklung einreiht. Damit ist keineswegs gesagt, daß es nicht zu spezifischen und für Hohenzollern typischen Ausprägungen auf kulturellem Gebiet kam. Solche Ausprägungen sind durch die strukturellen Voraussetzungen für das kulturelle Schaffen bedingt. Zu nennen ist hier die Kleinräumigkeit der Territorien, die doch recht bescheidenen ökonomischen Verhältnisse, insbesondere auch die der Regenten, die einheitliche katholische Konfession und die sehr enge Abhängigkeit der Kultur von den Grafen bzw. Fürsten von Hohenzollern und der Kirche bis ins 19. und sogar 20. Jahrhundert hinein; denn ein wirtschaftlich potentes Bürgertum, das als Förderer von Kultur in Frage gekommen wäre, gab es in nennenswertem Umfang nicht. Zudem wirkte sich der hohenzollerische Sonderweg, markiert durch die Erlangung der Souveränität 1806 und den Übergang an Preußen 1850, auch auf den kulturellen Bereich aus.

Bemerkt sei ferner, daß die bisherigen Forschungen zur hohenzollerischen Kultur in vielen Fällen durch die alten Grenzen zwischen den beiden Fürstentümern oder durch die neuen Grenzen zwischen den Kreisen Sigmaringen und Hechingen bzw. dem Zollernalbkreis beschränkt wurden (z. B. Kunstdenkmäler der Kreise Hechingen und Sigmaringen, Kreisbeschreibungen). Durch diese eingeengte Sichtweise gingen manche Zusammenhänge und Gemeinsamkeiten verloren, die in der vorliegenden Studie wenigstens in Ansätzen aufgedeckt werden sollen.

Der folgende Überblick über Kultur in Hohenzollern kann keinen Anspruch auf Vollständigkeit erheben. Gewichtungen und exemplarische Hervorhebungen waren erforderlich, damit Entwicklungsstränge deutlich werden.

Bildende Kunst

Walter Genzmer fällte in seinen »Kunstdenkmälern Hohenzollerns« über den Kreis Sigmaringen ein recht eindeutiges Verdikt: »Kulturzentren mit weithin ausstrahlender Wirkung hat das Kreisgebiet nie besessen. Vielmehr sind stets Einflüsse größerer Kulturstätten nachzuweisen.«[1] An Künstlern mit überörtlicher Bedeutung nennt er nur die Veringenstädter Maler und Bildhauer Strüb sowie den Sigmaringer Maler Meinrad von Ow. Im Lichte neuerer Forschungen ist dieses etwas harte Urteil zu modifizieren und abzumildern,[2] insbesondere wenn man das Urteil für das gesamte hohenzollerische Gebiet gelten lassen wollte, im Kern kann es jedoch bestehen bleiben. Es verdeutlicht den Stellenwert des künstlerischen Schaffens in Hohenzollern hinsichtlich der allgemeinen Kunstgeschichte.

Die Zahl der überlieferten Kunstwerke bis 1500 ist eher klein zu nennen, erst ab diesem Zeitpunkt mehren sich die erhaltenen Zeugnisse künstlerischer Tätigkeit. Ältestes romanisches Bauwerk dürfte die – später veränderte – Pfarrkirche in Veringenstadt aus der Zeit um 1000 sein. Bereits aus der zweiten Hälfte des 12. Jahrhunderts stammt die Weilerkirche Owingen. An Profanbauten sind der Schloßturm von Sigmaringen (kurz nach 1200), der Oberstadtturm in Haigerloch (um 1100) sowie die Burg Straßberg (12./13. Jhd.) zu nennen. Romanische Plastiken aus dem 12. Jahrhundert finden sich gleichfalls nur in geringer Zahl (z. B. Reliefplatten der Michaelskirche auf Burg Hohenzollern, hölzernes Kruzifix in Wald).

In der Zeit zwischen 1300 und 1450 wurden zahlreiche Burgen erbaut, von denen häufig nur noch Ruinen erhalten sind (z. B. Veringenstadt, Jungnau). Die Anlage von Burgen zeitigte mehrfach bedeutsame und bereits für die Zeit vor 1300 typische Folgen: die Entstehung von Städten aus Burgsiedlungen heraus. Alle Städte im zollerischen Gebiet (Gammertingen, Haigerloch, Oberstadt von Hechingen, Hettingen, Sigmaringen, Trochtelfingen, Veringenstadt) entstanden auf diese Weise. Sie sind zu den Kleinstädten zu zählen, die vor oder um 1300 gegründet und häufig planmäßig angelegt wurden und vornehmlich Burgfunktion erfüllten. Mit Ausnahme Hechingens sind die genannten Städte allerdings keine zollerischen Gründungen.

Bedeutendere Baudenkmäler der Früh- und Hochgotik stellen die Dominikanerinnen-Klosterkirche in Stetten bei Hechingen (um 1280) oder der Rechteckchor der Pfarrkirche in Trochtelfingen dar. Der Bestand an gotischer Holzplastik ist bereits recht groß und die Werke können zum Teil einzelnen Meistern (z. B. Hans Multscher: Madonnen Laiz) oder Werkstätten zugeordnet werden. Ebenfalls erhalten sind gotische Wand- und Deckenmalereien (Veringendorf, Trochtelfingen).

Die Zeit der Spätgotik (ca. 1450 – 1520) war eine schaffensfreudige Periode, aus der eine größere Anzahl von – später häufig abgeänderten – Kirchenbauten überliefert ist (Michaelskapelle auf der Burg Hohenzollern, Unterstadtkirche Haigerloch). Insbesondere entfaltete sich eine rege Bautätigkeit bei Schlössern und anderen Profanbauten: die Werdenberger bauten ihr Schloß in Sigmaringen aus (1498) und errichteten eines in Trochtelfingen. In Glatt entstand das Wasserschloß. Die Städte erhielten Rathäuser und neue oder erneuerte Wehranlagen (Hechingen, Veringenstadt, Sigmaringen). Zahlreiche bedeutende Plastiken, insbesondere Altarplastiken, sind aus dieser Zeit erhalten. Hervorzuheben ist das Wirken von Ulmer Meistern und Werkstätten, allen voran Jörg Syrlin d. J. (Muttergottes im Konvikt und im Fidelishaus Sigmaringen, Hl. Anna selbdritt in Laiz, fünf Figuren des Hochaltars Bingen) und der »Heinstetter Meister« (Beweinungsgruppe in Harthausen/ Sch.). Auf dem Gebiete der Malerei schuf Bartholomäus Zeitblom, ein wichtiger Repräsentant der Ulmer Malerschule, in Bingen 1496 vier berühmte Altartafeln. Die Brüder Hans und Jakob Strüb aus Veringenstadt wirkten in der näheren und weiteren Umgebung ihrer Heimatstadt (Inzigkofer Altar, Zyklus aus dem Marienleben). Der Meister von Meßkirch, mittlerweile wohl mit einiger Sicherheit als Jörg Ziegler identifiziert,[3] arbeitete um 1500/1520 im hohenzollerischen (hechingischen) Raum (Altar der Burg Hohenzollern, Brustbild Graf Eitel Friedrichs; beide Werke finden sich heute im fürstlichen Museum Sigmaringen).

Für die Renaissance, vor allem für die zweite Hälfte des 16. Jahrhunderts, ist eine rege Tätigkeit bei weltlichen (Repräsentativ-)Bauten charakteristisch. Diese Bautätigkeit ist auf dem Hintergrund der entstehenden und im Aufbau begriffenen Landesherrschaften zu sehen. Die Landesherren intensivierten ihre Herrschaftsausübung und demonstrierten gleichzeitig nach außen ihre Macht mit Repräsentativbauten. Zahlreiche Schlösser entstanden oder wurden umgebaut. In den hohenzollerischen Grafschaften hing die Bautätigkeit zudem mit der Begründung der drei Linien Haigerloch, Hechingen und Sigmaringen (1576) zusammen, denn jeder der Grafen suchte seine Residenz auszugestalten. Folgende Bauten wurden in zeitlich dichtgedrängter Folge errichtet: Schloß Langenenslingen (1576/78), Überwölbung der Auffahrt im Sigmaringer Schloß (1580), Schloß (um 1580) und Schloßkirche (1584 – 1609) Haigerloch, Schloß Hechingen (um 1580), Altes Schloß in Krauchenwies (1595/97). Zu diesen Repräsentativbauten können im weiteren Sinne auch Kirchenbauten gerechnet werden (Neubau der Stadtpfarrkirche Sigmaringen 1580 – 1605, Stiftung des Franziskanerklosters St. Luzen 1586 – 1589 und Bau der Spitalkirche 1602/03 in Hechingen, Errichtung der Schloßkirche in Haigerloch 1584–1609). Die Lasten versuchten die Territorialherren zum Teil auf die Untertanen abzuwälzen, indem Abgaben und Frondienste gesteigert wurden. Ein solches Vorgehen war Mitursache für die streckenweise heftigen Auseinandersetzungen zwischen den Grafen und ihren Untertanen in allen zollerischen Herrschaftsgebieten Ende des 16. und zu Beginn des 17. Jahrhunderts.

Nach dem Dreißigjährigen Krieg setzte die Bautätigkeit zunächst mit Reparaturmaßnahmen ein. Mit den Wiederaufbauarbeiten am Sigmaringer Schloß (1658/59) wurde der aus dem Bregenzer Wald stammende Baumeister Michael Beer betraut, der auch beim Umbau des Schlosses Haigerloch (1660) und am Schloß Langenenslingen (Zerstörung 1633) mitwirkte. In der zweiten Hälfte des 17. Jahrhunderts und zu Beginn des 18. Jahrhunderts, in der Zeit des Früh- und Hochbarocks, entstanden vornehmlich im Fürstentum Hohenzollern-Sigmaringen zahlreiche Klosterbauten, für welche nach und während der Kriegszeiten gerade bei den Klöstern noch entsprechende Finanzmittel vorhanden waren. Die Baulichkeiten stehen nahezu alle mit Angehörigen der Voralberger Baumeisterfamilie Beer in Verbindung (Michael Beer: Klostergebäude der Augustinerinnen in Inzigkofen 1659 – 1663; Jos Beer: Neubau des Dominikanerinnenklosters Habsthal, Klostergebäude und -kirche des Zisterzienserinnenklosters Wald 1685, 1696 – 1698; 1721 – 1728 Ausführung von Konventsgebäude, Abteibau und Gastflügel in Wald durch Christian und Johann Georg Wiedemann aus Elchingen; Franz Beer: Neubau von Klostergebäuden des Augustiner-Chorherrenstifts Beuron um 1694; später Neubau der Klosterkirche durch Mathäus Scharpf 1732 – 1738). Bei Sigmaringen entstanden Klosterkirche und -bau des Franziskanerklosters Hedingen (1680/82) sowie der Westflügel des Franziskanerinnenklosters Gorheim (1683).

Aus der an Kirchenbauten und -umgestaltungen so reichen Zeit verdienen die unter Fürst Josef Friedrich von Hohenzollern-Sigmaringen (Regierungszeit 1722 – 1769) entstandenen Kirchen eine eigene Erwähnung. Jener absolutistische Fürst verwirklichte seine höfische Repräsentation in besonderem Maße über Kirchenbauten (Sigmaringen: Josephskapelle, Marienkapelle des Klosters Hedingen). Vor allem förderte er die bauliche Ausgestaltung der Stadt Haigerloch, die nach 1745 seine Hauptresidenz bildete. 1742 ließ der Fürst die Unterstadtkirche, 1748 die Schloßkirche Haigerloch umbauen. Das schönste Bauwerk, in dem sich zugleich am deutlichsten der Repräsentationswille Joseph Friedrichs manifestiert, ist die St. Annakirche in Haigerloch (1753 – 1757). An ihrem Bau wirkte bereits der Haigerlocher Baumeister Christian Großbayer mit. Bedeutende Künstler gestalteten den Innenraum: Johann Michael Feichtmayr aus Augsburg (Altäre) und der Haigerlocher Bildhauer Johann Georg Weckenmann. Das Deckengemälde stammt von dem Sigmaringer Maler Meinrad von Aw. Auf dem Gemälde ist Fürst Joseph Friedrich kniend, in Stifterpose, abgebildet, wie er der Hl. Anna die von ihm gestiftete Kirche darbietet. Als letztes wesentliches Bauwerk, das unter Joseph Friedrich entstand, sei die Stadtpfarrkirche Sigmaringen genannt. Der Dornbirner Baumeister Johann Martin Ilg begann 1758 mit dem Neubau der 1763 geweihten Kirche; an der Innenausstattung wirkten Meinrad von Ow (Decken- und Altargemälde), Johann Michael Feichtmayr (Altäre), Johann Georg Weckenmann (Bildhauerarbeiten) und Johann Jakob Schwarzmann (Stukkaturen) mit.

Hinzuweisen ist des weiteren auf die im Zeitraum zwischen 1720 und 1750 entstandenen Schloßbauten und Amtshäuser, wie z. B. das Schloß der Freiherren Speth von Zwiefalten in Hettingen (um 1720), das Spethsche Amtshaus in Gammertingen (1724), Schloß Lindich bei Hechingen (1738), das Amtshaus des Klosters Inzigkofen (1726) oder das Amtshaus des Reichsstifts Buchau in Straßberg, das der Deutschordensbaumeister Bagnato d. Ä. 1745 errichtete. Klosterbauten, Kirchen, Schlösser und Amtshäuser des Barock und Rokoko zeigen die Kunstsinnigkeit ebenso wie den Willen der geistlichen und weltlichen Territorialherren zur Repräsentation im Zeitalter des (Spät-) Absolutismus.

Aus Liebe zur Kunst, aus Repräsentationsbedürfnis, aber auch aus echter Frömmigkeit förderten geistliche und weltliche Herrschaften die Künstler, so daß der Boden für ein reichhaltiges künstlerisches Schaffen bereitet wurde und Hohenzollern im 18. Jahrhundert eine Reihe bedeutender Baumeister und Künstler hervorbrachte. Der einer Haigerlocher Maurerfamilie entstammende Baumeister Christian Großbayer (1718–1782) wirkte von 1741 bis kurz vor seinem Tod bei einer großen Zahl sakraler aber auch weltlicher Bauten vornehmlich in den hohenzollerischen Fürstentümern und der näheren Umgebung mit (u. a. Schloßkirche und Annakirche Haigerloch, Beteiligung bei der Stiftskirche Hechingen 1779). Im Hohenfelser Land, das dem Deutschen Ritterorden gehörte, wirkte um 1760 der berühmte Baumeister des Deutschen Ordens Franz Anton Bagnato aus Altshausen. Johann Georg Weckenmann (* 1727 in Uttenweiler am Bussen, 1753 Bürger von Haigerloch, † 1795 in Haigerloch) zählt zu den bedeutenden zollerischen Bildhauern (Steinbüsten und Altarskulpturen für die St. Annakirche Haigerloch, St. Luzen bei Hechingen, Stadtpfarrkirche St. Johann, Sigmaringen). Sein Stil kann als »weich-gefühlsinnig« beschrieben werden.[4] Franz Magnus Hops (* 1717 in Mietingen, 1741 verheiratet in Sigmaringen, † 1756 Sigmaringen) war ein Schüler des wichtigen oberschwäbischen Rokokoplastikers Johann Joseph Christian aus Riedlingen, der selbst im hohenzollerischen Raum wirkte. Hops fertigte zahlreiche Schnitzarbeiten für unterschiedliche Kirchen (Klosterkirche Hedingen bei Sigmaringen, Pfarrkirche Inzigkofen, Schloßkirche und Annakirche Haigerloch, Klosterkirche Rangendingen).

Auch das Arbeitsfeld des Sigmaringer Rokokomalers Andreas Meinrad von Ow (1712–1792) war vorwiegend die nähere und weitere Umgebung Sigmaringens. Ab 1741 begann für ihn eine Periode reicher schöpferischer Künstlertätigkeit. Neben Altarblättern stattete er zahlreiche Kirchen mit Freskomalereien aus (Haigerloch, Sigmaringen, Klosterkirchen Inzigkofen und Wald, Stadtkirche Hechingen). Franz Ferdinand Dent (* 1723 in Kirchen-Hausen bei Engen/Hegau, 1769 Hechingen, † 1791 Hechingen) war noch ein Maler des Rokoko, der sich allmählich dem Klassizismus annäherte. Sein Schaffen behielt einen volkstümlichen Charakter. Er war ein begehrter Kirchenmaler, der zahlreiche, darunter mehrere von Großbayer errichtete Kirchen in der Umgebung Hechingens, aber auch in Hechingen selbst ausmalte (Ringingen 1763, Melchingen 1769, Burladingen 1770/71, Spitalkirche Hechingen 1779). Der Sigmaringer Maler Johann Fidelis Wetz (1741–1820 dort) erhielt vor allem nach dem Tode Meinrad von Aws eine stattliche Anzahl von Aufträgen. Er ist ein Vertreter des Klassizismus, seine Bilder fallen durch ein »kühles Kolorit«[5] auf. Gemälde des Malers Wetz finden sich u. a. in den Pfarrkirchen von Boll (1781), Sigmaringendorf (1819) und Langenenslingen (1812, Apostelbilder). Wetz trat ferner mit Bildnissen Sigmaringer Bürger als Porträtmaler in Erscheinung.

Die Synagogenbauten in Haigerloch und Hechingen fanden in älteren und jüngeren Darstellungen[6] kaum eine kunsthistorische Würdigung. Dabei sind gerade die Synagogen in Hechingen typisch für den jüdischen und protestantischen Barockstil, den sogenannten »Hugenottenstil«[7], gestaltet nach dem Vorbild des Temple de Charenton in der Nähe von Paris. Durch das Fehlen eines Turmes unauffälliger, aber auch im Vergleich zum Barock nüchterner, klarer und sparsamer in den Schmuckformen wurden viele Synagogen im Stile einer antiken Basilika mit hohem Walmdach, langgezogenen Rundbogenfenstern und ringsumlaufender Empore im Innern errichtet. Die 1761 in der Friedrichstraße (bis 1870 genutzt) und 1770 in der Goldschmiedestraße in Hechingen erstellten Synagogen können diesem Typus zugerechnet werden und auch die 1782/83 in Haigerloch erbaute, später mehrfach renovierte bzw. erweiterte Synagoge weist einige der genannten Stilmerkmale auf. Das 19. Jahrhundert war die große Zeit des Synagogenbaus: so erfuhr die Haigerlocher Synagoge 1839/40 eine Erweiterung, Hechingen erhielt eine dritte, durch die Hoffaktorenfamilie Kaulla 1803 erbaute Synagoge (bis 1850 bestehend). Die beiden im 20. Jahrhundert noch genutzten Synagogen in Haigerloch und Hechingen wurden in der Reichspogromnacht geschändet.

Im Zeitraum des Klassizismus entstand unter dem kunstsinnigen und baufreudigen Hechinger Fürsten Joseph Wilhelm (1750 – 1798) die Stiftskirche in Hechingen (1780 – 1783). Zu diesem Prestigeobjekt zog Joseph Wilhelm den damals in ganz Westdeutschland bekannten und in Straßburg ansässigen Architekten Michel d'Ixnard heran. Die Stiftskirche entspricht dem strengeren Empirestil mit einer »kühlen Monumentalität«[8] und dem neuen Raumempfinden, das bestrebt war, den Raum zu einem möglichst ungeteilten Gebilde zusammenzufassen. Die Stiftskirche Hechingen gab das Vorbild für eine Reihe weiterer Kirchenbauten (Steinhofen 1794, Jungingen 1819) ab. Michel d'Ixnard wirkte zudem beim Bau des Freiherrlich Spethschen Schlosses in Gammertingen (1775/76) mit und lieferte den Grundriß für die Gammertinger Pfarrkirche (1777). Als wichtiges Profanbauwerk entstand 1786 ebenfalls unter Fürst Joseph Wilhelm die Villa Eugenia in Hechingen, die fünfzig Jahre später, 1833, stark umgestaltet und erweitert wurde.

Im Jahre 1806 wurde das Fürstentum Hohenzollern-Hechingen ein souveräner Staat. Auf die bauliche Ausgestaltung der Residenzstadt scheint diese Tatsache zunächst keine Auswirkungen gehabt zu haben. Erst 1817/18 zur Zeit Fürst Friedrich Hermanns (Regierungszeit 1810 – 1838) erfolgte der Neubau des Hechinger Schlosses in klassizistischem Stil unter Leitung des aus Ludwigsburg stammenden und in Frankfurt tätigen Architekten Rudolf Burnitz, eines Schülers des badischen Baudirektors Weinbrenner. Burnitz errichtete übrigens auch 1828 das Landhaus im Krauchenwieser Park für Fürst Karl von Hohenzollern-Sigmaringen. Um 1820 erfolgte der Umbau von Schloß Lindich außerhalb Hechingens. Die Stadt Hechingen selbst erfuhr in der ersten Hälfte des 19. Jahrhunderts eine allmähliche Erweiterung. Die Tore wurden für den Verkehr geöffnet bzw. abgebrochen (Obertor 1835), die

Oberstadt dehnte sich immer weiter nach Süden aus, Gebäude wurden repräsentativ umgestaltet oder errichtet (Orangerie 1832, Villa Eugenia 1833, 1834 Erweiterung des Museumsgebäudes, 1839 Einbau des Konstantinsaales ins Museumsgebäude).

In der Residenzstadt Sigmaringen des seit 1806 ebenfalls souveränen Fürstentums Hohenzollern-Sigmaringen ist in der ersten Hälfte des 19. Jahrhunderts ein deutliches Bemühen um eine repräsentative Ausgestaltung der Stadt bemerkbar. Um der Stadt eine Erweiterung zu ermöglichen, wurden Mauern und Tore niedergerissen, städtische und vor allem herrschaftliche Bauten entstanden (1826/27 neues Rathaus, 1827 Hoftheater- und Museumsgebäude, 1834 Stadtspital). 1836/37 ließ Fürst Karl einen Gesamtbebauungsplan für Sigmaringen ausarbeiten. Der Karlsplatz (heute Leopoldsplatz) mit neuem Prinzenbau (1838; heute Staatsarchiv) und Ständehaus (1846 – 1849, heute Hohenzollerische Landesbank) wurde angelegt, die nach Hedingen führende Karlstraße als Repräsentations- und Behördenstraße (Oberamt, Regierung, Hofkammer, Forst- und Rentamt) ausgebaut. Erwähnt sei schließlich noch die Gründung des Fürst-Carl-Landesspitals (1844 – 1847 erbaut). Die gesamten Baumaßnahmen verschafften der Bevölkerung, insbesondere während der Wirtschaftskrise und Teuerungswelle in den 1840er-Jahren, Arbeit und Brot.

Der Romantik als Ausgangspunkt für ein neu erwachendes Geschichtsinteresse verdankt ein für die zollerische Hausgeschichte äußerst symbolträchtiges Bauwerk seine Wiedererrichtung: die Stammburg Hohenzollern. Im Bewußtsein der Stammverwandtschaft der brandenburgischen und schwäbischen Linien des Hauses Hohenzollern betrieben König Friedrich Wilhelm IV. und vor allem sein Vizeoberhofzeremonienmeister Freiherr Rudolf von Stillfried den Neubau des Hohenzollern »als Denkmal der Einigkeit und Freundschaft der drei Hauptzweige des erhabenen Stammes der Hohenzollern«[9]. Die dynastische wurde alsbald mit der national-politischen Komponente verknüpft, denn die Burg sollte einen »idealen Verbindungspunkt zwischen dem Norden und dem Süden« Deutschlands darstellen.[10] Der eigentliche Wiederaufbau begann ca. 1850. Stillfried lieferte einen allgemeinen Entwurf, den der preußische Hofarchitekt Friedrich August Stüler aus Berlin, ein Schüler des preußischen Baumeisters Friedrich Schinkel, in Pläne umsetzte. 1867 konnte das im neugotischen Stil errichtete Schloß feierlich übergeben werden.

Der vor 1850 intendierte Wiederaufbau der Burg durch den preußischen König erscheint wie ein Vorzeichen für die Abtretung der Fürstentümer Hohenzollern an Preußen 1850. Dieser Übergang fand seinen Niederschlag auch im architektonischen Schaffen. Evangelische Preußen erschienen in den bisher nahezu rein katholischen Hohenzollernschen Landen, so daß für die Evangelischen alsbald Kirchen errichtet werden mußten. Im direkten Gefolge der Burg Hohenzollern entstanden eine Reihe neugotischer Kirchen. Stüler selbst erbaute in enger Abhängigkeit zur Burg die evangelische Kirche in Hechingen (1856). 1862 folgte die ebenfalls von Stüler im neugotischen Stil gehaltene evangelische Kirche mit Pfarrhaus in Sigmaringen. Seit 1863 besaß Haigerloch sein – allerdings in romanisierender und nicht neugotischer Form erbautes – evangelisches Gotteshaus. Der neugotische Stil war indes kein preußischer Import, auch wenn seine Verbreitung durch den Bau der Burg gefördert wurde. Bereits der fürstliche Hofbaumeister Josef Laur (1817–1886) aus Sigmaringen errichtete mehrere Kirchen in jenem Stil (Thalheim 1841/43, Empfingen 1858, Vilsingen 1871). Laur zeichnete auch für Umbauarbeiten am Sigmaringer Schloß in den Jahren nach 1860 verantwortlich.

Nicht nur die sakrale Architektur wurde vom neogotischen Stil beeinflußt, sondern auch der Stil von Profanbauten. Hier sei stellvertretend ein Gebäude genannt, das ebenfalls ein neues Zeitalter markiert: der Bahnhof Zollern bei Hechingen zeigt stilistisch enge Verwandtschaft zur Burg. Ansonsten läßt sich bei den öffentlichen Gebäuden eine Mischung von Renaissance und Spätklassizismus feststellen (z. B. Gerichtsgebäude in Hechingen und Haigerloch).

Ende des 19. Jahrhunderts wirkte der fürstliche Baurat de Pay (* 1844 Cannstatt, † 1899 Sigmaringen) in Sigmaringen. Er gestaltete 1889 die Hedinger Kirche für eine fürstliche Gruft um, wobei der Innenraum eine Neurenaissanceform erhielt. Nach dem Brand des Sigmaringer Schlosses 1893 leitete de Pay ab 1895 bis zu seinem Tode den Wiederaufbau. Wilhelm Friedrich Laur (* 1858 Lennep, † 1934 Tübingen) war Landeskonservator in Sigmaringen und Ende des 19. und zu Beginn des 20. Jahrhunderts im hohenzollerischen Raum mit zahlreichen Kirchenbauten beschäftigt, die er zunächst meist im neugotischen Stil (Neckarhausen 1889, Straßberg 1922), aber dann bereits auch im Jugendstil (Boll 1903) erbaute.

Seit der Mitte des 19. Jahrhunderts entwickelte sich in Sigmaringen ein äußerst fruchtbares Schaffen auf dem Gebiet der Plastik. Der Haigerlocher Franz Xaver Marmon (1832–1879) gründete 1858 in Sigmaringen eine Werkstätte für christliche Bildhauerei. Er schnitzte zusammen mit seinen Gesellen eine große Anzahl von Altären in neugotischem oder neuromanischem Stil für Kirchen in der näheren und weiteren Umgebung Sigmaringens (Inneringen, Veringenstadt, Thalheim, Haus Nazareth in Sigmaringen). Alois Stehle (* 1854 Sigmaringen, † 1932 München) erhielt seine Ausbildung in der Werkstätte Marmons. Seine Werke sind vom Münchner Klassizismus mit einer Klarheit der Form, die ihren Ausgangspunkt in der Nachahmung der griechischen Kunst besitzt, geprägt. In Sigmaringen sind zahlreiche künstlerisch hochstehende Arbeiten Stehles erhalten (Plastiken im fürstlichen Mausoleum Hedingen, Grabmäler auf dem Hedinger Friedhof, Heiliger Nepomuk auf der Bauhofbrücke). Alfons Aloys Marmon (* 1873 Sigmaringen, † 1928 dort) führte zusammen mit seinem Bruder Franz Xaver (* 1879 Sigmaringen, † 1963 dort) nach dem Tode des Vaters die Werkstätte fort. Zahlreiche Altäre und Grabmäler wurden geschaffen. Von den vielen Gesellen, die in der Werkstätte ausgebildet wurden, verdient zum einen Josef Henselmann (* 1898 in Laiz, † 1987 München) eine Erwähnung. Nach der Ausbildung in der Marmonschen Werkstatt folgte ein Studium an der Akademie der Bildenden Künste in München, wo er 1945 eine Professur erhielt und zwölf Jahre lang Präsident der Akademie war. Er gehörte zu den Mitgliedern der »Münchner Neuen Sezession«. Henselmann fertigte unter anderem Altäre für den Passauer und den Augsburger Dom, ist aber auch mit zahlreichen Arbeiten in seiner Heimatregion vertreten (Brunnen in der Sigmariner Fußgängerzone, Ehrenmal auf dem Laizer Friedhof). Weiterhin ist der in Sigmaringendorf aufgewachsene Anton Hiller (* 1893 München, † 1985 dort) hervorzuheben, der seine Ausbildung ebenfalls bei Marmon in den Jahren 1907–1911 absolvierte, später an der Münchner Kunstakademie studierte und dort 1946 eine Professur erhielt. Sein bildnerisches Werk ist von »Strenge und Abstraktion«[11] gekennzeichnet (Sigmaringendorf: Grabstatue »Madonna mit Kind«; Landratsamt Sigmaringen: Mädchenfigur aus Bronze).

Im 19. Jahrhundert war die Abhängigkeit des künstlerischen Schaffens vom fürstlichen Hof und von kirchlichen Auftraggebern nach wie vor sehr stark, wie sich bei einer Reihe von Malern zeigt, die im folgenden kurz vorzustellen sind. Das Studium des Malers Richard Lauchert (* 1823 in Sigmaringen, † 1868 Berlin) an der Kunstakademie München wurde durch den kunstliebenden Erbprinzen Karl Anton von Hohenzollern-Sigmaringen finanziert. 1850 ernannte er Lauchert zum Hofmaler, der zunächst eine Reihe von Portraits der fürstlichen Familie malte. Aufgrund der hohen Qualität der Portraits erhielt Lauchert bald zahlreiche Aufträge an verschiedenen Fürstenhöfen Europas, die er alle bereiste. Aus Gammertingen kam Constantin Hanner (1827–1893), der ebenfalls Portraits anfertigte, aber auch romantische Landschaftsdarstellungen und eine Reihe religiöser Werke, wie Altarblätter und Kreuzwege, schuf. Ein Teil seiner Werke wurde nach dem Zweiten Weltkrieg entfernt oder übermalt, so z. B. in der Kirche seiner Heimatstadt Gammertingen (erhaltene Werke unter anderem in der Pfarrkirche Laiz, Kreuzwegtafeln, in Neufra, Hochbergkapelle, oder in Gammertingen-Harthausen, Hochaltarblatt). Gustav Bregenzer (1850–1919) aus Sigmaringen besuchte, gleichfalls von Fürst Karl Anton gefördert, 1867 bis 1881 die Düsseldorfer Kunstakademie und kehrte später nach Sigmaringen zurück. Als Hofmaler kopierte er die wertvollsten fürstlichen Portraits im Auftrag König Carols I. von Rumänien für die königliche Gemäldesammlung in Bukarest. Neben diesem Großauftrag, der ihn zehn Jahre in Anspruch nahm, fertigte er Portraits von Mitgliedern des Fürstenhauses, von Sigmaringer Bürgerinnen und Bürgern sowie Landschaftsbilder. Sein Schaffen ist vornehmlich der Romantik verhaftet, läßt jedoch bereits den »Realisten Bregenzer«[12] erkennen. Schon weitgehend im 20. Jahrhundert wirkte der Sigmaringer Restaurator, Landschaftsmaler und Portraitist Gustav Meinrad Steidle (1878–1944 dort). Neben seiner hervorragenden Arbeit als Restaurator, schuf Steidle wertvolle und bleibende Werke auf dem Gebiet der Landschaftsmalerei und Portraits von Sigmaringer Persönlichkeiten.

Unter dem Kunstliebhaber und Mäzen Fürst Karl Anton wurde ab Mitte des 19. Jahrhunderts der bestehende Fundus an Kunstgegenständen im fürstlichen Schloß Sigmaringen zu einer bedeutenden Kunstsammlung ausgebaut. Freiherr Karl von Mayenfisch, Intendant der Sammlungen 1846 bis 1877, und Dr. Friedrich August Lehner, Konservator der Fürstlichen Sammlungen und Hofbibliothekar 1864 bis 1894, standen dem Fürsten mit Rat und Tat zur Seite. Neben Kunstgegenständen wurden Waffen gesammelt, so daß das Schloß noch heute eine der größten privaten Waffensammlungen Europas beherbergt. 1867 konnte ein eigens für die Kunstwerke errichteter Museumsbau, im neogotischen Tudorstil gestaltet, eingeweiht werden. Hinter der Sammlung verbarg sich die »zeitgebundene Vorstellung von einer Kunstkammer des Mittelalters«[13], wo Kunst, Kunstindustrie und überhaupt kulturhistorische Gegenstände Platz finden sollten. Die Sammlung wurde stark von den kunst- und kulturhistorischen Interessen der einzelnen Fürsten geprägt. Fürst Leopold, der Sohn Karl Antons, erweiterte insbesondere die vor- und frühgeschichtliche Sammlung mit Funden, die in Hohenzollern in den Jahren 1886 bis 1903 bei Gammertingen getätigt wurden. Sein Nachfolger, Fürst Wilhelm, erwarb bewußt oberdeutsche Kunst. Nach Verkäufen und Rückerwerbungen beherbergt die Kunstsammlung heute vornehmlich Werke schwäbischer Maler, Bildhauer und Kunstschmiede des 15. und 16. Jahrhunderts.

Einen »herausragenden Versuch zur Erneuerung der christlichen Kunst in Deutschland«[14] unternahmen die Begründer der Beuroner Kunstschule, die Benediktinerpatres Peter Lenz (Pater Desiderius) aus Haigerloch (* 1832, Klostereintritt in Beuron 1878, † 1928 Beuron) und sein Freund und späterer Kontrahent Jakob Wüger (Pater Gabriel, * 1829 Steckborn/CH, Klostereintritt in Beuron 1870, † 1892 Monte Casino). Beide wurden an der Münchner Akademie ausgebildet. Bei einem gemeinsamen Romaufenthalt ab 1864 setzte sich Lenz mit frühgriechischer und insbesondere altägyptischer Kunst auseinander. In der ägyptischen Kunst mit ihrem Pathos beim Tempelbau, der Formreduktion, der linearen Flächigkeit und naturfernen Stilisierung des Wandreliefs, d. h des Antinaturalismus, fand er Anregungen und seinem Suchen Entsprechendes: »eine archaische Ursprünglichkeit, wie (sie) die spätere Avantgarde nicht nur in Ägypten, sondern ebenso in den außereuropäischen primitiven Kulturen zu finden suchte«.[15] Parallelismus, Rhythmik und Symmetrie sind die entscheidenden Stilkriterien, die Lenz' Werk mit der Kunst der profanen Avantgarde (Hodler, Klimt, Munch) verbinden. 1868 konnte er seine künstlerischen Vorstellungen in der Mauruskapelle des 1863 neu gegründeten Benediktinerklosters Beuron umsetzen. Vor allem sein Schaffen vor 1874 »gehört zu den maßgeblichsten deutschen Beiträgen zur Stilgeschichte des 19. Jahrhunderts«.[16] Gegen Ende des 19. Jahrhunderts entstanden mehrere Neu- und Umbauten im Kloster Beuron durch Künstler der Beuroner Kunstschule, worin sich deren eigener Stil manifestiert (vor allem Gnadenkapelle). Bereits 1872 hatte Wüger den Chor der Klosterkirche neu ausgemalt. Nach dem Klostereintritt des Gauguinschülers Jan (Willibrord) Verkade (1894) wurde die Beuroner Kunst auch in Frankreich rezipiert. Künstler der Schule betraute man ferner mit der Aufgabe, Räume des Mutterklosters des Benediktinerordens auf dem Monte Cassino auszumalen. Noch vor dem Tode ihres Gründers Lenz löste sich allerdings die Beuroner Kunstschule auf.

Das Kunstschaffen des Malers Hermann Anton Bantle aus Straßberg (* 1872, † 1930 München) war von der Beuroner Kunstschule stark beeinflußt. Nach kurzem Klosterleben in Beuron und Studienreisen, wurde ihm die Restaurierung der Haigerlocher Schloßkirche übertragen. Fresken von ihm finden sich unter anderem in den Kirchen von Dießen, Kaiseringen und Bietenhausen.

Die Architektur, aber auch das übrige künstlerische Schaffen im 20. Jahrhundert ist bisher erst in Ansätzen aufgearbeitet, weshalb im Rahmen dieses Überblicks nur noch einige Hinweise zur Architektur gegeben werden sollen, nachdem Malerei und Plastik wenigstens kurz abgehandelt wurden. Die von dem erwähnten Wilhelm Friedrich Laur 1903 erbaute Pfarrkirche in Boll vertritt den Jugendstil. Jugendstilelemente finden sich des weiteren in der 1911 nach Plänen des Frankfurter Architekten E. C. Capitain erbauten Klosterkirche Gorheim-Sigmaringen. Die Stuttgarter Bauschule übte Anfang der 30er Jahre gemäßigt moderne Einflüsse aus. Nach Plänen Otto Linders entstand 1933/34 die Fideliskirche in Burladingen, die bereits die dem »Neoklassizismus verpflichtete typisch monumentale Formensprache der dreißiger Jahre aufweist«.[17] Das erzbischöfliche Konvikt in Sigmaringen, durch die Architekten Imbery (Sigmaringen) und Herkommer (Stuttgart) 1931 – 1933 erbaut, weist die gleichen Stilmerkmale auf.

Musik

Noch mehr als die bildende Kunst stand die Musik ganz im Zeichen des Mäzenatentums und der Liebhaberei der Grafen und Fürsten von Hohenzollern. Einen ersten Höhepunkt erlebte die Tonkunst an den Renaissancehöfen der Grafen Eitelfriedrich I. (1545–1605) in Hechingen und Karl II. (1547–1606) in Sigmaringen. Bereits ihr Vater Graf Karl I. (1516–1576), aufgewachsen am kaiserlichen Hof in Brüssel und dort mit der zeitgenössischen Musik vertraut geworden, war ein ausgesprochener Freund der Musik und unterhielt eine kleine Kapelle an seiner Residenz in Sigmaringen. Beeinflußt wurden er und seine Söhne durch die Musikpflege am Innsbrucker Hof und insbesondere am Hofe Herzog Wilhelms V. von Bayern, wo eine berühmte Hofkapelle unter Orlando di Lasso existierte. Zu beiden Höfen gab es enge Beziehungen, nicht nur auf musikalischem Gebiet, beide Höfe wirkten als Vorbilder. Mit der Berufung des in Innsbruck ausgebildeten Komponisten und Organisten Melchior Schramm (* um 1553, † 1619) zum Kapellmeister begann Graf Karl II. den Ausbau der Hofkapelle in Sigmaringen. Schramm komponierte in seiner Sigmaringer Zeit eine Reihe damals weit verbreiteter lateinischer Motetten, deutsche Madrigale sowie zwei Messen. Außer Schramm wirkten Narcissus Zängel (siehe unten), Marx Bollius, der auch Kapellmeister in Hechingen war, und dessen Sohn Daniel in Sigmaringen. Die Hofkapelle, die einen recht hohen musikalischen Stand erreichte, verlieh dem Sigmaringer Hof, vorzugsweise bei festlichen Anlässen, einige Pracht, besonders wenn man die kleinräumigen Verhältnisse Sigmaringens bedenkt. Gleichzeitig wurde die Kirchenmusik gefördert, denn Sänger und Musikanten bildete man gerade auch für die kirchliche Musik aus und setzte sie zur Ausgestaltung der Gottesdienste ein. Allerdings löste Graf Karl 1601 die Hofkapelle, vermutlich aus Kostengründen, nahezu gänzlich auf, wie es später auch in Hechingen geschehen sollte. Unter Graf Johann (1578–1638), der sich häufig außerhalb Sigmaringens aufhielt, war die Blütezeit der Sigmaringer Hofmusik bereits dahin.

In Hechingen bestand ab 1577 unter Eitelfriedrich I. eine noch bedeutendere Hofkapelle mit Kapellmeister, Komponisten, Organisten, verschiedenen Instrumentisten, Trompetern und Sängern. Neben den Kapellmeistern Jakob Meiland und Johannes Nanquette, ein Schüler Orlando di Lassos, ist der damals sehr berühmte Leonhard Lechner

(1584/85 am Hechinger Hof) hervorzuheben, der Motetten und Messen komponierte. Ferdinand di Lasso, der Sohn Orlandos, brachte in den Jahren 1585 – 1589 Glanz an den Hof. Ein Schüler Orlando di Lassos, Narcissus Zängel, war 1590 bis 1595 und 1598/99 Kapellmeister und Komponist in Hechingen. 1598 wurde er mit der musikalischen Leitung der bekannten, von Jakob Frischlin in Versen festgehaltenen »Hohenzollerischen Hochzeit« von Graf Johann Georg von Hohenzollern-Hechingen (1577–1623), dem Sohn Eitelfriedrichs, mit Franziska, Pfalzgräfin bei Rhein, betraut. Die Hochzeit wurde in großem Stil über mehrere Tage hinweg gefeiert und bildete ein Glanzstück an höfischer Repräsentation. Nach diesem Höhepunkt im musikalischen Leben des Hechinger Hofes bestand die Kapelle noch bis 1616, als sie Johann Georg aus Kostengründen – und weil er sich nurmehr selten in Hechingen aufhielt – auflöste. Zusammenfassend kann gesagt werden, daß am Ende des 16. Jahrhunderts die Grafen von Sigmaringen und Hechingen wie in der Architektur, so auch in der Musik einen großartigen höfischen Prunk entfalteten. Man nahm sich die größeren Residenzen der damaligen Zeit zum Vorbild. Zwischen den Höfen, insbesondere zwischen dem Sigmaringer und Hechinger, gab es einen regen Austausch an Musikern und Musikalien. Allein in Haigerloch bildete sich keine Hofmusik aus. Im 17. und 18. Jahrhundert scheint die Hofmusik in Hechingen und Sigmaringen eine geringere Rolle gespielt zu haben. Im Vordergrund dürfte die Kirchenmusik gestanden haben, doch finden sich wiederholt Hinweise auf Hofkapellen und -musiker, so daß auch noch in jener Zeit, wenn auch in bescheidenerem Maße und zu den verschiedenen Zeitpunkten unterschiedlich intensiv, die Musik gepflegt worden sein dürfte.

Erst im 19. Jahrhundert erlebte die Tonkunst in Hechingen unter Fürst Friedrich Wilhelm Konstantin (1801–1869, Regierungsantritt 1838) einen neuerlichen Aufschwung. 1826 begann der zuvor in München tätige Violinist Georg Wichtl (* 1805 Trostberg/Bayern, † 1877 Bunzlau/Schlesien, Mitglied der Hofkapelle 1826 bis zur Pensionierung 1863) in Hechingen, unter Zuzug von Orchestermitgliedern, die noch aus der Zeit des Großvaters Konstantins, Fürst Hermann, vorhanden waren, eine fürstliche Hofkapelle aufzubauen. Später sollte Wichtl eine private Gesangsschule (1834) und einen Gesangverein gründen. 1827 holte der Erbprinz den königlich bayerischen Hofmusiker Thomas Täglichsbeck (* 1799 Ansbach, † 1867 Baden-Baden, Kapellmeister der Hofkapelle 1827 bis zur Pensionierung 1857), Musikdirektor am Isartheater in München, zugleich Violinist und Komponist, als Kapellmeister nach Hechingen. Das Orchester wuchs auf 20 Mitglieder an. In der Folgezeit schuf sich die Kapelle einen ausgezeichneten Ruf. Konzerte wurden anfangs in der Stiftskirche und in St.

Luzen gegeben, bevor der Fürst 1839 im Museum den später so genannten Konstantinssaal einrichten ließ. Bei den sonntäglichen Hofkonzerten im Museumssaal, zu denen Mitglieder der Museumsgesellschaft und des Musikvereins freien Zutritt hatten, wirkten häufig namhafte Komponisten und Musiker mit. Hector Berlioz hielt sich auf Einladung des Fürsten 1842 in Hechingen auf, wo er mit der Hofkapelle eigene Werke einstudierte. Der Pianist und Komponist Franz Liszt kam für mehrere Wochen nach Hechingen und gab Konzerte. Die Hofkapelle brachte es zu hoher Fertigkeit. 1837 führte sie bei einem mehrtägigen, großartigen Musikfest, das über 500, meist auswärtige Konzertbesucher anlockte, Händels Messias auf. Anwesend waren unter anderem der Stuttgarter Hofkapellmeister Lindpainter mit einer Auswahl seines Orchesters und der Tübinger Liederkomponist Friedrich Silcher. 1840/41 wurden Teile aus dem Oratorium »Die Jahreszeiten« von Joseph Haydn präsentiert. Zu dieser Zeit wurde die Stadt als das »orpheische Hechingen« gepriesen. Der Fürst trat selbst mit Gesangsdarbietungen auf und ließ eigene Kompositionen zu Gehör bringen. Der Tod der Fürstin im Jahre 1847 und die Revolution von 1848 brachten das höfische Musikleben zum Erliegen. 1851, anläßlich der Erbhuldigung für König Friedrich Wilhelm IV., fand letztmals ein Konzert der Hofkapelle in Hechingen statt. Der Hechinger Musikverein, gelegentlich noch unterstützt von Mitgliedern der Hofmusik, gab von nun an Konzerte in Hechingen; daneben fanden Gastkonzerte einzelner Kapellen, Musiker oder Sänger statt. Der Fürst übersiedelte nach Löwenberg in Schlesien, wohin er auch 1852 sein Orchester berief.

In Hechingen wurde die Musik nicht nur von Hofkapelle und bürgerlichem Musikverein gepflegt, auch die jüdische Gemeinde besaß in Kantor Sigmund Lichtenstein, der bis zu seinem Tod im Jahre 1874 über 40 Jahre lang in der Stadt wirkte und den von ihm begründeten Synagogenchor dirigierte, eine hervorragende Persönlichkeit. Lichtenstein war zugleich Dirigent des Hechinger Gesangvereins.

In dem 1863 als Benediktinerabtei neu begründeten Kloster Beuron erlebte der gregorianische Choral eine sorgsame Pflege. Pater Ambrosius Kienle († 1905) kämpfte um die Jahrhundertwende erfolgreich gegen die in der Kirche geltende Regensburger Medicaea-Ausgabe der Choräle und für die Wiedereinführung des echten gregorianischen Gesangs. Er besaß drei Mitstreiter, die seine Arbeit weiterführten. Pater Dominikus (Franz) Johner (* 1874 Waldsee, † 1955 Beuron) wurde nach dem Tode Kienles Kantor. Er unterrichtete die klösterliche Jugend im Gesang und trat mit Forschungsarbeiten in Erscheinung. Von 1913 bis 1933 Prior des Klosters, wurde er 1925 zusätzlich Dozent für gregorianischen Choral an der staatlichen Musikhochschule Köln. Die von ihm geschaffenen Gesänge des Proprium Beuronense wurden dem Melodienschatz der römischen Kirche einverleibt. Die beiden leiblichen Brüder Pater Gregor (Ferdinand) (* 1867, † 1926 Beuron) und Pater Raphael (Fidelis) (* 1873, † 1948 Beuron) Molitor aus Sigmaringen machten sich gleichfalls um die Choralpflege verdient. Gregor war Organist, Orgelbauer und Komponist, mehrere Jahre Prior und eröffnete 1907 eine Kirchenmusikschule in Beuron. Raphael (s. auch unten Kapitel Wissenschaft) wurde 1904 Konsultor der Choralkommission Papst Pius' X. 1905 ernannte man ihn zum Prior, ein Jahr später zum Abt der westfälischen Abtei Gerleve. Er trat vor allem auch als Rechtshistoriker hervor. Die Beuroner Choraltradition besaß eine starke Ausstrahlung, vornehmlich auf Klöster der Beuroner Kongregation.

Literatur

Auch auf dem Gebiete der Literatur brachte Hohenzollern keine Berühmtheiten hervor, deren Namen unbedingt in einer deutschen Literaturgeschichte zu finden sind.

Albert II. von Hohenberg, Inhaber Haigerlochs (* um 1235, 1258 erstmals urkundlich erwähnt, † 17.4.1298), ist mehr als Staatsmann und zuverlässige Stütze seines Schwagers König Rudolf von Habsburg und dessen Sohn Albrecht, denn als Minnesänger berühmt geworden. Gleichwohl sei sein Name hier erwähnt, nicht nur weil sein Tod, den er in einer Schlacht bei Leinstetten (Glatt) fand, literarisch mehrfach verarbeitet wurde und in der Manessischen Liederhandschrift mit einer Abbildung festgehalten ist, sondern weil auch zwei Strophen Alberts in der erwähnten Liederhandschrift überliefert sind, die sich der späthöfischen Lyrik zuweisen lassen. Abgesehen von Friedrich von Hohenzollern (1450–1505), Bischof von Augsburg, der ein »Sterbelied« schrieb, treten bis ins 19. Jahrhundert keine erwähnenswerten hohenzollerischen Dichter auf, zumindest werden in den einschlägigen Werken keine genannt, was als argumentum ex silentio gelten mag. Und auch für die Literaten des 19. Jahrhunderts gilt das zu Anfang dieses Kapitels Gesagte. Gedichte schrieben häufig Pfarrer (z. B. Josef Sprißler * 1795 Inneringen, † 1879 Stetten bei Hechingen, Silvester Miller * 1806 Langenenslingen, † 1869; Pater Ansgar (Theodor) Pöllmann, * 1871 in Hechingen als Sohn des Landgerichtsrats, Mönch in Beuron, † 1933) oder Lehrer (z. B. Leo Lacher * 1814 Veringendorf – † 1890, Professor Egon Schunck, Gymnasiallehrer in Sigmaringen, * 1824 Hüsten/Westfalen, † 1905). Die beiden fürstlichen Archivare Eugen Schnell (* 1818 Sigmaringen, † 1897) und Karl Theodor Zingeler (* 1845 Bonn, † 1923 Sigmaringen) betätigten sich ebenso schriftstellerisch wie der Hechinger Rabbiner und Rechtsanwalt Dr. Samuel Mayer (* 1807 Hechingen, † 1875 dort). Eine eigene Erwähnung verdient der in Empfingen geborene Franz Josef Egenter (1805–1890), welcher 1841 bis 1848 in Konstanz als Redakteur der »Seeblätter« und Schriftsteller tätig war und neben epischen Dichtungen auch Gedichte schrieb. Wegen seiner Beteiligung an der Revolution 1848 zu Zuchthaus verurteilt, floh er nach Amerika, kehrte 1852 nach Deutschland zurück und starb 1890 verarmt im Asyl zu Kornwestheim. Ludwig Egler (* 1828 in Hechingen, † 1898), ab 1871 Redakteur der »Hohenzollernschen Blätter«, Verfasser der »Chronik der Stadt Hechingen« und anderer heimatkundlicher Werke, veröffentlichte Gedichte, darunter solche in schwäbischer Mundart, und einen Sonettenkranz zur Erinnerung an Fürstin Eugenie. Hohenzollern brachte zahlreiche Heimatdichter hervor, von denen im folgenden nur einige namentlich erwähnt werden können: Johann Nepomuk Pfeiffer (* 1816 Haigerloch, † 1890 Hechingen), fürstlicher Oberrevisor, dichtete und schrieb vor allem historische Erzählungen. Maria Schenk, geb. Rudolph (* 1866 in Burladingen, † 1937 Freiburg i.Br.), war Autorin von Gedichten, Schauspielen und Prosa, ebenso ihre Nichte, die Lehrerin Marie Theres Baur (* 1894 Burladingen, † 1962). Genannt seien des weiteren die Gastwirte Karl Theodor Buckenmaier (1837–1895) aus Stetten bei Hechingen und Casimir Bumiller sen. (1861–1930) aus Jungingen, der Hechinger Gymnasiallehrer Karl Widmaier (* 1886 Haigerloch, † 1931) und der Regierungs- und Schulrat Bruno Stehle (* 1852 Sigmaringen, † 1932).

Dr. phil. Anton Gabele (* Buffenhofen bei Dietershofen, Studienrat in Koblenz, † 1966) hinterließ ein umfangreiches literarisches Werk, darunter historische und autobiographische Erzählungen und Romane sowie Gedichte, die sich vielfach mit dem hohenzollerischen Raum beschäftigen. Der Arzt Friedrich Wolf (* 1888 Neuwied, Mitglied der USPD und der KPD, nach 1945 Botschafter der DDR in Polen, † 1951 Lehnitz bei Oranienburg) lebte 1921 bis 1926 in Hechingen. Er war bereits vor seiner Hechinger Zeit literarisch tätig. In Hechingen machte Wolf Bekanntschaft mit dem Grosselfinger Narrengericht und wurde dadurch zu seinem Bauernkriegsdrama »Der Arme Konrad« (Uraufführung 1924) angeregt, das dem sozialistischen Realismus zuzurechnen ist. Während seines Aufenthalts in Hechingen verfaßte er noch die Komödie »Der Mann im Dunkel« , den Roman »Kreatur« sowie »Das Heldenepos des Alten Bundes«.

Presse

Erst seit Beginn des 19. Jahrhunderts entwickelte sich eine periodische Presse in den Hohenzollerischen Fürstentümern. Ihre Anfänge in Hohenzollern-Sigmaringen sind mit einem berühmten Namen verbunden: Bartholomäus Herder (* 1774 Rottweil, † 1839 Freiburg i.Br.). Herder hatte bereits mehrfach Erfahrungen mit der Einrichtung von Buchhandlungen und Druckereien sammeln können (Rottweil, Meersburg 1801: Herdersche Verlagsbuchhandlung, Freiburg 1803). Ende des Jahres 1808 erhielten die Brüder Bartholomäus und Andrä Herder die Bewilligung, eine Druckerei und Buchhandlung auch in Sigmaringen einzurichten. Bereits zu Beginn des folgenden Jahres erschien erstmals das »Wochenblatt für das Fürstenthum Hohenzollern-Sigmaringen«. Neben der Herausgabe des fürstlichen Amtsblatts wurde die Hofbuchdruckerei mit Druck und Verlag der eingeführten Schul- und Kirchenbücher beauftragt. Ab 1816 führte Bartholomäus Herder seine Sigmaringer Filiale allein. Herder war ein studierter Buchhändler, der im Geist der Aufklärung unter anderem theologische Literatur und historische Schriften verlegte. Er war an der Verbreitung religiöser Aufklärung interessiert und gab seinem Freiburger Verlag eine betont katholische Prägung. Sein Hauptwirkungsort war anfänglich Meersburg, wo er Schriften des Konstanzer Generalvikars Wessenberg verlegte, später Freiburg. Sigmaringen war insofern für Herder eher ein Nebenschauplatz. Michael Bucher leitete als Faktor von Anfang an die Druckerei. 1833 verkaufte Herder die Druckerei an ihn und Peter Liehner, welche nun das »Sigmaringer Wochenblatt«, ab 1835 »Verordnungs- und Anzeigeblatt« genannt, übernahmen. Der Charakter eines Intelligenzblattes wurde beibehalten.

Eine politische Presse kam erstmals 1848 auf. Hinter der liberalen, im Verlaufe der revolutionären Ereignisse der Jahre 1848/49 sogar radikal-demokratisch zu nennenden Presse stand als maßgebliche Persönlichkeit der Sigmaringer Advokat Würth. Bereits 1835/36 hatte er den »Wächter« herausgegeben, ab 1845 bis Ende 1849 erschien unter verschiedenen, ähnlichen Namen »Der Erzähler«, ein Blatt, das zur Verbreitung der liberalen Ideen in ganz Hohenzollern entschieden beitrug. Dem Nachfolgeblatt »Der Hochwächter. Organ der Demokratie« war nur eine kurze Lebensdauer von Januar bis Dezember 1850 vergönnt, denn die demokratische Grundhaltung mißfiel der preußischen Regierung, so daß die Zeitung ihr Erscheinen einstellen mußte. Eine konservativ-ultramontane Richtung verfocht der 1848 bis 1850 erscheinende, ebenfalls in ganz Hohenzollern verbreitete »Volksfreund aus Hohenzollern«, dessen verantwortlicher Redakteur der Pfarrer Thomas Geiselhart war, unterstützt von den ultramontanen Geistlichen Silvester Miller und Josef Marmon. Die beiden Presseorgane befehdeten sich zum Teil heftig. Die Sigmaringer Regierung schaltete sich von November 1848 bis August 1850 in die politischen Auseinandersetzungen mit einem streng regierungstreuen politischen »Beiblatt« als Beilage zum

Amtsblatt ein. Ein vorläufiges Ende fand die politische Presse nach dem Übergang Hohenzollerns an Preußen, das 1851 ein Pressegesetz erließ.

In Sigmaringen erschien ab diesem Zeitpunkt zunächst nur das »Amtsblatt der (Königlich) Preußischen Regierung« weiter. Erst 1868 wurde als eigentliche Lokalzeitung »Der Donaubote«, 1874 in »Hohenzollern'sche Volkszeitung« umbenannt, gegründet, die bald zu einem Organ des katholischen Zentrums wurde. Infolge der wirtschaftlichen Notlage zu Beginn der 1920er Jahre mußte die Zeitung ihre Selbständigkeit aufgeben und schloß sich, wie viele andere Blätter auch, einem Unternehmensverband, dem »Verband oberschwäbischer Zeitungsverleger GmbH« mit Sitz in Friedrichshafen, genannt VERBO, an. Der Verband gab eine »gemeinschaftliche, im Zentrumssinne geleitete Tageszeitung«[18] heraus. Die dem Verband angehörenden Verlage behielten jedoch ihre Titel bei und gestalteten die jeweiligen Lokalausgaben selbst. So erschien auch die »Hohenzollerische Volkszeitung« ab 1922 als Lokalausgabe der VERBO-Einheitszeitung. Mit den Nationalsozialisten kam das Ende der Pressefreiheit und die Gleichschaltung. Nach Reichskulturkammergesetz und Schriftleitergesetz mußten 1935 die Zeitungen der VERBO-Einheitszeitung an die nationalsozialistische »Phönix GmbH« verkauft werden. Der Verbo erschien noch bis 1942, anschließend, bis 1945, nahm eine Kreisausgabe Sigmaringen der Donau-Bodensee-Zeitung, die ihren Sitz weiterhin in Friedrichshafen hatte, seinen Platz ein. Als publizistisches Kuriosum erschien ab Oktober 1944 bis in die letzten Kriegstage in Sigmaringen die Tageszeitung »La France« der französischen Vichy-Regierung, die infolge der Kriegslage in Frankreich im Sigmaringer Schloß untergebracht worden war. Die Zeitung berichtete regelmäßig über das politische und kulturelle Leben der französischen Kolonie in Sigmaringen, vor allem brachte sie aber Informationen über das Weltgeschehen und die Situation in Frankreich.

Im Fürstentum Hohenzollern-Hechingen setzte die Entwicklung einer periodischen Presse erst im Oktober 1829 ein. Schulinspektor Franz Xaver Ribler etablierte damals mit fürstlicher Genehmigung das zum Typ der Intelligenzblätter zählende »Wochenblatt für das Fürstenthum Hohenzollern-Hechingen« (1837 »Verordnungs- und Intelligenzblatt«). Ribler galt als Anhänger Wessenbergs und war der Aufklärung zugetan. Er bemühte sich, seiner Zeitung ein eigenes redaktionelles Gepräge zu geben, doch enthielt sich das Blatt bis 1848 innenpolitischer Erörterungen. Politische Zeitungen in der Zeit des Vormärz und der Revolution von 1848/49 erschienen keine in Hechingen. 1850 wurde das Amtsblatt des Fürstentums in ein »Verordnungs- und Anzeigeblatt der Königlich Preußischen Regierung zu Hechingen« (1852:

»Amtsblatt des Königlich Preußischen Kreisgerichts und Oberamtsbezirkes zu Hechingen«; 1867: »Hohenzollernsche Blätter«) umgewandelt. Lange Jahre wurde die Zeitung von der Preußischen Regierung subventioniert, insbesondere um ihre Verbreitung auch im Haigerlocher Raum zu fördern. Das Blatt war ein liberales Regierungsorgan. Von 1871 bis zu seinem Tod 1898 war der Heimatdichter Ludwig Egler verantwortlicher Redakteur. Im Jahre 1900 erwarb Friedrich Wallishauser den Verlag, der trotz Auflagensteigerung später in Konkurs geriet. 1931 übernahm Fritz Holzinger aus Stuttgart den Betrieb, wobei die Zeitung ihre liberale Richtung beibehielt. Jedoch wurde das Blatt bereits zum 1. Juli 1933 Organ der NSDAP.

Einen starken Konkurrenten besaßen die »Hohenzollernschen Blätter« im »Zoller«, der mitten im hohenzollerischen Kulturkampf erstmals Ende 1872 in Hechingen erschien. »Der Zoller« verfocht vehement die katholischen Interessen und wurde zu einem Organ des Zentrums. Die beiden Hechinger Lokalzeitungen bekämpften sich heftig und bemühten häufig die Gerichte. Verbreitet war »Der Zoller« vornehmlich im Hechinger aber auch im Haigerlocher Raum. Zum 1. April 1936 mußte »Der Zoller« sein Erscheinen einstellen, und seine Abonnenten wurden von den »Hohenzollerischen Blättern« übernommen. Bis zu seinem Verbot war »Der Zoller« ein Zentrumsorgan, jedenfalls ein Blatt der Katholiken geblieben.

Von 1835 bis 1836 hatte Joseph Blumenstetter, Pfarrer in Boll, ein Wochenblatt in Hechingen, den »Volksfreund«, herausgegeben, das in der Tradition der Moralischen Wochenschriften stand. Es wollte Gewerbe und Landbau fördern, auf allen Gebieten aufklärend und praktisch wirken, insbesondere setzte es sich für eine verbesserte Bildung ein. Ein weiterer Schwerpunkt des Blattes lag in der religiösen Aufklärung im Sinne Wessenbergs.

Nur für drei Monate erschien 1837 in Hechingen ein von dem bereits erwähnten Rabbiner und Rechtsanwalt Samuel Mayer ediertes »Israelitisches Samstagsblatt«, das neben religiösen Inhalten aktuelle Informationen über jüdische Geschichte und Kultur vermitteln wollte.

Ab 1880 erfaßte das Pressewesen auch die Oberamtsstadt Haigerloch. Nach dem von den Hechinger Zeitungen heftig verspotteten und befehdeten »Eyach- Boten« (1880 – 1882), berichtete von 1882 bis 1919 der zeitweilig vom Oberamt als Amtsblatt anerkannte »Neue Eyach Bote« aus Haigerloch, in Sulz am Neckar als Kopfblatt der Sulzer Chronik hergestellt. Nach Erscheinen einer neuen Haigerlocher Lokalzeitung 1888, des »Haigerlocher Anzeigers« (ab 1889 »Haigerlocher Bote«), verlor der »Neue Eyach Bote« an Bedeutung. Der »Anzeiger« bzw. »Bote« wurde nun Oberamtsblatt. Wie die anderen Haigerlocher Zeitungen bekämpften ihn die Hechinger Zeitungen vehement: dem

»Zoller« war er zu neutral, farblos und zu wenig für das Zentrum engagiert, den Hohenzollerischen Blättern eher zu zentrumsnah. Im Februar 1934 fand der »Haigerlocher Bote« sein Ende, die nationalsozialistischen »Hohenzollerischen Blätter« traten an seine Stelle, dem bisherigen Verleger wurde die Geschäftsstelle in Haigerloch übertragen.

Im Oktober 1876 schlug die Geburtsstunde der »Lauchert-Zeitung«, die zum Oberamtsblatt für Stadt und Oberamtsbezirk Gammertingen wurde. Obwohl das Blatt häufig den Besitzer wechselte und wiederholt ums Überleben kämpfte – weil es aus Mangel an Ereignissen schwierig war, den Lokalteil zu füllen, wenn man sich aus der Politik heraushielt –, überstand die Zeitung die Inflation Anfang der 1920er Jahre. Der überregionale Teil wurde von einer Stuttgarter Firma bezogen, die mehrere kleinere Blätter mit Matern belieferte. Den nationalsozialistischen Zusetzungen ab 1934 konnte die kleine Zeitung erstaunlich lange widerstehen, bis sie durch Streichung der Papierzuteilung im März 1943 ihr Erscheinen einstellen mußte.

In ganz Hohenzollern häufig abonniert wurde der in Oberndorf seit 1835 erscheinende »Schwarzwälder Bote«, der anfänglich liberal, später eher neutral-nationalliberal war. Zunächst war die Zeitung vornehmlich im Oberamt Haigerloch, später in ganz Hohenzollern verbreitet. Die Preußische Regierung in Sigmaringen unternahm auf Geheiß von Berlin erhebliche Anstrengungen, um den Absatz des »Hohenzollerischen Wochenblatts« zu steigern und gleichzeitig die Zahl der Abonnenten des »Schwarzwälder Boten«, besonders im Haigerlocher Raum, zu reduzieren. Obwohl die Auflage nach 1850 zurückging, blieb der »Schwarzwälder Bote« doch das verbreiteteste Blatt in ganz Hohenzollern. Wegen seiner Bismarck-feindlichen Haltung wurden 1865 mehrere Ausgaben beschlagnahmt. Für die Gewerbetreibenden in Hohenzollern als Inserenten war das Blatt vor allem wegen seiner weiten Verbreitung in Baden und Württemberg von Interesse. In Hechingen und Haigerloch wurde der »Schwarzwälder Bote« zudem zeitweilig als neutrale Zeitung, im Gegensatz zu den beiden anderen, sich ständig befehdenden Blättern, dem »Zoller« und den »Hohenzollerischen Blättern«, angesehen. Insgesamt stellte der »Schwarzwälder Bote« damit eine ständige Konkurrenz für die hohenzollerischen Zeitungen dar.

Erwähnt sei schließlich noch die »Hohenzollerische Landeszeitung«, eine Kopfzeitung der »Horber Chronik« (später »Schwarzwälder Volksblatt«), die ab 1921 im hohenzollerischen Gebiet Leser gewinnen konnte, aber von den angestammten katholischen Lokalzeitungen bekämpft wurde, weil sie ein deutsch-nationales Blatt war, das dem Bauernbund nahe stand. Die Zeitung stellte sich 1933 rasch als »Nationalsozialistische Tageszeitung« auf die Seite des Dritten Reichs. Dennoch mußte sie

1934, vermutlich auf Betreiben der ebenfalls nationalsozialistischen »Hohenzollerischen Blätter«, ihr Erscheinen einstellen.

Insgesamt sind die in Hohenzollern verbreiteten Zeitungen, mit Ausnahme des »Schwarzwälder Boten«, eher zu den kleineren und mittleren Zeitungen zu rechnen (Auflagenzahl um 1900: »Haigerlocher Bote« 1000, »Lauchert Zeitung« 2300, »Hohenzollerische Blätter« 2300, »Der Zoller« 3000, »Hohenzollerische Volkszeitung« 3500, »Schwarzwälder Bote«, um 1872 allein in Hohenzollern, 930). Die politsche Tendenz zum katholischen Zentrum war stark, ausgenommen bei den »Hohenzollerischen Blättern«, die ein liberales Regierungsorgan darstellten, und beim »Schwarzwälder Boten«, der nach 1850 eher neutral war. Bemerkenswert ist, daß sich gerade die zentrumsnahen Zeitungen anfänglich als relativ resistent gegenüber dem Nationalsozialismus erwiesen, während die »Hohenzollerischen Blätter« rasch zum Organ der NSDAP wurden.

Nach dem Zusammenbruch des nationalsozialistischen Regimes wurde das Pressewesen zunächst durch Direktiven und Gesetze der Alliierten bestimmt. Die »Nachrichten-Kontroll-Vorschrift Nr. 1« vom 12. 5. 1945 machte die Herausgabe einer Zeitung von einer durch die Militärbehörden erteilten Lizenz abhängig. Die französische Pressepolitik orientierte sich zwar an anglo-amerikanischen Planungen, doch wurde bei der Vergabe von Lizenzen stark auf die berufliche Qualifikation von Herausgebern und Redakteuren geachtet. Das Handeln der französischen Presseführung war von Pragmatik bestimmt und ließ die Zeitungen schrittweise in die demokratische Selbstverantwortung hineinwachsen. Nach einer Phase der Vor- und Nachzensur der im Zeitraum von September bis Dezember 1945 lizenzierten Zeitungen wurde im Herbst 1949 die Pressefreiheit eingeführt. Von einem zwischen 1946 und 1949 durch die französische Besatzungsmacht bewußt gesteuerten Nebeneinander von politisch unabhängigen und überparteilichen Zeitungen, wie der »Schwarzwälder Post«, und Parteirichtungsblättern, wie der »Schwäbischen Zeitung« (CDU), ging die Tendenz ab 1949/50 zur unabhängigen und überparteilichen Informationszeitung. Gleichwohl lassen sich auch nach diesem Zeitpunkt bei einigen Zeitungen Grundrichtungen ohne parteiliche Bindung festmachen, so blieb die »Schwäbische Zeitung« beispielsweise eine »unabhängige Zeitung für christliche Kultur und Politik«.

Ab September 1945 erhielten folgende im hohenzollerischen Raum verbreiteten Zeitungen Lizenzen: das »Schwäbische Tagblatt«, Tübingen (21. 9. 1945), die »Schwarzwälder Post«, Oberndorf (2. 10. 1945), und die »Schwäbische Zeitung«, Leutkirch (4. 12. 1945). Die »Schwarzwälder Post«, im Oktober 1950 wieder in »Schwarzwälder Bote« umbenannt, war eine Altverlegerzeitung, die vom früheren Verleger des

»Schwarzwälder Boten« in Oberndorf herausgegeben wurde. Über den zollerischen Raum berichtete die Zeitung bereits seit November 1945, eine zollerische Regionalausgabe mit dem »Hohenzollerischen Heimatboten« gab es ab November 1947. Auf das alte Verbo-System baute das »Schwäbische Tagblatt«, Tübingen, auf, das bereits nach 1945 mit einigen Altverlegern in seinem Verbreitungsgebiet zusammenarbeitete. Im September 1949 schlossen sich dann zwölf Altverleger mit den Lizenzverlegern zur Herausgabe der »Südwest Presse« zusammen. Ab 1949 erschien daraufhin bei Pretzl in Hechingen die »Hohenzollerische Zeitung«. Der allgemeine Teil wurde und wird als fertiger Mantel aus Tübingen bzw. seit 1968 aus Ulm bezogen, der Einzelverlag stellt den lokalen Text- und Anzeigenteil der Heimatzeitung her. Verbreitet ist die Zeitung vor allem im Hechinger und Haigerlocher Gebiet.

Auf dem Verbo-System basiert auch die »Schwäbische Zeitung« mit Vollredaktion und 23 Lokalausgaben. Der überregionale Teil der Zeitung wird in Leutkirch angefertigt, die Bezirksausgabe Sigmaringen, die bereits ab Dezember 1945 erschien, stellt wie bei den anderen Zeitungen den lokalen Text- und Anzeigenteil für den Sigmaringer Raum her.

Das ehemals hohenzollerische Gebiet erscheint also heute im wesentlichen aufgeteilt zwischen der »Schwäbischen Zeitung« für die Sigmaringer Region sowie der »Hohenzollerischen Zeitung« und dem »Schwarzwälder Boten«, die im Raum Hechingen/Haigerloch konkurrieren. Alle redaktionellen Lokalausgaben der Zeitungen widmen sich in ihrer Berichterstattung dem regionalen Geschehen in seiner ganzen Bandbreite. Der Sitz der jeweiligen Redaktion befindet sich in der Kreisstadt bzw. in der ehemaligen Kreisstadt; die Verbreitung der Lokalausgabe ist stark an den Kreisgrenzen vor 1973 orientiert. Innerhalb des jeweils relativ fest umrissenen Verbreitungsgebiets konkurrieren allenfalls zwei Zeitungen direkt miteinander, so der »Schwarzwälder Bote« mit der »Hechinger Zeitung«. Für die »Schwäbische Zeitung« existiert an den Randzonen ihres Stammgebiets ein gewisser Wettbewerb mit dem »Südkurier«, der nach 1975 zeitweilig eine Sigmaringer Lokalredaktion unterhielt und im südlichen Teil des Landkreises Sigmaringen verbreitet ist, sowie mit dem »Zollernalbkurier« und dem »Reutlinger Generalanzeiger«.

Eine kontinuierliche Berichterstattung, die den gesamten ehemals hohenzollerischen Raum umfaßte, gibt es damit nach 1945 genauso wenig wie in preußischer Zeit. Die Presse bildete im großen und ganzen zu keinem Zeitpunkt eine einheitliche Klammer für Hohenzollern.

Theater

Den kulturellen Stellenwert, den die Hofkapelle in der Zeit Fürst Friedrich Wilhelm Constantins in Hechingen innehatte, nahm in Sigmaringen zumindest partiell das Hoftheater ein. Nachweislich ab 1811 fanden in Sigmaringen Theateraufführungen in unterschiedlichen Gasthausräumlichkeiten statt. Einen bedeutenden Aufschwung nahm das Theaterleben, als Fürst Anton Alois ein eigenes Gebäude für das Theater und die Museumsgesellschaft errichten ließ. Am 27. Januar 1828 fand die Eröffnung des Hoftheaters mit Webers »Preziosa« statt. Das Theater bot 149 Zuschauern Platz, hinzu kamen zwölf Logenplätze auf der Galerie für prominente Besucher. Zwischen Zuschauerraum und Bühne befand sich ein Orchestergraben. Der Fürst unterhielt das Theater und engagierte wechselnde Schauspielunternehmen für jeweils eine Saison. Opern, Dramen, Ritterspiele und Komödien, die dem zeitgenössischen Publikumsgeschmack entsprachen, kamen zur Aufführung. So war August von Kotzebue ein häufig gespielter Autor, aber auch Stücke von Schiller, Iffland, Nestroy oder Victor Hugo wurden ebenso aufgeführt wie Opern von Weber, Mozart, Rossini und Boieldieu. Als Fürst Karl Anton 1871 nach Sigmaringen zurückkehrte, beanspruchte er das Hoftheater ganz für Theaterzwecke und kündigte der Museumsgesellschaft die Räumlichkeiten. Nach einer Renovierung 1876/77 erhielten längerfristig angestellte Fürstlich-Hohenzollerische Theaterdirektoren die Schauspielleitung übertragen. Das vom fürstlichen Hof engagierte und subventionierte Ensemble bestand zeitweilig aus 41 Mitgliedern, inklusive des Orchesters. Den Schauspielern stand ein reichhaltiger Fundus an Requisiten sowie eine Theaterbibliothek zur Verfügung. Innerhalb der Spielzeit, die sechs Monate betrug, fanden 68 Aufführungen statt, wöchentlich gab es also bis zu drei Darbietungen. Der Erste Weltkrieg führte zur Auflösung des Fürstlichen Hoftheaters. Ab 1928 wurde das Theater vorwiegend als Lichtspielhaus genutzt. Von 1945 bis 1949 erlebte das Hoftheater schließlich eine zweite Blüte, als das Hohenzollerische Landestheater unter Leitung Robert Marenckes dort spielte.

In Hechingen lassen sich ab 1858 Gastspiele von zum Teil über längere Zeit anwesenden Schauspieltruppen nachweisen. Ab 1882 gab das Sigmaringer Hoftheater einige Aufführungen, doch häufiger, fast jährlich, gastierten Wandertheater.

Lesegesellschaften und Vereinswesen

Außerhalb der Bereiche Hof und Kirche begann in den beiden Städten Hechingen und Sigmaringen ein kulturell-geselliges Leben eigentlich erst mit der Gründung von Lesegesellschaften im ersten Viertel des 19. Jahrhunderts. Triebfeder für die Bildung der Vereine war das Bedürfnis des gehobenen Bürgertums nach kultureller Anregung und geselliger Zusammenkunft. 1803 rief der fürstliche Leibarzt Franz Xaver Mezler eine Lesegesellschaft in Sigmaringen ins Leben, die 1826 in die Museumsgesellschaft überging, welche den geselligen Aspekt gegenüber dem bildend-aufklärerischen stärker betonte. 1827 erhielt die Gesellschaft ihr Domizil im eigens durch Fürst Anton Alois errichteten Museums- und Theatergebäude. Bis 1873, als Fürst Karl Anton das Gebäude ganz für Theaterzwecke beanspruchte, standen der Vereinigung dort ein Lese- und Billardzimmer, ein Lokal, das von einem Museumswirt betrieben wurde, sowie für größere gesellige Veranstaltungen ein Tanzsaal zur Verfügung. 1890 richtete Fürst Leopold der Gesellschaft ein eigenes Museumsgebäude im Hofgarten ein, wo sie bereits seit 1840 Kegelbahn und Sommerlokal angemietet hatte. Hier fand die Gesellschaft ein repräsentatives Unterkommen.

Die Geschichte der 1824 gegründeten Hechinger Museumsgesellschaft verlief ganz ähnlich. Auch sie erhielt vom Fürsten ein Gebäude mit den entsprechenden Räumlichkeiten zur Verfügung gestellt; ein großer Saal, der später so genannte Konstantinssaal, wurde 1839 eingerichtet. Fürst Leopold schenkte der Gesellschaft im Jahre 1900 das Gebäude, doch überstiegen die Unterhaltskosten das finanzielle Vermögen des Museums, so daß es das Haus 1911/12 an eine Brauereigesellschaft veräußern mußte, gleichwohl blieben dem Verein Rechte an seiner Heimstatt.

Obwohl sich die beiden Gesellschaften ähnlich entwickelten, lassen sich doch einige charakteristische Unterschiede feststellen. Bei beiden Vereinen rekrutierten sich die Mitglieder aus der jeweiligen Oberschicht der Städte und des Umlands, es waren Hof- und Regierungsbeamte, Lehrer, Geistliche, Militärs, Ärzte sowie einige Kaufleute. In Hechingen, mit seiner jüdischen Bevölkerungsgruppe, besaß das Museum zudem jüdische Mitglieder. Nur die Honoratioren fanden Zugang zu den Gesellschaften. Bildung, gesellschaftlicher Rang und Besitz waren die Kriterien für die Zugehörigkeit. Protektoren der beiden Gesellschaften waren die jeweils regierenden Fürsten, welche die Gesellschaften auch finanziell stark unterstützten. Dabei stand das Hechinger Museum typischerweise stärker unter fürstlicher Kontrolle als das Sigmaringer. Trotz des großen fürstlichen Einflusses brachte die Einrichtung der Gesellschaften für das Bürgertum einen Emanzipationsprozeß in Gang, begegneten sich im Verein doch Adlige und Bürger auf gleicher Ebene. Auch über die Mitgliederversammlung und die Organe der Vereine ließen sich demokratische Verhaltensweisen einüben. Schließlich ist zu bedenken, daß sich innerhalb der Vereine die Herrschenden, vom Fürsten bis hin zu den Regierungsbeamten, mit einem einflußreichen Teil der Beherrschten trafen, damit konnte ein Meinungsaustausch und informeller Einfluß auf die Politik stattfinden. Zudem läßt sich bei den Vereinsmitgliedern eine gewisse Bewußtseinsbildung und Politisierung, gefördert durch die Lektüre politischer Zeitungen und die Diskussion innerhalb der Gesellschaften, feststellen. Bei allen politischen Parteiungen, die während der Revolution von 1848/49 in Erscheinung traten, befanden sich Museumsmitglieder in führenden Positionen. So zeigte die Bewußtseinsbildung innerhalb der Vereine gewisse Auswirkungen nach außen und auch nach innen, denn während der Revolution zerbrachen beide Gesellschaften vorübergehend am politischen Dissens. Nach 1848 nahmen die Gesellschaften eine für das Bürgertum allgemein typische Entwicklung hin zu eher konservativen bis national-liberalen Vereinen. Gesellschaftspolitisch wichtig wurden die Vereine nochmals, als sie zur Integration der nach Hohenzollern kommenden preußischen Beamten in die jeweilige städtische Oberschicht beitrugen. Frauen konnten im übrigen höchstens den Status außerordentlicher Mitglieder erwerben, ansonsten fanden sie nur bei gesellschaftlichen Anlässen Zugang zum Verein. Das gesellschaftliche Leben beider Museumsgesellschaften glich sich weitgehend. Auf der einen Seite standen Bildung und Information durch Diskussion und Lektüre von Zeitungen, Zeitschriften und Büchern. Auf der anderen Seite gab es die Geselligkeit, angefangen beim Billard- und Kartenspiel, der Unterhaltung im Vereinslokal bis hin zur Benutzung der Kegelbahn. Höhepunkte des gesellschaftlichen Lebens bildeten Bälle, Soupers, Theatervorstellungen und Konzerte. Insgesamt führten die Gesellschaften zu einer gewissen Verbügerlichung des kulturellen Lebens, trugen aber auch zur Repräsentation der Fürsten bei und wurden entsprechend unterstützt. Ein Ende fanden die Museumsgesellschaften mit den nationalsozialistischen Gleichschaltungsmaßnahmen. Beide Vereine wurden im Jahre 1935 zur Selbstauflösung gezwungen.

Da sich die Museumsgesellschaften gegenüber unteren Schichten streng abschotteten, folgte das mittelständische, handwerklich orientierte Bürgertum alsbald dem Vorbild Museum und gründete eigene Vereine, die sich ihrerseits wieder nach unten abgrenzten. In Sigmaringen wurde 1835 der Bürgerverein gegründet, in Hechingen entstand 1832 ein liberaler Leseverein und 1849 ein Bürgercasino, das vermutlich die genannten mittelständischen Schichten aufnahm. Das gesellschaftliche Leben ähnelte dem der Museumsgesellschaften, wenn es auch nicht ganz so prunkvoll gestaltet werden konnte. Interessanterweise wurden gerade Bildung und Aufklärung als Vereinszwecke des Sigmaringer Bürgervereins besonders betont. Dementsprechend standen den Vereinsmitgliedern Zeitungen und eine Bibliothek mit populär-unterhaltenden aber auch politisch-historischen Werken zur Verfügung. Auch hier bildeten die regelmäßig stattfindenden Bälle Höhepunkte des gesellschaftlichen Lebens. Eine Förderung des politischen Bewußtseins läßt sich auch bei den mittelständischen Vereinen feststellen; so traten beispielsweise zahlreiche Mitglieder des Sigmaringer Bürgervereins 1848 in hervorgehobenen Positionen in Erscheinung. Der Bürgerverein wurde ebenfalls im Zuge der nationalsozialistischen Gleichschaltungsmaßnahmen 1935 aufgelöst.

Auch bei anderen Vereinen in Sigmaringen und Hechingen sind für die Entwicklung des Vereinswesens im 19. Jahrhundert typische Erscheinungsformen zu beobachten, unter anderem die zunehmende Spezialisierung der Vereine, wie sich etwa bei der Bildung unterschiedlicher Gesangs- und Musikvereine zeigt. Die Jahre um 1848 waren die Zeit der politischen Vereine als Vorläufer der Parteien. Sehr bald wurde auch die Kirche in beiden Städten vom Vereinswesen erfaßt, zunächst die katholische, später die evangelische. Interessanterweise waren es vornehmlich Frauen, die sich in den kirchlichen Vereinen mit zumeist karitativen oder kirchenmusikalischen Zielsetzungen engagierten. Zum anderen war es die berufstätige männliche Handwerksjugend, die sich im katholischen Gesellenverein (Kolpingsverein) versammeln konnte.

Die Entstehung berufsbezogener Vereine ist ein weiteres Charakteristikum des 19. Jahrhunderts. Insbesondere als die Gewerbefreiheit eingeführt und die Zünfte aufgehoben wurden, bestand ein Bedürfnis, sich vereinsmäßig zu organisieren. So entstanden Gewerbevereine und Gesellenvereine. Doch auch die Landwirte waren vereinsmäßig recht früh, noch vor der Jahrhundertmitte, verbunden.

In der zweiten Jahrhunderthälfte bildeten sich zunehmend außerhalb der kirchlichen Sphäre gemeinnützige Vereine, wiederum waren hier Frauen häufig engagiert, wie beispielsweise in den Vaterländischen Frauenvereinen. Auf Freiwilligkeit und gemeinnützigen Zielsetzungen basierten des weiteren das Rote Kreuz und die Freiwilligen Feuerwehren. Lokale Ableger überregionaler Vereine entstanden auch in Hechingen und Sigmaringen, insbesondere Vereine mit deutsch-nationaler und militaristischer Ausrichtung, so die Militärvereine, der Deutsche Flottenverein oder die Deutsche Kolonialgesellschaft. Nicht zu vergessen sind schließlich die Sportvereine. In Sigmaringen spielte der 1848 gegründete Turnverein eine wichtige Rolle während der Revolution. Nach seiner Auflösung wurde er erst 1862 wiedergegründet. In Hechingen erfolgte in demselben Jahr die Gründung eines Turnvereins.

Aber auch Schützengesellschaften, Radfahrvereine und – als Ableger der Museumsgesellschaften – Tennisclubs existierten. Zu erwähnen sind noch die Fastnachtsvereine, die während der närrischen Zeit von großer Bedeutung für die Städte waren und sind. Auf einen der Wissenschaft verbundenen Verein, den Hohenzollerischen Geschichtsverein, wird unten einzugehen sein.

In Hechingen mit seiner jüdischen Bevölkerung bildeten sich als Hechinger Spezifikum verschiedene jüdische Vereine aus. Neben Bruderschaften, die bereits im 18. Jahrhundert bestanden und aus denen Vereine, wie der Israelitische Männerverein und der Frauenverein der israelitischen Gemeinde Hechingen, hervorgingen, gab es unter anderem einen Gewerbeverein, einen religiösen Verein (ab 1835), einen jüdischen Gesangverein (ab 1844), einen Verein zur Pflege jüdischer Geschichte und Literatur (ab 1904) sowie eine jüdische Kultusvereinigung.

Die Zentren Hechingen und Sigmaringen regten die Bildung von Vereinen in den umliegenden Orten an. Besonders deutlich wird dies bei der Gründung von Museumsgesellschaften in Gammertingen (1842), Haigerloch (1846) und Wald (1847); ein Bürgerverein nach dem Vorbild des Sigmaringer Bürgervereins enstand 1844 in Sigmaringendorf. In Haigerloch gab es wie in Hechingen einige jüdische Vereine, von denen der 1888 gegründete Liederkranz wohl der bedeutendste war.

Bei der Entwicklung des Vereinswesens in Hohenzollern lassen sich mehrere typische Tendenzen feststellen: das »Absinken« des Vereinswesens von den oberen in die unteren Bevölkerungsschichten und seine Ausbreitung auch in den ländlichen Gegenden, so daß bis ins 20. Jahrhundert nahezu allen sozialen Schichten unterschiedliche Vereine offenstanden. Des weiteren ist die zunehmende Spezialisierung der Vereine zu nennen. Schließlich läßt sich die langsame, ansatzweise Emanzipierung der Frauen an der Gründung von Frauenvereinen ablesen. Die Vereine besaßen in einer doch relativ provinziellen Gegend eine sehr große Bedeutung für die Entfaltung des kulturellen Lebens. Neben Hof und Kirche etablierten sie sich als neue bürgerliche Kulturträger im 19. Jahrhundert. Die Vereine wurden damit zu einem der Kristallisationskerne für das entstehende Bürgertum.

Bildung

Schulmeister und zeitweilig bestehende Lateinschulen lassen sich in den meisten, zum Teil erst später hohenzollerisch gewordenen Städten seit dem 14./15. Jahrhundert nachweisen (Hechingen 1394; Haigerloch 1472; Sigmaringen 1483; Trochtelfingen 1505; Hettingen seit Anfang

17. Jh.; in Gammertingen Schulpflicht ab 1600). Schulträger waren die Stadtgemeinden, die Herrschaft führte in der Regel nur eine allgemeine Oberaufsicht. Im Zuge der Aufklärung und infolge der Neuorganisation des Schulwesens unter Maria Theresia ab 1770 besserte sich auch die schulische Situation in den hohenzollerischen Fürstentümern, stand aber »dem der größeren Nachbarstaaten deutlich nach«.[19] Die österreichische Schulordnung von 1774 brachte für den österreichischen Teil des Fürstentums Hohenzollern-Sigmaringen die allgemeine Schulpflicht, die bald auf die nicht unter österreichischer Lehensherrschaft stehenden Orte ausgedehnt wurde. Ähnlich wurde die von dem Abt Felbiger entwickelte »Normal Methode«, mit der die Lehrerausbildung verbessert werden sollte, ab 1780 auf österreichisches Betreiben hin eingeführt. Das österreichische Vorbild veranlaßte den Fürsten von Hohenzollern-Hechingen, 1783 mittels einer Schulordnung die allgemeine Schulpflicht und die Normalschule in seinem Fürstentum einzuführen. Die Ansätze zu einer Verbesserung des Schulwesens dürfen nicht darüber hinwegtäuschen, daß viele Bestimmungen der Schulordnung nicht umgesetzt wurden und »der erbärmliche Bildungsstand der Lehrer« nur »etwas gehoben wurde«.[20] Die nächsten Versuche zur Hebung des Bildungsstandards, insbesondere auf dem Lande, unternahm Fürst Anton Alois von Hohenzollern-Sigmaringen nach Erlangung der Souveränität, indem er von Geistlichen Vorschläge zur Neuorganisation des Schulwesens einholte und eine »Allgemeine Schulordnung« zur Regelung des Elementarschulwesens (1809) erließ. Doch die vorgesehenen Maßnahmen wurden nur langsam verwirklicht, denn die finanziellen Kräfte des Landes waren erschöpft. In Hohenzollern-Hechingen stellte sich die Situation nicht viel anders dar: hier wurde eine Schulordnung nach Sigmaringer Vorbild 1833 erlassen.

Mit dem Zuzug preußischer Beamter, die häufig die evangelische Konfession besaßen, wurden evangelische Volksschulen eingerichtet (Hechingen 1865, Haigerloch 1867, Sigmaringen 1868). Eine wichtige Stätte der Erziehung und Schulbildung wurde das 1859 von dem Sigmaringer Geistlichen Thomas Geiselhart zunächst nur für Mädchen gegründete Waisenhaus Nazareth in Sigmaringen, dem 1863 eine Volksschule angegliedert wurde und das ab 1873 Anstalt für Kinder beiderlei Geschlechts aus ganz Hohenzollern war, nachdem es in Hechingen nicht zur Gründung eines Waisenhauses kam.

Die beiden jüdischen Gemeinden in Haigerloch und Hechingen besaßen ihr eigenes Schulwesen. In Hechingen läßt sich bereits 1546 eine Judenschule nachweisen. 1825 gab Fürst Friedrich den Anstoß zur Einrichtung einer jüdischen Volksschule, die später in einem eigenen Schulhaus untergebracht wurde. 1836 erließ der Fürst eine »Schul-Ordnung für die israelitische Schule in Hechingen«, die der »Allgemeinen

Schulordnung« von 1833 nachgebildet war. Aus einem israelitischen Schulfonds, für den auch Mitglieder des Fürstenhauses spendeten, wurden Lehrmittel angeschafft oder bedürftige Schulkinder unterstützt. Ab 1891 wurde die israelitische Volkschule von der jüdischen Kultusgemeinde als Schulsozietät unterhalten, wobei die Stadt in späterer Zeit zum Lehrergehalt beisteuerte. Als 1925 die Schülerzahl auf drei herabsank, löste die Preußische Regierung in Sigmaringen, nach Einwilligung der israelitischen Gemeinde, die Schule auf. Die jüdischen Schüler besuchten daraufhin die evangelische Volksschule. Eine bedeutende und weithin berühmte Einrichtung bestand in Hechingen mit der 1803 von den Geschwistern Jakob und Karoline Kaulla gegründeten Talmudschule für israelitische Theologen. Allerdings wurde diese Schule 1850 wieder aufgehoben. Ein Schüler der Talmudschule war in den Jahren 1825 bis 1827 der spätere Schriftsteller Berthold Auerbach.

In Haigerloch war das Schulwesen für die Juden lange Zeit ungeregelt. 1823 richtete der Lehrer Salomon Neuburger die erste jüdische Elementarschule ein, und 1837 wurde das jüdische Schulwesen auf dem Gesetzesweg den christlichen Schulen angeglichen. Die Schule war zunächst in einem eigenen Haus, später im Schul- und Rathaus untergebracht. Ihre Auflösung erfolgte zum 1. Oktober 1939.

Erst im 18. Jahrhundert besserten sich in den hohenzollerischen Fürstentümern – wenn auch nur zeitweilig – die Möglichkeiten, eine weiterführende Schulbildung zu erhalten. In Sigmaringen unterhielten die Franziskaner im Kloster Hedingen seit 1715 ein Philosophiestudium. Auf fürstliche Anordnung gründeten sie 1770 eine öffentliche Lateinschule, »die 1776 zum Gymnasium ausgebaut wurde und bis ca. 1806 bestand«.[21] Nach Aufhebung des Franziskanerklosters (1816) wurde mit einem von Fürst Anton Alois gestifteten Stipendienfonds 1818 eine Lateinschule in dem Klostergebäude gegründet und 1840 zur Vollanstalt mit Abitur erweitert. Vorübergehend war noch eine Realschule (1841 – 1853) mit dem Gymnasium verbunden. In Hechingen wurde unter Fürst Joseph Wilhelm »entsprechend dem Geist der Aufklärung«[22] im Jahre 1775 ein Gymnasium ins Leben gerufen. Infolge der durch die Französische Revolution veränderten politischen Lage und der finanziellen Situation des Fürstentums wurde die Schule allerdings bereits 1798 wieder geschlossen. Ab 1844 gab es eine »Privat Abendrealschule« als Vorbereitungsschule für das Gymnasium (1845: Real- und Progymnasialschule). In preußischer Zeit wandelte man die Schule zunächst zu einer Realschule (1855), dann zu einer »Lateinlosen Höheren Bürgerschule« (1885) um. 1912 erfolgte die Anerkennung als »Vollanstalt«. Nach dem Übergang Hohenzollerns an Preußen unterstanden das Gymnasium in Sigmaringen (ab 1852) und später auch die Höhere Bürgerschule in Hechingen (ab 1888) dem preußischen Provinzialschulkollegium der Rheinprovinz in Koblenz. Dies hatte unter anderem zur Folge, daß fortan zahlreiche Lehrer aus dem Rheinland oder anderen preußischen Provinzen an den hohenzollerischen Schulen unterrichteten.

Der oben erwähnte Sigmaringer Pfarrer Thomas Geiselhart gründete 1856 ein Studienheim für Schüler des Sigmaringer Gymnasiums, um auswärtigen und armen Schülern einen Schulbesuch leichter zu ermöglichen. 1857 erhielt das »Erzbischöfliche Knabenseminar für Hohenzollern« die offizielle kirchliche Anerkennung als Institut zur Heranbildung des Priesternachwuchses, 1859 folgte die staatliche Approbation. Das »Seminarum Fidelianum« nahm auch Schüler auf, die sich nicht sofort für den geistlichen Beruf entschieden. Während des Kulturkampfes wurde die Einrichtung 1873 geschlossen, konnte jedoch 1886 als »Erzbischöfliches St. Fideliskonvikt« wieder geöffnet werden. 1933 erfolgte der Umzug in den Neubau, wo noch heute in dem nun als »Studienheim« bezeichneten Institut Schülern, die in Sigmaringen weiterführende Schulen besuchen, Unterkunft, Verpflegung und Betreuung geboten wird.

Auch die Bildungs- und Weiterbildungsmöglichkeiten für Mädchen besserten sich seit der Mitte des 19. Jahrhunderts. Bereits 1807 war in dem säkularisierten Dominikanerinnenkloster Habsthal, in dem die Schwestern ein Bleiberecht genossen, auf Initiative des Sigmaringer Medizinalrats Franz Xaver Mezler ein Pensionat für bürgerliche Mädchen als eine Art Haushalts- und Fortbildungsschule eingerichtet worden. Ab 1821 gab es in Sigmaringen eine Arbeitsschule für Mädchen. 1851 veranlaßte der mehrfach erwähnte Thomas Geiselhart die Einrichtung einer Privatmädchenschule, welcher 1852 eine zweite folgte. Kurz darauf, 1858, eröffnete die »Kongegration der Schwestern der christlichen Liebe« eine »Höhere Töchterschule« mit zwei Klassen, die während des Kulturkampfes vorübergehend von weltlichen Lehrkräften geführt wurde. Ab 1904 bestand die »Marienschule« mit 6 Klassen Lyzeum, an welcher nach dem preußischen Lehrplan für Lyzeen unterrichtet wurde. 1927 wurden dem Institut ein Internat für auswärtige Schülerinnen, später eine Frauen- und Haushaltungsschule angegliedert. Ähnlich verlief die Entwicklung der Mädchenschulen in Hechingen. Ab 1825 gab es eine Industrieschule für Mädchen. In den 1850er Jahren wurden zwei Versuche unternommen, »Privat-Töchterschulen« zu gründen, die aber nur wenige Jahre bestanden. Erst 1872 gelang die dauerhaftere Einrichtung einer privaten »Höheren Mädchenschule«, der 1885 eine Frauenarbeitsschule angegliedert wurde.

Die Heranbildung des Lehrernachwuchses geschah in Hohenzollern bis ins 19. Jahrhundert nur unsystematisch, auch wenn, wie oben bemerkt, nach 1780 die österreichische »Normal Methode« in beiden

Fürstentümern eingeführt wurde. Normalschulen zur Ausbildung der Lehrer gab es lediglich in Hechingen, Sigmaringen und Haigerloch, und gerade die Sigmaringer Schule hatte »nicht den Ruf, eine hervorragende Lehrerbildungsanstalt zu sein«.[23] Im folgenden Jahrhundert wurden verschiedene, häufig nur vorübergehend bestehende Präparandenanstalten in den hohenzollerischen Fürstentümern eingerichtet (Hechingen: ab 1828; Hohenzollern-Sigmaringen: Kloster Habsthal 1841 – 1848). Nach dem Übergang an Preußen erfolgte für ganz Hohenzollern die Ausbildung im Lehrerseminar in Brühl, später in Boppard. Für Lehrerinnen fand die Ausbildung in Koblenz statt. Zur Vorbereitung auf den Besuch der preußischen Seminare gab es in Hechingen und Sigmaringen nochmals Präparandenschulen (Sigmaringen 1854 bis 1870, Hechingen ab 1876 und 1907 bis 1922). Daneben wurde auch häufig die Lehrerbildungsanstalt in Meersburg von hohenzollerischen Kandidaten besucht, die anschließend in badische Landesdienste eintraten. Von 1941 bis 1945 gab es in Haigerloch noch eine Lehrerinnenfortbildungsanstalt, die auf das Studium an Hochschulen vorbereiten sollte.

In Haigerloch existierte von 1843 bis ca. 1847 eine Realschule und wiederholt ein Präzeptorat, eine Art Progymnasium, in dem der Unterricht der ersten zwei Gymnasialklassen erteilt wurde (städtisches Institut 1841 – 1847, Privatschule 1869 – ca. 1887, staatliche Schule 1887 – 1892). Daneben gab es von 1904 bis 1962 die Missionsschule der Weißen Väter in Haigerloch als Internat, an der die ersten vier Gymnasialklassen unterrichtet wurden.

Einen bedeutenden Schulmann, der in Baden wirkte, brachte Hohenzollern in Ernst von Sallwürk (* 1839 Sigmaringen, † 1926), Sohn des fürstlichen Regierungspräsidenten Anton von Sallwürk, hervor. Zunächst Oberlehrer in Koblenz, dann von 1868 bis 1872 Rektor der Höheren Bürgerschule in Hechingen, trat er anschließend in den badischen Schuldienst. Dort wurde er 1877 in die badische Oberschulbehörde berufen und wirkte von 1911 bis zu seiner Pensionierung 1914 als Ministerialdirektor im badischen Kultusministerium. Er nahm auf Volksschulwesen und Gymnasialbildung in Baden großen Einfluß und verfaßte zahlreiche Schriften zu pädagogischen und didaktischen Themen.

Zum Studium, das bis ins 19. Jahrhundert vornehmlich in Theologie oder den weltlichen und kirchlichen Rechten bestand, begaben sich hohenzollerische Studenten vielfach an die nächst gelegenen katholischen Universitäten Freiburg, Dillingen und Salzburg; doch auch in Tübingen oder Heidelberg studierten junge Leute aus Hohenzollern und selbst in den Matrikeln weiter entfernter Universitäten, wie Wien, Siena oder Bologna, finden sich zollerische Namen. Zur Finanzierung des Grundstudiums der Philosophie für arme, begabte Studenten aus Stadt und Grafschaft Sigmaringen stiftete im übrigen Markus Roy, der nachmalige Heilige Fidelis, ein Studienfonds.

Zur Fortbildung der Handwerker und Landwirte wurden im 19. Jahrhundert verschiedene Einrichtungen etabliert. In Hechingen und Sigmaringen gab es bereits 1841/42 eine Werktagsfortbildungsschule (Sigmaringen) bzw. Winterabendschule (Hechingen). In preußischer Zeit wurden 1854/55 in den beiden Städten eigentliche Handwerkerfortbildungsschulen gegründet, um gezielt die wirtschaftliche Entwicklung Hohenzollerns zu fördern. Beide Schulen wandelten sich allmählich zu gewerblichen und kaufmännischen Schulen. Zur Weiterbildung der Landwirte richtete man 1865 in Sigmaringen eine Ackerbauschule ein, die 1875 dem Landeskommunalverband unterstellt und zur Ackerbau- und landwirtschaftlichen Winterschule für die Hohenzollernschen Lande erweitert wurde. 1922, als sie in die Trägerschaft der Landwirtschaftskammer überging, benannte man sie in Landwirtschaftsschule Sigmaringen um. In Haigerloch wurde 1919 eine zweite landwirtschaftliche Winterschule für Hohenzollern gegründet. Mädchenklassen sind den Landwirtschaftsschulen 1940 (Sigmaringen) und 1942 (Haigerloch) angegliedert worden. Ansonsten existierten noch mehrere ländliche Fortbildungsschulen und Gewerbeschulen in verschiedenen Orten Hohenzollerns.

Erwähnt sei noch die 1910 von Neubreisach im Elsaß nach Sigmaringen verlegte Unteroffziersvorschule, die in einer bei Gorheim erbauten Kaserne untergebracht war. Circa dreihundert fünfzehn- bis sechzehnjährige Schüler wurden in einem zweijährigen Lehrgang auf den Besuch der Unteroffiziersschule vorbereitet. Die Auflösung der Schule erfolgte 1920 aufgrund des Versailler Friedensvertrags. In der Folgezeit fanden verschiedene Einrichtungen in den Räumen ihr Unterkommen, unter anderem die Württembergische Polizeischule (1923 – 1928), das Marienlyceum (1927–1934), die Zollschule bzw. Reichsfinanzschule Sigmaringen (1937–1944) sowie eine Heeresunteroffiziersschule (1938).

Zusammenfassend ist festzustellen, daß sich ganz langsam gegen Ende des 18. Jahrhunderts die Bildungsmöglichkeiten in den hohenzollerischen Fürstentümern besserten. Doch auch zu Beginn des 19. Jahrhunderts lag das Schulwesen noch sehr im argen, bis die Fürsten die Bildung verstärkt förderten. Der eigentliche Aufschwung im Bildungswesen erfolgte in preußischer Zeit.

Wissenschaft und Forschung

Von wissenschaftlichem Forschen in Hohenzollern kann eigentlich nur bezüglich der landesgeschichtlichen Forschung sowie der wissenschaftlichen Arbeit in den Klöstern, insbesondere im Kloster Beuron, gesprochen werden. Darüber hinaus entstammte den Hohenzollerischen Landen manch namhafte Forscherpersönlichkeit, die ihre Arbeiten jedoch außerhalb Hohenzollerns betreiben mußte, da es innerhalb Hohenzollerns neben den klösterlichen, keine wissenschaftlichen Institute gab, sieht man von den Gymnasien ab, an denen einzelne Lehrer wiederholt forschend tätig wurden.

Bis ins 19. Jahrhundert existierte an Hofhistoriographie lediglich eine im Auftrag Graf Karls I. von Johann Basilius Herold um die Mitte des 16. Jahrhunderts befaßte zollerische »Genealogie«, die in der Folgezeit mehrfach verarbeitet wurde. Erst in den 20er und 30er Jahren des 19. Jahrhunderts hielten in Hohenzollern »die Landesgeschichte und die Landeskunde ihren Einzug«[24]. Hier sei insbesondere die »Geschichte der Hohenzollerischen Staaten Hechingen und Sigmaringen« von Fidelis Baur hervorgehoben, die nicht bei einer bloßen Herrschergeschichte stehen blieb, sondern sich bereits als Sozial- und Kulturgeschichte verstand. Der Sigmaringer Regierungsdirektor Friedrich Freiherr von Laßberg, Herausgeber des Schwabenspiegels, Sohn des Germanisten Joseph von Laßberg, schrieb eine auf Archivstudien beruhende Geschichte des Klosters Hedingen und verfaßte Beiträge zur Geschichte Haigerlochs. Schließlich sei die Sammlung historisch-statistischer Materialien zu den hohenzollerischen Oberämtern durch den Sigmaringer Hofkammerdirektor Fidelis von Schnell erwähnt, die sein Sohn Eugen (1865 erster hauptamtlicher fürstlicher Archivar) posthum veröffentlichte. Mit Ausnahme der Arbeit Baurs zählten die übrigen Darstellungen zu den »typisch vormärzlichen konservativ-aufklärerischen vaterländischen Studien«.[25]

Mit dem Übergang an Preußen wurde auch auf dem Gebiete der Geschichtsforschung eine Sonderentwicklung eingeleitet. Hohenzollern war bereits als Wiege des Hauses Hohenzollern seit den 1830er Jahren zunehmend in das Blickfeld der preußischen Geschichtsschreibung gerückt. Das romantische Geschichtsbild von der Stammverwandtschaft der Hohenzollern wurde schließlich politisch funktionalisiert und war neben der hausrechtlichen Argumentation ausschlaggebend für den Übergang Hohenzollerns an Preußen. In der Folgezeit gebrauchte man die Hausgeschichte wiederholt für die nationalpolitische »Vom-Fels-zum-Meer«-Ideologie, worin in pseudohistorischer Weise die geschichtlichen Verbindungen zwischen den schwäbischen und den brandenburgisch-preußischen Zollern herausgearbeitet wurden; die Geschichte Hohenzollerns wurde damit auf die Funktion, Stammland des Kaisers zu sein, reduziert. In Opposition zu dieser Geschichtsauffassung entwickelte sich die hohenzollerische landesgeschichtliche Forschung. 1867 wurde der »Verein für Geschichte und Alterthumskunde in Hohenzollern« gegründet, der sich selbstbewußt um die Geschichte des eigenen Landes kümmern wollte. Es war ein Honoratiorenverein, welcher sich bevorzugt mit mittelalterlicher Geschichte befaßte. Erst ab Ende des 19. Jahrhunderts wurden auch Themen der jüngeren Vergangenheit in dem Publikationsorgan des Vereins behandelt. Ab 1868 wurden die »Mitteilungen des Vereins für Geschichte und Altertumskunde in Hohenzollern« herausgegeben, die man 1934 in »Hohenzollerische Jahreshefte« und 1965 in »Zeitschrift für Hohenzollerische Geschichte« umbenannte. Da sich die Tätigkeit des Vereins (1933 bis 1964 »Verein für Geschichte, Kultur- und Landeskunde«, ab 1964 »Hohenzollerischer Geschichtsverein«) zunächst stark auf Sigmaringen konzentrierte, bildete sich mit Gründung der Heimatbücherei Hechingen 1928 (ab 1933 Bücherei des Hohenzollerischen Geschichtsvereins), einer bedeutenden Bibliothek mit Hohenzollerana, und der Herausgabe der »Zollernheimat« (ab 1931), als Zeitungsbeilage der »Hohenzollerischen Blätter«, worin in populärer Form historische Themen abgehandelt wurden, ein gewisses Gegengewicht im Hechinger Raum heraus. Seit 1951 erscheint die »Hohenzollerische Heimat« als populärwissenschaftliches Organ des Geschichtsvereins.

Mit der hohenzollerischen Geschichtsforschung untrennbar verbunden sind die Archive in Hohenzollern, die dem Heimatkundler und Historiker ein reichhaltiges Quellenmaterial bieten: dem fürstlichen Haus- und Domänenarchiv in Sigmaringen, das seit Beginn der 1850er Jahre die Archive der Hechinger und Sigmaringer Linien vereinigt und von welchem unglücklicherweise das Archiv der preußischen Regierung in Sigmaringen (ab 1873 Staatsarchiv) abgetrennt wurde. Ebenso wichtig für die zollerische Geschichtsforschung waren und sind die Archivare, die wesentliche Beiträge zur Kenntnis der Historie Hohenzollerns lieferten und liefern. Namentlich genannt seien die fürstlichen Archivare Eugen Schnell (ab 1865), Dr. Karl Theodor Zingeler (ab 1875) und Dr. Gustav Hebeisen (ab 1915), der erste Historiker-Archivar, sowie Dr. Franz Herberhold, erster hauptamtlicher Archivar des Staatsarchivs Sigmaringen (ab 1938). Auf Herberholds Betreiben hin wurden 1940 beim Landeskommunalverband eine »Landeskundliche Forschungsstelle«, die ab 1941 als Schriftenreihe die »Arbeiten zur Landeskunde Hohenzollerns« herausgab, und eine »Archivberatungsstelle« eingerichtet. Im Zusammenhang mit der Landeskundlichen Forschungsstelle wurde beim Landeskommunalverband 1940 auch eine Hohenzollerische Landesbücherei (heute im Kreisarchiv Sigmaringen) eingerichtet, in welcher das gesamte Schriftgut aus und über Hohenzollern möglichst vollständig erfaßt und der Forschung zur Verfügung gestellt werden sollte.

Ähnlich wie die Archivare machten sich auch die fürstlichen Bibliothekare, meist zugleich Leiter der Fürstlichen Sammlungen, vielfach um die hohenzollerische Geschichtsforschung verdient. Sie spielten im Geschichtsverein zum Teil eine sehr bedeutende Rolle, insbesondere Freiherr Karl von Mayenfisch (1803–1877) und Hofrat Dr. Friedrich August Lehner (1822–1895), die Vorsitzende des Vereins waren. Zudem war die Hofbibliothek als öffentliche Bibliothek mit Lesezimmer und Arbeitsmöglichkeiten von dem kunstsinnigen Fürsten Karl Anton »als Anziehungspunkt für Sigmaringen«[26] konzipiert. In diesem Zusammenhang ist nochmals auf die Sammelleidenschaft des 19. Jahrhunderts im Zeichen der Romantik hinzuweisen, die sich auf Bodenfunde und auf Urkunden und andere schriftliche Zeugnisse richtete. So gaben Freiherr Rudolf von Stillfried und Traugott Maerkker ab 1852 die siebenbändige Urkundensammlung Monumenta Zollerana heraus. Insbesondere sind aber Fürst Karl Anton und sein Intendant Mayenfisch hervorzuheben. Letzterer erwarb für die Fürstlichen Sammlungen zahlreiche Landesfunde und führte auch eigene Grabungen durch. Fürst Leopold zeigte später nochmals großes Interesse für die vor- und frühgeschichtlichen Funde in Hohenzollern. Er akquirierte zahlreiche Gegenstände aus alemannischer Zeit, vor allem die bedeutenden Funde, die 1902 bei der Entdeckung des alemannischen »Fürstengrabes« in Gammertingen ans Tageslicht kamen, für die Fürstlichen Sammlungen.

Der Aufgeschlossenheit gegenüber Altertümern hat auch die Hohenzollerische Landessammlung ihr Entstehen in der Zeit nach 1896 zu verdanken. Zunächst nur zur Sicherung der vor- und frühgeschichtlichen Bodendenkmäler gedacht, wurde die Sammlung alsbald um Abteilungen mit kirchlicher Kunst des Mittelalters und des Barock sowie um einen allgemein historisch-volkskundlichen Teil ergänzt. Die Sammlung war ab 1922 auf der Burg Hohenzollern untergebracht und ist seit 1972 im Besitz der Stadt Hechingen.

Von den vielen Persönlichkeiten, die sich mit der hohenzollerischen Geschichte befaßten und zu ihrer Erforschung beitrugen, können im Rahmen dieses Überblicks nur noch einige hervorgehoben werden, so der Hechinger Kreisrichter Julius Cramer (»Die Grafschaft Zollern. Ein Bild süddeutscher Volkszustände, 1400 – 1850« Stuttgart 1873), der Haigerlocher Amtsrichter Franz Xaver Hodler (* 1855 Sigmaringen, † 1922 Haigerloch) mit seiner »Geschichte des Oberamts Haigerloch«, der in Konstanz wirkende Facharzt Dr. Ernst Senn (* 1884 Hechingen, 1962 Konstanz), der unter anderem die hauptamtliche Besetzung des Staatsarchivs Sigmaringen bewirkte und die Heimatbücherei Hechingen durch seine Stiftung wesentlich bereicherte, oder der Pfarrer und Erzbischöfliche Archivar Johann Adam Kraus (* 1904 Ringingen, † 1992 Freiburg), der seit den 20er Jahren mehr als 800 Beiträge zur hohenzollerischen Geschichte verfaßte.

An Hochschulen in Hohenzollern ist die Ordenshochschule der Franziskaner im Kloster Gorheim bei Sigmaringen mit der theologisch-philosophischen Fakultät der Thüringischen Ordensprovinz (1894 bis 1967) sowie die Theologische Hochschule der Benediktiner in Beuron (1866 – 1968 mit Unterbrechungen) zu erwähnen. An letzterer studierten Mönche aus der Beuroner Kongregation, aber auch aus Bayern und Vorarlberg, vier Jahre Theologie, bevor sie die Priesterweihe empfingen. 1905 erfolgte die staatliche Anerkennung. Die Vorlesungen in den theologischen Fächern hielten Patres. Wegen zu geringer Hörerzahl wurde die Hochschule 1968 geschlossen. An bedeutenden Lehrern an der Ordenshochschule sei zum einen Pater Athanasius (Max) Miller (* 1881 Wolfratsweiler, † 1963) genannt, der bald nach seinem Eintritt ins Kloster als Exeget des Alten und Neuen Testaments wirkte und zugleich Klerikerpräfekt war. Später als Lehrer für Altes Testament an das Kolleg S. Anselmo berufen, wurde er 1949 zum Sekretär der Päpstlichen Bibelkommission ernannt. Miller verfaßte zahlreiche Artikel, Aufsätze und Bücher. Eines seiner wichtigsten Werke war eine Psalmenübersetzung. Zum anderen ist Raphael (Fidelis) Molitor (* 1873 Sigmaringen, † 1948) nochmals zu erwähnen, der 1890 ins Kloster Beuron eintrat und dort einen Lehrstuhl für Moraltheologie erhielt. 1905 wurde er zum Prior, ein Jahr später zum Abt von Gerleve, einem Kloster der Beuroner Kongregation, ernannt. Papst Pius X. berief Molitor als Konsultator für die Ausarbeitung des neuen Kirchenrechts (Codex iuris canonici). In mehreren größeren Schriften setzte sich Molitor mit dem Ordensrecht, insbesondere mit demjenigen der Benediktiner, und seiner Geschichte auseinander.

Im Kloster Beuron war man stets bemüht, Liturgie und Psalmen zu erschließen. Die von Erzabt Maurus Wolter begonnenen Arbeiten wurden von Pater Anselm Schott (1843–1896) fortgesetzt. Er schaffte mit seiner Übersetzung des Römischen Meßbuchs (»Vesperbuch lateinisch und deutsch, enthaltend die Vespern des Kirchenjahrs«) die Verbindung zur liturgischen Praxis. Dieses Meßbuch, bekannt als der »Schott«, erfuhr seit seinen Anfängen 1884 eine starke Verbreitung und wurde von Beuroner Mönchen weiterbearbeitet. In Beuron gab und gibt es neben der Ordenshochschule einen besonderen Hort der wissenschaftlichen Forschung: das Palimpsest-Institut und die Vetus-Latina-Forschung. Erzabt Ildefons richtete 1912 das Palimpsestinstitut ein. Palimpseste sind Beschreibstoffe (Pergament, Papyrus), deren erste

Beschriftung, z. B. durch Schabung, getilgt wurde; anschließend wurde das Material erneut beschrieben. Die Radierung konnte aber nicht so gründlich erfolgen, als daß man den ursprünglichen Text nicht wieder zum Vorschein bringen könnte. Die schonendste Methode ist die Palimpsestfotografie, wobei der Beschreibstoff mit ultravioletten Strahlen durchdrungen wird, die die alte Schrift wieder sichtbar machen. Fotografisch kann der ursprüngliche Text dabei festgehalten werden. Die Texte sind äußerst vielgestaltig; es liegen Fragmente aus den Gebieten der Medizin, Astrologie oder Geschichte vor, ebenso sind auf diese Weise Texte der Liturgie, Patrologie und der frühen Bibel überliefert. Häufig entstammen die Fragmente Klosterbibliotheken, teilweise aber auch staatlichen Bibliotheken. Schwierigkeiten bereitet vornehmlich die Einordnung und Kategorisierung der Fragmente. Ab 1916 baute Pater Dr. Dr. Alban Dold (1882–1960) das Beuroner Palimpsestinstitut aus und nutzte es für seine liturgiegeschichtlichen Forschungen. In den von 1917 bis 1963 erschienenen 54 Bänden der Reihe »Beiträge zur Ergründung des älteren lateinischen Schrifttums und Gottesdiensts« machte er viele vorher unbekannte Texte der Wissenschaft zugänglich.

Aus der Palimpsestforschung erwuchs nach dem Zweiten Weltkrieg das Vetus Latina Unternehmen als selbständiges Institut. Seine Aufgabe ist die textkritische Edition der Vetus Latina, d. h. die kommentierte Herausgabe unterschiedlicher lateinischer Bibeltexte, die aus dem Griechischen ins Lateinische übersetzt wurden und die nicht zur Vulgata gehören. Die Vulgata ihrerseits beruht teilweise auf den Übersetzungen des Hieronymus († 420), der den größten Teil des Alten Testaments neu aus dem Griechischen übertrug und die Evangelien des Neuen Testaments revidierte. Bis ins 9. Jahrhundert verdrängte die Vulgata im wesentlichen die Vetus Latina und wurde 1546 auf dem Konzil von Trient für die katholische Kirche als maßgebend erklärt. Die Vetus Latina hingegen ist eine Bibelübersetzung, die bis zum Anfang des dritten Jahrhunderts zurückreicht. Sie ist damit zumindest in Teilen älter als die Vulgata. Überliefert sind die Texte unter anderem in Handschriften, liturgischen Büchern und Palimpsesten. Mit der Vetus Latina Edition soll einerseits zur möglichst zuverlässigen Wiederherstellung des Urtextes der Bibel beigetragen und anderseits ein möglichst klares Bild vom Verlauf der Textgeschichte herausgearbeitet werden. Damit werden Interpretationen des Bibeltextes deutlich: theologische Reflexionen, die zu einer Änderung des ursprünglichen Bibeltextes führten. Weiterhin leistet die Vetus Latina-Forschung einen Beitrag zur Geistesgeschichte des Abendlandes, denn das Christentum übernahm das kulturelle Erbe der Antike und verschmolz »es mit dem christlichen Glauben zu einer neuen, eigenständigen Kultur. Zugleich fiel dem Christentum die geschichtliche Aufgabe zu, diese Kultur an die jungen germanischen Völker zu vermitteln.«[27] Anhand der Vetus Latina formten die Völker im romanischen und germanischen Raum ihre Begriffe und schufen die Grundlagen jener geistigen Welt, in der wir bis heute leben. Kenntnisse über diesen Prozeß vermittelt die Vetus Latina-Forschung, ebenso wie sie zur Sprachwissenschaft beiträgt. Damit sei die Bedeutung des Instituts zumindest ansatzweise skizziert.

Hauptanstoß für das Unternehmen war die Übernahme einer von dem bayerischen Pfarrer Josef Denk angelegten und hinterlassenen Zettelkartei mit altlateinischen Bibelzitaten im Jahre 1927 durch die Erzabtei Beuron. Das Material kam in die Obhut Alban Dolds, der es über den Zweiten Weltkrieg hinüberretten konnte. Ein Schüler Dolds, Pater Dr. Bonifatius Fischer, übernahm zunächst die weitere Vervollständigung der Zitate und gab 1949 ein Abkürzungsverzeichnis heraus. Seit 1951 erscheinen in steter Folge die Bände der Vetus Latina. Finanziell getragen wird das Institut durch eine von dem Verleger Dr. Herder-Dorneich initiierte Stiftung und die Unterstützung der Deutschen Forschungsgemeinschaft.

Das Benediktinerkloster Beuron mit seiner Kunstschule, der Choralpflege, der Ordenshochschule, dem Palimpsestinstitut und dem Vetus-Latina-Institut stellt praktisch seit seinem Bestehen ein, wenn nicht das bedeutendste Zentrum für Kunst, Wissenschaft und Kultur in Hohenzollern dar. Die Ausstrahlung des Klosters blieb nicht auf Hohenzollern beschränkt, sondern entfaltete auch nach außen, dank des Ordens und der Beuroner Kongregation, eine starke Wirkung im wissenschaftlichen wie auch im alltäglich seelsorgerischen Bereich.

Von den zahlreichen Persönlichkeiten, die in oder zumeist außerhalb Hohenzollerns als Forscher und Wissenschaftler wirkten, können – soweit nicht bereits in den im vorliegenden Band veröffentlichten Einzelbiographien geschehen – nur noch einige wenige hervorgehoben werden. Angefangen sei mit dem Humanisten Simon Grynaeus, um 1493 als Sohn eines Bauern in Veringendorf geboren und ob seiner ungewöhnlichen Begabung vom Vater auf die Stadtschule Pforzheim geschickt, wo einer seiner Mitschüler Philipp Melanchthon hieß. Über Melanchthon bekam Grynaeus später Kontakt zu Luther, war jedoch selbst eher den Lehren Zwinglis zugetan. Bald nach dem Studium der Sprachen Latein, Griechisch und Hebräisch in Wien avancierte er 1524/26 zum Professor für Griechisch und Latein in Heidelberg. Im Kloster Lorsch gelang ihm 1527 der bedeutende Fund von fünf bis dato unbekannten Büchern von Livius. 1529 berief ihn der Reformator Oekolampad als Graezist nach Basel. Zusammen mit Ambrosius Blarer reorganisierte er im Auftrage Herzog Ulrichs von Württemberg 1534 die Universität Tübingen, hatte 1536 erheblichen Anteil an der Abfassung der Helvetischen oder Basler Konfession und nahm als Abgeordneter Basels 1540 am Wormser Religionsgespräch teil. Gerade erst zum Rektor der Universität Basel gewählt, starb er am 1. August 1541 an der Pest.

Im 19. und 20. Jahrhundert brachte Hohenzollern mehrere bedeutende Theologen hervor, so Dr. Theodor Dreher (* 1836 Krauchenwies, † 1916) ab 1893 Domkapitular in Freiburg und Dozent an der dortigen Universität, Dr. Adolf Rösch (* 1869 Veringenstadt, † 1962), Abgeordneter Hohenzollerns im Preußischen Landtag, ab 1908 im Erzbischöflichen Ordinariat in Freiburg, 1932 Generalvikar, und Pater Dionysius Schuler (* 1854 Schlatt – † 1926), Provinzial der Thüringischen Franziskaner-Ordensprovinz und Titular-Erzbischof von Nazianz. Besonders hervozuheben ist Prof. Franz Xaver Dieringer (* 1811 Rangendingen, † 1876 Veringendorf), der 1843 Professor der Dogmatik in Bonn und 1853 Domkapitular wurde. Er war Mitbegründer (1844) und bis 1871 Präsident des Borromäusvereins, der zur Verbreitung guter Bücher beitragen wollte, sodann 1848 Abgeordneter im Frankfurter Parlament. Während des Vatikanischen Konzils 1869/70 zunächst Verfechter der Unfehlbarkeitslehre, protestierte er später gegen das Dogma und unterwarf sich ihm nur mit innerem Vorbehalt. Er verzichtete in der Folge auf Lehrtätigkeit, Ehrenämter und Ruhegehalt. Fürst Karl Anton präsentierte ihn als Landpfarrer in Veringendorf. Viermal war er Bischofskandidat (1855, 1864, 1866, 1874), das letzte Mal, als er für den erzbischöflichen Stuhl in Freiburg nominiert war, glaubte er, aus Gewissensgründen den Eid auf die badischen Gesetze nicht leisten zu können. 1876 starb Dieringer in Veringendorf.

Ein namhafter Altphilologe war Walter Friedrich Otto (* 1874 Hechingen, † 1958 Tübingen), der an verschiedenen deutschen Hochschulen lehrte und Arbeiten über die Antike, besonders über die griechische Mythologie, verfaßte. Als bedeutender Philologe sei ebenfalls Dr. August Vezin (* 1879 Münster, † 1963) genannt, der am Realgymnasium in Hechingen unterrichtete, bevor er 1927 nach Siegburg und 1933 nach Bonn versetzt wurde. Vezin unternahm eine Übersetzung von Vergils Aeneis und eine Übertragung von Dantes »Göttlicher Komödie« ins Deutsche. Fridolin Eisele (* 1837 Sigmaringen, † 1920 Freiburg) war nach kurzer Tätigkeit als Kreisrichter in Hechingen ab 1872 als Rechtshistoriker Professor in Basel und Freiburg und ein hervorragender Kenner des römischen Rechts. Er führte die Forschung aus der dogmatischen Begrenzung zur methodischen Quellenkritik. Gleichermaßen als Rechtshistoriker erlangte der bereits mehrfach erwähnte Hechinger Rabbiner und Rechtsanwalt Dr. Samuel Mayer eine gewisse Bedeutung.

Außer Franz Xaver Mezler und Theodor Bilharz steht mancher Mediziner von Bedeutung mit Hohenzollern in Verbindung. So ist zunächst Alfons Bilharz (* 1836 Sigmaringen, † 1925), der Bruder von Theodor Bilharz, zu nennen, der von 1882 bis 1907 Direktor des Fürst-Carl-Landeskrankenhauses Sigmaringen war und verschiedene medizinische Abhandlungen verfaßte, sich daneben aber auch als Philosoph betätigte, wobei sein philosophisches Werk zu Lebzeiten wenig Anerkennung gefunden hatte. Ferner sind exemplarisch anzuführen die Professoren Corbinian Brodmann (* 1868 Liggersdorf, † 1918), in München Leiter der Abteilung für Topologische Hirnrindenhistologie (Analysen der menschlichen Gehirnrinde hinsichtlich ihres Zellaufbaus), Anton Stauss (* 1900 Hechingen, † 1965), Chirurg und Chefarzt in Tübingen, und August Mayer (* 1876 Hechingen, † 1968), Direktor der Universitätsfrauenklinik Tübingen.

In den letzten Kriegsjahren wurde Hohenzollern zu einem Zentrum deutscher Atomforschung. 1939 hatte Otto Hahn die Spaltung des Uran-Atomkerns entdeckt, und man erkannte rasch, daß sich über solche Kernspaltungen Kettenreaktionen mit größter Energiefreisetzung entwickeln ließen. Bereits 1942 wurde jedoch von Kernphysikern gegenüber dem Heereswaffenamt klargestellt, daß es kurzfristig, während des Krieges, aufgrund technischer und wirtschaftlicher Probleme, nicht möglich sein würde, eine Atombombe als kriegsentscheidende Waffe zu konstruieren. Die Forschungsarbeiten konzentrierten sich deshalb auf die Herstellung eines kleinen Atomreaktors, in dem die angenommene Kettenreaktion nachgewiesen werden sollte. An den experimentellen Arbeiten waren Forschergruppen unter Werner Heisenberg in Leipzig und Carl Friedrich von Weizsäcker und Karl Wirtz am Kaiser-Wilhelm-Institut für Physik in Berlin beteiligt. 1943 wurde das Institut wegen der Luftangriffe auf Berlin in den bis dahin noch weitgehend von solchen Angriffen verschont gebliebenen südwestdeutschen Raum, nach Hechingen, verlegt. Wahrscheinlich hatte sich der am Projekt beteiligte Walther Gerlach, der in Tübingen Professor gewesen war, an Hechingen erinnert. Nachdem die Wissenschaftler zufällig einen Bierkeller im Felsen unter der Haigerlocher Schloßkirche entdeckt hatten, wurde dort Anfang 1945 ein Forschungslaboratorium mit Kernreaktor als Ausweichmöglichkeit eingerichtet. Tatsächlich konnte der eigentlich in Berlin vorgesehene Versuch wegen der russischen Bedrohung dort nicht mehr stattfinden, weshalb man sich entschloß, in abenteuerlicher Fahrt Uran und Schweres Wasser nach Haigerloch zu transportieren. Ende März, Anfang April 1945 wurde der Versuch in Haigerloch ausgeführt, ohne daß der Reaktor »kritisch« geworden wäre, also Energie freigesetzt hätte. Der Versuch war mißlungen, weil der Reaktor nicht die ausreichende Größe besaß, ein zweiter Versuch konnte wegen der herannahenden Truppen der Alliierten nicht mehr durchgeführt werden. Ein Sonderkommando der amerikanischen Armee, die sogenannte »Alsos-Mission«, besetzte rasch Haigerloch, um den Franzosen in ihrer Besatzungszone zuvorzukommen. Die Wissenschaftler wurden in ihren Büros und Wohnungen in Hechingen gefangengenommen und nach England gebracht, wo sie bis Anfang 1946 interniert waren. Die Forschungseinrichtungen im Felsenkeller von Haigerloch wurden demontiert und von den Amerikanern abtransportiert. Durch sein mutiges Eintreten verhinderte der damalige Haigerlocher Stadtpfarrer Marquard Gulde die vorgesehene Sprengung des Kellers, die unweigerlich die Zerstörung der darüberliegenden Schloßkirche nach sich gezogen hätte.

Zusammenfassung

Aus Hohenzollern kamen keine Impulse, die die allgemeine kulturelle Entwicklung wesentlich beeinflußt hätten. Im Gegenteil war die Entwicklung im hohenzollerischen Gebiet aufgrund der eingangs genannten strukturellen Voraussetzungen eher retardiert, etwa im Hinblick auf die Bildungsmöglichkeiten. Andererseits bestand ein für die Bedürfnisse der Bevölkerung stets hinlängliches Angebot, bedenkt man die kleinräumigen, eher ländlichen Verhältnisse Hohenzollerns, ohne größere urbane Zentren. Für diese Verhältnisse entfalteten sich etwa im Bereich der Musik oder der bildenden Kunst zumindest temporär sogar recht beachtliche Blüten.

Bis zu Beginn des 19. Jahrhunderts reiht sich die kulturelle Entwicklung der hohenzollerischen Fürstentümer in die allgemeine Entwicklung in Schwaben ein. Die Erlangung der Souveränität 1806, mit welcher der politische Sonderweg Hohenzollerns eingeleitet wurde, führte auch im kulturellen Bereich zu manchen Spezifika, so etwa bei der Hofmusik in Hechingen, dem Hoftheater in Sigmaringen oder hinsichtlich der repräsentativen Ausgestaltung der Residenzen. Dieser für die kleinen Territorien beachtliche kulturelle Entwicklungsschub ist dem Repräsentationsbedürfnis der Fürsten, die wesentliche Kulturträger waren, zu verdanken. Der Übergang an Preußen, der nächste Schritt auf dem hohenzollerischen Sonderweg, hinterließ, wie nicht anders zu erwarten, abermals seine Spuren in der kulturellen Entwicklung. Insbesondere das Bildungssystem besserte sich nachhaltig, aber auch der bildenden Kunst, der Forschung oder dem Pressewesen wurden manche Impulse verliehen.

Träger der Kultur waren bis ins 19. Jahrhundert im wesentlichen die Fürstenhöfe sowie die katholische Kirche und die Klöster. Die Höfe verliehen den Residenzstädten wiederholt Glanz, letztmals unter Fürst Karl Anton, als jener 1871 wieder seinen Sitz nach Sigmaringen verlegte und ein reges gesellschaftliches Hofleben die Stadt prägte. Häufig besuchten Mitglieder des europäischen Hochadels, zu denen enge verwandtschaftliche Beziehungen bestanden, die Stadt. Das Hoftheater und die fürstlichen Sammlungen lieferten einen repräsentativen Rahmen.

Daneben entwickelte sich in bescheidenem Maße eine bürgerliche Kultur, insbesondere mit dem Entstehen von Vereinen (Museumsgesellschaften, Hohenzollerischer Geschichtsverein), die aber immer noch von den Höfen beeinflußt war. Dennoch wurde im 19. Jahrhundert der Emanzipationsprozeß des Bürgertums eingeleitet, doch erst im Verlaufe des 20. Jahrhunderts erfolgte eine praktisch vollständige Lösung vom Hof, und auch die Kirchen verloren an Einfluß.

Eine Ausnahmeerscheinung in Hohenzollern bildet das Benediktinerkloster Beuron, das bald nach seiner Gründung 1863 zu einem Ort der Gelehrsamkeit und der Künste wurde. Mit seiner Kunstschule und seinen wissenschaftlichen Institutionen strahlt es weit über die engen Grenzen Hohenzollerns hinaus.

Anmerkungen

[1] Genzmer: Kunstdenkmäler Hohenzollerns, Kreis Sigmaringen, S. 17.
[2] Vgl. z. B. Siebenmorgen: Beuroner Kunstschule oder allgemein: Herrmann: Bau- und Kunstdenkmäler.
[3] Burkarth: Meister von Meßkirch; Rädle: Identitätsfrage.
[4] Weiß: Weckenmann, S. 120.
[5] Herrmann: Bau- und Kunstdenkmäler, S.172.
[6] Z. B: Genzmer: Kunstdenkmäler Kreis Hechingen, 1939; Hannmann: Kulturdenkmale im Zollernalbkreis 1989.
[7] Hahn: Synagogen, S. 22.
[8] Genzmer: Kunstdenkmäler, Kreis Hechingen, S. 24.
[9] Kallenberg: Landesgeschichte, S. 55 f.
[10] Ebenda.
[11] Edwin Ernst Weber: Anton Hiller. In: Landkreis Sigmaringen (Hrsg.), S. 10.
[12] Mühlebach: Gymnasium Hedingen-Sigmaringen, S. 13.
[13] Kaufhold: Fürstenhaus, S. 96.
[14] Herrmann: Bau- und Kunstdenkmäler, S. 177.
[15] Siebenmorgen: Beuroner Kunstschule, S. 246 f.
[16] Ebenda: S. 244.
[17] Hannmann: Kulturdenkmale im Zollernalbkreis, S. 195.
[18] Walchner: Tagespresse, S. 64.
[19] Kallenberg: Diss., S. 169.
[20] Kallenberg: Schulorganisation, S. 102.

[21] Kuhn-Rehfus: Geschichte der Stadt Sigmaringen, S. 171.
[22] Foth: Allgemeinbildende Gymnasien, S. 258.
[23] Loose: Mercy, S. 220.
[24] Seigel: Archive und Landesgeschichte, S. 81.
[25] Ebenda: S. 83.
[26] Kaufhold: Fürstenhaus, S. 163.
[27] Schnackenburg: Vetus-Latina Forschung, S. 6.

Literaturhinweise

Abgekürzt zitierte Zeitschriftenreihen und Nachschlagewerke:

ADB: Allgemeine Deutsche Biographie. Hrsg. durch die historische Commission bei der Königlichen Akademie der Wissenschaften. Leipzig 1 (1875) – 55 (1910).

HH: Hohenzollerische Heimat. Vierteljahresblätter für Schule und Haus. Hrsg. vom Verein für Geschichte, Kultur- und Landeskunde in Hohenzollern; ab 1968: Hrsg. vom Hohenzollerischen Geschichtsverein. 1 (1951) ff.

MGG: Die Musik in Geschichte und Gegenwart. 14 Bände. Kassel 1949/51 – 1968.

NDB: Neue Deutsche Biographie. Hrsg. von der Historischen Kommission der bayerischen Akademie der Wissenschaften. Berlin 1 (1953) – 9 (1972).

ZHG: Zeitschrift für Hohenzollerische Geschichte. Hrsg. vom Hohenzollerischen Geschichtsverein. 1 (1965) ff.

Außer den im Literaturverzeichnis für den gesamten Band nachgewiesenen Titeln wurden herangezogen:

Ameln, Konrad: Leonhard Lechner. In: MGG 8 (1959), Sp. 428–438.

Ammann, Arnold: Eine Million Bibelzitate. In Beuron entsteht das Jahrhundertwerk Vetus Latina. In: Katholisches Sonntagsblatt 125 (1977), S. 16–17.

(Anonym:) Palimpsestinstitut und Vetus Latina-Unternehmen der Erzabtei Beuron. In: Schwäbische Heimat Heft 5, 1952, S. 228–230.

(Anonym:) Prof. Dr. August Vezin. Ein Leben für die Religion, die Wissenschaft und die Jugend. In: Lichte Au 20 (1969), S. 66–71.

(Anonym:) Zur Hechinger Hofmusik im 19. Jahrhundert. Hohenzollerische Heimatbücherei Mappe L 91.

Becker, Otto H.: Benediktinermönche in Beuron. In: Schöntag, Wilfried (Hrsg.): 250 Jahre Abteikirche Beuron, S. 156–185.

Bernhardt, Walter: Das Fürstlich Hohenzollernsche Archiv in Sigmaringen von 1803 bis zur Gegenwart. In: ZHG 9 (1972), S. 9–78.

Beuron 1863 – 1963. Festschrift zum hundertjährigen Bestehen der Erzabtei St. Martin. Beuron 1963.

Buckenmaier, Claudia: Friedrich Wolf – Arzt und Schriftsteller in Hechingen 1921 – 1926. In: Zollernalbkreis (Hrsg.): Zollernalb-Profile 1 (1988), S. 137–145.

Bumiller, Casimir: Die jüdische Gemeinde Hechingen im 16. Jahrhundert. In: ZHG 24/25 (1988/89), S. 159–184.

Buri, Eugen (Hrsg.): Johann Fidelis Wetz. Katalog zur Ausstellung. Sigmaringen 1988.

Ders. / Buck, Ingeborg Maria (Hrsg.): Andreas Meinrad von Au 1712 – 1792, Katalog zur Ausstellung. Sigmaringen 1992.
Burkarth, Herbert: Der Meister von Meßkirch hieß Jerg Ziegler. In: HH 39 (1989), S. 9–10.
Ders.: Zum 100. Geburtstag der Lauchertzeitung. Ein Beitrag zur Geschichte des Zeitungswesens in Hohenzollern. In: HH 26 (1976), S. 44–46.
Diepgen, Paul: Theodor Bilharz. In: Unvollendete. Stuttgart 1960, S 74–81.
Effinger, Bruno: Professor Josef Henselmann 80 Jahre. In: HH 28 (1978), S. 34–37.
Eitner, Robert: Melchior Schramm. In: ADB 32 (1891), S. 446.
Ders.: Thomas Täglichsbeck. In: ADB 37 (1898), S. 359–360.
Engelmann, Ursmar: Beuron. Die Benediktinerabtei im Donautal. München, Zürich 1957.
Ders.: Die Beuroner Benediktinerkongregation. In: Freiburger Diözesan Archiv 106 (1986) S. 97–139.
Festschrift anläßlich der Einweihung des Rathauses zu Sigmaringen am 9. Januar 1927. Sigmaringen 1927.
Förderverein für die Kirchenrenovation, Pfarramt Sankt Johann (Hrsg.): Kirchweih St. Johann (Sigmaringen). Meßkirch 1988.
Foth, Wilhelm: Allgemeinbildende Gymnasien und Progymnasien im Zollernalbkreis. In: Zollernalbkreis (Hrsg.): Zollernalb–Profile 3 (1993), S. 255–266.
Freytag Löringhoff, Bruno Baron von: Alfons Bilharz 1836 – 1925. Ein Arzt der Philosoph wurde. In: ZHG 12 (1976) S. 174–182.
Fünfzig Jahre Landwirtschaftsschule Haigerloch. Haigerloch 1970.
Gabele, Anton: Klang aus dem Abend (zu Karl Widmaier). In: Zollerheimat 10 (1932), S. 57–72.
Gässler, Franz-Severin: Carlsplatz und Carlsstraße in Sigmaringen in der ersten Hälfte des 19. Jahrhunderts (Teil 1). In: ZHG 29 (1993), S. 165–197.
Gauggel, Georg: Sigmaringen als Schulstadt. In: Stadt Sigmaringen (Hrsg.): 900 Jahre Sigmaringen, S. 81–98.
Ders.: Geschichte der evangelischen Volksschule in Sigmaringen. In: HH 34 (1984), S. 13.
Gondolatsch, M.: Fürst Konstantin von Hohenzollern und die Löwenberger Hofkapelle. In: Zeitschr. für Musikwissenschaft 1 (1919), S. 713–719.
Gruber, Michael: Hechingen. Kulturelles und musisches Zentrum. In: Stadt Hechingen (Hrsg.): 1200 Jahre Hechingen, S. 75–84.
Ders.: Zur Geschichte des Chorknabeninstituts und der kirchenmusikalischen Tradition in Hechingen. In: ZHG 22 (1986), S. 93–109.
Grube, Walter (Bearbeiter): Barocke Amtshäuser in Baden-Württemberg. Stuttgart 1981.
Hahn, Joachim: Synagogen in Baden-Württemberg. Stuttgart 1987.
Hannmann, Eckart: Die Kulturdenkmale im Zollernalbkreis. Ein kunstgeschichtlicher Überblick. In: Haasis, Heinrich (Hrsg.): Der Zollernalbkreis. Stuttgart, Aalen 1989[2].
Ders./ Steim, Karl Werner: Christian Großbayer. Ein hohenzollerischer Baumeister des Spätbarock. Sigmaringen 1982.
Hebeisen, Gustav: Beiträge zur Geschichte des Schulwesens in Hohenzollern. In: Mitteilungen des Vereins für Geschichte und Alterthumskunde in Hohenzollern 63 (1932), S. 58–77.
Helmecke, Drutmar: Theologische Schule der Beuroner Kongregation. In: Beuron 1863 – 1973, S. 441–472.

Hering, Georg: Das Hoftheater einer südwestdeutschen Kleinresidenz. Das Sigmaringer Hoftheater in der ersten Hälfte des 19. Jahrhunderts. Zulassungsarbeit für die erste Dienstprüfung für das Lehramt an Volksschulen (mschr.). Sigmaringen 1968.
Herrmann, Manfred: Der Landkreis in seinen Bau- und Kunstdenkmälern. Ein Überblick über eintausend Jahre Kunstgeschichte. In: Der Landkreis Sigmaringen. Geschichte und Gestalt. Sigmaringen 1981.
Heyd, Werner P.: Sum ergo cogito. Zum Andenken an Alphons Bilharz am 50. Todestag. In: HH 25 (1975) S. 33 ff..
Hodler, Franz Xaver (Hrsg.): Dichterstimmen aus Hohenzollern. Haigerloch 1898.
Höhfeld, Volker (Hrsg.): Hechingen, Stadt und Landschaft. Hechingen 1992.
Hofmusik in Hechingen im 19. Jahrhundert: Heimatbücherei Hechingen, Mappen L 91. VII, X und L 149, XIX.
Hohenzollern-Gymnasium Sigmaringen (Hrsg.): Festschrift zur Einweihung des Hohenzollern-Gymnasiums Sigmaringen 3. Oktober 1975. Sigmaringen 1975.
Hundert Jahre Männerchor-Frohsinn Sigmaringen. Jubiläumsfeier am 8. Juni 1958 in Sigmaringen. Sigmaringen 1958.
Initiative Hechinger Synagoge e. V. u. a. (Hrsg.): Juden in Hechingen. Geschichte einer jüdischen Gemeinde in neun Lebensbildern aus fünf Jahrhunderten. Katalog zur Dokumentation in der Alten Synagoge Hechingen. Hechingen (1991).
Johner, Dominicus: Beuron. In: MGG 1 (1949 – 1951), Sp. 1825–1827.
Kallenberg, Fritz: Die Schulorganisation von 1809 im Fürstentum Sigmaringen. In: Hohenz. Jahreshefte 22 (1962), S. 99–140.
Kaufhold, Walter: Das Fürstlich Hohenzollerische Museum in Sigmaringen. München, Zürich 1981.
Ders.: Fürstenhaus und Kunstbesitz. In: ZHG 3 (1967) S. 133–222; ZHG 4 (1968), S. 69–147.
Ders.: 100 Jahre Fürstlich Hohenzollerisches Museum in Sigmaringen. In: HH 18 (1968), S. 7–9.
Kempf, Peter: Schloß Sigmaringen mit Sammlungen und Geschichte des Fürstenhauses Hohenzollern. In: Kuhn-Rehfus (Hrsg.): Sigmaringen, S. 89–99.
Kern, Ulrike: Der Sigmaringer Maler Johann Fidelis Wetz (1741 – 1820). In: HH 37 (1987), S. 39–40.
Keller, Franz: Die Sigmaringer Volksschule. In: Festschrift zur Einweihung des Rathauses, S. 68–116.
König, Joseph: Bartholomäus Herder. In: Friedrich v. Weech (Hrsg.), Badische Biographien 3. Karlsruhe 1881, S. 52–55.
Landkreis Sigmaringen (Hrsg.): Anton Hiller 1893 – 1985. Ein Bildhauer aus Oberschwaben, Meßkirch 1993.
Laur, Wilhelm Friedrich: Die Hohenzollerische Landessammlung auf Burg Hohenzollern. In: Schwäbisches Heimatbuch 1933, S. 61–66.
Lier, H.A.: Bäumer, Suitbert B., Benediktiner. In: ADB 46 (1902), S. 257–258.
Loose, Rainer: Wilhelm Mercy und das Schulwesen im Fürstentum Hohenzollern-Sigmaringen um 1810. In: ZHG 24/25 (1988/89), S. 215–223.
Máier, Johannes: Von dem kulturellen Leben der Stadt Sigmaringen. In: Hundert Jahre Männerchor-Frohsinn, S. 26–32.

Metzinger, Albert: Eine Festschrift für P. Athanasius Miller. In: Benediktinische Monatsschrift 28 (1952), S. 242–246.
Mezler, Franz Xaver: Vorläufige Nachrichten über den Kurat zu Imnau. Sigmaringen 1795
Ders.: Unterricht über die häuslichen Tugenden, Pflichten und Beschäftigungen des weiblichen Geschlechts für bürgerliche Mädchenschulen, zunächst für die von Hebsthal. Karlsruhe 1810
Ders.: Versuch einer medizinischen Topographie der Stadt Sigmaringen. Freiburg 1822
Mors, Karl: Die gotische Klosterkirche in Stetten. In: Stadt Hechingen (Hrsg.): 1200 Jahre Hechingen, S. 85–98.
Mühlebach, Josef: Bedeutende Persönlichkeiten aus dem Studiengang am Gymnasium Hedingen-Sigmaringen. In: HH 26 (1976). S. 13–14, S. 27–30.
Ders.: Bedeutende Persönlichkeiten aus der Stadt Sigmaringen. In: Stadt Sigmaringen (Hrsg.): 900 Jahre Sigmaringen, S. 105–130.
Muncker, Franz: Laßberg, Joseph und Friedrich. In: ADB 17 (1883), S. 780–784.
Nolle, Albert: Geschichte des Zeitungswesens in Hohenzollern. Von seinen ersten Anfängen bis zum Jahre 1850. München 1935.
Oehler, Hans Albrecht: Großbayer und die Maler. In: ZHG 29 (1993), S. 77–99.
Ders.: Die Deckenfresken des Andreas Meinrad von Ow in der St. Anna-Kirche in Haigerloch. In: ZHG 28 (1992), S. 149–164.
Österle, Gerard: Abt Raphael Molitor als Schriftsteller des Ordensrechts. In: Studien und Mitteilungen zur Geschichte des Benediktinerordens 73 (1972), S. 14–40 (Dass: In: Erbe und Auftrag 39 (1963), S. 192–203).
Pfaff, Maurus: Pater Desiderius Lenz. Gedenkwort zum fünfzigsten Todestag 25. Januar 1928. In: HH 28 (1978), S. 18–20.
Ders.: Zu Pater Johners 80. Geburtstag. In: Musica IX (1955), S. 33–34.
Pfeffer, Anton: Corbinian Brodmann. Ein heimatliches Gelehrtenschicksal. In: HH 17 (1957), S. 52–57.
Rädle Herbert: Ein bisher unbeachteter Lebenslauf des Veringendorfer Humanisten Symon Grynaeus aus dem Jahre 1587. Übersetzung und Kommentar. In: ZHG 22 (1986), S. 9–40.
Ders.: Lernen aus der Geschichte? Der Humanist aus Veringendorf über den Nutzen historischer Lektüre. In: ZHG 20 (1984), S. 9–15.
Ders.: Zur Identitätsfrage des Meisters von Meßkirch: Gibt es zwei Maler namens Jerg Ziegler? In: HH 40 (1990), S. 3–4.
Ders.: Zwei Porträts der Gelehrtenfamilie Grynaeus (Griener) aus Veringendorf. In: HH 34 (1960), S. 60–62.
Reusch: Dieringer, Franz Xaver. In: ADB 5 (1877), S. 140–142.
Scadewaldt, Hans: Franz Xaver Mezler (1756–1812). Fürstlich-Sigmaringischer Geheimer Medizinalrath. Leben und Leistung eines bedeutenden Arztes der Aufklärung. In: Hohenz. Jahreshefte 13 (1953), S. 3–44.
Ders.: Theodor Bilharz. Arzt und Naturforscher in Kairo. In: Lebensbilder aus Schwaben und Franken 7, 1960, S. 337–345.
Schaffer, Wolfgang: Schulorden in Hohenzollern 1850 – 1875. In: ZHG 29 (1993), S. 149–164.
Schaitel, Maximilian: Hohenzollerische Studenten... In: Hohenzollerische Heimat 1953, 1963 – 1967 (9 Beiträge).
Ders.: Hohenzollerische Studenten... In: Zollerheimat, 1937 – 1939 (5 Beiträge).

Ders.: Zur Geschichte des Schulwesens in der Stadt Hechingen in der Zeit bis 1900. In: HH 12 (1962), S. 55–57.
Schanzlin, Hans Peter: Molitor, Gregor (Ferdinand). In: MGG 9 (1961), Sp. 439–440.
Schilling, Xaver: Philologe, Geograph und Astronom. Dem Andenken von Karl Schoy. In: HH 10 (1960), S. 35–36.
Ders.: Söhne Hohenzollerns am Lehrerseminar Meersburg. Nach den Jahresberichten von 1870 - 1919. In: HH 11 (1961), S. 59.
Schmid, Ernst Fritz: Gestalten und Begebenheiten aus der Sigmaringer Musikgeschichte des 16. und 17. Jahrhunderts. In: Hohenz. Jahreshefte 15 (1954), S. 79–102.
Ders.: Musik an den schwäbischen Zollernhöfen der Renaissance. Kassel u.a. 1962.
Schmid, Ludwig: Hohenberg, Graf Albrecht von. In: ADB 12 (1880), S. 659–669.
Schmidt, Günther: Jakob Meiland. In: MGG 8 (1959), Sp. 1907–1909.
Schnackenburg, Rudolf: Die Bedeutung der Vetus-Latina-Forschung für Wissenschaft und Geistesleben. Freiburg i.Br. 1976.
Schöntag, Wilfried: Vom Schatzarchiv zum Staatsarchiv. Das Werden des Staatsarchivs Sigmaringen. In: Beiträge zur Landeskunde 1981, S. 1–8.
Ders. (Hrsg.): 250 Jahre Abteikirche Beuron. Geschichte, Geistliches Leben, Kunst. Beuron 1988.
Schuler, Anneliese: Zwei thematische Musikalienkataloge aus Sigmaringen. Ein Beitrag zur Geschichte der Musik am Hofe zu Sigmaringen im 18. Jahrhundert. (Zulassungsarbeit, maschinenschr.) Freiburg 1957.
Schwank, Benedikt: Zum Tode von P. Athanasius Miller am 17. April 1963. In: Erbe und Auftrag 39 (1963), S. 251–252.
Seigel, Rudolf: Archive und Landesgeschichte in Hohenzollern. In: ZHG 9 (1973), S. 79–102.
Siebenmorgen, Harald: Die Anfänge der »Beuroner Kunstschule«. Peter Lenz und Jakob Wüger 1850 - 1875. Sigmaringen 1983.
Speidel, Hans: Die Hohenzollerische Heimtbücherei in Hechingen. In: HH 32 (1982), S. 3–5.
Staatliches Gymnasium Hechingen (Hrsg.): Fünfzig Jahre Staatliches Gymnasium Hechingen, Hechingen 1959.
Staatsarchiv Sigmaringen (Hrsg.): Staatsarchiv Sigmaringen. Geschichte - Bestände - Aufgaben. Bearbeitet von Albrecht Ernst. Sigmaringen 1994.
Stadt Haigerloch (Hrsg.): Atom Museum Haigerloch. Geschichte deutscher Atomforschung. Haigerloch 1982.
Dies. (Hrsg.): Atomkeller Museum Haigerloch. Haigerloch 1990.
Stadt Hechingen (Hrsg.): Das Rathaus zu Hechingen. Festschrift zur Einweihung am 10. Mai 1958. Hechingen 1958.
Dies. (Hrsg.): 1200 Jahre Hechingen. Beiträge zur Geschichte, Kunst und Kultur der Stadt Hechingen. Hechingen 1987.
Stadt Sigmaringen (Hrsg.): 900 Jahre Sigmaringen 1077 - 1977. Sigmaringen 1977.
Steim, Karl Werner: Haigerlocher Zeitungen (I - V). In: HH 30 (1980), S. 26–31, 46–47, 59–63; 31 (1981), S. 12–15, S. 27–31.
Ders.: Juden in Haigerloch. Haigerloch o. J.
Ders.: Die Synagoge in Haigerloch. Haigerloch 1988.

Ders.: Vor 150 Jahren erschien die erste Hechinger Zeitung. In: HH 29 (1979), S. 38–40.
Stockmayer, Karl von: Max Seifriz. In: ADB 54 (1908), S. 310–313.
Tüchle, Hermann: Dieringer, Franz Xaver. In: NDB 3 (1957), S. 657.
Uttenweiler, Justinus: Bäumer, Suitbert Adolf Heinrich, Benediktiner von Beuron und Liturgiker. In: NDB 1 (1953), S. 532–533.
Ders.: Universitätsprofessor Dr. Bernhard Schäfer von Stetten unter Holstein. In: Hohenz. Jahreshefte 10 (1950), S. 68–106.
Vetus Latina. Gemeinnützige Stiftung zur Förderung der Herausgabe einer vollständigen Sammlung aller erhaltenen Reste der altlateinischen Bibelübersetzungen aus Handschriften und Zitaten bei alten Schriftstellern. Arbeitsberichte der Stiftung 1952 ff. (besonders: 6. Arbeitsbericht, 1957).
Vetus Latina Institut (Hrsg.): Vetus Latina. Die altlateinische Bibel. Beuron o. J.
Wagner, Ernst: Das Gymnasium in Sigmaringen 1818 – 1961. Sigmaringen 1961.
Wagner, Hans: Rudolf Stillfried, ein Leben für das Haus Hohenzollern. In: ZHG 24/25 (1988/89), S. 229–234.
Wahl, Werner: Die städtebauliche Entwicklung im 19. und 20. Jahrhundert (Hechingen). In: Stadt Hechingen (Hrsg.): 1200 Jahre Hechingen, S. 135–159.
Walchner, Martin: Entwicklung und Struktur der Tagespresse in Südbaden und Südwürttemberg-Hohenzollern. Sigmaringen 1986.
Wannenmacher, Johannes: Die königliche Präparandenanstalt in Hechingen. In: HH 11 (1961), S. 20–21, 39.
Watzka, Maximilian: Bilharz, Theodor. In: NDB 2 (1955), S. 237–238.
Weber, Edwin Ernst: Anton Hiller. In: Landkreis Sigmaringen (Hrsg.): Anton Hiller, S. 7–11.
Weiß, Ulrike Elisabeth: Johann Georg Weckenmann (1727 – 1795), Bildhauer des Fürsten Joseph Friedrich von Hohenzollern-Sigmaringen, In: ZHG 28 (1992), S. 67–147.
Werner, Manuel: Die Juden in Hechingen als religiöse Gemeinde. In: ZHG 20 (1984) S. 103–213; ZHG 21 (1985) S. 49–169.
Werner, Otto: Jüdische Bruderschaften und Vereine in Hechingen. In: HH 32 (1982), S. 11–14, S. 20–22.
Ders.: Zur Geschichte der israelitischen Volksschule Hechingen. In: HH 30 (1980), S. 21–25, S. 44–46.
Wetzel, Johann Nepomuk: Ein hervorragender Heimatgeschichtsforscher (Friedrich Eisele). In: Hohenz. Jahreshefte 10 (1950), S. 141–142.
Wiest, Stephan: Ein hohenzollerischer Landpfarrer und hervorragender Meister der Beredsamkeit. Wilhelm Mercy 1798 – 1819, Pfarrer in Gruol. In: HH 27 (1977), S. 42–43.
Ders.: Rückblick auf das Lebenswerk des Kunstmalers Hermann Anton Bantle fünfzig Jahre nach seinem Tode. In: HH 30 (1980), S. 13–15.
Winter, Franz: Das »Herrisch« war nicht ihre Sprache (zu Marie Theres Baur). In: Hohenz. Zeitung Nr. 96 (27.4.1994).
Winter K.: Die Landwirtschaftsschule Haigerloch und die landwirtschaftliche Berufsausbildung. In: Landwirtschaftliche Gewerbe- und Industrie-Ausstellung des Kreises Hechingen. Haigerloch 1.–9. Oktober 1949. Haigerloch 1949.
Wolf, Joseph Georg: Eisele, Hermann Friedrich Fridolin. In: NDB 4 (1953), S. 409.

Württembergische Landesbibliothek u. a. (Hrsg.): Von der Preßfreiheit zur Pressefreiheit. Südwestdeutsche Zeitungsgeschichte von den Anfängen bis zur Gegenwart. Stuttgart 1983.

Zekorn, Andreas: Die Museumsgesellschaft und der Bürgerverein in Sigmaringen. Die Entwicklung zweier Lesegesellschaften im 19. Jahrhundert. In: ZHG 23 (1987), S. 53–146.

Ders.: Hoftheater (Sigmaringen). In: Kuhn-Rehfus (Hrsg.): Sigmaringen, S. 127–128.

Ders.: Ort bürgerlicher Kultur – Die Hechinger Lesegesellschaft »Museum«. In: Zollernalbkreis (Hrsg.): Zollernalb-Profile 2 (1990), S. 128–133.

Zingeler, Karl Theodor / Laur, Friedrich Wilhelm: Die Bau- und Kunstdenkmäler in den Hohenzollern'schen Landen. Stuttgart 1896.

Ders. / Buck, Konrad: Zollerische Schlösser, Burgen und Burgruinen in Schwaben. Berlin 1906.

Zollernalbkreis (Hrsg.): Zollernalb-Profile. Jahrbuch des Kreises. Band 1 (1988), Band 2 (1990), Band 3 (1993).

Joachim Hahn

Juden in Hohenzollern

Am Donnerstag, dem 27. November 1941, verließ um 11.21 Uhr ein Zug der Hohenzollerischen Landesbahn Hechingen. An ihn waren zusätzlich drei Eisenbahnwagen angehängt, in die in Hechingen elf Personen unter strenger Bewachung eingestiegen waren. Der Zug fuhr nach Haigerloch, wo weitere 119 Personen zustiegen, die bis dahin in Haigerloch gewohnt hatten oder hierher aus anderen Orten zwangseingewiesen worden waren. Auf Befehl der Geheimen Staatspolizei sollten sie nun »nach dem Osten« abgeschoben werden. Die drei Wagen mit den 130 Personen, allesamt Juden, wurden in Eyach an einen anderen Zug angekoppelt und über Tübingen nach Stuttgart gefahren. Von Stuttgart aus wurden sie mit hunderten anderer württembergischer Juden wenige Tage später nach Riga weitertransportiert, wo fast alle von ihnen innerhalb weniger Wochen umgekommen sind. Viele sind verhungert oder erfroren; andere wurden bei Massenerschießungen getötet. Mit dem Abtransport dieser Juden aus Hechingen und Haigerloch und den sich in den folgenden Monaten anschließenden weiteren Deportationen endete eine fast 600jährige Geschichte von Juden in Hohenzollern.

Erste Nachrichten über Juden in Hohenzollern

Die ersten Hinweise auf Juden in Hohenzollern finden sich im 14. Jahrhundert. 1346 wird der Jude »Vifelin von Haigerloch« genannt. Nach der Chronik des Heinrich von Dießenhofen wurden bei den Judenverfolgungen in der Pestzeit am 13. Dezember 1348 auch in Haigerloch Juden verbrannt. Bislang fand sich keine Quelle, die von einer jüdischen Ansiedlung im mittelalterlichen Hechingen berichtet, das jedoch schon seit 1255 als Stadt genannt wird.

Erst im 15. und 16. Jahrhundert kam es zu einer kontinuierlichen Ansiedlung von mehreren jüdischen Familien in Haigerloch und Hechingen. 1435 wird im Bickelspergschen Lagerbuch ein Jude in Hechingen genannt, 1490 wird Salme (= Salomo), Jude in Hechingen, erwähnt, der in Sulz am Neckar Getreide kaufte. 1494 suchte ein aus Haigerloch stammender Jude eine Wohnung in Ulm. 1506 hört man in Frankfurt von einem Juden Samuel von Hechingen. Vermutlich sind in der Grafschaft Zollem zur Zeit des Grafen Eitelfriedrichs II. (1488 bis 1512) einige der aus dem Herzogtum Württemberg oder aus den Reichsstädten vertriebenen jüdischen Familien aufgenommen worden. Die Namen mehrerer Familien erinnerten noch Jahrhunderte danach an eine solche Herkunft: Familie Reutlinger (in Haigerloch), Familie Ullmann (vermutlich von Ulmus = Ulmer abzuleiten; in Haigerloch) und Familien Weil (von Weil der Stadt, Familien in Haigerloch und Hechingen), wenngleich diese Familien im Laufe der Jahrhunderte mehrfach den Wohnort gewechselt haben.

Erste Schutzbriefe - Aufnahmen jüdischer Familien im 16. Jahrhundert

Die Erlaubnis zur Ansiedlung von Juden ist auch in der Grafschaft Zollern nur sehr bedingt als ein Akt der Menschlichkeit anzusehen. Überwiegend, wenn nicht ausschließlich, haben bei der Aufnahme von Juden in dieser Zeit wirtschaftliche Erwägungen eine Rolle gespielt. Die Bedingungen einer jeden Aufnahme oder einer Erneuerung des gewöhnlich befristeten Wohnrechts wurden von der Ortsherrschaft in einem sogenannten »Schutzbrief« detailliert festgelegt. Aus dem Jahr 1534 liegt ein erster Schutzbrief für die Juden in Haigerloch vor, unterzeichnet vom Grafen Christoph Friedrich von Zollern. 1542 stellte Graf Jos Niclas von Hohenzollern für die Juden Jäcklin und Seligmann einen Schutzbrief für deren Niederlassung in Rangendingen aus. Auch in diesem zwischen Hechingen und Haigerloch gelegenen Ort konnten über mehrere Jahrzehnte hin einige jüdische Familien leben. Um 1540/70 werden dann verschiedene Juden bzw. jüdische Familien auch in Burladingen, Gruol, Heiligenzimmern, Owingen und Wilflingen genannt.

In Hechingen entstand in der ersten Hälfte des 16. Jahrhunderts eine für diese Zeit ansehnliche jüdische Gemeinde. 1544 umfaßte sie zehn Familien in der Stadt und sieben in umliegenden Dörfern, insgesamt vermutlich mehr als 100 Personen (davon etwa 60 in Hechingen, d. h. über 6 % der damaligen Bevölkerung). 1546 gestattete Graf Jos Niclas II. von Hohenzollern die Einrichtung einer »Judenschule«, das heißt einer Synagoge, die vermutlich am Platz des heute noch erhaltenen Synagogengebäudes gestanden hat. Zu diesem Zweck verkaufte er der jüdischen Gemeinde für 50 Pfund Heller ein Haus, in dem der Betsaal eingerichtet wurde. Als Friedhof wurde von den Hechinger Juden wahrscheinlich derjenige der Haigerlocher Juden im Stadtwald bei Weildorf mitbenutzt (s. u.).

Die Juden lebten in der Grafschaft Zollern wie andernorts in dieser Zeit überwiegend vom Handel (Schacherhandel/Hausieren mit Waren aller Art, Vieh- und Pferdehandel) und Geldverleih. Handwerkliche Berufe und eine Betätigung in der Landwirtschaft war ihnen untersagt, da sie weder in die christlichen Zünfte aufgenommen wurden noch zur eigenen Nutzung Grund und Boden erwerben konnten. Dennoch gab es im 16. Jahrhundert in Hohenzollern an jüdischen Handwerkern zumindest zwei Glaser, Salman der Alte in Hechingen und Feiffel in Burladingen. Letzterer war zugleich Metzger und damit zugleich Schächter für die Juden der Grafschaft. 1546 bis 1550 und 1557 bis 1576 lebte und wirkte in Hechingen der bekannte jüdische Arzt Salomo von Wimpfen. Er starb 1577 vermutlich in Esslingen.

Die Ausweisung der Hechinger Juden 1576

Zwischen Juden und Christen kam es in Hechingen alsbald zu größeren Spannungen. Die Ursachen hierfür werden zum einen im christlichen Antijudaismus, zum anderen in der hohen Verschuldung vieler christlicher Bauern und Bürger und in der Unbeliebtheit des sogenannten Schacherhandels zu suchen sein. 1560 wurde ein Hechinger Jude von einem Hilfspriester wegen einer geringen Geldforderung erschlagen. Immer wieder beschwerten sich die Christen beim Grafen wegen dem »ruinösen Schacherhandel« der Juden. 1544 waren allein 83 christliche Familien und Einzelpersonen bei den beiden Juden Copelmann und Schay in Hechingen teilweise hoch verschuldet. Als Konsequenz zwang Graf Eitelfriedrich I. von Hohenzollern-Hechingen kurz nach seinem Regierungsantritt 1576 die Juden zum Verlassen Hechingens, nachdem er ihnen jeglichen Handel mit den Christen in der Stadt untersagt hatte. 1579 scheint nur noch eine jüdische Witwe in der Stadt gewesen sein. In der Rentmeisterrechnung von 1582 sind keine Judeneinnahmen mehr vermerkt. Die Synagoge ist daraufhin vermutlich in den Besitz des Klosters Stetten bei Hechingen gelangt.

In Haigerloch kam es zu keinen Ausweisungen. Zwar betonte 1595 Graf Christoph von Hohenzollern-Haigerloch, daß er am liebsten die Judenschaft in der Stadt abschaffen wolle, aber er konnte sich – vermutlich aus finanziellen Erwägungen heraus – nicht zu einem solchen Schritt entschließen. So hat er den Schutz der Juden erneuert und ihnen weiterhin die Handels- und Religionsfreiheit zugesagt. Allerdings hat er ihnen jeden Wucher streng verboten. Auch nach dem Übergang Haigerlochs an das Fürstentum Hohenzollern-Sigmaringen (1634) wurden die Schutzbriefe für die jüdischen Familien Haigerlochs 1640 erneuert.

Die Entstehung der zweiten jüdischen Gemeinde in Hechingen

Fürst Eitelfriedrich II. erlaubte mit einem Schutzbrief vom 10. November 1634 wieder einigen jüdischen Familien, sich in Hechingen niederzulassen. Dieser Schutzbrief stellt die Gründungsurkunde der zweiten jüdischen Gemeinde dar, die dann über 300 Jahre in Hechingen Bestand hatte. Gegen Ende des Dreißigjährigen Krieges lebten 34 jüdische Einwohner in der Stadt, 1679 waren es 70 Personen in zehn Familien. 1643 war es freilich zu einem Pogrom an den Hechinger Juden gekommen. Ihre Häuser waren dabei geplündert worden. Fürst Eitelfriedrich ordnete eine strenge Bestrafung all derjenigen an, die sich mit Aktionen gegen Juden künftig hervortun sollten.

Auch die Hechinger Juden hatten das Recht auf freie Ausübung ihrer Religion und ihres Handels. Einige wenige Familien brachten es bald zu erstaunlich großem Reichtum. So gelang es 1691 Joseph Gideon, das Tabakhandelsmonopol für Hohenzollern zu bekommen. Über mehrere Jahrzehnte blieb es in den Händen der Familie Gideon. Die jüdische Gemeinde bildete innerhalb Hechingens, aber auch in Haigerloch eine eigene politische Gemeinde. An der Spitze stand ein »Judenschultheiß« (Vorsteher der Gemeinde; hebräisch »Parnas« genannt); 1743 wird in Hechingen in diesem Amt Seligmann Jakob Wassermann genannt. 1767 konnte eine neue Synagoge erbaut werden. Sie ersetzte den Vorgängerbau aus dem 16. Jahrhundert.

Ghettoisierung der Juden am Ende des 18. Jahrhunderts

Die Spannungen zwischen Christen und Juden, die schon im 16. Jahrhundert zu einer Ausweisung aus Hechingen geführt hatten, blieben noch lange bestehen. Auch nach den Pogromen von 1643 und trotz der entschiedenen Haltung des Fürsten im Blick auf einen Verbleib der Juden in der Stadt besserte sich das Verhältnis noch lange nicht. Um den christlichen Bürgern zumindest entgegenzukommen, richtete Fürst Joseph Wilhelm Mitte des 18. Jahrhunderts (1754) in der Friedrichstraße außerhalb der Stadt ein jüdisches Ghetto ein, in das alle ärmeren Juden eingewiesen wurden. Hier durften sie zur Miete in einer alten Kaserne wohnen. Zehn reiche jüdische Familien konnten auch weiterhin in der Oberstadt wohnen und hatten für die Unterhaltung der Synagoge aufzukommen. In der Friedrichstraße bauten sich die Juden auf eigene Kosten 1761 eine Synagoge und daneben ein rituelles Bad. Dazu kamen alsbald mehrere eigene Häuser der Familien. Die Ghettosituation wurde nicht unbedingt als nachteilhaft aufgefaßt, wie aus Berthold Auerbachs Bericht in seinen »Schwarzwälder Dorfgeschichten« über eine Fahrt nach Hechingen 1824 deutlich wird: »Wir fuhren die Friedrichstadt vorüber, ich hörte, daß da nur Juden wohnen. Das erschien mir als ein wahres Paradies. Keinem Spott und keinem Haß ausgesetzt, unter lauter Juden wohnen, wie herrlich muß das sein . . .«

Auch in Haigerloch wurde wie in Hechingen ein geschlossenes Wohngebiet eingerichtet. Bis 1780 hatten die meisten Juden in der ganzen Stadt verstreut in Miete gewohnt. Dann verfügte Fürst Karl Friedrich von Hohenzollern-Sigmaringen, daß die Juden in das Wohngebiet »Haag« einziehen sollten, abgesondert von der christlichen Bevölkerung der Stadt. Zunächst wurde den jüdischen Familien das sogenannte »Haagschlößle« zur Verfügung gestellt. Durch weiteren Zuzug kamen dann immer mehr bewohnte Gebäude dazu. Innerhalb dieses jüdischen Viertels wurde der jüdischen Gemeinde noch 1782 ein Platz für eine neue Synagoge zugewiesen.

Die Einrichtungen der jüdischen Gemeinde

Synagogen gab es sowohl in Haigerloch wie in Hechingen. In Haigerloch hatte bis 1783 nur ein Betsaal in einem jüdischen Wohnhaus in der Oberstadt bestanden, was für eine kleinere jüdische Gemeinde in dieser Zeit nicht unüblich war. 1783 wurde die neue Synagoge als Mittelpunkt des jüdischen Wohnviertels im Haag erstellt. Dieses Gebäude wurde 1838, 1863 und zuletzt 1930 renoviert. Angebaut war ein Badehaus mit dem rituellen Bad (Mikwe). In Hechingen bestanden Ende des 18. Jahrhunderts je eine Synagoge in der Oberstadt und im Stadtteil Friedrichstraße. Nach 1800 kam eine weitere Synagoge dazu, die im Gebäude der Kaulla'schen Toraschule in der Müntz eingerichtet wurde. Diese »Stiftssynagoge« wurde vor allem von den Juden besucht, die durch die stark gestiegene Zahl der Juden in der Stadt in der Gemeindesynagoge keinen Platz mehr fanden. Als die Stiftssynagoge 1850 geschlossen wurde, war ein Umbau und eine Vergrößerung der Synagoge in der Goldschmiedstraße unumgänglich. Sie wurde 1850 bis 1852 durchgeführt. Dabei wurde die bislang vorgelagerte Vorsängerwohnung zum Eingangsbereich; neue Emporen sorgten für ausreichenden

Platz der beim Gottesdienst anwesenden Frauen. In Hechingen gab es Mikwen im Bereich des Stadtteils Friedrichstraße und in der Kernstadt. Dazu bestand vermutlich in der Talmud-Lehranstalt eine Privatmikwe der Familie Kaulla.

Bereits im 16. Jahrhunderts hatten die Haigerlocher Juden einen eigenen Friedhof im Stadtwald bei Weildorf, der bis ins 19. Jahrhundert belegt wurde. 1880 soll hier noch ein Grabstein aus dem Jahr 1567 gestanden haben. Auf diesem Friedhof wurden auch Juden anderer Gemeinden beigesetzt, noch im 16. Jahrhundert vermutlich die Juden aus Hechingen, Mühringen und anderen Orten. Nachdem das jüdische Stadtviertel im Haag angelegt worden war, bemühte sich die jüdische Gemeinde Haigerlochs um einen jüdischen Friedhof in der Nähe der Siedlung, da der weite Weg zum Waldfriedhof bei Weildorf zu beschwerlich war. Vom Fürsten konnte man 1802 ein Grundstück unterhalb des Haag zum Preis von 500 Gulden kaufen und hier einen neuen Friedhof anlegen.

Über das Alter des jüdischen Friedhofes in Hechingen am sogenannten Galgenberg liegen keine genauen Angaben vor. Die erste auf das Vorhandensein eines Friedhofes in Hechingen deutbare Quelle datiert im Jahr 1672 (Schutzbrief für Jakob Gedeon und seine Söhne). Die ältesten der 1937 noch lesbaren Grabsteine stammten aus den Jahren 1747/48, 1752 und 1753 (der 1994 noch lesbare älteste Stein ist von 1761). Rabbiner Dr. Samuel Mayer nahm für die Entstehungszeit des Friedhofes in einem Aufsatz von 1844 das Jahr 1701 an. 1765 hat der Friedhof auf Verwendung von Madame Kaulla einen hölzernen Zaun erhalten, 1800 wurde er von einer Mauer umgeben. Er ist im Laufe der Zelt mehrfach erweitert worden.

Relativ früh erfährt man von der Einrichtung einer jüdischen Schule. 1573/74 wird erstmals ein Juden-Schulmeister genannt, der zunächst 20, dann noch 14 Schüler unterrichtete. Im Mittelpunkt der schulischen Unterweisung werden die religiösen Traditionen und das Bibel- und Talmudwissen gestanden haben. Im 17. und 18. Jahrhundert sind die Kinder der jüdischen Gemeinden gleichfalls unterrichtet worden. Doch gab es keine eigentliche Schule; unterrrichtet wurde in dieser Zeit gewöhnlich in der Wohnstube des Lehrers oder einzelner jüdischer Familien oder in der Synagoge. Schulen im neuzeitlichen Sinn, in denen die Allgemeinbildung und nicht mehr die religiösen Traditionen im Mittelpunkt standen, gab es erst seit dem 19. Jahrhundert. So wurde 1823 in Haigerloch auf Betreiben des Lehrers Salomon Neuburger eine israelitische Elementarschule (Volksschule) eingerichtet. In Hechingen gab 1825 Fürst Friedrich den Anstoß zur Errichtung einer israelitischen Schule. Sie löste die bisherige Talmud-Tora-Schule ab, eine Vorschule zum Beth-ha-Midrasch (Talmud-Lehranstalt in der Müntz). Die unmittelbare Schulaufsicht wurde dem jeweiligen katholischen Pfarrer (in Haigerloch zeitweise dem Oberstadtkaplan) übertragen; die Oberaufsicht lag beim Katholischen Kirchenrat. In Haigerloch war die Schule bis 1844 in einem Nebenraum der Synagoge untergebracht, danach im jüdischen Gemeindehaus, bis sie gemeinsam mit der katholischen und der evangelischen Schule im Haigerlocher Rathaus untergebracht wurde (in drei verschiedenen Zimmern). In Hechingen bestand die jüdische Konfessionsschule bis zur Auflösung im April 1926, als sie zuletzt nur noch von drei Schülern besucht worden war. In Haigerloch mußte die Schule Anfang 1938 wieder in das jüdische Gemeindehaus zurückverlegt werden; zum 1. Oktober 1939 mußte sie auf Anordnung der Behörden geschlossen werden.

Eine Besonderheit war in Hechingen die bereits genannte Talmud-Lehranstalt, die Madame Chaile Kaulla und ihr Bruder Jakob 1803 für jüdische Theologie-Studierende einrichten ließen. Sie konnte an eine schon um 1770 von Rabbi David Dispeck in Hechingen gegründete Jeschiva anknüpfen. An der Kaulla'schen Lehranstalt wirkten drei Stiftsrabbiner als Lehrer und der jeweilige Gemeinderabbiner als Rektor. Sie bestand bis 1850. 1825 bis 1827 war unter ihren Schülern auch Berthold Auerbach.

Gemeindeverwaltung und Angestellte der jüdischen Gemeinden

Die jüdischen Familien wählten jeweils einen aus ihrer Mitte zum Gemeindevorsteher (noch im 18. Jahrhundert »Judenschultheiß« genannt). Dieser vertrat die Gemeinde nach außen; im 19. Jahrhundert war er auch für die ordentliche Führung der Geburts-, Ehe- und Totenregister verantwortlich. In Hechingen gab es zeitweise zwei Judenvorsteher, den Judenschultheiß in der Stadt und den Unterschultheiß in der Friedrichstraße. In kultischen, religiösen und juristischen Fragen hatte die höchste Autorität der zuständige Rabbiner inne. 1548 wird ein Rabbiner Hägg in Rangendingen genannt, der offensichtlich die Anerkennung aller zollerischen Schutzjuden hatte. Im 17./18. Jahrhundert gehörten Hechingen und Haigerloch zum Rabbinat Mühringen (bei Horb). 1780 trennten sich die beiden Orte von Mühringen und hatten zunächst in Rabbi Abraham Epstein einen eigenen Rabbiner, dem jedoch noch eine besondere Autorisation fehlte. 1784 trat der gelehrte Rabbiner Löb Aach die Stelle an; er sollte bis 1820 in Hechingen bleiben. Nach der Einrichtung der Talmud-Lehranstalt nannte er sich auch »Oberrabbiner und Oberaufseher im Kaulla'ischen Stift«. Der berühmteste Rabbiner Hechingens wurde Dr. Samuel Mayer, dem 1834 zunächst provisorisch, 1838 endgültig das Rabbinat übertragen wurde. Er war ein ausgezeichneter Prediger und Schriftsteller und prägte während seiner vierzigjährigen Amtszeit die Hechinger Gemeinde im Sinne des Reformjudentums. Zugleich war er als Anwalt tätig, war Bibliothekar der Museumsgesellschaft und pflegte gute Kontakte zum katholischen und evangelischen Stadtpfarrer. 1875 starb er und wurde im jüdischen Friedhof in Hechingen beigesetzt. Das Rabbinat in Hechingen wurde nach seinem Tod nur noch mit einem Rabbinatsverweser besetzt. Bis 1941 war der jeweilige Vorsänger/Lehrer qua Amt hierfür bestimmt.

1820 hatten sich die jüdischen Gemeinden in Haigerloch und Dettensee vom Rabbinat Hechingen getrennt und seither ein eigenes Rabbinat gebildet. Die Rabbiner Haigerlochs waren Raphael Zivi (1804 bis 1836; bis 1820 war er noch Unterrabbiner gegenüber dem Hechinger Rabbiner), Maier Hilb (1836 bis 1880), Dr. Joseph Ignatz Spitz (1884 bis 1888) und Dr. Aron Wolf (1889 bis 1894). Nach Dr. Wolfs Weggang war auch in Haigerloch der jeweilige Vorsänger/Lehrer Rabbinatsverweser am Ort.

Zur Leitung der Gottesdienste, dem Unterricht der Schüler und anderen Gemeindeaufgaben hatten die jüdischen Gemeinden gewöhnlich einen Vorsänger angestellt, der immer zugleich als Volksschullehrer ausgebildet war. In Hechingen waren als Vorsänger und Lehrer insbesondere Sigmund Lichtenstein (1834 bis 1874), Louis Levi (1875 bis 1900), Leopold Adler (1906 bis 1908) und ab 1908 Leon Schmalzbach tätig. In Haigerloch amtierten unter anderen Berthold Neuburger (1852 bis 1857), Leopold Rosenstrauß (1857 bis 1860), Maier Jacobi (1860 bis 1878), Levi Speyer (1879 bis 1907), Lehrer Wallach (1907 bis 1925). Als letzter Lehrer wurde 1924 Gustav Spier in sein Amt eingeführt.

Handel und Gewerbe im 18./19. Jahrhundert

Die meisten Juden in Haigerloch und Hechingen lebten im 18./19. Jahrhundert noch vom Handel. In dieser Tätigkeit waren ihnen nur wenige Beschränkungen auferlegt. So waren sie vom Vertrieb von Stahl, Eisen, Tabak und Salz ausgeschlossen. Dafür hatte sich der Fürst ein Monopol vorbehalten. Eine besondere Stellung hatten weiterhin die Hoffaktoren der Hohenzollernfürsten inne. Die Familie Kaulla gehörte im 18./19. Jahrhundert zu den bedeutendsten jüdischen Hoffaktoren- und Bankiersfamilien Deutschlands. Mitglieder dieser Familie, die alle vom Vorsteher der Buchauer jüdischen Gemeinde Raphael Isak und seiner Frau Rebekka von Regensburg abstammen, wirkten an den Fürstenhöfen in Darmstadt, Hanau, Stuttgart, München, Augsburg, Wolfenbüttel, Braunschweig, Wien und anderen Orten. Mittelpunkt der Familie war jedoch in der zweiten Hälfte des 18. und zu Beginn des 19. Jahrhunderts Hechingen, wo Raphael Isak und seine Frau Rebekka 1760 beziehungsweise 1796 starben und beigesetzt wurden. Die bekannteste Vertreterin der Familie, zu ihrer Zeit Deutschlands größte Hoffaktorin war »Madame Kaulla« (1739–1809), der in diesem Buch ein gesonderter Abschnitt gewidmet ist.

Eine weitere jüdische Gemeinde in Hohenzollern: Dettensee

Mit dem Reichsdeputationshauptschluß von 1803 fiel das bislang dem Kloster Muri in der Schweiz gehörige Dorf Dettensee an Hohenzollern-Sigmaringen. Hier lebten seit 1720 jüdische Familien in durchweg sehr armen und unterdrückten Verhältnissen. Die 23 aufgenommenen Familien waren in drei nicht übermäßig großen herrschaftlichen Gebäuden untergebracht. 1809 gab es neben 21 Ehepaaren 22 unverheiratete männliche und 19 weibliche Gemeindeglieder zwischen 18 und 40 Jahren, denen von der Herrschaft das Heiraten untersagt war. Mit dem Übergang an Hohenzollern verbesserten sich die Zustände. Bis 1820 konnte man eine Synagoge erbauen und 1830 einen Friedhof anlegen. 1822 bis 1836 war ein eigener Rabbiner am Ort, danach gehörte Dettensee zum Rabbinat Haigerloch.

Emanzipation und Assimilation im 19. Jahrhundert

Zeitgleich mit der Entwicklung in Württemberg und anderen deutschen Ländern begann auch die Regierung der hohenzollerischen Fürstentümer bald nach 1800 darüber nachzudenken, wie den Juden der Zugang zu Handwerk und Gewerbe geöffnet werden könnte, damit nicht mehr die meisten von ihnen auf den Schacher- und Hausierhandel angewiesen waren. Bei der Verwirklichung dieser Pläne gab es freilich große Widerstände, unter anderem von den Meistern der christlichen Zünfte, aber auch vieler konservativ gesinnter Bürger zu überwinden. Noch 1844 wurde dem kurz zuvor zum Hofflaschner ernannten Isaac Bernheim der Laden zerstört. Bernheim wanderte daraufhin aus. Erst der Übergang Hohenzollerns an Preußen 1850 brachte die weitgehende bürgerliche Gleichstellung zwischen Juden und Christen. Die hohenzollerischen Juden verloren ihren Status als »Schutzjuden« und wurden dem Gesetz nach gleichberechtigte preußische Bürger und Untertanen. Die jüdischen Gemeinden in Dettensee, Haigerloch und

Hechingen hatten sich in das Schema einer preußischen Landeskirche einzufügen.

Beiträge zur industriellen Entwicklung Hohenzollerns

Schon im 18. Jahrhundert liegen die Ursprünge für das spätere Engagement jüdischer Unternehmer beim Aufbau der Textilindustrie Hohenzollerns. So übernahm der Hechinger Hoffaktor Maier Levi die Führung einer 1760 von der vorderösterreichischen Regierung in Nusplingen eingerichteten Baumwollspinnerei. Wegen der Unrentabilität des von Levi geführten Betriebes wurde jedoch der Vertrag mit ihm 1767 wieder gelöst.

Nach 1840 setzte in Hohenzollern die eigentliche Industrialisierung ein. Hechingen wurde Mittelpunkt des hohenzollerischen Gewerbelebens. Jüdische Unternehmer leisteten entscheidende Beiträge zur Industrialisierung. 1846 errichtete die Firma Benedikt Baruch und Söhne ein Fabrikgebäude in der Münzgasse und stellte 1854 die erste Dampfmaschine in Hohenzollern auf; 1862 wurde eine neue Fabrik in der Friedrichstraße erbaut. 1851 baute die Firma J. Heilbronner und Söhne eine Webfabrik; sie übersiedelte 1889 nach Stuttgart. Seit 1855 bestand die Schuhfabrik Fa. Moos und Rosenthal; sie bestand bis 1912, als sie in Konkurs ging. Ein Eisenwarengeschäft mit Groß- und Einzelhandel war seit 1864 die Firma M. A. Levi. 1864 gründeten Julius Levi und Adolf Weil eine Zwirnerei und Nähfadenfabrik mit Färberei, die 1876 stark erweitert werden konnte. Simon Loewengard und Leopold Levi eröffnete 1869 ein Großhandelsgeschäft in Textil-Kurzwaren. Nach einigen Jahren verlagerten sie sich auf die Herstellung von Hemden. 1883 baute die Firma Liebmann und Levi – es handelt sich um Jakob Levi, den Vater des sozialistischen Politikers Dr. Paul Levi – eine Trikotfabrik, eine weitere wurde 1888 von David Levi gegründet. Sie bestand bis 1923 und wurde dann von Carl Loewengard übernommen. Teilweise hatten diese Firmen auch auswärtige Niederlassungen und legten damit den Grundstein für die Entstehung dortiger Industriebetriebe. Beispielsweise arbeiteten für die Trikotweberei David Levi in der 2. Hälfte des 19. Jahrhunderts in Onstmettingen etliche Heimarbeiter, die dann auf Grund ihrer Kenntnisse und mit ihren Ersparnissen eigene Trikotwebereien in Onstmettingen errichteten.

1878 gab es in der Hechinger Textilindustrie 178 Arbeitsplätze. Ihre Zahl stieg auf 897 (1913) und 1284 (um 1925). Die Bedeutung der jüdischen Unternehmer wird durch die Aufschlüsselung des Steueraufkommens der Stadt Hechingen Anfang des 20. Jahrhunderts eindrücklich belegt: 1907 waren zwar nur noch 4 % der Einwohner jüdischer Konfessionszugehörigkeit. Doch erbrachten diese 33 % der Gemeindesteuern, ihre Betriebe 44 % der städtischen Gewerbesteuern.

Auswanderung und Abwanderung

Mit der Gleichberechtigung und der einsetzenden Industrialisierung der Städte sank die Zahl der Juden in Hechingen. 1842 war noch jeder vierte der 3 200 Hechinger Einwohner jüdischen Glaubens (809 Personen). 1885 wohnten nur noch 331, 1905 182 jüdische Bürger in der Stadt. Viele sind in andere Städte abgewandert, nicht wenige nach Stuttgart, Mannheim, Ulm, Frankfurt und anderswohin. Etliche sind in die Vereinigten Staaten von Amerika oder in andere Länder ausgewandert. Nicht so schnell sind aus Haigerloch die Juden verzogen. Der Höchststand jüdischer Einwohner wurde hier 1852 mit 382 Personen erreicht, womit auch an diesem Ort jeder vierte Einwohner jüdischer Konfessionszugehörigkeit war. 1933 lebten 213 Juden in Haigerloch, im November 1938 157. In Dettensee wurde um 1830 die höchste Zahl der Juden am Ort mit 173 Personen erreicht. Dann setzte eine baldige Abwanderung ein, die dazu führte, daß die Gemeinde als erste der drei hohenzollerischen Gemeinden Anfang des 20. Jahrhunderts erlosch und die Synagoge nach dem Tod des letzten jüdischen Einwohners 1928 abgebrochen wurde.

Jüdisches Vereinsleben

In den jüdischen Gemeinden blühte ein reges Vereinsleben. Noch 1932 bestanden in Haigerloch drei religiöse Bruderschaften/Männervereine, deren Zwecke die Wohlfahrtspflege, die Krankenpflege und das Bestattungswesen waren: 1. Chewro Kadischa, 2. Chewro Schochre Tow. 3. Chewro Gemilus Chessed. Alle drei Vereine hatten etwa 15–20 Mitglieder. In Hechingen gab es mit dieser Zielbestimmung nur eine Chewra Kadischa (»Heilige Bruderschaft«). An beiden Orten gab es einen »Israelitischen Frauenverein« (in Haigerloch bereits 1873 gegründet). Dazuhin waren 1932 noch vier weitere jüdische Vereine in Haigerloch aktiv: ein Jüdischer Jugendverein, ein Verein für jüdische Geschichte und Literatur, der jüdische Gesangverein »Liederkranz« und die Ortsgruppe des Reichsbundes jüdischer Frontsoldaten. Der Gesangverein »Liederkranz« pflegte stets eine freundschaftliche Beziehung zu dem nichtjüdischen Haigerlocher »Sängerbund«, mit dem man auch gemeinsame Konzerte und Veranstaltungen unternahm. Auf vielen Sängerfesten errang der »Liederkranz« Preise und Auszeichnungen. In Hechingen wurde um 1930 noch ein Ortsverband des Jüdischen Lehrhauses Stuttgart gegründet mit dem Ziel jüdischer Erwachsenenbildung.

Das Verhältnis zwischen Juden und Christen

Das Verhältnis zwischen Juden und Christen, das im 16./17. Jahrhundert noch von starken Spannungen geprägt war, hat sich spätestens im Laufe des 19. Jahrhunderts sehr positiv entwickelt. Rabbiner Dr. Samuel Mayer schrieb dazu 1847: »Das gegenseitige Benehmen der Israeliten und Christen ist friedlich. Verfolgungen sind nie vorgekommnen ...« Rabbinatsverweser Leon Schmalzbach konnte noch im Oktober 1932 bei der Einweihung der Kriegergedächtnisstätte sagen: »Hier hat sich immer ein friedliches Zusammenleben, gegenseitiges Einstehen und menschenfreundliche Hilfsbereitschaft bei allen Glaubensbekenntnissen gezeigt. Und wir Juden, die seit vielen Jahrhunderten in dieser Stadt ansässig sind, haben dies schöne Verhältnis der Volksverbundenheit so selbstverständlich gefunden wie unsere Mitbürger.«

Der Erste Weltkrieg

Im Ersten Weltkrieg war es überall im Deutschen Reich auch für Juden selbstverständlich gewesen, für ihr deutsches Vaterland in den Krieg zu ziehen. Vierzehn jüdische Männer aus der Hechinger Gemeinde waren im Krieg. Von ihnen sind zwei, Sigmund Bernheim und Dr. Ernst Moos, gefallen, einige der anderen wurden verwundet. Acht kamen mit – teils hohen – Kriegsauszeichnungen zurück. Die Namen der beiden Gefallenen finden sich bis heute auf dem 1932 erstellten Kriegerdenkmal hinter der Stiftskirche. Aus der Haigerlocher jüdischen Gemeinde fielen sechs junge Männer: Eugen Adler, Leopold Hirsch, Albert Levi, Arthur Levi, Wolf Levi und Jakob Reutlinger. Ihre Namen stehen auf einem Gefallenendenkmal im jüdischen Friedhof. Nach dem Krieg hoffte man von Seiten der jüdischen Gemeinden, daß das Engagement im Krieg auch dazu beitragen würde, den seit dem Ende des 19. Jahrhunderts aufgekommenen Antisemitismus in rassischem Gewand zurückzudrängen. Doch es kam völlig anders. Nun mußten sich Juden in Deutschland mit dem völlig unsinnigen Urteil auseinandersetzen, der Krieg sei gerade deswegen verloren worden, weil sie mitgekämpft hätten.

Die Zeit des Nationalsozialismus

Mit der Machtübernahme der Nationalsozialisten setzte ein Prozeß ein, der für alle Juden in Deutschland binnen weniger Jahre die geschichtliche Entwicklung des 19. Jahrhunderts wieder rückgängig machte. Stück um Stück wurden ihnen die bürgerlichen Rechte wieder genommen, wurden sie in der Freiheit und in der Ausübung ihrer Berufe immer mehr eingeschränkt. Eine der ersten offiziellen Maßnahmen war der Boykott jüdischer Geschäfte zum 1. April 1933. Auch in Hechingen zogen vor den jüdischen Geschäften SA-Männer und Mitglieder der NSDAP auf und brachten Plakate an mit der Aufschrift »Deutsche kauft nicht bei Juden«. In der Folgezeit büßten die jüdischen Geschäfte mehr und mehr an Kundschaft ein. Die jüdischen Beamten wurden aus dem Staatsdienst ausgeschlossen. In Hechingen betraf dies den bis vor 1933 hochgeachteten Musiklehrer und Chorleiter Leon Schmalzbach sowie den evangelischen Stadtpfarrer Peter Katz, der wegen seiner jüdischen Abstammung aus dem Kirchendienst entlassen wurde. Etliche Übergriffe auf jüdische Einwohner und Störungen des jüdischen Gemeindelebens kamen alsbald vor. Der Kaufmann Max Einstein wurde wegen eines angeblichen Verhältnisses mit einer »arischen« Fabrikarbeiterin im September 1934 von SA-Männern mißhandelt. Im Juni 1935 wurde ein Kulturabend in der Synagoge durch einige hundert Mitglieder der Hitler-Jugend und des Bundes deutscher Mädchen gestört. Sie riefen vor der Synagoge in Sprechchören »Nieder mit den Juden!«, »Juda verrecke« und andere Parolen. Im August 1935 wurde der Besuch des Hechinger Schwimmbades Juden untersagt. 1937 wurde erstmals der jüdische Friedhof Hechingens geschändet; einige Grabsteine wurden umgeworfen und sind zerbrochen. Zum 1. Oktober 1939 mußte die jüdische Volksschule Haigerlochs geschlossen werden.

Die »Arisierung« der jüdischen Firmen

Seit der nationalsozialistischen Machtübernahme 1933 kam es auf Grund der alsbald eingeleiteten repressiven Maßnahmen gegen jüdische Unternehmer immer mehr zur Schließung bzw. »Arisierung« ihrer Betriebe. Durch die eingeleiteten Maßnahmen kam es zu beträchtlichen Veränderungen im industriellen Leben Hechingens. Da die »arisierten« Betriebe meist Filialen auswärtiger Firmen wurden, verlor Hechingen in diesen Jahren fast die gesamte selbständige Industrie. Schon im März 1933 wurde die Bankkommandite Sigmund Weil umgewandelt in die Württembergisch-Hohenzollerische Privatbank AG. Im August 1934 wurde die Firma Bernheim geschlossen und als Bekleidungshaus Kohler wiedereröffnet. 1937 wird die Firma Hermann Levi von den Gebrüdern Mayer, Burladingen, übernommen. Die Firma M.A. Levi, Groß- und Einzelhandel in Eisen- und Eisenwaren, wurde von Eugen Riedel weitergeführt. 1938 mußten die letzten jüdischen Einzelhandelsgeschäfte schließen: die Lebensmittelgeschäfte von Löwenthal und Eppstein sowie das Textilwarengeschäft der Fa. Hofheimer. Die Buntweberei Gutmann und Co. kam an die Süddeutsche Baumwolle-Industrie AG Kuchen, die Nähfadenfabrik J. Levi u. Co. an eine Reutlinger Firma. Die Wirkwarenfabrik Loewengard wurde von der Firma Heinrich Maute, Bisingen, übernommen.

Die Ereignisse in der Pogromnacht 9./10.November 1938

In der Pogromnacht vom 9. auf den 10. November 1938 wurden wie überall in Deutschland auch in Haigerloch und Hechingen Gewaltaktionen gegen die Synagogen unternommen. In Hechingen wurde die Synagoge durch SA-Leute aus Reutlingen und Hechingen in den frühen Morgenstunden des 10. November überfallen. Türen und Fenster wurden eingeschlagen; die Inneneinrichtung wurde völlig zerschlagen. Eine Brandstiftung unterblieb, weil sonst auch die Nachbarhäuser abgebrannt wären. Das Gebäude wurde noch am selben Tag polizeilich beschlagnahmt und verschlossen. Gleichzeitig mit der Demolierung der Synagoge wurden im Wohn- und Geschäftshaus von Otto Hofheimer Fenster und Türen eingeschlagen. In Haigerloch wurde die Synagoge teilweise zerstört, fast ausschließlich von etwa 50 SA-Leuten aus Sulz. Im Verlauf der Aktion wurden zudem über 100 Fensterscheiben an 16 jüdischen Gebäuden im Haag eingeschlagen (unter anderem in der jüdischen Wirtschaft zur ›Rose‹, im jüdischen Gemeindehaus und in anderen Gebäuden) sowie der Lehrer Gustav Spier und ein weiterer jüdischer Einwohner mißhandelt.

Noch am 10. November 1938 wurden auf Anordnung der Gestapo mehrere jüdische Männer aus Haigerloch und Hechingen in »Schutzhaft« genommen und in das Konzentrationslager nach Dachau verbracht. Erst Dezember 1938 kamen sie aus Dachau zurück, teilweise schwer gezeichnet durch die katastrophalen Zustände im Lager.

Deportationen

Nach Kriegsausbruch wurden viele der noch an den Orten lebenden Juden zur Zwangsarbeit geschickt. Etliche der jüdischen Frauen arbeiteten auf verschiedenen Bauernhöfen der Umgebung. Nach Haigerloch wurden seit 1940 bis 1942 Juden aus Stuttgart und anderen württembergischen Städten zwangseingewiesen.

Das Ende der jüdischen Gemeinden in Hohenzollern kam schließlich mit den seit Ende November 1941 einsetzenden Deportationen der Juden aus Württemberg und Hohenzollern. Die erste der Deportationen endete in Riga, wo auch fast alle der aus Haigerloch und Hechingen Deportierten binnen kurzem verhungerten, erfroren oder schließlich umgebracht worden sind. Nach weiteren Deportationen konnte der Chronist für die Ortsgruppe der NSDAP im September 1942 melden, daß Hechingen außer einer christlich-jüdischen Familie »judenfrei« sei. Von den 101 jüdischen Hechingern, die 1933 gezählt worden waren, sind mindestens 29 ermordet worden. Von den 192 in den Jahren 1941/42 aus Haigerloch Deportierten erlebten nur 11 das Kriegsende.

Jüdische Zwangsarbeiter in Konzentrationslagern

Zwei Jahre nach der Deportation der zuletzt noch in Haigerloch und Hechingen wohnenden jüdischen Einwohner waren wieder Juden in der Region als Zwangsarbeiter in Außenkommandos des Konzentrationslagers Natzweiler/Elsaß. So bestand in Bisingen von August 1944 bis April 1945 ein solches Außenkommando, dessen Häftlinge zum Abbau von Ölschiefer eingesetzt waren. Das Lager war mit durchschnittlich 1500, großenteils jüdischen Häftlingen belegt, die aus Auschwitz oder Stutthof hierher verlegt worden waren. Aufgrund der katastrophalen Lebens- und Arbeitsbedingungen verstarben bis zur Auflösung des Lagers mindestens 1 158 Häftlinge, die 1946 nach Auflösung der Massengräber auf dem Bisinger KZ-Friedhof beigesetzt wurden.

Nach 1945

Nach 1945 kamen auch in Haigerloch und Hechingen die gesamten früheren jüdischen Liegenschaften zunächst unter alliierte Militärkontrolle und wurden erst nach Erledigung der sogenannten Restitutionsverfahren wieder freigegeben. Das Gebäude der ehemaligen Synagoge in Haigerloch hatte die Stadt 1939 erworben und nutzte es ab 1941 als Gemeinschaftshaus und Turnhalle. Nach dem Krieg wurde es als Kino und Einkaufsladen benutzt, später und bis zur Gegenwart als Lager. Das Gebäude der Synagoge, das 1940 von der Stadt Hechingen für

3 000 RM von der jüdischen Kultusvereinigung Hechingen gekauft worden war, diente zunächst als Turnhalle, dann als Rekrutierungshalle für Soldaten. 1946 kam das Haus durch Vermittlung der alliierten Streitkräfte in den Besitz der jüdischen Kultusgemeinde Stuttgart, die es wenige Jahre später an einen privaten Gewerbebetrieb in Hechingen verkaufte, der es für Lagerzwecke nutzte.

In fast allen Fällen behielten die Firmen, die in den 30er Jahren die früheren jüdischen Betriebe übernommen hatten, den erworbenen Besitz, doch mußten sie gewöhnlich an die früheren Eigentümer oder deren Angehörige einen diesen entstandenen Schaden nachbezahlen. Das frühere Bankgeschäft Weil ging wieder in den Besitz der früheren Inhaber-Familie über: Dr. Georg Weil hatte sie bis 1958 wieder inne, dann wurde die Bank eine Filiale der Commerzbank.

Bemühungen um den Erhalt der Synagogengebäude und der Friedhöfe

Die Restaurierung der ehemaligen Hechinger Synagoge ist im wesentlichen das Verdienst eines privaten Fördervereins, der »Initiative Hechinger Synagoge«. Bereits in den sechziger und siebziger Jahren war von ehemaligen jüdischen Mitbürgern Hechingens der unwürdige Zustand der Synagoge bedauert worden, doch wurde kein Weg gefunden, daran etwas zu ändern. 1979 wurde die Synagoge als Kulturdenkmal von besonderer Bedeutung in das Denkmalbuch eingetragen. 1982 ergriff eine Gruppe von Privatpersonen die Initiative zur Rettung des Gebäudes und gründete einen Trägerverein. Die 1983 bis 1986 durchgeführte gründliche Instandsetzung hatte als Ziel die weitgehende Wiederherstellung der Synagoge in ihrer ursprünglichen Form vor 1938. Im Zuge der Sanierungsarbeiten wurde 1983 unter den Dachbodenbrettern eine umfangreiche Genisa entdeckt, also eine große Zahl alter Schriftstücke, Bücher und einige Kultgegenstände, die hier deponiert worden sind. Am 19. November 1986 konnte die »Alte Synagoge« wiedereröffnet werden. Die Restaurierung kostete insgesamt 1,6 Millionen Mark, die vom Land Baden-Württemberg, dem Zollernalbkreis, der Stadt Hechingen und durch private Spenden aufgebracht wurden. Das Haus wird seitdem vom Verein »Alte Synagoge Hechingen« für kulturelle Veranstaltungen, insbesondere für Konzerte, Vorträge und Lesungen genutzt.

Offen ist derzeit noch die Zukunft der ehemaligen Synagoge in Haigerloch. Um ihre Erhaltung und Restaurierung bemüht sich seit 1989 ein Gesprächskreis, der auch seither durch mehrere Veranstaltungen und die Aufstellung eines Gedenksteines vor der Synagoge sich um die Erinnerung an die jüdische Geschichte verdient gemacht hat. Die Friedhöfe in Dettensee, Haigerloch und Hechingen werden von den Kommunen gepflegt, wofür sie aus Mitteln des Bundes und des Landes Zuschüsse erhalten.

Besuche ehemaliger jüdischer Einwohner

Anläßlich der 1200-Jahr-Feier der Stadt Hechingen 1986 hat die Stadt eine Einladung an ihre noch lebenden früheren jüdischen Einwohner ausgesprochen. Eine erste Besuchergruppe von 21 Personen traf im September ein, die zweite im November dieses Jahres. Die meisten der Gäste lebten nun in den USA und in Israel. Auch nach Haigerloch sind in den vergangenen Jahren immer wieder ehemalige jüdische Einwohner besuchsweise zurückgekehrt und wurden von Vertretern der Stadt willkommen geheißen.

Literaturhinweise

Breimesser, Helmut: Ursprung, Entwicklung und Schicksal der jüdischen Gemeinde Hechingen. Zulassungsarbeit PH Schwäbisch Gmünd 1968

Bumiller, Casimir: Die jüdische Gemeinde Hechingen im 16. Jahrhundert. In: Zeitschrift für Hohenzollerische Geschichte, 24./25. Band, 1988/89, S. 159–184

Ders. (Hrsg.): Juden in Hechingen. Geschichte einer jüdischen Gemeinde in neun Lebensbildern aus fünf Jahrhunderten. Katalog zur Dokumentation in der Alten Synagoge Hechingen. Hechingen o. J. (1991)

Hahn, Joachim: Synagogen in Baden-Württemberg. Stuttgart 1987

Ders.: Erinnerungen und Zeugnisse jüdischer Geschichte in Baden-Württemberg. Stuttgart 1988

Hodler, Franz Xaver: Geschichte des Oberamts Haigerloch (darin Abschnitt über »Die Juden«, S. 327–356). Hechingen 1928

Hüttenmeister, Frowald Gil/Kohring, Heinrich: Funde aus der Hechinger »Genisa«. In: Zeitschrift für Hohenzollerische Geschichte, 21. Bd., 1985, S. 215–234

Sauer, Paul: Die jüdischen Gemeinden in Württemberg und Hohenzollern. Denkmale, Geschichte, Schicksale. Stuttgart 1966

Schubert, Klaus: »Der gute Ort«. Die jüdischen Friedhöfe Haigerlochs. Haigerloch 1989

Sörös, Wolfgang: Nationalsozialistische Konzentrationslager und Kriegswirtschaft im regionalgeschichtlichen Unterricht der Hauptschule (dargestellt am Beispiel des Konzentrationslagers Bisingen). Zulassungsarbeit PH Ludwigsburg 1977

Steim, Karl Werner: Juden in Haigerloch. Haigerloch o. J. (1987)

Ders.: Die Synagoge in Haigerloch. Haigerloch 1988

Tietz, Gunter: Die nationalsozialistische Machtergreifung in einer hohenzollerischen Kleinstadt (Haigerloch). In: Thomas Schnabel (Hrsg.): Lokalmodelle nationalsozialistischer Machtergreifung. Reihe: Motive – Texte – Materialien Bd. 19. Heidelberg 1983, S. 201–250
Toury, Jacob: Jüdische Textilunternehmer in Baden-Württemberg 1683–1938. Tübingen 1984
Werner, Manuel: Die Juden in Hechingen als religiöse Gemeinde. Teil I in: Zeitschrift für Hohenzollerische Geschichte, 20. Bd., 1984, S. 103–214. Teil II in: ebd., 21. Bd., 1985, S. 49–169
Werner, Otto: Leon Schmalzbach (1882–1942), Lehrer und Rabbinatsverweser in Hechingen. In: Zeitschrift für Hohenzollerische Geschichte, 16. Bd., 1980, S. 115–195
Ders.: Nachweis einer weiteren Synagoge in Hechingen. In: Hohenzollerische Heimat, 1981, S. 53 f.
Ders.: Wie alt ist der Hechinger Judenfriedhof? Hechingen 1984
Ders.: Die jüdische Gemeinde in Hechingen bis zum Jahr 1933. In: 1200 Jahre Hechingen. Beiträge zur Geschichte, Kunst und Kultur der Stadt Hechingen. Hechingen 1987, S. 177–197
Ders.: Die Juden in Hechingen während der Zeit des Nationalsozialismus. Ebenda, S. 199–215

Otto H. Becker

»Ici la France« – Die Vichy-Regierung in Sigmaringen 1944/45

Zur Vorgeschichte

Gegen Ende des Zweiten Weltkrieges wurde die strukturschwache und deshalb auch von Bombardierungen weniger gefährdete preußische Exklave Hohenzollern ein bevorzugtes Refugium für Evakuierte, aber auch für Kulturgüter und Institutionen aus den Ballungsgebieten des Reiches. Man denke vor allem an die Verlagerung des Kaiser-Wilhelm-Instituts (Max-Planck-Institut) für Physik in Berlin mit Wissenschaftlern wie den Nobelpreisträgern Werner Heisenberg und Max von Laue nach Hechingen und Haigerloch. Die preußische Staatsbibliothek brachte wertvolle Manuskripte in die Erzabtei Beuron im Donautal. Gemälde des Kölner Wallraf-Richartz-Museums kamen auf die Burg Hohenzollern bei Hechingen. Sigmaringen wurde im September 1944 schließlich Sitz der mit dem Dritten Reich kollaborierenden französischen Vichy-Regierung unter Staatspräsident Marschall Philippe Pétain und gelangte damit in der Endphase des Zweiten Weltkrieges ungewollt in das Spannungsfeld der großen Politik.

Nach der Landung am 6. Juni 1944 in der Normandie konnten die alliierten Streitkräfte dank ihrer Luftherrschaft sehr schnell in das Herz Frankreichs vordringen. Am 16. August mußte die Wehrmacht den Rückzug zur Linie Jura-Vogesen-Marne antreten. Mit den zurückströmenden deutschen Truppen setzten sich auch die Kollaborateure, die die Rache ihrer Landsleute fürchten mußten, in die östlichen Départements, vornehmlich in die Städte Nançy, Belfort und Straßburg ab. Am 25. August nahmen französische Einheiten und amerikanische Truppen die Hauptstadt Paris ein.

Angesichts der militärischen Entwicklung suchten Marschall Pétain und vor allem Ministerpräsident Pierre Laval Kontakte zu den verschiedenen Gruppen der Résistance, zu de Gaulle und zu den Alliierten aufzunehmen, die ihnen das politische Überleben sichern und Frankreich vor einem drohenden Bürgerkrieg bewahren sollten. Die Reichsregierung war freilich keineswegs gewillt, den Spitzen der Vichy-Regierung das Paktieren mit dem Feind zu gestatten. Man war vielmehr davon überzeugt, daß die Räumung Frankreichs nur vorübergehend sei, und hielt deshalb an der Fiktion einer französischen Regierung fest.

Am 17. August erhielt Botschafter Otto Abetz in Paris den Befehl, die französische Regierung mit oder gegen ihren Willen nach Belfort zu bringen. Unter Anwendung von Gewalt wurde Marschall Pétain am 20. August in Vichy abgeholt und an den provisorischen Sitz der französischen Regierung in Ostfrankreich verbracht, wo sich inzwischen auch Botschafter Abetz, Ministerpräsident Laval und Führer der verschiedenen faschistischen Gruppen Frankreichs eingefunden hatten. Nach diesem Akt stellten sowohl der Marschall als auch der Ministerpräsident, die sich als Gefangene betrachteten, ihre Regierungstätigkeit ein. Zugleich lehnten es die beiden Politiker ab, von ihren Ämtern zurückzutreten, um der Reichsregierung die Möglichkeit zu nehmen, eine neue französische Regierung einzusetzen. Nach dieser einseitigen Aufkündigung der Zusammenarbeit setzte die Reichsregierung nunmehr auf die Extremisten innerhalb und außerhalb der Regierung, die trotz aussichtsloser Lage zu einer »Ultra-Kollaboration« mit dem Dritten Reich bereit waren.

Unmittelbar nach ihrem Eintreffen in Belfort wurden die Spitzenvertreter der Kollaboration in das Hauptquartier von Reichsaußenminister von Ribbentrop im Schloß Steinort in der Nähe von Hitlers Hauptquartier »Wolfsschanze« nach Ostpreußen beordert. Die französische Delegation in Steinort bestand aus Fernand de Brinon, Präsident des »Comité France-Allemagne« und seit Ende des Jahres 1940 Generaldelegierter der Vichy-Regierung in dem von Deutschland besetzten Teil Frankreichs, Joseph Darnand, seit 1943 Chef der französischen Miliz, die sich insbesondere durch ihre Einsätze gegen die Résistance den Haß vieler Franzosen zugezogen hatte, und seit 1944 Staatssekretär des Innern, aus Marcel Déat, Führer der Kollaborationspartei »Rassemblement National Populaire« (RNP) und seit 1944 Minister für Arbeit und nationale Solidarität, und schließlich aus Jacques Doriot, Chef der faschistischen »Parti Populaire Français« (PPF).

Der Reichsaußenminister betrieb nun die Bildung einer Ersatzregierung, die aber, um den Schein der Legalität zu wahren, von Pétain ernannt oder doch wenigstens anerkannt werden sollte. Die Hoffnungen von Ribbentrops wie auch des Reichsführers SS Himmler und des Gauleiters der Westmark, Bürckel, ruhten auf Doriot. Von dem Vorhaben, diesen sofort mit der Bildung der neuen Regierung zu beauftragen, kam man jedoch bald wieder ab, da davon ausgegangen werden mußte, daß der Marschall Doriot nicht anerkennen werde. Von einer Beauftragung Doriots riet außerdem Botschafter Abetz ab.

Der andere Vorschlag, eine Regierung de Brinon unter der Beteiligung Doriots zu bilden, wurde von letzterem strikt abgelehnt. Schließlich beauftragte von Ribbentrop de Brinon, der als Generaldelegierter wenigstens eine fadenscheinige Legalität besaß, mit der Bildung der vorgesehenen Regierung, deren wesentliche Aufgabe aber darin bestehen sollte, Pétain für die Ernennung Doriots zum Regierungschef zu gewinnen.

Diese Übergangsregierung mit der Bezeichnung »Commission Gouvernementale pour la Défense des Intérêts Nationaux«, der Regierungskommission für die Verteidigung der nationalen Interessen, wurde wohl noch in Belfort aus der Taufe gehoben. Darüber wurde jedoch erst am 3. Oktober 1944 in der Donau-Bodensee-Zeitung berichtet. Darin heißt es: »In der ihm vom französischen Staatschef übertragenen Eigenschaft eines Generaldelegierten der französischen Regierung hat Botschafter de Brinon den Vorsitz des ›Französischen Regierungsausschusses zur Wahrung der nationalen Interessen‹ übernommen. Diesem französischen Regierungsausschuß gehörten Arbeitsminister Marcel Déat als Delegierter für die nationale Solidarität und die Betreuung der französischen Arbeiter im Reich, der Staatssekretär des Innern und für die Aufrechterhaltung der öffentlichen Ordnung Joseph Darnand als Delegierter für die Organisation der nationalen Kräfte der Miliz, der Freiwilligenlegion gegen den Bolschewismus und der französischen Waffen-SS, der Staatssekretär für die Verteidigung General Bridoux als Delegierter für die Betreuung der Kriegsgefangenen und ihre Hilfswerke und der Präsident der Pressekorporation Jean Luchaire als Delegierter für Information und Propaganda an.«

Mit Ausnahme von Doriot waren somit alle Mitglieder der französischen Delegation in Steinort in der Regierungskommission vertreten. Hinzugekommen waren noch der germanophile Jean Luchaire als Beauftragter für Propaganda und General Bridoux, Staatssekretär für Verteidigung, als Delegierter für die Betreuung der Kriegsgefangenen. Das Gros der in Belfort versammelten Politiker und Kollaborateure begab sich Anfang September nach Baden-Baden und dann nach Sigmaringen.

Während die hohe Politik und das diplomatische Intrigen- und Ränkespiel in der Endphase der deutsch-französischen Kollaboration durch Untersuchungen auf deutscher und auf französischer Seite gut aufgearbeitet wurde, liegt der Aufenthalt der Vichy-Regierung und das Leben der mit ihr in die Hauptstadt Hohenzollerns gekommenen Franzosen weitgehend im dunkeln. Infolge gezielter Aktenvernichtungen bei der preußischen Regierung der Hohenzollerischen Lande, im Landratsamt und bei der Stadtverwaltung in Sigmaringen vor dem Einmarsch der französischen Truppen am 22. April 1945 ist die Episode Vichy-Regierung in Sigmaringen nur fragmentarisch dokumentiert. Für unsere Darstellung standen in erster Linie das Tagebuch von Diplom-Landwirt Maximilian Schaitel[1] und der Nachlaß Alphonse Stoffels[2] sowie einschlägige Akten des Fürstl. Hohenzollernschen Haus- und Domänenarchivs zur Verfügung. Spätere Aufzeichnungen aus den Kreisen der französischen Kollaboration sind Apologetik und deshalb tendenziös. Berichte Sigmaringer Zeitgenossen beruhen zumeist auf Hörensagen und sind deshalb oft ungenau und widersprüchlich. Bei dieser Quellenlage konnten auch im vorliegenden Beitrag nicht alle Fragen, die sich aus dem Zusammenhang mit dem Aufenthalt der Vichy-Regierung und ihrem Anhang in Sigmaringen 1944/45 stellen, beantwortet und auch nicht alle Widersprüche geklärt werden. Der zur Darstellung zur Verfügung gestellte Raum zwang den Verfasser überdies dazu, sich auf das Wesentlichste zu beschränken.

Die Unterbringung der französischen Regierung

Als Sitz der Vichy-Regierung waren Baden-Baden, Freudenstadt und Sigmaringen im Gespräch. Für Sigmaringen sprach vor allem die größere Entfernung von der Front. Dort standen ferner eine Reihe von repräsentativen Gebäuden zur Verfügung, die für die Unterbringung einer Regierung geeignet waren. Die kleine Stadt an der Donau mit ihrem dünnbesiedelten Umland bot schließlich auch die besten Voraussetzungen für die Sicherheitsorgane des Dritten Reiches, die französische Regierung und ihren Anhang zu kontrollieren und zu überwachen.

Die Übersiedlung der Vichy-Regierung nach Sigmaringen, die offenbar von Adolf Hitler persönlich angeordnet wurde, geschah weitgehend unter dem Ausschluß der Öffentlichkeit. Bezeichnenderweise berichtete die Donau-Bodensee-Zeitung erst am 3. Oktober darüber. Nach den im Staatsarchiv Sigmaringen verwahrten Quellen wurde Regierungspräsident Dreher am 6. September vom Reichsstatthalter für Württemberg Murr in seiner Eigenschaft als Reichsverteidigungskommissar für Württemberg und Hohenzollern fernmündlich angewiesen, in Sigmaringen Wohnraum für die französische Regierung zu beschlagnahmen und sicherzustellen. Am folgenden Tag berichtete der Landrat dem Regierungspräsidenten über die Absicht, die von Fürst Friedrich von Hohenzollern und seinem Zwillingsbruder Prinz Franz Josef von Hohenzollern-Emden und ihren Familien bewohnten Räume im Sigmaringer Schloß aus staatspolitischen Gründen gem. Reichsleistungsgesetz sicherzustellen. Der Fürst sollte Wohnung in seinem Schloß

Umkirch bei Freiburg i. B. nehmen und seinen Bruder entweder ebenfalls dort oder in einem anderen Gebäude, etwa im Landhaus Krauchenwies bei Sigmaringen, unterbringen.

Bei der Entfernung des Fürsten aus dem Schloß seiner Väter ist es bekanntlich nicht geblieben; er wurde zudem noch unter Schutzhaft gestellt und im Schloß Wilflingen, dessen Eigentümer, Friedrich Schenk Freiherr von Stauffenberg, sich wegen des 20. Juli im Hechinger Gefängnis in Sippenhaft befand, interniert. Wie in der Wilflinger Pfarrchronik berichtet wird, kamen der Fürst und sein Bruder am 9. September nachmittags in Wilflingen an. Mitte November entließ man die Fürstl. Familie aus der Schutzhaft. Der Fürst nahm danach zusammen mit seinem Bruder im Landhaus Krauchenwies Wohnung. Die Liobaschwestern, die dort die Einrichtung »Mutter und Kind« unterhielten, mußten ins Schloß Hohenfels (heute Gem. Hohenfels, Lkr. Konstanz) der Schule Schloß Salem umquartiert werden.

Die Ankunft der Autokolonne des Marschalls Pétain im Sigmaringer Schloß ist offensichtlich nur von wenigen Bürgern der Stadt beobachtet worden. Erst langsam sickerte die Nachricht darüber in der Stadt durch. Der genaue Termin wird vermutlich deshalb in den Sigmaringer Quellen widersprüchlich oder überhaupt nicht angegeben. Der zwischen der Deutschen Botschaft Paris und der Fürstlichen Hofverwaltung geschlossene Vertrag über die Vermietung des Schlosses erfolgte zwar mit Wirkung vom 8. September, nachdem der Fürst seine Wohnung erst am 9. September geräumt hatte, dürfte dies der früheste Termin des Einzugs des französischen Staatspräsidenten gewesen sein. Nach dem Bericht von Klara Steidle aus Sigmaringen erfolgte die Ankunft Pétains am 9. September zwischen 16 und 17 Uhr. Im Tagebuch von Maximilian Schaitel wird dieses Ereignis sogar erst zum 13. September vermerkt.[3] Nach einem Verzeichnis vom 14. September gehörten dem Haushalt des Marschalls und der Marschallin Admiral Bléhaut, General Debeney, Dr. Ménétrel und Leutnant Sassy an. Der des Ministerpräsidenten Laval und seiner Gemahlin, die übrigens einen Tag später in Sigmaringen angekommen sein sollen, bestand aus dem Botschafter Rochat und dem Direktor Paul Néreau. Dem Kreis der sog. schlafenden Minister, also derjenigen, die sich wie Pétain und Laval der Amtsgeschäfte enthielten, waren zuzurechnen die Minister Gabolde und Bichelonne und die Staatssekretäre Marion und Mathé sowie Minister Bonnard, der mit Mutter und Bruder angereist war, und Minister Déstmit und Gattin. Unter dem Haushalt der sog. aktiven Regierung, d. h. der Regierungskommission, werden aufgeführt: Staatssekretär Botschafter de Brinon, General Bridoux, Minister Déat mit Gemahlin, Delegierter Luchaire mit Gattin, Staatssekretär Darnand mit Frau und Sohn, Kabinettsdirektor Paul Rive, Kommandant Rol, Frau Mitre und

Fräulein Marchand. Nach einem anderen Verzeichnis umfaßte die französische Regierung mit Begleitung insgesamt 38 Personen. Zu ihrer Versorgung und Bedienung im Sigmaringer Schloß wurden im Verlauf des Halbjahres 1944/45 alles in allem 53 Bedienstete des Fürsten von Hohenzollern von der Deutschen Botschaft Paris in Sigmaringen dienstverpflichtet.

Die Belegung der von der fürstlichen Familie freigemachten Räume erfolgte nach hierarchischer Ordnung. In der Wohnung des Fürsten residierte Marschall Pétain und Gemahlin, in den angrenzenden Räumlichkeiten wohnten Ministerpräsident Laval mit Gattin, darunter die schlafenden und aktiven Minister. Im Schloß hatte ferner Herr von Salza von der deutschen Botschaft seinen Dienstsitz. Ausgenommen von der Beschlagnahme blieben die Wohnungen der Prinzessin Friedrich, des Fürstlichen Generaldirektors Zacharias-Langhans und des Fürstlichen Kabinettchefs Freiherr von Hallberg.

Die französische Verwaltung war, wie Alphonse Stoffels[4] berichtet, in »einem großen Gebäude in der Art eines Ministeriums« untergebracht. Dabei handelte es sich um den Prinzenbau, heute Dienstgebäude des Staatsarchivs Sigmaringen. Das dort seit 1939 befindliche Reservelazarett verlegte man in die Zollschule, nunmehr Bildungszentrum der Bundesfinanzverwaltung. Nach Alphonse Stoffels war der Prinzenbau vor allem Anlaufstelle für französische Arbeiter und Kriegsgefangene, Aufgaben, die Marcel Déat und General Bridoux oblagen. In dem Palais waren ferner Dienststellen von Jean Luchaire und von Joseph Darnand, dem Chef der Miliz, untergebracht. Mit Anordnung vom 17. November wurden für die französische Verwaltung zudem Räume im Gebäude der Städtischen Oberschule für Mädchen (Karlstraße 12) beschlagnahmt.

Das Gros der mit Darnand nach Deutschland gekommenen Miliz wurde in Ulm stationiert. Zur Unterbringung der nach Sigmaringen beorderten Einheiten mußte der männliche Reichsarbeitsdienst seine Baracken an der Jungnauer Straße räumen.

Für die Miliz wurde ab 11. Oktober auch das Museumsgebäude, auch »Schatten« genannt, beschlagnahmt. Weitere Milizsoldaten verlegte man in das ehemalige Kloster Inzigkofen und in das Schloß Krauchenwies, die dafür vom weiblichen Reichsarbeitsdienst geräumt werden mußten. Ältere und kranke Milizionäre, die sog. Clochards, kamen auf den Heuberg bei Stetten a. k. M. Die in Krauchenwies stationierten Einheiten wurden in der 2. Hälfte des November in das von der fürstlichen Familie wieder freigemachte Schloß Wilflingen des Freiherrn von Stauffenberg verlegt. Wohl im Januar 1945 wurde in Wald (Lkr. Sigmaringen) eine Milizschule mit 60 Mann eingerichtet, die vom Sicherheitsdienst betreut wurde.

Eine »Staatsinszenierung«

Das Auswärtige Amt wie auch die nach Sigmaringen gekommenen »Ultra-Kollaborateure« waren bestrebt, der installierten Regierungskommission den Schein einer legalen Staatsregierung zu geben. Seine Stellung als Präsident der Regierungskommission leitete de Brinon aus der ihm vom rechtmäßigen Staatspräsidenten Pétain verliehenen Generalvollmacht ab, die ihm freilich nur für den von den Deutschen besetzten Teil Frankreichs erteilt worden war. Von deutscher Seite wurden das Schloß und auch der Prinzenbau für exterritorial erklärt. Nach Schaitel fand am Sonntag, dem 17. September, vor dem Schloß eine Flaggenparade statt. Über dem Hauptportal des Schlosses ging am Mast die Trikolore hoch. Seitdem wurde jeweils werktags um 9 Uhr und sonntags um 10 Uhr die französische Flagge hochgezogen und täglich um 17 Uhr wieder heruntergelassen. Die Wache vor dem Schloß wie auch vor dem Prinzenbau, die zuvor von deutschen Polizeikräften wahrgenommen worden war, übernahmen nunmehr Milizsoldaten in ihren blauen Uniformen mit Tellermützen. Beide Gebäude durften nur mit Sondergenehmigung betreten werden.

Die Stellung der Regierungskommission wurde nach außen durch die Niederlassung von Botschaften auswärtiger Mächte eindrücklich aufgewertet. Noch vor dem 19. September bezog die Deutsche Botschaft Paris, die zuvor kurzfristig im Prinzenbau untergebracht war, die im Dienstgebäude des Fürstlich Hohenzollernschen Haus- und Domänenarchivs in der Karlstraße 32 vom Staatsarchiv Sigmaringen angemieteten Räume im 1. Obergeschoß. Dem japanische Botschafter Mitami wurde der Gasthof Zollerhof zugewiesen. Die italienische Botschaft mit Konsul Longhini der faschistischen Regierung von Salò residierte im ehemaligen Chalet Teufel an der Gorheimer Straße.

Seit dem 26. Oktober gab die französische Regierung die Tageszeitung »La France« heraus, von der bis 21. April 1945 insgesamt 134 Ausgaben erschienen sind. Die Redaktion dieses offiziösen Organs befand sich im Prinzenbau Karlstraße 3, die Verwaltung war im Fürstlichen Beamtenwohnhaus Karlstraße 30 untergebracht. Als Direktor fungierte Jacques Ménard. Die Zeitung wurde in Liehners Hofbuchdruckerei Karlstraße 10 gesetzt und in Konstanz gedruckt. Ihre Aufgabe bestand vor allem darin, durch Informationen über die Illegalität von de Gaulle, die Bürgerkriegssituation und die Inflation in Frankreich und die Unterordnung des Landes unter die Interessen der Alliierten die Franzosen zum Widerstand zu veranlassen. Die Propaganda der Zeitung wurde durch den Radiosender »Ici la France« ergänzt, der seit 9. November täglich vom 19.30 Uhr bis 21.00 Uhr Informationen, aber auch Unterhaltungssendungen ausstrahlte. Die Redaktion des Senders befand sich ebenfalls im Prinzenbau, die Sendeanlage soll sich nach einer nicht bestätigten Auskunft eines Zeitzeugen auf dem Sigmaringer Sandbühl befunden haben.

Ganz abgesehen von den durch den Krieg geschaffenen Realitäten, vermochte die Regierungskommission die ihr zugedachte Rolle als Repräsentantin des wahren Frankreich nicht auszufüllen. Der Aufenthalt der in sich zerstrittenen Regierung erschöpfte sich, plakativ ausgedrückt, im Dinieren, Diskutieren und Intrigieren. Mit seinen vergeblichen Versuchen, den greisen Marschall Pétain zu seiner Anerkennung zu gewinnen, begab sich de Brinon zudem in den Gegensatz zur Reichsregierung, die von ihm die Ernennung Doriots durch den Staatspräsidenten erwartet hatte. Doriot hielt sich übrigens zunächst bei Gauleiter Bürckel in Neustadt an der Weinstraße auf. Die Aufforderung der Reichsregierung, sich ebenfalls nach Sigmaringen zu begeben und seinen Sitz im Stauffenbergschloß Wilflingen zu nehmen, lehnte Doriot brüsk ab. Er richtete in der Schwabstraße 4 in Sigmaringen lediglich ein Büro seiner Volkspartei PPF unter Sabiani ein, in dem auch Alphonse Stoffels beschäftigt war. Der Kandidat der Reichsregierung, der NS-Partei wie auch der SS begab sich statt dessen auf die Insel Mainau, um von dort aus den Kampf um die Führung aller faschistischen Gruppierungen und zur Befreiung Frankreichs zu führen. Da die Unterkünfte für die rund 300 Gefolgsleute des PPF-Chefs auf der Bodenseeinsel nicht ausreichten, wurde eine Gruppe in dem in Mengen bei Saulgau requirierten Hotel Baier untergebracht. Dorthin zogen Anfang November auch die Familien von Doriot und Sabiani.

Die Einquartierung der Réfugiés

Nach der Ankunft der französischen Regierung strömten Kollaborateure in großer Zahl nach Sigmaringen. Ihre Unterbringung stellte die Stadtverwaltung vor eine kaum lösbare Aufgabe, da Sigmaringen durch evakuierte Familien und Schüler sowie durch Militärpersonen und Ausländer bereits an die Grenzen seiner Aufnahmekapazitäten gestoßen war. Ein großer Teil dieser Menschen, deren Zahl in einem Schreiben vom 19. Juni 1944 mit rund 1 600 Personen angegeben wird, mußte im Schnellverfahren in die umliegenden Gemeinden umquartiert werden. Mit Schreiben vom 4. November berichtete der Landrat, daß bisher 446 französische Flüchtlinge einschließlich der französischen Regierung mit eigenen Fahrzeugen nach Sigmaringen gekommen waren. Davon waren 80 Personen im Schloß, die übrigen in Privatquartieren untergebracht. Mit Fahrzeugen waren zudem 257 Mann Miliz herangeschafft worden. Hinzu kamen etwa 200 französische Flüchtlinge, die einzeln oder mit der Bahn eingetroffen waren. Die Gesamtzahl der Franzosen, die sich damals in Sigmaringen aufhielten, betrug somit rund 900 Personen.

Der Zustrom französischer Flüchtlinge an den Sitz ihrer Regierung hielt vor allem infolge des weiteren Vorrückens der westlichen Alliierten in Frankreich weiterhin an. Man dachte sogar an die Anstellung eines französischen Standesbeamten in der Stadt. Nach einer Aufstellung der NSDAP-Ortsgruppe vom 1. Januar 1945 hielten sich damals in Sigmaringen ohne den 1937 eingemeindeten Ortsteil Laiz rund 4 000 Personen von außerhalb auf. Die französische Kolonie mit dem ausländischen Botschaftspersonal wird darin mit rund 1 600 Personen angegeben. Diese Zahl setzte sich zusammen aus 800 Flüchtlingen mit Ausweis der Kreispolizeibehörde, 150 Angehörigen der französischen Regierung und Botschaften, 400 Personen der Miliz und der Jugendorganisationen sowie aus 250 Franzosen ohne Quartier. In dem Bericht wird hierzu ausdrücklich vermerkt, daß es weder den deutschen noch den französischen Behörden gelungen war, alle in Sigmaringen anwesenden Franzosen zu erfassen. Täglich kämen 100 Flüchtlinge in Sigmaringen an, die sich ein bis zwei Tage aufhielten. Die angegebene Zahl sei deshalb eher zu niedrig als zu hoch.

Sigmaringen, das 1939 mit dem eingemeindeten Ortsteil Laiz insgesamt 5 664 Einwohner aufwies, war 1944 somit zu einer Stadt mit über 10 000 Seelen geworden. Um diesen massiven Bevölkerungszuwachs in den Griff zu bekommen, war die hierfür geschaffene Quartierkommission zu äußerst harten Maßnahmen gezwungen. Bereits mit Anordnung vom 6. September waren alle Hotels in Sigmaringen zur Unterbringung der Franzosen beschlagnahmt worden. Wohnung um Wohnung, Dienststelle um Dienststelle wurden durchgekämmt, um Unterkünfte für die Réfugiés bereitzustellen. Alle Familien mußten zusammenrücken. In der Landwirtschaftsschule Strohdorfer Str. 9/1 wurden kinderreiche französische Familien untergebracht, so daß der Schulbetrieb eingestellt werden mußte. Die Wohnungssituation wird durch ein Schreiben der Stadtverwaltung vom 18. Dezember eindrücklich beleuchtet: »Wie aus der Liste ersichtlich ist, handelt es sich bei sehr vielen Unterbringungsmöglichkeiten um solche Zimmer, die teilweise kein Licht und keinen Ofen haben, sowie um Quartiere, in denen keine Betten vorhanden sind. Ein Teil dieser Quartiere ist sofort von uns mit Franzosen belegt worden, der andere Teil, bei dem eine Belegung versucht wurde, wurde von den Franzosen und von Deutschen mit der Begründung, daß es unmöglich sei, in diesen Quartieren zu wohnen, abgelehnt«[5].

Die Franzosen, die fluchtartig ihre Heimat verlassen hatten, waren auf die kühle Witterung in Sigmaringen am Fuße der Rauhen Alb nicht vorbereitet. Wie Maximilian Schaitel berichtet, waren die Frauen in Sommerkleidern und ohne Strümpfe, die Männer ohne Kopfbedeckungen, ohne Wäsche zum Wechseln angekommen. Sie erhielten auf Bezugsscheine Anzüge, Mäntel, Kleider und Leibwäsche. Verköstigt wurden die in Privatquartieren untergebrachten Réfugiés in ihrer Mehrzahl in den Gasthäusern der Stadt. Andere wiederum wurden gegen Abgabe von Essenmarken und Bargeld bei ihren Gastfamilien versorgt.

Sigmaringen France

Mit der Trikolore über dem Schloß und den zahlreichen einquartierten Franzosen hatte sich im Herbst 1944 auch das Äußere der kleinen Hohenzollernstadt an der Donau geändert. Maximilian Schaitel hat aus deutscher Sicht diesen Wandel u. a. folgendermaßen skizziert: »Das Straßenbild Sigmaringens bietet zu gewissen Stunden des Tages ein fremdes Bild: lebhaft gestikulierende Männer mit Baskenmützen, meist gut angezogen, oder auch mit feinen ungewohnten Regen- und Windjacken und mit Pelz gefütterten Joppen. Die meisten Frauen fallen durch ihre meist rötlich gefärbten Haare auf, noch mehr durch die dickverschmierten Gesichter. Anmalen kann man dies nicht mehr nennen, denn manche sehen aus wie die Malerpalette ... Natürlich drängt nach dem Mittagessen alles in die Cafés, deren es nur drei gibt, Schön, Stumpp und Kleindienst!«[6] Daß man überall fast nur noch französisch hörte, wird auch von Alphonse Stoffels bestätigt.

Sehr angetan war der Katholik Schaitel vor allem von dem regen Kirchenbesuch der Franzosen, allen voran der greise Marschall Pétain und seine Gemahlin, die regelmäßig dem Sonntagsgottesdienst in der Fürstenloge der Stadtpfarrkirche St. Johann Evangelist beiwohnten. Fast begeistert war der Zeitzeuge von dem japanischen Botschafter Mitami, der als Katholik gleichfalls regelmäßig seiner Christenpflicht nachkam. Die französischen Geistlichen, die häufig sonntags die Messe zelebrierten, erteilten den französischen Kindern auch Katechismusunterricht. Nicht gesehen wurde in der Stadtpfarrkirche Ministerpräsident Laval, der Freigeist war. Am 1. Dezember fand in der Schloßkapelle mit Abbé Delors ein feierliches Requiem für die Toten der »Legion des Volontaires Français contre le Bolchevisme« (LVF), der Freiwilligen Legion gegen den Bolschewismus, statt, an dem die Mitglieder der Regierungskommission de Brinon, Déat, Luchaire, Darnand sowie Vertreter der PPF und der RNP teilnahmen.

Das Staatsoberhaupt Pétain schildert Schaitel als »ehrfurchtgebietende« Persönlichkeit mit weißen Haaren und weißem Schnurrbart, von eher kleiner, aber aufrechter und rüstiger Gestalt. An schönen Herbsttagen machte er mit der Marschallin oder in anderer Begleitung häufig Autofahrten in die nähere und weitere Umgebung von Sigmaringen, wobei ihm mit Abstand stets ein deutsches Fahrzeug folgte. Daß sich der Marschall jeglicher Regierungstätigkeit enthielt, war übrigens auch Schaitel nicht verborgen geblieben. Ministerpräsident Laval hingegen, dem kein Auto zur Verfügung stand, sah man öfters in den Straßen der Stadt oder auf Spaziergängen in Begleitung von Landsleuten; ihm folgte im Abstand von ca. 30 m jeweils ein anderer Herr.

Als Veteran des Ersten Weltkrieges attestierte Schaitel den Offizieren der Miliz eine stramme und gute soldatische Haltung. Mit Genugtuung registrierte unser Gewährsmann auch die Meldung, daß die 18- bis 20jährigen Angehörigen der Miliz gemustert und der SS-Brigade Charlemagne zugeordnet und die jungen Französinnen nach den gleichen Vorschriften wie die Deutschen zur Arbeit und zum Nähen herangezogen werden sollten. Im ehemaligen Fürstlichen Gärtnerhaus in Inzigkofen war ferner eine Abteilung des französischen Arbeitsdienstes untergebracht, die von der Fürstlichen Forstverwaltung mit Waldarbeiten beschäftigt wurde. Schaitel weiß freilich auch zu berichten, daß sich unter den Franzosen auch weniger arbeitsame Leute befanden, sogar von »Freudenmädchen« und »Bordelldirnen« hatte er erfahren.

Die Mitglieder des schlafenden und des aktiven Ministeriums wurden von der Schloßküche versorgt, wo es keinen Mangel gab. Daß dort der Wein nicht ausging und daß sich der Marschall eines guten Appetits erfreute, wird von Schaitel festgehalten. Anders war es bei den Réfugiés, die in der Stadt untergebracht waren. Die Vorräte an Cognac und Zigaretten, die viele aus Frankreich mitgebracht hatten, waren bald aufgebraucht. Von einem Besuch des Gasthofs »Traube« am 17. Dezember berichtete Schaitel: »Was allgemein auffiel, war die Tatsache, daß die männlichen Franzosen nichts zu rauchen hatten. Während sonst kein Franzose ohne Zigarette im Munde zu sehen ist, scheinen die mitgebrachten Zigaretten langsam auszugehen. Nun sind auch sie auf unsere Raucherkarten angewiesen und wir selbst haben bekanntlich wochenlang nichts zu rauchen.«[7] Das Stammessen, ein Eintopf, bestehend aus Kohl, Rüben und Kartoffeln, das den Flüchtlingen in den Gasthäusern gereicht wurde, war für die zumeist jungen Franzosen nicht ausreichend. Daß viele von ihnen Hunger litten, wird sowohl von Maximilian Schaitel als auch von der verstorbenen Sigmaringer Ehrenbürgerin Luise Leininger bezeugt.

Noch schwerer traf die Réfugiés der harte Winter 1944/45. Zunehmend machten sich auch Versorgungsengpässe bei Brennmaterial bemerkbar. Am 3. November berichtete der Sigmaringer Landrat dem württembergischen Wirtschaftsminister: »Die in den 400 Privatquartieren untergebrachten französischen Flüchtlinge konnten bisher weder mit Kohlenkarten noch mit Kohlen versorgt werden, da die avisierten 1200 Kohlenkarten bis heute nicht eingingen, aber auch keine Belieferung möglich ist, weil die WA Reserve restlos erschöpft ist. Ich bitte daher um Zuteilung des mit Bericht vom 21.10.1944 angemeldeten Bedarfs. Neben einer Anzahl französischer Flüchtlinge ist nun heute auch der Chefredakteur der Zeitung La France infolge Erkältung an Angina erkrankt.«[8]

Den Flüchtlingen stand nur Holz zur Verfügung, das sie sammeln konnten; es war feucht und brannte deshalb auch schlecht. Überdies gab es nicht wenig Unterkünfte, die weder Ofen noch Bett aufwiesen. Hierzu berichtet Maximilian Schaitel: »Bei uns lag Frau Guignard auf der Steppdecke auf dem Boden, während im Bett der Mutter der kranke Sohn, der bei Landesbaurat Schmied wohnt, aber im Zimmer keinen Ofen hat, mehrere Tage lang lag. Man kann es überall feststellen, wie die Gäste den Hals einziehen und den Mantelkragen hochschlagen vor Kälte. Auch die Damen ohne Strümpfe sind noch nicht alle verschwunden, man sieht immer noch strumpflose Französinnen . . .«[9] Die schlechte Verfassung vieler Réfugiés, die vor allem auch in dem Roman des Arztes Louis-Ferdinand Destouches alias Céline »D'un château l'autre« deutlich wird, beruhte sicherlich nicht nur auf deren unmittelbaren Lebensumständen. Die aus Frankreich nach Sigmaringen gekommenen Menschen wurden zwischen der Hoffnung, bald wieder in ihre Heimat zurückkehren zu können, einerseits und Zukunftsängsten andererseits hin- und hergerissen. Bei ihrer Ankunft waren sie zumeist noch sehr zuversichtlich gewesen. Als es den Amerikanern im November gelang, ins Elsaß vorzudringen, hatten insbesondere viele ältere Franzosen, aber auch die Herren auf dem Schloß, wie Schaitel berichtet, bereits vorsorglich ihre Koffer wieder gepackt. Als dann am 16. Dezember die Ardennenoffensive begann, schöpften sie alle wieder große Hoffnungen.

Trotz der starken Beeinträchtigungen, die die Sigmaringer durch die Einquartierung der zahlreichen Flüchtlinge hinnehmen mußten, kam in der Stadt, soweit wir aus den vorliegenden Quellen entnehmen können, damals noch keine antifranzösische Stimmung auf. Diese Einstellung beruhte wohl auf der Erkenntnis, daß die Franzosen in der Stadt im Unterschied zu den Ministern und ihrer Begleitung im Schloß zumeist Not litten. Alphonse Stoffels, der zunächst bei Hermann Frank, Zimmerackerstraße 1, untergekommen war, betonte mehrmals, wie liebenswürdig er von den Sigmaringern behandelt wurde. Der Obhut der Familie von Baumeister Deutschmann, zu der er freundschaftliche Beziehungen aufgenommen hatte, übergab er auch sein Tagebuch, das neben dem Tagebuch von Maximilian Schaitel als wichtigste Quelle für die Zeit der Vichy-Regierung in Sigmaringen anzusehen ist. Schaitel wiederum berichtet, daß an Weihnachten viele Quartierleute bestrebt waren, ihren französischen Gästen einen Schimmer vom Fest der Liebe zu vermitteln.

Am Heiligen Abend veranstaltete das »Comité Artistique et Littéraire« um 21 Uhr im Lichtspieltheater eine Weihnachtsfeier mit Lucienne Delforge, René Arrieu und Robert Le Vigan. Im Prinzenbau fand eine kleine Feier für die Bediensteten der Regierung statt. Für die Franzosen wurde um Mitternacht in der Stadtpfarrkirche eine Messe zelebriert, wie sie es in ihrer Heimat gewohnt waren.

Daß den Franzosen durchaus bewußt war, welche Opfer die Bevölkerung von Sigmaringen wegen ihrer Anwesenheit erbringen mußte, wird durch ein Schreiben von Henry Mercadier, Vorstand des »Comité Artistique et Littéraire«, vom 6. Januar 1945 an den Bürgermeister Staudinger deutlich. Darin heißt es: »›Das Comité Artistique et Littéraire‹, dessen Vorstand ich bin, beehrt sich Ihnen, Ihrer werten Familie und auch der Bevölkerung von Sigmaringen, welche uns seit 4 Monaten zahlreiche Beweise ihres Wohlwollens gegeben hat, anläßlich des neuen Jahres, seine aufrichtigen Glückwünsche darzubringen. In dem Wunsche, sich Ihnen und der Bevölkerung von Sigmaringen erkenntlich zu zeigen, erlaubt sich das ›Comité Artistique et Littéraire‹, Ihnen den Betrag von 5000 RM anzubieten, mit der Bitte, denselben an die Wohlfahrtseinrichtungen, welche Ihrer Meinung nach es am meisten verdienen, auszuteilen.«[10] In seinem Dankschreiben vom 12. Januar 1945 erwiderte der Bürgermeister: »Ich betrachte diese Spende als ein schönes Zeichen dafür, daß Sie und Ihre Landsleute sich hier in Sigmaringen wohlfühlen. Was im Rahmen des Möglichen zu tun war, hat die Stadtverwaltung gerne getan. Ich bin mir darüber klar, daß da und dort noch nicht alles so ist, wie es wünschenswert wäre, jedoch bemühe ich mich immer wieder, Härten auszugleichen und gerade in der Unterbringung unserer französischen Gäste die Regelung zu treffen, die dem Wunsch unseres Führers und der Reichsregierung entspricht.«[11]

Das Befreiungskomitee Doriots

Von der Sigmaringer Bevölkerung unbemerkt, war die Regierungskommission auf dem Schloß bereits am Jahresende 1944 weitgehend entmachtet. Vom Reichssicherheitshauptamt hatte Doriot nach seiner Übersiedlung auf die Insel Mainau den Auftrag erhalten, ein Komitee unter Einschluß aller Gruppen der Kollaborateure in Deutschland zu bilden, um, auf eine solche Allianz gestützt, den Widerstand gegen de Gaulle in Frankreich zu organisieren. Zu Propagandazwecken erhielt der Führer der PPF den Sender »Radio Patrie« in Bad Mergentheim. Der Reichsaußenminister knüpfte an das geplante Komitee, dem auch die Mitglieder der Regierungskommission in Sigmaringen beitreten sollten, die Hoffnung, daß Pétain dann Doriot kaum die Anerkennung als Regierungschef verweigern könne. Um den Staatspräsidenten gefügiger zu machen, ließ von Ribbentrop den langjährigen Leibarzt und Vertrauten Pétains, Dr. Ménétrel, am 23. November 1944 verhaften. Dr. Schillemans, den man danach dem Staatspräsidenten offerierte, lehnte dieser jedoch entschieden ab. Ende November oder Anfang Dezember wurde Botschafter Abetz, der Doriot zutiefst ablehnte, abberufen. Seinen Posten übernahm Botschafter Otto Reinebeck, der zuvor als Vertreter des Auswärtigen Amtes auf der Insel Mainau tätig war. Am 21. Dezember schließlich löste man Jacques Ménadier als Chefredakteur der Zeitung »La France« ab und ersetzte ihn durch Henry Mercadier.

Am 6. Januar 1945 erschien erstmals das Kampfblatt Doriots »Le Petit Parisien« in Konstanz. Am gleichen Tag gab dieser über »Radio Patrie« die Gründung seines Befreiungskomitees bekannt. In seiner Ansprache rief er seine Landsleute zur Fortsetzung des Kampfes auf der Seite Hitlers gegen den Imperialismus, für die Unabhängigkeit Frankreichs und für die Schaffung eines vereinten Europas ohne Kommunisten und Juden auf. Das Verhältnis zwischen dem Befreiungskomitee und der Regierungskommission wurde der Öffentlichkeit folgendermaßen erklärt: »Während der französische Regierungsausschuß die Geschäfte der legalen französischen Regierung wahrnimmt, ist der Befreiungsausschuß die politische Kampfgemeinschaft, die alle Franzosen für die Befreiung ihres Vaterlandes zusammenschließt.«[12]

Doriot wollte freilich die ungeteilte Macht erringen. Dementsprechend wurde sowohl von seiner Seite als auch vom Machtapparat des Dritten Reiches zunehmend Druck auf die Repräsentanten in Sigmaringen ausgeübt. Bereits im Januar 1945 mußte Ministerpräsident Pierre Laval, gegen den man allenthalben großes Mißtrauen hegte, seine Wohnung im Schloß räumen und wurde mit seiner Begleitung in das Schloß des Freiherrn von Stauffenberg in Wilflingen verbracht. Die zuvor dort abgezogene Miliz wurde vermutlich der SS-Division Charlemagne einverleibt.

Doriot schien an seinem Ziel angelangt zu sein: Am 22. Februar sollte in Sigmaringen die Einheitsfront Doriot–de Brinon besiegelt werden. Auf dem Weg zum Triumph wurde der Präsident des Befreiungskomitees zwischen Menningen und Göggingen (heute beide Lkr. Sigmaringen) in seinem Wagen von einem Tiefflieger beschossen und war sofort tot. Der Hoffnungsträger der Kollaborateure wurde in einem Zinnsarg, den Flaschnermeister Flad von Sigmaringen angefertigt hatte, am Sonntag, dem 25. Februar, um 18 Uhr auf dem Friedhof in Mengen im Beisein von Vertretern der Regierungskommission, des Befreiungskomitees und von Zivilisten beigesetzt. Das Begräbnis Doriots war die letzte Kundgebung der deutsch-französischen Kollaboration.

Exodus und Exitus

Die Hoffnungen der Réfugiés, bald wieder in ihre Heimat zurückkehren zu können, mußten spätestens nach dem Zusammenbruch der Ardennenoffensive im Januar 1945 zu Grabe getragen werden. Das nunmehr stürmische Vordringen der Alliierten im Westen und der Sowjettruppen im Osten führte dazu, daß Elsässer und französische Zivilarbeiter aus allen Grenzgebieten des Reiches nach Sigmaringen strömten. In einem Bericht des Sigmaringer Regierungspräsidenten an den Reichsstatthalter von Württemberg vom 31. Januar heißt es, daß sich die Zahl der sich um den hiesigen Regierungssitz gruppierenden Flüchtlinge bis auf 1000 erhöht habe. Die angekündigten Bemühungen des Regierungspräsidenten, diese Zahl umgehend auf 600 herabzusetzen, wurden durch den weiteren Verlauf des Krieges freilich unmöglich gemacht. Ein Teil dieser Menschen konnte bei anderen französischen Familien Unterschlupf finden. Die meisten freilich mußten mit dem Wartesaal am Bahnhof und mit der Wehrmachtbaracke davor oder mit Sälen in der Stadt vorliebnehmen.

Zunehmend machten sich auch Engpässe in der Versorgung mit Grundnahrungsmitteln bemerkbar. Die Bäckereien und Metzgereien waren häufiger ausverkauft. Die Wirtschaften hatten kaum noch Kartoffeln zur Verfügung, was vor allem auch wieder die französischen Flüchtlinge traf, die dort verpflegt wurden. Hinzu kam die weiterhin anhaltende Kälte, die das Leben unerträglich machte. Hierzu schreibt Schaitel: »Wie der Fürstliche Forstmeister Riester erklärte, nahmen die Waldfrevel täglich zu. Man kann schon von Waldverwüstungen reden, denn die Franzosen sägen Holz ab, wie es ihnen paßt. So hat die Fürstliche Forstverwaltung bereits Hilfspolizisten einstellen müssen und ihre Organe angewiesen, vor allem an Sonntagen ihre Reviergänge zu machen.«[13]

Immer häufiger gab es Fliegeralarm. Viele suchten dann Schutz in den Luftschutzkellern, insbesondere im Felsenkeller des Schlosses. In dieser extremen Zeit begann unser Gewährsmann Schaitel, immer kritischer und auch abschätzig über die Réfugiés zu berichten, wie z.B.: »Ich konnte feststellen, daß die französische Kolonie sich sehr zahlreich im Felsenkeller einfindet, um ihr ›kostbares‹ Leben in Sicherheit zu bringen. Die deutschen Luftschutzleute mögen ihren verantwortlichen

Dienst tun, wenn nur die ›Helden‹ der Menschheit erhalten bleiben. Das Schönste aber war, daß selbst die Wache [des Schlosses] in Stahlhelm mit Gewehr und Maschinengewehr im Felsenkeller Schutz suchte! Armer Marschall Pétain, wie wird es Dir ergehen, wenn Du Dich auf diese Soldaten verlassen müßtest!!!«[14]

Durch Tiefflieger war der Bahnverkehr am Tage fast völlig zum Erliegen gekommen. Deshalb fand die Beerdigung Doriots am 25. Februar erst um 18 Uhr statt, da die französischen Zivilisten zu Fuß nach Mengen gehen mußten. Zurück fuhr man dann mit dem Zug. Auch die Beisetzung der Mitte März verstorbenen Mutter von Minister Abel Bonnard fand erst um 18 Uhr auf dem Hedinger Friedhof in Sigmaringen statt.

Auf der anderen Seite schien das Leben seinen normalen Lauf zu nehmen. So fand am Sonntag, dem 18. Februar, um 10 Uhr zum Jahrestag der Gründung der Miliz eine Truppenrevue in der Karlstraße statt, bei der der Chef der Miliz, Joseph Darnand, eine Ansprache hielt. Im März wurde im Ortsteil Laiz eine »École primaire« eingerichtet, in der Kinder im Alter von acht bis vierzehn Jahren von einem französischen Lehrer unterrichtet wurden. Mit Anordnung vom 19. März beschlagnahmte das Landratsamt die Praxisräume des Dentisten Benkler in der Schwabstraße 8 zur Versorgung der politischen Flüchtlinge durch einen französischen Dentisten. Am 25. März schließlich lud das »Centre d'Études et d'Informations sportives« den Bürgermeister zu einer Kundgebung unter der Schirmherrschaft von Präsident de Brinon in das Lichtspielhaus ein.

Von Normalität konnte natürlich keine Rede sein. Der Vorstoß der Amerikaner im März über den Rhein beunruhigte die Réfugiés zunehmend. In der Karwoche, ersten Aprilwoche, begannen die französischen Flüchtlinge, zuerst die, welche über Fahrzeuge und Benzin verfügten, sich in Richtung Alpen abzusetzen. Nach dem 7. April erschien die Zeitung »La France« nur noch wöchentlich. Auch die Wachen vor dem Schloß und die Miliz wurden abgezogen. Zurückgeblieben waren nur noch Marschall Pétain und die Spitzen der Regierung und ihrer Dienststellen. In der Stadt, über der immer noch die Trikolore wehte, kehrte allmählich Chaos ein. Arbeiter aus allen möglichen Ländern, darunter Franzosen, Italiener und Russen, und Truppenteile der sich auflösenden Wehrmacht und ihrer Hilfsvölker strömten nach Sigmaringen. Die Menschen versammelten sich am Bahnhof, in der Allee und im Prinzengarten in der Hoffnung, mit einem der wenigen Züge, die noch verkehrten, weiterflüchten zu können.

Am 20. April verließ Ministerpräsident Pierre Laval mit seinem Gefolge das stauffenbergische Schloß in Wilflingen. In der Nacht vom 20. auf den 21. verließen die letzten Reste der französischen Kolonie Sigmaringen. Morgens um 4 Uhr wurde Marschall Pétain vom Schloß abgeholt, über dem nun nicht mehr die Trikolore hochging. Unter dem 21. April erschien jedoch noch die letzte Ausgabe von »La France«. Den Exodus kommentierte Schaitel mit den folgenden Worten: »Somit ist Sigmaringen seine fremden Gäste, die seit September 44 hier waren, wieder los.«[15]

Am 22. April drangen um 10.30 Uhr französische Truppen, über die Buchhalde kommend, ungehindert in die Stadt ein und fuhren vor dem Rathaus vor. Bald danach ging über dem Schloß erneut die Trikolore hoch, doch diesmal in der Bedeutung: Stadtübergabe. Nach Schaitel hatten die Soldaten zuerst nach Marschall Pétain gefragt, der freilich bereits über alle Berge war. Möglicherweise sind in Sigmaringen doch noch vereinzelt Anhänger der Vichy-Regierung zurückgeblieben. Nach Klara Steidle wenigstens soll es im Prinzenpark Erschießungen gegeben haben. Die Autorin berichtet ferner: »Noch stundenlang hörte man das Jammern eines Schwerverletzten. Mitgliedern des Roten Kreuzes wurde unter Androhung des Erschießens untersagt, dem Leidenden zu Hilfe zu kommen.«[16]

Daß an den Ministern und hohen Funktionsträgern der Kollaboration, aber auch an den noch am Leben gebliebenen Angehörigen der Miliz blutige Rache genommen wurde, ist hinlänglich bekannt. Ministerpräsident Pierre Laval, Fernand de Brinon, Joseph Darnand, Jean Luchaire und die anderen wurden hingerichtet. Marschall Pétain wurde gleichfalls zum Tode verurteilt, aber dann von Charles de Gaulle begnadigt; der Sieger von Verdun starb 1951 in der Verbannung. Marcel Déat hingegen konnte in Italien untertauchen und blieb bis zu seinem Tode 1955 unentdeckt.

Der Aufenthalt der Vichy-Regierung stellt in der Geschichte der Stadt Sigmaringen eine Episode dar, die keine Auswirkungen auf ihre spätere Entwicklung hatte. Die oft geäußerte Behauptung, daß Sigmaringen durch die Anwesenheit Pétains und der Hauptvertreter der deutsch-französischen Kollaboration vor Zerstörung bewahrt wurde, ist dagegen reine Hypothese. Infolge der dynastischen Verbindungen des Fürstlichen Hauses Hohenzollern hat die Stadt im Verlaufe ihrer Geschichte Kaiser und Könige in ihren Mauern erlebt, der Aufenthalt eines Staatspräsidenten mit Ministern und zeitweise von fast zweitausend französischen Staatsbürgern sowie von Botschaften ist jedoch einzigartig. In dieser Bedeutung hat die »Episode Vichy-Regierung« für die Sigmaringer und für die Bewohner Hohenzollerns bis auf den heutigen Tag ein ganz besonderes Fluidum bewahrt.

Anmerkungen

[1] Tagebuch von Maximilian Schaitel. Teil 1. StA Sigmaringen Sa 61/4.
[2] Nachlaß Alphonse Stoffels. KreisA Sigmaringen XI-5 Nr. 9.
[3] Wie Anm. 1 S. 3.
[4] Wie Anm. 2 S. 30.
[5] StA Sigmaringen Depositum StadtA Sigmaringen Bd. 12 Nr. 4.
[6] Wie Anm. 1 S. 14.
[7] Ebd. S. 22.
[8] StA Sigmaringen Ho 235 Nr. 478.
[9] Wie Anm. 1 S. 24 f.
[10] StA Sigmaringen Depositum StadtA Sigmaringen Bd. 9 Nr. 523.
[11] Ebd.
[12] Zit. n. Moser, S. 28.
[13] Ebd., S. 35.
[14] Ebd., S. 28.
[15] Ebd., S. 53.
[16] Steidle, S. 43.

Literaturhinweise

Abetz, Otto: Das offene Problem. Ein Rückblick auf zwei Jahrzehnte deutscher Frankreichpolitik. Köln 1951.

Céline, Louis-Ferdinand: Von einem Schloß zum andern. Deutsch von Werner Bökenkamp. 0.0. 1960.

Döcker, Martina: Als Paris an der Donau lag. Sigmaringer Erinnerungen an eine große Zeit. In: Tübinger Programme 2 (1991), S. 1–14.

Genzmer, Walther: Als Sigmaringen weltgeschichtliche Bedeutung erlangte. In: Schwäbische Zeitung, Ausgabe Sigmaringen, v. 31. 12. 1974.

Jäckel, Eberhard: Frankreich in Hitlers Europa. Die deutsche Frankreichpolitik im Zweiten Weltkrieg (= Quellen und Darstellungen zur Zeitgeschichte 14). Stuttgart 1966.

Leininger, Luise: Bruder Konrad mein treuer Freund und Helfer. Lebenserfahrungen von Luise Leininger. Altötting 1984.

Moser, Arnulf: Das französische Befreiungskomitee auf der Insel Mainau und das Ende der deutsch-französischen Collaboration 1944/45. In: Konstanzer Geschichts- und Rechtsquellen 25 (1980), S. 3–40.

Ory, Pascal: Les Collaborateurs 1940–1945. Paris 1976.

Ory, Pascal: La France allemande. Paroles du collaboratisme français (1933–1945). Paris 1980.

Rings, W.: Leben mit dem Feind. Anpassung und Widerstand in Hitlers Europa 1939–1945. München 1979.

Rousso, Henry: Un château en Allemagne. La France de Pétain en exil, Sigmaringen 1944–1945. Paris 1980.

Ders.: Sigmaringen: le dernier carré de la Collaboration. In: L'histoire 44 (1982), S. 6–19.

Schillemans, G.T.: Philippe Pétain, le prisonnier de Sigmaringen. Paris 1965.

Steidle, Klara: Die Kongregation der Schwestern der christlichen Liebe in Sigmaringen. Eine Chronik in 5 Bänden. Teil 5: Marien-Lyzeum 1935–1954. Masch. Sigmaringen [1984].
Wolf, Dieter: Die Doriot-Bewegung. Ein Beitrag zur Geschichte des französischen Faschismus (= Quellen und Darstellungen zur Zeitgeschichte 15). Stuttgart 1967.

Biographien

Otto H. Becker

Markus Roy – Der Heilige Fidelis von Sigmaringen

Markus Roy, der spätere St. Fidelis, wurde 1577 oder 1578 in Sigmaringen geboren, wo sein Vater, der Stadtschultheiß Hans Roy, als Wirt und Händler zu beträchtlichem Reichtum gelangt war. Seit 1598 studierte Markus an der Universität Freiburg, legte 1603 das Magisterexamen ab und promovierte 1611 zum Doktor beider Rechte.

Doktor Roy war danach kurz Advokat am Gericht der vorderösterreichischen Regierung in Ensisheim (Elsaß), trat dann aber 1612, nachdem er mit Dispens die Priesterweihe erhalten hatte, in das Kapuzinerkloster Freiburg ein, wo er den Ordensnamen Fidelis bekam.

Als Guardian des Kapuzinerklosters Feldkirch (Vorarlberg) erhielt Fidelis von der Propaganda Fide den Auftrag, den protestantisch gewordenen Prättigau (Kanton Graubünden), der sich im Aufstand gegen Österreich befand, zu rekatholisieren. Dort wurde er am 24. April 1622 nach einer Predigt in Seewis erschlagen.

Bereits unmittelbar nach seinem Tod wurde Fidelis mit Wundern in Verbindung gebracht und als Märtyrer verehrt. Sein Haupt erhielten die Kapuziner in Feldkirch, der übrige Leichnam wurde in der Kathedrale von Chur beigesetzt. Die Seligsprechung erfolgte 1729 mit der Genehmigung, daß am 24. April das Namensfest des Seligen im Kapuzinerorden und in den Städten Feldkirch, Chur, Freiburg und in Sigmaringen begangen werden durfte. 1746 nahm Papst Benedikt XIV. Fidelis als ersten Kapuziner in die Zahl der Heiligen auf.

Nach der Seligsprechung begann die Blütezeit der Fidelisverehrung in Sigmaringen, in deren Mittelpunkt die Fideliswiege stand, die 1731 von der Hedinger Kirche in die Stadtpfarrkirche St. Johann Evangelist überführt wurde. Seit damals pflegt man auch die Täuflinge, um sie vor Krankheit und Tod zu bewahren, in die Wiege des Heiligen Fidelis zu legen, ein Brauch, der bis in die jüngste Vergangenheit als Symbol der Zusammengehörigkeit der Sigmaringer galt. Der Bischof von Konstanz genehmigte 1731 die Begehung des Fidelisfestes auch an den anderen Orten des Territoriums der Fürsten von Hohenzollern-Sigmaringen. Ein Jahr später stiftete Fürst Josef Friedrich, von dem seine Heiligsprechung mit großem Nachdruck betrieben wurde, der Stadtpfarrkirche ein kostbares Armreliquiar des seligen Fidelis.

Der Teilneubau und die prächtige Ausstattung dieses Gotteshauses 1756–1763 ist sicherlich dem Streben erwachsen, dem Stadtpatron einen würdigen Ort der Verehrung zu verschaffen. Die Wiege und das Armreliquiar werden seitdem in dem im linken Querhaus der Kirche errichteten Fidelisaltar verwahrt. Das von Meinrad von Ow geschaffene Deckenfresko zeigt den hl. Fidelis, wie er durch den Triumphbogen in den Chor der Märtyrer schreitet.

Unter dem Schutz des Fürstlichen Hauses konnte der Fideliskult die Zeit der Aufklärung überleben. Im Zeitalter der Koalitionskriege und Napoleons wurde Fidelis auch als Schutzpatron des Fürstentums Hohenzollern-Sigmaringen verehrt. Die Feiern anläßlich des Sieges über Napoleon beging man auf landesherrliche Anordnung bezeichnenderweise am Fidelistag 1814.

Die Säkularfeier der Kanonisation des Heiligen Fidelis 1846, die mit den Anfängen der kirchlichen Erneuerung zusammenfiel, bewirkte erneut eine Blütezeit seiner Verehrung. Für die Anhänger der Erneuerung war St. Fidelis vornehmlich der Bekenner, der im Glauben »Getreue«, dem es nachzueifern galt. Dieses Postulat erfuhr nach der Einverleibung der Fürstentümer Hohenzollern 1850 in das evangelisch geprägte Preußen, vor allem aber im Kulturkampf ganz besondere Aktualität.

Thomas Geiselhart richtete 1856 sein Knabenseminar für den Priesternachwuchs in dem Haus ein, das nach der Überlieferung als das Geburtshaus des Heiligen Fidelis galt, und gab ihm den Namen »Seminarium Fidelianum«. Die Hedinger Kirche, die auch Gymnasialkirche war, erhielt 1859 das Patrozinium St. Fidelis (ab 1889 als Gruftkirche des Fürstlichen Hauses »Erlöserkirche«).

Die Zöglinge des Fidelisseminars verbreiteten später als Geistliche die Fidelisverehrung in Hohenzollern, auch im Gebiet des ehemaligen Fürstentums Hohenzollern-Hechingen und darüber hinaus. 1898 kam der Fidelisaltar der Hedinger Kirche in die Pfarrkirche Steinhofen-Bisingen bei Hechingen. 1934 wurde in Burladingen die neu erbaute Pfarrkirche dem Heiligen Fidelis konsekriert. Bereits 1926 hatte Papst Pius XI. St. Fidelis zum Landespatron Hohenzollerns erhoben.

Das Zentrum der Fidelisverehrung in Hohenzollern blieb jedoch Sigmaringen, wo der Namenstag des Heiligen jeweils mit großen Prozessionen begangen wurde. In Sigmaringen und Umgebung sind vornehmlich auch die Vornamen Fidelis, Fidel und Fidelia üblich. Nach dem Zweiten Weltkrieg waren viele Sigmaringer davon überzeugt, daß es ihr Patron war, der die Stadt vor Zerstörungen nahezu bewahrt hatte. 1964 wurde in Sigmaringen die Kirche St. Fidelis geweiht. Durch die Mission der Kapuziner wurde die Fidelisverehrung auch in den ehemaligen spanischen und portugiesischen Kolonien heimisch. Der bekannteste Träger des Heiligennahmens ist Fidel Castro, das Staatsoberhaupt Kubas.

In den letzten zwei Jahrzehnten nahm die Verehrung des Heiligen Fidelis auch in seiner Geburtsstadt stark ab. Die Gründe hierfür sind nicht nur in dem allgemeinen Rückgang der Religiosität zu suchen. Für Fidelis als Heiligen der Gegenreformation war auch die ökumenische Bewegung abträglich. Aber auch heute noch werden Säuglinge in der Pfarrei St. Johann nach der Taufe in die Wiege des Heiligen Fidelis gelegt. Auch die von Fidelis in seinem Testament 1613 errichtete Stiftung für Studenten aus seiner Sippe besteht heute noch. Zur 250. Wiederkehr seiner Kanonisation 1996 wird Sigmaringen mit Feldkirch, dem anderen Zentrum der Fidelisverehrung, eine offizielle Städtepartnerschaft zu schließen.

Literaturhinweise

Becker, Otto H., Füßler, Gebhard, Trugenberger, Volker: St. Fidelius von Sigmaringen. Leben – Wirkung – Verehrung (Sonderdruck aus: Zeitschrift für Hohenzollersche Geschichte 32, 1996). Sigmaringen 1996.Kuhn-Rehfus, Maren: Die Sigmaringer Familie Roy. Verwandtschaftsbeziehungen, Vermögensverhältnisse und gesellschaftliche Stellung. In: Zeitschrift für Hohenzollerische Geschichte 7/8 (1971/72) S. 9–38.

Scala, Ferdinand della: Der heilige Fidelis von Sigmaringen, Erstlingsmärtyrer des Kapuzinerordens und der Congregatio de propaganda fide. Ein Lebens- und Zeitbild aus dem 16. und 17. Jahrhundert. Mainz 1896.

Schell, Richard: Fidelis von Sigmaringen 1577–1977. Der Heilige in Darstellungen der Kunst aus vier Jahrhunderten. Sigmaringen 1977.

Schmucki, Oktavian: Das Nachwirken der Familie des Heiligen Fidelis Sigmaringen in seiner gegenreformatorischen Tätigkeit. In: Helvetia Franciscana 22 (1993) S. 106–119.

Joachim Hahn

Karoline Kaulla

Chaile (Keile, Karoline) ist 1739 als erstes Kind des israelitischen Gemeindevorstehers Raphael Isaak Ben Benjamin und seiner Frau Rebekka aus Regensburg in Buchau am Federsee geboren. Sie entstammte der jüdischen Oberschicht Buchaus: Ihr Vater war fürstlich sigmaringischer Hofjud und übersiedelte 1747 nach Hechingen, wo er auch die

Hoffreiheit und den Status eines Hoffaktoren erhalten hatte. Den Eltern waren eine gute Erziehung und schulische Ausbildung wichtige Anliegen. Sie hielten sich hierzu einen eigenen Hauslehrer, der die Kinder unterrichtete. Als Chaile 18 Jahre alt war, heiratete sie in Hechingen den dortigen Pferdehändler Kieve (Akiba) Auerbach. Die Heirat kam vor allem auch auf Wunsch der Eltern zustande. Nach der Heirat widmete sich Chailes Mann freilich ausschließlich dem Studium der jüdischen Wissenschaften; er ist nicht mehr seinem bisherigen Geschäft nachgegangen. Aus der Ehe gingen mindestens fünf Söhne (Mayer, Wolf, Veit, Raphael und Mayer Raphael) sowie eine Tochter (Michle) hervor.

Vater Raphael Kaulla starb bereits am 26. Januar 1760, die Mutter Rebekka am 25. April 1796. Sie wurden in Hechingen beigesetzt. Die Besorgung der Geschäfte des Vaters als eines Hoffaktors hat vor allem Karoline übernommen. Am 29. Februar 1768 wurde sie Hoffaktorin des Fürsten zu Fürstenberg in Donaueschingen (das Dekret nennt sie »Kaula Raphael aus Hechingen«). 12 Jahre später (am 6. März 1780) ist ihr Bruder Jakob Raphael in den gleichen Status erhoben worden.

Karoline wird als sehr intelligente und unternehmungslustige Frau beschrieben. Mit ihrer geschäftlichen Tätigkeit wurde sie im Laufe der Jahre Begründerin des Handelshauses Kaulla, das sie gemeinsam mit ihrem Bruder Jakob Raphael und ihren Söhnen leitete. Doch hatte ihnen gegenüber immer Karoline (»Kaulla«) das Sagen. Zum Familiennamen bestimmte mit der Zeit die ganze Familie den Vornamen Karolines (= Chaille = Kaulla). Überhaupt nicht verwendet wurde von ihr der Familienname ihres Ehemannes Auerbach.

Mit dem Ausbruch der französischen Revolution und den nachfolgenden Kriegsjahren setzte die Zeit der wirtschaftlichen Blüte des Handelshauses Kaulla ein. Auf Empfehlung der Hechinger und Donaueschinger Fürstenhöfe an den kommandierenden General der kaiserlichen Reichsarmee Erzherzog Karl konnte das Handelshaus Kaulla die gesamte Verproviantierung der Reichsarmee für sich verbuchen. Die Versorgung mit Nahrungsmitteln wie mit Kleidung in Millionenwerten wurde über das Handelshaus Kaulla abgewickelt.

Der Gewinn wurde unter anderem in den Erwerb einiger Häuser in der Hechinger Schloßstraße investiert. Der Versicherungswert dieser Gebäude lag 1839 bei über 30 000 Gulden, der damals einiges über dem aller städtischen Gebäude gelegen ist. 1803 hatten Karoline und Jakob Kaulla das Geld zur Einrichtung einer Talmudschule für jüdische Theologiestudenten gestiftet. Diese Lehranstalt wurde in der ehemalige Hechinger Münzprägestätte (»Müntz«) eingerichtet. Auch weitere soziale Einrichtungen wurden durch die Familie Kaulla in Hechingen geschaffen, so unter anderem ein Hospiz für arme umherziehende Juden.

Seit 1770 war Madame Kaulla auch in Württemberg als Herzogliche Hoffaktorin tätig, allerdings erhielt sie erst 1797 Hofschutz in Stuttgart und Ludwigsburg, anfänglich noch erschwert durch erhebliche Anfeindungen durch die Stuttgarter Kaufmannschaft, den Magistrat und die Landesversammlung. Als Tochterfirma des Großhandelshauses Kaulla entstand in Stuttgart jedoch das Geldinstitut M. und J. Kaulla, welches von Herzog Friedrich gleichermaßen geschätzt wie benötigt wurde. Friedrich ließ sich 1802 einen maßgeblichen Einfluß auf die Geschäftsführung einräumen und ernannte das Kaulla'sche Geldinstitut zur Hofbank (seit 1817 »Königlich Württembergische Hofbank«). Sie wurde über Jahrzehnte hin die wichtigste Kreditstütze Württembergs und übertraf zeitweise an Finanzkraft selbst die Bank von Meyer Amschel Rothschild in Frankfurt. Unter Leitung von Familienmitgliedern der Kaullas bestand das Kaulla'sche Geldinstitut als private Großbank bis 1922 (später in der »Deutschen Bank« aufgegangen).

Im März 1809 ist Madame Kaulla gestorben. Sie wurde auf dem jüdischen Friedhof Hechingens beigesetzt. Ihr Grab ist noch heute erhalten. Die Übersetzung der hebräischen Grabinschrift lautet unter anderem: »Hier ist geborgen ein seltenes, reines Weib. Als Vorbild ihres Stammes wurde sie betrachtet. Eine vornehme Frau, die nach Gerechtigkeit strebte. Unter Königen erwarb sie einen guten Namen. An Weisheit, an Rat war sie bedeutender als jeder Mann. Ihr Haus zierte sie mit einem guten Namen. Einen guten Namen für die Ewigkeit hat sie vererbt« (Übersetzung von Heinrich Kohring).

Literaturhinweise

Kohring, Heinrich: Die Inschriften der Kaulla-Grabdenkmäler auf dem jüdischen Friedhof in Hechingen. In: Zeitschrift für Hohenzollerische Geschichte, 21.Bd., 1985 S. 171–213.

Schmierer, Wolfgang: Karoline (Chaile) Kaulla (1739–1809). Ein Weib, groß in ihrem Volke, groß in ihrem Vaterland. In: Frauen im deutschen Südwesten. Hrsg. von Birgit Knorr und Rosemarie Wehling (Schriften zur politischen Landeskunde Baden-Württembergs, Bd. 20. Hrsg. von der Landeszentrale für politische Bildung Baden-Württemberg). 1993 S. 279–285.

Schnee, Heinrich: Die Hoffaktoren-Familie Kaulla an süddeutschen Fürstenhöfen. In: Zeitschrift für Württembergische Landesgeschichte 20. 1961, S. 238–267

Ders.: Die Hoffinanz und der moderne Staat. 4 Bände. Berlin 1963

Ders.: Madame Kaulla. Deutschlands bedeutendste Hoffaktorin und ihre Familie. In: Lebensbilder aus Schwaben und Franken, Bd IX, 1963 S. 85 .

Werner, Otto: Madame Kaulla. ein Lebensbild zur 250. Wiederkehr ihres Geburtstages. In: Zollernalb-Profile: Jahrbuch des Kreises Band 1, Balingen 1988 S. 109–116

Fritz Kallenberg

Fürstin Amalie Zephyrine von Hohenzollern-Sigmaringen

Als Fürstin Amalie Zephyrine den ersten Teil ihrer Lebensbeschreibung in einem versiegelten Paket für ihren Sohn mit der Maßgabe hinterlegte, es erst nach ihrem Tod zu öffnen, bekannte sie in einem Begleitbrief (12. Februar 1830), sie wolle ihm Kenntnis von ihrem unglücklichen Leben geben, um sich vor ihm zu rechtfertigen, daß sie ihn in seiner Kindheit verlassen habe. Ihren Lebensbericht, den sie erst als ältere Frau eigenhändig, in ihrer französischen Muttersprache, in sehr kleiner und gewandter, flüssiger, schwer lesbarer Schrift in chronologischer Folge abfaßte, legte sie ihrem Sohn nicht zu ihrer Entschuldigung vor, sondern in der Erwartung, Verständnis für ihre Handlungsweise zu finden. Ihre Erinnerungen lassen sich anhand ihrer reichen und säuberlich geordneten Korrespondenz, ihrer Notiz- und Rechnungsbücher überprüfen und bis auf einige ungenaue Datierungen auch bestätigen.

Amalie Zephyrine ist als Prinzessin von Salm-Kyrburg in einem der linksrheinischen reichsständischen Häuser aufgewachsen, die zwar politisch in gleicher Weise Kaiser und Reich verbunden waren wie die beiden hohenzollerischen, die aber gesellschaftlich ganz und gar französisch ausgerichtet waren. Viele Angehörige dieser Häuser standen als Offiziere der Fremdtruppen im Dienste der französischen Könige, und ihre Familien lebten, dem französischen Hochadel gleich, am Hof in Paris. Davon waren Bildung und gesellschaftliche Ansprüche bestimmt. Amalie Zephyrine sprach, obgleich sie später mehr als drei Jahrzehnte im Umkreis von Sigmaringen zubrachte, kein Deutsch.

Amalies ältester Bruder, Fürst Friedrich III. von Salm-Kyrburg (1745–1794), wurde für ihr Leben bestimmend. Durch Vermittlung des Grafen Hermann von Hohenzollern-Hechingen kam 1781 eine Heiratsverbindung zwischen Friedrich und Gräfin Johanna von Hohenzollern-Sigmaringen (1765–1790) zustande. Dabei wurde auch die künftige Heirat von Amalie Zephyrine mit dem Erbprinzen Anton Aloys (1762–1831) beschlossen. Sie und der 19 Jahre alte Bräutigam seien, so schrieb Amalie Zephyrine später, »ohne Willen, ohne Leidenschaft und ohne Widerspruch« gewesen. Bei der Hochzeit auf dem salmkyrburgischen Schloß Dhaun bei Kirn an der Nahe im August 1782 soll es schon die ersten Differenzen über die künftigen Aufenthaltsorte des jungen Paares gegeben haben. Amalies Wunsch, wenigstens die Winterzeit mit ihrer angestammten Familie in Paris zu verbringen, stand der Wille ihres Schwiegervaters entgegen, der verlangte, daß sie mit ihrem Mann dauernd in einem der Schlösser in Sigmaringen oder Haigerloch leben solle. Im Herbst 1783 gebar die Erbprinzessin in Paris einen Sohn, der aber starb, noch ehe die Nachricht von seiner Geburt die hohenzollerische Familie erreicht hatte. Nach Sigmaringen reiste Amalie erstmals im Frühjahr 1784, begleitet von ihrem Bruder und ihrer Schwägerin. Schon ihre ersten Eindrücke waren deprimierend: das altmodische, ungepflegte, schlechtmöblierte und unbequeme Schloß, der zurückgezogen in Krauchenwies lebende Fürst, die im unwirtlichen Schloß in Langenenslingen mit ihrer achtzehnjährigen Tochter wohnende Schwiegermutter, dazu die Distanz und Interesselosigkeit ihres Mannes, dies alles habe sie melancholisch gemacht. Sie, die aus einer Familie stammte, in der man sie auf Händen trug, die einige Jahre in der »großen Welt« – ein von ihr mit Vorliebe gebrauchter Begriff – gelebt hatte, sah sich nicht nur vernachlässigt, »von morgens bis abends allein«, ihr Schwiegervater überwachte jeden ihrer Schritte, auch ihre Briefe. Am 19. Februar 1785 gebar sie dem Haus, das schon in der dritten Generation nur auf zwei Augen stand, einen Stammhalter. Zehn Wochen später, am 3. Mai, gelang es ihr, ihre Umgebung zu überlisten und bei einer Spazierfahrt, die ihr der Schwiegervater gestattet hatte, das hohenzollerische Territorium zu verlassen. In Männerkleidern, die ihr Diener ihr besorgt hatte, erreichte sie eine Herberge in Mengen, dann mit gemieteten Pferden Riedlingen. Mit einem Wagen, den ihr der Bruder entgegenschickte, kam sie am 7. Mai in Kirn an.

Es spricht nicht für Amalie, daß sie ohne Einschränkung für ihren Lieblingsbruder schwärmte, mit dem sie von ihrer Flucht aus Sigmaringen bis zu dessen Tod dauernd zusammenblieb. Der Rheingraf, wie er gemeinhin genannt wurde, war ein begabter und vielseitig gebildeter, aber haltloser und verschwenderischer Abenteurer. Seine Frau, die aus den Sigmaringer und Langenenslinger Verhältnissen kam, hatte unter seinem aufwendigen Lebensstil schwer zu leiden. 1788 bezog er das in der Rue de Bourbon erbaute großartige Hôtel de Salm. Er häufte Schulden auf Schulden. Im Januar 1789 berichtet Johanna ihrem Bruder von einem Ball für 1 000 Personen, und von Amalie Zephyrine schreibt sie, sie benehme sich wie toll, und es werde immer schlimmer. Die fünfundzwanzigjährige Fürstin Johanna, seit ihrer letzten Niederkunft leidend, schrieb im August 1790, drei Wochen vor ihrem Tod, an Anton Aloys, sie werde, wenn sie sterbe, direkt in den Himmel kommen, »denn ich bin seit acht Jahren in einem wahren Fegefeuer«. Die konträren Lebensauffassungen zwischen der salmischen und der zollerischen Familie manifestierten sich in den Ehen der Geschwister.

Die spätere Behauptung Amalies, nach dem Tod der Eltern ihres Mannes habe kein anderes Hindernis für ihre Rückkehr nach Sigmaringen bestanden als das kalte Herz ihres Gatten, wird von den Quellen nicht bestätigt. Für Anton Aloys kam eine Versöhnung nur in Frage, wenn die Voraussetzung für eine dauerhafte Wiedervereinigung gegeben war. Er verlangte von seiner Frau, daß sie sich einige Monate in ein Kloster zurückziehe, von wo er sie abholen und nach Sigmaringen bringen könne. Man sieht, er verlangte Unterwerfung. Es kommt hinzu, daß das Verhältnis der beiden Häuser durch Ansprüche, die Fürst Friedrich nach dem Tod seiner Schwiegermutter an das Erbe von Hohenzollern-Berg erhob, noch zusätzlich belastet wurde. Ein Vermittlungsversuch der Fürstin Johanna, im Herbst 1787, scheiterte von vorne herein daran, daß sich Anton Aloys, wie Regierungsdirektor von Mayersburg an Kanzler Frank schrieb, »keine Capitulationspuncten vorschreiben lassen«, sondern eine »ohnbeschränkte Erklärung« haben wollte, daß seine Gemahlin »den begangenen ohnüberlegten Schritt bereue und künftig mit ihrem Gemahl nach seinem Willen in Einigkeit leben wolle«. Das war nicht nach dem Geschmack von Amalie Zephyrine.

Der Eindruck, den Herzog Karl Eugen von Württemberg, mit dem Fürst Anton Aloys durch häufige Jagdbesuche ein freundschaftliches Verhältnis verband, bei einem Besuch in Paris im Januar 1789 von der Versöhnungsbereitschaft Amalies gewann, war eindeutig: »Die Sache ist absolut unmöglich, die Fürstin will Paris niemals verlassen, sie haßt und verachtet Deutschland.«

Fürst Friedrich von Salm-Kyrburg stand seit Sommer 1789 auf der Seite der Revolution. Amalie sagt sogar, er habe »für einen Apostel der Revolution gegolten«. Sein Stadtpalais war einer der Treffpunkte der Linken während der Constituante. Zu den Gesinnungsgenossen ihres Bruders gehörte der Vicomte de Beauharnais. Amalie war, nach ihren eigenen Worten, mit ihm, der von seiner Frau getrennt lebte, »liiert«. Nach Ausbruch des Krieges entschloß sich Amalie im Sommer 1792, mit ihrem kleinen Neffen, dem dreijährigen Erbprinzen von Salm-Kyrburg, Paris zu verlassen, um nach England zu gehen. Davon erfuhr durch ihren Mann auch Josephine de Beauharnais, die Amalie bat, ihre beiden Kinder, den damals elfjährigen Eugène und die zwei Jahre jüngere Hortense, mit in Sicherheit zu bringen. Amalie reiste mit den Kindern auf eine Besitzung ihres Bruders im Artois, wohin er nachzukommen versprach. Aber Friedrich konnte sich nicht entschließen, die Hauptstadt zu verlassen. Auch Amalie kehrte mit ihrem Anhang zurück. Bestehen blieb eine nähere Beziehung Amalies zu Josephine und ihren Kindern. Mit der Radikalisierung der Revolution wuchsen auch die Widersprüche, in die sich Friedrich als Reichsfürst und Bürger der Revolution verstrickte. Mit seinem und Amalies Intimus Beauharnais fiel er schließlich, wenige Tage vor dem Sturz Robespierres, am 24. Juli 1794 dem Terror zum Opfer. Der abenteuerliche Schwärmer endete auf dem Schafott.

Amalie Zephyrine lebte in der Zeit des Directoire in bedrängten Verhältnissen. In ihrem Bemühen um Freigabe der salmschen Besitzungen und um Entschädigung für ihr Mündel kamen ihr die in der Revolutionszeit entstandenen Freundschaften zugute, besonders die mit Talleyrand, jetzt Außenminister, und mit Josephine de Beauharnais, nachdem sie die Frau des berühmten Generals Bonaparte, des schließlich einflußreichsten Mannes von ganz Frankreich, geworden war. Napoleon hatte schon im Frieden von Campo Formio einen Passus zugunsten des Hauses Salm-Kyrburg eingerückt, er empfahl jetzt der Fürstin, die Ansprüche auf dem Friedenskongreß in Rastatt persönlich zu vertreten. Inzwischen hatte Amalie einen Gouverneur für ihren Neffen und eine Ehrendame für sich angestellt. Herr de Voumard, ein aus der Schweiz gebürtiger hervorragend gebildeter ehemaliger Offizier, blieb von da an ihr Begleiter. Vom nahen Baden aus, wo sie sich während des Rastatter Kongresses mit ihrem Anhang eingemietet hatte, wandte sich Amalie erstmals wieder an den Fürsten. Auf ihre Bitte, ihren Sohn zu sehen, ging Anton Aloys zwar noch nicht gleich ein, er war aber in der Folge bereit, ihre Hilfe für seine Besitzungen in der Batavischen Republik in Anspruch zu nehmen.

Unmittelbar nach dem Frieden von Lunéville, mit Beginn der Entschädigungsverhandlungen im Frühjahr 1801, erbat sich die Fürstin für ihre Demarchen in Paris die Unterstützung eines Sigmaringer Beamten, denn sie hatte von den konkreten Fragen, um die es ging, keine Kenntnis. Von ihrem jüngeren Bruder, dem Prinzen Moritz, ist über sie die Äußerung überliefert: »Sie weiß keinen Unterschied zwischen der Pfalz und Westfalen zu machen, sie weiß nicht, was ein Land ist, wo Stände sind, sie kennt den Charakter von den Preußen nicht, in einem Wort: il faut lui mettre les paroles à la bouche, und dann ist sie vortrefflich, um zu begehren.« Mit der sofortigen Absendung des Hofrats Gessler nach Paris stellte Anton Aloys seiner Frau nun auch den Besuch des Sohnes, für den nur noch ein Hofmeister gefunden werden mußte, in Aussicht, denn er befürchtete, sie würde sonst vorrangig für das Haus Salm agieren. Auch der Hechinger Fürst ängstigte sich, Amalie könne ihre guten Beziehungen gegen Hohenzollern benützen, und er beschwor seinen Sohn, vor diesem »intriganten Teufelsweib« auf der Hut zu sein. Der Hechinger Erbprinz lernte Amalie wenig später in Paris selbst kennen und gab darüber seinem mißtrauischen Vater folgenden Bericht: »Die Fürstin von Hohenzollern-Sigmaringen sehe ich hier fast täglich, sie entspricht nicht der Beschreibung, die man mir von ihr macht. Sie lebt still und eingezogen, der ehemalige jugendliche Leichtsinn scheint sie vollkommen verlassen zu haben, mit Vergnügen erinnert sie sich der Zeit, die sie in Ihrer Gesellschaft zubrachte. Euer Gnaden haben von ihr wirklich gewiss nichts zu befürchten, vielmehr könnte sie dem Gesamthaus sehr nützlich werden, wenn sie von Ihrem Mann in ökonomischer Hinsicht in Stand gesetzt würde, ihren hiesigen Aufenthalt zu verlängern. Sie hat wirklich sehr gute Bekanntschaften, allein nicht die Mittel sie zu benützen.«

Fürst Anton Aloys hatte seiner Frau seit ihrer Flucht jede Zahlung verweigert und nur die Auslagen, die in seinen Geschäften entstanden waren, erstattet. Erst 1802 machte der sparsame Mann seiner Frau das Angebot, ihr jährlich 4 000 francs zu zahlen, wenn er wieder über die Einkünfte seiner holländischen Besitzungen verfügen könne. Im August, als über die Entschädigungen der kleinen Fürsten verhandelt wurde und das Los Hohenzollerns noch nicht bestimmt war, teilte Amalie ihrem Mann mit, einflußreiche Persönlichkeiten in Paris hätten ihr erklärt, es sei unmöglich, daß eine Dame von so hohem Rang wie sie von solch geringen Einkünften lebe, wie sie sie jetzt habe. Wenn ihr Gatte ihr nicht aus den Entschädigungen, die sie für ihn reklamiere, eine jährliche Pension von 25 000 francs zusichere, dann müßten eben die Entschädigungen an die Fürstin gegeben werden. Sie würden ja später ohnehin dem Erbprinzen und damit dem Haus Hohenzollern zufallen. Anton Aloys zögerte keinen Moment, ihr seine Zusage zu erteilen. Es war, wie wir aus Amalies Memoiren wissen, das Werk der Erpressungskunst Talleyrands.

Ihren Sohn bekam die Fürstin nach 16 Jahren zum ersten Mal im Sommer 1801 zu sehen. Im salmschen Schloß in Isque, in der Nähe von Brüssel, wo sich Amalie vorzugsweise aufhielt, fand die Begegnung statt, von der sie später eine rührselige Schilderung gab. Von diesem Zeitpunkt an habe sie versucht, versichert sie, sich ihrem Mann wieder zu nähern. Es besteht kein Zweifel, daß es nun Anton Aloys war, der sich jeder Diskussion über eine Begegnung oder gar Wiedervereinigung entzog. In Isque lernte Amalie auch den neuen Hofmeister Karls, Hofrat Fischler, kennen. Dieser projektenreiche, wenig von Skrupeln angefochtene, geschmeidige Mann erwies sich für Amalie Zephyrine in den folgenden Jahren als wichtiger Adlatus für ihre Demarchen. Dem Fürsten gab er darüber in schwülstigen, selbstgefälligen Relationen Rechenschaft, so etwa im Oktober 1802: »Ich bin weit entfernt mir zuzueignen, was wir dero gnädigster Gemahlin zuschreiben müssen; das französische Gouvernement erklärte zu bestimmt, daß die Freundschaft für diese Dame seine Schritte leite.«

Seit Sommer 1801 durfte Erbprinz Karl seine Mutter mehrfach besuchen: in Isque, in Ahaus, das Amalies Neffe 1802 als Entschädigung erhalten hatte, Anfang 1805 für mehrere Monate in Paris. Obgleich Amalie mit seinen unter Anleitung Fischlers gemachten Fortschritten zufrieden war, fand sie Karl immer noch »timide et peu formé«. Sie konnte trotzdem ihrem Mann mit Stolz berichten, wie gut ihr Sohn vom Kaiser aufgenommen wurde, wie sehr die Kaiserin sich für ihn interessierte. Seit der ersten Begegnung mit Karl konnte Amalie es nicht lassen, ihrem Mann günstige Partien für ihren Sohn in Vorschlag zu bringen. Dem Fürsten war diese Aktivität höchst fatal. Er hielt den Sohn noch für viel zu jung für eine Heiratsabsprache, außerdem wollte er, wie er der Fürstin immer wieder versicherte, die Wahl Karls nicht beeinflussen. In ihren Erinnerungen behauptet Amalie, sie habe durch die Verbindung mit einer deutschen Prinzessin Plänen der Kaiserin zuvorkommen wollen.

Wenn man die zeitgenössische Korrespondenz der Fürstin liest, gewinnt man stark den Eindruck, die Heirat Karls mit der Nichte Murats sei von Josephine und Amalie Zephyrine eingefädelt worden. Umso Berstaunlicher ist es, daß die Fürstin in ihren Memoiren nicht als Begründerin dieser Ehe gelten will, die ja sowohl für das Haus wie für Karls Familie die glücklichsten Folgen zeitigte. Sie will offenbar für die Verbindung mit den Napoleoniden eher ihren Sohn und ihren Mann verantwortlich wissen, denn sie spricht auch davon, daß man damals immer noch mehr gewollt habe, obwohl das Haus mit den Vergrößerungen der letzten Jahre wohl hätte zufrieden sein können. Ob bei diesem Urteil eine Rolle spielt, daß ihr Mündel und daß das Haus Salm weit weniger glücklich war als das Sigmaringer Fürstenhaus?

In der kritischsten Phase der Hausgeschichte war es jedenfalls Amalie Zephyrine, die sich die Pflege ihrer Beziehungen zur Kaiserin und zum Kaiser angelegen sein ließ. Sie stellte auch sofort Kontakte zur Familie Murats her, den sie als Persönlichkeit ebenso schätzte wie seine Frau, Napoleons Schwester Karoline; sie vertrat das Haus Hohenzollern bei der Hochzeit des Sohnes; sie übernahm zunächst auch die ständige Begleitung von dessen Frau, die ja noch ein Kind war. Diese Rolle an der Seite ihrer Schwiegertochter öffnete ihr den Weg zurück nach Sigmaringen, was Anton Aloys hatte verhindern wollen. Erst als Karl, zweifellos unter der Regie seiner schon lange auf Rückkehr bedachten Mutter, dem Fürsten das Ultimatum stellte, entweder sie dürften jetzt kommen oder sie kämen »nimmermehr«, lenkte er ein. Als das junge Paar unter Vivatrufen der Untertanen im Sommer 1808 in die kleine Residenz einzog – und mit ihm nach über 23 Jahren Abwesenheit die Fürstin – fehlte nur der Fürst. Er hatte es nicht über sich gebracht, seine Frau bei dem feierlichen Empfang zu begrüßen; er war verreist. Die spätere Begegnung verlief, nach den Worten der Fürstin, »froid et embarrassé«. Kühl und verlegen blieb das Verhältnis auch weiterhin; die von Amalie Zephyrine gewünschte Aussöhnung kam auch in Zukunft nicht zustande.

Die Fürstin begleitete in der Folgezeit ihre Schwiegertochter an den Hof ihres Onkels nach Neapel, 1810 verwandte sie sich in Paris vergeblich für das Haus Salm-Kyrburg, das nach der Annexion des nordwestlichen Deutschland durch Napoleon seine Selbständigkeit verlor. Nachdem dem Erbprinzenpaar, das im Schloß in Krauchenwies wohnte, 1809 eine Tochter, 1811 ein Stammhalter, Karl Anton, geboren wurde, begründete Amalie Zephyrine einen eigenen Hausstand, besser gesagt, eine eigene »Hofhaltung«, in dem zu einem Schlößchen ausgebauten Amtshaus des Klosters Inzigkofen mit seinen großen parkartigen Gartenanlagen. 1821 erbaute sie sich in der Stadt, im Zusammenhang mit der Entstehung der Karlstraße, ein Herrschaftsgebäude, das sogenannte Schlößle, aus dem dann später der repräsentative Prinzenbau für ihren Enkel Karl Anton entstand. Hier wohnte sie bis zu ihrem Tod 1841, zehn Jahre nach Anton Aloys. Nicht daß Amalie ausschließlich in Sigmaringen gelebt hätte. Sie war viel auf Reisen, besuchte Bäder, aber nicht wie ihr Mann das mühsam aufstrebende, dörfliche Bad Imnau innerhalb des eigenen Landes. Die Fürstin war es gewohnt, in den europäischen Modebädern zu kuren, vorzugsweise in Spa.

Amalie bestand darauf, ein Stück »große Welt« zu verkörpern, während Anton Aloys betonte, daß er »von der großen Welt, besonders von der von heute, zurückgezogen leben« wolle. Als er dann tatsächlich auf dem Wiener Kongreß mehrere Monate im Bannkreis des kaiserlichen Hofes verbringen mußte, klagte er: »Das genirte Leben, täglich dreimal, öfters viermal anders ankleiden, das ist für mich eine Pein«; er schreibt nach Hause, er habe »Heimweh nach dem Schwarzwald«, denn er habe »schon ganze 2 Jahre keinen Hahnen mehr palzen gehört«, aber befriedigt teilt er mit, er gehe jetzt zu Mittag in ein Lokal in die Kost: »Dort bekomme ich Knöpflen.« Spätzle als Leibgericht eines souveränen Fürsten! Unterschiedlicher konnten die Lebensstile und Lebensbedürfnisse nicht sein als zwischen Anton Aloys und Amalie Zephyrine. Sie mutete ihrem Mann auch allerhand zu. Oberst Charles de Voumard, einst als Gouverneur ihres Mündels in Dienst genommen, begleitete sie nun in Sigmaringen in der Eigenschaft eines Hofkavaliers. Auch ein junges Mädchen namens Helene d'Isque befand sich in ihrem »Hofstaat«. Anton Aloys verlieh ihr 1820, inzwischen als Hofdame der Fürstin bezeichnet, den Adelsstand mit dem Prädikat von Schatzberg. Die rechtlichen Verfügungen, die von Voumard und der Fürstin zu Helenes Gunsten getroffen wurden, lassen keinen Zweifel, daß es sich um ihre gemeinsame Tochter handelt. Helene war seit 1824 mit dem Freiherrn Friedrich von Laßberg, dem Sohn des Altertumsforschers auf der Meersburg, in kinderloser Ehe verheiratet. Er gehörte zu der Art hochgebildeter Männer, die Amalie Zephyrine gerne in ihrer Umgebung sah. Das Ehepaar Laßberg bewohnte mit ihr das Schlößle. Die Droste, Schwägerin des alten Laßberg, erwähnt gelegentlich Friedrich und Helene in ihrer Korrespondenz. Ihre Hoffnung, Helene hätte nach dem frühen Tod ihres Mannes, 1838, der Familie Laßberg »mit ihrem vielen Gelde noch auf eine oder die andere Art nützlich sein können«, erfüllte sich nicht.

Das abenteuerliche Leben der Fürstin Amalie Zephyrine hat für die Geschichte Hohenzollerns stärkere Auswirkungen gehabt als alle ihre Zeitgenossen rund um die Höfe von Sigmaringen und Hechingen. Sie konnte mit recht von sich sagen, daß es bei ihren Demarchen nichts gab, was sie nicht getan hatte, um das zu erreichen, was der Fürst begehrte. Ihr selbstbewußtes Auftreten gegenüber Napoleon unterscheidet sich himmelweit von dem gängigen unterwürfigen Betragen der deutschen Fürstlichkeiten. Daß sie ihre Familie und ihr kaum geborenes Kind verließ, hielt sie bei der Unzumutbarkeit der Verhältnisse in Sigmaringen für ihr Recht. Als Angehörige des hohen Adels stellte sie den Anspruch auf Selbstbestimmung, die auch das Leben als separierte Frau und die an den damaligen Höfen übliche sexuelle Freizügigkeit einschloß. Das Verlassen ihres Kindes im Lichte eines nachviktorianischen Familienbildes zu bewerten, wird ihr nicht gerecht, denn weder das Stillen und Aufziehen noch das Erziehen von Kindern gehörte zu den Obliegenheiten hochgestellter Mütter. Gleichwohl kümmerte sie sich, gerade in Zeiten, in denen es ihr selbst schlecht ging, mit Hingabe um ihr Mündel, den Sohn ihres Lieblingsbruders und künftigen Fürsten von Salm-Kyrburg. Amalie Zephyrine legte Wert darauf, ihren Status als Privilegierte zu betonen. Diese Rolle setzt auch dem Versuch Grenzen, in ihr eine frühe Wegbereiterin einer allgemeineren Frauenemanzipation zu sehen. Sie war aber durch ihr Selbstbewußtsein, ihren Mut, ihre Tatkraft und Entschlossenheit auch innerhalb ihres Standes, ihrer hocharistokratischen Gesellschaft, eine exzeptionelle Erscheinung.

Literaturhinweise

Die einschlägigen Quellen werden ausgebreitet und nachgewiesen bei Kallenberg: Diss. S. 72–105, 476–486; ders.: ZGO S. 304f., 380–396, 402–430, 443, 460, desgl. die ältere Literatur, aus der lediglich hervorzuheben ist Kleinschmidt, Arthur: Geschichte von Arenberg, Salm und Leyen 1789–1815. Gotha 1912; einige Informationen gibt Kuhn-Rehfus, Maren: Der Prinzenbau in Sigmaringen. Versuch einer Baugeschichte. In: Zeitschrift für Hohenzollerische Geschichte 15, 1979 S. 155–171. Für Vergleichsansätze erweisen sich hilfreich Arndt, Johannes: Möglichkeiten und Grenzen weiblicher Selbstbehauptung gegenüber männlicher Dominanz im Reichsgrafenstand des 17. und 18. Jahrhunderts. In: Vierteljahrschrift für Sozial- und Wirtschaftsgeschichte 77, 1990 S. 153–174; Paletschek, Sylvia: Adelige und bürgerliche Frauen (1770–1870). In Fehrenbach, Elisabeth (Hrsg.): Adel und Bürgertum in Deutschland 1770–1848, München 1994 S. 159–185; Möckl, Karl (Hrsg.): Hof und Hofgesellschaft in den deutschen Staaten im 19. und beginnenden 20. Jahrhundert. (Deutsche Führungsschichten in der Neuzeit 18) Boppard a. Rh. 1990.

Eberhard Gönner

Josef Blumenstetter

In den letzten zwei Jahrzehnten des Fürstentums Hohenzollern-Hechingen war Pfarrer Josef Blumenstetter die bedeutendste Gestalt im kirchlichen wie im politischen Bereich. Der am 2. April 1807 geborene Müllerssohn aus Schlatt durchlief seine Schulzeit am Lyzeum in Konstanz und sein Theologiestudium in Tübingen – er hörte dort Drey, Hirscher und Möhler – mit Leichtigkeit und so rasch, daß er zunächst als zu jung von der Priesterweihe zurückgestellt wurde. Mit päpstlicher Altersdispens 1829 geweiht, war er anfangs in einigen Orten seines Heimatlandes als Vikar tätig, bis er im Jahre 1833 die Pfarrei Boll übertragen bekam.

Der Landpfarrer

Ganz im Geiste des Bistumsverwesers von Wessenberg, der den aufgeweckten Jungen im Lyzeum gefördert hatte, legte Blumenstetter als Seelsorger Wert auf die Hinführung seiner Gemeinde auf das wesentliche in der Religion, auf eine Läuterung des religiösen Lebens von allen Äußerlichkeiten, von gedankenlosen Formen und abergläubischem Tun. So kam bei ihm der religiösen und sittlichen Erziehung der Kinder und der Unterweisung der Schulentlassenen in der Christenlehre eine zentrale Bedeutung zu.

Im Sinne Wessenbergs trat Blumenstetter auch für die Muttersprache in der Liturgie und für die Aufhebung der Zölibatsverpflichtung der Priester ein. Bei allen seinen Neuerungen gehörte Blumenstetter aber nicht zu den Radikalen unter den Wessenbergianern. Es ging ihm nicht um die Abschaffung alter religiöser Formen um jeden Preis, sondern um ihre Ausfüllung mit einem vernünftigen religiösen Gehalt.

Mit gleichem Eifer setzte Blumenstetter seine Reformen in dem größeren Burladingen durch, wohin er auf eigenen Wunsch im Jahre 1847 versetzt worden war. Freilich blieben Anfeindungen von geistlichen Mitbrüdern, die seine neuen Wege mißbilligten, nicht aus. Gegenüber dem Ordinariat in Freiburg mußte er sich wegen seiner Neuerungen in der Beichtpraxis verantworten. In einer vielbeachteten, im Druck verbreiteten Primizpredigt, die Blumenstetter im Jahre 1847 in der Stiftskirche Hechingen gehalten hat, sind seine »Forderungen an den katholischen Seelsorger in den Tagen der Gegenwart« zusammengefaßt, eine dringende Warnung, in der Religion nicht in Äußerlichkeiten zu verfallen, und ein Aufruf, der religiösen Unwissenheit entgegenzuwirken.

Für Blumenstetter waren die Aufgaben eines Pfarrers nicht auf den geistlichen Bereich beschränkt. Die Sorge um die Verbesserung der wirtschaftlichen Verhältnisse der ihm anvertrauten Gemeinde führte bei ihm zu Initiativen, die in diesem Umfang im Fürstentum Hechingen neu waren. In der von ihm 1835 ins Leben gerufenen Zeitschrift »Der Volksfreund« gab er Ratschläge für ein mehr auf Rentabilität gerichtetes Verhalten in der Landwirtschaft und der Viehzucht, für die Pflege des Obstbaus, die Verbesserung der Feldwege und für die Gründung einer Hagelschadensversicherung. Ein von ihm verfaßtes »Bienenbüchlein« (1849) sollte zur Verbesserung der Bienenzucht beitragen. Blumenstetter war Mitbegründer des Landwirtschaftlichen Vereins für das Fürstentum. Ein Anliegen war ihm eine bessere Ausbildung der jungen Landwirte für ihren Beruf und der Mädchen für die Kindererziehung und die Haushaltsführung. Seine Anregungen erstreckten sich auch auf die Versorgung der Kranken, Armen und Alten. Sein Vorschlag, das leerstehende Gebäude des ehemaligen Klosters Stetten als Armenhaus einzurichten, fand allerdings keine Resonanz.

Der liberale Landespolitiker

Blumenstetters Aktivitäten zur Förderung des Gemeinwohls erstreckten sich auch bald auf das Gebiet der Politik. Als die von der Französischen Julirevolution 1830 ausgehende Unruhe auch in Hohenzollern-Hechingen zu spüren war und der Bevölkerung beim Vergleich mit den Nachbarländern ihre politische Rückständigkeit zum Bewußtsein kam, verlangte eine von Pfarrer Blumenstetter formulierte Bittschrift von Untertanen an den Fürsten eine Verfassung für das Fürstentum. Wenn auch diese Petition ihr Ziel nicht erreichte, so hatte sie doch immerhin die Einführung einer Wahlordnung für die Landesdeputation im Jahre 1835 zur Folge, womit aus der bisher bestehenden Steuerdeputation eine Landesrepräsentation entstand. Blumenstetter wurde in den ersten und alle folgenden Landtage gewählt und war in ihnen anfangs stellvertretender Vorstand, später ihr Direktor.

In diesem kleinen Hechinger Parlament entwickelte Blumenstetter mit den anderen Abgeordneten einen bemerkenswerten politischen Eifer für die Verbesserung der allgemeinen Verhältnisse. Es ging zunächst um einen geregelten Staatshaushalt und um die Reform des Steuerwesens – Blumenstetter nannte die Hechinger Finanzverhältnisse eine »babylonische Verwirrung« –, ferner um die Vermessung des Landes, um die Öffentlichkeit der Landtagsverhandlungen, die Verbesserung der Landstraßen (Vizinalwege) und die Errichtung eines Armen- und Arbeitshauses. Mit Nachdruck trat Blumenstetter für eine Aufbesserung der Lehrergehälter, für das Bürgerrecht unehelicher Kinder und für eine humanere Behandlung der Juden ein. Bei der Frage der Öffentlichkeit der Verhandlungen setzte er sich für die Zulassung auch von Frauen gegen seinen Amtsbruder Diebold von Thanheim mit den Argumenten durch, das weibliche Geschlecht sei von jeher benachteiligt, in der Erziehung vernachlässigt und insofern schlecht behandelt worden. Das müsse nun ein Ende finden.

Blumenstetter scheute sich nicht vor unpopulären Anträgen, auch wenn sie ihm Anfeindungen aus dem Lande eintrugen. Auch außerhalb des Landtages hielt er nicht mit seiner Kritik an den Zuständen im Fürstentum zurück und verbreitete sie in seiner Zeitschrift »Der Volksfreund«. Die Regierung verbot deshalb dieses Blatt des liberalen Pfarrers bereits nach einem Jahr.

Als ein Mann der Lebensfreude und der Geselligkeit gehörte Blumenstetter zu den Gründungsmitgliedern der Gesellschaft »Biedermannia«, die seit 1845 im »Adler« in Stetten tagte und der höhere Beamte, Ärzte und Musiker angehörten. Eine gepflegte Geselligkeit ohne politische Diskussionen war der Grundsatz dieser echt biedermeierlichen Vereinigung.

Die Überwindung der Revolution 1848 in Hohenzollern-Hechingen

In den Revolutionswochen im März und April 1848 erwies sich Josef Blumenstetter als der wirklich fähigste politische Kopf im Fürstentum. Seiner politischen Vernunft und seiner Autorität verdankte Hohenzollern-Hechingen die Überwindung des bei der Revolution am 11. März entstandenen Chaos. In einem am 9. März verteilten anonymen Flugblatt hatte Blumenstetter versucht, die durch die Pariser Februarrevolution verursachte allgemeine Erregung in geordnete Bahnen zu lenken. Es enthielt die Forderung nach Abschaffung alter Feudalgefälle und nach einer zeitgemäßen Neuordnung des Steuerwesens. Ausdrücklich empfahl Blumenstetter dazu die Einberufung der Landesdeputation, also den gesetzlichen Weg. Doch in Zeiten politischer Erregung läuft das Schiff häufig aus den Rudern. Der allgemeine Aufstand war nicht mehr aufzuhalten und führte zu Verhältnissen, die das Land unregierbar machten. Das war die Stunde Blumenstetters. Er versicherte am 25. März den Fürsten seiner Treue und bekannte sich erneut zu Reformen auf gesetzlichem Weg. Nachdem ihn der am 10. April zusammengetretene außerordentliche Landtag zum Direktor gewählt hatte, gelang es ihm unter Aufbietung aller Kräfte, die anfangs tumultuarisch verlaufenen Sitzungen in eine verhandlungsfähige Form zu bringen. Blumenstetter hat das Anarchische der Hechinger Revolution aufgefangen und der Versammlung zu ersprießlicher Arbeit verholfen. Daß in diesen Wochen die den Bauernstand drückenden Feudallasten aufgehoben und der Übergang vom partiarchalisch regierten Land zu einem modernen Verfassungsstaat erreicht werden konnte, war hauptsächlich das Verdienst Blumenstetters.

In der Frankfurter Nationalversammlung

Als profiliertester Politiker des Fürstentums wird Josef Blumenstetter am 11. Mai 1848 von den Wahlmännern für die Landesdeputation in die Frankfurter Nationalversammlung gewählt. Er zählt dort zur gemäßigten Linken, die für den Fortschritt im gesetzlichen Rahmen eintritt. Konsequent hält er sich von jedem Radikalismus fern, selbst wenn er dadurch an Popularität einbüßt. Als er aus Hechingen erfährt, daß sich ganze Gemeinden weigern, ihre Abgaben zu entrichten, redet er ihnen scharf ins Gewissen und stellt im Juli 1848 in der Nationalversammlung sogar den dringlichen Antrag, das Reichsministerium möge in einer öffentlichen Bekanntmachung auf die Verpflichtung des Volkes zur Entrichtung der gesetzlichen Abgaben hinweisen. Das wird ihm in Hohenzollern sehr verübelt. Blumenstetter stimmt in der Paulskirche u. a. für die Fixierung des Zehnten und für die Lösung des Unterrichts- und Erziehungswesens aus der Beaufsichtigung der Geistlichkeit.

Blumenstetter und Sprißler – der Abgeordnete für Sigmaringen – hatten begeistert für die deutschen Einheitsbestrebungen ihr Mandat in der Paulskirche angenommen. Im Herbst 1848 aber waren beide von der Entwicklung der Frankfurter Verhandlungen so enttäuscht und von den Anfeindungen in der Heimat angewidert, daß sie – Blumenstetter im Oktober – ihren Auftrag zurückgaben.

Erneut in der Landespolitik

Auch während seiner Frankfurter Zeit hatte Blumenstetter an den Sitzungen des Hechinger Landtags, dem er bis zum Ende der fürstlichen Zeit präsidierte, teilgenommen. Nach der Rückkehr von Frankfurt konnte er sich wieder verstärkt der Politik im Lande widmen, die für ihn in der Mitarbeit im Landtag und in der Mobilisierung des Volkes zur Erhaltung der Errungenschaften der deutschen Revolution bestand. Am 6. Januar 1849 gründete er den »Märzverein«, der dem Frankfurter Zentralmärzverein angeschlossen werden und alle demokratischen Kräfte des Fürstentums zusammenfassen sollte. Bereits nach einem Monat gab es im Hechingischen unter dem Landesvorsitzenden Blumenstetter 20 Ortsvereine des Märzvereins mit 2148 Mitgliedern – die größte politische Vereinigung in Hohenzollern-Hechingen in der Revolutionszeit 1848/49. Den Höhepunkt ihrer politischen Aktivität bildete die Versammlung von über 3 000 Menschen am Fuße des Zollerberges am 3. Juni 1849, die sich Forderungen des Frankfurter Rumpfparlaments zu eigen machte. Wenn es dabei im Gegensatz zu ähnlichen Versammlungen in Nachbarländern nicht zum Aufruf zu Umsturz und Gewalttätigkeiten kam, so lag das gewiß am Einfluß des politisch besonnenen Pfarrers Blumenstetter, der es verstand, die revolutionären Forderungen zu kanalisieren und sie auf einen gesetzlichen Weg zu bringen, nämlich an die Landesdeputation. Der Hechinger Landtag befaßte sich damit, und die fürstliche Regierung machte auch einzelne Zugeständnisse. Letzten Endes aber konnte das kleine Land Hechingen keine eigene deutsche Politik betreiben. Der Einmarsch preußischer Truppen in den hohenzollerischen Fürstentümern Anfang August 1849 machte die wirklichen Machtverhältnisse deutlich.

In der Frage der staatlichen Selbständigkeit des Fürstentums vertrat Blumenstetter den Standpunkt, daß angesichts der zu kleinen Verhältnisse in Hohenzollern-Hechingen eine Mediatisierung nicht zu umgehen sei. Ein Anschluß an Württemberg schien ihm die zweckmäßigste Lösung zu sein. Aus dieser Einsicht heraus war er in Frankfurt dem Antrag des Abgeordneten Moritz Mohl aus Stuttgart beigetreten, kleinere Länder größeren Nachbarn anzuschließen.

Wieder in der Seelsorge

Als mit dem Übergang des Fürstentums an Preußen die politische Tätigkeit ein Ende gefunden hatte, war Blumensteller erst 43 Jahre alt. Er widmete sich nun wieder ganz der Seelsorge. Anzeigen bei staatlichen und kirchlichen Stellen wegen seiner politischen Tätigkeit in den Jahren 1848 und 1849 blieben für ihn ohne Folgen. Ein Verfahren wegen »hochverrätischer Beziehung« beim fürstlichen Oberamt Hechingen ist im März 1850 eingestellt worden, und das Erzbischöfliche Ordinariat Freiburg ließ es erst gar nicht zu einem Verfahren kommen.

Wie in früheren Jahren bedeutete für Blumenstetter Seelsorge auch das Bemühen für die Besserung der sozialen und wirtschaftlichen Verhältnisse in seiner Gemeinde. Er war ein tätiges Mitglied des Vereins für Landwirtschaft und Gewerbe und setzte sich mit Nachdruck für landwirtschaftliche Fortbildungsschulen ein.

Sein »Leitfaden zum Unterricht in der Landwirtschaft« erfuhr mehrere Auflagen. Für die Killertalgemeinden, in denen die Landwirtschaft weniger ertragreich war, empfahl Blumenstetter die Holzfabrikation.

Blumenstetter hat sich mit den neuen politischen Verhältnissen abgefunden und die Vorzüge der preußischen Verwaltung anerkannt. Beim großen landwirtschaftlichen Fest im Jahre 1858 am Fuße der Burg Hohenzollern, das mit der ersten hohenzollerischen Gewerbeausstellung verbunden war, hielt Blumenstetter die Festrede, lobte dabei den von Preußen erreichten Fortschritt, wies aber auch auf die dringenden Aufgaben für die Zukunft hin. Im Jahre 1859 ließ er sich sogar als Kandidat für die Wahl in das preußische Abgeordnetenhaus aufstellen, erhielt aber nicht die erforderliche Stimmenzahl. Die kgl. preußische Regierung in Sigmaringen ernannte Blumenstetter 1861 zum provisorischen Schulkommissar für den Bezirk Hechingen. Nun holte ihn seine Vergangenheit als Wessenbergianer ein. Der Erzbischof verweigerte seine Zustimmung, weil ihm Blumenstetter theologisch zu liberal eingestellt war. Die preußische Verwaltung beharrte über zwei Jahre lang auf ihrer Entscheidung, gab dann aber nach, nicht ohne vorher für die Dekorierung Blumenstetters mit dem Roten Adlerorden 4. Klasse gesorgt zu haben.

Pfarrer Blumenstetter hat 1862 die große Pfarrei Burladingen verlassen, um die kleinere Kirchengemeinde Trillfingen zu übernehmen. Auch dort war er als gewissenhafter Seelsorger und als angesehener Prediger hochgeschätzt. 1877 zwang ihn sein schlechter Gesundheitzustand, in den Ruhestand zu treten, den er in Hechingen im Kreise alter Freunde verbrachte. Hier ist er am 29. Juni 1885 gestorben und auf dem Friedhof Heiligkreuz neben Josef Sprißler, seinem kirchlichen und politischen Weggefährten, beigesetzt worden.

In der Paulskirche hat sich Blumenstetter in das Parlaments-Album mit dem Vers eingetragen:

»Mein Losungswort im Kampf der Zeit
Ist Wahrheit und Gerechtigkeit«.

Das waren für Blumenstetter keine hohlen Worte, weder in seinem Beruf als katholischer Seelsorger, noch in seinen politischen Überzeugungen. Die »Schwäbische Kronik« in Stuttgart nannte den Verstorbenen den »letzten katholischen Geistlichen der Wessenbergianischen Richtung in Hohenzollern«. Bei aller Toleranz gegenüber der nun herrschenden neukirchlichen, ultramontanen Richtung in seiner Kirche blieb er bis zuletzt ein überzeugter Anhänger des aufgeklärten Katholizismus im Sinne Wessenbergs.

Als ein »bescheidenes Vermächtnis« hat Josef Blumenstetter im Jahre 1880 auf Bitten seiner Freunde einen Neudruck seiner 1847 in der Stiftskirche Hechingen gehaltenen Primizpredigt herstellen lassen. Er wollte damit daran erinnern, daß sein damaliger Ruf nach einer geläuterten christlichen Lehre nach 33 Jahren noch ebenso aktuell sei. Gegen alle Anfeindungen aus seiner Kirche blieb er bei seinem liberalen, nie starren Standpunkt.

Um mehr Gerechtigkeit für die Unterdrückten, die Schwachen und Benachteiligten ging es Blumenstetter bei seinem politischen Wirken. Er war kein Doktrinär, sondern ein Mann mit praktischem Verstand, mit Sinn für das Maß und das Erreichbare – ein Glücksfall in der schwierigen Endphase des Fürstentums Hohenzollern-Hechingen.

Literaturhinweise

Blumenstetter, Josef (Hg.): Der Volksfreund. Hechingen 1835–1836 (Nr. 1–151).
Gönner, Eberhard: Die Revolution von 1848/49 in den hohenzollerischen Fürstentümern und deren Anschluß an Preußen (Arbeiten zur Landeskunde Hohenzollerns, Heft 2). Hechingen 1952, passim.
Ders.: Die hohenzollerischen Stände. In: Peter Blickle u. a.: Von der Ständeversammlung zum demokratischen Parlament. Stuttgart 1982, S. 191–195.
Rehm, Clemens: Die katholische Kirche in der Erzdiözese Freiburg während der Revolution 1848/49 (Forschungen zur oberrheinischen Landesgeschichte 34). Freiburg/München 1987, S. 17, 22 f., 44, 138–155, 256–262.
Rösch, Adolf: Das religiöse Leben in Hohenzollern unter dem Einflusse des Wessenbergianismus 1800–1850. Köln 1908, S. 28–34, 74.
Senn, Ernst: Die drei Hohenzollern im Frankfurter Reichstag 1849. In: Zollerheimat 5 (1936) S. 58 f.
Speidel, Hans: Pfarrer Josef Blumenstetter. Seelsorger und Volksmann 1807–1885. In: Zeitschrift für hohenzollerische Geschichte 6 (1970) S. 37–107.
Ders.: Der erste Landtag zu Hohenzollern-Hechingen in den Jahren 1835–1836. In: Zeitschrift für hohenzollerische Geschichte 7/8 (1971/72) S. 77–118.
Ders.: Josef Blumenstetter (1807–1885). In: Heinrich Haasis (Hg.): Der Zollernalbkreis. Stuttgart und Aalen [2]1989, S. 226 f.

Eberhard Gönner

Josef Sprißler

Auf dem Friedhof Heiligkreuz bei Hechingen stehen nebeneinander zwei gleichgestaltete Grabmäler, die an die bekanntesten »Wessenbergianer« in den einstigen Fürstentümern Hohenzollern-Hechingen und Hohenzollern-Sigmaringen erinnern: an den 1879 verstorbenen Pfarrer Josef Sprißler und an den Pfarrer Josef Blumenstetter, der seinem Freund Sprißler sechs Jahre später in den Tod folgte. Auf dem Gedenkstein für Sprißler ist die Stelle von Matthäus 5,10 angebracht: »Selig sind, die um der Gerechtigkeit willen Verfolgung leiden, denn ihrer ist das Himmelreich«.

Der aufgeklärte Theologe

Der »Wessenbergianismus«, dem Josef Sprißler zugerechnet wird, ist die im Bereich des ehemaligen Bistums Konstanz übliche Bezeichnung für den Liberalkatholizismus, der in den zwanziger und dreißiger Jahren des 19. Jahrhunderts »einen neuen Höhepunkt der katholischen Aufklärung« darstellte und durch den »Drang nach kirchlichen Reformen im Sinne der Anpassung der Kirche an die liberalen und konstitutionellen Ideen des fortschrittlichen Bürgertums« gekennzeichnet war (Klaus Schatz). Dieser Liberalkatholizismus übernahm die Grundanliegen des Konstanzer Generalvikars und Bistumsverwesers Ignaz Heinrich Freiherr von Wessenberg, gab ihnen aber eine politisch-revolutionäre Richtung und verlor dabei den spirituellen Tiefgang der gemäßigt kirchlichen Aufklärung Wessenbergs. Die »Wessenbergianer« konzentrierten sich auf die Abschaffung des Zölibats, die Verwendung der Muttersprache in der Liturgie und bei der Sakramentenspendung sowie auf die Einberufung von Diözesansynoden zur Beschlußfassung über kirchliche Reformen.

Der am 6. März 1795 in dem Albdorf Inneringen geborene, zum Priester bestimmte und 1818 als solcher geweihte Josef Sprißler dürfte schon früh Anhänger der Reformideen Wessenbergs geworden sein. 1819 wurde er Pfarrer in Betra, 1821 wechselte er nach Veringenstadt als Stadtpfarrer. Es war die Zeit einer Flut von Schriften in Baden und Württemberg gegen den Zölibat. Im Jahre 1821 brachte ein Abgeordneter aus Rottweil eine Motion gegen den Zölibat im württembergischen Landtag ein, 1830 gründeten vier geistliche Gymnasialprofessoren in Ehingen an der Donau einen Verein zur Aufhebung des Zölibats, und 1831 beschloß die badische Zweite Kammer, die Großherzogliche Regierung um eine baldige Einberufung einer Synode zu bitten, auf der vorzugsweise die Zölibatsfrage behandelt werden sollte. Dem Kirchenrechtler Professor Dr. Amann in Freiburg, der in der Kammer dafür eingetreten war, überreichte Sprißler 1832 im Namen von zahlreichen katholischen Priestern eine Dankadresse und einen Ehrenpokal. Vom Ordinariat zur Stellungnahme aufgefordert, gab Sprißler zu Protokoll, »als Mensch, Bürger und Mitglied der lehrenden Kirche« habe er das Recht und die Pflicht, bei »den Angelegenheiten der Gesellschaft« mitzusprechen. »Der Zölibat ist längst und allgemein als ein Verderben in der heiligen Kirche Gottes erkannt«. »Ich gehorche dem Rufe meines Gewissens, mein Streben ist redlich! Ich kann nicht anders«.

Sprißler setzte sich vehement für eine demokratische Kirchenverfassung ein und warb dafür auch in anderen Kapiteln. Als er im Jahre 1833 zusammen mit mehreren badischen und hohenzollerischen Geistlichen eine Petition an das Ordinariat um Abhaltung einer Synode gerichtet hatte, antwortete der Erzbischof hinhaltend und ausweichend. Bald darauf zog ihn das Ordinariat wegen der Unterschriftensammlung zu dieser Petition zur Verantwortung.

Die wenig diplomatische, provozierende Art, mit der Sprißler wiederholt den Unwillen seiner Kirchenbehörde erregte, war wohl der Grund für seine »nicht ganz freiwillige« Versetzung nach Empfingen im Jahre 1834.

Im Jahr darauf nahm Sprißler Stellung gegen das Freiburger Rituale, wobei er fast alle Geistlichen des Kapitels Haigerloch hinter sich wußte. »Die Formeln der Sakramente lateinisch sprechen«, teilte er dem Ordinariat mit, »halte ich sowohl für lächerlich als unbiblisch«, und er fügte selbstbewußt hinzu: »Die angedrohte Suspension ... belästigt mich nicht, weil sie erweislich rechtswidrig und kraftlos ist, so lange, bis ein Ritual auf gesetzliche Weise durch Synodalbeschluß wird angenommen sein.«

Sprißler hatte wohl ursprünglich eine Hochschullaufbahn als Kirchenhistoriker im Sinn. Doch sein Verhalten dem Ordinariat gegenüber machte diese Hoffnung zunichte. Von seiner wissenschaftlichen Tätigkeit zeugen verschiedene Beiträge in den »Freimütige(n) Blätter(n) über Theologie und Kirchentum«, einer bis 1844 existierenden Zeitschrift der kirchlichen Aufklärung. 1835 veröffentlicht er dort seine Kritik an der »Symbolik« von Johann Adam Möhler, den er als seinen Jugendfreund bezeichnet. 1835/36 rezensiert er wohlwollend das »Leben Jesu« von David Friedrich Strauß, von dessen Thesen er sich sehr beeindruckt zeigt. Sprißlers 1837 erschienene Besprechung von »Martin Luthers Leben« von Gustav Pfizer enthält eine ausführliche Charakterisierung des Reformators, die nach Auffassung Heinrich Bornkamms »im dichterischen Schwung der Sprache und dem Verständnis seiner Gestalt eine der schönsten Würdigungen (war), die Luther im 19. Jahrhundert erhalten hat«. Zu erwähnen ist auch die »Neue Predigtsammlung«, die Pfarrer Sprißler mit mehreren Geistlichen 1835–1837 in Hechingen erscheinen ließ. Sie enthält von ihm auch homiletische Vorträge für die Marienfeste.

Der Landespolitiker

Als Liberalkatholik sah sich Sprißler in einer Interessengemeinschaft mit dem politischen Liberalismus und zögerte deshalb nicht, sich in die seit 1832 bestehende Ständeversammlung des Fürstentums Hohenzollern-Sigmaringen wählen zu lassen, in der er zusammen mit dem Advokaten Karl Würth die liberale Gruppe anführte und einer der tätigsten Abgeordneten war. Es geht wohl auf seinen Einfluß zurück, daß die kirchlichen Angelegenheiten bei den Beratungen einen breiten Raum einnahmen. Sprißler erhoffte sich vom Staat Unterstützung in seinem Anliegen einer demokratischen Kirchenverfassung. Die Unterordnung der Kirche unter den Staat zog er der Herrschaft der Hierarchie vor.

Gegen 1840 machen sich grundsätzliche Unterschiede zwischen Sprißler und dem Liberalen-Führer Würth bemerkbar. Der Vernunftoptimismus Würths ist dem historisch gebildeten Sprißler zu stark theoretisch bestimmt. Er hält dem Advokaten entgegen: »Die Theorie ist nicht das Höchste, es gibt etwas Höheres – die Wirklichkeit.« Aber das politische Denken und Handeln in dieser Wirklichkeit ist bei Sprißler ohne klare Linie. Seine gefühlsbetonten Reaktionen sind manchmal überraschend und verwirrend. Auch bei seinen geistlichen Mitbrüdern, insbesondere bei den jüngeren, verliert er mehr und mehr an Gefolgschaft, seitdem der streng-kirchliche Geist in der katholischen Kirche die Oberhand gewonnen hat. Man nannte sie die »Neurömischen«, die die Liberalisierung in der Kirche ablehnten und sich die Befreiung der Kirche von der staatlichen Bevormundung zum Ziel gesetzt hatten. Sprißler sah darin einen Abfall der Geistlichen vom Fortschritt und eine Rückkehr zum Jesuitismus. Wenn er auch trotzig verkündete, er beuge seine Knie nicht vor Baal, so machte sich bei ihm doch Resignation bemerkbar. 1842 und 1845 wurde er nicht mehr in den Landtag gewählt. Seine liberalkatholischen Forderungen verfocht er weiterhin mit spitzer Feder im liberalen Blatt »Der Sigmaringer Erzähler«.

Das Widersprüchliche in seinem Charakter machte sich beim Beginn der Revolution 1848 bemerkbar. Unmittelbar davor forderte er im »Erzähler« noch zur Radikalität im Denken und Handeln auf. Kaum war die Revolution ausgebrochen, mahnte er an der gleichen Stelle zur Ruhe, Ordnung und Mäßigung. Er selbst wollte kein politisches Amt mehr übernehmen und der jüngeren Generation das Feld überlassen. Aber dann erklärte er sich doch bereit, für die Nationalversammlung in der Paulskirche zu kandidieren.

In der Frankfurter Nationalversammlung

Bei der Wahl des Abgeordneten von Hohenzollern-Sigmaringen für die Paulskirche am 26. April 1848 erhielt Sprißler von den fünf Kandidaten die meisten Stimmen. Die in ihrer Mehrheit konservative Bevölkerung des Fürstentums zog den politisch weniger radikalen Geistlichen dem seit Beginn der Revolution zum Republikaner gewordenen Karl Würth vor. Bei der Verabschiedung Sprißlers in Sigmaringen vor seiner Fahrt nach Frankfurt gab er sein Programm bekannt: für Volkssouveränität und ein erbliches Kaisertum. Zwar halte er die Republik für die beste Staatsform, doch ihre Zeit sei noch nicht gekommen. Die bei dieser

Gelegenheit von Sprißler geäußerten außenpolitischen Vorstellungen waren höchst verworren und unrealistisch.

Den feierlichen Einzug der Abgeordneten in die Paulskirche am 18. Mai empfand Sprißler als den »größten Augenblick« seines Lebens. Aber bald schlug seine Begeisterung in Enttäuschung um. Der parlamentarische Alltag stieß ihn ab. Unmutsäußerungen aus seinem Wahlbezirk ließen ihn erkennen, daß er dort nicht überall Zustimmung fand. Als sich im Sommer 1848 der Sigmaringer Landtag mit der Aufhebung des Zehnten befaßte, meldete sich Sprißler aus Frankfurt zu Wort und verurteilte eine entschädigungslose Abschaffung als eine Verletzung der gesetzlichen Ordnung und des Rechts. Diese von vielen als Einmischung empfundene Einstellung schaffte ihm im Lande keine Freunde. Bei einem Besuch in der Heimat ließen ihn Würths Liberale ihre Unzufriedenheit mit ihrem Paulskirchen-Abgeordneten spüren. Unverständnis löste allenthalben sein in der Nationalversammlung gestellter Antrag aus, den Zölibat abzuschaffen.

Seine Unzufriedenheit mit dem schleppenden Gang der Verhandlungen in der Paulskirche und die Entfremdung von seinen Wählern ließen Sprißler resignieren. Die Befürchtung, das Ordinariat wolle ihn aus seiner Pfarrei verdrängen, war für ihn schließlich der Anlaß, sein Mandat Anfang September 1848 zurückzugeben und sich nach Empfingen zurückzuziehen.

Die Suspension

Ganz blieb Sprißler der Politik nicht fern. Am 27. November 1848 hielt er bei einer Trauerfeier in der evangelischen Kirche in Sulz eine Gedenkrede für den in Wien standrechtlich erschossenen Abgeordneten der Nationalversammlung, Robert Blum, eine Rede, in der er dessen Leben und Tod in eine Reihe mit Moses, Christus und Luther stellte. Diese Rede und Sprißlers Unterantrag zum § 15 der Grundrechte (Plathnerscher Antrag) während seiner Parlamentszeit in Frankfurt gaben für das Freiburger Ordinariat den Grund ab für seine Suspension am 23. Februar 1849. In dem Unterantrag hatte Sprißler den Beschluß gefordert, daß niemand zur Erfüllung religiöser Pflichten gezwungen und niemand wegen Nichterfüllung oder Verletzung derselben mit weltlichen Strafen belegt werden dürfe. Weniger dieser Antrag an sich als Sprißlers Begründung scheint das Einschreiten des Ordinariats veranlaßt zu haben, worin vom »Polizeistaat in der Kirche«, vom »Hang zum Absolutismus« bei der Hierarchie und vom »wiedererwachten Hange zur Legendenweisheit, zur Mönchsaszetik« des Mittelalters die Rede war. Proteste Empfinger Bürger sowie Demonstrationen und Unterschriftensammlungen hohenzollerischer Märzvereine vermochten das Ordinariat, dem Sprißler im Januar 1849 angedroht hatte, »auf der nächsten Diözesan- und Nationalsynode« als Kläger aufzutreten, nicht umzustimmen. Sprißler ignorierte die Suspension, rief den Schutz des Staates an und übte, von Empfingern und der Fürstlichen Regierung gestützt, die Seelsorgetätigkeit weiterhin aus. Erst das Einschreiten der preußischen Immediat-Kommission in Sigmaringen im Februar 1851 vermochte Sprißler aus Empfingen zu vertreiben. Seine Auseinandersetzung mit dem Ordinariat wegen seines Wohnsitzes und seiner Besoldung zog sich noch viele Jahre hin. Erst wohnte er in Hechingen, versorgte aber dann von 1855–1861 die Filiale Kaiseringen, um daraufhin wieder nach Hechingen und 1873 nach Stetten bei Hechingen zu ziehen, wo er am 17. Juni 1879, »mit der Kirche versöhnt«, starb. Von den hohenzollerischen Zeitungen widmeten ihm nur die liberalen »Hohenzollerischen Blätter« einen ausführlichen Nachruf.

Von den Geistlichen wessenbergianischer Richtung in Hohenzollern war Josef Sprißler der konsequenteste, unbeugsamste und deshalb auch der Hauptgegner des Freiburger Ordinariats in dessen hohenzollerischem Sprengel. Hochbegabt und mit einer breiten historischen Bildung ausgestattet, galt er als ein glänzender Redner. Seine Freigebigkeit und seine soziale Einstellung sind vor allem aus Empfingen überliefert. Leidenschaftlich kämpfte er für eine Demokratisierung in der Kirche und war tief enttäuscht, als ihm dabei die jüngere Generation von Geistlichen die Gefolgschaft versagte. Widersprüchlich in seinem Charakter ist einerseits die hohe Empfindungsfähigkeit bei der Wortwahl und der Ausdrucksweise in seinen Buchrezensionen und andererseits der Mangel an Sensibilität in seiner kirchenpolitischen Auseinandersetzung, bei der er sich vom Staat Unterstützung erhoffte. Für die Anliegen der neukirchlichen Richtung, die sich seit den dreißiger Jahren als Trend zu einem neuen Kirchenverständnis abzeichneten, hatte Sprißler kein Verständnis. Die Zeit ging über ihn hinweg, doch nach dem Zweiten Vatikanum tauchten seine Gedanken in der innerkirchlichen Diskussion wieder auf.

Literaturhinweise

Franz Xaver Bantle: Evangelienkritik und Glaube eines führenden Wessenbergianers – Pfarrer Joseph Sprißler und das »Leben Jesu« des Dav. Fr. Strauß. In: Münchener Theologische Zeitschrift 28 (1977) S. 367–382.

Heinrich Bornkamm: Luther im Spiegel der deutschen Geistesgeschichte. Göttingen 1970, S. 86, 340–343.

Eberhard Gönner: Die Revolution von 1848/49 in den hohenzollerischen Fürstentümern und deren Anschluß an Preußen (Arbeiten zur Landeskunde Hohenzollerns, Heft 2). Hechingen 1952, passim.

Ders.: Die hohenzollerischen Stände. In: Peter Blickle u. a.: Von der Ständeversammlung zum demokratischen Parlament. Stuttgart 1982, S. 191–195.
Ottmar Hegemann: Luther im katholischen Urteil. München 1905, S. 147–148, 168–182, 192 f.
Johann Adam Kraus: Josef Sprißler, Pfarrer von Empfingen. In: Hohenzollerische Heimat 13 (1963) S. 23.
Adolf Rösch: Das religiöse Leben in Hohenzollern unter dem Einflusse des Wessenbergianismus 1800–1850, Köln 1908, S. 28–34, 74.
Klaus Schatz: Zwischen Säkularisation und Zweitem Vatikanum. Der Weg des deutschen Katholizismus im 19. und 20. Jahrhundert. Frankfurt a. M. 1986, S. 72–75.
Karl Werner Steim: Die Suspension des Pfarrers Josef Sprißler in Empfingen. In: Hohenzollerische Heimat 29 (1979) S. 43–46.

Eberhard Gönner

Carl Otto Würth

So nannten ihn im Sinne des griechischen Wortes »Tyrannis« seine Freunde im Exil mit einem gewissen Respekt und einem Anflug von Ironie. Als Würth im Jahre 1884 als angesehener »Fürsprech« (Rechtsanwalt) in Chur verstarb, lagen die revolutionären Ereignisse in Sigmaringen, deren Exponent er gewesen war, schon 35 Jahre zurück.

Carl Otto Würth wurde 1803 in Donaueschingen geboren. Sein Vater war von 1805 bis 1835 fürstlich fürstenbergischer Obervogt in Jungnau, so daß der junge Carl in der Nähe von Sigmaringen aufwuchs. Nach dem Studium der Rechtswissenschaften in Tübingen und Freiburg ließ sich der zum Dr. juris Promovierte als Advokat in Sigmaringen nieder. Die Französische Julirevolution 1830, die den liberalen Ideen in Deutschland Auftrieb verschaffte, gab wohl für Würth den Anstoß zu politischer Betätigung im Sinne des liberalen Fortschritts.

Haupt der Liberalen

Seitdem im Jahre 1832 im Fürstentum Hohenzollern-Sigmaringen eine Ständeversammlung bestand, gehörte er ihr als Abgeordneter an. Von Anfang an verstand er es, sich an die Spitze der Volksvertreter mit liberaler Tendenz zu stellen. Wenn auch die liberale Gruppe zahlenmäßig den Konservativen im Landtag unterlegen war, so fand doch die unablässige Forderung des rhetorisch gewandten Würth nach mehr Rechten des Bürgers einen großen Widerhall im Volke. Er setzte sich für die Aufhebung der Feudallasten, für eine bessere Bildung des Volkes, für die Emanzipation der Juden und für Pressefreiheit ein. In den vierziger Jahren wurde die politische Aktivität Würths etwas zurückhaltender, denn die Reformen des fortschrittlich gesinnten Regierungschefs Schenck zu Schweinsberg nahmen ihm Wind aus den Segeln. Radikaldemokratische Äußerungen, wie sie früher mitunter von ihm gefallen waren, wurden nicht mehr gehört. Mit seiner verbindlichen Art und seiner gesellschaftlichen Gewandtheit gewann er in der Sigmaringer Gesellschaft bis hin zum Fürstenhaus Sympathien.

Die große Wende in Würths Leben begann mit der Französischen Februarrevolution und der auf sie folgenden revolutionären Bewegung in Baden. Es ist anzunehmen, daß Würth an der Abfassung der Petition der Sigmaringer Bürgerschaft vom 4. März 1848 beteiligt war, die noch im Rahmen der üblichen liberal-bürgerlichen Forderungen lag. Mit seinem Sprachrohr, dem »Sigmaringer Erzähler«, wirkte er für die aufgeregte Masse anfeuernd und richtungweisend. Die radikal-demokratische, republikanische Richtung scheint er erst beim Frankfurter Vorparlament eingeschlagen zu haben.

Der Revolutionär

Würth war Ende März 1848 ohne ein politisches Mandat nach Frankfurt gereist und hatte sich dort der äußersten Linken angeschlossen, die die Republik anstrebte. Nach Sigmaringen zurückgekehrt, wies er allerdings republikanische Absichten von sich, doch dieses Etikett blieb an ihm haften und verhinderte seine Wahl zum Abgeordneten des Fürstentums in der Frankfurter Nationalversammlung. Das Programm des von ihm am 24. Mai 1848 in Sigmaringen gegründeten »Vaterländischen Vereins« vermied noch das Wort Republik. Dagegen ließ der »Erzähler«, das Organ dieser ersten politischen Partei in Sigmaringen, keinen Zweifel bestehen, daß die Republik die idealste Staatsform sei, und bald darauf bekannte sich Würth auch öffentlich zu dieser Meinung. Das führte zu einer Klärung der politischen Fronten: die konstitutionell Gesinnten distanzierten sich von den auf der Seite Würths stehenden Demokraten, die Volkssouveränität und die Republik verlangten.

Würths Höhepunkt: Ständeversammlung 1848

In der im Juli und August 1848 in Sigmaringen tagenden Ständeversammlung beherrschte Würth, obwohl seine Anhänger in der Minderzahl waren, den Gang der Verhandlungen. Der eloquente Advokat trug den revolutionären Geist in die Ständeversammlung und wurde zur bedeutendsten Figur des Landtags. Aus der von ihm postulierten Volkssouveränität leitete er das Recht zu revolutionären Maßnahmen ab. Das alte Recht sei zu einem Unrecht geworden, weil es den modernen Zeiterfordernissen nicht mehr entspreche. Wenn Würth auch mit seinem Verlangen nach einer neuen Verfassung nicht durchdrang, so machte ihn doch seine Aufforderung, alle alten Lasten abzuschütteln, im ganzen Land populär. Am 23. September 1848 erhielt er bei der Wahl für die Frankfurter Nationalversammlung als Nachfolger von Pfarrer Sprißler 88 % der abgegebenen Stimmen.

Mißglückter Umsturzversuch

Als Friedrich Hecker und später Gustav Struve mit ihren Freischaren den Aufstand in Südbaden entfacht hatten und Gottlieb Rau für einen Aufstand in Württemberg agitierte, schien für Würth die Zeit gekommen zu sein, sich auch in Hohenzollern für die Republik zu erheben. In der Karlsplatz-Versammlung in Sigmaringen am 26. September 1848 setzte er die Bildung eines revolutionären Sicherheitsausschusses und die Überführung der Waffen aus der Kaserne in das Sigmaringer Rathaus durch. Die Regierung wich vor der Gewalt zurück und verließ mit dem Fürsten, der die Zentralgewalt zu Hilfe rief, das Land.

Die Erkenntnis, daß die Revolution weder in Württemberg noch in Baden zum Durchbruch kam, und die Besetzung des Fürstentums durch bayerische Truppen sorgten für eine rasche Ernüchterung und Enttäuschung in Sigmaringen. Würth hatte den Bogen überspannt, weil er Wunschträume für Realität hielt. Als Kranker an seine Wohnung gebunden, fiel er für einige Monate als Führer der Demokraten aus.

In der Nationalversammlung

Erst kurz vor Weihnachten 1848 konnte Würth seinen Sitz in der Paulskirche einnehmen. Wieder auf der äußersten Linken, dem »Donnersberg«, trat er in Frankfurt für die Republik ein. Seine Berichte aus der Nationalversammlung zeigten einen Hang zum Doktrinären und einen Mangel an politischem Realismus. Sein wiederholter Aufruf zur allgemeinen Volksbewaffnung und zu einer gesamtdeutschen Erhebung für die Verfassung der Paulskirche fand nur wenig Resonanz. Schließlich hatten doch die hohenzollerischen Fürstentümer die Verfassung anerkannt, und es erschien aussichtslos, daß die kleinen deutschen Länder die großen deutschen Staaten zur Annahme zwingen könnten.

Ein letzter Aufstandsversuch

Indes gelang es Würth noch einmal, die Sigmaringer Demokraten um sich zu scharen. Bei der Volksversammlung in Gammertingen am 3. Juni 1849 verlangte er ultimativ die Beteiligung des Landes an der badisch-pfälzischen Erhebung, die unentgeltliche Aufhebung sämtlicher Grundlasten und die Übergabe der Domänen an den Staat. Doch darin folgten ihm seine Anhänger nicht mehr.

Er selbst zog mit dem Rumpfparlament und der Reichsregentschaft über Stuttgart ins badische Oberland. Am 25. Juni 1849 von der Reichsregentschaft in Freiburg zum Reichskommissar für die hohenzollerischen Fürstentümer bestellt, wollte er in Verkennung der tatsächlichen Verhältnisse in die Fürstentümer kommen, um dort das Reichsgesetz über die Bildung der Volkswehr vom 17. Juni durchzuführen, doch am 2. Juli konnte eine Deputation des Sigmaringer Gemeinderats den anreisenden Würth in Meßkirch von seinem Plan abbringen. Der Reichskommissar sah die Aussichtslosigkeit seiner Tätigkeit ein und floh in die Schweiz.

Gescheitert mit zukunftsträchtigen Gedanken

Wofür Würth in Sigmaringen gekämpft hat, ist heute politisches Allgemeingut. Er wollte liberale Vorstellungen durchsetzen in einer Zeit und in einem Land, in denen die Voraussetzungen dazu noch nicht gegeben waren. Für Parolen wie Volkssouveränität und Republik fanden sich damals im Fürstentum Sigmaringen keine Mehrheiten. Als Sohn der Aufklärung war Würth davon überzeugt, daß das Vernünftige auch das Richtige sein müsse. Daraus leitete er das Recht her, das von einer Minderheit als vernünftig Erkannte mit Gewalt gegen die Mehrheit durchzusetzen. Seinem starken Optimismus fehlte als Regulativ ein historischer Sinn für die Realitäten, für das Machbare.

Nach seinem Tode bescheinigte man Würth in der Schweizer Presse hohe Bildung, Liebenswürdigkeit, angenehmste Umgangsformen und einen makellosen Charakter. Im »Schwarzwälder Boten« dagegen erinnerte ein Korrespondent »Von der Donau« bei aller Würdigung seiner positiven Seiten auch an seine »grenzenlose geistige und körperliche Eitelkeit und Ehrsucht«, an Eigenschaften, die Würth seinerzeit in Sigmaringen nachgesagt wurden. Würths doktrinäre Einseitigkeit, die erstaunliche Verkennung der Machtverhältnisse und sein zügelloser Ehrgeiz ließen ihn scheitern. Darin liegt die Tragik dieser bedeutendsten politischen Erscheinung in Sigmaringen während der Revolutionsjahre.

Literaturhinweise

Eberhard Gönner: Die Revolution von 1848/49 in den hohenzollerischen Fürstentümern und deren Anschluß an Preußen (Arbeiten zur Landeskunde Hohenzollerns, Heft 2). Sigmaringen 1952 passim.

Ders.: Die hohenzollerischen Stände. In: Von der Ständeversammlung zum demokratischen Parlament. Hrsg. von der Landeszentrale für politische Bildung Baden-Württemberg. Stuttgart 1982, S. 191–196.
Herbert Natale: Ergänzende Quellen zur Biographie des Dr. jur. Carl Otto Würth (1803–1884). Führer der Sigmaringer Liberalen und Abgeordneten des Paulskirchenparlaments. In: Zeitschrift für Hohenzollerische Geschichte 12 (1976) S. 163–173.
Ernst Senn: Die drei Hohenzollern im Frankfurter Reichstag 1849. In: Zollerheimat 5 (1936) S. 58.

Hugo Lacher

Fürst Karl Anton von Hohenzollern

Fürst Karl Anton von Hohenzollern-Sigmaringen ist am 7. September 1811 geboren. Seine Eltern waren Erbprinz Karl und Antoinette, eine Nichte des Königs Murat von Neapel. Als einziger Sohn erhielt er eine besonders gediegene Ausbildung, erst an den Gymnasien in Regensburg und Rastatt, dann an der Akademie in Genf und schließlich an den Universitäten in Tübingen, Göttingen und Berlin. Hier hat die Königliche Familie dem »Vetter« aus dem Süden einen besonders herzlichen Empfang bereitet, mit Prinz Wilhelm bahnte sich eine lebenslange Freundschaft an. In Berlin gab es auch eine erste Einführung in die Kunst. Nach Abschluß der Studien heiratete Karl Anton die badische Prinzessin Josephine. 1848 übernahm er die Regierung, nachdem sein Vater unter dem Eindruck der Revolution abgedankt hatte. Da auch Karl Anton fürchtete, daß sein kleines Land der Revolution nicht gewachsen sein könnte, bot er es dem revolutionsfesten Preußen zur Übernahme an, die dann 1850 erfolgte.

In der Revolution sah Karl Anton die »Umkehr aller Ordnung«. Was er dagegensetzte, war immer noch der patriarchalische Staat für kleinere Länder, der konstitutionelle für größere und für Preußen die Zugabe der unbedingten Befehlsgewalt des Königs über die Armee. So hat er noch 1862, als die Fortschrittspartei im Landtag die Heeresreform ablehnte, den König beschworen, niemals dem »renitenten Haus« nachzugeben, denn das wäre »eine Verleugnung preußischen Königtums und folgerichtig preußischer Macht und Größe«. 1848 sah er in einem solchen Preußen die einzige Rettung für den Südwesten. Hohes Lob zollte er denn auch Prinz Wilhelm für die Niederschlagung des badischen Aufstandes, und als ein preußisches Kontingent auch in Hohenzollern einrückte, zeigte er sich hocherfreut, als er zu seinem Kommandeur bestellt wurde. Und in eben dieser konservativen Gesinnung und vorwiegend dem Militärischen zugetan, wollte der Fürst nun selber ein Preuße werden. Kaum war sein Land übergeben, verließ er dann auch selbst die Heimat. Mit Neisse in Schlesien bekam Karl Anton seinen ersten Standort angewiesen. Doch schon bald zog er nach Düsseldorf um, da das östliche Preußen seinem »schwäbischen Gemüt« nicht zusagte. Sein neues Domizil wurde das Schloß Jägerhof, das seine leutselige Art bald zu einem Haus der offenen Tür machte. Bevorzugte Gäste waren Maler von der Kunstakademie. Er selber betätigte sich als Sammler, der aufkaufte, was ihm wertvoll erschien. Auch seine militärischen Pflichten liefen weiter. 1859 wurde er Militärgouverneur für Westfalen, 1863 auch für die Rheinprovinz, zugleich wurde er General. Auch schriftlich äußerte er sich zu Wehrfragen. So führte er 1862 in einem Aufsatz aus, wie eine konzentrierte Ausbildung unter kriegsmäßigen Bedingungen es möglich machen müßte, bei der zweijährigen Dienstzeit zu bleiben. Dies führt nun an die Heeresreform wie auch an Karl Antons Ministerpräsidentschaft heran.

1857 übernahm Prinz Wilhelm die Vertretung für den kranken König. Auf Anraten Karl Antons ersetzte er zunächst das reaktionäre Kabinett von Manteuffel durch ein gemäßigt liberales. Karl Anton berief er zum Ministerpräsidenten, allerdings nur der Form nach, denn der Fürst sollte nicht regieren, sondern »mein Freund und Ratgeber« sein, vor allem aber sollte der süddeutsche Fürst mit seinem liberalen Flair nach außen dartun, daß in Preußen eine »Neue Ära« angebrochen war. Karl Anton wurde damit eine Position angewiesen, die er bald eine »Scheinstellung« nannte, in der er nichts bewirken könne. Wie das aussah, zeigte sich, als der König den Altpreußen Albrecht von Roon zum Kriegsminister bestellte, um mit ihm die Heeresreform durchzubringen. Karl Anton wurde also übergangen. Außerdem mochte der Fürst die Junker nicht, während diese den Ministerpräsidenten aus Hohenzollern eine »Nullität« nannten. Die Heeresreform wurde vom König und Roon so ungeschickt gehandhabt, daß sich daraus eine schwere Verfassungskrise entwickelte. Der König wollte abdanken, Roon rief nach Bismarck. Karl Anton selber war um diese Zeit bereits um seine Entlassung eingekommen. Er erhielt sie und als Dank für seine Dienste das Prädikat »Königliche Hoheit« zugesprochen.

Wenig später begannen die Kriege. Karl Antons sehnlichster Wunsch, sich im Feld zu bewähren, blieb unerfüllt. 1866 hatte er das Opfer zu bringen, daß sein Sohn Anton bei Königgrätz tödlich verwundet wurde. Es war das zweite Kind, das die Familie verlor. Das erste, die Prinzessin Stephanie, hatte 1858 den portugiesischen König Don Pedro geheiratet, schied aber schon ein Jahr später aus dem Leben. 1867 ehelichte die jüngste Tochter Marie den Grafen von Flandern. 1866 wählten die Rumänen Prinz Karl mit Zustimmung des Vaters zu ihrem Fürsten. Karl tat sich zunächst schwer in dem unruhigen Land, konnte sich dann doch durchsetzen, wurde 1881 König und ist erst 1914, nun auch von den Rumänen hochgeehrt, gestorben. Mit der spanischen Thronkandidatur fand diese dynastisch bestimmte Familienpolitik ein Ende.

1868 mußte Königin Isabella II. von Spanien einer Revolution weichen. Die Spanier suchten nun einen neuen Anwärter auf den Thron und fanden ihn in Erbprinz Leopold, dem ältesten Sohn von Karl Anton. Zunächst verhielt sich die Familie allerdings ablehnend, dann aber konnte der Fürst der Versuchung doch nicht widerstehen, mit einem Hohenzoller in Spanien seinem Haus zu neuem Glanz zu verhelfen. Es wäre unverzeihlich, »wenn aus Beweggründen engherziger Natur... diejenige historische Rangstellung verscherzt würde, welche einem Hohenzollern in höheren Maßen als jedem anderen, zuzukommen habe«. Als dann auch noch der König der Kandidatur zustimmte, sagten der Fürst und sein Sohn zu. Dies wurde nun freilich so früh bekannt, daß Frankreich, das ursprünglich vor ein »fait accompli« gestellt werden sollte, noch intervenieren konnte. Bismarck zog sich aus der Affäre, indem er die Kandidatur als Privatsache der süddeutschen Hohenzollern von sich abtat. So blieb sie an Karl Anton hängen, ebenso die europaweit ausgelöste Erregung, die einen Krieg befürchten ließ. Unter solchen Umständen zog auch er sich zurück. Bismarck freilich hat Paris zusätzlich herausgefordert, worauf dieses den Krieg erklärte. Karl Anton war tief verletzt, glaubte er doch, zum »Werkzeug« Bismarcks geworden zu sein. Zu dieser Brüskierung kam dann noch ein Beinleiden, das den Fürsten kriegsuntauglich machte. Aber auch sein Kopf, der doch noch gut sei, sei nicht mehr gefragt. So viel Ungemach dämpfte dann auch seine Kriegsbegeisterung. Er bewunderte die Präzision der militärischen Abläufe, redete einem Siegfrieden das Wort und kehrte dann, als der Krieg zu Ende war, nach Sigmaringen zurück.

Wieder daheim, widmete er sich vor allem den Kunstschätzen, von denen er ganze Wagenladungen nach Hause geschickt hatte. Vieles davon war bereits aufbereitet, zu Sammlungen zusammengestellt, publizistisch erschlossen und der Öffentlichkeit zugänglich gemacht. Vieles war noch zu tun, zumal auch die Neuerwerbungen weiterliefen. Dann waren für all die Käufe Räume bereitzustellen. So ließ der Fürst noch von Düsseldorf aus eine Bibliothek im Tudorstil einrichten. Auch die prächtige Waffensammlung erhielt eine neue Halle. Die anderen Räume für die verschiedenartigen Sammlungen wuchsen allmählich zu einem Museum zusammen. 1867 wurde es eingeweiht. Nach seiner Rückkehr folgte noch der Bau eines Archivgebäudes. Ohne Zweifel hat sich der kunstsinnige Fürst mit all den schöngeistigen Aktivitäten und Einrichtungen ein Denkmal eigener Art gesetzt wie auch seiner Residenz, dem Schloß und der Stadt, zu zusätzlicher Attraktivität verholfen. Vieles davon war freilich auch Kompensation für den Verlust der Souveränität, den der Fürst nie ganz verwunden hat.

Viel hat sich Karl Anton in diesen Jahren auch mit dem Kulturkampf beschäftigt. Der Fürst war Katholik. Aus der katholischen Aufklärung kommend, war er überdies Anhänger des Staatskirchenrechts. Dieses hat die preußische Verfassung von 1850 durch die Freiheit der Kirche ersetzt. Karl Anton hat dieses Verhältnis von Staat und Kirche strikt abgelehnt. Ebenso schroff wandte er sich um 1870 gegen die Infallibilität des Papstes. Auch sei er »ein scharfer Gegner« des politischen Katholizismus, des Ultramontanismus und des Zentrums. All dies waren die Voraussetzungen, auch ein engagierter Kulturkämpfer zu sein. So hat er mit geringfügigen Ausnahmen sämtliche Kulturkampfgesetze gebilligt, voran die Aufhebung jener Paragraphen, die der Kirche die Freiheit gebracht hatten, denn diese sollte wieder zurück unter die Oberhoheit des Staates. Was ihm nun diese Auseinandersetzungen zusehends verleidete, war die Härte, mit der Bismarck und »die norddeutschen Liberalen« vorgingen. Wie peinlich gerade dies für einen »Vetter« des Kaiserhauses war, zeigt ein kleiner Vorfall. 1863 hat der Fürst seiner Stiefmutter, der Fürstin Katharina, geholfen, die Benediktiner nach Beuron zu bringen. Nun konnte er noch nicht einmal bei seinem Freund, dem Kaiser, auch nur den kleinsten Aufschub ihrer Ausweisung aus Preußen erreichen. Endgültig vom Kulturkampf geheilt wurde der Fürst dann vom Aufstieg der Sozialdemokratie, dem »Feind der Ordnung und der gesellschaftlichen Moral«. Es sei nun die Pflicht von Staat und Kirche, gemeinsam »Destruktion und gottesleugnerische Grundsätze« zu bekämpfen. So hoffte er, daß Leo XIII., der 1878 Pius IX. auf dem Stuhl Petri gefolgt war, zum Frieden bereit sei. Karl Anton hat diesen Frieden nicht mehr erlebt. 1884 konnte er noch die goldene Hochzeit feiern. Im nächsten Jahr, am 2. Juni, ist er gestorben. Unter großer Anteilnahme des Kaiserhauses und der Bevölkerung ist er in der Fürstengruft in Hedingen beigesetzt worden.

Literaturhinweise

Gönner, Eberhard: Fürstenerziehung im 19. Jahrhundert. Die Erziehung des Prinzen Karl Anton von Hohenzollern-Sigmaringen. In: Landesgeschichte und Geistergeschichte. Festschrift für Otto Herdung zum 65. Geburtstag. Stuttgart 1977. S. 419–441.

Kaufhold, Walter: Fürstenhaus und Kunstbesitz. Hundert Jahre fürstlich hohenzollerisches Museum in Sigmaringen. T. 1. 2. ZfHG Bd 3.4. 1967/68 S. 133–222, 69–148.

Schot, Bastian: Die Geschichte der hohenzollerischen Thronkandidatur im Lichte neuer Veröffentlichungen. In: HJb. Bd 23. 1963. S. 173–205.

Zingeler, Karl Th.: Karl Anton, Fürst von Hohenzollern. Ein Lebensbild. Stuttgart & Leipzig 1911.
Weitere Literatur siehe Bernhard/Seigel: Bibliographie S. 451 ff.

Klaus-Peter Burkarth

Theodor Bilharz

»Der einzig große Naturforscher, den Hohenzollern hervorgebracht, ein Mann von Weltruf.« Mit landsmannschaftlichem Stolz und vielleicht ein wenig Wehmut über seine singuläre Erscheinung gedenkt die Tageszeitung »Zoller« am 23. März 1925 des hundertjährigen Geburtstags von Theodor Bilharz in einem knappen biographischen Porträt. Weltruf genießt der Name bis heute, gehört zum Allgemeingut ärztlicher Nomenklatur auf der ganzen Welt (kein Lehrbuch der Inneren Medizin oder Tropenheilkunde kann auf ein Kapitel zur »Bilharziose« verzichten) – auch wenn die geschichtliche Gestalt des Namensgebers längst hinter seine Entdeckung zurückgetreten ist.

»Distomum haematobium«, später ihm zu Ehren »Bilharzia haematobia« genannt, ein Parasit, den er als Auslöser einer in Ägypten schon seit der Pharaonenzeit heimischen, vielfach tödlich verlaufenden Tropenkrankheit ausmachte, war die bahnbrechende Entdeckung seiner wissenschaftlichen Laufbahn, die den Weg frei machte für eine zielgerichtete Therapie dieser Krankheit und ihr viel von ihrem früheren Schrecken als Geisel der Menschheit nahm.

Bilharz' Pionierleistung wird keineswegs geschmälert, wenn man gleichzeitig auf den Siegeszug der modernen Naturforschung und Medizin in diesen Jahren hinweist. Seine Studienjahre und Forschungsarbeiten standen im Zeichen einer wissenschaftlichen Revolution vor allem auf dem Gebiet der Medizin, einer entschiedenen Hinwendung zur Empirie, zur exakten Beobachtung, zu Messung und Experiment. Die kühnen Gedankenflüge der naturphilosophischen Periode, ihre intuitive Weltschau und die spekulativ-ästhetischen Ideengebilde hatten allgemeiner Ernüchterung Platz gemacht. Zwar beschränkte sich Bilharz' Geist keineswegs auf das, was sich mit der »Mistgabel der Empirie« umwenden ließ – so die polemische Formulierung eines Freundes; aber von den »Maulwurfslöchern der wirklichkeitsfremden deutschen Spekulation« hatte er sich früh abgewandt. Bilharz lebte – und das bedingt und ermöglicht seine wissenschaftliche Leistung – nicht mehr im Zeitalter zufälliger Entdeckungen. Überall wird an denselben Problemen gearbeitet, stehen Lösungen an, wird auch er eingespannt – darum der unerhörte Strom naturwissenschaftlich-medizinischer Entdeckungen zu Bilharz' Lebzeiten.

Die Bilharz stammen aus dem Schwarzwald; der Vater Joseph Anton wurde 1788 in Herbolzheim geboren, studierte Cameralia in Freiburg und trat 1817 in den Dienst der Sigmaringer Hohenzollern, wo er nacheinander das fürstliche Archiv und die Hofkasse verwaltete und 1877 als Hofkammerrat starb – ein ehrenfester, mit zunehmendem Alter leicht philiströser Bürger. Die Mutter Elisa, gebürtig aus dem Thurgau und überzeugte Zwinglianerin, brachte Maximilian Theodor als ihren Erstgeborenen am 23. März 1825 in Sigmaringen zur Welt. Es war die kleine Welt einer 1200 Seelen zählenden Residenzstadt, der der Hof, Honoratioren- und Beamtentum bescheidenen, aber wohlgepflegten Glanz verliehen. Regiert wurde hier noch mit der patriarchalischen Fürsorglichkeit eines verspäteten aufgeklärten Absolutismus, und Fürst Anton Aloys fand sich oft Sonntag nachmittags im Bilharzschen Hause in der Antonstraße zum Kaffeeplausch ein – kurz eine Welt braven Biedermeiertums, das in der Festgefügtheit häuslichen Glücks – drei Töchter und fünf Söhne wurden den Bilharz bis 1839 noch geboren – Halt, Sicherheit und Genügen fand.

In dem zeit- und generationstypischen kleinen Naturalienkabinett und einer Schmetterlingssammlung des jungen Theodor schon ein wegweisendes Indiz seiner naturwissenschaftlichen Neigungen aufzuspüren, ist vielleicht verfrüht. Doch Anregungen eines Schweizer Onkels, seine Büchergaben und überlassenen exotische Sammelstücke haben sicherlich den jugendlichen Erkundungs- und Forschertrieb wachgehalten, gelenkt und bekräftigt. Das Gymnasium, in dem Naturwissenschaften freilich nur spärlich und nebenbei betrieben wurden, bewältigte der lenkbar-lernwillige Schüler problemlos, das Abitur mit der ersten Note. Als beabsichtigtes Studium nannte er mit erstaunlicher Sicherheit über den ihm vorschwebenden Weg die Medizin.

Als er im Herbst 1843 die Universität Freiburg bezog, war er fasziniert von den neuen geistigen Horizonten, die so deutlich von der intellektuellen Kleinwinkligkeit seiner Heimatstadt abstachen. Er holte in zwei Jahren philosophischen Studiums, die vor der eigentlichen medizinischen Ausbildung lagen, nach, was ihm das Gymnasium an naturwissenschaftlicher Schulung schuldig geblieben war, hörte darüber hinaus aber auch Ethik, ältere sowie neuere deutsche Sprache und Literaturgeschichte bei dem wegen seiner freien Ansichten in kirchliche Differenzen verwickelten, später exkommunizierten J. H. Schreiber (1793–1872), der der Bilharzschen Begeisterung für das Studium Richtung und Orientierung gab. (Jakob Burckhardt zählt übrigens zu seinen berühmtesten Schülern.) Nach der Absolvierung der vorbereitenden Semester entschied sich Bilharz für das Weiterstudium in Tübingen, wo er den Rest seiner Studienzeit verbrachte und in dem Anatom Fr. Arnold (1803–1890) einen hervorragenden Lehrer und Förderer fand, der ihn bald zu seinen begabtesten Schülern rechnete. (Arnold habe ihm, verzeichnet Bilharz später voller Dankbarkeit, »das Grubenlicht anatomischer Forschung entzündet«.) Aber auch in der Botanik (H. von Mohl), der Inneren Medizin und Pathologie (C.R.A. Wunderlich), der Chirugie (V. von Bruhns) und Frauenheilkunde (F. X. Breit) bot Tübingen ein exzellentes Lehrangebot hochrangiger Fachvertreter.

Dem eigentlichen Studentenleben blieb Bilharz fern, suchte eher die Einsamkeit oder individuelle Freundschaft (etwa mit dem Sohn J. H. Fichtes, in dessen Tübinger Haus er viel verkehrte, oder mit dem ganz anders gearteten schwärmerisch-radikalen J. M. Hägele aus Freiburg, dem späteren badischen Revolutionär, dem er gleichwohl die Treue hielt). Von Politik und Zeitgeschehen zeigte er sich kaum berührt (auch nicht in den Jahren 1847/48) und schien fast ausschließlich in der Welt der Wissenschaft heimisch, in der er nicht gestört werden wollte – Hägele sieht ihn früh schon als »berühmten Naturforscher auf dem Katheder«. Ein erster wichtiger Schritt in diese Richtung bildete die Preisaufgabe der medizinischen Fakultät im Jahre 1846 über das Blut wirbelloser Tiere, deren anatomisch-mikroskopischen wie zoologischen Aspekte ihn besonders ansprachen. Seine 1847 eingereichte Abhandlung erhielt den ersten Preis samt Goldmedaille, die Bilharz bald schon gegen ein Mikroskop eintauschte, mit dem er später alle seine bahnbrechenden Entdeckungen machen sollte.

Nach der Beendigung des Studiums im Frühjahr 1849 absolvierte er in seiner Heimatstadt die »Staatsdienstprüfung« vor einem Kollegium dortiger Ärzte und wird »zur Ausübung der Medizin, Chirurgie, und Staatsarzneikunde, sowie zur Anstellung im Fürstentum für befähigt erkannt«. Doch seine Absichten und Fähigkeiten drängten in eine andere Richtung: sein Ziel war nicht die ärztliche Praxis (ihn schauderte vor der »geistigen Verelendung« des »Landarztes«), er steuerte die wissenschaftliche Laufbahn an – doch verkannte er keineswegs die damit verbundenen Schwierigkeiten im kleinstaatlichen Deutschland und äußerte einem Bekannten gegenüber: »Der Weg zum Professor ist vielleicht näher über Amerika als über Tübingen.« Tatsächlich spielte er mit dem Gedanken, nach Mexiko auszuwandern, entschied sich jedoch zunächst dafür, seine Ausbildung in Anatomie und Zoologie in Freiburg fortzusetzen, wo er auf Vermittlung Arnolds in dem Zoologen C. Th. von Siebold (1804–1885) einen ihm bald auch freundschaftlich verbundenen Mentor fand. Mit ihrem herzlich-vertraulichen Umgang, der Pflege gleichgerichteter Interessen, dem lebendigen wissenschaftlichen Austausch und der freundschaftlich-privaten Geselligkeit verklärte sich ihm später in der Rückschau die Freiburger Zeit zu der glücklichsten seines Lebens.

Dann aber erfolgte die entscheidende Wendung in seinem Leben.

Sein ehemaliger Tübinger Freund und Lehrer W. Griesinger (1817–1868), inzwischen Professor in Kiel, hatte einen Ruf des Vizekönigs von Ägypten erhalten, dort zwei Jahre als Direktor des Medizinalkollegiums das gesamte Gesundheitswesen zu reformieren, und er bot Bilharz an, ihn als Assistent mitzunehmen. Bilharz sagte begeistert zu: »Das ist einmal eine Nachricht! Ich zittere noch vor Aufregung und heute Nacht schloß ich kein Auge. Alle Wünsche auf einen Schlag erfüllt! Nur das Maul aufgemacht, und die gebratene Taube ist da.« Der Reiz der großen Aufgabe, die Sicherheit staatlicher Anstellung, die perspektivreichen Aussichten, seinen Forschungsvorlieben nachgehen zu können, vielleicht der Zauber des Orients und jugendlicher Abenteuergeist, schließlich die Chance, der Enge des deutschen Bürger- und Professorendaseins zu entrinnen, mögen seine spontane Entschlossenheit ausgelöst haben.

Bilharz' Wirkungsfeld in Ägypten war die Medizinschule und das Hospital von Kasv el Ain, eine Einrichtung nach europäischem Vorbild und von europäischem Standard. Neben der Aufsicht über die klinische Abteilung konzentrierte er sich vor allem auf Sektionen, für die hier (trotz Widerständen von religiöser Seite) »kolossales Material« zur Verfügung stand und ihm einzigartige Möglichkeiten bot, den menschlichen Parasiten, die ihm vor seiner Abreise von Siebold als dankbares Forschungsfeld anempfohlen hatte, nachzuspüren. (Die Erforschung der Parasiten, zumal der Helminthen, der Eingeweidewürmer, stand um die Mitte des Jahrhunderts im Zentrum des Interesses der medizinischen Zoologie – Bilharz wurde also auf erfolgversprechendes Untersuchungsterrain angesetzt.)

Nach 400 Sektionen in den ersten 17 Monaten konnte er vier bislang nicht bekannte Eingeweidewürmer beschreiben und abbilden, von denen er einen als »die conditio sine qua non zur Entstehung der beschriebenen Veränderungen an der Blase, Ureteren, Samenbläschen usw.«, kurz als den Erreger der später nach ihm benannten »Bilharziose« identifizierte. Über seine bahnbrechenden Forschungen indes hat Bilharz erst Jahre später und nur ein einziges Mal zusammenfassend berichtet (in der »Wiener Medizinischen Wochenschrift«), vielmehr überließ er es seinem Lehrer und Freund aus Freiburger Tagen, von Siebold, die brieflich mitgeteilten Ergebnisse seiner Untersuchungen in geeigneter Form der Wissenschaft zugänglich zu machen – ein sympathisch karrierefremder Zug seines ganz der Wissenschaft gewidmeten Wesens.

Auch auf sein zweites Forschungsgebiet dieser Jahre hatte ihn ein Fingerzeig des Freiburger Freundes gewiesen: es ging um das elektrische Organ eines Nilfisches, des Zitterwelses, und das Interesse an dieser Untersuchung stand im Zusammenhang mit der Entdeckung der elektrischen Erregbarkeit des Muskel- und Nervensystems. Emphatisch verkündete damals der Berliner Physiologe E. Dubois Reymond »die Einerleiheit des Nervenssystems mit der Elektrizität«, um die naturphilosophische Lebenskrafttheorie wissenschaftlich außer Kurswert zu setzen. Bilharz publizierte seine außerordentlich genauen anatomischen, histologischen und physiologischen Untersuchungen in der einzigen von ihm verfaßten Monographie »Das elektrische Organ des Zitterwelses« im Jahre 1857. Die vorbehaltlose Anerkennung, ja der wissenschaftliche Ruhm, die ihm diese Arbeit eintrugen, hingen nicht zuletzt damit zusammen, daß seine Untersuchung in einem Brennpunkt des damaligen wissenschaftlichen Interesses angelegt war, Licht auf ein Problem warf, an dem viele gleichzeitig gearbeitet hatten, und damit fruchtbarer Ausgangspunkt für weiterführende Forschungen bildete.

Nach Abschluß dieser zoologischer Arbeiten begann er, ethnologisch-anthropologische Studien zu treiben. Die Untersuchung der Schädel nord-ostafrikanischer Völker kam freilich über das Sammelstadium nicht hinaus (seine 67 Exemplare umfassende kraniologische Sammlung wurde nach seinem Tod vom badischen Staat angekauft). Unermüdlich versorgte Bilharz darüber hinaus von Kairo aus deutsche Professoren mit naturwissenschaftlichem Material, Insekten, Fischskeletten und Präparaten, gab Auskunft nach allen Seiten, versuchte, den naturkundlichen Sammlungen in der Heimat zu vermitteln, was er nur konnte.

Als im Mai 1852 der zweijährige Vertrag Griesingers, dessen Charaktereigenheiten mit dem ägyptischen Milieu nie zu einem diplomatischen Ausgleich fanden, auslief, und er nach Europa zurückkehrte, war Bilharz geblieben, bestrickt nicht zuletzt vom Mediterraneum und dem Orient: »Schöner ist's ja auf der ganzen Welt nirgends.« Indes sah sich in den nächsten Jahren auch Bilharz, der zugunsten seiner wissenschaftlichen Studien exponierte Posten eher mied und keinen Avancementehrgeiz an den Tag legte, der Launenhaftigkeit mancher ägyptischen Oberen ebenso ausgesetzt wie dem im Verborgenen ausgetragenen Ränkespiel zwischen den ins Land geholten deutschen und französischen Medizinern um die nach jedem Machtwechsel neuverteilten Einflußchancen. Als Bilharz, nach »hartem Kampf«, 1856 die Professur der deskriptiven Anatomie zugestanden wurde, zeigte er sich hoch zufrieden: »Ich komme wieder in mein altes Fach, das einzige, das ich nötigenfalls in Europa betreiben möchte und könnte.«

Nach Europa sollte er freilich nie mehr auf Dauer, sondern nur als Besucher zurückkehren, während bei dem längst in Kairo heimisch Gewordenen unablässig deutsche Wissenschaftler, Forschungsreisende, Künstler, Schriftsteller, Techniker und Militärs, auch bildungshungriger Adel als Gäste verkehrten und Abwechslung und Anregungen brachten (z. B. der Afrikaforscher Th. v. Heuglin, der Ägyptologe Brugsch, der Verfasser des »Tierlebens« A. E. Brehm, der Schriftsteller Alban Stolz oder W. von Siemens). 1858 kehrte Bilharz (vom Mai bis November) zum ersten und letzten Mal nach Europa zurück. Die Einladung zum Naturforschertag in Karlsruhe und die Aussicht, hier wieder einmal lebendige Fühlung mit der deutschen Forschung und ihren Trägern zu nehmen, sich wissenschaftlich auffrischen zu können, waren Antriebe zu dieser Reise. Er besaß inzwischen in der wissenschaftlichen Welt durch seine Forschungen einen klangvollen Namen, und seine weitverzweigte und ausgedehnte Korrespondenz ließen ihn auf freundliche Aufnahme hoffen. Seine Erwartungen wurden übertroffen: Schon in Wien bemühte sich die Welt der medizinischen Zelebritäten aufs Gastlichste um ihn, und auch in Berlin wurde er nicht nur von den medizinischen Größen der Zeit eingeladen, ins Gespräch gezogen und in Beschlag genommen (darunter R. Virchow, A. von Humboldt, Th. Billroth, der Verleger H. Brockhaus u.v.m.). Auf den nächsten Stationen bis zum Kongreß in Karlsruhe (Halle, Göttingen, Bonn, Frankfurt, Heidelberg) wiederholte sich dasselbe Bild: Bilharz als umworbener Gesprächspartner.

Trotz aller Achtung, Anerkennung und freundschaftlichem Entgegenkommen hatte er den vielleicht noch in der ersten Zeit seines ägyptischen Aufenthalts gehegten Gedanken, über das Ausland einen deutschen Lehrstuhl zu erlangen, längst aufgegeben. Eine Berufung als Professor der vergleichenden Zoologie nach Heidelberg lehnte er ab und verhielt sich auch anderen Vorschlägen auf anatomische Lehrstühle gegenüber abweisend. Daß ihn letztlich auch politische Reserven an einer Rückkehr in die Enge deutscher Kleinstaaterei hinderten, ist bei Bilharz' eher apolitischem Grundcharakter wenig wahrscheinlich. Doch die eben auch daraus resultierenden karriere- und forschungshemmenden Blockaden, die Vergegenwärtigung, in welchen Stellungen sich seine Altersgenossen und Freunde daheim mühten und kontrastierend dazu sein rasches Vorwärtskommen, schließlich die vielfältigen Möglichkeiten für einen forschungsfrohen Naturwissenschaftler machten eine Rückkehr für ihn wohl wenig verlockend. Auch wirtschaftlich war er mit den hohen ägyptischen Gehältern ausreichend, nach deutschen Verhältnissen sogar glänzend gestellt (freilich das Gehalt wurde unregelmäßig bezahlt: im Frühjahr 1862 schuldete ihm der ägyptische Staat die Besoldung für 28 Monate). Und schließlich: Ägypten ließ ihn nicht mehr los, der Orient hielt ihn in seinem Bann.

Mit der Unsicherheit der Verhältnisse, dem Zufälligen, Unberechenbaren, ja Chaotischen der öffentlichen Angelegenheiten, mit unmotivierten Zurücksetzungen, Verleumdungen und orientalischem Intrigenspiel kam Bilharz zurecht. Zum Opfer fiel er schließlich europäischem Leicht- und adeligem Eigensinn: Trotz aller Warnungen und Bedenken mußte Herzog Ernst II. von Coburg-Gotha in ungünstiger Jahreszeit im März 1862 zu einer Jagdexpedition ans Rote Meer aufbrechen – ein töricht-abenteuerliches Projekt, für das er Bilharz beim Vizekönig als Leibarzt erbat und erhielt. Bilharz kehrte typhusinfiziert als schwerkranker Mann nach Kairo zurück, wo er am Abend des 9. Mai 1862 der tückischen Krankheit erlag.

Andreas Zekorn

Maurus und Placidus Wolter

Die Brüder Rudolf und Ernst Wolter, Gründer der Erzabtei St. Martin in Beuron, entstammen einer kinderreichen Bonner Familie. Rudolf wurde am 4. Juni 1825, Ernst am 24. April 1828 geboren. Die Kinder erhielten eine stark religiös geprägte Erziehung. Fünf Söhne wurden Priester, eine Tochter Sacré-Coeur-Dame. Großen Einfluß übte ihr Religionslehrer Wilhelm Reinkens, Pastor von St. Remigius in Bonn, auf die Kinder aus, der die Brüder Wolter in den Bonner Günther-Kreis einführte. Der Güntherianismus, die Ideen des Wiener Theologen und Philosophen Anton Günther, der eine Neubegründung der Theologie auf anthropologischer Basis versuchte, seine Lehre aber später widerrufen mußte, prägte die Wolters zunächst. Rudolf, der sehr begabt war und fließend englisch und französisch beherrschte, studierte in Bonn Philosophie, Philologie und Theologie unter anderem bei dem Dogmatikprofessor Franz Xaver Dieringer aus Rangendingen. 1848 war Rudolf an der Gründung der konservativen Studentenverbindung »Union« beteiligt und von ihr zum Wartburgfest und ins Studentenparlament nach Eisenach delegiert. Ein Jahr später promovierte Wolter zum Doktor der Philosophie und trat in das Kölner Priesterseminar ein. Nach Empfang der Priesterweihe (1850) und Ablegung des Staatsexamens für den Gymnasialunterricht (1852) unterrichtete er einige Zeit am Progymnasium in Jülich. In dieser Stadt gründete er einen der ersten katholischen geselligen Arbeitervereine. Rudolf hatte einen Blick für die soziale Frage, war aber gleichzeitig an der religiösen Erneuerung mit Hilfe der Liturgie interessiert. 1854 wurde Rudolf als Rektor an die Domschule nach Aachen berufen. In Aachen trafen sich nun die drei Wolter Brüder, die später in den Benediktinerorden eintraten: Karl Wolter war Kaplan an St. Michael, Ernst, der spätere Bruder Placidus und zweite Erzabt von Beuron, unterrichtete ebenfalls an der Domschule.

Ernst war nach dem Studium von Jura, Philosophie und Theologie in

Bonn in den Schuldienst getreten. 1851 war er zum Priester geweiht worden. Sein Freund aus dem Bonner Güntherkreis, Dr. Johannes Nikkes, holte ihn 1855 von Aachen weg in die Benediktinerabtei St. Paul vor den Mauern (S. Paolo fuori le mura) in Rom. Anlaß dafür waren die Bestrebungen des dortigen Abtes, der dem Güntherianismus nahe stand, sein Kloster zu reformieren und eine Benediktinische Ordensakademie zu gründen, wozu er deutsche Novizen suchte. 1855 wurde Ernst als Don Placido eingekleidet, ein Jahr später folgte Rudolf, der den Namen Don Mauro erhielt. 1857 trat auch Karl als Don Hildebrando in das Kloster ein, verstarb aber bereits am 27. Juni 1859. Als die zu einem Gutteil von den deutschen Mönchen getragenen Reformbestrebungen nach einem Abtswechsel zum Erliegen kamen, beabsichtigten die Brüder Wolter nach Deutschland zurückzukehren, um dort ein Benediktinerkloster zu gründen. Zuvor begegnete jedoch Maurus Wolter der verwitweten Fürstin Katharina von Hohenzollern-Sigmaringen (1817 – 1893), einer geborenen von Waldburg-Schillingfürst, die in zweiter Ehe 1848 den um 34 Jahre älteren Fürsten Karl von Hohenzollern-Sigmaringen (1785 – 1853) geheiratet hatte. Nach dem Tode Fürst Karls wollte die junge Witwe Klosterfrau werden, doch ihr schlechter Gesundheitszustand vereitelte zweimal das Unternehmen. Anläßlich eines Aufenthalts in Rom, wo sie bei Papst Pius IX. Unterkunft gefunden hatte, traf sie bei ihrem Vetter, dem Erzbischof Gustav von Hohenlohe-Schillingfürst, auf Maurus Wolter, der ihre Krankheit durch Erteilung des Maurussegens heilte. Die Beziehungen zwischen Katharina und den Brüdern Wolter gestalteten sich in der Folgezeit immer enger. 1860 begleiteten sie die Fürstin auf eine Pilgerfahrt ins Heilige Land. Bald unterstützte Katharina die Bestrebungen der Brüder zur Gründung eines Benediktinerklosters in Deutschland. Nach einem vergeblichen Versuch, in dem ehemaligen Dominikanerkloster Materborn bei Kleve ein Kloster zu gründen, wurde ihr Augenmerk auf das 1802 säkularisierte Augustinerkloster St. Martin in Beuron, das damals an Hohenzollern-Sigmaringen gefallen war, gerichtet. Möglicherweise liefen die Verbindungen über den Sigmaringer Pfarrer Thomas Geiselhart zu Professor Dieringer, einst Lehrer der Brüder Wolter, oder zu Roman Sauter aus Langenenslingen, dem ersten Novizen der Wolters und Freund Geiselharts, möglicherweise kamen Anstöße auch von Fürst Karl Anton von Hohenzollern-Sigmaringen, jedenfalls verhandelte Maurus Wolter alsbald mit Karl Anton über einen Ankauf Beurons. Die Kaufsumme, das Stiftungskapital in Höhe von 33 000 fl, stellte Fürstin Katharina zur Verfügung. Im September 1862 wurde der Kaufvertrag abgeschlossen, wobei formeller Eigentümer Beurons der Freiburger Erzbischof wurde, der seinerseits die Nutzungsrechte an den Benediktinerorden abtrat.

Um Erfahrungen und Anregungen zu sammeln, wandte sich Wolter an den Abt des Kloster Solesmes, Dom Guéranger. Ein zweimonatiger Aufenthalt in Solesmes sollte prägend für die monastische Ausrichtung Beurons werden. Guéranger trat für eine Erneuerung des Benediktinerordens ein und galt als Vater der liturgischen Bewegung. Er wies Wolter den Weg zu einer eigenständigen, von den Benediktinern in Montecassino unabhängigen Kongregation. Das klösterliche Leben sollte mit Kontemplation und Studium, aber auch mit seelsorgerischer Tätigkeit erfüllt sein. Durch Vermittlung Fürstin Katharinas beim Papst gelang die Einrichtung eines selbständigen Priorats in Beuron, das nur dem Erzbischof von Freiburg als päpstlichem Legaten unterstellt war. Die Unabhängigkeit von der cassinesischen Kongregation war damit kirchenrechtlich abgesichert.

Am 24. Mai 1863, einem Pfingstsonntag, wurde das Kloster Beuron mit einem feierlichen Hochamt eröffnet. Um die Klostergründung zu verankern, eröffnete man die Wallfahrt zum Gnadenbild der schmerzhaften Mutter in Beuron neu. Diese Wallfahrtsmöglichkeit nahmen rasch zahlreiche Gläubige an. Alsbald betätigten sich die Mönche auch seelsorgerisch.

Auf weitere Fürsprache Fürstin Katharinas beim Papst hin ließen sich auch die nächsten Zielsetzungen Wolters durchsetzen: Prior Maurus sollte Abt werden, sobald sich 12 Profeßmönche im Kloster aufhielten, welche Forderung 1868 erfüllt werden konnte. Desweiteren strebte man eine Befreiung von der bischöflichen Gewalt und die Bildung einer eigenen Kongregation an. Zu diesem Zweck arbeitete Maurus eine Konstitution für Beuron aus, die sich an derjenigen von Solesmes orientierte und den patriarchalischen Vorstellungen Maurus' entsprach. 1872 wurde diese Konstitution zunächst für sieben Jahre bestätigt, womit Beuron auch von der bischöflichen Gewalt ausgenommen war. Zur Bildung einer eigenen Kongregation begann man mit der Gründung von Tochterklöstern, wobei das Kloster in Maredsous (Belgien) 1872 das erste wurde. Maurus' Bruder Placidus übernahm 1874 die Leitung von Maredsous und wurde 1878 zum ersten Abt dieses Klosters geweiht.

In der Zeit des Kulturkampfes wurde 1875 per Gesetz die Auflösung aller Ordensniederlassungen in Preußen verfügt, so wurde auch Beuron zum 3. Dezember 1875 für aufgelöst erklärt. Ein Teil der Klostermitglieder übersiedelte nach Maredsous, ein anderer zunächst ins Kloster Volders bei Innsbruck, das jedoch der Kommunität keinen ausreichenden Platz bot. Auf der Suche nach neuen Unterkunftsmöglichkeiten konnten 1876 in Erdington (bei Birmingham, England; 1896 Abtei), 1880 in Prag im Stift Emaus (Abtei 1880) und 1883 in dem ehemaligen Augustinerchorherrenstift Seckau in der Steiermark neue Ordensniederlassungen gegründet werden. Damit war die Anzahl von drei Abteien erreicht, und Maurus konnte sich entsprechend der 1884 anerkannten Konstitution Erzabt nennen.

Nach dem Ende des Kulturkampfes kehrte Maurus mit einem Teil seiner Mönche 1887 nach Beuron zurück. In der Folgezeit entwickelte die Beuroner Kongregaton weiterhin vielfältige Aktivitäten, beispielsweise war sie bei der Gründung des Benediktinerkollegs S. Anselmo in Rom beteiligt, in Prag wurde das erste Frauenkloster der Kongregation gegründet, das 1891 zur Abtei erhoben wurde.

Maurus Wolter war nicht nur an der Vergrößerung der Beuroner Kongregation interessiert, sondern sorgte sich auch um die Quellen und Überlieferungen des Mönchtums sowie um die liturgische Erneuerung. In seiner Schrift »Praecipua Ordinis monastici Elementa« (Brüssel 1880) legte er dar, daß der Mönch primär ein Mann der Kirche sei, der zu beten und das Gotteslob würdig zu feiern habe, die Wissenschaft sollte erst an zweiter Stelle stehen. Maurus bemühte sich zudem um die Erschließung der Liturgie, wie andere Beuroner Mönche (P. Anselm Schott) auch. In den Jahren 1871 bis 1890 erschien ein fünfbändiges Psalmenwerk »Psalmite semper«, worin die einzelnen Psalmen erklärt und ihre Beziehungen zur Liturgie aufgezeigt werden. Unter Abt Maurus faßte nicht nur die Liturgiepflege in Beuron Fuß, sondern 1866 wurde auch an der Theologische Hochschule der Benediktiner in Beuron erstmals Theologie doziert. Ferner ist auf die Beuroner Kunstschule hinzuweisen, die von den beiden Malern und späteren Mönchen Desiderius Lenz und Gabriel Wüger 1868 mit der Ausgestaltung der Mauruskapelle begründet wurde.

Am 8. Juli 1890 verstarb Abt Maurus Wolter in Beuron und wurde in der Abteikirche beigesetzt. Zuvor war es zur Entzweiung mit Fürstin Katharina gekommen, die einen Tag vor Maurus' Tod Beuron verlassen hatte.

Nachfolger von Abt Maurus wurde sein Bruder Placidus. Er widmete sich intensiv dem Ausbau der Beuroner Kongregation. 1892 konnte er Maria Laach wiederbesiedeln, 1899 gründete er Regina Coeli in Löwen. Es folgten St. Joseph in Gerleve (1899) und Dormition in Jerusalem (1906), sodann die Frauenklöster Maredret (1893 Belgien) und Eibingen (1904). Seit 1895 half er den portugiesischen und brasilianischen Benediktinerklöstern. Am 13. September 1908 verstarb Placidus in Beuron.

Literaturhinweise

Becker, Otto: Erzabt Dr. Maurus Wolter und Hohenzollern. Bemerkungen zum hundertsten Todestag des Gründers der Erzabtei St. Martin in Beuron am 8. Juli 1890. In: Hohenzollerische Heimat 40 (1990), S. 51 – 56, 41 (1991), S. 7 – 10.

Ders.: Benediktinermönche in Beuron. In: 250 Jahre Abteikirche Beuron. Geschichte, Geistliches Leben, Kunst. Beuron 1988, S. 156 – 185.

Beuron 1863 – 1963. Festschrift zum hundertjähringen Bestehen der Erzabtei St. Martin in Beuron. Beuron 1963.

Engelmann, Ursmar: Wolter, Maurus und Placidus. In: Lexikon für Theologie und Kirche 1986, Sp. 1220 – 1221.

Ders.: Die Beuroner Benediktinerkongregation. In: Freiburger Diözesan Archiv 106 (1986), S. 97 – 139.

Lier, H. A.: Wolter, Maurus. In: Allgemeine Deutsche Biographie 44 (1898), S. 170 – 172.

Karl Werner Steim

Desiderius Lenz

Kaum ein Künstler des 19. Jahrhunderts, der in Theorie und Praxis ein so tiefgreifendes und umfassendes Programm einer grundsätzlichen Neuorientierung der Kunst verfolgte, ist so lange unbekannt und unbearbeitet geblieben wie Peter (P. Desiderius) Lenz. Sein Name war allenfalls geläufig als Begründer der »Beuroner Kunstschule« und im Zusammenhang mit den Reformbestrebungen jener klösterlichen Künstlergruppe auf dem Felde der katholisch-kirchlichen Kunst. Harald Siebenmorgen hat erst 1983 die Lücke mit seiner Freiburger Dissertation »Die Anfänge der Beuroner Kunstschule« geschlossen. Das neu erwachte historische Interesse im Bereich der Kunstgeschichte an den Schöpfungen des 19. Jahrhunderts hat auch die Beuroner religiöse Kunst, vor allem das Werk des P. Desiderius Lenz, wieder in den Bereich ernsthafter Betrachtung einbezogen.

Peter Lenz entstammt einer alten Haigerlocher Metzger- und Gastwirtsfamilie. Er wurde am 12. März 1832 als ältester Sohn des Schreinermeisters Christian Lenz (1800 – 1849) und seiner Frau Magdalena geb. Lechleitner geboren. Vom Vater dazu bestimmt, später einmal die Werkstatt weiterzuführen, trat er bei ihm als Lehrling ein. Nach dem frühen Tod des Vaters siedelte der junge Schreinergeselle, dem die vorwiegend handwerkliche Tätigkeit wenig zusagte, 1850 zu einer künstlerischen Ausbildung nach München, besuchte die von Johann von Halbig geleitete Modellierschule am Polytechnikum und noch im selben Jahr die Königlich Bayerische Akademie der bildenden Künste. 1851 lernte Lenz in München den jungen Schweizer Maler Jakob Wüger kennen, mit dem er den weiteren Lebensweg fast ununterbrochen bis zu dessen Tod 1892 teilen sollte. Bis zum Jahr 1857 blieb Lenz – mit einer Unterbrechung von 1854 bis 1856 – Schüler in der Bildhauerklasse des Schwanthaler-Schülers und -Nachfolgers Max von Widnmann. Mit der Skulptur des »Triumphierenden David« – Thema der von der Akademie gestellten Preisaufgabe – schloß Peter Lenz 1857 preisgekrönt seine Ausbildung ab und eröffnete eine eigene Werkstatt in München. Bei Akademiedirektor Wilhelm Kaulbach bildete er sich im Privatunterricht weiter.

1859 wurde Lenz durch August von Kreling, Schwiegersohn Kaulbachs, auf eine Professorenstelle für Bildhauerei an der Kunstgewerbeschule in Nürnberg berufen, wo er dreieinhalb Jahre blieb. Die Nürnberger Lehrtätigkeit entsprach offenbar nicht ganz seinen Neigungen, er wünschte sich auch mehr Zeit für eigene künstlerische Arbeit. 1862 erhielt Peter Lenz durch Vermittlung des Professors Peter von Cornelius (1783 – 1867), der sich als sein maßgeblichster Förderer erweisen sollte, ein Stipendium und konnte in Begleitung von Jakob Wüger nach Italien reisen. Lenz und Wüger entschlossen sich in Rom, künftig ausschließlich im Dienst der kirchlich-religiösen Kunst tätig zu sein. Sie lernten die aus Bruchsal stammende Malerin Amalie Bensinger (1808 – 1889) kennen, und gemeinsam überlegten sie, ein Künstlerkloster einzurichten. Am Weihnachtsabend 1864 entwarf Peter Lenz die Statuten für eine klösterliche Künstlergemeinschaft, aufgeteilt in eine Männer- und Frauenabteilung, deren Sitz in Rom sein sollte. Die Idee ließ sich aber nicht verwirklichen.

Eine totale künstlerische Neuorientierung bahnte sich für Lenz 1864 an, als er auf Abbildungen altägyptischer Kunst stieß. Lenz fertigte sich aus den umfangreichen Foliobänden von Richard Lepsius »Denkmäler aus Ägypten und Äthiopien« (1850 – 1859) zahlreiche Pausen nach Werken der ägyptischen Architektur, Skulptur und Wandmalerei an und war fasziniert davon. Da das Stipendium auslief, entschloß er sich im Frühjahr 1865, Rom zu verlassen. Als Aufseher in den Marmorsteinbrüchen von Laas/Tirol, die dem zum römischen Freundeskreis zählenden Bildhauer Carl Steinhäuser gehörten, vertiefte er sich in den Schatz seiner ägyptischen Pausen. Die Kunstauffassung der Ägypter hatte ihn überwältigt. 1865 entstand in Laas die Zeichnung einer Pieta, die Lenz zeitlebens als die tiefste aller seiner Kompositionen betrachtete. Damals beschäftigte er sich vornehmlich mit architektonischen Entwürfen, da er überzeugt war, erst eine Reform der Architektur könne auch den skulpturalen und malerischen Entwürfen im Sinne eines stilistisch einheitlichen Gesamtkunstwerks eine adäquate Umgebung liefern.

Schon 1866 war Lenz auf die neue benediktinische Klostergründung

Beuron im heimatlichen Hohenzollern aufmerksam gemacht worden. Da Amalie Bensinger mit deren Stifterin, der Fürstin Katharina von Hohenzollern, gut bekannt war, vermittelte sie Peter Lenz eine Einladung nach Beuron. Am 25. Januar 1868 stand Lenz zum erstenmal an der Klosterpforte. Die Möglichkeit zu einem Erstlingswerk im Sinne seiner bis dahin nur auf dem Papier Gestalt gewordenen Ideen bot ihm die Fürstin in Beuron: in Bau und Ausstattung der Mauruskapelle 1868 – 1870. Zusammen mit Jakob Wüger entwarf er die Kartons für die Bemalung. Lenz hat mit dem Bau dieser Kapelle noch vor seinem Eintritt in das Benediktinerkloster sein persönliches Programm vorgezeichnet und in einer durchaus einmaligen Vollendung vorgestellt. Alles, was nach 1872 im Rahmen der im Entstehen begriffenen Beuroner Kunstschule noch geschaffen wurde, hat nie mehr die Bedeutung dieses Erstlingswerkes erreicht. Während Lenz 1870 nach Berlin reiste, um sich weiterzubilden, trat Jakob Wüger sofort in Beuron ein. Lenz meldete sich 1872 wieder in Beuron, um als Hausoblate an der Ausgestaltung von Kloster und Kirche mitzuarbeiten. 1874/75 war er maßgeblich mit der Umgestaltung der barocken Klosterkirche betraut, wurde aber in seinem Tatendrang bald gebremst.

Am 25. April 1876 nahm Abt Maurus Wolter den Kunstoblaten Peter Lenz unter die Chorpostulanten auf. Da in Monte Cassino bereits Vorbereitungen für die Restauration der Torretta im Gange waren, durfte Fr. Lenz nach dem Süden reisen und in Monte Cassino am 15. August 1877 das kanonische Noviziat beginnen. 1878 legte er auf dem heiligen Berg seine monastische Profeß ab. 1880 wurde er nach Emaus/Prag gerufen, um an der Restaurierung der Abteikirche mitzuwirken. Am 9. August 1891 erhielt Frater Desiderius zusammen mit anderen Mönchen in Beuron durch Bischof-Koadjutor Wilhelm von Reiser aus Rottenburg die Subdiakonatsweihe. Erzabt Plazidus Wolter bestimmte 1892, daß Fr. Desiderius als »Pater« anzusprechen sei. Bald wurde P. Desiderius nach Monte Cassino gerufen, um die Arbeiten an der Krypta zu leiten. 1913 durfte er noch einmal nach Monte Cassino. 1915 weilte er in St. Gabriel/Prag, wo das Hochaltarbild mit der Marien-Krönung vollendet werden sollte. 1917 kehrte er endgültig nach Beuron zurück. Am 28. Januar 1928 starb der ehrwürdige Patriarch infolge einer Lungenentzündung knapp 96jährig. Die Mönche begruben ihn am 31. Januar in ihrer Gruft.

Das Werk der »Beuroner Kunstschule«, einer Gruppe von etwa 70 Künstlern, die seit 1868 mehr als 50 Jahre lang als Architekten, Bildhauer und Maler tätig war, gilt als einer der wichtigsten Versuche zur Erneuerung der christlichen Kunst im 19. Jahrhundert. Sie wurde geprägt durch ihre Begründer, den Haigerlocher Bildhauer und Maler Peter (P. Desiderius) Lenz (1832 – 1928) und den Schweizer Maler Jakob

(P. Gabriel) Wüger (1829 – 1892). Mit der prinzipiellen Forderung nach der Abkehr der bildenden Kunst von der Nachahmung der empirischen Natur zugunsten einer geometrischen und stereometrischen Stilisierung, einer »Abstraktion«, kommt dem Kunstprogramm und der Kunstpraxis von Lenz seit dem Jahre 1864 eine eminente, geradezu aufsehenerregende Vorläuferrolle in der Skulptur und Malerei des 19. Jahrhunderts zu. Wesentliche Grundauffassungen, wie sie später um Gauguin oder im Jugendstil leitend waren, finden sich hier vorgebildet. Gegen zahlreiche Widerstände, auch von seiten seines Gefährten Wüger, schuf Lenz von 1864 bis 1874, dem Jahr einschneidender Eingriffe in sein Schaffen durch die Beuroner Klosterleitung, eine Reihe von Werken und Entwürfen in einer abstrahierenden, stilisierten Formensprache, mit der er dem christlichen Bildthema eine neue Monumentalität und Verbindlichkeit zurückzugewinnen suchte.

Literaturhinweise

Dreesbach, Martha: Pater Desiderius Lenz OSB von Beuron, Theorie und Werk (Zur Wesensbestimmung der Beuroner Kunst), in: Studien und Mitteilungen zur Geschichte des Benediktiner-Ordens und seiner Zweige, Bd. 68, 1957, S. 95–183; Bd. 69, 1958, S. 5–59 (= phil. Diss. München 1956).

Pfaff, P. Maurus: Pater Desiderius Lenz. Gedenkwort zum fünfzigsten Todestag 25. Januar 1928, in: Hohenz. Heimat 28 (1978) 18–20.

Siebenmorgen, Harald: Die Anfänge der »Beuroner Kunstschule«. Peter Lenz und Jakob Wüger 1850–1875. Ein Beitrag zur Genese der Formabstraktion in der Moderne. Sigmaringen 1983 (= phil. Diss. Freiburg 1979).

Ders.: NDB 14, 1985, S. 234 f. mit Werk-, Literatur- und Porträtnachweisen.

Otto H. Becker

Thomas Geiselhart

Der Geistliche Rat Geiselhart war die herausragende Priesterpersönlichkeit Hohenzollerns im 19. Jahrhundert. Vornehmlich mit seinen karitativen Einrichtungen und mildtätigen Vereinen hat der Geistliche die Erneuerung der katholischen Kirche gefördert und einen wesentlichen Beitrag zur Lösung der sozialen Probleme in Hohenzollern geleistet.

Geboren am 17. 2. 1811 als Sohn eines Tagelöhners in Steinhilben auf der Schwäbischen Alb, konnte er die Gymnasialzeit, unterstützt von Hermann von Vicari, dem späteren Erzbischof von Freiburg, 1832 in Konstanz abschließen. Es folgte das Theologiestudium in Freiburg und in Tübingen. Nach dem Priesterseminar in Freiburg empfing Geiselhart am 9. 9. 1837 die Priesterweihe.

Anschließend war er als Vikar oder Verweser in verschiedenen Pfarreien tätig. 1844 wurde Geiselhart Pfarrer in Veringenstadt. Die Auseinandersetzungen mit den dortigen Liberalen einerseits und der geistliche Beistand von Pfarrer Fidelis Engel (1769 – 1853) von Veringendorf andererseits ließen ihn zum Anhänger der Erneuerung der Kirche und zum Verfechter deren Befreiung von staatlicher Bevormundung werden. Seine Auffassungen tat er im Revolutionsjahr 1848 sowohl schriftlich als auch mündlich kund.

1850 verließ Geiselhart Veringenstadt und kam nach Sigmaringen, wo er zunächst die Stelle als Kuratieverweser in Laiz versah. 1855 wurde er Nachprediger und damit Stellvertreter des Stadtpfarrers von Sigmaringen. Begünstigt durch die freiheitlichen Kirchenartikel der preußischen Verfassung, begann er nun damit, seine Pläne zur Gründung karitativer und religiöser Einrichtungen und Werke zu verwirklichen.

Auf Geiselhart gehen vor allem folgende mildtätige Vereine zurück: 1850 der katholische Frauenverein (seit 1912 Elisabethenverein), 1851 der Krankenverein für Gesellen und Dienstboten, 1858 der katholische Gesellenverein (Kolpingsfamilie Sigmaringen) und 1877 eine private Krankenstation (seit 1884 Schwesternstation Strohdorf, ersetzt 1978 durch die Sozialstation Thomas Geiselhart).

Auf seine Bemühungen hin bezogen Jesuiten 1852 das Klostergebäude in Gorheim (vertrieben 1872 im Kulturkampf). Ferner machte Geiselhart die Gebrüder Wolter und die Fürstinwitwe Katharina von Hohenzollern auf Beuron als Ort für die von ihnen betriebene Gründung eines Benediktinerklosters aufmerksam. Sein Plan, in Gorheim eine Niederlassung der Kapuziner, dem Orden des Hl. Fidelis von Sigmaringen, zu gründen, wurde von Preußen 1888 unterbunden.

In seiner Privatwohnung richtete Geiselhart 1851 eine Schule für Mädchen (Elementarschule) ein, aus der 1858 die spätere Marienschule der Schwestern der christlichen Liebe hervorging (1956 von der Liebfrauenschule fortgesetzt).

1855 erwarb Geiselhart den Gasthof »Zur Krone«, der als das Geburtshaus des Hl. Fidelis galt, und richtete dort das schon lange geplante Knabenseminar ein (eröffnet am 5. 10. 1856). Nach dem Statut von 1859 bestand die Aufgabe des »Seminarium Fidelianum« darin, Knaben, die Geistliche werden wollten, zu erziehen. Das Fidelishaus erhielt großen Zulauf und wurde in der Folgezeit die Pflanzstätte der hohenzollerischen Geistlichkeit. – Geiselhart war ferner Mitgründer des Konradihauses in Konstanz (eröffnet 1864).

Die bedeutendste Gründung ist das Waisenhaus Nazareth. Nach mehreren mißlungenen Anläufen bezog er 1859 mit Waisen ein Haus beim Landesspital. Die Unterkunft, die er »Bethlehem« nannte, erwies sich als unzureichend. 1861 erwarb er für seine Waisen ein Anwesen auf dem Brunnenberg (bezogen am 13. 6. 1861). Das Haus, das der Gründer »Nazareth« nannte, hatte einen solchen Zulauf (Schule 1863), daß bald ein Neubau notwendig wurde. Die Grundsteinlegung zum heutigen Hauptbau erfolgte im Beisein König Wilhelms I. von Preußen 1867.

Bei dem Kauf, der Unterhaltung und dem Ausbau des Waisenhauses, in dem zunächst nur Mädchen und erst ab 1873 auch Knaben Aufnahme fanden, war Geiselhart vornehmlich auf Spenden angewiesen, wofür er unablässig Aufrufe erließ. Er hat sich deshalb selbst als »Bettler« bezeichnet. Namhafte Stiftungen erhielt »Nazareth« vor allem durch das Fürstliche Haus Hohenzollern.

Der 1872 ausgebrochene Kulturkampf traf mit voller Wucht auch die beiden Hauptgründungen Geiselharts. Das Fidelisseminar wurde 1873 geschlossen. Der Betrieb des Hauses Nazareth konnte, da immer wieder Ordensschwestern ausgewiesen wurden, nur noch in beschränktem Umfang aufrecht erhalten werden.

Dem greisen Geiselhart blieb es jedoch vergönnt, das Ende des Kulturkampfes und das Wiederaufblühen des Fidelishauses (ab 1886) und des Waisenhauses zu erleben. Der Kampf um den Bestand seines Lebenswerks, vor allem aber auch die ihm durch den Kulturkampf aufgezwungene zusätzliche Belastung als Verweser der Stadtpfarrei Sigmaringen von 1874 bis 1884 hatten ihm, der ohnehin nie über eine stabile Gesundheit verfügte, die Lebenskraft genommen. Am 16. 6. 1891 starb Geiselhart und wurde am 19. 6. in der Kapelle im »Nazareth« unter seinen Waisenkindern beigesetzt.

Für die Nachwelt ist Thomas Geiselhart der »Waisenvater Hohenzollerns«, ein Apostel der Nächstenliebe und Anwalt der Armen und Kranken. An die große Priesterpersönlichkeit erinnern in Sigmaringen heute nicht nur die nach ihm benannte Straße und die Sozialstation Thomas Geiselhart, sondern vor allem seine Hauptgründungen, das Erzbischöfliche Kinderheim Haus Nazareth und das Erzbischöfliche Studienheim St. Fidelis.

Literaturhinweise

Becker, Otto H.: Thomas Geiselhart 17. 2. 1811 – 16. 6.1891. Leben und Werk. Katalog zur Ausstellung. Sigmaringen 1991.

Brodmann, Hermann: Thomas Geiselhart. Ein Leben im Dienst der Menschen und der Erneuerung der Kirche (Hrsg. vom Hohenzollerischen Geschichtsverein und Krankenpflegeverein St. Johann Sigmaringen). Sigmaringen 1984.

Das Erzbischöfliche Kinderheim »Haus Nazareth« in Sigmaringen. Aufgabe und Geschichte. Information. Hrsg. zur Einweihung der Neubauten im März 1977. Sigmaringen 1977.

Hugo Lacher

Paul Levi

Paul Levi war einer der bekanntesten Politiker der Weimarer Republik. Er ist am 11. März 1883 in Hechingen als Sproß einer jüdisch-bürgerlichen Familie geboren. Sein Vater betrieb eine Weberei. In Hechingen besuchte er auch die Volks- und Realschule, in Stuttgart das Gymnasium, und in Berlin und Grenoble studierte er Jura. 1908 ließ er sich in Frankfurt als Anwalt nieder. In seinen Anfangsjahren hat er von dort aus öfter mittellose Mandanten in Hohenzollern übernommen. Hochintelligent, redegewandt und politisch linksradikal konnte er am Vorabend des Krieges die Verteidigung von Rosa Luxemburg, die der Verächtlichmachung des Militärs angeklagt war, übernehmen. Als der Krieg ausbrach, blieb Levi, der Pazifist, zunächst verschont. Dann aber wurde er doch eingezogen. Um wieder freizukommen, hungerte er sich krank. Nach seiner Entlassung ging er in die Schweiz, wo er zur Zimmerwalder Bewegung stieß, einem losen Verbund europäischer Linker, unter ihnen auch Lenin, mit dem er in enger Verbindung stand und den er bewunderte. In seine Heimat zurückgekehrt, tat sich Levi mit Karl Liebknecht und Rosa Luxemburg, mit der ihn inzwischen eine tiefe Zuneigung verband, zusammen. Am 11. November 1918 gründeten »die drei L« den Bund der Spartakisten, wenig später schon – am 30. Dezember – zusammen mit einer Reihe Unabhängiger Sozialdemokraten die Kommunistische Partei. Die Führung fiel Rosa Luxemburg zu, Levi wurde ins Zentralkommitee gewählt. Das Ziel war, mit Hilfe des Proletariats zu einer Räterepublik auf der Grundlage eines freiheitlichen Sozialismus zu kommen. Dies Ziel war freilich nicht zu erreichen, zu zersplittert war die Arbeiterbewegung. So haben sich die Mehrheitssozialisten bereits in der bürgerlichen Demokratie einzurichten begonnen. Der schwerste Schlag war dann die Ermordung von Karl Liebknecht und Rosa Luxemburg am 15. Januar 1919. Aber auch in der KP selber gab es Spannungen. So hat Rosa Luxemburg schon früh geargwöhnt, daß Rußland und die russische KP weniger den Weg der Freiheit als den der Diktatur gehen wollten. Dies anzuprangern, schrieb sie die Broschüre »Die russische Revolution« mit der spektakulären Antithese, daß die Freiheit immer die Freiheit des Andersdenkenden sei. Auch Levi hat sich diese Definition zu eigen gemacht. Zunächst jedoch bat er Rosa Luxemburg, die Schrift noch zurückzuhalten. 1922 hat er sie dann selbst veröffentlicht. Zu deutlich waren inzwischen die Anzeichen der »Bolschewisierung« zu erkennen, ebenso die Versuche der russischen KP, sich die westlichen Parteien botmäßig zu machen. Levi stellte sich in scharfen Gegensatz zur Komintern. Sein eigener Kommentar dazu ist seine wohl wichtigste Schrift von 1921 »Unser Weg.

Wider den Putschismus«. »Unser Weg« sollte eine spontane Aktion der proletarischen Massen zur Überwindung des kapitalistischen und militaristischen Staates zugunsten eines Gemeinwesens der sozialen Gerechtigkeit und des Friedens sein. »Wider den Putschismus« richtete sich gegen die sinnlosen Aufstände von 1921 in Mitteldeutschland, hinter denen bereits die Komintern standen. Die Schrift hat großes Aufsehen erregt, aber auch zu einer ersten Parteisäuberung geführt, deren Opfer dann Levi selber wurde. Zusammen mit Gesinnungsgenossen kehrte er in die SPD zurück, wo er bald zum führenden Kopf des linken Parteiflügels aufstieg. Damit geriet er nun freilich auch zwischen die Fronten. Die Kommunisten beschimpften ihn als Verräter, den pragmatischen Sozialisten wurde er mit seinem revolutionären Pathos bald zum Ärgernis. So taten sie alles, ihn in seinen Aktivitäten einzuengen. Im Reichstag ließen sie ihn gerade noch zu Rechtsfragen sprechen.

In den Reichstag war Levi 1920 zusammen mit Clara Zetkin gewählt worden. Als versierter Jurist wurde er zudem Mitglied des Rechtsausschusses. In dieser Position konnte er dann doch einiges bewirken. So arbeitete er mit am »Gesetz zum Schutz der Republik« oder an der Überholung des Strafgesetzbuches von 1870. Sonst aber verlagerten sich seine Aktivitäten mehr und mehr in den politisch-publizistischen Bereich, wofür er sich auch seine eigenen Organe schuf, so »Unser Weg«, »Die Levi Korrespondenz«, »Sozialistische Politik und Wirtschaft«, die 1928 aufging in »Der Klassenkampf Marxistische Blätter«. In diesen Organen setzte er sich mit den Auswüchsen der Zeit auseinander, den politischen Morden, den Fememorden insbesondere, der Rolle der Freikorps und auch der Reichswehr. Hart ging er mit den vielfachen Rechtsbeugungen einer rechtsgerichteten Justiz ins Gericht. Er schrieb aber auch Aufsätze wegweisender Art, so immer wieder über die Revolution, über Rüstung und Abrüstung, den Pazifismus wie auch sein besonderes Anliegen, die Verwirklichung der sozialen Gerechtigkeit.

Der Stil des Intellektuellen war geschliffen, oft polemisch und vielfach auch mit Zitaten aufgelockert, die Levi als einen literarisch hochgebildeten Mann auswiesen. Fragen konnte man allerdings auch, ob er denn nun mehr ein Bildungsbürger oder ein Revolutionär war. Und in der Tat wurde ihm immer wieder vorgehalten, er sei ein reicher Bürgerssohn, der in ein falsches Lager geraten sei. Daher hier ein paar Worte zu seiner Person. Levi bewohnte in Berlin eine 3-Zimmer-Dachgeschoßwohnung. Darin hatten neben ihm, dem Junggesellen, noch eine Haushälterin, die beiden Windspiele Zola und Nana Platz und 2 000 Bücher. Levi aß gern, er trank gern, er fuhr einen Studebaker, im Winter damit ins Engadin zum Schilaufen. Er war mehr ein Einzelgänger als ein geselliger Mensch. Saß er jedoch mit Freunden beim Bier, dann schwäbelte er. So war er eine eigenartige Mischung von bürgerlichem Lebenszuschnitt und revolutionärem Aufbegehren. Angesichts des deutschen Antisemitismus ist freilich eine andere Charakteristik sehr viel wichtiger. Levi war ein freisinniger, hochtalentierter und vielseitig gebildeter deutscher Jude, der bis hin zum Stolz auf seine schwäbische Herkunft voll in dieses Land und seine Kultur integriert war. Seine Trennung von der israelitischen Religionsgemeinschaft (1910) und seine scharf antibürgerliche politische Option haben mit zum Bruch mit seiner Familie in Hechingen geführt.

1929 hatte Levi dann noch mit dem Jornsprozeß eine Sternstunde. Paul Jorns war im Prozeß Liebknecht/Luxemburg Ankläger und Untersuchungsrichter. Nun beschuldigte ihn eine Zeitung der Begünstigung der Mörder. Jorns klagte wegen Beleidigung. Levi, inzwischen der beste Anwalt in politischen Strafsachen, übernahm die Verteidigung des angeklagten Redakteurs. Mit größter Sachkenntnis und höchstem Engagement versuchte er, endlich volle Klarheit in die Vorgänge von 1919 zu bringen, wie auch Jorns der Rechtsbeugung zu überführen. Beides gelang ihm.

Anfang 1930 zog er sich eine Grippe zu, die sich zu einer Lungenentzündung mit schwersten Fieberanfällen ausweitete. Offensichtlich um am offenen Fenster frische Luft zu bekommen, ist er am 19. Februar 1930 in die Tiefe gestürzt. Ob Unfall oder Selbstmord ist nicht zu klären. Sicher ist die lebensgefährliche Krankheit. Aber auch psychisch und politisch scheint Levi um diese Zeit nicht in bester Verfassung gewesen zu sein. Der Prozeß hat ihn viel Kraft gekostet und es widerte ihn an, daß er erneut aufgenommen werden sollte. Politisch traf wohl Ossietzki einen wunden Punkt, als er fragte, warum gerade er, »der den politischen Durchschnitt in Minutenschnelle mit der flachen Hand erledige«, nicht nach der Macht in der SPD greife. Ja so viel Talent und in seiner linken Position doch nur Zurücksetzungen, Verleumdungen, ja Haß und von rechts schon ein massiver Antisemitismus. Ein weiterer Punkt war ebenso prekär. Levi hat die SPD unablässig beschworen, keine Koalition mit einer bürgerlichen Partei einzugehen. Das Dilemma, daß man mit solcher Abstinenz die Republik letztlich ihren Feinden überließ, kannte er, hatte aber im Griff seiner Ideologie weder die Kraft noch den Willen, sich aus einer solchen Position zu lösen; er resignierte eher: »Ich wollte, se täte mich nimmer wähle.«

So gab es doch manches, was einen kranken Mann zusätzlich belasten konnte. Doch wie auch immer, Levis Tod hat seine Freunde erschüttert und über diesen Kreis hinaus viel Anteilnahme ausgelöst. Welcher Wertschätzung sich dieser menschliche und ehrenhafte Mann erfreute, machten dann die Nachrufe deutlich: »Er war einer der gerechtesten, geistvollsten und mutigsten Menschen, die mir auf meinem Lebensweg begegnet sind« – so Albert Einstein. Seine Heimatstadt hat ihm inzwischen eine Straße gewidmet.

Literaturhinweise

Beradt, Charlotte: Paul Levi. Ein demokratischer Sozialist in der Weimarer Republik. Frankfurt 1969.
Hahn, Joachim: Erinnerungen und Zeugnisse jüdischer Geschichte in Baden-Württemberg. Hrsg. von der Kommission für geschichtliche Landeskunde. Stuttgart 1988.
Levi, Paul: Zwischen Spartakus und Sozialdemokratie. Schriften, Aufsätze, Reden und Briefe. Hrsg. von Charlotte Beradt. Frankfurt, Wien 1969. (Politische Texte.).
Quack, Sibylle: Geistig frei und niemandes Knecht. Paul Levi – Rosa Luxemburg. Politische Arbeit und persönliche Beziehung. Köln 1983 (Ullstein-Lebensbilder, Frankfurt a. M./Berlin 1986).
Riess. u. Zimmermann, Rüdiger: Personalbibliographie Paul Levi (1883–1930). In: Internationale wissenschaftliche Korrespondenz zur Geschichte der deutschen Arbeiterbewegung, Heft 1/1986, S. 20–62.
Weber, Hermann: NDB 14, 1985, S. 387 f.

Fritz Kallenberg

Alfons Scherer

Während der fast hundertjährigen Zugehörigkeit Hohenzollerns zu Preußen standen insgesamt 16 Regierungspräsidenten an der Spitze der Landesverwaltung. Bei der Tendenz des preußischen Staatsministeriums, die leitenden Beamten zugunsten der Einheit des Staates häufiger rotieren zu lassen, waren die Regierungspräsidenten in der Regel nur wenige Jahre in Sigmaringen. Über die meisten wissen wir kaum mehr als die dürren Lebensdaten und Ausbildungsstationen, die ihre Personalakten überliefern. So erging es bisher auch Alfons Scherer, der von Mai 1926 bis August 1931 Amtsvorstand der Sigmaringer Regierung war. Aber sowohl die Ereignisse seiner Amtszeit als auch sein persönliches Verhalten verdienen es, der Vergessenheit entrissen zu werden. Beidem verdanken wir exemplarische Einblicke in bislang wenig beachtete Konflikte während der Weimarer Republik.

Alfons Scherer wurde am 10. August 1885 in Straßburg geboren. Er war der Sohn eines aus Freiburg im Breisgau stammenden hohen elsässischen Schulbeamten. Als Verwaltungsjurist hatte Scherer, wie viele katholische Verwaltungsbeamte im Kaiserreich, seine Laufbahn auf kommunaler Ebene angetreten. Sein rascher, nur durch den Kriegsdienst unterbrochener beruflicher Aufstieg vollzog sich im Elsaß. Mit 32 Jahren wurde er 1917 Bürgermeister von Schlettstadt. Von den Franzosen nach Kriegsende ausgewiesen, kam er über die Reichsfinanzverwaltung in den preußischen Staatsdienst. Nach mehreren Jahren als Regierungs- und Oberregierungsrat bei der Bezirksregierung in Münster war er zuletzt Vizepräsident bei der Regierung in Wiesbaden. Von dort ging ihm der Ruf voraus, sich besonders mannhaft gegen die Ansprüche der Franzosen und ihrer Klientel während der Rheinlandbesetzung verhalten zu haben. Mit 41 Jahren trat er sein neues Amt in Sigmaringen an. Er dürfte der jüngste aller preußischen Regierungspräsidenten in Hohenzollern gewesen sein. Eine steile, aber doch keine ganz exzeptionelle Karriere, denn Sigmaringen war mit seinen damals 72 000 Einwohnern der bei weitem kleinste der 34 preußischen Regierungsbezirke, der nächstgrößere war Stralsund mit 246 000, der größte Düsseldorf mit 3,9 Millionen Bewohnern.

Scherer war Zentrumsmitglied, und er stand fest auf dem Boden des neuen Staates, was man nicht allen Zentrumsleuten in der Weimarer Republik nachsagen kann. Am Anfang seiner Sigmaringer Zeit, so berichtet sein Stellvertreter, Geheimrat Sauerland, gab der neue Regierungspräsident »wiederholt seine Absicht kund, zum Fürstlichen Hof in gesellschaftliche Beziehung zu treten und die Spannung zwischen Fürst und Regierung zu beenden«, von der die Tätigkeit seines seit Jahrzehnten mit dem Land verbundenen Amtsvorgängers, Dr. Belzer, überschattet war. Sauerland war es auch, der mit dem Hofmarschall des Fürsten, Freiherrn von Wangenheim, mehrfach die Besuchsformalitäten besprach. Dabei stellte sich heraus, daß der Fürst es ablehnte, den Besuch des Regierungspräsidenten und seiner Frau mit der Fürstin in dessen Wohnung zu erwidern. Dem Usus des Hofes entsprechend, sei aber damit zu rechnen, daß der Fürst den Regierungspräsidenten am Neujahrstag in seiner Wohnung besuche. Es handelte sich also um einen Konflikt zwischen den bürgerlichen Verkehrsformen, denen sich der Vertreter des republikanischen Staates verpflichtet fühlte, und dem Anspruch der Hofetikette. Sauerland vermerkt: »In der Folge ist der Besuch des Regierungspräsidenten bei Hofe unterblieben.«

Der Regierungspräsident mußte damit rechnen, daß es am 9. Januar 1927 bei der Einweihung des neuen Rathauses in Sigmaringen, für die er den Festvortrag zugesagt hatte, zu einer Begegnung mit dem Fürsten kommen werde. Dieser hatte der Stadt eine Spende von 35 000 Mark für die Ausstattung des Sitzungssaales im Rathausneubau in Aussicht gestellt. Der rührige Sigmaringer Bürgermeister Egon Müller bemühte sich schon seit Oktober darum, einen Modus für dieses Zusammentreffen abzusprechen, hatte aber keinen Erfolg. Am 3. Januar kam es zu einem persönlichen Gespräch Scherers mit dem ältesten Sohn des Fürsten. Obgleich Scherer damit einverstanden war, daß sein Name bei der Begegnung mit dem Fürsten zuerst genannt, er ihm also vorgestellt würde, fand sich Fürst Wilhelm letztlich doch nicht bereit, dem Staatsvertreter den ersten Platz zu überlassen. Die grundsätzliche Seite des Konflikts unterstrich der Präsident in der Unterredung mit dem Erbprinzen durch den Hinweis, daß bis zur Klärung der Besuchsfrage auch der gesellschaftliche Verkehr seiner Beamten bei Hof unterbleiben und deshalb Einladungen an diese vermieden werden sollten.

Alfons Scherer schien es in dieser Lage geboten, sich der Rückendeckung seines Ministers zu vergewissern. Er fuhr nach Berlin, hielt dem Innenminister am 7. Januar, zwei Tage vor dem Festtermin, Vortrag und erbat von ihm ein finanzielles Engagement des Staates in gleicher Höhe wie die Spende des Fürsten. In seinem schwungvollen Promemoria für den Minister vom gleichen Tag faßt er zusammen: »Hier tritt der Kernpunkt der ganzen politischen Frage einmal in einem Einzelfall grell und peinlich zutage. Der Regierungspräsident betont die Belange der republikanischen Staatsform und Staatsregierung, und der Fürst – gibt Geld und ist der gekränkte Wohltäter der Stadt, wenn er nicht gar veranlaßt wird, seine Wohltaten einzustellen.« Scherer bekam vom Minister – es war zu diesem Zeitpunkt nicht Severing, sondern Albert Grzesinski, was für sein Anliegen nicht ungünstig war – die erbetene Summe. Sie bildete den Grundstock für die Sigmaringer Stadthalle, die noch in der Amtszeit Scherers und Egon Müllers fertiggestellt wurde.

Die Rathauseinweihung und die Gefallenenehrung fand ohne die fürstliche Familie statt. Es sei dem Bürgermeister nicht gelungen, so bedauerte ihm gegenüber der Hofmarschall im Namen des Fürsten, die Einzelheiten des Festprogramms so zu regeln, »daß sie es seiner Königlichen Hoheit dem Fürsten ermöglichten, in einer seiner Person und Stellung entsprechenden Form an der Feier teilzunehmen«. Als Scherer wenig später erleben mußte, daß der Hof weiterhin Einladungen an höhere Beamte ergehen ließ und vier Herren diesen auch Folge leisteten, erreichte er, wiederum durch eine Blitzaktion beim Minister, daß sie kurzfristig von Sigmaringen wegversetzt wurden.

Der Anspruch Alfons Scherers, »die Belange der republikanischen Staatsform und Staatsregierung« in der Residenzstadt Sigmaringen durchzusetzen, löste, nach den Worten Sauerlands, »eine Hetze übelster Art« gegen den Regierungspräsidenten aus. In einer von Hofbediensteten betriebenen Unterschriftenaktion wurde sogar seine Entfernung gefordert. Indirekt gegen Scherer richtete sich auch die in der Stadt kolportierte Drohung, der Fürst trage sich mit der Absicht, von Sigmaringen wegzuziehen und die Hofkammer nach München zu verlegen, was den wirtschaftlichen Ruin der vom Fürstenhaus abhängigen Stadt heraufbeschwören mußte. Da Scherer es während dieser Konfrontationsphase nicht zuließ, daß die Stadt den Fürsten durch Verleihung der Ehrenbürgerwürde von seinen Wegzugsdrohungen abzubringen versuchte und die Stadtverordneten die schon angekündigte Ehrung durch Beschluß zurücknehmen mußten, löste er nicht nur bei den Sympathisanten des Hofes äußerste Entrüstung aus, er machte sich auch mißliebig bei den von Sanktionen der fürstlichen Verwaltung betroffenen Gemeindevertretern. Nicht anders erging es ihm mit seiner rigorosen Maßregelung der demonstrativen Hofgänger unter den Beamten. Er konnte zwar dem Minister berichten, daß sich ihre Versetzung »in vorzüglicher Weise« ausgewirkt habe, aber er brachte damit gleichzeitig das Gros der Beamtenschaft des Landes, die ohnehin überwiegend rechts stand, gegen sich auf.

Im Jahr 1927 wurde Scherers Vorgehen vom Kommunallandtag und eindeutig von der preußischen Regierung gedeckt, und der Hechinger Demokrat Wallishauser konstatierte: »Es stände besser um die Republik, wenn alle ihre Beamten so viel Rückgrat hätten ... Ein Staatsbeamter, der in diesem Sinne handelt, darf der Unterstützung aller Republikaner versichert sein. Und, wie wir beobachten, er hat diese Unterstützung, außerhalb des Sigmaringer fürstlichen Kreises, im ganzen Lande.«

Nach dem Tod des Fürsten Wilhelm im Oktober 1927 hatte es Scherer mit einem Mann zu tun, der, anders als sein Vater, in die Öffentlichkeit drängte und dessen unruhige Aktivität im Dienste seines Hauses keinerlei Hemmungen kannte. Mit seinem haltlosen Anspruch, aus dem Staatsvertrag von 1850 Rechte herleiten zu können, die ihn von der Anwendung der Bestimmungen der Reichsverfassung und des preußischen Adelsgesetzes ausnahmen, mutete er den Stellen, die mit ihm zu tun hatten, viel zu. Daß ihm dabei niemand so im Weg stand wie der Regierungspräsident Scherer, war ihm bewußt; es war deshalb sein erklärtes Ziel, ihn von Sigmaringen wegzubringen.

Wir haben Grund zu der Annahme, daß Scherer die Hartnäckigkeit und Rücksichtslosigkeit Friedrichs unterschätzte. Dies zeigte sich besonders auf dem Boden, auf dem sie gemeinsam standen, dem der katholischen Kirche. Diese prinzipielle Gemeinsamkeit wies aber nicht den Weg zum Ausgleich, wie Scherer gehofft hatte, sondern eröffnete Friedrich ein Manövrierfeld, auf dem er seinen Widerpart förmlich austrickste. Als der »Fürst« 1929 überraschend den Anspruch erhob, bei der Fronleichnamsprozession, an der seit Menschengedenken kein Fürst in Sigmaringen teilgenommen hatte, unmittelbar hinter dem Allerheiligsten zu gehen, wurde ihm dieser Platz überlassen, den auf

Bitten des Pfarrers in den vorhergehenden Jahren der Regierungspräsident eingenommen hatte. Der »Fürst« berief sich darauf, daß ihm als Patron dieser Platz nach kanonischem Recht zustehe, und drohte, als ihm unter Mitwirkung des Generalvikars eine andere Regelung vorgeschlagen wurde, sich an den Nuntius zu wenden und sich in Rom zu beschweren. Scherer wurde schließlich durch diese gezielte Brüskierung in eine Lage manövriert, in der er es vorzog, der Prozession fernzubleiben. Auf derselben Ebene liegt Friedrichs Verhalten bei anderen vorgesehenen Begegnungen auf kirchlichem Boden, wobei er als Patronatsherr den Sigmaringer Stadtkirchenpfarrer völlig manipulierte. Das Meisterstück sind dann die von den Beuronern besorgten Papstbriefe, »für deren Fassung«, so Scherer, »selbstredend ausschließlich die deutschen unterrichteten kirchlichen Stellen verantwortlich sind«. Nach Berlin berichtete der Regierungspräsident: »Es unterliegt keinem Zweifel, daß Erzbischof, Ordinariat und Stadtpfarrer Prinz von Hohenzollern, im dienstlichen wie außerdienstlichen Verkehr mit ihm, als Fürst und Hoheit behandeln, ihm dadurch in der Bevölkerung den denkbar stärksten Trumpf in die Hand gegeben und ihm zugleich in bedauerlichem Masse den Rücken gesteift haben.« Fürstenhaus und Kirche waren nicht die einzigen Traditionsfestungen, mit denen es Scherer zu tun hatte. Eine weitere war die Beamtenschaft, deren Rückhalt er offensichtlich nicht gewinnen konnte. Er stand für das Gros der Beamten zu weit links. Wallishauser wendet nachträglich ein, Scherer und sein Ministerium hätten »die traditionelle Verbundenheit der Landesbevölkerung mit dem fürstlichen Hause Hohenzollern« zu leicht genommen. Eine solche Anhänglichkeit gelte auch für die große Mehrheit derer, die fest auf republikanischem Boden stehen. »Diese Einstellung des Gemüts gilt in Potenz für Sigmaringen, das von jeher auf seine Eigenschaft als Residenz, auf seinen Fürsten und – notabene auf den leistungsfähigen Steuerzahler – stolz war.« Es ist bezeichnend, daß man in Sigmaringen immer von einem Streit zwischen Fürst und Regierungspräsident sprach, in den, nach den Worten des Bürgermeisters, die Stadt hineingeraten sei »wie Pontius ins Credo«. Deshalb begegnen wir auch ständig seiner Versicherung, die Stadt verhalte sich in dem Streit »loyal neutral«. Der Illoyalität gegen den neuen Staat, die in der Neutralität gegenüber seinen Gegnern liegt, war sich Egon Müller nicht bewußt. Es muß ihm aber, spätestens seit der Berliner Aktion, bewußt gewesen sein, daß er seine ursprüngliche Loyalität gegenüber dem Regierungspräsidenten nicht mehr wahrte und die Stadt in die Komplizenschaft mit dem Fürsten führte.

Inwieweit und von wann ab es Alfons Scherer schwante, daß seines Bleibens in Sigmaringen nicht mehr lange sein werde, ist aus den Akten nicht erkennbar. Er mußte sich jedenfalls von den drei Institutionen, denen sein politisches Wirken verpflichtet war, im Stich gelassen fühlen: von seiner Kirche, von seiner Partei und von seiner Regierung.

Scherer hat schwer darunter gelitten, daß seine Kirche die verfassungswidrigen Ansprüche des »Fürsten« Friedrich auf allen Ebenen unterstützte. Besonders schmerzlich hat er die indolente Haltung des Erzbischofs Carl Fritz empfunden, der für die Konfliktlage der »katholischen Behördenvorstände«, als deren Sprecher er sich an ihn gewandt hatte, nicht die Spur von Verständnis aufbrachte. Sie wurden in Hohenzollern von ihrer Kirche nicht nur alleingelassen, sie wurden förmlich desavouiert. Fast schon resigniert schreibt Scherer im Mai 1930 in einem Privatdienstbrief an seinen Minister: »Es ist eine Ungeheuerlichkeit, daß ein die Verfassung mißachtender Privatmann über 90 % der Pfarreien des Landes als Patron besetzt, ohne daß diese seine überlebten Rechte mit irgendwelchen Gegenleistungen verbunden sind, und daß er dadurch einen gar nicht abzumessenden Einfluß ausübt.«

Seine Bestimmung für Sigmaringen verdankte Alfons Scherer der vom Preußenzentrum im Innenministerium erfolgreich betriebenen konfessionellen Paritätspolitik. Der Landesausschuß in Hohenzollern hat seine Berufung bestätigt und der Kommunallandtag, mit seiner Zweidrittel-Zentrumsmehrheit, hat ihm im Juni 1927 »in Frage der Wahrung der Staatsautorität« die Stange gehalten. Es sieht so aus, als habe sich die Einstellung des Landeszentrums in Hohenzollern zugunsten des Fürstenhauses verschoben, nachdem »Fürst« Friedrich sich durch seine Schenkungen an die Klöster Beuron und Habsthal und durch sein Auftreten als »princeps christianissimus« – so tituliert ihn Wallishauser höhnisch – seine Katholizität öffentlich unter Beweis stellte. Als sich Bürgermeister Müller vor dem Empfang beim Preußischen Innenminister Severing mit Pfarrer Vogel, dem Vorsitzenden des Kommunallandtags und einflußreichsten Zentrumspolitiker des Landes besprach, waren sich die beiden einig, daß es für das ganze Land, nicht nur für Sigmaringen, wichtig sei, daß der »Fürst« bleibe. Vogel hielt eine befriedigende Lösung nur für möglich, »wenn ein Systemwechsel eintrete«. Das Landeszentrum dürfte Scherer schon geopfert haben, bevor die Sigmaringer Delegation ihre Reise nach Berlin antrat.

Wenn Scherer von seinen Widersachern Selbstherrlichkeit vorgeworfen und auch von ihm gewogener Seite konstatiert wurde, seine Eingriffe in die Selbstverwaltung seien mit den »im Elsaß üblichen autoritären Regierungsmethoden«, mit denen er groß geworden sei, zu erklären, so wird doch auch hervorgehoben, daß er sich für »seine scharfen Maßnahmen zur Wahrung der Staatsautorität« in jedem einzelnen Fall vorher des Einverständnisses des Innenministeriums vergewissert habe. Aus den verfügbaren Quellen läßt sich keine bündige

Erklärung dafür geben, warum mit einem leitenden Beamten, der in exponierter Lage bisher immer der Deckung durch sein Ministerium sicher sein konnte, derart grob und rücksichtslos umgegangen wurde. Es ist als sicher anzunehmen, daß Severing seine Entscheidung im Hinblick auf die Erwartungen des Preußenzentrums traf, das sich, fast wie das Zentrum im Reich, seit 1928 in einer Entwicklung nach rechts befand, die nach dem Tod des republiktreuen Vorsitzenden Dr. Heß im Februar 1932 in einen förmlichen »Rechtsabmarsch« ausartete. Die Abberufung Scherers bestätigt die Erosion der demokratischen und republikanischen Grundsätze im Schatten von Brünings Präsidialregierung, die schließlich auch die preußischen Sozialdemokraten – und dafür steht auch der Name Severings – in die Resignation trieb. Daß der Vertrauensmann des Zentrums im preußischen Innenministerium, Ministerialdirektor Dr. Heinrich Brand, eine zwielichtige Rolle bei der Abhalfterung Scherers spielte, steht außer Zweifel. Es ist zu vermuten, daß Brands Versetzung nach Sigmaringen als Nachfolger Scherers die Quittung des Vorsitzenden Heß für dieses Verhalten war: der Absturz von einer personalpolitischen Schlüsselstelle in die entfernteste »Provinz«, die Preußen zu bieten hatte. Die rüde Behandlung Scherers ist jedoch mit alledem noch nicht erklärt. Der Vorgang, daß ein politischer Beamter wegen seiner demokratischen und republikanischen Haltung in den einstweiligen Ruhestand versetzt wird, läßt sich am ehesten vergleichen mit der spektakulären Ablösung des Ministerialdirektors Arnold Brecht im April 1927 im Reichsministerium des Innern durch einen deutschnationalen Minister. Die Besonderheit im Fall Scherers liegt darin, daß er sich in Preußen ereignete, dem »Bollwerk Preußen«, der vermeintlich letzten Bastion republikanischer Gesinnung.

Mit dem erzwungenen Abzug – konkret: mit der Räumung der Dienstwohnung im Regierungsgebäude in der Sigmaringer Karlstraße – verläßt Scherer auch den Quellenbestand der Sigmaringer Archive zu seiner Person. Was wir über sein weiteres Leben wissen, ist nicht viel. Er wohnte zunächst in Wiesbaden, zog dann in den Rheingau, aus dem seine Frau stammte. 1933, jetzt 48 Jahre alt, wurde er im NS-Staat unter Berufung auf das Gesetz zur Wiederherstellung des Berufsbeamtentums in den dauernden Ruhestand versetzt. Nach 1945 soll er kurzfristig als Leiter einer Spruchkammer in Rüdesheim tätig gewesen, von der amerikanischen Besatzungsmacht wegen seiner konzilianten Entscheidungen aber bald wieder abgesetzt worden sein. Von einer neuen Verwendung in der Bizonen- oder der sich etablierenden Bundesverwaltung wissen wir nichts, während sein nur zwei Jahre jüngerer Nachfolger und Schicksalsgenosse Heinrich Brand unter Adenauers Fittichen das Bundespresseamt aufbaute, bevor er noch den Regierungsbezirk Aachen übernahm. Die knappen biographischen Notizen Mühlebachs schließen mit dem Satz: »Regierungspräsident Scherer lebte dann seinen schriftstellerischen Neigungen bis zu seinem Tod am 3. März 1964.«

Literaturhinweise

An Quellen standen zur Verfügung: Scherers Personalakte (StA Sigm., Ho 235, P XIV Nr. 39); Handakten Scherers 1927 ff. (StA Sigm., Ho 235 P I Nr. 36); Berichte und Demarchen Scherers (Geh. StA Berlin-Dahlem, Preuß. Staatsministerium Rep. 90/465); Handakten des Bürgermeisters Egon Müller 1922–1931 (StA Sigm., Dep. 1, Stadtarchiv Sigmaringen, Nr. 76 u. 77); Sauerland, Karl: Die Verwaltung in den Hohenzollerischen Landen in der Nachkriegszeit. (1930), masch. Manuskript (StA Sigm., Bibl. 10 C 38). Auf folgende Literatur ist zu verweisen: Mühlebach: Regierungspräsidenten S. 12; Kallenberg: Staatsautorität S. 759–774, Ehni, Hans-Peter: Bollwerk Preußen? Preußen-Regierung, Reich-Länder-Problem und Sozialdemokratie 1928–1932. Bonn-Bad Godesberg 1975; Hömig, Herbert: Das Preußische Zentrum in der Weimarer Republik. Mainz 1979.

Fritz Kallenberg

Allgemeine Literaturhinweise

Das Land Baden-Württemberg. Amtliche Beschreibung nach Kreisen und Gemeinden. Hrsg. v. d. Landesarchivdirektion Baden-Württemberg. Bd. II: Die Gemeinden vor und nach der Gebietsreform. Landeskundlich-statistische Grunddaten. Stuttg. 1975; Bd. V: Regierungsbezirk Karlsruhe. Stuttg. 1976; Bd. VI: Regierungsbezirk Freiburg. Stuttg. 1982; Bd. VII Regierungsbezirk Tübingen. Stuttg. 1978

Bader, Karl Siegfried: Der deutsche Südwesten in seiner territorialstaatlichen Entwicklung. Sigmaringen 1978

Bernhardt, Walter/Seigel, Rudolf: Bibliographie der Hohenzollerischen Geschichte. Arbeiten zur Landeskunde Hohenzollerns 12, Sigmaringen 1975, zugleich erschienen in: Zeitschrift für Hohenzollerische Geschichte 10/11, 1974/75 als Doppelband

Bothe, Rolf: Burg Hohenzollern. Von der mittelalterlichen Burg zum nationaldynastischen Denkmal im 19. Jahrhundert. Berlin 1979

Bumiller, Casimir: Wilflingen. Ein Geschichts- und Heimatbuch. Horb 1994

Burkarth, Herbert: Geschichte der Herrschaft Gammertingen-Hettingen. Sigmaringen 1983

Cramer, Julius: Die Grafschaft Hohenzollern. Ein Bild süddeutscher Volkszustände 1400–1850. Stuttgart 1873

Dehio, Georg: Handbuch der deutschen Kunstdenkmäler, Baden-Württemberg, bearb. v. Friedrich Piel, München 1964

Egler, Ludwig: Chronik der Stadt Hechingen. Bearb. u. erweitert von M. R. v. Ehrenberg, W. Sauter u. B. E. Reiser. Bd. 1, Hechingen [3]1980

Frank, Robert/Fechter, Max: Heimatbuch Weildorf 786–1986. Herausgeg. von der Ortschaftsverwaltung Haigerloch-Weildorf. Haigerloch 1986

Frank, Robert/Schneider, Josef: 900 Jahre Gruol. Herausgeg. von der Ortschaftsverwaltung Haigerloch-Gruol. Balingen 1994

Genzmer, Walther (Hrsg.): Die Kunstdenkmäler Hohenzollerns. Bd. 1: Kreis Hechingen, Hechingen 1939, Bd. 2: Kreis Sigmaringen, Stuttgart 1948

Gönner, Eberhard: Hohenzollern und Württemberg. In: Bausteine zur geschichtlichen Landeskunde von Baden-Württemberg. Stuttgart 1979 S. 239–254

Gönner, Eberhard: Hohenzollern und Württemberg – Geschichtliche Kräfte im Zollernalbkreis. In: Zollernalb-Profile, Jahrbuch des Kreises Bd. 3, Balingen 1993 S. 9–26

Haasis, Heinrich (Hrsg.): Der Zollernalbkreis. Stuttgart/Aalen ²1989
1200 Jahre Hechingen. Beiträge zur Geschichte, Kunst und Kultur der Stadt Hechingen. Hechingen 1987
Handbuch der baden-württembergischen Geschichte, hrsg. von Meinrad Schaab und Hansmartin Schwarzmaier. Bis jetzt erschienen: Bd. 2, Die Territorien im Alten Reich, Stuttgart 1995, Bd. 3, Vom Ende des Alten Reiches bis zum Ende der Monarchien, Stuttgart 1992
Hermann, Manfred: Der Landkreis in seinen Bau- und Kunstwerken. Ein Überblick über eintausend Jahre Kunstgeschichte. In: Der Landkreis Sigmaringen. Geschichte und Gestalt. Sigmaringen 1981 S. 119–270
Hermann, Manfred: Kunst im Landkreis Sigmaringen: Plastik. Beuron 1986
Hodler, Franz Xaver: Geschichte des Oberamts Haigerloch. Hechingen 1928, Nachdruck Balingen 1985
Hohenzollerische Heimat. Vierteljahresblätter für Schule und Haus. Hrsg. vom Verein für Geschichte, Kultur und Landeskunde in Hohenzollern. Ab 1968 vom Hohenzollerischen Geschichtsverein. 1. Jahrg. 1951, zuletzt 45. Jahrg. 1995
Hohenzollerische Jahreshefte. Hrsg. vom Verein für Geschichte, Kultur- und Landeskunde Hohenzollerns. Bd. 1, 1934 (in der ganzen Reihe Bd. 64) bis 24 (87), 1964 (fortgesetzt als Zeitschrift für Hohenzollerische Geschichte)
Hornberger, Theo: Hohenzollerische Städte. Eine stadtgeographische Untersuchung. In: Hohenzollerische Jahreshefte 3, 1936 S. 265–331; 4, 1937 S. 113–167
Kallenberg, Fritz: Die Fürstentümer Hohenzollern im Zeitalter der Französischen Revolution und Napoleons. In: Zeitschrift für die Geschichte des Oberrheins (ZGO) 111, 1963 S. 357–472
Kallenberg, Fritz: »Vom Fels zum Meer«. Die Politisierung der dynastischen Beziehungen der schwäbischen zu den brandenburg-preußischen Hohenzollern. In: Schulin, Ernst (Hrsg.): Gedenkschrift Martin Göhring. Wiesbaden 1968 S. 200–213
Kasper, Alfons: Kunstwanderungen kreuz und quer der Donau. Bd. 3, Schussenried 1964
Kaufhold, Walter/ Seigel, Rudolf: Schloß Sigmaringen und das Fürstliche Haus Hohenzollern. Konstanz 1966
Kerkhoff, Josef: Territoriale Entwicklung von Hohenzollern. In: Historischer Atlas von Baden-Württemberg, 1975, Beiwort zu Karte VI, 5
Kraus, Uwe/Schaffer, Wolfgang: Im Land der Hohenzollern. Landschaften, Kultur und Geschichte entlang der Hohenzollernstraße. Stuttgart 1991
Kuhn-Rehfus, Maren (Hrsg.): Sigmaringen. Ein historischer Führer. Sigmaringendorf 1989
Kuhn-Rehfus, Maren/Kuhn, Werner: Sigmaringen in alten Ansichten. Sigmaringen 1995
Miller, Max (Hrsg.): Baden-Württemberg. Handbuch der historischen Stätten Bd. 6, Stuttgart 1965
Mitteilungen des Vereins für Geschichte und Altertumskunde in Hohenzollern. Bd. 1, 1868 bis 63, 1932 (fortgesetzt als Hohenzollerische Jahreshefte)
Mors, Karl: Hechingen und Zoller-Burgen in alten Ansichten. Sigmaringen 1982
Mors, Karl: Hechingen und Burg Hohenzollern. Ein historischer Führer. Sigmaringendorf 1989

Naturpark Obere Donau. Hrsg. vom Schwäbischen Albverein (Natur, Heimat, Wandern) Stuttgart ³1994
Reclams Kunstführer: Baden-Württemberg, bearb. von Herbert Brunner u. Alexander von Reitzenstein. Stuttgart ⁷1979
Schefold, Max: Hohenzollern in alten Ansichten. Konstanz 1963
Seigel, Rudolf: Aus der Geschichte des Kreisgebietes. In: Der Kreis Sigmaringen. Aalen/Stuttgart 1963 S. 57–114
Seigel, Rudolf: Die Residenzstädte der Grafen und Fürsten von Hohenzollern. In: Zeitschrift für Württembergische Landesgeschichte 25, 1966 Anh. S. 20–26
Seigel, Rudolf: Die alten Herrschaftsgebiete des Zollernalbkreises. In Haasis, Heinrich (Hrsg.): Der Zollernalbkreis . Stuttgart/Aalen ²1989 S. 79–124
Von der Ständeversammlung zum demokratischen Parlament. Die Geschichte der Volksvertretungen in Baden-Württemberg. Herausgegeben von der Landeszentrale für politische Bildung Baden-Württemberg, Stuttgart 1982
Stemmler, Eugen/Heck, Oscar: Hechingen. Zollernland zwischen Alb und Schwarzwald. Sigmaringen/Stuttgart 1969
Der Weg zum Südweststaat. Herausgegeben von der Landeszentrale für politische Bildung Baden-Württemberg. Karlsruhe 1991
Zeitschrift für Hohenzollerische Geschichte. Hrsg. vom Hohenzollerischen Geschichtsverein. Bd. 1, 1965 (in der gesamten Reihe Bd. 88), zuletzt Bd. 30/31 (in Vorbereitung)
Zingeler, Karl Theodor/Laur, Friedrich Wilhelm: Die Bau- und Kunstdenkmäler in den Hohenzollerischen Landen. Stuttgart 1896
Zingeler, Karl Theodor/Buck, Konrad: Zollerische Schlößer, Burgen und Burgruinen in Schwaben. Berlin 1906
Zollernalb. Hrsg. vom Schwäbischen Albverein. (Natur, Heimat, Wandern) Stuttgart 1987
Zollernalbkreis (Hrsg.): Zollernalb-Profile. Jahrbuch des Kreises. Bd. 1, 1988; 2, 1990; 3, 1993

Ortsregister

Aachen 486
Ablach 134
Achberg 120, 132, 244, 249, 254, 318
Albstadt 308, 343
Altenwindeck 241 f.
Arnsberg 160
Aulendorf 233

Bachhaupten 318
Bärenthal 36, 43, 44, 131, 254, 325, 331, 351
Balingen 26, 50, 51, 165, 224, 252, 308, 341, 343
Bebenhausen 30, 234, 238, 243, 247
Bechtoldsweiler 67
Benzingen 43, 344
Berlin 89, 141, 156, 162, 174, 194 f., 218, 223, 233, 302, 304, 475 f., 497
Betra 49, 212, 253, 313, 334, 467
Beuren 41, 74, 313, 319
Beuron 33, 36, 43, 48 ff., 117, 131, 167, 192, 218, 223, 225, 312, 317, 350, 352, 355, 363, 370 f., 374 f., 393, 396 ff., 402, 428, 479, 487 ff., 492
Bierlingen 134
Bietenhausen 371
Billafingen 36, 43, 254
Bingen 44, 106, 308, 314, 338, 341, 348, 362
Binsdorf 50
Binzwangen 48
Bisingen 40, 49, 73, 75, 83, 87, 200, 206 f., 217, 223 ff., 284, 292, 308, 313, 336, 345, 348 f., 354, 424
Bittelbronn 203, 206, 213
Bittelschieß bei Krauchenwies 106
Blättringen 43
Boll 40, 84, 345, 349, 365, 368, 371, 460
Bologna 391
Bonn 486
Boppard 391
Bourges 93
Bronnen 36
Brühl 391
Buchau 449
Buchheim 134
Buffenhofen 376
Burgau 254
Burgfelden 50
Burladingen 41, 49, 83, 86, 307 f., 311 ff., 325, 333, 340 f., 345, 348 f., 352, 365, 371, 376, 411, 448, 460, 465

Chur 447, 472

Dachau 423
Darmstadt 146
Dettensee 49, 206, 253, 313, 417 f., 420, 426
Dettingen 39, 198, 206, 250, 253, 315, 338, 355
Dettlingen 36, 55, 253
Deutwang 44, 254
Dießen 55, 253, 371
Dietfurt 43, 311
Dillingen 93, 105, 391
Donaueschingen 290, 472
Dotternhausen 40

Düsseldorf 477

Ebingen 51, 341
Ehingen 97
Ehrenbreitstein 173
Empfingen 39, 49, 206, 217, 253, 288, 299, 308, 313 f., 317, 334, 336, 348, 355, 368, 468, 470 f.
Engelswies 49
Eßlingen 91
Eyach 341

Feldhausen 314
Feldkirch 447
Fischingen 49, 253, 315, 323, 334
Frankfurt am Main 55, 114, 142, 145, 155, 160, 233, 239, 297, 300, 302, 304, 463, 469 f., 473 f.
Freiburg 99, 102, 105, 111, 192, 228, 239, 247, 299, 301, 391, 447, 464, 467, 472, 475, 481 f.
Freudenstadt 225, 228
Friedrichshafen 378
Friedrichsthal 81
Frohnstetten 313, 325, 350, 355

Gaisweiler 45, 318
Gammertingen 42, 44, 48, 56, 121, 134, 160 f., 172, 214, 225, 249, 290, 300, 304, 307 f., 311, 313–316, 330 ff., 334, 336, 338, 341, 343, 345, 348, 350, 354, 362, 364, 366, 369 f., 380, 387 f., 395
Gauselfingen 49, 83
Geisingen 44
Geislingen 130
Glashütte 331
Glatt 39, 49, 55, 117, 131, 160, 206, 244, 248, 253, 308, 313, 315, 323, 351, 355, 362
Gomadingen 312
Gorheim 98, 112, 167, 218, 294, 298, 317 f., 363, 371, 392, 396, 494
Grafeneck 219
Grosselfingen 73, 83, 301, 308, 317, 324, 336
Gruol 39, 132, 198, 206, 225, 252, 253, 308, 317, 323, 327

Habsthal 49, 50, 98, 113, 120, 132, 192, 225, 317, 354, 363, 390 f.
Hadamar 219
Haigerloch 39, 50 f., 55, 59 f., 70, 99, 102, 104 f., 107, 110, 160 f., 167, 204, 207, 213 f., 223, 225, 252 f., 290, 307 f., 311, 315 ff., 327, 330, 334, 341, 344, 348–351, 355, 361–366, 368, 370, 373, 375 f., 379 f., 387 ff., 391 f., 400 f., 410–418, 420–424, 426, 490
Hamborn 139, 142
Hanfertal 44
Harthausen auf der Scheer 42, 310, 314, 362, 369
Hausen am Andelsbach 338
Hausen an der Laüchert 36
Hausen im Killertal 41, 83, 345, 354
Hechingen 28, 30 f., 33, 48 f., 54 ff., 64 f., 67, 70 f., 74 ff., 79 ff., 83, 86, 90, 99, 107–110, 138, 146, 153 f., 159 ff., 163 f., 167, 169, 171, 175, 178–181, 185, 198 ff., 202, 207, 211, 213 f., 216, 219, 223 ff., 227, 230, 232, 234, 244, 247, 251–254, 283 ff., 287, 289–293, 298, 303, 305, 307 f., 313, 315 ff., 333, 335 f., 338, 341, 343 ff., 349–352, 354 f., 362 f., 365–368, 372–376, 378 ff., 382–392, 394 f., 399 ff., 410–426, 428, 449 ff., 463 ff., 471, 496, 499
Hedingen 98, 132, 317 f., 363 ff., 368 f., 389, 479
Heidelberg 391
Heiligenzimmern 40, 198, 206, 217, 253, 317
Heiligkreuztal 49, 50, 98, 113
Hermannsdorf 325
Hermentingen 134
Hettingen 56, 121, 134, 308, 315 ff., 338, 348, 351, 354, 362, 364, 387
Heudorf 44
Hirschlatt 90, 130
Hitzkofen 44, 334, 338
Höfendorf 217
Hörschwag 83
Hohenfels 120, 132, 315, 318
Holzen 117, 132
Horb 224, 341

Hornstein 44, 106, 314
Hundersingen 48, 312

Igelswies 36, 344
Imnau 39, 334, 341, 350 f., 458
Ingolstadt 94, 105
Inneringen 43, 308, 317, 332, 350, 368, 375, 467
Innsbruck 58, 60, 96 f.
Inzigkofen 43, 45, 49, 58, 98, 132, 308, 317, 351 f., 354, 363 ff., 433, 438, 458
Isque 456

Jungingen 83, 333, 336, 345, 348 f., 366, 376
Jungnau 121, 133, 218, 317, 361, 472

Kairo 483, 484
Kaiseringen 331, 338, 345, 355, 371, 471
Kalkofen 44, 254
Karlsruhe 118
Karlstal 334, 338, 344
Kassel 136
Killer 41, 83, 354
Kirn an der Nahe 105, 452 f.
Kleinengstingen 341
Koblenz 390, 391
Köln 233
Konstanz 77 f., 308, 494
Kosel 136
Krauchenwies 30, 45, 96, 105, 244, 308, 341, 351, 354, 363, 399, 432 f., 453, 458

Laiz 43 f., 58, 98, 112, 225, 312, 317, 334, 345, 362, 369, 436
Langenenslingen 36, 44, 105, 253, 294, 308, 312 f., 317, 325, 332, 363, 365, 375, 453, 487
Laucherthal 43, 104, 210, 221, 308, 331, 334, 335, 338, 341, 344, 345, 348
Lausheim 45
Lautlingen 312
Leutkirch 381 f.
Liggersdorf 249, 254, 314, 400
Lindich 79, 214, 364, 366
Löwenberg 374

Lorsch 49

Madrid 137
Mägerkingen 36
Marchtal 115
Maredsous 488
Maria Laach 489
Mariaberg 226
Meersburg 78, 391, 458
Melchingen 41 f., 49, 308, 317, 332, 344, 354, 365
Mengen 253, 307, 317, 442, 443
Meßkirch 115, 228, 307, 475
Metz 105
Mindelheim 104
Mindersdorf 254, 313
Monte Cassino 492
Mottschieß 45
Mühlheim 50
Mühringen 415, 416
München 92, 105, 118, 193, 202, 211, 490, 502

Natzweiler/Elsaß 424
Neapel 137
Neckarhausen 368
Neubreisach im Elsaß 392
Neufra 42, 44, 319, 325, 340, 369

Oberndorf 36, 314, 380
Oberschmeien 351
Oliva 64, 141
Ostrach 44 f., 121, 133, 225 f., 249, 314, 341, 349, 354
Otterswang 318
Owingen 39, 69–75, 82, 206, 252 f., 323, 355, 361

Paderborn 168, 170
Paris 89, 92, 106, 115 f., 119, 137, 140, 143, 288, 452–456
Pfullendorf 228, 253, 307, 341
Philippsburg 87
Prag 71
Pruntrut 95

Radolfzell 100
Rangendingen 39, 49, 83, 90, 244, 308, 317, 323, 340, 349, 355, 365, 399, 416, 486

Rast 134
Rastatt 88, 106 f.
Ravensburg 228, 230, 308
Regensburg 76, 89, 116
Reichenau 49
Reutlingen 55, 230, 253, 300, 308, 341
Riedetsweiler 44
Riedlingen 308
Riga 410, 424
Ringingen 41, 49, 333, 354, 365
Rom 94, 491
Rosenfeld 51
Rosna 132
Rothenlachen 318
Rottenburg 50, 110 f., 168
Rottweil 308
Rulfingen 311

Salem 49 f., 98, 133
Salmendingen 41, 336, 344, 352, 354
Salzburg 391
Saulgau 253, 308
Schlatt 40, 283, 287, 399, 460
Schömberg 50
Schwabegg 95
Schweidnitz 136
Schwenningen 230
Selgetsweiler 44, 254, 318
Sickingen 67
Siena 391
Sießen bei Saulgau 168
Sigmaringen 30, 33, 44 f., 48, 56, 58, 93, 95, 98 f., 101, 105, 107–110, 112, 114, 119, 137 ff., 146, 148, 154, 158 f., 160 f., 163, 167, 169, 170 f., 176–179, 184–187, 189–199, 201 ff., 206 210, 212, 214–217, 219–225, 227 f., 230, 233, 239 f., 242–249, 251, 253 ff., 287–290, 293 f., 297 ff., 303, 305, 307 f., 311, 315–318, 326 f., 338, 341, 343 ff., 348, 350 ff., 354, 361–365, 367–370, 372 f., 375–378, 382–392, 394 ff., 399 f., 402, 428, 430–444, 447 ff., 453 f., 457, 459, 472, 475, 478 f., 481 f., 494 f., 499–503
Sigmaringendorf 44, 210, 308, 332, 334 f., 338, 341, 348, 365, 369, 387
Solesmes 488
Spöck 44
St. Gallen 49
St. Luzen 50, 65, 80, 90, 317, 363, 365, 374
Starzeln 83, 85, 317
Stein 48, 67, 73, 75, 312, 354
Steinhilben 42, 253, 493
Steinhofen 83, 225, 366, 448
Stetten am kalten Markt 433
Stetten bei Haigerloch 39, 70, 336, 342, 355
Stetten bei Hechingen 49, 69, 83, 90, 167, 170, 284, 292, 317, 336, 345, 362, 375, 376, 462, 471
Stetten unter Holstein 83, 354
Stockach 249
Straßberg 43 f., 121, 133, 212, 255, 295, 317, 331 f., 344, 349, 355, 361, 364, 368, 371
Straßburg 105
Stuttgart 119, 146, 160, 175, 218, 228, 245, 249, 253, 301, 302, 475
Sulz 341

Tafertsweiler 249, 314, 318
Tautenbronn 318
Thalheim 36, 368
Thanheim 40, 83, 354, 462
Thiergarten 43, 331, 338, 351
Trillfingen 317, 327, 465
Trochtelfingen 121, 133, 253, 290, 308, 315 ff., 341, 349 f., 354, 362, 387
Tübingen 26, 71, 228 ff., 233, 239 f., 243, 245, 247 f., 252, 291, 308, 341, 343, 381 f., 391, 460, 472, 481 f.
Türkheim 95
Tuttlingen 308, 341

Überlingen 228
Ulm 222, 341, 382
Umkirch 196, 432

Veringendorf 97, 171, 316, 332, 344, 362, 375, 398 f., 494
Veringenstadt 31, 42, 48, 56, 107,

173, 308, 311, 314, 316, 318, 340, 345, 354, 361 f., 368, 399, 467, 494
Villingen 308
Vilsingen 43, 44, 49, 294, 295, 311, 332, 349, 352, 368

Wachendorf 134
Walbertsweiler 45, 314
Wald 49, 50, 98, 113, 120, 131, 160, 225, 317 f., 331, 354, 361, 363, 365, 387
Weildorf 49, 198, 204, 206, 225, 313, 317, 323, 327, 415
Weilheim 73, 317, 330
Weingarten 100
Wessingen 49, 354
Wetzlar 19, 76, 82–85
Wien 19, 76, 82 ff., 104 f., 111, 118, 391, 458
Wilfingen bei Riedlingen 134, 231, 432 ff., 441, 443
Wilfingen bei Rottweil 36, 64, 84, 206, 248, 253, 336
Winterlingen 51
Würzburg 104, 105

Zimmern 40, 83, 354
Zwiefalten 115

Personenregister

Die Angehörigen der hohenzollerischen Grafen- und Fürstenfamilien finden sich bis zur Abtretung der Hoheitsrechte unter ihren Vornamen, danach unter dem Familiennamen Hohenzollern.

Aach, Löb 416
Abetz, Otto 429, 441
Adenauer, Konrad 505
Adler, Eugen 421
Adler, Leopold 417
Aengenheister, Heinrich 193, 195
Albert II., Graf von Hohenberg 51, 375
Albrecht Achilles, Markgraf/Kurfürst 54, 62
Albrecht V., Herzog von Bayern 64
Albrecht, Erzherzog 54
Alexander I., Zar von Rußland 142
Amalie Zephyrine von Salm-Kyrburg, Fürstin von Hollenzollern-Sigmaringen 19, 33, 89, 93, 105 ff., 114 ff., 118 ff., 452–459
Anna von Baden-Durlach, Gräfin von Hohenzollern 59
Antoinette Murat, Fürstin von Hohenzollern-Sigmaringen 119, 137, 139, 457, 476
Anton Aloys, Fürst von Hohenzollern-Sigmaringen 105 ff., 112–121, 130–134, 139 f., 143 f., 146–149, 383 f., 388 f., 452–458, 481
Auerbach, Berthold 389, 414
Auguste von Bayern, Herzogin von Leuchtenberg 153

Bagnato, Franz Anton 365
Bagnato, Giovanni Gaspare 364
Baldus, Maximilian 216
Bantle, Hermann Anton 371
Baratti, Johann-Paul 78 f.
Baruch, Benedikt 335, 419
Baur, Fidelis 393
Baur, Marie Theres 376
Beauharnais, Alexandre Vicomte de 454
Beauharnais, Eugène Herzog von Leuchtenberg 153, 232, 454
Beauharnais, Hortense Königin von Holland 454
Beauharnais, Josephine, Kaiserin 89, 107, 115, 118, 120, 139, 454 f., 457
Beauharnais, Stephanie, Großherzogin von Baden 176
Beer, Franz 131, 363
Beer, Jos/Jodokus 363
Beer, Michael 363
Belzer, Emil 29, 180–184, 187 f., 198, 500
Benedikt XIV., Papst 447
Bensinger, Amalie 491
Berlioz, Hector 374
Bernhardt, Walter 34
Bernheim, Isaac 418
Bernheim, Sigmund 421
Bernheimer, S., Fabrikant 336
Berthier, frz. Marschall 119, 130
Bilharz, Alfons 400
Bilharz, Joseph Anton 481
Bilharz, Theodor 33, 400, 480–486
Bilharz, Viktor 174
Billing, von, Finanzrat 305

Binder, Paul 245
Birn, Willi K. 255
Bismarck, Otto von 165 f., 170 ff., 477 ff.
Blanc, Franz Anton von 110 ff.
Blarer, Gerwig 59
Blum, Robert 470
Blumenstetter, Josef 33, 152, 292, 298, 300, 303, 379, 460–466
Bock, Lorenz 237 f.
Bollius, Daniel 372
Bollius, Marx 372
Bonaparte, Lätitia 139
Bosch, Carl 152
Brand, Heinrich 192, 194 ff., 206, 215, 505
Braunenthal, Sigm. Hofkanzler 101
Brauns, Karl 216
Brecht, Arnold 505
Bregenzer, Gustav 369, 370
Bridoux, General 430, 432 f.
Brinon, Fernand de 429 f., 432, 434 f., 437, 441, 443 f.
Brochu, Henri 232
Brodmann, Corbinian 400
Brodorotti, Karl Leonhard 89, 130
Brüning, Heinrich 195, 199, 203 ff.
Bucher, Michael 377
Buckenmaier, Karl Theodor 376
Bürckel, Josef 429
Bürde, Paul 159
Bumiller, Casimir 321
Bumiller, Casimir sen. 376
Bumiller, Karl 186
Burger, Wilhelm Weihbischof 209
Burnitz, Rudolf 366

Cammerer, Michael 71
Carol I., König von Rumänien 176, 370, 477 f.
Carol II., König von Rumänien 221, 231
Castro, Fidel 449
Christoph, Graf von Hohenzollern-Haigerloch 59, 60, 93, 412
Copelmann, Jude in Hechingen (16. Jh.) 412
Cotta, Johann Friedrich 89
Cramer, Julius 72, 75, 151, 172, 285, 319, 395

Dalberg, Karl Theodor von, Fürstprimas 139
Danegger, Johann Michael 101
Darnand, Joseph 429 f., 432 f., 437, 443 f.
Darré, Walter 210
Darsen, Hermann 215
Déat, Marcel 429 f., 432 f., 437, 444
Deckel, Friedrich 340
Denk, Josef 398
Destouches, Louis-Ferdinand 439
Dent, Franz Ferdinand 365
Deutschmann, Anton 439
Diebold, Johann Baptist 152, 462
Dieringer, Franz Xaver 168, 171, 399, 486
Dispeck, David 416
Dold, Alban 397 f.
Doriot, Jacques 429 f., 435, 440–443
Dreher, Franz 230, 234, 238
Dreher, Theodor 399
Dreher, Wilhelm 222, 224 f., 431
Droste-Hülshoff, Annette Freiin. von 458
Dünkelsbühler, Justizrat 193

Egenter, Franz Josef 376
Eger, Hermann 179, 198
Egler, Ludwig 376, 379
Einstein, Albert 499
Einstein, Max 422
Eisele, Fridolin 165 f., 169 f., 172, 399
Eisele, Karl-Friedrich 319
Eitelfriedrich I., Graf von Zollern 52
Eitelfriedrich II., Graf von Hohenzollern 54 f., 59, 62, 362
Eitelfriedrich (IV.) I., Graf von Hohenzollern-Hechingen 59 f., 64 ff., 69 f., 72, 93, 96, 372 f., 412
Eitelfriedrich II., Fürst von Hohenzollern 413
Eitelfriedrich, Graf von Hollenzollern-Sigmaringen, Kardinal 94 f.

Eitelfriedrich II., Fürst von Hohenzollern-Hechingen 66
Emele, Sebastian 174
Emter, Studienrat 243
Engel, Fidelis 494
Epstein, Abraham 416
Ernst Georg, Graf von Hohenzollern-Sigmaringen 96
Erzberger, Mathias 180, 187
Eschenburg, Theodor 34, 239, 246
Eugenie von Leuchtenberg, Fürstin von Hohenzollern-Hechingen 153, 163, 232, 376
Evelt, August 172 ff.

Feger, Otto 228 f.
Fehrenbach, Konstantin 187
Feichtmayr, Johann Michael 364
Feiffel, Jude in Burladingen (16. Jh.) 412
Felbiger, Johann Ignaz von 388
Ferdinand I., König und Kaiser 19, 57, 59
Ferdinand II., Kaiser 66
Ferdinand von Bayern, Kurfürst von Köln 95
Ferdinand von Tirol, Erzherzog 60, 96
Ferdinand, König von Rumänien 187
Fesch, Joseph, Kardinal 139
Feuerbach, Paul-Johann Anselm 118
Fidelis von Sigmaringen, siehe Roy, Markus 447
Filbinger, Hans 251
Fischer, Bonifatius 398
Fischler, Franz Xaver (Graf F.-Treuberg) 115 ff., 118 ff., 137, 140, 142, 456
Fleck, Fritz 239
Frank, Daniel Marianus 79, 111, 454
Frank, Hermann 439
Frank von Fürstenwerth, Adolf Gustav Frhr. 161
Frank von Fürstenwerth, Franz Anton 89 f., 115, 117, 130, 141, 144 f.
Frank von Fürstenwerth, Wilhelm Frhr. 161
Franz, Dt. Kaiser, Kaiser von Österreich 142
Franziska von der Pfalz, Gräfin von Hohenzollern-Hechingen 373
Friedrich, Sigm. Kommunistenführer 186
Friedrich III., Kaiser 54, 57
Friedrich III. Graf von Zollern, Burggraf von Nürnberg 50, 62
Friedrich V., der Erlauchte, Graf von Zollern 51
Friedrich V., Graf von Zollern-Schalksburg 51
Friedrich XII., der Öttinger, Graf von Zollern 52
Friedrich, Graf von Hohenzollern, Bischof von Augsburg 54, 375
Friedrich Wilhelm, Fürst von Hohenzollern-Hechingen 75, 78, 82, 84
Friedrich Ludwig, Fürst von Hohenzollern-Hechingen 78 f., 84
Friedrich Hermann Otto, Fürst von Hohenzollern-Hechingen 89, 92, 130, 136 140 ff., 144, 151, 153, 156, 286, 366, 384, 388, 415, 455
Friedrich Wilhelm Konstantin, Fürst von Hohenzollern-Hechingen 141, 152. ff., 163, 283 ff., 291 ff., 298, 300, 302, 304 f., 373, 383, 462
Friedrich Wilhelm, der Große Kurfürst 63
Friedrich Wilhelm I., König von Preußen 17, 63
Friedrich der Große 17, 63, 208
Friedrich Wilhelm III., König von Preußen 89, 114, 115, 141, 142
Friedrich Wilhelm IV., König von Preußen 155, 157 f., 163, 302, 304 f., 367, 374, 476
Friedrich III., Wilhelm von Preußen 171, 178
Friedrich, Herzog/König von Württemberg 91, 118 f., 140, 143, 451
Friedrich III., Fürst von Salm-Kyrburg 105 f., 452, 453, 454
Friedrich IV., Fürst von Salm-Kyrburg 106, 454, 456, 459

Frischlin, Jakob 373
Fritz, Carl Erzbischof 504
Fritz, Conrad 70 f.
Fritz, Graf von Zollern, Domherr in Straßburg 52
Fürstenberg, Friedrich Graf von 57 f.
Fürstenberg, Karl Egon II., Fürst von 133, 159, 290

Gabele, Anton 376
Gauguin, Paul 493
Gaulle, Charles de 227, 444
Gedeon, Jakob 415
Geiselhart, Thomas 33, 151, 168, 377, 388, 390, 448, 487, 493–495
Gentz, Friedrich 118
Genzmer, Walter 361
Gerlach, Walter 400
Gessler, Johann Melchior 115 ff., 144, 146, 455
Gideon, Joseph 413
Giegling, Johann Nepomuk 130
Goebbels, Joseph 208 ff.
Gögler, Max 254
Gönner, Eberhard 27, 154, 165, 255
Gönner, Nikolaus Thaddäus 118
Göring, Hermann 206, 212, 221 f.
Gog, Franz 231, 234 f., 238, 244, 246 f.
Graf, Fidelis 172, 174
Grebing, Helga 232
Gröber, Adolf 180
Gröber, Conrad Erzbischof 209
Großbayer, Christian 364 f.
Grynaeus (Grüner), Simon 398
Grzesinski, Albert 501
Günther, Anton 486
Guéranger, Abt von Solesmes 488
Gulde, Marquard 401
Gustav Adolf, König von Schweden 100

Hägg, Rabbiner in Rangendingen (16. Jh.) 416
Härlin, Kreisleiter 224 f.
Hahn, Otto 400
Hallberg, Franz Frhr. von 201, 220
Hanner, Constantin 369
Hardenberg, Karl August Graf/Fürst von 141
Harrer, Stadtrat 194
Hassenpflug, Ludwig 150
Hauff, Wilhelm 51
Haug, Konrad 240 ff.
Hebeisen, Gustav 394
Hecker, Friedrich 474
Heilbronner, J. Fabrikant 336, 419
Heisenberg, Werner 223, 400, 428
Henselmann, Josef 369
Herberhold, Franz 394
Herder, Andrä 377
Herder, Batholomäus 377
Herder-Dorneich, Verleger 398
Hermann, Jakob 234, 243, 246
Hermann, Prinz von Hohenzollern-Hechingen 144
Hermann Friedrich Otto, Graf/Fürst von Hohenzollern-Hechingen 81, 85–93, 105, 115, 120 f., 129 f., 136, 138, 140, 373, 452, 455
Herold, Johann Basilius 393
Heß, Josef 194, 196, 505
Hieronymus, Kirchenvater 397
Hilb, Maier 417
Hiller von Gaertringen, Frhr. von, Hofjägermeister 291
Hiller, Anton 369
Himmler, Heinrich 222, 231, 429
Hindenburg, Paul von 204 f., 208, 210 f., 220
Hinger (Dettingen) 250
Hintze, Otto 17
Hirsch, Leopold 421
Hitler, Adolf 202, 204–211, 214, 220 f., 223, 431
Hodler, Franz Xaver 395
Hofheimer, Otto 423
Hohenzollern, Franz Joseph Prinz von 30, 231 f., 238 f., 250, 255, 431 f.
Hohenzollern, Friedrich Prinz/Fürst von 30, 178, 191–197, 201, 206, 220 ff., 228, 230–233, 236, 238, 240–244, 246, 248, 250, 255, 431 f., 501, 503 f.
Hohenzollern, Leopold Fürst von 176 ff., 370, 384, 395, 478

Hohenzollern, Margarete, Prinzessin/Fürstin von 191, 220, 233
Hohenzollern, Wilhelm Fürst von 177, 181, 186–191 370, 500 ff.
Holzinger, Fritz 379
Hops, Franz Magnus 365
Huber, Karl Honorat von 147 f., 150
Hugenberg, Alfred 203
Humboldt, Alexander Frhr. von 156

Ilg, Johann Martin 364
Isabella II., Königin von Spanien 478
Ixnard, Michel d' 366

Jacobi, Maier 417
Jänichen, Hans 314
Jakob III., Markgraf von Baden-Hochberg 94
Jérôme Bonaparte, König von Westfalen 136, 140
Joachim I., Kurfürst 55
Joachim († 1538), Graf von Hohenzollern 57
Joachim († 1587), Graf von Hohenzollern 59
Johann Baptist, Graf von (Hohenzollern-) Berg 104
Johann Christoph, Graf von Hohenzollern-Haigerloch 60
Johann Georg, Graf/Fürst von Hohenzollern-Hechingen 65 f., 73 f., 94 f., 373
Johann Karl, Graf von Hohenzollern-Hechingen, Bischof 64
Johann, Graf/Fürst von Hollenzollern-Sigmaringen 62, 94 ff., 99, 372
Johanna Franziska von Hohenzollern-Sigmaringen, Fürstin von Salm-Kyrburg 104 ff., 452 ff.
Johannsen, Theodor 205, 213 f.
Johler, Ernst G. 334
Johner, Dominikus 374
Jorns, Paul 498
Jos Niklaus I., Graf von Zollern 52, 54
Jos. Niklaus II., Graf von Hohenzollern, 55, 56, 66, 68, 70
Josef I., Kaiser 84
Joseph II., Kaiser 19, 84, 103, 106, 112, 114
Joseph Friedrich, Fürst von Hohenzollern-Sigmaringen 102, 104, 106, 131, 351, 364, 448
Joseph Wilhelm, Fürst von Hohenzollern-Hechingen 79 ff., 85 f., 324, 366, 388 f., 413
Josef, Graf/Prinz von Hohenzollern-Hechingen, Bischof 64, 141
Josephine von Baden, Fürstin von Hohenzollern-Sigmaringen 476

Karl V., Kaiser 57 f.
Karl VI., Kaiser 79, 84, 102
Karl VII., Kaiser 102, 104
Karl, Erzherzog 450
Karl Eugen, Herzog von Württemberg 454
Karl I., Graf von Hohenzollern 18, 56–59, 68, 372, 393
Karl II., Graf von Hohenzollern-Sigmaringen 59 f., 93–97, 99, 372
Karl Friedrich, Fürst von Hollenzollern-Sigmaringen 104 f., 111, 113, 414, 453
Karl, Fürst von Hohenzollern-Sigmaringen 105 f., 116, 119 f., 135–141, 143, 147–150, 154, 177, 287, 289 f., 294, 297, 302 f., 366 f., 457, 476, 487
Karl Anton, Fürst von Hohenzollern-Sigmaringen 27, 33, 141, 154–158, 163 f., 168–171, 176 ff., 288, 290, 294–298, 300, 330 ff., 369 f., 383 f., 395, 399, 402, 458, 476–479, 487
Karl, Graf von Hohenzollern-Haigerloch 60
Karoline Bonaparte, Königin von Neapel 140, 457
Katharina von Württemberg, Königin von Westfalen 140
Katharina, Fürstin von Hohenzol-

lern-Sigmaringen 479, 487 ff., 492, 494
Katz, Peter 422
Kauffmann, J. C., Fabrikant 331
Kaulbach, Wilhelm 491
Kaulla, Jakob 389, 416
Kaulla, Jakob Raffael 450
Kaulla, Karoline (Chaile) 33, 389, 415 f., 418, 449 ff.
Kaulla, Raphael Isak 418
Kaulla, Rebekka 418
Keller (Liggersdorf) 249
Keller, Franz 201
Kienle, Ambrosius 374
Kiesinger, Kurt Georg 245
Kinkel, Klaus 33
Kleinsorgen, Adolf von 173 f.
Koenig, Pierre 227, 233
Koller, Cajetan 152
Konrad I., Graf von Zollern, Burggraf von Nürnberg 62
Konstantin, siehe Friedrich Wilhelm Konstantin
Kraus, Johann Adam 396
Krause, Walter 251
Kreszentia von Hohenzollern-Sigmaringen, Gräfin von Fischler-Treuberg 105 f., 132, 453

Labesnardière, frz. Diplomat 118, 120, 140
Laforêt, frz. Diplomat 89, 116
Lahn, Thea 319, 321
Laßberg, Friedrich Frhr. von 149 f., 393, 458
Laßberg, Joseph Frhr. von 393, 458
Lasso, Ferdinand di 373
Lasso, Orlando di 372 f.
Lassolaye, Leopold von 113
Lattre de Tassigny, Jean de 227
Lauchert, Richard 369
Laue, Max von 428
Laur, Josef 368
Laur, Wilhelm Friedrich 368, 371
Laval, Pierre 428 f., 432 f., 437 f., 441, 443 f.
Lechner, Leonhard 372
Leclerc, General 228
Lehmann, Karl 33
Lehner, Friedrich August 169, 370, 395
Leininger, Luise 438
Lenin, Wladimir Iljitsch 496
Lenz, Desiderius (Peter) 33, 370 f., 489–493
Leo XIII., Papst 479
Leopold II., Kaiser 114
Leopold III., Herzog von Österreich 51
Lessing, Gotthold Ephraim 80
Levi, Albert 421
Levi, Arthur 421
Levi, David 336, 419
Levi, Jakob 336, 419
Levi, Julius 419
Levi, Leopold 336, 419
Levi, Louis 417
Levi, Maier 419
Levi, Paul 33, 234 f., 419, 496–499
Levi, Wolf 421
Lichtenstein, Sigmund 374, 417
Liebknecht, Carl 496
Liebmann, Fabrikant 336, 419
Liehner, Peter 377
Linder, Otto 371
Liszt, Franz 374
Loewengard, Carl 419
Löwengard, Simon 336, 419
Luchaire, Jean 430, 432 f., 437, 444
Ludendorff, Erich 202
Ludwig, Herzog von Württemberg 71
Luxemburg, Rosa 496

Maercker, Traugott 157, 395
Maier, Johannes Evangelista 173 f.
Maier, Karl 212 f., 220 f.
Maier, Nikolaus 238
Maier, Reinhold 240
Mailand, Jakob 372
Marenckes, Robert 383
Maria Klara von Berg, Fürstin von Hohenzollern-Sigmaringen 103
Maria Theresia, (Kaiserin) Erzherzogin von Österreich 19, 102 f., 388
Maria Theresia, Prinzessin Folch de Cardona 79

Marie Sidonie, Fürstin von Hohenzollern-Hechingen 66, 75
Marie, Prinzessin von Hohenzollern-Sigmaringen, Gräfin von Flandern 477
Marmon, Alfons Aloys 369
Marmon, Franz Xaver 368 f.
Marmon, Josef 377
Marokko, Sultan von 227
Mathieu, frz. Diplomat 89
Matthias, Kaiser 66
Mauser, Hans-Jörg 254
Maximilian I., König/Kaiser 54, 55
Maximilian II., Kaiser 64, 93
Maximilian I., Herzog/Kurfürst von Bayern 94, 95
Maximilian, Fürst von Hollenzollern-Sigmaringen 103
Mayenfisch, Karl von 370, 395
Mayer, August 400
Mayer, Samuel 376, 379, 399, 415 ff., 421
Mayersburg, Judas Thaddäus von 111 f., 115, 454
Mechthild von der Pfalz, Erzherzogin 51
Meinrad I., Fürst von Hollenzollern-Sigmaringen 95, 103
Meinrad II., Fürst von Hollenzollern-Sigmaringen 101, 103 f.
Meißner, Otto 222
Meister, Friedrich 182
Mercadier, Henry 440
Merian, Matthäus 66
Metz, Christoph 103, 110 f.
Mezler, Franz Xaver 135, 384, 390, 400
Michael, König von Rumänien 231
Miller, Athanasius 396
Miller, Schulrat 217
Miller, Silvester 151, 169, 296, 375, 377
Mock, Regierungsdirektor 149, 298
Mohl, Moriz 160
Molitor, Gregor 375
Molitor, Raphael 375, 396
Moos, Ernst 421
Moreau, Jean Victor 114
Moser, Clemens 30, 217, 227–230, 234, 237, 241 f., 246, 255
Moser, Johann Jacob Moser 15
Moser, Peter 226
Mühlebach, Josef 213, 506
Müller, Egon 188, 194, 217, 228, 230, 240–243, 500 f., 503 f.
Müller, Eugen 194
Müller, Gebhard 30, 237 ff., 241, 243, 246 ff.
Müller, Karl 244
Multscher, Hans 362
Murat, frz. Marschall, König von Neapel 119 f., 137, 139, 176, 457
Murat, Peter 120
Murr, Wilhelm 202, 212 f., 431

Nanquette, Johann 372
Napoleon I. 15, 19, 91 ff., 107, 118 ff., 130, 135- 140, 142 ff., 455, 457, 459
Napoleon III. 176
Neuburger, Berthold 417
Neuburger, Salomon 389, 415
Niedermayr, von, Oberstleutnant 294
Niethammer, Emil 234 f., 237
Normann, Philipp Christian Friedrich von 118
Nüske, Gerd Friedrich 250

Ossietzki, Carl von 498
Ott, Hermann 194
Otto, Walter Friedrich 399
Ow, Meinrad von 361, 364 f., 448

Pacelli, Eugenio (Papst Pius XII) 194
Papen, Franz von 199, 201, 204 ff., 220
Paul V., Papst 95
Pauline von Kurland, Fürstin von Hohenzollern-Hechingen 89, 141, 154
Pay, Johannes de 368
Pétain, Philippe 428 f., 432- 435, 437 f., 441, 443 f.
Pfeffer, Anton 176
Philipp, Fürst von Hohenzollern-Hechingen 66, 75
Pistorius, Johannes 94
Pius IX., Papst 479, 487 f.

Pius X., Papst 375, 396
Pius XI., Papst 192, 448
Pöllmann, Ansgar 375
Preußen, Louis Ferdinand Prinz von 17
Preußen, Wilhelm Kronprinz von 232

Rager, Hans 237
Rau, Gottlieb 474
Rauch, Wendelin Erzbischof 247
Reck (Ostrach) 249
Reden, Erich von 216
Reichenheim, Leonor 335 f.
Reinebeck, Otto 441
Reinkens, Wilhelm 486
Reis (Tafertsweiler) 249
Reiser, Narziß 202, 204
Remark, Peter 230
Renner, Viktor 239 f., 243 ff.
Reuß, Johann August 85 f.
Reutlinger, Jakob 421
Rhäzüns, Ursula von, Gräfin von Zollern 52
Ribbentrop, Joachim von 429 f., 441
Ribler, Franz Xaver 378
Rinklef, Heinrich 205
Rösch, Adolf 399
Roon, Albrecht von 477
Roser, Dieter 239
Rosenstrauß, Leopold 417
Rothenbacher, Ernst 247
Roy, Markus (Hl. Fidelis) 33, 392, 447–449
Ruck, Michael 216, 219, 222
Rudolf von Habsburg, König 51, 56, 375
Rudolf II., Kaiser 66, 71 f., 94

Sailer, Johann-Michael 118
Sallwürk, Anton von 391
Sallwürk, Ernst von 391
Salman der Alte, Jude in Hechingen (16. Jh.) 412
Salomo von Wimpfen, Jude in Hechingen (16. Jh.) 412
Sauerland, Karl 185, 500 f.
Sauter, Roman 487
Schaitel, Maximilian 431, 434, 437–440, 442, 444
Schanz, Johann 172
Scharpf, Mathäus 363
Schatzberg, Helene d'Isque von 458
Schay, Jude in Hechingen (16. Jh.) 412
Schenck zu Schweinsberg, Wilhelm Frhr. von 150 f., 287 ff., 294, 296 f., 302, 473
Schenk, Maria 376
Scherer, Alfons 33, 189–196, 206, 215, 499–506
Scherer, Alfons 499– 506
Schinkel, Friedrich 156, 367
Schleicher, Kurt von 205
Schmalzbach, Leon 417, 421 f.
Schmid, Carlo 226, 228 f., 234, 236 f., 239, 244 f., 250
Schmid, Joseph Justus 173
Schneider, Josef 244
Schneiter, Pierre 240
Schnell, Eugen 375, 393
Schnell, Fidelis 149, 150, 393
Schober, Ildefons 396
Schott, Anselm 396, 489
Schraermeyer, Paul 189, 214, 216, 230 f., 246
Schramm, Melchior 372
Schuler, Dionysus 399
Schunck, Egon 375
Schwab, Gustav 51
Schwarzmann, Johann Jakob 364
Seifert, Robert 189, 214, 216, 231, 246
Seigel, Rudolf 34, 62
Senn, Ernst 395
Sensch, Oberstaatsanwalt 217
Severing, Carl 194 f., 504 f.
Siebenmorgen, Harald 490
Sigismund, König/Kaiser 52
Sigmund, Erzherzog 54
Silcher, Friedrich 374
Simons, Karl 208, 215
Simson, Eduard 175
Sophie von Zollern, geb. Gräfin von Raabs 62
Späth, Lothar 33
Speidel, Hans 247, 251

Speth von Zwiefalten, Friedrich Albert Freiherr von auf Hettingen 134
Speth von Zwiefalten, Ludwig Freiherr von auf Gammertingen 134
Speyer, Levi 417
Spiegel-Borlinghausen, Adolf Karl Frhr. von 160 f.
Spier, Gustav 417, 423
Spitz, Joseph Ignatz 417
Sprißler, Josef 33, 151, 288, 293, 297 ff., 375, 463, 465–472, 474
Staudinger, Alfons 225, 440
Stauffenberg, Friedrich Frhr. Schenk von 432
Stauss, Anton 400
Stehle, Alois 368 f.
Stehle, Bruno 376
Stehle, Vinzenz 203 f., 213 f.
Steidle, Klara 432
Steidle, Gustav Meinrad 370
Stephanie, Prinzessin von Hohenzoller-Sigmaringen, Königin von Portugal 477
Steuben, Friedrich Wilhelm von 79 f.
Stiegler, Leonhard 243, 246 f.
Stillfried, Rudolph Frhr. von 155 ff., 163, 175, 304, 367, 395
Stoffels, Alphonse 431, 433, 435, 437, 439
Stoll, Basilius 85
Sträßle, Karl 218
Straub, Emil 230
Straubinger, Anton 230
Strüb, Hans 361 f.
Strüb, Jakob 361 f.
Struve, Gustav 474
Stüler, Friedrich August 157, 367 f.
Sydow, Robert von 160
Syrlin d. J., Jörg 362

Täglichsbeck, Thomas 373
Talleyrand, Charles Maurice de 89, 106 f., 116, 118 ff., 138, 140 f., 455 f.
Thälmann, Ernst 204
Thurn und Taxis, Karl Alexander Fürst von 133
Tirpitz, Alfred von 178
Tunis, Bei von 227

Verkade, Wiilibrod 371
Vezin, August 399
Vicari, Hermann von 493
Vifelin von Haigerloch, Jude (1346) 410
Vogel, Carl 184, 212, 255, 504
Voumard, Charles de 455, 458

Waldburg, Georg Truchseß von 55
Waldner, Adolf 230, 234, 237, 246
Wallach, Louis 417
Wallishauser, Friedrich 181, 199 f., 379, 502 ff.
Walzer, Raphael, Erzabt von Beuron 194, 218
Wangenheim, Frhr. von, Hofmarschall 500
Wangenheim, von, Regierungsdirektor 303
Wassermann, Seligmann Jakob 413
Weber, Michael 75
Weckenmann, Johann Georg 364 f.
Weckherlin, August von 150 f.
Weil, Adolf 419
Weil, Georg 425
Weishan, Bernhard 221
Weizsäcker, Carl Friedrich Frhr. von 400
Werdenberg, Johann Graf von 57
Wessenberg, Ignaz Heinrich Frhr. von, Generalvikar 153, 167, 377 f., 460, 465, 467
Wetz, Johann Fidelis 365
Wichtl, Georg 373
Widmaier, Karl 376
Widmer, Guillaume 246
Wiedemann, Christian 363
Wiedemann, Johann Georg 363
Wilhelm I., König von Preußen 158, 163, 165, 171, 175 f., 178, 304, 476 f., 495
Wilhelm II., Kaiser 178
Wilhelm V., Herzog von Bayern 94, 372
Wilhelm I., König von Württemberg 165
Wirsching, Eugen 237
Wirth, Joseph 187

Wirtz, Karl 400
Wittgenstein, Wilhelm Ludwig Fürst 156
Wohleb, Leo 240 ff.
Wolf, Aron 417
Wolf, Friedrich 200, 376
Wolf, Markus 33
Wolter, Maurus (Rudolf) 33, 171, 396, 486– 489, 494
Wolter, Placidus (Ernst) 33, 486–489, 494
Wüger, Gabriel (Jakob) 370 f., 489–493
Würth, Carl Otto 33, 151, 287 f., 293–301, 377, 468 f., 472–476
Wurm, Theophil 236

Zängel, Narcissus 372 f.
Zeitblom, Bartholomäus 362
Zetkin, Clara 497
Ziegler, Jörg 362
Zimmern, Froben Christof von, Chronist 54
Zimmern, Wilhelm Graf von 71, 96
Zingeler, Karl Theodor 375, 394
Zivi, Raphael 417

Verzeichnis der Stammtafeln

Stammtafel 1: Die Grafen von Zollern/Hohenzollern bis zur Erbteilung 1576 53
Stammtafel 2: Die Grafen und Fürsten von Hohenzollern von 1576 bis zum Souveränitätsverzicht 1849 61

Verzeichnis der Wahlen

Wahlen zum 1. Reichstag: 6. Juni 1920 281
Wahlen zum 5. Reichstag: 14. September 1930 282

Verzeichnis der Karten

Geschichtliche Karte der späteren Hohenzollerischen Lande vor dem Reichsdeputationshauptschluß 1803 .... 20/21
Südwestdeutschland 1815 22
Oberämter und Kreise im Regierungsbezirk Sigmaringen ... 23
Die Nachkriegsländer im deutschen Südwesten (1945 – 1952) . 24
Hohenzollern in seinem landschaftlichen Rahmen 37
Die Siedlungen 1910 309
Fabrikbetriebe in Hohenzollern 1892 mit Antriebsart 337
Die Erschließung Hohenzollerns mit Bahnlinien 341
Wirtschafts- und Versorgungsstruktur 346
Fremdenverkehrsrouten, Naturpark Obere Donau 353

Die Autoren

Dr. phil. Otto Becker, geb. 1942 in Neustadt an der Weinstraße, Oberarchivrat am Staatsarchiv Sigmaringen, Vorsitzender des Hohenzollerischen Geschichtsvereins und Schriftleiter der Zeitschrift für Hohenzollerische Geschichte.

Dr. phil. Klaus-Peter Burkarth, geb. 1957 in Tübingen, Lektor im Verlag W. Kohlhammer, Stuttgart.

Professor Dr. phil. Eberhard Gönner, geb. 1919 in Neckarhausen/Horb, Präsident der Landesarchivdirektion Baden-Württemberg a.D., Stuttgart.

Professor Dr. phil. Hermann Grees, geb. 1925 in Ulm/Donau, lehrte am Geographischen Institut der Universität Tübingen. Seit 1990 i.R.

Dr. theol. Joachim Hahn, geb. 1954 in Stuttgart, Pfarrer und Historiker, Plochingen

Professor Dr. phil. Fritz Kallenberg, geb. 1923 in Tübingen, 1951-1964 Institut für Europäische Geschichte in Mainz, seit 1965 Institut für Geschichte der Technischen Hochschule Darmstadt. Seit 1988 i.R.

Dr. phil. Hugo Lacher, geb. 1919 in Tübingen, war Bibliothekar und Mitarbeiter am Institut für Europäische Geschichte in Mainz. Seit 1985 i.R.

Karl Werner Steim, geb. 1947 in Horb am Neckar, Redaktionsleiter der „Schwäbischen Zeitung" in Riedlingen.

Dr. phil. Andreas Zekorn, geb. 1957 in Sigmaringen, Kreisarchivrat im Kreisarchiv Zollernalbkreis, Balingen.